Jobst-Friedrich von Unger

STAATLICHE KONTROLLE ÜBER DIE TREUHANDANSTALT

EIN BEITRAG ZUR VEREINIGUNGSGESCHICHTE

Dem verehrten Patenonkel
am 9. November 2015
dankbar und verbunden
mit den herzlichsten
Glück- und Segenswünschen
zugeeignet von dem
P.S. [illegible]

Hochschulschriftenreihe im Verlag Finckenstein & Salmuth

Jobst-Friedrich von Unger

STAATLICHE KONTROLLE ÜBER DIE TREUHANDANSTALT

EIN BEITRAG ZUR VEREINIGUNGSGESCHICHTE

2. unveränderte Auflage
vermehrt um ein Vorwort von Lothar de Maizière

Berlin 2015

IMPRESSUM
Finckenstein & Salmuth Verlags-Gesellschaft m. b. H.
10756 Berlin Verlag@Finckenstein.com

Die 1. Auflage erschien im Jahr 2002 als Band 16 der Reihe
Berliner Juristische Universitätsschriften · Grundlagen des Rechts
im Berliner Wissenschafts-Verlag

2. unveränderte Auflage · vermehrt um ein Vorwort von Lothar de Maizière
Hochschulschriftenreihe im Verlag Finckenstein & Salmuth
Herausgeber: Stefan Graf Finck von Finckenstein

Umschlag: Kristin Huckauf

Printed in Germany

ISBN 978-3-934882-62-1

ZUM GELEIT

Jobst-Friedrich von Unger hat mit dem Buch „Staatliche Kontrolle über die Treuhandanstalt“ ein Werk vorgelegt, das einen zeitgeschichtlichen Abriss über eine der entscheidungsreichsten Perioden der neueren deutschen Geschichte bietet.

Als ich im April 1990 zum Ministerpräsidenten der Deutschen Demokratischen Republik gewählt wurde, standen ungeheuere Aufgaben vor meiner Regierung. Die drängendste lautete, die Menschen zu überzeugen, unser Land nicht mehr zu verlassen. Das hieß: die Währungs-, Wirtschafts- und Sozialunion.

Die Menschen in der DDR wollten die Einheit in Freiheit und sie wollten aufrecht in diese Einheit gehen. Deshalb war ein Wechselkurs von 1:1 bei Löhnen und Gehältern und einem erheblichen Teil der Ersparnisse so wichtig. Dieser Kurs war ein politischer, kein ökonomischer – ein notwendiges Signal der Hoffnung, um die Menschen zum Bleiben zu ermutigen.

Mit der Währungs-, Wirtschafts- und Sozialunion am 1. Juli 1990 betraten wir vollkommen unbekanntes Neuland. Wir hatten in der DDR Hunderte von Lehrbüchern, mit denen wir lernen sollten, wie man von der Marktwirtschaft zur Planwirtschaft gelangt. Aber es gab leider kein einziges für den Rückweg.

Allerdings wussten wir: Ökonomisch lag die DDR am Boden, 40 Jahre sozialistischer Planwirtschaft hatten tiefe Spuren hinterlassen. Mit der Einführung der D-Mark werden wir drei Gruppen von Betrieben haben. Ein Drittel wird sofort Konkurs anmelden müssen, ein Drittel wird sich einigermaßen am Markt bewähren können und ein Drittel kann mit Umstrukturierungen wieder handlungsfähig gemacht werden. Insgesamt befürchteten wir eine Halbierung der Beschäftigung. In diesem Prozess sollte die Treuhandanstalt die Verantwortung für die so genannten volkseigenen Unternehmen der DDR übernehmen.

Der Ruf, den diese Anstalt bis heute bei vielen meiner Landsleute hat, wird ihrer historischen Leistung aber nicht gerecht. Zu Unrecht wird ihr der Vorwurf gemacht, es habe sich unter ihrer Verantwortung die größte Vernichtung von Produktivvermögen und Arbeitsplätzen in Friedenszeiten und die Verschleuderung von Volksvermögen ereignet.

Allerdings ist so die Treuhandanstalt Ziel der Kritik geworden und hat die Politik damit entlastet.

Die Treuhandanstalt sollte Unternehmen in den Maßen privatisieren und umstrukturieren, die sie wettbewerbsfähig machten. Die unvermeidliche Abwicklung einzelner Betriebsteile und ganzer Unternehmen war in jedem einzelnen Fall ungeheuer schmerzhaft, da sie immer mit Eingriffen in die Biographien und in die Lebensleistungen der DDR-Deutschen verbunden war. Doch ökonomisch kann man einen Betrieb nur nach seinem Ertrag beurteilen. Beim Trabant-Werk in Zwickau (seit Horch bedeutender Standort deutschen Automobilbaus) zum Beispiel musste man sagen, es war eine Immobilie mit Maschinen und es produzierte Autos, die niemand mehr kaufte. Also war das Trabant-Werk null Mark wert. Jemanden zu finden, der ein solches Werk für eine Mark kauft und sich verpflichtet, hunderte Arbeitsplätze zu erhalten, ist außergewöhnliches Glück.

Die Treuhandanstalt hat tausende von Privatisierungen vorgenommen – rund 80 Prozent davon an mittelständische Erwerber – und damit den Grundstein für eine inzwischen solide Wirtschaftsstruktur in den heutigen neuen Bundesländern gelegt. Ostdeutsche Unternehmen haben sich in den Krisen der jüngsten Zeit besser behaupten können als manches Unternehmen in den alten Bundesländern. Es hat sich gezeigt, dass die Ostdeutschen transformationserprobter sind als viele westdeutsche Landsleute.

Immer wieder wird behauptet, die Treuhandanstalt habe ihre Tätigkeit vorbei an demokratisch gewählten Parlamenten entfaltet. Es ist deshalb zu begrüßen, dass mit der vorliegenden Arbeit eine gründliche Untersuchung der politischen Kontrolle der Treuhandanstalt – über ein ganzes Jahrzehnt hinweg von ihrer Gründung im Jahre 1990 bis zum Ende der 90er Jahre – vorgelegt wird.

Jobst-Friedrich von Unger hat sich der Mühe unterzogen, die staatsrechtlichen Aspekte der Kontrolle über die Treuhandanstalt detailliert, klar und aus der Historie verständlich darzustellen. Ich freue mich, dass das vorliegende Buch zur Vereinigungsgeschichte nun in zweiter Auflage erscheint und wünsche ihm weiterhin gute Verbreitung.

Dr. h. c. Lothar de Maizière
Ministerpräsident a. D., Bundesminister a. D.

Inhaltsverzeichnis

Teil III: Zusammenfassung und Bewertung

Abkürzungsverzeichnis

1. DB z. Joint-Venture-VO	Erste Durchführungsbestimmung zur Verordnung über die Gründung und Tätigkeit von Unternehmen mit ausländischer Beteiligung in der DDR – Durchführung der Genehmigung – v. 21.02.1990, GBl. I S. 85
1. DVO z. TreuhG	Erste Durchführungsverordnung zum Treuhandgesetz v. 15.08.1990, GBl. I S. 1076
1. DVO z. UnternehmensG	Erste Durchführungsverordnung zum Gesetz über die Gründung und Tätigkeit privater Unternehmen und über Unternehmensbeteiligungen v. 08.03.1990, GBl. I S. 144
1. ZivilrechtsänderungsG	Gesetz zur Änderung und Ergänzung des Zivilgesetzbuches der DDR (1. Zivilrechtsänderungsgesetz) v. 28.06.1990, GBl. I S. 524
2. DVO z. TreuhG	Zweite Durchführungsverordnung zum Treuhandgesetz v. 22.08.1990, GBl. I S. 1260
2. DVO z. UnternehmensG	Zweite Durchführungsverordnung zum Gesetz über die Gründung und Tätigkeit privater Unternehmen und über Unternehmensbeteiligungen v. 13.06.1990, GBl. I, S. 363
2. TreuhUntÜV	Zweite Verordnung zur Übertragung von unternehmensbezogenen Aufgaben nach dem Treuhandgesetz und von Unternehmensbeteiligungen der Bundesanstalt für vereinigungsbedingte Sonderaufgaben (Zweite Treuhandunternehmensübertragungsverordnung) v. 25.07.1996, BGBl. I S. 1115
2. ZivilrechtsänderungsG	Gesetz zur Änderung und Ergänzung des Zivilgesetzbuches der DDR (2. Zivilrechtsänderungsgesetz) v. 22.07.1990, GBl. I S. 903
3. DVO z. TreuhG	Dritte Durchführungsverordnung zum Treuhandgesetz v. 29.08.1990, GBl. I S. 1333
4. DVO z. TreuhG	Vierte Durchführungsverordnung zum Treuhandgesetz v. 12.09.1990, GBl. I S. 1465

5. DVO z. TreuhG	Fünfte Durchführungsverordnung zum Treuhandgesetz v. 12.09.1990, GBl. I S. 1466
a.	auch
a. A.	anderer Ansicht
a. E.	am Ende
a. F.	alter Fassung
ABl. SL	Amtsblatt des Saarlandes
ABM	Arbeitsbeschaffungsmaßnahmen
AFG	Arbeitsförderungsgesetz v. 25.06.1969, BGBl. I S. 582
AfNS	Amt für Nationale Sicherheit
AG	Aktiengesellschaft
AG	Die Aktiengesellschaft. Zeitschrift für das gesamte Aktienwesen, für deutsches, europäisches und internationales Unternehmens- und Kapitalmarktrecht
AHB	Außenhandelsbetrieb
AHBVO (1974)	Verordnung über die Aufgaben, Rechte und Pflichten der volkseigenen Außenhandelsbetriebe v. 10.01.1974, GBl. I, S. 77
AHBVO (1989)	Verordnung über die volkseigenen Außenhandelsbetriebe v. 29.07.1989, GBl. I, S. 183
AktG	Aktiengesetz v. 06.09.1965, BGBl. I S. 1089
AktG-DDR	Gesetz über Aktiengesellschaften und Kommanditgesellschaften auf Aktien (Aktiengesetz) v. 30.01.1937, RGBl. I S. 107
Altschuldenhilfe-Gesetz	Gesetz über Altschuldenhilfen für Kommunale Wohnungsunternehmen, Wohnungsgenossenschaften und private Vermieter in dem in Artikel 3 des Einigungsvertrages genannten Gebiet v. 23.06.1993, BGBl. I S. 944
AMBl.	Armee-Mitteilungsblatt
Anm.	Anmerkung
AöR	Archiv des öffentlichen Rechts

AusglLeistG	Gesetz über staatliche Ausgleichsleistungen für Enteignungen auf besatzungsrechtlicher und besatzungshoheitlicher Grundlage, die nicht mehr rückgängig gemacht werden können (Ausgleichsleistungsgesetz) v. 27.09.1994, BGBl. I S. 2624
BAnz.	Bundesanzeiger
BayVBl	Bayerische Verwaltungsblätter
BB	Betriebs-Berater. Zeitschrift für Recht und Wirtschaft
BBankG	Gesetz über die Deutsche Bundesbank v. 26.07.1957, BGBl. I S. 745
betr.	betreffend
BetriebsübertragungsG	Gesetz über die Übertragung volkseigener Güter, staatlicher Forstwirtschaftsbetriebe und anderer volkseigener Betriebe der Land- und Forstwirtschaft in das Eigentum der Länder und Kommunen v. 22.07.1990, GBl. I, S. 897
BezG	Bezirksgericht
BGBl. I, II	Bundesgesetzblatt Teil I, Teil II
BGH	Bundesgerichtshof
BHEI	Beratungshandbuch Eigentum und Investitionen in den neuen Bundesländern
BHO	Bundeshaushaltsordnung v. 19.08.1969, BGBl. I S. 1284
BK	Bonner Kommentar zum Grundgesetz
BM	Berliner Morgenpost
BMF	Bundesministerium der Finanzen
BMWi	Bundesministerium für Wirtschaft
BR-Drs.	Drucksachen des Bundesrates
BRHG	Gesetz über den Bundesrechnungshof (Bundesrechnungshofgesetz) v. 11.07.1985, BGBl. I S. 1445
BT-Drs.	Drucksachen des Deutschen Bundestages
BT-PlPr	Plenarprotokoll des Deutschen Bundestages
BVerfG	Bundesverfassungsgericht

BVerfGE	Entscheidungen des Bundesverfassungsgerichts
BVerwG	Bundesverwaltungsgericht
bzw.	beziehungsweise
CDU	Christlich-Demokratische Union Deutschlands
ClearingVO	Verordnung zur Abwicklung der Forderungen und Verbindlichkeiten realisierter Verträge in westlichen Währungen (konvertierbare Währungen, Clearing-Währungen und Verrechnungseinheiten) und Deutsche Mark gegenüber Devisenausländern und Vertragspartnern in der Bundesrepublik Deutschland und Westberlin v. 04.07.1990, GBl. I S. 662
d.h.	das heißt
DA	Deutschland Archiv
DAG	Deutsche Angestellten-Gewerkschaft
DB	Der Betrieb. Wochenschrift für Betriebswirtschaft, Steuerrecht, Wirtschaftsrecht, Arbeitsrecht
DB	Durchführungsbestimmung
DBD	Demokratische Bauernpartei Deutschlands
DDR	Deutsche Demokratische Republik
DDR-Verfassung	Verfassung der Deutschen Demokratischen Republik v. 06.04.1968 i.d.F. des Gesetzes zur Änderung und Ergänzung der Verfassung der Deutschen Demokratischen Republik v. 07.10.1974, GBl. I S. 425
Denkschrift	Denkschrift zum Vertrag zwischen der Bundesrepublik Deutschland und der Deutschen Demokratischen Republik über die Herstellung der Einheit Deutschlands (Einigungsvertrag), BR-Drs. 600/90, S. 355 = BT-Drs. 11/7760
ders.	derselbe
DFD	Demokratischer Frauenbund Deutschlands
Diss.	Dissertation

DM	Deutsche Mark
DMBilG	Gesetz über die Eröffnungsbilanz in Deutscher Mark und die Kapitalneufestsetzung (D-Markbilanzgesetz), Anlage II Kapitel III Sachgebiet D Abschnitt I Ziffer 1. EinigungsV v. 23.09.1990, BGBl. II S. 889 (1169)
DÖV	Die Öffentliche Verwaltung. Zeitschrift für öffentliches Recht und Verwaltungswissenschaft
Drs.	Drucksache
DStR	Deutsches Steuerrecht. Wochenschrift für Steuerrecht, Gesellschaftsrecht und Betriebswirtschaft
DSU	Deutsche Soziale Union
DtZ	Deutsch-Deutsche Rechts-Zeitschrift
DVBl	Deutsches Verwaltungsblatt
DVO	Durchführungsverordnung
DVO z. GebäudeverkaufsG	Durchführungsverordnung zum Gesetz über den Verkauf volkseigener Gebäude v. 15.03.1990, GBl. I S. 158
DW	Die Wirtschaft. Unabhängige Wochenzeitung für Wirtschaft, Handel und Finanzen
DWiR	Deutsche Zeitschrift für Wirtschaftsrecht
e.V.	eingetragener Verein
EALG	Gesetz über die Entschädigung nach dem Gesetz zur Regelung offener Vermögensfragen und über staatliche Ausgleichsleistungen für Enteignungen auf besatzungsrechtlicher oder besatzungshoheitlicher Grundlage (Entschädigungsleistungs- und Ausgleichsleistungsgesetz) v. 27.09.1994, BGBl. I, S. 2624
EGAktG	Einführungsgesetz zum Aktiengesetz v. 06.09.1965, BGBl. I S. 1185
EinigungsV	Vertrag zwischen der Bundesrepublik Deutschland und der Deutschen Demokratischen Republik über die Herstellung der

	Einheit Deutschlands (Einigungsvertrag) v. 31.08.1990, BGBl. II S. 889
EinigungsvertragsG	Gesetz zu dem Vertrag vom 31. August 1990 zwischen der Bundesrepublik Deutschland und der Deutschen Demokratischen Republik über die Herstellung der Einheit Deutschlands (Einigungsvertragsgesetz) und der Vereinbarung vom 18. September 1990 v. 23.09.1990, BGBl. II S. 885
EntschVO	Verordnung über Maßnahmen zur Entschuldung bisher volkseigener Unternehmen von Altkrediten (Entschuldungsverordnung) v. 05.09.1990, GBl. I S. 1435
ErblastentilgungsfondsG	Gesetz über die Errichtung eines Erblastentilgungsfonds (Erblastentilgungsfonds-Gesetz), Artikel 37 FKPG v. 23.06.1993, BGBl. I S. 944 (984)
Erl.	Erläuterung
EU	Europäische Union
EWiR	Entscheidungen zum Wirtschaftsrecht
f.	folgende
FAZ	Frankfurter Allgemeine Zeitung
FDP	Freie Demokratische Partei
ff.	fortfolgende
FKPG	Gesetz über Maßnahmen zur Bewältigung der finanziellen Erblasten im Zusammenhang mit der Herstellung der Einheit Deutschlands, zur langfristigen Sicherung des Aufbaus in den neuen Ländern, zur Neuordnung des bundesstaatlichen Finanzausgleichs und zur Entlastung der öffentlichen Haushalte (Gesetz zur Umsetzung des Föderalen Konsolidierungsprogramms) v. 23.06.1993, BGBl. I S. 944
FlErwV	Verordnung über den Erwerb land- und forstwirtschaftlicher Flächen, das Verfahren sowie den Beirat nach §§ 3 und 4 Ausgleichsleistungsgesetz (Flächenerwerbsverordnung) v. 20.12.1995, BGBl. I S. 2072

Fn.	Fußnote
FörderG	Gesetz zur Förderung der agrarstrukturellen und agrarsozialen Anpassung der Landwirtschaft der DDR an die soziale Marktwirtschaft (Fördergesetz) v. 06.07.1990, GBl. I S. 633
FR	Frankfurter Rundschau
FuE	Forschung und Entwicklung
GAW	Gesetz über den Außenwirtschafts-, Kapital- und Zahlungsverkehr v. 28.06.1990, GBl. I S. 515
GBl. I	Gesetzblatt der Deutschen Demokratischen Republik Teil I
GebäudeverkaufsG	Gesetz über den Verkauf volkseigener Gebäude v. 07.03.1990, GBl. I S. 157
gem.	gemäß
GesO	Verordnung über die Gesamtvollstreckung (Gesamtvollstreckungsordnung) v. 06.06.1990, GBl. I S. 285
GewerbeG	Gewerbegesetz der Deutschen Demokratischen Republik v. 06.03.1990, GBl. I S. 138
GewO	Gewerbeordnung v. 01.01.1978, BGBl. I S. 97
GG	Grundgesetz für die Bundesrepublik Deutschland v. 23.05.1949, BGBl. I S. 1
ggf.	gegebenenfalls
GmbH	Gesellschaft mit beschränkter Haftung
GmbHG	Gesetz betreffend die Gesellschaften mit beschränkter Haftung v. 20.04.1892, RGBl. I S. 75 (in der in der Bundesrepublik Deutschland geltenden Fassung)
GmbHG-DDR	Gesetz betreffend die Gesellschaften mit beschränkter Haftung v. 20.04.1892, RGBl. I S. 75 (in der in der Deutschen Demokratischen Republik geltenden Fassung)
GMBl	Gemeinsames Ministerialblatt

GO-BReg	Geschäftsordnung der Bundesregierung v. 11.05.1951, GMBl. S. 137
GO-THA	Geschäftsordnung der Treuhandanstalt
GO-Volkskammer (1974)	Geschäftsordnung der Volkskammer der Deutschen Demokratischen Republik v. 07.10.1974, GBl. I S. 469
GO-Volkskammer (1990)	Geschäftsordnung der Volkskammer der Deutschen Demokratischen Republik v. 12.07.1990, Volkskammer, 10. WP, Drs. 115 und 115 a
GPH	Gesellschaft zur Privatisierung des Handels mbH, Berlin
GrundstücksübertragungsG	Gesetz über die Übertragung des Eigentums und die Verpachtung volkseigener landwirtschaftlich genutzter Grundstücke an Genossenschaften, Genossenschaftsmitglieder und andere Bürger v. 22.07.1990, GBl. I S. 899
Gründungsbeschluß	Beschluß zur Gründung des Anstalt zur treuhänderischen Verwaltung des Volkseigentums (Treuhandanstalt) v. 01.03.1990, GBl. I S. 107
GST	Gesellschaft für Sport und Technik
GUG	Gesetz über die Unterbrechung von Gesamtvollstreckungsverfahren (Gesamtvollstreckungs-Unterbrechungsgesetz), Anlage II Kapitel III Sachgebiet A Abschnitt II Ziffer 2. EinigungsV v. 23.09.1990, BGBl. II S. 889 (1155)
GV NW	Gesetz- und Verordnungsblatt für das Land Nordrhein-Westfalen
GVO	Grundstücksverkehrsordnung v. 15.12.1977, GBl. I S. 73
GVOBl. SH	Gesetz- und Verordnungsblatt für Schleswig-Holstein
h. M.	herrschende Meinung
HandelsentflechtungsG	Gesetz zur Entflechtung des Handels in den Kommunen v. 06.07.1990, GBl. I S. 598

HandelsentflechtungsVO	Verordnung zur Entflechtung des Handels in den Kommunen v. 25.07.1990, GBl. I S. 784
HB	Handelsblatt. Wirtschafts- und Finanzzeitung
HdbFK	Handbuch der Finanzkontrolle
HdbStR	Handbuch des Staatsrechts der Bundesrepublik Deutschland
HemmnisbeseitigungsG	Gesetz zur Beseitigung von Hemmnissen bei der Privatisierung von Unternehmen und zur Förderung von Investitionen v. 22.03.1991, BGBl. I S. 766
HGrG	Gesetz über die Grundsätze des Haushaltsrechts des Bundes und der Länder (Haushaltsgrundsätzegesetz) v. 19.08.1969, BGBl. I S. 1273
HGrG-DDR	Gesetz über die Grundsätze des Haushaltsrechts der Republik und der Länder in der Deutschen Demokratischen Republik (Haushaltsgrundsätzegesetz) v. 15.06.1990, GBl. I S. 306
HO	Handelsorganisation
HO-DDR	Gesetz über die Haushaltsordnung der Republik v. 15.06.1990, GBl. I S. 313
Hrsg.	Herausgeber
HS	Halbsatz
i. A.	im Aufbau
i. d. F.	in der Fassung
i. L.	in Liquidation
i. S. v.	im Sinne von
i. V. m.	in Verbindung mit
i. w. S.	im weiteren Sinne
IG	Industriegewerkschaft
Inc.	Incorporated
insbes.	insbesondere
InvestitionszulagenVO	Investitionszulagenverordnung v. 04.07.1990, GBi. I S. 621

InVorG	Gesetz über den Vorrang für Investitionen bei Rückübertragungsansprüchen nach dem Vermögensgesetz (Investitionsvorranggesetz) v. 14.07.1992, BGBl. I S. 1268
Joint-Venture-VO	Verordnung über die Gründung und Tätigkeit von Unternehmen mit ausländischer Beteiligung in der DDR v. 25.01.1990, GBl. I S. 16
JURA	Juristische Ausbildung
JuS	Juristische Schulung
KG	Kammergericht
KG	Kommanditgesellschaft
KJ	Kritische Justiz
KoKo	Kommerzielle Koordinierung
KombinatsVO	Verordnung über die volkseigenen Kombinate, Kombinatsbetriebe und volkseigenen Betriebe v. 08.11.1979, GBl. I S. 355
KreditabwicklungsfondsG	Gesetz über die Errichtung eines Fonds "Kreditabwicklungsfonds", Anlage I Kapitel IV Sachgebiet B Abschnitt II Ziffer 47. EinigungsV v. 23.09.1990, BGBl. II S. 889 (993)
KreisG	Kreisgericht
KVG	Gesetz über das Vermögen der Gemeinden, Städte und Landkreise (Kommunalvermögensgesetz – KVG) v. 06.07.1990, GBl. I S. 660
LG	Landgericht
lit.	litera
LKV	Landes- und Kommunalverwaltung. Verwaltungsrechts-Zeitschrift für die Länder Berlin, Brandenburg, Mecklenburg-Vorpommern, Sachsen, Sachsen-Anhalt und Thüringen
LL	Linke Liste
LOG NW	Gesetz über die Organisation der Landesverwaltung (Landesorganisationsgesetz) v. 10.07.1962, GV NW S. 421

LOG SL	Landesorganisationsgesetz (Gesetz Nr. 883) des Saarlandes v. 02.07.1969, ABl. SL S. 445
LPG	Landwirtschaftliche Produktionsgenossenschaft
LPGG	Gesetz über die landwirtschaftlichen Produktionsgenossenschaften (LPG-Gesetz) v. 02.07.1982, GBl. I S. 443
lt.	laut
LVwG SH	Allgemeines Verwaltungsgesetz für das Land Schleswig-Holstein (Landesverwaltungsgesetz) v. 18.04.1967 i.d. F. v. 02.06.1992, GVOBl. SH S. 243
m. a. W.	mit anderen Worten
m. w. N.	mit weiteren Nachweisen
max.	maximal
MBI	Management-buy-in
MBO	Management-buy-out
MfS	Ministerium für Staatssicherheit
MinisterratsG	Gesetz über den Ministerrat der Deutschen Demokratischen Republik v. 16.10.1972, GBl. I S. 253
Mio.	Millionen
Mrd.	Milliarden
ND	Neues Deutschland
NJW	Neue Juristische Wochenschrift
NOZ	Neue Osnabrücker Zeitung
Nr.	Nummer
NVwZ	Neue Zeitschrift für Verwaltungsrecht
NZZ	Neue Zürcher Zeitung
o.	oben
o. ä.	oder ähnliches
o. N.	ohne Namen
o. T.	ohne Titel
o. Vn.	ohne Vornamen
OEB	organisationseigener Betrieb

OLG	Oberlandesgericht
OLG-NL	OLG-Rechtsprechung Neue Länder für Brandenburg, Mecklenburg-Vorpommern, Sachsen, Sachsen-Anhalt, Thüringen
ÖPNV	öffentlicher Personennahverkehr
OTZ	Ostthüringer Zeitung
ParteiG-DDR	Gesetz über Parteien und andere politische Vereinigungen (Parteiengesetz-DDR) v. 21.02.1990, GBl. I S. 66
PDS	Partei des Demokratischen Sozialismus
Protokoll z. EinigungsV	Protokoll zum Einigungsvertrag v. 23.09.1990, BGBl. II S. 889 (905)
PVKV	Verordnung über die Einrichtung und das Verfahren der Unabhängigen Kommission zur Überprüfung des Vermögens der Parteien und Massenorganisationen der DDR v. 14.06.1991, BGBl. I S. 1243
PVS	Politische Vierteljahresschrift. Zeitschrift der Deutschen Vereinigung für Politische Wissenschaften
rd.	rund
RechtsträgerAO	Anordnung über die Rechtsträgerschaft an volkseigenen Grundstücken v. 07.07.1969, GBl. II S. 433
RegE	Regierungsentwurf
RegVBG	Gesetz zur Vereinfachung und Beschleunigung registerrechtlicher und anderer Verfahren (Registerverfahrensbeschleunigungsgesetz) v. 20.12.1993, BGBl. I S. 2182
RGBl.	Reichsgesetzblatt
RHG	Gesetz über den Rechnungshof der Republik v. 15.05.1990, GBl. I S. 325
RVI	Rechtshandbuch Vermögen und Investitionen in der ehemaligen DDR
Rz.	Randzeichen
S.	Seite, Siehe
s.	siehe

S. A.	Société Anonyme
SächsVBl	Sächsische Verwaltungsblätter. Zeitschrift für öffentliches Recht und öffentliche Verwaltung
SDAG	Sowjetisch-Deutsche Aktiengesellschaft
SED	Sozialistische Einheitspartei Deutschlands
sog.	sogenannt, sogenannte, sogenannter
SPD	Sozialdemokratische Partei Deutschlands
SpTrUG	Gesetz über die Spaltung der von der Treuhandanstalt verwalteten Unternehmen v. 05.04.1991, BGBl. I S. 854
StaatlVersG	Gesetz über die "Errichtung der Staatlichen Versicherung der Deutschen Demokratischen Republik in Abwicklung", Anlage I Kapitel IV Sachgebiet B Abschnitt II Ziffer 45. EinigungsV v. 23.09.1990, BGBl. II S. 889 (991)
StaatsV	Vertrag über die Schaffung einer Währungs-, Wirtschafts- und Sozialunion zwischen der Bundesrepublik Deutschland und der Deutschen Demokratischen Republik v. 18.05.1990, BGBl. II S. 537
StabilitätsG	Gesetz zur Förderung der Stabilität und des Wachstums v. 08.06.1967, BGBl. I S. 582
Statut	Statut der Anstalt zur treuhänderischen Verwaltung des Volkseigentums v. 15.03.1990, GBl. I S. 167
StuR	Staat und Recht
SWK	Steuer- und WirtschaftsKartei
SZ	Süddeutsche Zeitung
SZS	Staatliche Zentralverwaltung für Statistik
taz	Die Tageszeitung
THA	Treuhandanstalt
THAKredG	Gesetz zur Regelung der Aufnahme von Krediten durch die Treuhandanstalt (Treuhandkreditaufnahmegesetz) v. 03.07.1992, BGBl. I S. 1190

THU	Thyssen Handelsunion AG, Düsseldorf
to.	Tonnen
TreuhAEG	Gesetz zur abschließenden Erfüllung der verbleibenden Aufgaben der Treuhandanstalt v. 09.08.1994, BGBl. I S. 2062
TreuhG	Gesetz zur Privatisierung und Reorganisation des volkseigenen Vermögens (Treuhandgesetz) v. 17.06.1990, GBl. I S. 300
TreuhLÜV	Verordnung zur Übertragung von liegenschaftsbezogenen Aufgaben und Liegenschaftsgesellschaften der Treuhandanstalt (Treuhandliegenschaftsübertragungsverordnung) v. 20.12.1994, BGBl. I S. 3908
TreuhS	Beschluß des Ministerrates über die Satzung der Treuhandanstalt v. 18.07.1990, GBl. I S. 809
TreuhUmbenV	Verordnung über die Umbenennung und die Anpassung von Zuständigkeiten der Treuhandanstalt (Treuhandumbenennungsverordnung) v. 20.12.1994, BGBl. I S. 3913
TreuhUntÜV	Verordnung zur Übertragung von unternehmensbezogenen Aufgaben und Unternehmensbeteiligungen der Treuhandanstalt (Treuhandunternehmensübertragungsverordnung) v. 20.12.1994, BGBl. I S. 3910
TSP	Der Tagesspiegel
Tz.	Textzeichen
u.	unten
u. a.	und andere, unter anderem
u. v. m.	und viele mehr
UBG	Unternehmensbeteiligungsgesellschaft
UmwandlungsVO	Verordnung zur Umwandlung von volkseigenen Kombinaten, Betrieben und Einrichtungen in Kapitalgesellschaften v. 01.03.1990, GBl. I S. 107
UmweltrahmenG	Umweltrahmengesetz v. 29.06.1990, GBl. I S. 649

UnternehmensG	Gesetz über die Gründung und Tätigkeit privater Unternehmen und über Unternehmensbeteiligungen v. 07.03.1990, GBl. I S. 141
v.	von, vom
v. H.	vom Hundert
VA-Altlastenfinanzierung	Verwaltungsabkommen über die Regelung der Finanzierung der ökologischen Altlasten v. 01.12.1992, BAnz. 1993, S. 2842
VEB	volkseigener Betrieb
VEG	volkseigenes Gut
Vereinbarung z. EinigungsV	Vereinbarung zwischen der Bundesrepublik Deutschland und der Deutschen Demokratischen Republik zur Durchführung und Auslegung des am 31. August 1990 in Berlin unterzeichneten Vertrages zwischen der Bundesrepublik Deutschland und der Deutschen Demokratischen Republik über die Herstellung der Einheit Deutschlands (Einigungsvertrag) v. 23.09.1990, BGBl. II S. 885
Verf.	Verfasser
VerfassungsänderungsG	Gesetz zur Änderung und Ergänzung der Verfassung der Deutschen Demokratischen Republik v. 12.01.1990, GBl. I S. 15
VerfassungsgrundsätzeG	Gesetz zur Änderung und Ergänzung der Verfassung der Deutschen Demokratischen Republik (Verfassungsgrundsätze) v. 17.06.1990, GBl. I S. 299
VermG	Gesetz zur Regelung offener Vermögensfragen (Vermögensgesetz), Anlage II Kapitel III Sachgebiet B Abschnitt I Ziffer 5. EinigungsV v. 23.09.1990, BGBl. II S. 889 (1159)
VerwArch	Verwaltungs-Archiv. Zeitschrift für Verwaltungslehre, Verwaltungsrecht und Verwaltungspolitik
VG	Verwaltungsgericht
vgl.	vergleiche

VIZ	Zeitschrift für Vermögens- und Investitionsrecht
Vorbem.	Vorbemerkung
(1990) Vorl. GO-Volkskammer	Vorläufige Geschäftsordnung der Volkskammer der DDR
vorl.	vorläufig, vorläufige, vorläufiger
VV	Verwaltungsvorschriften
VVB	Vereinigung volkseigener Betriebe
VVDStRL	Veröffentlichungen der Vereinigung der Deutschen Staatsrechtslehrer
VVG	Vereinigung volkseigener Güter
VVGVO	Verordnung über die Gründung von Vereinigungen volkseigener Güter v. 25.01.1951, GBl. I S. 47
VZOG	Gesetz über die Feststellung der Zuordnung von ehemals volkseigenem Vermögen (Vermögenszuordnungsgesetz) v. 22.03.1991, BGBl. I S. 766 (784)
wib	Woche im Bundestag
WiWo	Wirtschaftswoche
WM	Wertpapier-Mitteilungen. Zeitschrift für Wirtschafts- und Bankrecht
WP	Wahlperiode
WPK-Mitt.	Mitteilungen der Wirtschaftsprüferkammer
WR	Wirtschaftsrecht. Zeitschrift für Theorie und Praxis
WuW	Wirtschaft und Wettbewerb. Zeitschrift für deutsches und europäisches Wettbewerbsrecht
z.	zu, zum, zur
ZaöRV	Zeitschrift für ausländisches öffentliches Recht und Völkerrecht
ZAP-DDR	Zeitschrift für die Anwaltliche Praxis
ZGB	Zivilgesetzbuch der Deutschen Demokratischen Republik v. 19.06.1975, GBl. I S. 465

ZGR	Zeitschrift für Unternehmens- und Gesellschaftsrecht
ZIP	Zeitschrift für Wirtschaftsrecht
ZK	Zentralkomitee
ZOV	Zeitschrift für offene Vermögensfragen
ZParl	Zeitschrift für Parlamentsfragen
zzgl.	zuzüglich

Einleitung

Mit dem Ende des sozialistischen Systems der Deutschen Demokratischen Republik, erzwungen durch die friedliche Revolution im Herbst 1989[1], und dem paktierten Beitritt der Deutschen Demokratischen Republik zur Bundesrepublik Deutschland verbanden sich in ganz Deutschland gewaltige Umwälzungen auf allen Ebenen der Gesellschaft. Im Zuge der wirtschaftlichen Ausgestaltung der deutschen Einheit galt es, den Übergang von der

1 Das Begriffspaar der "friedlichen Revolution" haben sich beide deutschen Gesetzgeber zu eigen gemacht; vgl. Präambel StaatsV und Präambel VerfassungsgrundsätzeG. Diese Begriffswahl wird von der sozialwissenschaftlichen und juristischen Literatur mehrheitlich geteilt; s. aus juristischer Sicht Quaritsch, in: VerwArch 83 (1992), S. 314 ff.; aus sozialwissenschaftlicher Sicht: Löw, in: Löw (Hrsg.), Ursachen und Verlauf der deutschen Revolution, S. 123; Süß, in: DA 1990, S. 907 ff.; Warbeck, Die deutsche Revolution 1989/1990, S. 37; Welzel, in: PVS 1995, S. 67 ff. Auch jenseits der wissenschaftlichen Betrachtung hat sich die Begriffswahl durchgesetzt; s. selbst Krenz, Wenn Mauern fallen. Die Friedliche Revolution.

Gleichwohl finden sich auch andere Kennzeichnungen. So sprechen beispielsweise einige Publizisten mit Blick auf die Rolle der Kirche von der "protestantischen Revolution"; Neubert, Die protestantische Revolution; ders., in: DA 1990, S. 704 ff.; ders. in: Aus Politik und Zeitgeschichte B 19/91, S. 21 ff.; Pollack, in: Rendtorff (Hrsg.), Protestantische Revolution?; Rein, Die protestantische Revolution; kritisch Jansen-de Graf, in: DA 1999, S. 264 ff. Während Habermas seine Arbeit "Die nachholende Revolution" überschreibt, wählt Wilke das Begriffspaar "demokratische Revolution"; Wilke, in: Löw (Hrsg.), Ursachen und Verlauf der deutschen Revolution, S. 105 (108 ff.). Schäuble nennt den Vorgang eine "unvollendete Revolution"; Schäuble, Der Vertrag, S. 15 ff.; ebenso ders., in: DA 1992, S. 233 f., sowie ders., in: Die Zeit v. 08.09.1995, S. 40. Glaeßner kennzeichnet die Ereignisse – ähnlich wie Schäuble – mit den Begriffen der wiederherstellenden und zugleich abgebrochenen Revolution; Glaeßner, Der schwierige Weg zur Demokratie, S. 22. Fiedler bevorzugt das Begriffspaar "stille Revolution"; Fiedler, in: Isensee / Kirchhof (Hrsg.), HdbStR § 184, Rz. 5. Ash schafft den Begriff der "Refolution", der die Begriffe Revolution und Reform vermengt; Ash, Ein Jahrhundert wird abgewählt, S. 346; vgl. zur Anwendung des Revolutionsbegriffs weiterhin Fiedler, in: Isensee / Kirchhof (Hrsg.), HdbStR § 184, Rz. 13 ff.; Horn, in: Außenpolitik 1993, Heft 1, S. 55-65; Merkel, in: Liebert / Merkel (Hrsg.), Die Politik zur deutschen Einheit, S. 19-49; Glaeßner, in: Joas / Kohli (Hrsg.), Der Zusammenbruch der DDR, S. 70-92. Joas / Kohli ziehen den Begriff "Zusammenbruch" dem der "Revolution" vor; Joas / Kohli, in: Joas / Kohli (Hrsg.), Der Zusammenbruch der DDR, S. 7 ff. (9).

sozialistischen Zentralplanwirtschaft zur Sozialen Marktwirtschaft zu gestalten.

Zum zentralen Instrument dieser Umstellung wurde die Treuhandanstalt. Weite Teile des ehemals volkseigenen Vermögens waren ihr dafür anvertraut. Angesichts der ökonomischen Tragweite sowie der Komplexität, Breite und Heterogenität ihres Aufgabenspektrums wurde die Treuhandanstalt zu einem wichtigen Architekten der sich neu formierenden ostdeutschen Unternehmenslandschaft[2]. Helmut Schmidt nannte sie "praktisch ein Bundesministerium für die ostdeutsche Wirtschaft mit noch nie dagewesenen Vollmachten"[3]. Ihre Bedeutung für Deutschland als Ganzes unterstreicht allein der Umstand, daß sie der finanziell expansivste (und dabei zunächst kreditfinanzierte) Parafiskus des Vereinigungsprozesses war[4]. Von ihrer Arbeit hing Entscheidendes auch für das soziale und menschliche Gelingen der Vereinigung unter den Deutschen ab[5].

Die Wahrnehmung dieser herausragenden öffentlichen Aufgabe war zwar der Treuhandanstalt überantwortet, doch wurde sie nicht losgelöst von staatlichen Instanzen tätig, sondern war – eingebettet in wechselnde staatsorganisatorische Umfelde – Gegenstand staatlicher Kontrolle. Die vorliegende Betrachtung widmet sich den rechtlichen Voraussetzungen und der Praxis dieser Kontrolle.

Im Rahmen der Vorbemerkungen werden zunächst die rechtliche Notwendigkeit und der Begriff staatlicher Kontrolle untersucht. Weiterhin werden Subjekte und Objekte der hier zu betrachtenden Kontrolltätigkeit eingegrenzt.

2 Deutsche Bundesbank, Monatsbericht April 1994, S. 18.

3 Schmidt, Handeln für Deutschland, S. 110.

4 Schiller, Der schwierige Weg in die offene Gesellschaft, S. 48; s. zur fiskalischen Tragweite der Tätigkeit der Treuhandanstalt Deutsche Bundesbank, Monatsbericht April 1994, S. 17, 19 f., 21 ff.

5 So v. Weizsäcker, in: Presse- und Informationsamt der Bundesregierung (Hrsg.), Richard v. Weizsäcker, Reden und Interviews (7), S. 212.

Teil I

Vorbemerkungen

I. Notwendigkeit staatlicher Kontrolle

Die herausragende Bedeutung der Treuhandanstalt (nicht nur) für die wirtschaftliche Entwicklung Deutschlands begründet das Bedürfnis nach politischer Kontrolle. Sowohl nach dem Recht der Deutschen Demokratischen Republik als auch in der Bundesrepublik Deutschland ist dieses politische Kontrollbedürfnis als rechtliches Gebot gefaßt, welches sich aus dem jeweiligen Staatsverständnis ableitet.

Nach Artikel 2 Absatz 2 DDR-Verfassung zählte die Leitung und Planung der gesellschaftlichen Entwicklung zu den unantastbaren Grundlagen der sozialistischen Gesellschaftsordnung. Dies galt, wie Artikel 9 Absatz 3 Satz 1 DDR-Verfassung klarstellte, insbesondere auch für die Volkswirtschaft. Die Leitung der Volkswirtschaft und der zentralen Staatsorgane oblag dem als Organ der Volkskammer fungierenden[6] Ministerrat[7]. Somit war die Treuhandanstalt von Verfassung wegen einer zentralen staatlichen Leitung zu unterwerfen.

Diese Leitung hatte nach dem auf Lenin zurückgehenden[8] Prinzip des sog. demokratischen Zentralismus zu erfolgen, welches nach Artikel 47 Absatz 2 DDR-Verfassung als tragendes Prinzip des Staatsaufbaus anzusehen war. Danach stand an der Spitze eines streng hierarchischen Systems die Sozialistische Einheitspartei Deutschlands und deren oberste Leitungsgremien. Allerdings hatte die Volkskammer bereits am 1. Dezember 1989 die Streichung der "Führung der Arbeiterklasse und ihrer marxistisch-leninistischen Partei" aus Artikel 1 Absatz 1 DDR-Verfassung beschlossen[9]. Gleichwohl war damit weder das Prinzip des demokratischen Zentralismus noch der Anspruch auf zentrale staatliche Leitung der Volkswirtschaft aufgegeben.

Die Regierung de Maizière verfolgte das Ziel einer Abkehr von dem sozialistischen System der Deutschen Demokratischen Republik bei gleichzeitiger Angleichung an das System der Bundesrepublik Deutschland. Entscheidende Etappe auf diesem Weg war die am 1. Juli 1990 durch den Staatsvertrag eintretende Währungs-, Wirtschafts- und Sozialunion mit der Bundesrepublik Deutschland. Der Staatsvertrag war darauf angelegt, wesentliche

6 Artikel 76 Absatz 1 Satz 1 DDR-Verfassung.

7 Artikel 76 Absatz 2 Satz 1, Artikel 78 Absatz 1 Satz 1 DDR-Verfassung.

8 Bundesministerium für innerdeutsche Beziehungen, DDR Handbuch, Band 1, Stichwort "Demokratischer Sozialismus", S. 268; Herbst / Ranke / Winkler, So funktionierte die DDR, Stichwort "Demokratischer Sozialismus", Band 1, S. 191 ff.

9 GBl. I S. 165.

Verfassungselemente des Grundgesetzes in der Deutschen Demokratischen Republik unmittelbar verbindlich zu machen[10]. Artikel 2 Absatz 2 StaatsV bestimmt, daß Vorschriften der Verfassung der Deutschen Demokratischen Republik über die Grundlagen ihrer bisherigen sozialistischen Gesellschafts- und Staatsordnung, die den insbesondere in Artikeln 1 bis 6 StaatsV bezeichneten konstituierenden Prinzipien der grundgesetzlichen Ordnung entgegenstanden, nicht mehr anzuwenden waren. Hierzu waren, wie das Gemeinsame Protokoll über Leitsätze verbindlich festlegt, auch die Vorschriften zu der zentralen Leitung und Planung der Volkswirtschaft zu rechnen[11]. Kurz zuvor, nämlich mit Inkrafttreten des Verfassungsgrundsätzegesetzes am 17. Juni 1990, waren Vorschriften, die auf das Prinzip des demokratischen Zentralismus festlegten, pauschal aufgehoben worden[12].

Damit war die bisherige, formal-verfassungsrechtliche Grundlage für die Kontrolle der Treuhandanstalt entfallen[13]. An ihre Stelle traten die für freiheitliche Staatsordnungen fundamentalen Prinzipien der Volkssouveränität und der Demokratie[14], die auch in dem Grundgesetz der Bundesrepublik Deutschland verankert sind. Im Zusammenspiel dieser beiden Verfassungsprinzipien ergibt sich das verfassungsrechtliche Gebot demokratischer Legitimation jedweder Ausübung von Staatsgewalt und damit unmittelbar eine verfassungsrechtliche Notwendigkeit der Kontrolle über die Treuhandanstalt.

Nach Artikel 20 Absatz 2 Satz 1 GG geht in der Bundesrepublik Deutschland alle Staatsgewalt vom Volke aus. Das Grundgesetz macht sich damit das Prinzip der Volkssouveränität zu eigen, dem die Überzeugung zugrunde liegt, daß die Errichtung und Organisation eines Staates auf eine Entscheidung des den Staat bildenden Volkes, sich eine das Zusammenleben ordnende Verfassung zu geben, zurückgehen muß[15]. Die Grundannahmen von der natürlichen Freiheit des Einzelnen und dem Selbstbestimmungsrecht des Volkes führen zu der Forderung, daß die staatliche Aufgabe und Befugnis, das Volk zu führen und die Fragen des Zusammenlebens zu entscheiden, einer rechtfertigenden Herleitung bedarf, die vom Volk selbst ausgehen muß[16].

10 Stern, in: Stern / Schmidt-Bleibtreu (Hrsg.), Staatsvertrag zur Währungs-, Wirtschafts- und Sozialunion, S. 3 (43 f.); Schützenmeister, in: StuR 1990, S. 722.

11 Gemeinsames Protokoll, Leitsatz A. I. 2. (1. Satz).

12 Artikel 1 Absatz 2 Satz 2 VerfassungsgrundsätzeG.

13 A. A. Lindner, Der Übergang des Rechts der Wirtschaft von der Plan- zur Marktwirtschaft in Ostdeutschland, S. 187.

14 Artikel 1 Absatz 1 Satz 1 VerfassungsgrundsätzeG; Artikel 2 Absatz 1 Satz 1 StaatsV.

15 Böckenförde, in: Isensee / Kirchhof (Hrsg.), HdbStR § 22, Rz. 3 und 5.

16 Graf Kielmansegg, Volkssouveränität, S. 65 ff., 100 ff., 148 ff.; Kriele, Einführung in die Staatslehre, S. 226 ff.

Nach dem demokratischen Prinzip, welches in Artikel 20 Absatz 1 GG verankert ist, darf diese Herleitung vom Volke nicht bloß abstrakt-theoretischer Natur sein. Vielmehr muß das Volk, genauer gesagt die Aktivbürgerschaft[17], einen effektiven, sich praktisch vollziehenden Einfluß auf die Ausübung der Staatsgewalt nehmen[18]. Dies geschieht unmittelbar durch regelmäßig wiederkehrende Parlamentswahlen, ansonsten mittelbar über das Parlament als Legitimationsmittler.

Die Tätigkeit der Treuhandanstalt ist als Ausübung von Staatsgewalt im Sinne von Artikel 20 Absatz 2 GG anzusehen und somit dem Bedürfnis demokratischer Legitimation unterworfen[19]. Dabei ist es unerheblich, ob, wie im Kernbereich der gesetzlichen Aufgabenstellung der Treuhandanstalt, d.h. der Privatisierung, Sanierung und Stillegung ehemals volkseigener Unternehmen, das Handeln in Privatrechtsform oder gar durch privatrechtlich verfaßte funktionale Beteiligungs- und Nachfolgeorganisationen erfolgt. Mit Böckenförde umfaßt die Ausübung von Staatsgewalt "die Wahrnehmung der dem Staat zukommenden bzw. von ihm tatsächlich in Anspruch genommenen Aufgaben insgesamt"[20]. Dabei kommt es nicht auf die Rechtsform der Organisation oder des Handelns und auch nicht darauf an, ob das Handeln nur tatsächlicher oder rechtsförmlicher Art ist.

Zu abweichenden Ergebnissen führen allerdings Definitionen des Begriffs der Staatsgewalt, wie sie das Bundesverfassungsgericht und einige Autoren entwickelt haben. Das Bundesverfassungsgericht versteht unter Staatsgewalt "jedenfalls alles amtliche Handeln mit Entscheidungscharakter"[21]. Dabei wird der Terminus der amtlichen Handlung in funktionalem Sinn als Handeln der Organe und Amtswalter der staatlichen (und kommunalen) Verwaltung gebraucht[22]. Emde kommt in seiner Untersuchung zur demokratischen Legitimation der funktionalen Selbstverwaltung zu einer ähnliche Definition wie das Bundesverfassungsgericht, wenn er als legitimationsbedürftige Betätigung von Staatsgewalt diejenigen Entscheidungen von Organwaltern ansieht, die den Bereich des rechtlich Unverbindlichen und des rein Tatsächlichen, m.a.W. des rein Konsultativen und des bloß Vorbereitenden, verlassen und im Rahmen der staatlichen Normenordnung rechtliche Wirkung zeigen[23].

17 v. Mangoldt / Klein, Das Bonner Grundgesetz, Artikel 20, Anm. V 4 d.

18 BVerfGE 83, S. 60 (72); Böckenförde, in: Isensee / Kirchhof (Hrsg.), HdbStR § 22, Rz. 11; Herzog, in: Maunz / Dürig, Kommentar zum Grundgesetz, Artikel 20, Erl. II, Rz. 36.

19 Ausführlich hierzu: Spoerr, Treuhandanstalt und Treuhandunternehmen zwischen Verfassungs-, Verwaltungs- und Gesellschaftsrecht, S. 92-102.

20 Böckenförde, in: Isensee / Kirchhof (Hrsg.), HdbStR § 22, Rz. 12.

21 BVerfGE 83, S. 69 (73).

22 BVerfGE 83, S. 69 (72).

23 Emde, Die demokratische Legitimation der funktionalen Selbstverwaltung, S. 215.

Wernicke beschreibt Staatsgewalt als die "Gesamttätigkeit der staatlichen Herrschaft als organisatorisch und rechtsordnungsmäßig höchste Gewalt"[24]. Dabei bleibt unklar, ob mit dem Abstellen auf die höchste Gewalt gerade und nur das hoheitliche, speziell obrigkeitliche Handeln gemeint ist. So jedenfalls ist aber Isensee zu verstehen, wenn er Staatsgewalt im Sinne von Artikel 20 Absatz 2 GG gleichsetzt mit der Verwendung des Begriffes in der klassischen Drei-Elemente-Lehre der völkerrechtlichen Staatsdefinition[25]. Im Völkerrecht wird für die nach innen gewandte Seite der Staatsgewalt ("innere Souveränität")[26] das Moment der Herrschaft im Sinne von effektiver Hoheitsgewalt[27], der vor allem die Merkmale der Durchsetzungsfähigkeit und faktischen Durchsetzung zukommen[28], in den Vordergrund gestellt. Isensee selbst beschreibt Staatsgewalt mit Blick auf die Abwehrrichtung der Grundrechte[29] und die Rechtsschutzgarantie des Artikel 19 Absatz 4 Satz 1 GG als "die Herrschaftsorganisation, die den Individuen und den nichtstaatlichen Verbänden rechtlich übergeordnet und mit der spezifischen Befugnis ausgestattet ist, das Recht hoheitlich-einseitig zu setzen und durchzusetzen"[30].

Den Definitionen des Begriffs der Staatsgewalt des Bundesverfassungsgerichts und der beiden letztgenannten Autoren kann nicht gefolgt werden. Die Regelungsperspektive der Grundrechte, namentlich der Freiheitsrechte, ist eine andere als die des Artikel 20 Absatz 2 GG. Ebenso wenig kann die völkerrechtliche Begriffsbestimmung der Staatsgewalt für die Definition des Begriffs in Artikel 20 Absatz 2 GG herangezogen werden. Sowohl die freiheitssichenden Grundrechte als auch die völkerrechtlichen Betrachtungen konzentrieren sich auf das Moment faktischer staatlicher Machtausübung. Es geht dabei um die Möglichkeit des Staates, verbindlich zu gebieten[31] und solche Gebote auf Kosten der Freiheit des einzelnen durchzusetzen. Darin wird zurecht einerseits eine tatsächliche Voraussetzung für staatliches Handeln überhaupt gesehen[32], die es andererseits zugunsten der Freiheit des einzelnen zu begrenzen gilt.

24 Wernicke, in: Dolzer / Vogel (Hrsg.), BK, Artikel 20, Rz. 2a.

25 Isensee, in: Isensee / Kirchhof (Hrsg.), HdbStR § 13, Rz. 75.

26 Isensee, in: Isensee / Kirchhof (Hrsg.), HdbStR § 13, Rz. 34.

27 Vgl. Erklärung der Bundesregierung, wiedergegeben in: ZaöRV 35 (1975), S. 777.

28 Darsow, Zum Wandel des Staatsbegriffes, S. 30; Isensee, in: Isensee / Kirchhof (Hrsg.), HdbStR § 13, Rz. 30, 34.

29 Isensee, in: Isensee / Kirchhof (Hrsg.), HdbStR § 13, Rz. 153.

30 Isensee, in: Isensee / Kirchhof (Hrsg.), HdbStR § 13, Rz. 152.

31 Hesse, Grundzüge des Verfassungsrechts der Bundesrepublik Deutschland, Rz. 491.

32 Kirchhof, in: Isensee / Kirchhof (Hrsg.), HdbStR § 59, Rz. 56 ff.

Staatsgewalt i. S. v. Artikel 20 Absatz 2 GG beschränkt sich nicht auf den Bereich hoheitlichen Gebietens[33]. Denn das Gebot demokratischer Legitimation betrifft die Wahrnehmung der staatlichen Steuerungsfunktion allgemein und nicht nur, soweit diese im Wege der hoheitlichen Anordnungs- und Durchsetzungsmacht verwirklicht wird[34]. Der Staat erscheint nach dem Prinzip der Volkssouveränität als Instrument des Volkes, welches durch ihn und in ihm sein Zusammenleben ordnet. Staatliche Angelegenheiten sind bei dieser funktionalen Betrachtungsweise immer Angelegenheiten des Volkes. Insbesondere ist unerheblich, ob der Staat sich Handlungsformen des öffentlichen, d.h. speziell hierfür geschaffenen Rechts oder aber des Privatrechts bedient. Denn der Staat hört nicht auf, als Staat zu handeln, sobald er sich des Privatrechts bedient[35]. Legitimationsbedürftige Staatsgewalt ist damit alles staatliche Handeln[36].

Die vollziehende Gewalt ist als Institution und in ihrer Funktion bereits durch den Verfassungsgeber konstituiert (Artikel 20 Absatz 2 Satz 2 GG) und insoweit legitimiert[37]. Damit ist aber der erforderliche Zurechnungszusammenhang[38] zwischen dem Volk und dem konkreten Handeln eines exekutiven Funktionsträgers noch nicht hergestellt[39].

Hierzu bedarf die funktionell-institutionelle Legitimation der Ergänzung durch die Komponenten der personellen und der sachlich-inhaltlichen Legitimation[40]. Dies erfolgt über eine Legitimationskette[41], an deren Anfang die demokratische Legitimation des Parlaments durch regelmäßig

33 Grawert, in: Isensee / Kirchhof (Hrsg.), HdbStR § 14, Rz. 22.

34 Böckenförde, in: Isensee / Kirchhof (Hrsg.), HdbStR § 22, Rz. 12.

35 Haenel, Staatsrecht I, S. 161.

36 Damit ist der Begriff der Staatsgewalt in Artikel 20 Absatz 2 Grundgesetz gleichbedeutend mit der Wendung "alle staatliche Gewalt" in Artikel 1 Absatz 1 Grundgesetz; vgl. zu letzterem Dürig, in: Maunz / Dürig, Kommentar zum Grundgesetz, Artikel 1, Rz. 15.

37 BVerfGE 49, S. 89 (125); BVerfGE 68, S. 1 (89); Böckenförde, in: Isensee / Kirchhof (Hrsg.), HdbStR § 22, Rz. 15.

38 BVerfGE 83, S. 60 (72).

39 Böckenförde, in: Isensee / Kirchhof (Hrsg.), HdbStR § 22, Rz. 15.

40 BVerfGE 83, S. 60 (72); Böckenförde, in: Isensee / Kirchhof (Hrsg.), HdbStR § 22, Rz. 14 ff.; Emde, Die demokratische Legitimation der funktionalen Selbstverwaltung, S. 42 f.

41 Böckenförde, in: Isensee / Kirchhof (Hrsg.), HdbStR § 22 Rz. 11; Loschelder, in: Isensee / Kirchhof (Hrsg.), HdbStR § 68, Rz. 20; Bleckmann, Staatsrecht I, Rz. 1799; Herzog, in: Maunz / Dürig, Kommentar zum Grundgesetz, Artikel 20, Erl. II, Rz. 46 ff.

stattfindende Parlamentswahlen steht[42]. Den weiteren Zurechnungszusammenhang knüpfen einerseits die Bindung der Verwaltung an die Parlamentsgesetze (Artikel 20 Absatz 3 GG) und der sonstige parlamentarische Einfluß auf die Politik der Regierung sowie andererseits die Verantwortlichkeit der Regierung gegenüber dem Parlament für den Gang der Verwaltung[43]. Eine solche Regierungsverantwortlichkeit setzt voraus, daß die Regierung die Kontrolle über die Verwaltung innehat[44].

42 BVerfGE 83, S. 60 (72); Kriele, in: VVDStRL 29 (1971), S. 46 (63).

43 BVerfGE 83, S. 60 (72); Böckenförde, in: Isensee / Kirchhof (Hrsg.), HdbStR § 22, Rz. 21; Kriele, in: VVDStRL 29 (1971), S. 46 (63 f., 82)

44 BVerfGE 83, S. 60 (72); Loschelder, in: Isensee / Kirchhof (Hrsg.), HdbStR § 68, Rz. 20.

II. Begriff staatlicher Kontrolle

Wenn es nachstehend um die Kontrolle über die Treuhandanstalt geht, bedarf zunächst der Klarstellung, was mit dem Begriff der Kontrolle bezeichnet wird.

Ursprünglich bezeichnet der Begriff der Kontrolle, der etymologisch über das französische "contre-rôle" auf das mittellateinische "contra-rolus" (Gegenrolle, Gegenregister) zurückzuführen ist[45], die Prüfung von Daten durch Abgleich mit einem Zweitregister. In diesem Sinne war unter Kontrolle eine nachträgliche Überprüfung zu verstehen. Der betriebswirtschaftliche Kontrollbegriff ist (gemeinsam mit den Begriffen der Überwachung und Prüfung) nach wie vor auf einen der Realisationsphase nachgelagerten Vergleich von Zielvorgaben und Ist-Werten beschränkt[46]. Im heutigen allgemeinen Sprachgebrauch werden für den Begriff der Kontrolle neben "Überprüfung" und "Überwachung" auch "Aufsicht" und "Beherrschung" als Synonyme genannt[47].

Vorliegend wird der Begriff der Kontrolle im Lichte seiner vorstehend beschriebenen, aus dem jeweiligen Staatsverständnis erwachsenden staatsorganisatorischen Funktion verstanden. Damit beschränkt sich der Begriff der Kontrolle in Übereinstimmung mit dem allgemeinen Sprachgebrauch nicht auf eine überwachende Tätigkeit, sondern schließt die Beeinflussung durch Mitwirkung, Beteiligung und Herrschaftsausübung ein. Unter den so verstandenen Kontrollbegriff fällt auch die sog. Finanzkontrolle.

Staatliche Kontrolle findet darüber hinaus in der Form der Wirtschaftsaufsicht statt. Hierunter zählen Kartell-, Gewerbe-, Umwelt- und sonstige Fachaufsichten[48]. Sie dienen der präventiven Abwehr von Gefahren für die Wirtschaftsordnung bzw. für die Allgemeinheit. Im Hinblick auf den Untersuchungsgegenstand der vorliegenden Arbeit, der staatsorganisationsrechtlichen Stellung und Einbindung der Treuhandanstalt, können diese Ausprägungen staatlicher Kontrolle außer Betracht bleiben.

Staatsorganisatorisch ist allerdings die Einordnung der Treuhandanstalt in das föderale Gefüge der Bundesrepublik Deutschland von Belang. Soweit Länderinteressen oder sogar originäre Länderkompetenzen durch Existenz und Tätigkeit der Treu-

45 Drosdowski u.a. (Hrsg.), Duden Herkunftswörterbuch, Stichwort "Kontrolle", S. 358.

46 Baetge, in: Bitz u.a. (Hrsg.), Vahlens Kompendium der Betriebswirtschaftslehre, Band 2, S. 160 (167); ders., in: Dichtl / Issing (Hrsg.), Vahlens großes Wirtschaftslexikon, Stichwort "Überwachung", Band 2, S. 736 f.

47 Vgl. Brockhaus – Die Enzyklopädie in 24 Bänden, Stichwort "Kontrolle", Band 12, S. 337.

48 Mahlberg, Kontrolle gemeindlicher Unternehmen, S. 55 ff.

handanstalt berührt werden, stellt sich die Frage nach einer Kontrolle durch die betroffenen Bundesländer. Gleichwohl bleibt dieser Aspekt in der vorliegenden Arbeit unberücksichtigt, die sich auf eine Betrachtung der sich auf Bundesebene vollziehenden Kontrolle beschränkt. Für die Deutsche Demokratische Republik stellt sich angesichts ihres unitaristischen Staatsaufbaus eine vergleichbare Frage nicht.

III. Kontrollsubjekte

Unter dem staatsorganisatorischen Blickwinkel befaßt sich die vorliegende Untersuchung mit der Ausübung von Kontrolle durch Regierung und Volksvertretung. Daneben tritt die Betrachtung der Kontrolle durch Rechnungshöfe, die die Legislative, aber zugleich auch die Exekutive unterstützen.

Außer Betracht bleibt aus den bereits geschilderten Gründen die Ausübung von Kontrolle über die Treuhandanstalt durch Länderregierungen und -parlamente. Gleiches gilt für die Kontrolle durch kommunale Instanzen. Ebenfalls unberücksichtigt bleibt die Kontrolltätigkeit der zur Wirtschaftsaufsicht berufenen Einrichtungen wie beispielsweise das Bundeskartellamt[49] und das Bundesaufsichtsamt für das Kreditwesen[50].

IV. Kontrollobjekte

Bevor im Sinne des Titels der vorliegenden Arbeit die Ausübung staatlicher Kontrolle untersucht werden kann, bedarf es zunächst einer Festlegung, um die Kontrolle welchen Objektes es hierbei geht. Bislang wurde hierfür vereinfachend der Begriff der Treuhandanstalt verwandt. Wie der nachfolgende, chronologische Überblick zeigt, ist zwischen mehreren, teils nach-, teils auch nebeneinander existierende Organisationen zu unterscheiden.

49 Zu Berührungspunkten von Treuhandanstalt und Bundeskartellamt s. beispielsweise Härtel u.a., Die Entwicklung des Wettbewerbs in den neuen Bundesländern, S. 230 f.; Breuel (Hrsg.), Treuhand intern, S. 265.

50 Zu Berührungspunkten von Treuhandanstalt und Bundesaufsichtsamt für das Kreditwesen s. beispielsweise Sproß, in: VIZ 1993, S. 295; Treuhandanstalt, Stand der Aufgabenerfüllung des Direktorates "Besondere Handelsgesellschaften (AHB / KoKo)" der Treuhandanstalt, Nachdruck in: Treuhandanstalt (Hrsg.), Dokumentation 1990-1994, Band 9, S. 251 (252); Treuhandanstalt, Bericht für den Gesamtvorstand der Treuhandanstalt über den Stand der Abwicklung der ehemaligen Außenhandelsbetriebe (AHB) und KoKo-Unternehmen sowie die Entflechtung der Deutschen Handelsbank, Nachdruck in: Treuhandanstalt (Hrsg.), Dokumentation 1990-1994, Band 9, S. 269 (270).

1. Anstalt zur treuhänderischen Verwaltung des Volkseigentums (15. März 1990 – 30. Juni 1990)

Zu den Auslösern für die gewaltigen politischen Veränderungen, die sich seit Herbst 1989 in der Deutschen Demokratischen Republik ihren Weg bahnten, gehörten die von der Bevölkerung als unbefriedigend und zugleich ausweglos wahrgenommenen materiellen Lebensbedingungen[51], insbesondere die Probleme in der Versorgung der Bevölkerung und die am Arbeitsplatz spürbaren Unzulänglichkeiten des Produktionsprozesses[52] sowie die schwerwiegenden Umweltprobleme in den Bergbau- und Industrieregionen[53], die als Auswirkungen der systemimmanenten Schwächen der Wirtschaft der Deutschen Demokratischen Republik gewertet werden mußten. Der wirtschaftliche Mißerfolg wurde endlich[54], d.h. nach dem Sturz insbe-

51 Baule, in: Löw (Hrsg.), Ursachen und Verlauf der deutschen Revolution, S. 17 (29, 34 f.); Becher, in: DA 1990, S. 687; Deutsches Institut für Wirtschaftsforschung, Wochenbericht 6/90, S. 72; Fritze, in: DA 1995, S. 411; Grundmann, in: DA 1990, S. 1422 (1425); Korte, Die Chance genutzt?, S. 40 ff.; Lörler, in: DA 1990, S. 77 (83); Reißig, in: Joas / Kohli (Hrsg.), Der Zusammenbruch der DDR, S. 49 ff. (51 – 53); Süß, in: DA 1990, S. 907 ff.; Warbeck, Die deutsche Revolution 1989/1990, S. 38; Welzel, in: PVS 1995, S. 67 ff.; einschränkend Fiedler, in: Isensee / Kirchhof (Hrsg.), HdbStR § 184, Rz. 54.

52 Grundmann, in: DA 1990, S. 1422 (1430); s. bereits den Bericht des Ministeriums für Staatssicherheit v. 09.09.1989, nachgedruckt in: Mitter / Wolle (Hrsg.), Ich liebe euch doch alle!, S. 141 ff.

53 Grundmann, in: DA 1990, S. 1422 (1429).

54 Die Unzufriedenheit der Bevölkerung und deren Ursachen waren durch das Ministerium für Staatssicherheit fortlaufend und exakt ermittelt worden, ohne das dies zu spürbaren Maßnahmen in der praktischen Politik geführt hätte; vgl. Grundmann, in: DA 1990, S. 1422 (1430). Ebenso hatte die Partei- und Staatsführung bislang alle Hinweise der Wirtschaftsbürokratie auf die sich stetig verschlechternde Lage der Volkswirtschaft der DDR ignoriert. Beispielsweise berichtet Kemmler, daß Wolfgang Krause, Anfang der 70er Jahre stellvertretender Vorsitzender der Staatlichen Plankommission und später erst Staatssekretär für die Wirtschaftsreform in der Regierung Modrow, dann Mitglied des Vorstandes der Treuhandanstalt, 1978 aus leitenden Funktionen entfernt wurde, nachdem er die Führung auf zunehmende Widersprüche in der Wirtschaftspolitik hingewiesen hatte; Kemmler, Die Entstehung der Treuhandanstalt, S. 59. Ohne Wirkung blieb auch noch die Warnung des Vorsitzenden der Staatlichen Plankommission, Gerhard Schürer, vor der bevorstehenden Zahlungsunfähigkeit der DDR in einem Honecker zugeleiteten Papier vom 26.04.1988 "Überlegungen zur weiteren Arbeit am Volkswirtschaftsplan 1989 und darüber hinaus"; (un-

sondere von Honecker[55], Mittag[56] und Stoph[57], auch von der SED-Spitze unter Krenz[58] und der von dem Vorsitzenden des Ministerrates Modrow[59] geführten Regierung als Ergebnis des verfehlten Wirtschaftssystems der Zentralplanwirtschaft akzeptiert[60]. In seiner Regierungserklärung am 17. November 1989 kündigte Modrow eine Wirtschaftsreform mit dem Ziel an, die Eigenverantwortlichkeit der wirtschaftenden Einheiten bei Reduzierung

vollständiger) Nachdruck in: Treuhandanstalt (Hrsg.), Dokumentation 1990-1994, Band 1, S. 821 ff.; dazu Schürer, Gewagt und verloren, S. 154 ff.; Schürer, zitiert bei Bencard / Steingart, in: WiWo (Ausgabe DDR) v. 20.07.1990, S. 18 (19); Semler, in: taz v. 23.09.1994, S. 3. Selbst noch die von der Arbeitsgruppe Zahlungsbilanz, der neben Schürer auch Beil, Schalck u.a. angehörten, erstellte Analyse v. 28.09.1989 (Geheime Kommandosache b 5 – 1111/89) führte nicht zu einem Kurswechsel; s. Hertle, in: DA 1992, S. 1019 (1020).

55 Erich Honecker, bis 18.10.1989 Generalsekretär des Zentralkomitees der SED, Vorsitzender des Staatsrates und Vorsitzender des Nationalen Verteidigungsrates.

56 Günter Mittag, bis 18.10.1989 Sekretär für Wirtschaft des Zentralkomitees der SED, stellvertretender Vorsitzender des Staatsrates und Mitglied des Nationalen Verteidigungsrates.

57 Willi Stoph, bis 07.11.1989 Vorsitzender des Ministerrates und stellvertretender Vorsitzender des Staatsrates.

58 Egon Krenz, als Nachfolger Honeckers bis 03.12.1989 Generalsekretär des Zentralkomitees der SED, bis 06.12.1989 Vorsitzender des Staatsrates und Vorsitzender des Nationalen Verteidigungsrates.

59 Hans Modrow, vom 13.11.1989 bis 13.04.1990 Vorsitzender des Ministerrates der DDR.

60 Dem lag die von Gerhard Schürer gemeinsam mit Gerhard Beil (Minister für Außenhandel), Alexander Schalck (Staatssekretär im Ministerium für Außenhandel und Leiter des Bereiches Kommerzielle Koordinierung), Ernst Höfner (Finanzminister) und Arno Donda (Leiter der Staatlichen Zentralverwaltung für Statistik) im Auftrag des Politbüros der SED gefertigte "Analyse der ökonomischen Lage der DDR mit Schlußfolgerungen" v. 30.10.1989 (Geheime Verschlußsache b 5 – 1158/89), Nachdruck in DA 1992, S. 1112 ff., und Schürers Zusatzinformation "Zur Zahlungsunfähigkeit der DDR" v. 27.10.1989 (Geheime Kommandosache b 5 – 1156/89) zugrunde; s. dazu ausführlich Hertle, in: DA 1992, S. 1019 (1022 ff.), sowie Schürer, Gewagt und verloren, S. 163. Auch das Ministerium für Staatssicherheit, Hauptabteilung XVIII (Volkswirtschaft), zog hieraus in seiner "Konzeption des Ansatzes für den Fünfjahresplan 1991-1995 und für die staatlichen Aufgaben 1990" betitelten Stellungnahme v. 27.10.1989 zu der Schürer-Vorlage weitreichende Konsequenzen; s. Gast, in: taz v. 23.09.1994, S. 3. Befremdlich wirkt in diesem Zusammenhang, daß Modrow entgegen den Feststellungen in den vorgenannten

der zentralen Leitung zu erhöhen[61]. Die – von der Rechtswissenschaft der Deutschen Demokratischen Republik publizistisch begleitete[62] – Erarbeitung des Reformkonzeptes oblag der stellvertretenden Vorsitzenden des Ministerrates für Wirtschaft, Christa Luft, die sich hierbei auf die von Wolfram Krause geleitete "Arbeitsgruppe Wirtschaftsreform beim Ministerrat der Deutschen Demokratischen Republik" stützte[63]. Luft und Krause verstanden die vorzunehmende Wirtschaftsreform zunächst als "Element zur Erneuerung des Sozialismus"[64] und hielten an dessen herausragender "Errungenschaft", dem Volkseigentum, als dominierender Form des Eigentums an Produktivvermögen fest[65].

Dahinter stand die marxistisch geprägte, aber weit über den sozialistischen Machtbereich hinaus verbreitete Überzeugung, daß privates Eigentum an den Produktionsmitteln Ausbeutung und damit Unfreiheit bedinge[66], wohingegen die Verschmelzung von Eigentum an den Produktionsmitteln und Arbeitskraft im Volkseigentum die Aufhebung der Klassengegensätze bedeute, wodurch die Ausbeutung des Men-

Berichten in der Rückschau von der DDR als einem "sich selbst tragenden Industrie- und Wirtschaftsstandort" spricht; Modrow im Vorwort zu Hartmann, Die Liquidatoren, S. 7 (10).

61 Modrow, Regierungserklärung v. 17.11.1989, Nachdruck in DA 1990, S. 122 (124, 128); hierzu ausführlich Korte, Die Chance genutzt?, S. 71 ff.

62 Beispiele: o. N., Wirtschaftsrechtswissenschaftler fordern radikale Wirtschaftsreform, in: StuR 1990, S. 67 ff.; Andrae, in: StuR 1990, S. 34 ff.; Balaschk / Quilitzsch, in: StuR 1990, S. 475 ff.; Dornberger, in: StuR 1990, S. 72 ff.; Knüpfer, in: StuR 1990, S. 284 ff.; Maskow, in: StuR 1990, S. 193 ff.; Penig, in: StuR 1990, S. 199 ff.; Schüsseler, in: StuR 1990, S. 479 ff.; Streich, in: StuR 1990, S. 280 ff.

63 Kemmler, Die Entstehung der Treuhandanstalt, S. 57 ff.

64 Ein von Krause mitverfaßter Artikel im Neuen Deutschland v. 03.11.1989 war bezeichnenderweise betitelt: "Wirtschaftsreform – Element der Erneuerung des Sozialismus"; Heinrichs / Krause, in: ND v. 03.11.1989, S. 4. Dieser Veröffentlichung verdankte Krause seine Berufung zum Leiter der Arbeitsgruppe Wirtschaftsreform und späteren Staatssekretär; s. Kemmler, Die Entstehung der Treuhandanstalt, S. 59 und Luft, Treuhandreport, S. 19.

65 Luft, zitiert bei Liebsch / Rietz, in: ND v. 03./04.02.1990, S. 4; Luft, Treuhandreport, S. 19; Luft, zitiert bei Behrens / Steingart, in: WiWo v. 08.12.1989, S. 29 ff.; vgl. auch das Plädoyer für das Volkseigentum von Schulz, in: ND v. 01.09.1989, S. 3.

66 Vgl. Engels u.a. (Kronberger Kreis), Soziale Marktwirtschaft in der DDR, S. 43 f.; Kemmler, Die Entstehung der Treuhandanstalt, S. 32 f.

schen durch den Menschen beseitigt[67] und die Freiheit des Einzelnen gesichert werde[68].

Den Kern dieser am Leitbild des sog. Konkurrenz- oder Marktsozialismus orientierten, als Suche nach dem Dritten Weg beschriebenen[69] Reformkonzeption bildete daher der Vorschlag, die volkseigenen Wirtschaftseinheiten durch Entlassung aus staatlichem Dirigismus[70] in einen Wettbewerb zueinander zu stellen, um so die dem marktwirtschaftlichen System immanenten Vorteile der dezentralen Planung zu realisieren und Leistungsanreize zu bieten[71]. Auf eine staatliche Rahmenplanung, beispielsweise der Unternehmensziele, sollte allerdings nicht verzichtet werden[72].

67 Artikel 2 Absatz 3 Satz 1 DDR-Verfassung.

68 Pro aliis Luft, Treuhandreport, S. 36; vgl. im Gegensatz dazu die Ausführungen des Bundesverfassungsgerichts über die freiheitssichernde Funktion des privaten Eigentums nach dem Grundgesetz; BVerfGE 24, S. 367 (389).

69 Kemmler, Die Entstehung der Treuhandanstalt, S. 48 ff.; s. a. Becher, in: DA 1990, S. 687 (688 ff.); Buck, Von der staatlichen Kommandowirtschaft der DDR zur Sozialen Marktwirtschaft des vereinten Deutschland, S. 18; Korte, Die Chance genutzt?, S. 72; Sachverständigenrat zur Begutachtung der gesamtwirtschaftlichen Entwicklung, Zur Unterstützung der Wirtschaftsreform in der DDR: Voraussetzungen und Möglichkeiten, S. 4; Sinn / Sinn, Kaltstart, S. 121; Willgerodt, Vorteile der wirtschaftlichen Einheit Deutschlands, S. 1 f.

70 Die zentrale staatliche Leitung und Planung war in Artikel 9 Absatz 3 DDR-Verfassung verankert. Allerdings waren Volkseigentum und Zentralplanwirtschaft in der sozialistischen Wirtschaftstheorie und -praxis nicht immer zwingend miteinander verknüpft. Volkseigentum und freier Markt wurden in der Sowjetunion erst 1928 auf dem VI. Kongreß der Kommunistischen Internationale unter Führung von Stalin in bewußter Abkehr von Lenins Neuer Ökonomischer Politik für unvereinbar erklärt; s. Leipold, Wirtschafts- und Gesellschaftssysteme im Vergleich, S. 199.

71 Arbeitsgruppe Wirtschaftsreform beim Ministerrat der DDR, Regierungskonzept zur Wirtschaftsreform in der DDR, S. 2; Luft, Treuhandreport, S. 20; vgl. Modrow, Aufbruch und Ende, S. 102; Modrow im Vorwort zu Hartmann, Die Liquidatoren, S. 7 (9).

72 Modrow, Regierungserklärung v. 17.11.1989, in: Volkskammer, 9. WP, stenographische Niederschrift der 12. Tagung, S. 272 (275 ff.); Nachdruck in DA 1990, S. 122 (128); dazu auch Luft, zitiert bei Behrens / Steingart, in: WiWo v. 08.12.1989, S. 29 ff.

Im Volkseigentum stand in der Deutschen Demokratischen Republik insbesondere der überwiegende Teil des Produktivvermögens[73]. Artikel 12 Absatz 1 Satz 1 DDR-Verfassung hatte bestimmt:

> *"Die Bodenschätze, die Bergwerke, Kraftwerke, Talsperren und großen Gewässer, die Naturreichtümer des Festlandsockels, Industriebetriebe, Banken und Versicherungseinrichtungen, die volkseigenen Güter, die Verkehrswege, die Transportmittel der Eisenbahn, der Seeschiffahrt sowie der Luftfahrt, die Post- und Fernmeldeanlagen sind Volkseigentum."*

Unter Wahrung des formalen Eigentumsrechts des Volkes waren vor allem den Wirtschaftseinheiten der volkseigenen Wirtschaft anstelle der Bilanzposition "Kapital"[74] Besitz-, Nutzungs- und in beschränktem Umfang auch Verfügungsrechte an volkseigenen Produktionsfaktoren als sog. Fonds zugewiesen[75]. Die Fondsinhaber fungierten dabei als operative, d.h. wirtschaftende Verwalter[76].

Die Vorstellung von der Reformierbarkeit des Sozialismus durch Inkorporation marktwirtschaftlicher Elemente wurde von weiten Teilen der damaligen Opposition in der Deutschen Demokratischen Republik geteilt[77]. Von dort kam der entscheidende Anstoß zur Gründung der Anstalt zur treuhän-

73 Das Statistische Jahrbuch der DDR 1989, S. 99, gibt den Anteil der sozialistischen Betriebe am Nettoprodukt für 1988 wie folgt an: Industrie 97,6 v.H., Bauwirtschaft 92 v.H., Land- und Forstwirtschaft 95,9 v.H., Verkehr, Post- und Fernmeldewesen 98,2 v.H., Binnenhandel 91,6 v.H., sonstige produzierende Wirtschaftsbereiche 94,6 v.H.; s. a. Luft, Treuhandreport, S. 34 f.; Seiffert, Wirtschaftsrecht der DDR, S. 9.

74 Janke, in: BB 1990, Supplement DDR-Rechtsentwicklungen, Folge 7, S. 17 (25); Kemmler, Die Entstehung der Treuhandanstalt, S. 37.

75 In Fondsinhaberschaft standen auch Gebäude und bauliche Anlagen, in bezug auf volkseigene Grundstücke wurde der Begriff der Rechtsträgerschaft verwandt; Teige, in: VIZ 1994, S. 58 (59); abweichend Böhringer, Besonderheiten des Liegenschaftsrechts in den neuen Bundesländern, Rz. 53.

76 Vgl. § 3 Absatz 2, § 31 Absatz 4 KombinatsVO; Knüpfer, in: BB 1990, Supplement DDR-Rechtsentwicklungen, Folge 7, S. 1 (2); Reblin, in: Kaligin / Goutier (Hrsg.), BHEI, 1211, Rz. 6; Seiffert, Wirtschaftsrecht der DDR, S. 15; Schüsseler, in: Heuer / Pflicke / Schüsseler (Hrsg.), Wirtschaftsrecht, Lehrbuch, S. 244 ff.; Teige, in: VIZ 1994, S. 58 (59).

77 Vgl. Zentraler Runder Tisch, Ergebnisse der 11. Sitzung des Rundtischgesprächs am 05.02.1990, Ziffer 3.1, Nachdruck in: Herles / Rose (Hrsg.), Vom Runden Tisch zum Parlament, S. 107; vgl. Stark, in: DA 1995, S. 1183 (1185 ff.); s. a. Hertle, in: DA 1992, S. 1019 (1030), und Kemmler, Die Entstehung der Treuhandanstalt, S. 64, 71 f.

derischen Verwaltung des Volkseigentums[78]. Nach der bisherigen Rechtsauffassung übte der Staat als Instrument des Volkes[79] bislang die oberste Verfügungsgewalt über das Volkseigentum aus[80] und galt daher als Träger des Eigentumsrechts des Volkes an den Produktionsmitteln[81]. Mit dem für alsbald bevorstehend erachteten Untergang der Deutschen Demokratischen Republik verband sich mithin die Frage nach der zukünftigen Wahrnehmung dieser Eigentumsrechte[82]. Der Staat als Träger des Volkseigentums sollte deshalb durch ein Rechtssubjekt ersetzt werden, welches auch nach einer wirtschaftsrechtlichen[83] oder gar staatlichen Union der beiden deutschen Staaten wie ein Nachlaßverwalter das als unteilbar verstandene ge-

78 Vorlage Nr. 12/29 zur 12. Sitzung des Zentralen Runden Tisches am 12.02. 1990, vorgelegt von dem Freien Forschungskollegium "Selbstorgsanisation"; parallel brachte Minister Ullmann den Vorschlag im Kabinett ein, s. Fischer / Schröter, in: Fischer / Hax / Schneider (Hrsg.), Treuhandanstalt – Das Unmögliche wagen, S. 17 (18 f.); Gimmy, in: VIZ 1994, S. 633 (634); Kemmler, Die Entstehung der Treuhandanstalt, S. 76; Luft, Treuhandreport, S. 31 u. 38; Stark, in: DA 1995, S. 1183 (1193). Ebenfalls im Februar publizierten die wissenschaftlichen Mitarbeiter am Institut für Weltwirtschaft in Kiel, Schmieding und Kostrzewa, ihren weitsichtigen, aber unbeachteten Vorschlag zur Gründung von zehn Privatisierungsgesellschaften, welchen die Anteile an sämtlichen, per Gesetz in Aktiengesellschaften umzuwandelnden größeren Unternehmen zwecks breiter Privatisierung insbesondere unter der Bevölkerung der DDR übertragen werden sollten; neben einem egalitären Element spielten dabei währungs- und finanzpolitische Überlegungen eine entscheidende Rolle; Schmieding / Kostrzewa, in: DA 1990, S. 212 (214 ff.).

79 Egler / Petzold / Schüßler, in: Akademie für Staats- und Rechtswissenschaft der DDR (Hrsg.), Staatsrecht der DDR, S. 17 (21).

80 Mampel, Die sozialistische Verfassung der Deutschen Demokratischen Republik, Artikel 10, Rz. 13.

81 Brunner, Einführung in das Recht der DDR, S. 100; Egler / Petzold / Schüßler, in: Akademie für Staats- und Rechtswissenschaft der DDR (Hrsg.), Staatsrecht der DDR, S. 17 (21); Moschütz, in: Akademie für Staats- und Rechtswissenschaft der DDR (Hrsg.), Staatsrecht der DDR, S. 130 (132); Seiffert, Wirtschaftsrecht der DDR, S. 9; Weimar, in: DB 1991, S. 373.

82 Bereits 1950 hatte Böhm dieses Problem erkannt. Böhm befürchtete im Falle einer revolutionären Beseitigung der Zentralverwaltungswirtschaft ein Chaos, da niemand da sei, dem das Eigentum an den Betriebseinrichtungen zustehe, der also imstande wäre, gestützt auf dieses Eigentum diese Betriebe in Gang zu halten; Böhm, Wirtschaftsordnung und Staatsverfassung, S. 45.

83 Am 07.02.1990 hatte die Bundesregierung beschlossen, sofortige Verhandlungen zur Errichtung einer Währungsunion, verbunden mit einer Wirtschaftsreform in der DDR, einzutreten; Schäuble, Der Vertrag, S. 294; Sinn / Sinn, Kalt-

meinschaftliche Eigentum der Bevölkerung der Deutschen Demokratischen Republik wahren konnte[84].

Die Regierung griff den Vorschlag am 22. Februar 1990 auf[85] und ließ durch die Arbeitsgruppe Wirtschaftsreform beim Ministerrat unverzüglich den Gründungsbeschluß entwerfen. Die Arbeitsgruppe Wirtschaftsreform konnte hierfür auf eigene Überlegungen, die dort zur Einrichtung eines "Schatzamts" entwickelt worden waren[86], zurückgreifen und unverzüglich den Entwurf des Gründungsbeschlusses vorlegen, den der Ministerrat schon am 1. März 1990 gemeinsam mit der Umwandlungsverordnung verabschiedete. Am 15. März 1990 folgte der Beschluß über das Statut der Anstalt zur treuhänderischen Verwaltung des Volkseigentums.

Die Aufgabenstellung der Anstalt zur treuhänderischen Verwaltung des Volkseigentums war durchaus komplex:

Der Gründungsbeschluß ordnete die Treuhandschaft der Anstalt zur treuhänderischen Verwaltung des Volkseigentums über volkseigene Vermögensmassen an[87]. Als Inhalt der Treuhandschaft über volkseigenes Vermögen bezeichnete § 2 Absatz 3 Statut dessen Verwaltung im Interesse der Allgemeinheit[88].

Damit hatte der Ministerrat die Vorstellung des Freien Forschungskollegiums "Selbstorganisation", welches sich bei seinem Vorschlag einer Treuhandgesellschaft ausdrücklich auf das Modell einer Nachlaßverwaltung bundesdeutscher Prägung bezogen hatte[89], von der Errichtung einer uneigennützigen Verwaltungstreuhandschaft aufgegriffen[90].

Die Zweckbestimmung der Anstalt zur treuhänderischen Verwaltung des Volkseigentums war die Wahrung des Volkseigentums. Die Initiatoren für

start, S. 8; Süß, in: DA 1991, S. 596 (606). Schäuble hatte bereits Mitte Dezember 1989 angeregt, der DDR unverzüglich eine Währungs- und Wirtschaftsgemeinschaft anzubieten; Schäuble, Der Vertrag, S. 21.

84 Ausführlich Kemmler, Die Entstehung der Treuhandanstalt, S. 69 ff.; Fischer / Schröter, in: Fischer / Hax / Schneider (Hrsg.), Treuhandanstalt – Das Unmögliche wagen, S. 17 (19).

85 Luft, Treuhandreport, S. 38.

86 Breuel (Hrsg.), Treuhand intern, S. 29.

87 Ziffer 2 Satz 1 Gründungsbeschluß; § 2 Absatz 1 Satz 1 Statut.

88 § 2 Absatz 3 Statut; Hannemann / Bergmann, in: DtZ 1990, S. 183 (185).

89 Freies Forschungskollegium "Selbstorganisation", Vorschlag der umgehenden Bildung einer "Treuhandgesellschaft (Holding) zur Wahrung der Anteilsrechte der Bürger mit DDR-Staatsbürgerschaft am 'Volkseigentum' der DDR", in: Kemmler, Die Entstehung der Treuhandanstalt, S. 371 (372).

90 Rother, in: Kaligin / Goutier (Hrsg.), BHEI, 4210, Rz. 5.

ihre Gründung sahen in der Anstalt zur treuhänderischen Verwaltung des Volkseigentums das notwendige Vehikel, um das Volkseigentum in die Rechtsordnung der Bundesrepublik Deutschland zu überführen. Der Regierung diente sie zunächst, um die volkseigenen Wirtschaftseinheiten aus der unmittelbaren, wirtschaftsleitenden Staatsverwaltung auszugliedern, ohne sie vollständig aus dem Bereich des Gesamtstaates zu entlassen. Neben der Erhaltung des Volkseigentums als Institution galt es nach Auffassung der Regierung aber auch, den konkreten Bestand des Volkseigentums zu wahren, d.h. vor ungewollten Abflüssen zu sichern[91]. Zum einen hatten Führungskräfte von Wirtschaftseinheiten die Übernahme der von ihnen geleiteten Betriebe vorgesehen[92]. Zum anderen wurde die Gefahr eines unkontrollierten Abflusses volkseigenen Betriebsvermögens als Folge eigenmächtiger Handlungen der Betriebsführungen gesehen[93]. Die Regierung sah die Notwendigkeit, derartigen Emanzipationstendenzen der Betriebsführungen[94] entgegenzutreten[95]. Damit erwuchs der Anstalt zur treuhänderischen Verwaltung des Volkseigentums der konkrete Auftrag, das ihr anvertraute volkseigene Vermögen unter ihre Kontrolle zu bringen[96]. Um bereits erfolgten Verfügungen den Boden zu entziehen, stellte der Gründungsbeschluß

91 Kemmler, Die Entstehung der Treuhandanstalt, S. 122 f.

92 Begründung der Ministerratsvorlage zum Gründungsbeschluß und zur UmwandlungsVO; Maskow, in: BB 1990, Supplement DDR-Rechtsentwicklungen, Folge 4, S. 1 (3).

93 Bollmann, in: BB 1990, Supplement DDR-Rechtsentwicklungen, Folge 7, S. 10 (15); Flug, Treuhand-Poker, S. 10; Kemmler, Die Entstehung der Treuhandanstalt, S. 131; Marissal, Der politische Handlungsrahmen der Treuhandanstalt, S. 23.

94 Der Ministerrat hatte die Selbständigkeit der Generaldirektoren der zentralgeleiteten Kombinate in Fragen der Wirtschaftsorganisation mit Beschlüssen v. 21.12.1989 (8/I.1/89) und 01.02.1990 (12/3/90) zwar gestärkt, damit jedoch keine Veränderung der Eigentumssituation zugelassen; auszugsweiser Nachdruck der Beschlüsse in: Herles / Rose (Hrsg.), Vom Runden Tisch zum Parlament, S. 297; s. dazu auch Stark, in: DA 1995, S. 1183 (1190 ff.).

95 Vgl. Bergt (PDS), in: Volkskammer, 10. WP, stenographische Niederschrift der 11. Tagung, S. 358: "Die treuhänderische Verwaltung der volkseigenen Geschäftsanteile ist ein unabdingbares Erfordernis, um jede unrechtmäßige Veräußerung, jede Verschleuderung von volkseigenem Vermögen durch Einzelpersonen zu verhindern."

96 Vgl. Pressematerial der Anstalt zur treuhänderischen Verwaltung des Volkseigentums (ca. v. 20.04.1990), Nachdruck in: Treuhandanstalt (Hrsg.), Dokumentation 1990-1994, Band 1, S. 43; vgl. Stark, in: DA 1995, S. 1183 (1193).

für die Feststellung des Vermögensbestandes auf den 31. Dezember 1989 ab[97].

Nach Maskow war dieser Auftrag zumindest "technisch" auf die volkseigenen Anteile an in Kapitalgesellschaften umgewandelte Wirtschaftseinheiten begrenzt[98]. Zwar ist auch in der Begründung der Ministerratsvorlage für das Statut davon die Rede, daß mit der Anteilsübernahme das Volkseigentum juristisch gesichert werde[99]. Dies bedeutete aber nicht, daß eine Treuhandschaft über volkseigenes Vermögen noch nicht umgewandelter Betriebe gar nicht stattfinden sollte. Vielmehr wurde ein Tätigwerden der Anstalt zur treuhänderischen Verwaltung des Volkseigentums zur Wahrung des Volkseigentums ebenso bei noch nicht umgewandelten Wirtschaftseinheiten erwartet. Dies belegt § 2 Absatz 1 Satz 3 UmwandlungsVO, wonach die Anstalt zur treuhänderischen Verwaltung des Volkseigentums die vermögensrechtliche Stellung nicht umgewandelter Betriebe zu bestimmen und zu sichern hat.

Erster praktischer Schritt zur Sicherung des Volkseigentums war die Dokumentation der volkseigenen Vermögenswerte zum Stichtag 31. Dezember 1989, welche die Grundlage der Übernahme in die Treuhandschaft bot. Hierbei wirkte die Anstalt zur treuhänderischen Verwaltung des Volkseigentums insbesondere mit der Staatlichen Zentralverwaltung für Statistik (seit 8. März 1990: Statistisches Amt)[100], unterstützt von dem Ministerium der Finanzen und Preise und den Abteilungen Finanzen der Bezirke, zusammen[101].

Vordringlicher Auftrag der Anstalt zur treuhänderischen Verwaltung des Volkseigentums und Schwerpunkt ihrer Tätigkeit war, die Umwandlung volkseigener Wirtschaftseinheiten[102] in Kapitalgesellschaften zu betrei-

97 Ziffer 2 Satz 2 Gründungsbeschluß; s. dazu Treuhandanstalt, Tätigkeitsbericht v. 03.07.1990, Nachdruck in: Treuhandanstalt (Hrsg.), Dokumentation 1990-1994, Band 1, S. 72 (77 f.).

98 Maskow, in: BB 1990, Supplement DDR-Rechtsentwicklungen, Folge 4, S. 1 (5).

99 Ministerratsvorlage V 400/90 v. 13.03.1990, "Statut, Grobstruktur und Sicherung der Arbeitsbedingungen der Anstalt zur treuhänderischen Verwaltung des Volkseigentums", Nachdruck in: Kemmler, Die Entstehung der Treuhandanstalt, S. 391 (395).

100 Herbst / Ranke / Winkler, So funktionierte die DDR, Stichwort "Staatliche Zentralverwaltung für Statistik (SZS)", Band 2, S. 962 f.

101 Ziffer 2 Satz 2 Gründungsbeschluß; Treuhandanstalt, Tätigkeitsbericht v. 03.07.1990, Nachdruck in: Treuhandanstalt (Hrsg.), Dokumentation 1990-1994, Band 1, S. 72.

102 Eine Umwandlung nicht-volkseigener Wirtschaftseinheiten, namentlich von OEBs, war daher auf der Grundlage der UmwandlungsVO (wie auch des nachfolgenden § 11 Absatz 1, 2 TreuhG) trotz Eintragung solcher Betriebe im Register der volkseigenen Wirtschaft ausgeschlossen; KG, ZIP 1993, S. 872 (875); LG Berlin, ZIP 1992, S. 141 (143 f.); a. A. Neye, in: EWiR 1992, S. 81 (82).

ben[103], um anschließend die entstehenden – volkseigenen – Gesellschaftsanteile in Verwaltung zu nehmen[104]. Hierin lag aus Sicht der Regierung Modrow ein zentraler Schritt des von ihr verfolgten Reformkonzeptes, die sich von dem Wandel der Rechtsform eine juristisch selbständige, uneingeschränkte Teilnahme am marktwirtschaftlichen Wettbewerb und Kapitalverkehr versprach[105].

Bis zum 30. Juni 1990 entstanden trotz des aufwendigen Einzelaktverfahrens 3.605 Kapitalgesellschaften, insbesondere aus den großen, zentralgeleiteten Kombinaten der chemischen und Metallindustrie, des Maschinen- und Bergbaus sowie der Energiewirtschaft[106].

Die Anteile an durch Umwandlung entstandenen Kapitalgesellschaften fielen unmittelbar der Anstalt zur treuhänderischen Verwaltung des Volkseigentums zu[107], auch wenn es sich um bisherige Kombinatsbetriebe gehandelt hatte[108]. Damit trat eine totale Auflösung der bislang vertikal wie horizontal stark integrierten Kombinatsstruktur ein. Zwar war eine Entflechtung von Kombinaten Teil des Reformprogramms der Regierung Modrow, jedoch sollte dies nicht automatisch und total, sondern nach Prüfung des Einzelfalles und zunächst primär im Bereich der bezirksge-

103 § 2 Absatz 2 Satz 1 UmwandlungsVO; § 4 Absatz 1 UmwandlungsVO; § 4 Satz 1 Statut; Hoffmann / Völter, in: WM Sonderbeilage 4/1990, S. 17 (19); Rother, in: Kaligin / Goutier (Hrsg.), BHEI, 4110, Rz. 9, 13; Rosener / Roitzsch, in: DtZ 1990, S. 38 (40); Messerschmidt, in: Brunner u.a. (Hrsg.), RVI, SystDarst II, Rz. 22; Thietz-Bartram / Pfeifer, in: WM Sonderbeilage 4/1990, S. 3 (5 f.).

104 § 3 Absatz 1 UmwandlungsVO; § 2 Absatz 2 Statut.

105 Begründung der Ministerratsvorlage zum Gründungsbeschluß und zur UmwandlungsVO, in: Kemmler, Die Entstehung der Treuhandanstalt, S. 374 (376); Anstalt zur treuhänderischen Verwaltung des Volkseigentums, Information über die Tätigkeit der Anstalt zur treuhänderischen Verwaltung des Volkseigentums für den Zeitraum vom 15.03.1990 bis zum 18.04.1990, S. 2; Maskow / Hoffmann, in: BB 1990, Supplement Deutsche Einigung-Rechtsentwicklungen, Folge 17, S. 1 (4); Rother, in: Kaligin / Goutier (Hrsg.), BHEI, 4110, Rz. 1; Zieger / Schönemann, in: DtZ 1990, S. 97 (99).

106 Treuhandanstalt, Tätigkeitsbericht v. 03.07.1990, Nachdruck in: Treuhandanstalt (Hrsg.), Dokumentation 1990-1994, Band 1, S. 72, (74); Kemmler, Die Entstehung der Treuhandanstalt, S. 398 f., errechnet 3.567 Kapitalgesellschaften; Beispiele auch bei Palm, in: BB 1990, Supplement Deutsche Einigung-Rechtsentwicklung, Folge 16, S. 11 (15).

107 § 3 Absatz 1 UmwandlungsVO, § 2 Absatz 2 Statut.

108 Busche, in: Clemm u.a. (Hrsg.), RVI, § 12 TreuhG, Rz. 2; Hoffmann / Völter, in: WM Sonderbeilage 4/1990, S. 17 (21); Schmitt-Habersack, in: Kimme (Hrsg.), Offene Vermögensfragen, § 12 TreuhG, Rz. 2; Schwedhelm, Die Unternehmensumwandlung, Tz. 1552.

leiteten und örtlichen Industrie erfolgen[109]. Daher stellte die Anstalt zur treuhänderischen Verwaltung des Volkseigentums regelmäßig sehr schnell gemäß § 6 Absatz 2 Statut wieder eine Konzernstruktur her[110], da ihr viele Kombinatsbetriebe nicht ohne weiteres vereinzelbar erschienen. Betriebe, die ihre eigenständige Wettbewerbsfähigkeit nachwiesen, wurden von einer Wiedereingliederung in den Konzernverbund ausgenommen, um die Wettbewerbssituation am Markt zu verstärken[111]. Daneben kam es – mit nachträglicher Billigung durch die Rechtsprechung – auch zu weiteren Entflechtungen einzelner Betriebe, aus denen im Zuge der Umwandlung mehrere Kapitalgesellschaften gebildet wurden[112]. Im Durchschnitt entstanden bis zum 30. Juni 1990 aus 100 Wirtschaftseinheiten im Zuge der Umwandlung 122 Kapitalgesellschaften. Entflechtungen wurden darüber hinaus mit Blick auf die Reprivatisierung von Betriebsteilen vorgenommen, soweit dies wirtschaftlich vertretbar erschien[113]. Ebenso nahm die Anstalt zur treuhänderischen Verwaltung des Volkseigentums bereits im Rahmen des Umwandlungsverfahrens Spaltungen von Wirtschaftseinheiten in mehrere Kapitalgesellschaften vor[114]. Bei solchen Neuordnungen der Unternehmenslandschaft suchte die Anstalt zur treuhänderischen Verwal-

109 Arbeitsgruppe Wirtschaftsreform beim Ministerrat der DDR, Regierungskonzept zur Wirtschaftsreform in der DDR, S. 15.

110 Treuhandanstalt, Information zum Stand der Umwandlung per 30.06.1990, Nachdruck in: Treuhandanstalt (Hrsg.), Dokumentation 1990-1994, Band 1, S. 71.

111 Anstalt zur treuhänderischen Verwaltung des Volkseigentums, Information über die Tätigkeit der Anstalt zur treuhänderischen Verwaltung des Volkseigentums für den Zeitraum vom 15.03.1990 bis zum 18.04.1990, S. 4; zum "Austrittsrecht" der nach der UmwandlungsVO entstandenen (Tochter-)Kapitalgesellschaften: Semler, in: BB 1991, Supplement Deutsche Einigung-Rechtsentwicklungen, Folge 22, S. 9 ff., sowie Weimar, in: BB 1991, S. 1511.

112 Als Rechtsgrundlage wurde die UmwandlungsVO herangezogen; s. LG Berlin, ZIP 1991, S. 251; BezG Dresden, BB 1991, S. 1727. Der Gesetzgeber hat zwischenzeitlich mit § 12 SpTrUG klargestellt, daß eine erfolgte Eintragung im Handelsregister etwaige Mängel einer derartigen Spaltung heilt; dazu insgesamt und teils kritisch Ganske, in: DB 1991, S. 791 (796 f.); Kothe, in: EWiR 1991, S. 613 (614); Mayer, in: DB 1991, S. 1609 (1614); Schwedhelm, Die Unternehmensumwandlung, Tz. 1527.

113 § 5 Absatz 1 der 1. DVO zum UnternehmensG; Bollmann, in: BB 1990, Supplement DDR-Rechtsentwicklungen, Folge 7, S. 10 (14); Hornuf, in: SWK-Heft 10/1990, S. 13 (14).

114 Knüpfer, in: BB 1990, Supplement DDR-Rechtsentwicklungen, Folge 7, S. 1 (7); Rother, in: Kaligin / Goutier (Hrsg.), BHEI, 4110, Rz. 18; Thietz-Bartram / Pfeifer, in: WM Sonderbeilage 4/1990, S. 3 (6).

tung des Volkseigentums die Abstimmung mit dem neugegründeten, ab April 1990 arbeitsfähigen[115] Amt für Wettbewerbsschutz[116].

Wie gezeigt, übernahm die Anstalt zur treuhänderischen Verwaltung des Volkseigentums die Verwaltung der volkseigenen Gesellschaftsanteile. Gemäß § 5 Absatz 1 Statut war ihr die Ausübung der Gesellschafterrechte anvertraut. Sie trat damit das zentralistische institutionelle Erbe der kommandowirtschaftlichen unmittelbaren Staatsverwaltung an[117].

Während die rechtliche Herauslösung des Volkseigentums aus dem Staatseigentum das vorrangige Anliegen der damaligen Opposition war, lag der Regierung, wie oben beschrieben, vor allem an einer wirtschaftlichen Verselbständigung volkseigener Wirtschaftseinheiten. In Abkehr von der bisherigen zentralplanwirtschaftlichen Praxis der DDR sollte die Anstalt zur treuhänderischen Verwaltung des Volkseigentums deshalb keine wirtschaftsleitende Funktion ausüben[118]. Das bisherige, auch in der Wirtschaft verwandte Organisationsprinzip des sog. demokratischen Zentralismus hatte sich durch eine streng vertikal-hierarchische Struktur ausgezeichnet. Von oben nach unten laufende Direktiven und von unten nach oben laufende Berichte waren die Voraussetzung für das System zentraler staatlicher Planung und damit zugleich für die Durchsetzung des Führungsanspruches der Partei auch in der Wirtschaft[119]. Mit dem Wegfall der zentralen Verwaltungswirtschaft sollte sich die Wirtschaft wieder frei als selbststeuerndes Teilsystem der Gesellschaft entfalten.

115 Herbst / Ranke / Winkler, So funktionierte die DDR, Stichwort "Amt für Wettbewerbsschutz", Band 1, S. 65 f.; Wutzke, WuW 1991, S. 14 ff.

116 Anstalt zur treuhänderischen Verwaltung des Volkseigentums, Information zum Stand der Umwandlungen von Betrieben und Einrichtungen in Kapitalgesellschaften (v. 12.06.1990), Nachdruck in: Treuhandanstalt (Hrsg.), Dokumentation 1990-1994, Band 1, S. 70.

117 Dies fand seinen weiteren Ausdruck im flächenorganisatorischen Aufbau der Anstalt zur treuhänderischen Verwaltung des Volkseigentums; dazu u. Teil II Ziffer I.1.b); s. hierzu insgesamt Knüpfer, in: BB 1990, Supplement DDR-Rechtsentwicklungen, Folge 7, S. 1 (6); Lehmbruch, in: PVS 1991, S. 585 (596 f.); Seibel, in: Aus Politik und Zeitgeschichte, B 43-44/94, S. 3 (4); Seibel / Kapferer, in: Fischer / Hax / Schneider (Hrsg.), Treuhandanstalt – Das Unmögliche wagen, S. 111.

118 Ziffer 5 S. 2 Gründungsbeschluß.

119 König, in: VerwArch 83 (1992), S. 229 (232 ff.); Knüpfer, in: StuR 1990, S. 284 (285 f.); Leipold, Wirtschafts- und Gesellschaftssysteme im Vergleich, S. 203; Lieser, in: DA 1990, S. 246 (250 f.). Die Schürer-Analyse hatte hierzu festgestellt: "Die Feststellung, daß wir über ein funktionierendes System der Leitung und Planung verfügen, hält jedoch einer strengen Prüfung nicht stand"; Schürer u.a., Vorlage für das Politbüro des Zentralkomitees der SED "Analyse der ökonomischen Lage der DDR mit Schlußfolgerungen" v. 30.10.1989, Nachdruck in: DA 1992, S. 1112 (1113).

Einer gelegentlich befürchteten[120] Fortsetzung der zentralen Steuerung der volkseigenen Wirtschaft im Wege der Beteiligungsführung durch die Anstalt zur treuhänderischen Verwaltung des Volkseigentums wirkte entgegen, daß die Ausübung der Gesellschafterrechte und -pflichten durch auf vertraglicher Grundlage tätige sog. Beauftragte[121] zu erfolgen hatte[122]. Deren Einsetzung war zwingend vorgeschrieben, was sich nicht aus der als kann-Vorschrift ausgelegten Regelung des § 6 Absatz 1, 2 Statut und dem darauf verweisenden § 3 Absatz 2 UmwandlungsVO, wohl aber aus dem Umstand ergibt, daß die Umwandlungserklärung die Bezeichnung des Beauftragten enthalten mußte[123]. Der Anstalt zur treuhänderischen Verwaltung des Volkseigentums selbst war die operative Wahrnehmung der Gesellschafterfunktion mithin rechtlich verwehrt[124].

Als weiteren Schritt zur Entstaatlichung des Volkseigentums hatte das Freie Forschungskollegium "Selbstorganisation" in seinem Initialvorschlag zur Gründung der Anstalt zur treuhänderischen Verwaltung des Volkseigentums die sofortige Ausgabe von Anteilsscheinen an dem der Anstalt zur treuhänderischen Verwaltung des Volkseigentums zu übertragenden volkseigenen Vermögen an alle Bürger der DDR gefordert[125, 126]. Mit der Verabschiedung des Regierungskonzeptes zur Wirtschaftsreform in der DDR am 1. Februar 1990 hatte sich der Ministerrat bereits zuvor eine solche Position

120 Maskow, in: BB 1990, Supplement DDR-Rechtsentwicklungen, Folge 4, S. 1 (5); ähnlich Rosener / Roitzsch, in: DtZ 1990, S. 38 (39); s. a. Kemmler, Die Entstehung der Treuhandanstalt, S. 100 f.

121 An die Stelle von sog. Beauftragten konnten – im Falle der Errichtung von Konzernstrukturen – gemäß § 6 Absatz 2 Statut Kapitalgesellschaften treten; ausführlich Thietz-Bartram / Pfeifer, in: WM Sonderbeilage 4/1990, S. 3 (4 f.)

122 § 3 Absatz 2 UmwandlungsVO, § 6 Absatz 1, 3 und 4 Statut.

123 § 4 Absatz 1 Satz 3 Ziffer 3 UmwandlungsVO.

124 Sie war hierzu auch von ihrer personellen und technischen Ausstattung her nicht in der Lage; s. Fischer / Schröter, in: Fischer / Hax / Schneider (Hrsg.), Treuhandanstalt – Das Unmögliche wagen, S. 18 (30).

125 Freies Forschungskollegium "Selbstorganisation", Vorschlag der umgehenden Bildung einer "Treuhandgesellschaft (Holding) zur Wahrung der Anteilsrechte der Bürger mit DDR-Staatsbürgerschaft am 'Volkseigentum' der DDR" (v. 11.02.1990), Nachdruck in: Kemmler, Die Entstehung der Treuhandanstalt, S. 371(372).

126 Für die Überführung des bislang staatlichen Volkseigentums in Eigentum der Bürger der DDR im Wege der Emission von Anteilscheinen traten – wenn auch mit im Detail abweichenden Vorstellungen – eine überraschende Anzahl von Personen und Gruppierungen aus Ost und West (u.a. Wolfram Engels, Albrecht Graf Matuschka, Wolfgang Roth) ein; einen guten Überblick gibt Kemmler, Die Entstehung der Treuhandanstalt, S. 82 ff. Herausragend ist der bei Kemmler nicht erwähnte Vorschlag von Schmieding / Kostrzewa, in: DA

grundsätzlich zu eigen gemacht[127]. Darauf nahm die Regierung Modrow Bezug, indem sie die Anstalt zur treuhänderischen Verwaltung des Volkseigentums in Ziffer 4 Gründungsbeschluß zur Emission von Wertpapieren berechtigte[128]. Diese sollten allerdings allem Anschein nach, wie die Bestimmung über die Einnahmen der Anstalt zur treuhänderischen Verwaltung des Volkseigentums[129] vermuten läßt, verkauft und nicht etwa kostenlos an die Bürger der DDR ausgegeben werden[130].
Der tatsächlichen Umsetzung einer Privatisierung in dieser das Volkseigentum in seiner realwirtschaftlichen Ausprägung nicht berührenden Form[131] stand die Regierung Modrow jedoch aus praktischen Überlegungen heraus noch zögernd gegenüber[132]. Sie hatte angekündigt, eine Regierungskommission zur Prüfung einer solchen Vorgehensweise einzusetzen[133]. Die Re-

1990, S. 212 (214 ff.), der zwar auch eine Anteilschein-Komponente, jedoch neben dem egalitären Element vor allem währungs- und finanzpolitische Motive enthält und eine differenzierte Vorgehensweise anregt.

128 Arbeitsgruppe Wirtschaftsreform beim Ministerrat der DDR, Regierungskonzept zur Wirtschaftsreform in der DDR, S. 19.

128 Hebing, in: BB 1990, Supplement DDR-Rechtsentwicklungen, Folge 6, S. 1 (5); Luft, Treuhandreport, S. 52.

129 § 13 Absatz 1 lit. e) Statut.

130 Hiergegen wandte sich das Freie Forschungskollegium "Selbstorganisation" vehement mit der rhetorischen Frage: "Wieso soll vom Volk noch einmal gekauft werden, was dem Volk schon gehört?"; Freies Forschungskollegium "Selbstorganisation", Kritik zur Vorlage "Gründung einer Anstalt zur treuhänderischen Verwaltung des Volkseigentums ..." von W. Krause, Nachdruck in: Kemmler, Die Entstehung der Treuhandanstalt, S. 380. Bemerkenswert ist die Ähnlichkeit mit Artikel 2 Absatz 3 S. 2 DDR-Verfassung: "Was des Volkes Hände schaffen, ist des Volkes Eigen."

131 Dazu Kemmler, Die Entstehung der Treuhandanstalt, S. 106 ff.; Maskow, in: BB 1990, Supplement DDR-Rechtsentwicklungen, Folge 4, S. 1 (5).

132 Begründung der Ministerratsvorlage zur Gründung der Anstalt zur treuhänderischen Verwaltung des Volkseigentums bei Kemmler, Die Entstehung der Treuhandanstalt, S. 374 (376); Kemmler, Die Entstehung der Treuhandanstalt, S. 105 f.; Luft, Treuhandreport, S. 46 ff.

133 Regierungssprecher Wolfgang Meyer in einer Pressekonferenz im Anschluß an die Ministerratssitzung am 01.03.1990, zitiert bei Meyer-Koester, in: HB v. 02./03.03.1990, S. 9.

gierung de Maizière entwickelte den Gedanken in ihrer Koalitionsvereinbarung fort[134]. Zu einer Ausgabe von Wertpapieren kam es dennoch nicht.

Die Regierung Modrow war mit dem Vorsatz angetreten, das Volkseigentum als Grundlage wirtschaftlicher Betätigung zu erhalten[135] und hielt hieran als einem obersten Prinzip fest[136]. Daneben sollte sich aber auch privates Eigentum an Produktionsmitteln – bislang als Stachel im Fleisch der sozialistischen Gesellschaftsordnung verpönt[137] – wieder entfalten können und zu einer Verbesserung der Versorgungslage für die Bevölkerung beitragen[138]. Dabei war an kleinere Handels-, Gewerbe- und Industriebetriebe, nicht an die Schwerindustrie, Elektrizitätswirtschaft oder das Verkehrswesen gedacht[139]. Hierfür sollte in begrenzten Ausnahmefällen auch bislang volkseigenes Vermögen auf Private übertragen werden[140]. Daran wurde auch die Anstalt zur treuhänderischen Verwaltung des Volkseigentums beteiligt.

134 Nachdruck in: Bundesministerium für innerdeutsche Beziehungen, Informationen Nr. 8 v. 27.04.1990 (Beilage); die entsprechende Passage ist zitiert bei Thietz-Bartram / Pfeifer, in: WM Sonderbeilage 4/1990, S. 3 (15) sowie (etwas umfangreicher) Nachdruck in: Treuhandanstalt (Hrsg.), Dokumentation 1990-1994, Band 1, S. 207 f.; Rother, in: Kaligin / Goutier (Hrsg.), BHEI, 4210, Rz. 6 f.

135 Modrow, Regierungserklärung v. 17.11.1989, in: Volkskammer, 9. WP, stenographische Niederschrift der 12. Tagung, S. 272 (275 ff.); Nachdruck in: DA 1990, S. 122.

136 S. z.B. Schreiben des Ministerrates v. 01.03.1990 an die Generaldirektoren und Direktoren volkseigener Kombinate und gleichgestellter volkseigener Einrichtungen, den Oberbürgermeister von Berlin und an die Vorsitzenden der Räte der Bezirke und Kreise, ausschnittsweise wiedergegeben bei Hebing, in: BB 1990, Supplement DDR-Rechtsentwicklungen, Folge 6, S. 1 (3).

137 Luft, Treuhandreport, S. 25.

138 Arbeitsgruppe Wirtschaftsreform beim Ministerrat der DDR, Regierungskonzept zur Wirtschaftsreform in der DDR, S. 5; Modrow, Regierungserklärung v. 17.11.1989, in: Volkskammer, 9. WP, stenographische Niederschrift der 12. Tagung, S. 272 (275 ff.); Nachdruck in: DA 1990, S. 122 (126); vgl. Luft, Treuhandreport, S. 19 f., 39.

139 Arbeitsgruppe Wirtschaftsreform beim Ministerrat der DDR, Regierungskonzept zur Wirtschaftsreform in der DDR, S. 18 f.; Luft, Treuhandreport, S. 19 und 27; Modrow, Regierungserklärung v. 17.11.1989, in: Volkskammer, 9. WP, stenographische Niederschrift der 12. Tagung, S. 272 (275 ff.); Nachdruck in: DA 1990, S. 122 (126).

140 Zum Ausnahmecharakter solcher Privatisierungen s. Arbeitsgruppe Wirtschaftsreform beim Ministerrat der DDR, Regierungskonzept zur Wirtschaftsreform in der DDR, S. 18 f., und Luft, in: Volkskammer, 9. WP, stenographische Niederschrift der 14. Tagung, S. 408 (411).

Als Vorstufe einer Privatisierung konnte die Gründung von Gemeinschaftsunternehmen der volkseigenen Wirtschaftseinheiten bzw. Kapitalgesellschaften mit bundesdeutschen und ausländischen juristischen oder natürlichen Personen auf der Grundlage des dafür eigens geschaffenen Artikel 14 a DDR-Verfassung[141] und der darauf aufbauenden Joint-Venture-Verordnung gelten[142]. Für die Erteilung der erforderlichen Genehmigung waren zunächst entweder das aus der Staatlichen Plankommission hervorgegangene Wirtschaftskomitee[143] oder die Räte der Bezirke originär zuständig[144], doch wirkte die Anstalt zur treuhänderischen Verwaltung des Volkseigentums hierbei in Ausübung ihrer treuhandschaftlichen Gesellschafterbefugnisse durch Erteilung einer entsprechenden Genehmigung an den jeweiligen volkseigenen Betrieb mit[145]. In Abstimmung mit dem Ministerium für Wirtschaft, welches nach der bei Amtsantritt der Regierung de Maizière erfolgten Auflösung des Wirtschaftskomitees[146] dessen Aufgaben hinsichtlich der Genehmigung von Gemeinschaftsun-

141 § 2 VerfassungsänderungsG; dazu Mampel, in: DA 1990, S. 1377 (1380).

142 Maskow, in: BB 1990, Supplement DDR-Rechtsentwicklungen, Folge 1, S. 1 (3 f.); Maskow / Hoffmann, in: BB 1990, Supplement DDR-Rechtsentwicklungen, Folge 17, S. 1 (3); Messerschmidt, in: Brunner u.a. (Hrsg.), RVI, Syst-Darst II, Rz. 21. Das Verfassungsänderungsgesetz wurde am 12.01.1990 verabschiedet, die Joint-Venture-Verordnung am 25.01.1990. Beachtlich erscheint, daß es auch ohne die verfassungs- und einfachrechtlichen Voraussetzungen bereits zur Gründung von Gemeinschaftsunternehmen gekommen war. Eine entsprechende Vereinbarung unterzeichneten beispielsweise der Generaldirektor des Kombinats Lokomotivbau – Elektrotechnische Werke Hennigsdorf Günter Hoffmann und der AEG-Vorstandsvorsitzende Heinz Dürr bereits am 18.12.1989; Spittmann / Helwig (Hrsg.), Chronik der Ereignisse in der DDR, S. 41.

143 Beschluß des Ministerrates über die Gründung eines Wirtschaftskomitees v. 18.01.1990, GBl. I, S. 24; s. a. Herbst / Ranke / Winkler, So funktionierte die DDR, Stichwort "Staatliche Plankommission", Band 2, S. 954 (958); Heuer / Hoffmann, in: WR 1991, S. 21 (23).

144 § 8 Absatz 1 Satz 1 Joint-Venture-VO, § 8 Absatz 3 Joint-Venture-VO i.V.m. § 2 der 1. DB z. Joint-Venture-VO; Hebing, in: BB 1990, Supplement DDR-Rechtsentwicklungen, Folge 6, S. 1 (2); Glatter, in: DtZ 1990, S. 14.

145 Kemmler, Die Entstehung der Treuhandanstalt, S. 136; zur Zustimmungsbedürftigkeit der Aufnahme weiterer (privater) Gesellschafter im Wege der Kapitalerhöhung s. § 6 Absatz 3 Satz 2 lit. b) i.V.m. § 6 Absatz 3 Satz 1 Statut.

146 Die am 30.05.1990 beschlossene Auflösung erfolgte rückwirkend zum 13.04.1990; Ziffer 7 (1. Spiegelstrich) des Beschlusses des Ministerrates v. 30.05.1990, GBl. I, S. 276. Herbst / Ranke / Winkler, So funktionierte die DDR, Stichwort "Staatliche Plankommission", Band 2, S. 954 (958). Das bis dahin dem Wirtschaftskomitee unterstellte Staatliche Büro für Investitionsberatung und -begutachtung führte seine Arbeit, namentlich die Genehmigung

ternehmen übernommen hatte[147], bezog die Anstalt zur treuhänderischen Verwaltung des Volkseigentums zudem in den Prozeß der Umwandlung volkseigener Wirtschaftseinheiten die zu vollziehenden Gründungen von Joint Ventures mit ein[148]. Die rechtliche Zulässigkeit eines solchen Verfahrens war umstritten[149], erscheint jedoch bei Abstimmung mit der Joint-Venture-Genehmigungsinstanz unproblematisch. Wirtschaftlich blieb die Joint-Venture-Verordnung bedeutungslos, da nur etwa 300 meist kleinere volkseigene Wirtschaftseinheiten bis zur Jahresmitte 1990 Gemeinschaftsunternehmen mit bundesdeutschen oder ausländischen Partnern eingegangen waren[150].

Die Privatisierung einzelner Wirtschaftseinheiten ermöglichte die Novellierung von Artikel 12 Absatz 1 Satz 2 DDR-Verfassung, mit der Privateigentum an Industriebetrieben und sonstigen, in Artikel 12 Absatz 1 Satz 1 DDR-Verfassung aufgeführten Vermögensgegenständen auf der Grundlage der Gesetze ausnahmsweise zugelassen wurde[151]. Dementsprechend kündigte § 10 Satz 1 UmwandlungsVO an, der Verkauf von Anteilen an den volkseigenen Kapitalgesellschaften durch die Anstalt zur treuhänderischen Verwaltung des Volkseigentums sei in gesetzlich geregelten Fällen zulässig, jedoch nur mit Zustimmung des Aufsichtsrates und im Falle der Veränderung der Beherrschungsverhältnisse der zuständigen Volksvertretung[152].

von Joint Ventures, für das Ministerium für Wirtschaft nach Auskunft seines Leiters, Günter Israel, gegenüber dem Verfasser noch bis zum 30.06.1990 fort; vgl. Kemmler, Die Entstehung der Treuhandanstalt, S. 136; s. a. Anordnung über das Staatliche Büro für Investitionsberatung und -begutachtung v. 30.01.1990, GBl. I, S. 49; dazu Luttosch / v. Schlabrendorff, in: DtZ 1990, S. 60 (61).

147 Ziffer 7 (1. Spiegelstrich) des Beschlusses des Ministerrates v. 30.05.1990, GBl. I, S. 276; s. a. Zieger / Schönemann, in: DtZ 1990, S. 97 (99).

148 Treuhandanstalt, Tätigkeitsbericht v. 03.07.1990, Nachdruck in: Treuhandanstalt (Hrsg.), Dokumentation 1990-1994, Band 1, S. 72 (73).

149 Die Zulässigkeit bejahen Hoffmann / Völter, in: WM Sonderbeilage 4/1990, S. 17 (21); Knüpfer, in: BB 1990, Supplement DDR-Rechtsentwicklungen, Folge 7, S. 1 (7); a. A. Rosener / Roitzsch, in: DtZ 1990, 38 (40); Rother, in: Kaligin / Goutier (Hrsg.), BHEI, 4110, Rz. 11.

150 Ministerium für Wirtschaft, Abschlußinformation zur Genehmigungserteilung von Joint Venture im 1. Halbjahr 1990; s. a. Liebernickel, in: SWK-Heft 10, S. 20; dazu Knüpfer, in: BB 1990, Supplement DDR-Rechtsentwicklungen, Folge 7, S. 1 (5); Lässig, in: DtZ 1990, S. 12; Maskow / Hoffmann, in: BB 1990, Supplement Deutsche Einigung-Rechtsentwicklungen, Folge 17, S. 1 (3).

151 § 1 VerfassungsänderungsG.

152 § 10 Satz 4 UmwandlungsVO.

Das Unternehmensgesetz in seiner ersten Fassung vom 7. März 1990 gestattete Interessenten aus der DDR[153], zum Zwecke der Gründung oder Erweiterung eines privaten Unternehmens mittelständischen Charakters von der Anstalt zur treuhänderischen Verwaltung des Volkseigentums Geschäftsanteile oder Gebäude und Anlagen volkseigener Unternehmen zu erwerben[154]. Darüber hinaus war die Möglichkeit vorgesehen, den privaten Gesellschaftern von teilreprivatisierten Betrieben mit staatlicher Beteiligung den staatlichen Anteil zu verkaufen, wofür die Anstalt zur treuhänderischen Verwaltung des Volkseigentums bzw. ihre Beauftragten in Ausübung der Gesellschafterfunktion hinsichtlich des staatlichen Anteils zuständig waren[155].

Als Rechtsträger des Grund und Bodens der durch Umwandlung entstandenen volkseigenen Kapitalgesellschaften war die Anstalt zur treuhänderischen Verwaltung des Volkseigentums weiterhin berechtigt, volkseigene Ein- und Zweifamilienhäuser, volkseigene Gebäude für Gewerbe- oder Erholungszwecke sowie volkseigene Miteigentumsanteile an mit den vorgenannten Gebäuden bebauten Grundstükken zu verkaufen[156].

Vorbereitet wurde schließlich die Übereignung landwirtschaftlicher Flächen auf der Grundlage des Gesetzes über die Übertragung volkseigener landwirtschaftlicher Nutzflächen in das Eigentum von LPG[157]. Nachdem die erforderliche Durchführungsverordnung jedoch ausblieb, kam es nicht zu Eigentumsübertragungen.

Die Konzeption der Regierung Modrow zur Wiederbelebung eines privaten Mittelstandes beinhaltete schließlich die Reprivatisierung der auf der Grundlage des Beschlusses des Präsidiums des Ministerrates vom 9. Fe-

153 Umkehrschluß aus § 1 Absatz 4 UnternehmensG i.d.F. v. 07.03.1990; Bollmann, in: BB 1990, Supplement DDR-Rechtsentwicklungen, Folge 7, S. 10 (13); Hebing, in: BB 1990, Supplement DDR-Rechtsentwicklungen, Folge 6, S. 1 (5); Maskow, in: BB 1990, Supplement DDR-Rechtsentwicklungen, Folge 4, S. 1 (6).

154 § 5 Absatz 1 Satz 1 i.V.m. Absatz 2 Satz 1 UnternehmensG; Bollmann, in: BB 1990, Supplement DDR-Rechtsentwicklungen, Folge 7, S. 10 (15); Hebing, in: BB 1990, Supplement DDR-Rechtsentwicklungen, Folge 6, S. 1 (4 f.); Thietz-Bartram / Pfeifer, in: WM Sonderbeilage 4/1990, S. 3 (15); Zieger / Schönemann, in: DtZ 1990, S. 97 (98).

155 § 19 Absatz 2 Satz 4 i.V.m. § 5 Absatz 2 Satz 1 UnternehmensG (i.d.F. v. 07.03.1990), § 6 Absatz 3 Satz 1, 2 lit. a) Statut; Treuhandanstalt, Tätigkeitsbericht v. 03.07.1990, Nachdruck in: Treuhandanstalt (Hrsg.), Dokumentation 1990-1994, Band 1 S. 72 (80); Hoffmann / Völter, in: WM Sonderbeilage 4/1990, S. 17 (22); Thietz-Bartram / Pfeifer, in: WM Sonderbeilage 4/1990, S. 3 (8).

156 §§ 1, 2, 5 GebäudeverkaufsG i.V.m. § 5 DVO z. GebäudeverkaufsG.

157 Gesetz über die Übertragung volkseigener landwirtschaftlicher Nutzflächen in das Eigentum von LPG v. 06.03.1990, GBl. I, S. 135.

bruar 1972[158] und damit im Zusammenhang stehender Regelungen in Volkseigentum überführten Betriebe und Produktionsgenossenschaften[159]. Die Anstalt zur treuhänderischen Verwaltung des Volkseigentums hatte weiterhin an der Reprivatisierung mitzuwirken.

Dieser Maßnahme kam wegen der großen Anzahl betroffener Wirtschaftseinheiten[160] und der erhofften schnellen Umsetzung[161] eine Schlüsselstellung zu. Die gemäß Artikel 12 Absatz 1 Satz 2 DDR-Verfassung[162] erforderliche gesetzliche Grundlage boten §§ 17 ff. UnternehmensG. Die Reprivatisierung oblag grundsätzlich den Räten der Bezirke[163], deren Anleitung, Kontrolle sowie Koordination eine zentrale Arbeitsgruppe unter Leitung des Ministeriums für Wirtschaft übernahm, in welcher die Anstalt zur treuhänderischen Verwaltung des Volkseigentums mitwirkte[164]. Die Abteilung "Reprivatisierung" der Anstalt zur treuhänderischen Verwaltung des Volkseigentums[165] bereitete Reprivatisierungen einerseits durch eine Beratung der Antragsteller wie der betroffenen Betriebe[166], andererseits durch eine die Rückgabe einzelner Betriebsteile ermöglichende Entflechtungen von Wirt-

158 Beschluß zu den Maßnahmen über die schrittweise Durchführung des Beschlusses der 4. Tagung des ZK der SED hinsichtlich der Betriebe mit staatlicher Beteiligung, der privaten Industrie- und Baubetriebe sowie Produktionsgenossenschaften des Handwerks v. 09.02.1972, – 02 – 7/9/72.

159 Arbeitsgruppe Wirtschaftsreform beim Ministerrat der DDR, Regierungskonzept zur Wirtschaftsreform in der DDR, S. 5, 18; Luft, Treuhandreport, S. 27.

160 Ende 1971 hatte es noch 3.166 Privatbetriebe und 6.479 Betriebe mit staatlicher Beteiligung gegeben; Haendcke-Hoppe, in: DA 1973, S. 37; s. a. Hornuf, in: SWK-Heft 10/1990, S. 13 und Thietz-Bartram / Pfeifer, in: WM Sonderbeilage 4/1990, S. 3 (8).

161 Die entsprechenden Anträge sollten gemäß § 17 Absatz 2 Satz 1 UnternehmensG binnen sechs Monaten nach Inkrafttreten des Gesetzes am 16.03.1990 gestellt werden, binnen weiterer drei Monate war gemäß § 17 Absatz 2 Satz 4 UnternehmensG über den Antrag zu entscheiden; s. a. Gebhardt, in: BB 1990, Supplement DDR-Rechtsentwicklungen, Folge 11, S. 21.

162 DDR-Verfassung in der durch § 1 VerfassungsänderungsG geschaffenen, seit 12.01.1990 geltenden Fassung.

163 § 17 Absatz 2 Satz 1 UnternehmensG; später Bezirksverwaltungsbehörde, Regierungsbevollmächtigte der Bezirke, s. Hornuf, in: SWK-Heft 10/1990, S. 13 (14).

164 Treuhandanstalt, Tätigkeitsbericht v. 03.07.1990, Nachdruck in: Treuhandanstalt (Hrsg.), Dokumentation 1990-1994, Band 1 S. 72 (79).

165 Dazu Kemmler, Die Entstehung der Treuhandanstalt, S. 137.

166 Treuhandanstalt, Tätigkeitsbericht v. 03.07.1990, Nachdruck in: Treuhandanstalt (Hrsg.), Dokumentation 1990-1994, Band 1 S. 72 (80).

schaftseinheiten vor[167]. Schließlich war die Anstalt zur treuhänderischen Verwaltung des Volkseigentums zu konsultieren, falls dem Reprivatisierungsberechtigten ein anderer als der ursprünglich in Volkseigentum übergeleitete Betrieb angeboten werden sollte[168].

Weiterhin oblag der Anstalt zur treuhänderischen Verwaltung des Volkseigentums die Vergabe von Nutzungsrechten an Grund und Boden.

Die Regierung Modrow hatte im Rahmen der von ihr eingeleiteten Wirtschaftsreform aus den bereits beschriebenen Gründen weitgehend darauf verzichtet, einen Eigentumsübergang auch hinsichtlich von Grund und Boden vorzusehen. Ausnahmen bildeten § 17 Absatz 1 Satz 3 UnternehmensG und § 5 GebäudeverkaufsG. Statt dessen war regelmäßig die Einräumung von Nutzungsrechten durch die Anstalt zur treuhänderischen Verwaltung des Volkseigentums vorgesehen[169].

Schließlich hatte die Anstalt zur treuhänderischen Verwaltung des Volkseigentums – wo unumgänglich – die Stillegung von Betrieben vorzunehmen.

Die Regierung Modrow hatte erkannt, daß eine Restrukturierung der Wirtschaft, selbst in dem von ihr vorbereiteten, vergleichsweise bescheidenen Umfang, zwangsläufig auch die Auflösung von Wirtschaftseinheiten zur Folge haben würde. Zu den der Anstalt zur treuhänderischen Verwaltung des Volkseigentums aufgegebenen Rechten und Pflichten zählte demzufolge die Einleitung der Liquidation von Unternehmen[170]. Tatsächlich zwang die Situation einzelner Unternehmen sehr schnell zu ersten Betriebsstillegungen[171].

2. Treuhandanstalt (1. Juli 1990 – 31. Dezember 1994)

Die Treuhandanstalt existierte als solche in der Zeit vom 1. Juli 1990 bis zum 31. Dezember 1994. In diese Zeitspanne fällt mit dem 3. Oktober 1990 der Tag des Beitritts der Deutschen Demokratischen Republik zur Bundes-

167 § 5 Absatz 1 der 1. DVO zum UnternehmensG; Bollmann, in: BB 1990, Supplement DDR-Rechtsentwicklungen, Folge 7, S. 10 (14); Hornuf, in: SWK-Heft 10/1990, S. 13 (14).

168 § 7 Absatz 2 der 2. DVO z. UnternehmensG.

169 § 17 Absatz 2 Joint-Venture-VO, § 5 Absatz 1 Satz 2 UnternehmensG, § 4 der 1. DVO z. UnternehmensG, § 4 Absatz 2 GebäudeverkaufsG; § 5 Absatz 2 S. 2 Statut; § 13 Absatz 1 lit. d) Statut; Rother, in: Kaligin / Goutier (Hrsg.), BHEI, 4110, Rz. 23 f.

170 § 6 Absatz 3 Satz 1, 2 lit. c) Statut, § 13 Absatz 1 lit. c) Statut.

171 S. beispielsweise die Notiz über die Stillegung des Dresdner Schokoladenherstellers "Elbflorenz", o. N., in: DA 1990, S. 648 (650).

republik Deutschland, mit welchem die Treuhandanstalt in ein neues politisches und juristisches Umfeld gestellt war. Die Zeiträume vom 1. Juli 1990 bis zum 2. Oktober 1990 sowie vom 3. Oktober 1990 bis zum 31. Dezember 1994 werden daher getrennt von einander betrachtet.

a) 1. Juli 1990 – 2. Oktober 1990

Der Regierungswechsel in der Folge der Volkskammerwahlen am 18. März 1990 führte zu einer einschneidenden wirtschaftspolitischen Wende. In seiner Regierungserklärung am 19. April 1990 erteilte Lothar de Maizière dem von der Regierung Modrow verfolgten, auf eine sozialistische Planwirtschaft mit marktwirtschaftlichen Elementen (Konkurrenzsozialismus) abzielenden Reformkurs[172] eine klare Absage, indem er die Einführung einer ökologisch orientierten sozialen Marktwirtschaft zur wirtschaftspolitischen Zielstellung seiner Regierung erklärte[173]. Bereits acht Tage später, am 27. April 1990[174], nahmen Regierungsdelegationen beider deutscher Staaten offiziell die Verhandlungen über die Herstellung einer Währungs-, Wirtschafts- und Sozialunion auf[175], die am 18. Mai 1990 mit der Unterzeichnung des Staats-

172 Vgl. Modrow, Regierungserklärung v. 17.11.1989, in: Volkskammer, 9. WP, stenographische Niederschrift der 12. Tagung, S. 272 (275 ff.); Nachdruck in: DA 1990, S. 122 (128 f.); eine Bilanz der wirtschaftsrechtlichen Reformpolitik der Regierung Modrow ziehen u.a. Lutosch / v. Schlabrendorff, in: DtZ 1990, S. 60 ff.; s. a. Korte, Die Chance genutzt?, S. 71 ff.; Süß, in: DA 1991, S. 596 ff.

173 De Maizière, Regierungserklärung v. 19.04.1990, Nachdruck in: DA 1990, S. 795 (799).

174 Am 24.04.1990 waren Kohl und de Maizière im Rahmen eines Meinungsaustausches im Bundeskanzleramts übereingekommen, die deutsch-deutsche Währungsunion zum 01.07.1990 zu verwirklichen. Bereits am folgenden Tag trat die von dem Mitglied des Direktoriums der Bundesbank, als Beauftragtem des Bundeskanzlers handelnden Tietmeyer auf der einen und dem Parlamentarischen Staatssekretär beim Ministerpräsidenten der DDR Krause auf der anderen Seite geleitete Expertenrunde erstmals zusammen; Korte, Die Chance genutzt?, S. 171, 236; Schäuble, Der Vertrag, S. 298 f.

175 Eine erste, von dem Staatssekretär im Bundesministerium der Finanzen Köhler gemeinsam mit dem Minister für Finanzen Romberg angeführte "Gemeinsame Expertenrunde Bundesrepublik Deutschland – DDR zur Vorbereitung einer Währungsunion und Wirtschaftsgemeinschaft" hatte bereits am 20.02., 05.03. und 13.03.1990 getagt und sich insbesondere um eine Bestandsaufnahme der Volkswirtschaft der DDR bemüht, jedoch keine Verhandlungen geführt; s. Korte, Die Chance genutzt?, S. 167 ff.

vertrages abgeschlossen wurden[176]. Die Deutsche Demokratische Republik übernahm damit am 1. Juli 1990 die Soziale Marktwirtschaft[177] als Wirtschaftsordnung und bekannte sich zu deren konstituierenden Prinzipien[178], darunter dem Privateigentum an Produktionsmitteln und an Grund und Boden[179]. Zugleich verpflichtete sich die Deutsche Demokratische Republik, die ordnungspolitischen Rahmenbedingungen für die Entfaltung der Marktkräfte und der Privatinitiative zu schaffen[180]. Das Gemeinsame Protokoll über Leitsätze legte hierzu konkretisierend u.a. fest, daß wirtschaftliche Leistungen vorrangig privatwirtschaftlich und im Wettbewerb zu erbringen[181], dementsprechend die Unternehmen in unmittelbarem und mittelbarem Staatseigentum so rasch wie möglich wettbewerblich zu strukturieren und soweit wie möglich in Privateigentum zu überführen seien[182].

Damit war die noch in der Koalitionsvereinbarung der Regierung de Maizière[183] festgehaltene Vorstellung, zunächst eine indirekte Privatisierung im Wege der Ausgabe von Anteilsscheinen an einer Treuhandgesellschaft, welche die Anteile der umgewandelten, ehedem volkseigenen Unternehmen hält[184], überwunden[185].

176 Anfang April 1990 hatte eine erste Skizze der Bundesregierung für einen Vertragsentwurf vorgelegen, s. Kemmler, Die Entstehung der Treuhandanstalt, S. 145.

177 Zum Begriff s. Folz, Die Soziale Marktwirtschaft als Staatsziel?, S. 14 ff.; Gabler Wirtschaftslexikon, Stichwort "soziale Marktwirtschaft", Band 5, Spalte 1541 f.

178 Präambel, Artikel 1 Absatz 3 Satz 1 und 2 StaatsV; zu den konstituierenden Prinzipien der Marktwirtschaft s. Eucken / Eucken-Erdsiek / Hensel, Grundsätze der Wirtschaftspolitik, S. 160 ff.

179 Artikel 2 Absatz 1 Satz 2 (a.E.) StaatsV, Anlage IX z. StaatsV, Gemeinsames Protokoll, Leitsatz A.II.6.

180 Artikel 11 Absatz 2 Satz 1 StaatsV.

181 Gemeinsames Protokoll, Leitsatz A.II.1.

182 Gemeinsames Protokoll, Leitsatz A.II.7.

183 Nachdruck in: Bundesministerium für innerdeutsche Beziehungen, Informationen Nr. 8 v. 27.04.1990 (Beilage); vgl. Lindner, Der Übergang des Rechts der Wirtschaft von der Plan- zur Marktwirtschaft in Ostdeutschland, S. 182.

184 Dazu Kemmler, Die Entstehung der Treuhandanstalt, S. 144 f.; o. N., Stellungnahme zur Gestaltung der Anstalt zur treuhänderischen Verwaltung des Volkseigentums (Treuhandanstalt) nach dem Muster einer Unternehmensbeteiligungsgesellschaft (UBG) der Bundesrepublik Deutschland, Nachdruck in: Treuhandanstalt (Hrsg.), Dokumentation 1990-1994, Band 1, S. 207 ff.; Rother, in: Kaligin / Goutier (Hrsg.), BHEI, 4210, Rz. 8 f.; Thietz-Bartram / Pfeifer, in: WM Sonderbeilage 4/1990, S. 3 (15 f.).

Auch wenn der Staatsvertrag hier primär unter wirtschaftsrechtlichen Gesichtspunkten zu betrachten ist, so diente er nach dem ausdrücklichen Willen der Vertragsparteien nicht nur einer Entschärfung der krisenhaft zugespitzten Wirtschaftslage in der Deutschen Demokratischen Republik[186] und den damit für beide deutsche Staaten verbundenen Schwierigkeiten wie beispielsweise den Folgen des Übersiedlerstromes[187]. Tatsächlich war er als erster Schritt in Richtung auf die Herstellung der staatlichen Einheit Deutschlands nach Maßgabe des Artikel 23 GG angelegt[188]. Er führte bereits eine über den Bereich der Wirtschaft weit hinauswirkende Rechtsangleichung und damit einen grundlegenden Wechsel des Gesellschaftssystems insgesamt herbei[189].

Aus dem Staatsvertrag ergaben sich insbesondere für die Deutsche Demokratische Republik umfangreiche Gesetzgebungsaufgaben[190]. In Erfüllung dieser Verpflichtungen änderten Gesetz- und Verordnungsgeber der Deutschen Demokratischen Republik zahlreiche eigene Rechtsvorschriften oder hoben sie auf[191], darunter die Joint-Venture-Verordnung und das Gesetz

185 Die Ausgabe von Anteilsscheinen zur Beteiligung der Bürger der DDR am volkseigenen Vermögen findet sich zwar auch im Staatsvertrag (Artikel 10 Absatz 6 StaatsV), jedoch nicht in einer die Privatisierung einzelner bisher volkseigener Vermögensgegenstände hemmenden Konstruktion.

186 Becher, in: DA 1990, S. 687 ff.; Berger / Köhler, in: Inter/esse 10/92, S. 3; Deutsches Institut für Wirtschaftsforschung, Wochenbericht 6/90, S. 72 ff.; Hertle, in: DA 1992, S. 1019 ff.; Sachverständigenrat zur Begutachtung der gesamtwirtschaftlichen Entwicklung, Zur Unterstützung der Wirtschaftsreform in der DDR: Voraussetzungen und Möglichkeiten, S. 8 ff.; Schürer u.a., Vorlage für das Politbüro des Zentralkomitees der SED "Analyse der ökonomischen Lage der DDR mit Schlußfolgerungen" v. 30.10.1989, Nachdruck in: DA 1992, S. 1112 ff.; Willgerodt, Vorteile der wirtschaftlichen Einheit Deutschlands, S. 9 f.

187 Schäuble, Der Vertrag, S. 22; Schäuble, in: Die Zeit v. 08.09.1995, S. 40.

188 Präambel StaatsV; Schäuble, in: Die Zeit v. 08.09.1995, S. 40.

189 Prugger, Die Nachfolge in das Vermögen der ehemaligen DDR, S. 157, spricht im Zusammenhang mit dem in Erfüllung der Vorgaben des Staatsvertrages ergangenen Verfassungsgrundsätzegesetzes von einer verfassungsrechtlichen Revolution; s. a. Engelhard, in: DtZ 1990, S. 129 ff.; Kriele, in: DtZ 1990, S. 188 f.; Schmidt-Bleibtreu, in: DtZ 1990, 138 ff.; Scholz, in: BB 1990, Supplement DDR-Rechtsentwicklungen, Folge 9, S. 1; Wünsche, in: DtZ 1990, S. 134 ff.

190 Lübchen, in: DtZ 1990, S. 147 ff.; Hannemann / Bergmann, in: DtZ 1990, S. 183 ff.; v. Schlabrendorff / de Vaconcellos, in: DtZ 1990, S. 142 ff.

191 Anlage III z. StaatsV; VerfassungsgrundsätzeG; Gesetz über die Änderung oder Aufhebung von Gesetzen der Deutschen Demokratischen Republik v. 28.06.1990, GBl. I, S. 483; Verordnung über die Änderung oder Aufhebung von Rechtsvorschriften v. 28.06.1990, GBl. I, S. 509.

über die Übertragung volkseigener landwirtschaftlicher Nutzflächen in das Eigentum von landwirtschaftlichen Produktionsgenossenschaften. Zugleich übernahm die Deutsche Demokratische Republik eine Reihe wichtiger Gesetze der Bundesrepublik Deutschland[192] und erließ eigene neue Vorschriften. Zu dieser letzten Kategorie zählte das am 17. Juni 1990 von der Volkskammer verabschiedete Treuhandgesetz[193], welches zugleich mit der Wirtschafts-, Währungs- und Sozialunion am 1. Juli 1990 wirksam wurde.

Wie bereits von Lothar de Maizière in seiner Regierungserklärung am 19. April 1990 angekündigt[194], wurde die Umsetzung der Wirtschaftstransformation in die Hände der Treuhandanstalt gelegt. Der Staatsvertrag sah diese Einrichtung zwar nicht ausdrücklich vor, ging aber, wie die mehrfache Erwähnung des "Treuhandvermögens" belegt[195], von ihrer Existenz aus[196].

Das Treuhandgesetz hob den Gründungsbeschluß und das Statut auf[197]. An die Stelle der bisherigen Anstalt zur treuhänderischen Verwaltung des Volkseigentums trat die vom Gesetzgeber mit einer neuen Programmierung versehene Treuhandanstalt. Ergänzend erging die Satzung der Treuhandanstalt vom 18. Juli 1990. Eine Reihe nachfolgender Bestimmungen, darunter die Durchführungsverordnungen zum Treuhandgesetz, erweiterten den Zuständigkeits- und Aufgabenbereich der Treuhandanstalt.

b) 3. Oktober 1990 – 31. Dezember 1994

Der Einigungsvertrag bestimmte in Artikel 25 EinigungsV die Fortgeltung des Treuhandgesetzes mit den an gleicher Stelle bezeichneten Maßgaben. Die Treuhandanstalt bestand als rechtsfähige bundesunmittelbare Anstalt

192 Artikel 3 StaatsV i.V.m. Anlage II z. StaatsV; Gesetz über die Inkraftsetzung von Rechtsvorschriften der Bundesrepublik Deutschland in der Deutschen Demokratischen Republik v. 21.06.1990, GBl. I, S. 357, geändert durch Gesetz über die Änderung des Gesetzes v. 21.06.1990 über die Inkraftsetzung von Rechtsvorschriften der Bundesrepublik Deutschland in der Deutschen Demokratischen Republik v. 06.07.1990, GBl. I, S. 713; Verordnung zur Anwendung von Rechtsvorschriften v. 11.07.1990, GBl. I, S. 713.

193 Lachmann, in: DtZ 1990, S. 238.

194 De Maizière, Regierungserklärung v. 19.04.1990, Nachdruck in: DA 1990, S. 795 (800).

195 Artikel 27 Absatz 1 Satz 2, Absatz 3 Satz 1 StaatsV.

196 Dieses Verständnis teilten maßgebliche bundesdeutsche Politiker, s. Kemmler, Die Entstehung der Treuhandanstalt, S. 153 f.

197 § 24 Absatz 3 TreuhG.

des öffentlichen Rechts fort[198]. Der Einigungsvertrag bestätigte zugleich den gesetzlichen Auftrag der Treuhandanstalt, die ehemals volkseigenen Betriebe wettbewerblich zu strukturieren und zu privatisieren[199].

Zur Erledigung der von ihr übernommenen Aufgaben bediente sich die Treuhandanstalt teilweise sog. funktionaler Beteiligungsgesellschaften[200].

Erstmals beschritt die Treuhandanstalt diesen Weg für die Privatisierung im Bereich des Einzelhandels, der bis 1990 überwiegend über die knapp 22.000 Verkaufsstellen und etwa 7.400 Gaststätten der volkseigenen Handelsorganisation HO abgewickelt worden war[201]. Hier war es wichtig, zur Aufrechterhaltung der Versorgung der Bevölkerung[202] unverzüglich neue Betreiber für die Geschäfte zu gewinnen. Am 6. Juli 1990 hatte die Volkskammer das Handelsentflechtungsgesetz beschlossen, welches im Verbund mit der dazu ergangenen Handelsentflechtungsverordnung vom 25. Juli 1990 ein besonderes, bis zum 30. September 1990 abzuschließendes Vergabeverfahren vorsah. Die Umsetzung gelang nur zu einem kleinen Teil[203]. Von Mitte Oktober 1990 bis Ende 1991 übernahm es die GPH Gesellschaft zur Privatisierung des Handels mbH als Geschäftsbesorger[204], im Zuge der sog. "kleinen Privatisierung" neben Kaufverträgen über den Geschäftsbetrieb (Geschäftsausstattung, Vorräte etc.) Mietverträge über die dazugehörige Geschäftsimmobilie abzuschließen[205]. Für den zweiten Schritt, die Privatisierung auch der Immobilien, wurde das Immobiliarver-

198 Artikel 25 Absatz 1 Satz 2 EinigungsV.

199 Artikel 25 Absatz 1 Satz 1 EinigungsV.

200 Wernicke, in: Bieszcz-Kaiser / Lungwitz / Preusche (Hrsg.), Transformation – Privatisierung – Akteure, S. 235 (239).

201 Ausführlich Herbst / Ranke / Winkler, So funktionierte die DDR, Stichwort "Handelsorganisation (HO)", Band 1, S. 389 (390 f.); Breuel (Hrsg.), Treuhand intern, S. 254; Deutsches Institut für Wirtschaftsforschung / Institut für Weltwirtschaft an der Universität Kiel, in: Deutsches Institut für Wirtschaftsforschung, Wochenbericht 13/93, S. 131 (147).

202 Die Versorgungssicherheit war ausdrücklich bei der Privatisierung des Einzelhandels zu beachten, § 4 Absatz 3 HandeslentflchtungsVO.

203 S. Breuel (Hrsg.), Treuhand intern, S. 254.

204 Vgl. die Vollmachtsurkunde sowie Pressemitteilung der Treuhandanstalt v. 15.10.1990 ("Treuhand hat neue Tochter – 45.000 Handelsbetriebe in der GPH zusammengefaßt"), Nachdruck in: Treuhandanstalt (Hrsg.), Dokumentation 1990-1994, Band 8, S. 196 ff. und 200 f.

205 Bericht des Vorstandes der Treuhandanstalt über den Abschluß der Arbeiten zum 31.12.1994, in: Treuhandanstalt Informationen, Ausgabe 21, Dezember 1994, S. 5 (8); Breuel (Hrsg.), Treuhand intern, S. 255; Bundesministerium der Finanzen, Privatisierung in Deutschland, S. 28; Dierk, in: Treuhandanstalt / Ostausschuß der Deutschen Wirtschaft / Bundesverband der Deutschen Industrie (Hrsg.), Privatisieren, S. 92 (94).

mögen von 129 der aus der volkseigenen Handelsorganisation HO entstandenen (insgesamt 153) Kapitalgesellschaften im Wege einer verschmelzenden Aufspaltung nach den Bestimmungen des SpTrUG rückwirkend zum 1. Juli 1990 in zwei Funktionalgesellschaften zusammengefaßt: Die EXHO Immobilien-Verwaltungs-Gesellschaft mbH übernahm die für die Handelsgeschäfte und Gaststätten betriebsnotwendigen Grundstücke, sonstige Immobilien[206] fielen in die FREHO Immobilien-Verwaltungs-Gesellschaft mbH[207]. Die übrigen Aktiva und Passiva und damit zugleich die Aufgabe, die von der GPH geschlossenen Verträge zu betreuen, wurden der DUHO Verwaltungs-Gesellschaft mbH übertragen[208].

Ihre liegenschaftsbezogenen Aufgaben konzentrierte die Treuhandanstalt bei der zu diesem Zweck Mitte Februar 1991 von der VEBA Wohnen erworbenen[209] Liegenschaftsgesellschaft der Treuhandanstalt mbH (TLG)[210]. Durch die Entflechtung, aber auch die Auflösung von Treuhandunternehmen fielen in erheblichem Umfang[211] nicht (mehr) betrieblich gebundene Immobilien an. Die Veräußerung dieses Grundvermögens hatte die Treuhandanstalt nicht nur als Mittel zur Restrukturierung, Liquiditätsversorgung und Privatisierung ihrer Unternehmen, sondern im Lichte der beschriebenen gesetzgeberischen Absicht zugleich als Instrument zur weiteren, Arbeitsplätze schaffenden Gewerbeansiedlung – eingebettet in regional-

206 Überschüssige Freiflächen der Betriebsgelände, daneben Verwaltungsgebäude, Betriebsakademien, Kinderkrippen etc.

207 Die Liegenschaftsgesellschaft der Treuhandanstalt mbH (TLG), ebenfalls eine 100%ige funktionale Beteiligungsgesellschaft der Treuhandanstalt, übernahm als Geschäftsbesorger für EXHO, FREHO sowie sowie weitere HO-Nachfolgekapitalgesellschaften die Vermarktung der Liegenschaften. Zuvor hatten sich Vorstellungen, durch Umwandlung in einen Immobilienfonds oder in eine Aktiengesellschaft und anschließende Börseneinführung eine breite Beteiligung der Bevölkerung in den neuen Bundesländern zu erreichen, als unattraktiv erwiesen; vgl. Treuhandanstalt, Lagebericht DUHO (EXHO, FREHO), sowie Vorlage für den Gesamtvorstand der Treuhandanstalt "Privatisierung des EXHO-Immobilienvermögens", Nachdruck in: Treuhandanstalt (Hrsg.), Dokumentation 1990-1994, Band 8, S. 219 (223) sowie S. 237 (241 f.).

208 Verschmelzungsvertrag v. 20.01.1992; s. Treuhandanstalt, Abwicklung des Einzelhandels im Bereich der DUHO Verwaltungs-Gesellschaft mbH, Nachdruck in: Treuhandanstalt (Hrsg.), Dokumentation 1990-1994, Band 6, S. 592 ff.

209 Anteilskauf- und -übertragungsvertrag v. 14.02.1991, Nachdruck in: Treuhandanstalt (Hrsg.), Dokumentation 1990-1994, Band 8, S. 384.

210 Bereits im August 1990 hatte das Beratungsunternehmen Roland Berger & Partner GmbH zur Verwertung anfallender Vermögenswerte die Einschaltung einer eigenständigen "Verwertungs GmbH" vorgeschlagen; o. N., in: Die Welt v. 29.08.1990, S. 10.

211 Die nicht betriebsnotwendigen Liegenschaften der Treuhand-Unternehmen haben ein geschätztes Wertvolumen von 15 Mrd. DM.

politische und städteplanerische Zielsetzungen von Land und Kommune[212] – verstanden[213]. Bewertung, Verwaltung, gegebenenfalls Entwicklung und schließlich Verwertung von Liegenschaften verlangten nach immobilienspezifischem Know-how und Management.

Die Verwaltung und Verwertung der ehemals volkseigenen land- und forstwirtschaftlichen Flächen übertrug die Treuhandanstalt mit Treuhand- und Geschäftsbesorgungsvertrag vom 23. April 1992[214] der BVVG Bodenverwertungs- und -verwaltungs GmbH. Gründungsgesellschafter der BVVG waren neben der Treuhandanstalt die öffentlich-rechtlichen Bankanstalten Deutsche Siedlungs- und Landesrentenbank, Landwirtschaftliche Rentenbank und Landeskreditbank Baden-Württemberg. Die Deutsche Girozentrale Deutsche Kommunalbank war vom 1. Januar 1993 bis zum 31. März 1994 Gesellschafterin der BVVG[215]. Die Verwaltung und Verwertung des Vermögens der ehemaligen Staatlichen Forstwirtschaftsbetriebe übernahm die am 18. Juli 1991 gegründete Treuhandanstalt-Forstbetriebs-GmbH (TFG)[216]. Die Bewirtschaftung der 155 noch operativ tätigen ehemaligen volkseigenen Güter koordinierte ab Mitte 1994 die Treuhandgüterbewirtschaftungs GmbH (TGG)[217].

Zu den funktionalen Beteiligungsgesellschaften der Treuhandanstalt waren auch die sog. Management-KGen zu rechnen, mit denen die Treuhandanstalt auf die mit zu-

212 Treuhandanstalt, Organisationsanweisung für die Niederlassungen Nr. 17 v. 19.12.1990, Nachdruck in: Treuhandanstalt (Hrsg.), Dokumentation 1990-1994, Band 8, S. 379.

213 Schreiben der Treuhandanstalt an die Geschäftsführer und Vorstände der Treuhandunternehmen v. 12.10.1990, Nachdruck in: Treuhandanstalt (Hrsg.), Dokumentation 1990-1994, Band 8, S. 352; so auch Arbeitsgruppe Treuhandanstalt der Wirtschaftsministerkonferenz, Bericht v. 18.03.1991, Teil C, Ziffer 6, Nachdruck in: Treuhandanstalt (Hrsg.), Dokumentation 1990-1994, Band 2, S. 375 (383); vgl. Schlecht, in: Ludwig-Erhard-Stiftung (Hrsg.), Vom Zentralplan zur Sozialen Marktwirtschaft, S. 49 (64); auf die Marktverantwortung der Treuhandanstalt verweist Biehl, in: Ludwig-Erhard-Stiftung (Hrsg.), Wirtschaftliche und soziale Ausgestaltung der deutschen Einheit, S. 33 (35).

214 Treuhand- und Geschäftsbesorgungsvertrag zwischen der Treuhandanstalt, der Bodenverwertungs- und -verwaltungs GmbH, der Deutschen Siedlungs- und Landesrentenbank, der Landwirtschaftlichen Rentenbank und der Landeskreditbank Baden-Württemberg v. 23.04.1992, Nachdruck in: Treuhandanstalt (Hrsg.), Dokumentation 1990-1994, Band 15, S. 454 ff.

215 Bodenverwertungs- und -verwaltungs GmbH, Geschäftsbericht 1993, Nachdruck in: Treuhandanstalt (Hrsg.), Dokumentation 1990-1994, Band 15, S. 480.

216 Treuhandanstalt, Aufgabenspektrum und Lösungswege, Nachdruck in: Treuhandanstalt (Hrsg.), Dokumentation 1990-1994, Band 8, S. 248.

217 Treuhandanstalt, Pressemitteilung v. 14.06.1994 ("Landwirtschaft: Güterbewirtschaftungsgesellschaft übernimmt die Verantwortung für 155 Güter").

nehmendem Nachdruck vorgetragenen öffentlichen und politischen Forderungen nach einer Aktivierung der Sanierungstätigkeit reagierte[218]. Im Frühjahr 1992 entstanden die Horst Plaschna Management GmbH & Co. Beteiligungssanierungs- und -verkaufs KG sowie die H. W. Urban GmbH & Co. Management KG, ein Jahr darauf folgten die EREL Verwaltungs GmbH & Co. Management KG, die EFBE Verwaltungs GmbH & Co. Management KG und die Schröder + Partner Management GmbH & Co. KG. Dabei brachte die Treuhandanstalt als alleinige Kommanditistin ausgewählte Treuhand-Unternehmen in die Kommanditgesellschaft ein. Geschäftsführende Komplementärin war eine am Vermögen der KG nicht beteiligte GmbH, deren geschäftsführende Mehrheitsgesellschafter sanierungserfahrene Unternehmerpersönlichkeiten sein sollten[219].

Zu nennen sind weiterhin:

im Bereich Grundstücksverwertung
- THA Treuhandanstalt Flugplatz-Verwaltungs-GmbH (TFG)

im Bereich Kommerzielle Koordinierung
- Berliner Handels- und Finanzierungsgesellschaft mbH
- Effect Vermögensverwaltungsgesellschaft mbH
- Berimco-Immobilien Cooperation GmbH

im Bereich Staatsreserve der Deutschen Demokratischen Republik
- Gesellschaft zur Privatisierung der Staatsreserve mbH

im Bereich Sanierung Bergbau und Energie
- Gesellschaft zur Verwahrung und Verwertung stillgelegter Bergwerksbetriebe mbH (GVV)
- Lausitzer und Mitteldeutsche Bergbau Verwaltungs GmbH (LMBV)
- Lausitzer Bergbau Verwaltungs GmbH (LBV)
- Mitteldeutsche Bergbau Verwaltungs GmbH (MBV)
- Energiewerke Nord GmbH (EWN)

im Bereich Transformationsberatung
- Treuhand Osteuropa Beratungsgesellschaft mbH (TOB)[220]

218 Ausführlich Rauschnabel, Sanierungsstrategien der Treuhandanstalt, S. 114 ff.

219 Treuhandanstalt, Gründung von Management-Kommanditgesellschaften, Nachdruck in: Treuhandanstalt (Hrsg.), Dokumentation 1990-1994, Band 7, S. 602 (604); Rauschnabel, Sanierungsstrategien der Treuhandanstalt, S. 22; Schwalbach, in: Fischer / Hax / Schneider (Hrsg.), Treuhandanstalt – Das Unmögliche wagen, S. 177 (207).

220 Übernahme zum 01.07.1994 durch Berliner Bank AG (49 v.H.) und Rödl und Partner Wirtschaftsprüfungsgesellschaft mbH (51 v.H.); s. Treuhandanstalt, Pressemitteilung v. 29.06.1994 ("Neue Gesellschafterstruktur für Treuhand Osteuropa Beratungsgesellschaft"); o. N., in: FAZ v. 30.06.1994, S. 15; o. N., in: FAZ v. 19.07.1994, S. 13.

im Bereich Maschinenhandel

- MTC Maschinenhandel Techno-Commerz GmbH

im Bereich Datenverarbeitung

- DV-Informations-Systeme, Organisation und Service GmbH (DISOS)

im Bereich Versicherungswesen

- THV Versicherungsvermittlung der Treuhandanstalt GmbH (THV)

im Bereich Personalmanagement

- PMG Projekt-Management-Gesellschaft mbH
- GZB Gesellschaft für Zeitmanagement GmbH

Die Auflistung ließe sich noch erheblich erweitern, wenn man beispielsweise die dreizehn Filmtheater- und fünfzehn Buchhandlungsgesellschaften mbH einbezöge, die nicht als solche privatisiert, sondern zu Funktionalbeteiligungen der Treuhandanstalt umgewidmet wurden, um die Privatisierung der etwa 830 ehemals volkseigenen Filmtheater und 710 Buchhandlungen des ehemaligen Volksbuchhandels im Wege der Veräußerung der betriebsnotwendigen Liegenschaft und des dazugehörigen Geschäftsbetriebs weitgehend zu übernehmen. Ähnliches gilt für eine Reihe hier nicht aufgeführter Nachfolgegesellschaften des volkseigenen Einzelhandels und sonstige Gesellschaften.

3. Bundesanstalt für vereinigungsbedingte Sonderaufgaben (seit 1. Januar 1995)

Mit dem Gesetz zur abschließenden Erfüllung der verbleibenden Aufgaben der Treuhandanstalt sowie den in diesem Zusammenhang ergangenen Verordnungen, der Treuhandliegenschaftsübertragungsverordnung, der (Ersten) und Zweiten Treuhandunternehmensübertragungsverordnung und der Treuhandumbenennungsverordnung, erfolgte eine weitgehende Reorganisation von Vermögen und Aufgaben der Treuhandanstalt.

Die Treuhandanstalt besteht als Bundesanstalt für vereinigungsbedingte Sonderaufgaben fort. Sie hat im wesentlichen die Aufgabenbereiche Vertragsmanagement, Reprivatisierung, Abwicklung, Verwaltung und Verwertung des Sonder- und Finanzvermögens, weiterhin Aufgaben im Zusammenhang mit der Privatisierung des land- und forstwirtschaftlichen Vermögens sowie schließlich hoheitliche Aufgaben im Zusammenhang mit Vermögenszuordnungs-, Kommunalisierungs-, Investitionsvorrang- und Grundstücksverkehrsgenehmigungsverfahren wahrzunehmen.

Bei der Erledigung der Aufgaben im Zusammenhang mit der Privatisierung des land- und forstwirtschaftlichen Vermögens bedient sich die Bundesanstalt für vereinigungsbedingte Sonderaufgaben weiterhin der BVVG Bodenverwertungs- und -verwaltungs GmbH, deren sämtliche Anteile sie mit Vertrag vom 20. Dezember 1995 erwarb. Durch Beschluß der Gesellschafterversammlung am 26. April 1996 wurde der BVVG Bodenverwertungs- und -verwaltungs GmbH zudem die Wahrnehmung der der Privatisierungsstelle nach dem Ausgleichsleistungsgesetz obliegenden Aufgaben übertragen.

Neben der BVVG Bodenverwertungs- und -verwaltungs GmbH verfügte die Bundesanstalt für vereinigungsbedingte Sonderaufgaben über weitere funktionale Beteiligungsgesellschaften:

Im Jahre 1998 entstanden die sog. Landesfusionsgesellschaften (LFG). Diese als GmbH organisierten, jeweils ein Bundesland abdeckenden Gesellschaften hatten im Bereich Abwicklung der Bundesanstalt für vereinigungsbedingte Sonderaufgaben die Funktion, Beteiligungsgesellschaften der Bundesanstalt für vereinigungsbedingte Sonderaufgaben, die sich in Liquidation befanden, im Wege der Verschmelzung aufzunehmen. Soweit eine Verschmelzung ausschied, konnten die Landesfusionsgesellschaften im Wege der sog. "Konzentration" die Funktion des Liquidators übernehmen, während die Bundesanstalt für vereinigungsbedingte Sonderaufgaben Gesellschafter der Liquidationsgesellschaft blieb. Die Einrichtung der Landesfusionsgesellschaften beschleunigte statistisch den – politisch erwünschten – Abbau des Beteiligungsbesitzes der Bundesanstalt für vereinigungsbedingte Sonderaufgaben. Zugleich konnte der ebenfalls politisch vorgegebene Personalabbau zu Teilen durch Outscourcing, d.h. Wechsel von Mitarbeitern in die Landesfusionsgesellschaften, abgebildet werden.

Der Bereich Organisation / EDV war bereits im September 1994 als DV-InformationsSysteme, Organisation und Service GmbH (DISOS) ausgegründet worden[221].

Den Bereich des Sonderbeauftragten Ostgeschäft überführte die Bundesanstalt für vereinigungsbedingte Sonderaufgaben Ende 1996 / Anfang 1997[222] in eine unter DEGEFO Deutsche Gesellschaft für das Ostgeschäft mbH firmierende funktionale Beteiligungsgesellschaft. Diese hat satzungsgemäß den Zweck, in enger Abstimmung mit den neuen Bundesländern ostdeutsche Unternehmen auf den Märkten, zu denen die ehemalige Deutsche Demokratische Republik enge Wirtschaftsbeziehungen unterhielt, bei ihren Absatzbemühungen zu unterstützen, insbesondere durch Vermittlung von Finanzierungen (Tätigkeiten gemäß § 34 c GewO sind ausgeschlossen), Projekten und Gegenprojekten und hierbei entwicklungspolitische Nebenef-

221 Treuhandanstalt, DISOS, in: Treuhandanstalt (Hrsg.) Dokumentation 1990-1994, Band 15, S. 527.

222 Gesellschaftsvertrag v. 19.12.1996, Eintragung in das Handelsregister am 20.01.1997.

fekte zu erzielen[223]. Zumindest mit dem letztgenannten Aspekt ist der Auftrag der DEGEFO Deutsche Gesellschaft für das Ostgeschäft mbH gegenüber demjenigen der Bundesanstalt für vereinigungsbedingte Sonderaufgaben erweitert. Eine Delegation von der Bundesanstalt für vereinigungsbedingte Sonderaufgaben nicht übertragenen Aufgaben ist indes nicht zulässig, weshalb der Gesellschaftszweck in der vorliegenden Formulierung rechtlich fragwürdig erscheint.

Diese – fragwürdige – auch entwicklungspolitische Aufgabenstellung war der Grund dafür, die DEGEFO Deutsche Gesellschaft für das Ostgeschäft mbH im Wege einer fiduziarischen Treuhand der Deutsche Gesellschaft für technische Zusammenarbeit GmbH (GTZ) anzuvertrauen. Ende 1998 stellte die DEGEFO Deutsche Gesellschaft für das Ostgeschäft mbH auf Betreiben insbesondere des Bundesministeriums der Finanzen ihre Tätigkeit ein.

Die übrigen liegenschaftsbezogenen Aufgaben der Treuhandanstalt hat das Bundesministerium der Finanzen übernommen, welches sich hierfür der Treuhand Liegenschaftsgesellschaft mbH bedient.

Im Auftrag des Bundesministeriums der Finanzen setzte zunächst die in TLG Treuhand Liegenschaftsgesellschaft mbH umfirmierte vormalige Liegenschaftsgesellschaft der Treuhandanstalt mbH (TLG), deren Geschäftsanteil der Bund gemäß § 2 Absatz 1 TreuhLÜV ebenfalls übernommen hatte, ihre Verwertungstätigkeit fort. Mit Verschmelzungsvertrag vom 14. August 1996 wurden die TLG Treuhand Liegenschaftsgesellschaft mbH, die EXHO Immobilien-Verwaltungs-Gesellschaft mbH, die FREHO Immobilien-Verwaltungs-Gesellschaft mbH und weitere funktionale Beteiligungsgesellschaften aus dem Bereich des ehemals volkseigenen Handels (HO)[224] durch Übertragung ihres Vermögens als Ganzes unter Ausschluß der Abwicklung auf die DUHO Verwaltungsgesellschaft mbH verschmolzen. Die DUHO Verwaltungsgesellschaft mbH wurde zugleich in TLG Treuhand Liegenschaftsgesellschaft mbH umfirmiert. Gemäß § 2 Zweite TreuhUntÜV hatte der Bund die Geschäftsanteile an der DUHO Verwaltungs-Gesellschaft mbH zuvor unmittelbar übernommen.

Im Februar 1997 errichtete die TLG Treuhand Liegenschaftsgesellschaft mbH Zweigniederlassungen in Potsdam (Niederlassung Berlin / Brandenburg), Rostock (Niederlassung Mecklenburg-Vorpommern), Dresden (Niederlassung Sachsen), Magdeburg (Niederlassung Sachsen-Anhalt) und Erfurt (Niederlassung Thüringen).

Die TLG Treuhand Liegenschaftsgesellschaft mbH erwarb durch Zuordnungsbescheide gemäß § 7 Absatz 5 VZOG das nicht land- oder forstwirt-

223 § 2 Ziffer 1 Gesellschaftsvertrag der DEGEFO Deutsche Gesellschaft für das Ostgeschäft mbH.

224 Rugia Hotel- und Gastronomie GmbH, Behim Handelsimmobiliengesellschaft mbH, Frankfurter Allgemeine Markt GmbH, Handelsgesellschaft Aue / Schwarzenberg GmbH.

schaftliche Grundvermögen der Bundesanstalt für vereinigungsbedingte Sonderaufgaben und ihrer Beteiligungsunternehmen.

Gegenstand des Unternehmens der TLG Treuhand Liegenschaftsgesellschaft mbH sind damit die Verwertung, die Verwaltung, die Entwicklung und der Erwerb von Grundstücken und Gebäuden. Dabei hat die Gesellschaft die auf das Bundesministerium der Finanzen übertragenen liegenschaftsbezogenen Aufgaben der Treuhandanstalt zu erfüllen und hierbei in den neuen Ländern Liegenschaften nach den Prinzipien der sozialen Marktwirtschaft zu privatisieren, zu verwalten, zu entwikkeln und zu verwerten. Darüber hinaus hat die TLG Treuhand Liegenschaftsgesellschaft mbH satzungsgemäß die ihr übertragenen Befugnisse und Aufgaben hinsichtlich derjenigen Liegenschaften wahrzunehmen, die sich im Eigentum, in treuhänderischer Verwaltung, in Nutzung oder in sonstiger Zuständigkeit des Bundes befinden oder die die Gesellschaft selbst erworben hat oder die ihr zugeordnet worden sind.

Die verbliebenen unternehmensbezogenen Aufgaben der Treuhandanstalt sind nach Maßgabe von § 1 Absatz 1 TreuhUntÜV (und mit den in § 1 Absatz 2 TreuhUntÜV bezeichneten Ausnahmen) ebenfalls auf das Bundesministerium der Finanzen übergegangen. Der Bund übernahm hierzu zum 1. Januar 1995 die Aktien an der Deutsche Kreditbank AG[225] sowie zum 30. Dezember 1994 die Geschäftsanteile an der BMGB Beteiligungs-Management-Gesellschaft mbH[226]. Die Geschäftsanteile der wichtigsten verbliebenen Treuhand-Unternehmen, darunter die Management-KGen sowie die Auslaufgesellschaften des Bereichs Bergbau und Energie[227], gingen gemäß § 2 Absatz 2 TreuhUntÜV zum 31. Dezember 1994 auf die BMGB Beteiligungs-Management-Gesellschaft mbH über, die fortan anstelle der Treuhandanstalt für das Bundesministerium der Finanzen die entsprechenden Aufgaben wahrnahm.

Das bei der BMGB Beteiligungs-Management-Gesellschaft Berlin mbH zunächst aufgebaute Vertragsmanagement wurde – entsprechend der Verteilung der Aufgaben der ehemaligen Treuhandanstalt unter ihren Nachfolgeeinrichtungen – durch Vereinbarungen vom 19. Juni 1997 und 26. August 1997 auf die Bundesanstalt für vereinigungsbedingte Sonderaufgaben überführt. Hiervon umfaßt waren alle Rechte und Pflichten der BMGB Beteiligungs-Management-Gesellschaft Berlin mbH aus Privatisierungsverträgen sowie alle sonstigen in bezug auf die privatisierten Beteiligungsgesellschaften etwaig bestehenden Rechte und Pflichten. Verbunden hiermit war gemäß § 613 a BGB der Übergang des betroffenen Personals.

225 § 2 Absatz 4 TreuhUntÜV.

226 § 2 Absatz 1 TreuhUntÜV.

227 GVV-Gesellschaft zur Verwahrung und Verwertung von stillgelegten Bergwerksbetrieben mbH, Energiewerke Nord GmbH (EWN), Lausitzer und Mitteldeutsche Bergbau-Verwaltungsgesellschaft mbH (LMBV).

In funktionaler Hinsicht hat auch die IIC The New German Länder Industrial Investment Council GmbH als Nachfolgegesellschaft der Treuhandanstalt zu gelten. Diese Ende 1996[228] von Bund und neuen Ländern[229] gegründete Gesellschaft hat satzungsgemäß die Aufgabe, zur Förderung der Wirtschaft Investorenwerbung für den Standort "Neue Bundesländer" einschließlich Berlin (Beitrittsgebiet nach Artikel 3 EinigungsV) durch gezielte Akquisition ausländischer, insbesondere größerer Unternehmen zu betreiben, um die industrielle Entwicklung in dieser Region durch konkrete Ansiedlungserfolge zu stärken und neue Arbeitsplätze zu schaffen[230]. Diese Aufgabe hatte bis Ende 1994 die Treuhandanstalt insbesondere mit eigenen Büros oder Beauftragten in fremden Staaten wahrgenommen[231].

Schließlich könnte auch die Wegweiser GmbH als Funktionsnachfolgerin der Bundesanstalt für vereinigungsbedingte Sonderaufgaben betrachtet werden. Die Bundesanstalt für vereinigungsbedingte Sonderaufgaben, Arbeitsgruppe "Markt & Staat", hatte seit Frühjahr 1995 in Zusammenarbeit mit dem Beta-Verlag, Bonn, eine branchenorientierte "Wegweiser"-Reihe mit Firmenprofilen und Produktionsspektren ostdeutscher Anbieter entwickelt[232]. Diese Aufgabe wurde zum 1. Januar 1997 aus der Bundesanstalt für vereinigungsbedingte Sonderaufgaben ausgegliedert und von der in privater Anteilseignerschaft stehenden Wegweiser GmbH Berlin fortgeführt[233]. Von einer funktionalen Nachfolgeeinrichtung kann allerdings nur in einem eingeschränkten Sinn gesprochen werden, da die ausgegründete Tätigkeit keine (Kern-)Funktion der Bundesanstalt für vereinigungsbedingte Sonderaufgaben gewesen ist, sondern lediglich Gegenstand der (immerhin – wenn auch mit vergleichsweise geringen finanziellen Mitteln – seitens der Bundesanstalt für vereinigungsbedingte Sonderaufgaben finanzierten) Beschäftigung ihres damaligen Beauftragten

228 Abschluß des Gesellschaftsvertrages am 12.12.1996, Eintragung in das Handelsregister am 19.12.1996.

229 Von dem Stammkapital in Höhe von 1.000.000,00 DM übernahm die Bundesrepublik Deutschland eine Stammeinlage in Höhe von 300.000,00 DM. Von dem verbleibenden Stammkapital übernahmen – nach dem Verhältnis der Einwohnerzahlen – das Land Berlin eine Stammeinlage in Höhe von 56.800,00 DM, das Land Brandenburg eine Stammeinlage in Höhe von 112.700,00 DM, das Land Mecklenburg-Vorpommern eine Stammeinlage in Höhe von 83.900,00 DM, das Land Sachsen eine Stammeinlage in Höhe von 207.400,00 DM, das Land Sachsen-Anhalt eine Stammeinlage in Höhe von 114.100,00 DM und das Land Thüringen eine Stammeinlage in Höhe von 114.100,00 DM.

230 § 2 Ziffer 1 des Gesellschaftsvertrages der IIC The New German Länder Industrial Investment Council GmbH.

231 Treuhandanstalt, Aufgabenspektrum und Lösungswege, Nachdruck in: Treuhandanstalt (Hrsg.), Dokumentation 1990-1994, Band 9, S. 761.

232 Lorenz, in: HB v. 04.10.1995, S. B 7.

233 Wegweiser GmbH, Presseerklärung v. 24.04.1997.

für Marktfragen (ursprünglich: Sonderbeauftragten für den Marktsektor Staat), Dr. von Dohnanyi.

Neben die als Bundesanstalt für vereinigungsbedingte Sonderaufgaben fortbestehende Treuhandanstalt sind somit mit der TLG Treuhand Liegenschaftsgesellschaft mbH, der BMGB Beteiligungs-Management-Gesellschaft mbH und der IIC The New German Länder Industrial Investment Council GmbH drei öffentliche Kapitalgesellschaften getreten, die als funktionale Nachfolgeeinrichtungen der Treuhandanstalt gelten können.

Gleichwohl bleiben diese Gesellschaften bei der vorliegenden Untersuchung außer Betracht. Ihre Einbeziehung hätte nicht nur eine erhebliche Erweiterung des empirischen, sondern auch des theoretischen Anteils dieser Untersuchung mit sich gebracht, da die rechtlichen Grundlagen für die staatliche Kontrolle über öffentlich-rechtliche Anstalten einerseits und öffentliche Kapitalgesellschaften andererseits nicht identisch sind.

In zeitlicher Hinsicht beschränkt sich die vorliegende Betrachtung auf den Zeitraum bis 1998, d.h. zugleich bis zum Ende der 13. Wahlperiode des Deutschen Bundestages. Zwar hat der politische Machtwechsel, den die Wahlen zum 14. Deutschen Bundestag am 27. September 1998 mit sich brachten, auch Auswirkungen auf die Kontrolle über die Bundesanstalt für vereinigungsbedingte Sonderaufgaben, die nachzuzeichnen von Interesse sein könnte.

In organisatorischer Hinsicht sei mit Blick auf den Deutschen Bundestag an die Einsetzung des Ausschusses für Angelegenheiten der neuen Bundesländer[234], mit Blick auf die Bundesregierung einerseits an die Kompetenzverschiebungen zu Lasten des Bundesministeriums für Wirtschaft und zugunsten des Bundesministeriums der Finanzen, andererseits an die Ernennung des Staatsministers beim Bundeskanzler, Rolf Schwanitz, zum Beauftragten der Bundesregierung für Angelegenheiten der neuen Länder[235] erinnert.

Die vorgenommene Beschränkung des betrachteten Zeitraumes folgt nicht nur dem praktischen Bedürfnis, die vorliegende Arbeit nicht erst nach Auflösung der Bundesanstalt für vereinigungsbedingte Sonderaufgaben abzuschließen, sondern begründet sich mit der zurückgegangenen wirtschaftlichen und politischen Bedeutung der Anstalt. Ihre für das Gelingen der inneren Einheit Deutschlands in hohem Maße bedeutsame Tätigkeit kann als abgeschlossen betrachtet werden, nachdem insbesondere der Bestand an Unternehmen nahezu vollständig abgebaut und selbst im Bereich des sog.

234 Konstituierende Sitzung am 13.11.1998.

235 Organisationserlaß des Bundeskanzlers der Bundesrepublik Deutschland vom 27.10.1998, Nachdruck in: Presse- und Informationsamt der Bundesregierung, Pressemitteilung Nr. 469/98 vom 28.10.1998.

Vertragsmanagements Ende 1998 von den etwa 40.000 seitens der Treuhandanstalt bzw. der Bundesanstalt für vereinigungsbedingte Sonderaufgaben geschlossenen Verträgen nur rund ein Viertel noch betreut wurde.

Teil II

Ausübung der staatlichen Kontrolle

I. Anstalt zur treuhänderischen Verwaltung des Volkseigentums

1. Kontrolle durch den Ministerrat

Die Stellung der Anstalt zur treuhänderischen Verwaltung des Volkseigentums gegenüber dem Ministerrat der Deutschen Demokratischen Republik definierte Ziffer 1 Satz 2 Gründungsbeschluß, wonach die Anstalt der Regierung unterstellt war. Von Bedeutung war daneben § 12 Statut, der die Stellung der Anstalt zur treuhänderischen Verwaltung des Volkseigentums in finanzwirtschaftlicher Hinsicht als Haushaltsorganisation festlegte.

a) Rechtliche Grundlagen der Kontrolle durch den Ministerrat

Welche Rechte und Pflichten sich aus der Unterstellung unter den Ministerrat ergeben sollten, beschreiben weder Gründungsbeschluß noch Statut. Es liegt daher nahe anzunehmen, daß der Verordnungsgeber auf den im Verwaltungsrecht und damit auch im Bereich der Verwaltungswirtschaft der Deutschen Demokratischen Republik gebräuchlichen Begriff der Unterstellung Bezug nahm[236].

In dem durch das sog. Prinzip des demokratischen Zentralismus geprägten Verwaltungsorganisationsrecht der Deutschen Demokratischen Republik beschrieb die Unterstellung die Einordnung der staatlichen und wirtschaftsleitenden Organe, Kombinate, Betriebe und Einrichtungen in das streng vertikal-hierarchisch gegliederte System der einheitlichen, zentralen staatlichen Leitung und Planung[237]. Das übergeordnete Exekutivorgan hatte über die Aufgabenerfüllung und die Rechtsdisziplin der nachrangigen

236 Kloepfer, in: Fischer / Hax / Schneider (Hrsg.), Treuhandanstalt – Das Unmögliche wagen, S. 41 (59); vgl. für die Verwendung des Begriffes in § 1 Absatz 5 (3. Spiegelstrich) TreuhG: Busche, in: Clemm u.a. (Hrsg.), RVI, § 1 TreuhG, Rz. 48.

237 Artikel 9 Absatz 3, Artikel 41 Satz 1, Artikel 47, Artikel 76 Absatz 2, Artikel 78 Absatz 1 Satz 3 DDR-Verfassung; Leipold, Wirtschafts- und Gesellschaftssysteme im Vergleich, S. 200 ff.; Schulze, in: Akademie für Staats- und Rechtswissenschaft der DDR (Hrsg.), Verwaltungsrecht Lehrbuch, S. 19 (25 f.).

(Wirtschafts-)Verwaltungseinheit zu wachen[238]. In Verbindung mit dem sog. Prinzip der Einzelleitung ergaben sich als Instrumente dieser Kontrollaufgabe[239]:

- das Recht des Leiters der übergeordneten Einheit, den Leiter der untergeordneten Einheit zu bestellen und abzuberufen,
- das Erfordernis der Bestätigung von Statut und Organisationsstruktur der unterstellten Einheit durch den Leiter der übergeordneten Einheit,
- das uneingeschränkte Weisungsrecht des Leiters der übergeordneten Einheit gegenüber dem Leiter der unterstellten Einheit,
- die Verantwortlichkeit des Leiters der untergeordneten Einheit gegenüber dem Leiter der übergeordneten Einheit, sowie als deren Ausdruck[240]
- die Rechenschaftspflicht des Leiters der unterstellten Einheit gegenüber dem Leiter der übergeordneten Einheit, d.h. die Pflicht zu umfassender Berichterstattung über alle Bereiche und Seiten der Tätigkeit[241].

Aus der Eigenschaft als Haushaltsorganisation und der damit einhergehenden Finanzierung aus dem Staatshaushalt ergab sich zudem regelmäßig das Erfordernis der Bestätigung des von der Haushaltsorganisation aufzustellenden Haushaltsplanes durch die übergeordnete Stelle[242].

Das Statut der Anstalt zur treuhänderischen Verwaltung des Volkseigentums traf hiervon teilweise abweichende Bestimmungen. So sah die Übergangsregelung des § 14 Absatz 1 Statut vor, daß der Vorsitzende des Ministerrates lediglich die Mitglieder des ersten Direktoriums, dem die Anstalt zur treuhänderischen Verwaltung des Volkseigentums vertretenden Or-

238 Vgl. Artikel 78 Absatz 1 Satz 3 DDR-Verfassung, § 4 Absatz 2, § 24 Absatz 1 KombinatsVO.

239 Vgl. § 3 Absatz 5 Satz 2, § 24 Absatz 1 Satz 2, 3, § 25 Absatz 1, 6, § 27 Absatz 4, § 28 Absatz 3, § 29 Absatz 1 Satz 2, § 32 Absatz 2, § 33 Absatz 1 KombinatsVO.

240 Artikel 88 DDR-Verfassung.

241 Schulze, in: Akademie für Staats- und Rechtswissenschaft der DDR (Hrsg.), Verwaltungsrecht Lehrbuch, S. 142 (146). Derartige bloße Informationsrechte sind nicht nur als Voraussetzung für den sinnvollen Einsatz weiterer Kontrollmaßnahmen, sondern selbst bereits als eigenständige Kontrollinstrumente zu werten, denn sie sind bereits geeignet, die überwachte Stelle zu Normentreue und verstärkten Bemühungen zur Aufgabenerledigung anzuhalten; vgl. Achterberg, Parlamentsrecht, S. 435.

242 Bundesministerium für innerdeutsche Beziehungen, DDR Handbuch, Band 1, Stichwort "Haushaltsorganisation", S. 597; Herbst / Ranke / Winkler, So funktionierte die DDR, Stichwort "Haushaltsorganisation", Band 1, S. 399.

gan[243], ernennt und seinen Vorsitzenden bestimmt. Im übrigen sollte ein elfköpfiger Verwaltungsrat, dem acht von der Volkskammer zu wählende Mitglieder, der Präsident der Staatsbank der Deutschen Demokratischen Republik, der Minister der Finanzen und Preise und ein weiteres, für Wirtschaft zuständiges Mitglied der Regierung angehören sollten[244], die Aufsicht über die Tätigkeit der Anstalt ähnlich wie der Aufsichtsrat einer Aktiengesellschaft[245] ausüben[246]. Dazu sah das Statut für den Verwaltungsrat folgende Befugnisse vor:

- die Geschäftsordnung des Direktoriums[247] sowie die Struktur der Anstalt zur treuhänderischen Verwaltung des Volkseigentums[248] bedürfen der Zustimmung des Verwaltungsrates,
- der Verwaltungsrat bestellt die Mitglieder des Direktoriums auf fünf Jahre und kann bei Vorliegen eines wichtigen Grundes vorzeitig die Bestellung widerrufen[249],
- nach Maßgabe der Geschäftsordnung des Verwaltungsrats bestimmte Geschäfte des Direktoriums[250] sowie der Haushalt der Anstalt zur treuhänderischen Verwaltung des Volkseigentums[251] bedürfen der Zustimmung des Verwaltungsrats,
- das Direktorium hat dem Verwaltungsrat mindestens einmal jährlich einen Tätigkeits-[252] sowie einen Finanzbericht[253] zu erstatten, die beide der Bestätigung durch den Verwaltungsrat bedürfen[254],
- der Verwaltungsrat hat schließlich das Recht, vom Direktorium jederzeit einen Bericht über die Angelegenheiten der Anstalt zur treuhänderischen Verwaltung des Volkseigentums zu verlangen, Unterlagen einzusehen und zu prüfen bzw. prüfen zu lassen[255].

243 § 8 Absatz 2 Satz 1 Statut; dazu Kloepfer, in: Fischer / Hax / Schneider (Hrsg.), Treuhandanstalt – Das Unmögliche wagen, S. 41 (43).

244 § 9 Absatz 1 – 3 Statut.

245 Kloepfer, in: Fischer / Hax / Schneider (Hrsg.), Treuhandanstalt – Das Unmögliche wagen, S. 41 (44).

246 § 10 Absatz 1 Statut.

247 § 7 Absatz 5 Statut.

248 § 10 Absatz 3 lit. c) Statut.

249 § 7 Absatz 2 Statut.

250 § 10 Absatz 3 lit. b) Statut.

251 § 10 Absatz 3 lit. d) Statut.

252 § 8 Absatz 3 Statut.

253 § 13 Absatz 3 Statut.

254 § 10 Absatz 3 lit. a), d) Statut.

255 § 10 Absatz 2 Statut.

Die Kompetenzen des Verwaltungsrates deckten sich mithin in Teilen mit denjenigen, welche sich für den Ministerrat aus dem Umstand, daß die Anstalt zur treuhänderischen Verwaltung des Volkseigentums ihm als Haushaltsorganisation unterstellt war, ergaben. Ein maßgeblicher Unterschied läßt sich lediglich hinsichtlich eines Weisungsrechtes erkennen, welches für den Verwaltungsrat nicht vorgesehen war. Zugleich scheinen zumindest in der Frage der Ernennung und Abberufung von Direktoriumsmitgliedern die Befugnisse des Verwaltungsrats diejenigen der Regierung (mit Ausnahme der Ersternennung) zu verdrängen.

Zwar ist die Einrichtung eines Verwaltungsrates für die Anstalt zur treuhänderischen Verwaltung des Volkseigentums unterblieben[256]. Seine Aufgaben nahm gemäß § 14 Absatz 2 Statut der Ministerrat wahr. Dennoch bleibt die Frage, ob die nach dem Statut der Regierung (teils nur vorübergehend) verliehenen Kontrollbefugnisse ihre mit dem Unterstellungsverhältnis verbundenen, weitergehenden Befugnisse aus dem Gründungsbeschluß abgelöst hatten. Hierfür ließe sich anführen, daß das Statut später als der Gründungsbeschluß erging ("lex posterior derogat legi priori") und gegenüber dem Gründungsbeschluß die deutlich detailliertere Regelungen zum Thema Kontrolle enthält ("lex specialis derogat legi generali"). Weiterhin könnte hierfür die Wahl der Rechtsform einer Anstalt öffentlichen Rechts[257] sprechen: Mit der Verlagerung von wirtschaftsverwaltenden Aufgaben aus der unmittelbaren Staatsverwaltung auf eine organisatorisch ausgegliederte Verwaltungseinheit lockerte die Regierung Modrow das sog. Prinzip des demokratischen Zentralismus[258] und machte deutlich, daß sie – näherungsweise den Vorstellungen der damaligen Opposition entspre-

256 Kemmler, Die Entstehung der Treuhandanstalt, S. 121; Kloepfer, in: Fischer / Hax / Schneider (Hrsg.), Treuhandanstalt – Das Unmögliche wagen, S. 41 (44).

257 Ziffer 1 Satz 3 Gründungsbeschluß, § 1 Absatz 1 Satz 1 Statut.

258 Anstalten öffentlichen Rechts hatte es zwar auch in der DDR gegeben, was einige Autoren übersehen: Busche, in: Clemm u.a. (Hrsg.), RVI, § 2 TreuhG, Rz. 1; Rosener / Roitzsch, in: DtZ 1990, 38 (39 Fn. 16). Ursprünglich bestanden beispielsweise die Zentralleitung Berlin der Handelsorganisation (HO) Industriewaren oder die Volkseigene Grundstücksverwaltung "Heimstätte Berlin" (später in die Kommunale Wohnungsverwaltung Berlin-Prenzlauer Berg übergeleitet) als Anstalten des öffentlichen Rechts. Gleiches gilt für die Vereinigungen volkseigener Güter (VVG) gemäß § 1 Absatz 2 Satz 1 VVGVO und die Anstalt zur Wahrung der Aufführungsrechte (AWA) gemäß § 1 Absatz 2 (1. HS) der Verordnung über die Wahrung der Aufführungs- und Vervielfältigungsrechte auf dem Gebiete der Musik v. 05.04.1951 (GBl. I, S. 235). Anstalten öffentlichen Rechts waren jedoch Fremdkörper in einem zentralisti-

chend[259] – eine (verwaltungsinterne) Verselbständigung bei der Wahrnehmung der der Anstalt zur treuhänderischen Verwaltung des Volkseigentums übertragenen Aufgaben anstrebte[260]. Das Fortbestehen sämtlicher aus dem Unterstellungsverhältnis fließender Einwirkungsmöglichkeiten könnte in einem tendenziellen Widerspruch zu diesem Bestreben gestanden haben[261].

Bei alledem darf jedoch nicht übersehen werden, daß es sich bei den der Regierung anstelle des Verwaltungsrates zustehenden Aufsichtsbefugnissen nach dem Statut originär um solche eines Organs der Anstalt zur treuhänderischen Verwaltung der Volkseigentums handelte. Dieser Umstand wurde dadurch verwischt, daß der Ministerrat die Aufgaben des nicht gebildeten Verwaltungsrats wahrnahm. Systematisch betrachtet lautet die zu beantwortende Frage nicht, wie (unmittelbare) Regierungskontrolle stattfinden sollte (nach den Vorgaben des Gründungsbeschlusses oder denjenigen des Statuts), sondern ob überhaupt (unmittelbare) Regierungskontrolle (auf der Grundlage insbesondere des Gründungsbeschlusses) neben derjenigen des Verwaltungsrats (nach Maßgabe des Statuts) erfolgen sollte[262].

Es erscheint unwahrscheinlich, daß eine vollständige Aufgabe unmittelbarer Staatsaufsicht durch die übergeordnete Exekutivstelle politisch gewollt war. Angesichts der verfassungsrechtlichen Vorgaben – u.a.: demokratischer Zentralismus als tragendes Prinzip des Staatsaufbaus[263], Leitung der Volkswirtschaft durch den Ministerrat[264], Gewährleistung der Rechtsdisziplin unterstellter Einrichtungen durch den Ministerrat[265] – war eine

schen System; Kloepfer, in: Fischer / Hax / Schneider (Hrsg.), Treuhandanstalt – Das Unmögliche wagen, S. 41; Rother, in: Kaligin / Goutier (Hrsg.), BHEI, 4210, Rz. 2; Wolff / Bachof, Verwaltungsrecht II, § 77 I b. Ihre Zahl ist daher unter dem Druck der Zentralisation stetig gesunken. Erhalten hatte sich die Anstalt zur Wahrung der Aufführungsrechte (AWA); s. Herbst / Ranke / Winkler, So funktionierte die DDR, Stichwort "Anstalt zur Wahrung der Aufführungsrechte (AWA)", Band 1, S. 69.

259 S.o. Teil I Ziffer IV.1.

260 Kloepfer, in: Fischer / Hax / Schneider (Hrsg.), Treuhandanstalt – Das Unmögliche wagen, S. 41.

261 Ähnlich Rother, in: Kaligin / Goutier (Hrsg.), BHEI, 4210, Rz. 3.

262 Rother, in: Kaligin / Goutier (Hrsg.), BHEI, 4210, Rz. 3.

263 Artikel 47 Absatz 2 DDR-Verfassung.

264 Artikel 9 Absatz 3, Artikel 76 Absatz 2 DDR-Verfassung; vgl. § 3 MinisterratsG.

265 Artikel 78 Absatz 1 Satz 3 DDR-Verfassung; vgl. § 9 Absatz 1 Satz 2 MinisterratsG.

Regierungsaufsicht über die Anstalt zur treuhänderischen Verwaltung des Volkseigentums juristisch geboten[266].

Daher ist davon auszugehen, daß die aus dem Unterstellungsverhältnis fließenden Befugnisse des Ministerrats grundsätzlich durch die Etablierung von Aufsichtsrechten für den Verwaltungsrat nicht berührt wurden. Etwas anderes galt nur dort, wo es sich um Maßnahmen gehandelt hat, für die eine Parallelkompetenz nicht gewollt sein konnte. In einem solchen Fall, beispielsweise dem Recht zur Ein- und Absetzung von Direktoriumsmitgliedern, ging die spezielle Regelung des Statuts der allgemeinen des Gründungsbeschlusses vor.

Insbesondere kam der Regierung auch ein uneingeschränktes Weisungsrecht gegenüber dem Direktorium der Anstalt zur treuhänderischen Verwaltung des Volkseigentums zu. Dies mag – politisch betrachtet – in einem tendenziellen Widerspruch zu der Bestrebung der Regierung, die Betreuung des Volkseigentums zu verselbständigen, gestanden haben. Juristisch gesehen war die Errichtung einer Anstalt öffentlichen Rechts mit deren Unterstellung unter den Ministerrat keineswegs unvereinbar. Dies belegen die – allerdings dünn gesäten – Beispiele anderer Anstalten des öffentlichen Rechts in der Deutschen Demokratischen Republik:

- So waren die als Anstalten des öffentlichen Rechts errichteten Vereinigungen volkseigener Güter dem Ministerium für Land- und Forstwirtschaft der Deutschen Demokratischen Republik als zuständigem Branchenministerium ohne Einschränkung unterstellt[267].
- Die Anstalt zur Wahrung der Aufführungsrechte (AWA) unterlag "der Dienstaufsicht des Ministeriums für Volksbildung der Deutschen Demokratischen Republik, an dessen Weisungen sie gebunden"[268] war.

266 Die Verbindlichkeit der Verfassung wurde (insbesondere nach den Wahlen zur Volkskammer am 18.03.1990) vereinzelt in Zweifel gezogen; Isensee, in: Die Welt v. 09.04.1990, S. 8; Klein, in: FAZ v. 11.04.1990, S. 4; vgl. Kamm, in: Volkskammer, 10. WP, stenographische Niederschrift der 14. Tagung, S. 487. Die (frei gewählte) Volkskammer hat jedoch verfassungsändernde Gesetze verabschiedet und damit die Fortgeltung der Verfassung im Grundsatz bestätigt; Mampel, in: DA 1990, S. 1377 (1382), sowie Mampel, in: StuR 1990, S. 435.

267 § 3 Absatz 1 der Verordnung über die Gründung von Vereinigungen volkseigener Güter v. 25.01.1951 (GBl. I, S. 47).

268 § 1 Absatz 2 (2. HS) der Verordnung über die Wahrung der Aufführungs- und Vervielfältigungsrechte auf dem Gebiete der Musik v. 05.04.1951 (GBl. I, S. 235); ähnlich auch Ziffer 3 Satz 2 des Beschlusses des Ministerrates der DDR über das Fernsehen der DDR und den Rundfunk der DDR v. 21.12.1989 (GBl. I, S. 273), die beide bislang als sog. Staatliche Komitees geführt und nunmehr als "Einrichtungen beim Ministerrat" bezeichnet wurden.

- Als Anstalten des öffentlichen Rechts existierten Anfang der 50er Jahre eine Reihe zentraler staatlicher Versorgungseinrichtungen, beispielsweise die dem Ministerium für Handel und Versorgung unterstellte Handelsorganisation (HO) Industriewaren, Zentralleitung Berlin, sowie das sog. Wirtschaftsunternehmen Wohnbauten der Regierung der Deutschen Demokratischen Republik.

Die Rechtsform einer Anstalt öffentlichen Rechts bedingte mithin nach dem Recht der Deutschen Demokratischen Republik keine Einschränkung der Weisungsunterworfenheit.

b) Praxis der Kontrolle durch den Ministerrat

Bevor von Einzelheiten der praktischen Ausübung der Kontrolle des Ministerrates über die Anstalt zur treuhänderischen Verwaltung des Volkseigentums die Rede ist, bedarf es einer Erläuterung des Verhältnisses zwischen dem Ministerrat und der SED, d.h. staatlicher und politischer Macht in der Deutschen Demokratischen Republik.

Nach dem Verständnis der marxistisch-leninistischen Staatslehre fungierte der Staat als wichtigstes Instrument der Arbeiterklasse und ihrer Partei zur Gestaltung der gesellschaftlichen Entwicklung. Dementsprechend hatte Artikel 1 Satz 1 DDR-Verfassung[269] die führende Rolle der SED festgeschrieben. Die Beschlüsse der Partei waren für den Ministerrat verbindlich, das Politbüro und vor allem das Sekretariat des Zentralkomitees der SED mit den ihm zuarbeitenden Abteilungen des Zentralkomitees erteilte dem Ministerrat Hinweise, Empfehlungen und Anweisungen zum Tätigwerden. Dem Ministerrat oblag die Umsetzung dieser politischen Vorgaben in staatliche Tätigkeit[270].

Mit der am 18. November 1989 von der Volkskammer bestätigten Regierung Modrow setzte sowohl formal wie auch tatsächlich ein Übergang der Macht von der Partei- auf die Staatsebene ein[271]. Am 1. Dezember 1989 hatte die Volkskammer mit dem Verfassungsänderungsgesetz die führende

269 I. d. F. v. 07.10.1974.

270 § 2 Absatz 1 MinisterratsG; dazu Neugebauer, in: Bundesministerium für innerdeutsche Beziehungen (Hrsg.), DDR-Handbuch, Band 2, Stichwort "Staatsapparat", S. 1270 (1274 f.); Petzold / Schüßler, in: Akademie für Staats- und Rechtswissenschaft der DDR (Hrsg.), Staatsrecht der DDR, S. 305.

271 Presse- und Informationsamt der Bundesregierung (Hrsg.), Jahresbericht der Bundesregierung 1990, S. 341.

Rolle der SED aus Artikel 1 Satz 1 DDR-Verfassung förmlich gestrichen[272]. Allerdings setzte sich der Ministerrat nach wie vor mehrheitlich aus Mitgliedern der SED zusammen[273]. Am 5. Februar 1990 traten acht Mitglieder oppositioneller Parteien und Vereinigungen als Minister ohne Geschäftsbereich in den Ministerrat ein[274] und drängten so den Einfluß der SED weiter zurück. Mit dem Antritt der Regierung de Maizière am 12. April 1990 war der Einfluß der SED endgültig beseitigt.

Insgesamt kann festgestellt werden, daß in dem Zeitpunkt, in dem die Anstalt zur treuhänderischen Verwaltung des Volkseigentums ihre Tätigkeit aufnahm, also am 15. März 1990, sich der Ministerrat als eigenständiges politisches Leitungsgremium etabliert hatte. Auf eine Untersuchung des Einflusses der SED auf die Regierungskontrolle über die Anstalt zur treuhänderischen Verwaltung des Volkseigentums soll daher verzichtet werden.

Der Ministerrat unter seinem Vorsitzenden Modrow nahm den ihm zukommenden Einfluß auf die Organisationsstruktur der Anstalt zur treuhänderischen Verwaltung des Volkseigentums wahr. Bereits in Ziffer 1 Satz 3 Gründungsbeschluß, § 1 Absatz 1 Satz 2 Statut hatte er hierzu mit der Anordnung einer territorialen Gliederung in Außenstellen eine Grundentscheidung getroffen. Zusammen mit dem Statut beschloß der Ministerrat am 15. März 1990 in seiner letzten Sitzung vor den Wahlen zur Volkskammer weitere Einzelheiten zum organisatorischen Aufbau der Anstalt zur treuhänderischen Verwaltung des Volkseigentums. So wurde die Errichtung von 15 Außenstellen in Berlin und den 14 Bezirkshauptstädten bestimmt[275], womit die Anstalt zur treuhänderischen Verwaltung des Volkseigentums organisatorisch der bisherigen Wirtschaftsverwaltung, deren funktionale Nachfolge sie antrat, nachgebildet wurde[276]. Weiterhin legte der Ministerrat die Zuständigkeiten der fünf Direktoriumsbereiche und den Personalrahmen der Anstalt zur treuhänderischen Verwaltung des Volkseigentums (143 Mitarbeiter) fest. Dabei wurde der Stellenplan dem Minister der Finanzen und

272 Zur diesbezüglichen Debatte in der Volkskammer Künzel / Leue, in: Junge Welt v. 02./03.12.1989, S. 1 f.

273 Kabinettsliste in: Spittmann / Helwig (Hrsg.), Chronik der Ereignisse in der DDR, S. 24 f.

274 Spittmann / Helwig (Hrsg.), Chronik der Ereignisse in der DDR, S. 60, 62.

275 Ziffer 2 des Beschlußvorschlags der Ministerratsvorlage V 400/90, "Statut, Grobstruktur und Sicherung der Arbeitsbedingungen der Anstalt zur treuhänderischen Verwaltung des Volkseigentums", Nachdruck in: Kemmler, Die Entstehung der Treuhandanstalt, S. 391 (392).

276 Kloepfer, in: Fischer / Hax / Schneider (Hrsg.), Treuhandanstalt – Das Unmögliche wagen, S. 41 (45); Trausch, Organisatorischer Wandel am Beispiel der Treuhandanstalt, S. 59.

Preise, nicht etwa der für laufende Fragen der Wirtschaftsleitung und die Wirtschaftsreform zuständigen stellvertretenden Vorsitzenden des Ministerrates für Wirtschaft Luft[277] oder den Branchenministerien[278] zugeordnet[279]. Darin kam die Ablösung der in der Anstalt zur treuhänderischen Verwaltung des Volkseigentums zusammengefaßten volkseigenen Wirtschaft von der bisherigen Wirtschaftsverwaltung, aber auch die Beibehaltung der dem Finanzressort obliegenden monetären Lenkungs- und Kontrollfunktionen gegenüber den Betrieben[280] zum Ausdruck.

Auch seiner finanzwirtschaftlichen Steuerungsfunktion kam der Ministerrat nach. Die Anstalt zur treuhänderischen Verwaltung des Volkseigentums arbeitete auf der Grundlage eines dem Ministerium der Finanzen zur Bestätigung vorgelegten Haushaltsplans. Danach standen ihr im II. Quartal 1990 Haushaltsmittel in Höhe von 5,2 Mio. Mark der Deutschen Demokratischen Republik zur Verfügung.

Insgesamt muß die durch den Ministerrat vorgenommene Ausstattung der Anstalt zur treuhänderischen Verwaltung des Volkseigentums in personeller, sachlicher und finanzieller als dürftig gewertet werden. Es nimmt daher nicht Wunder, wenn ihre Aufgabenerledigung als schleppend bezeichnet wurde.

Dem Auftrag, die Mitglieder des Direktoriums der Anstalt zur treuhänderischen Verwaltung des Volkseigentums zu bestellen, kam der Vorsitzende des Ministerrates Modrow nur unvollständig nach[281]. Er berief Dr. Peter Moreth, zuletzt einer von drei Stellvertretern Modrows im Minister-

277 Kemmler, Die Entstehung der Treuhandanstalt, S. 59.

278 Die Regierung Modrow führte als Branchenministerien noch drei Industrieministerien (Ministerium für Schwerindustrie, Ministerium für Leichtindustrie und Ministerium für Maschinenbau), das Ministerium für Handel und Versorgung, das Ministerium für Bauwesen und Wohnungswirtschaft, das Ministerium für Außenhandel und das Ministerium für Land-, Forst- und Nahrungsgüterwirtschaft; s. Ministerrat der DDR, Beschluß über die Gründung und Auflösung von Ministerien und zentralen Staatsorganen v. 21.12.1989, GBl. I, S. 272; Kemmler, Die Entstehung der Treuhandanstalt, S. 58.

279 Anlage 2 der Ministerratsvorlage V 400/90, "Statut, Grobstruktur und Sicherung der Arbeitsbedingungen der Anstalt zur treuhänderischen Verwaltung des Volkseigentums", Nachdruck in: Kemmler, Die Entstehung der Treuhandanstalt, S. 391 (394).

280 Zur Fortführung der sog. Haushaltsbeziehungen weiter unten in diesem Abschnitt.

281 Gemäß § 14 Absatz 1 Statut oblag die Erstbestellung der Direktoriumsmitglieder allein dem Vorsitzenden des Ministerrates. Dennoch berichtet Christa Luft, es sei eine Bestätigung durch den Ministerrat erfolgt; Luft, Treuhandreport, S. 59.

rat, zum Vorsitzenden, zu dessen Stellvertreter den Staatssekretär für die Wirtschaftsreform, Wolfram Krause, sowie zu weiteren Direktoren den stellvertretenden Minister für Leichtindustrie, Professor Dr. Paul Liehmann, und den stellvertretenden Minister der Finanzen, Siegfried Zeissig[282]. Sowohl die Herkunft der Mitglieder des Direktoriums[283] als auch der Umstand, daß dieses Gremium nur unvollständig besetzt war und unmittelbar von der Regierung jederzeit unter Berufung auf wichtige Gründe personell verändert werden konnte, solange noch kein Verwaltungsrat bestand[284], haben das Direktorium in einer schwachen Position gegenüber der Regierung Modrow belassen[285].

Modrows Nachfolger de Maizière hat es unterlassen, das Direktorium zu vervollständigen. Nach öffentlicher Kritik an den Leistungen der Anstalt zur treuhänderischen Verwaltung des Volkseigentums widerrief er vielmehr am 15. Juni 1990 Moreths Berufung[286] und verzichtete zugleich angesichts des bevorstehenden Inkrafttretens des Treuhandgesetzes und der im Zuge

282 Deutscher Bundestag, 12. WP, Beschlußempfehlung und Bericht des 2. Untersuchungsausschusses "Treuhandanstalt" v. 29.08.1994, BT-Drs. 12/8404, S. 54; Treuhandanstalt, Liste der Bestellung / Abberufung der Mitglieder des Direktoriums und des Vorstandes der Treuhandanstalt, Nachdruck in: Treuhandanstalt (Hrsg.), Dokumentation 1990-1994, Band 2, S. 497; Bahrmann, in: taz v. 16.06.1990, S. 1; Kemmler, Die Entstehung der Treuhandanstalt, S. 119 f., berichtet sogar lediglich von der Berufung dreier Direktoriumsmitglieder (Moreth, Krause und Liehmann); ebenso – ohne Namensnennung – Trausch, Organisatorischer Wandel am Beispiel der Treuhandanstalt, S. 60.

283 Korte, Die Chance genutzt?, S. 79, bezeichnet die Anstalt zur treuhänderischen Verwaltung des Volkseigentums als "Sammelbecken von planwirtschaftlich erprobten SED-Funktionären"; s. a. Krumrey, Aufschwung Ost, S. 44.

284 § 14 Absatz 2 i. V. m. § 7 Absatz 2 Satz 2 Statut.

285 Vgl. Marissal, Der politische Handlungsrahmen der Treuhandanstalt, S. 24 ff. Dies vermochte auch die unbestrittene Kompetenz von Wolfram Krause, die ihn zur führenden Gestalt in der Anstalt zur treuhänderischen Verwaltung des Volkseigentums werden ließ, nicht zu ändern; vgl. zur Rolle Krauses: Christ / Neubauer, Kolonie im eigenen Land, S. 127 f.; Fischer / Schröter, in: Fischer / Hax / Schneider (Hrsg.), Treuhandanstalt – Das Unmögliche wagen, S. 17 (31); Kemmler, Die Entstehung der Treuhandanstalt, S. 120.

286 Deutscher Bundestag, 12. WP, Beschlußempfehlung und Bericht des 2. Untersuchungsausschusses "Treuhandanstalt" v. 29.08.1994, BT-Drs. 12/8404, S. 54; Treuhandanstalt, Liste der Bestellung / Abberufung der Mitglieder des Direktoriums und des Vorstandes der Treuhandanstalt, Nachdruck in: Treuhandanstalt (Hrsg.), Dokumentation 1990-1994, Band 2, S. 497.

dessen vorgesehenen Bestellung eines neu zusammengesetzten Vorstandes der Treuhandanstalt[287] darauf, einen Nachfolger einzusetzen[288].

Rechtsgrundlage für die Abberufung Moreths bot nach der oben entwikkelten Auffassung[289] einzig § 7 Absatz 2 Satz 2 i.V.m. § 14 Absatz 2 Statut, da hierfür eine die originären allgemeinen Kompetenzen des Ministerrates verdrängende Spezialkompetenz des Verwaltungsrates vorgesehen war. Zuständig für den Widerruf der Bestellung war mithin der Ministerrat in Vertretung des Verwaltungsrates. Der Umstand, daß der Vorsitzende des Ministerrates die Abberufung aussprach, belegt de Maizières Einflußnahme in Grundsatzfragen der Anstalt zur treuhänderischen Verwaltung des Volkseigentums[290], wozu ansonsten vor allem die Erarbeitung des Treuhandgesetzes[291] und speziell Bemühungen um die Ausgabe von Anteilsscheinen am Volkseigentum an die Bürger der Deutschen Demokratischen Republik[292] zählten.

Auf das laufende Geschäft der Anstalt zur treuhänderischen Verwaltung des Volkseigentums wirkten hingegen vor allem die Minister für Wirtschaft[293] und Finanzen[294] ein. So wirkten beide Ministerien sowie das dem

287 S. bereits o. N., in: Die Welt v. 26.05.1990, S. 9; o. N., in: Die Welt v. 02.06.1990, S. 9.

288 Fischer / Schröter, in: Fischer / Hax / Schneider (Hrsg.), Treuhandanstalt – Das Unmögliche wagen, S. 17 (30); Kemmler, Die Entstehung der Treuhandanstalt, S. 120.

289 S.o. Teil II Ziffer I.1.a).

290 Vgl. Kemmler, Die Entstehung der Treuhandanstalt, S. 121.

291 Fischer / Schröter, in: Fischer / Hax / Schneider (Hrsg.), Treuhandanstalt – Das Unmögliche wagen, S. 17 (35); Kemmler, Die Entstehung der Treuhandanstalt, S. 155 ff.; Nicht zufällig begründete der Minister im Amt des Ministerpräsidenten, Klaus Reichenbach, den Regierungsentwurf des Treuhandgesetzes in der 1. Lesung der Volkskammer, an dem der Minister für Finanzen, Romberg, im Laufe der Debatte Kritik übte; s. Reichenbach, in: Volkskammer, 10. WP, stenographische Niederschrift der 11. Tagung, S. 353; Romberg, in: Volkskammer, 10. WP, stenographische Niederschrift der 14. Tagung, S. 491.

292 Beispielsweise fand auf Vermittlung de Maizières ein Gespräch zwischen Vertretern der Anstalt zur treuhänderischen Verwaltung des Volkseigentums und Albrecht Graf Matuschka als einem angesehenen Vertreter der bundesrepublikanischen Wirtschaft und Verfechter der Anteilsschein-Idee, statt; s. Anstalt zur treuhänderischen Verwaltung des Volkseigentums, Information über die Tätigkeit der Anstalt zur treuhänderischen Verwaltung des Volkseigentums für den Zeitraum vom 15.03.1990 bis zum 18.04.1990, S. 10.

293 In der Regierung de Maizière löste das neu gebildete Ministerium für Wirtschaft die bisherigen im Bereich der Wirtschaft zuständigen Ministerien und sonstigen zentralen Staatsorgane ab; Ziffer 1 (6. Spiegelstrich), Ziffer 7 (1. bis

Ministerrat unmittelbar unterstellte Amt für Rechtsschutz des Vermögens der Deutschen Demokratischen Republik bei der Erstellung erster interner Regelwerke und Musterdokumente, beispielsweise das Umwandlungsverfahren und die Liquiditätsversorgung der Betriebe betreffend, mit[295]. Die Aufforderung an die Betriebe, einen Liquiditätsplan einzureichen, erging gar mit gemeinsamen Schreiben des Ministers für Wirtschaft und des Direktoriums der Anstalt zur treuhänderischen Verwaltung des Volkseigentums[296]. In Personalangelegenheiten wurde praktisch nach wie vor entsprechend § 24 Absatz 1 Satz 2 KombinatsVO verfahren: Die Abberufung der Generaldirektoren der Kombinate (und AHB) erfolgte nach einem entsprechenden Beschluß des Ministerrates vom 9. Mai 1990[297] unmittelbar durch den Minister für Wirtschaft[298], für die Berufung von Beauftragten, Geschäftsführern und Vorstandsmitgliedern holte die Anstalt zur treuhänderischen Verwaltung des Volkseigentums jeweils seine Bestätigung ein[299]. Offenbar bedurfte es auf beiden Seiten erst einer gewissen Gewöhnung an den Umstand, daß die operative Zuständigkeit gegenüber den Wirtschaftseinheiten der volkseigenen Wirtschaft – mit Ausnahme der in den nachfolgen-

5. Spiegelstrich) des Beschlusses des Ministerrates v. 30.05.1990, GBl. I, S. 276; s. a. Herbst / Ranke / Winkler, So funktionierte die DDR, Stichwort "Ministerrat der DDR / Ministerium für Wirtschaft", Band 2, S. 702.

294 So unter der Regierung de Maizière die Bezeichnung des vormaligen Ministeriums der Finanzen und Preise; Ziffer 2 (2. Spiegelstrich) des Beschlusses des Ministerrates v. 30.05.1990, GBl. I, S. 276.

295 Anstalt zur treuhänderischen Verwaltung des Volkseigentums, Pressematerial der Anstalt zur treuhänderischen Verwaltung des Volkseigentums, Nachdruck in: Treuhandanstalt (Hrsg.), Dokumentation 1990-1994, Band 1, S. 43 (44); Treuhandanstalt, Tätigkeitsbericht der Treuhandanstalt v. 03.07.1990, Nachdruck in: Treuhandanstalt (Hrsg.), Dokumentation 1990-1994, Band 1, S. 72 (73); Kemmler, Die Entstehung der Treuhandanstalt, S. 133.

296 Kemmler, Die Entstehung der Treuhandanstalt, S. 135 (Fn. 69); Nachdruck des Schreibens in: Treuhandanstalt (Hrsg.), Dokumentation 1990-1994, Band 2, S. 93 f.

297 Spittmann / Helwig (Hrsg.), Chronik der Ereignisse in der DDR, S. 90; DA 1990, S. 839 u. 988.

298 Repke / Landgraf, in: WiWo (Ausgabe DDR) v. 01.06.1990, S. 7; DA 1990, S. 839 u. 1020; Kemmler, Die Entstehung der Treuhandanstalt, S. 132.

299 Anstalt zur treuhänderischen Verwaltung des Volkseigentums, Analyse über die bis zum 30.04.1990 in Kapitalgesellschaften umgewandelten Betriebe, Nachdruck in: Treuhandanstalt (Hrsg.), Dokumentation 1990-1994, Band 1, S. 67 (68).

den Absätzen beschriebenen Bereiche – von der Regierung auf die Anstalt zur treuhänderischen Verwaltung des Volkseigentums übergegangen war.

Bei den unmittelbar den Ministerien unterstellten Wirtschaftseinheiten war die Durchführung der Umwandlung nach Maßgabe des § 4 Absatz 1 Satz 2 UmwandlungsVO von der Abgabe einer entsprechenden Stellungnahme des übergeordneten Fachministeriums abhängig[300]. Die Umwandlung setzte zudem die Erstellung einer Abschlußbilanz voraus[301], der eine von dem Ministerium der Finanzen und Preise (bzw. auf Bezirks- und Kreisebene der jeweiligen Abteilung für Finanzen) in Zusammenarbeit mit der staatlichen Zentralverwaltung für Statistik zu erstellende Feststellung der Vermögenswerte des umzuwandelnden Betriebs zugrunde zu legen war[302]. Damit war den zuständigen Regierungsstellen die Möglichkeit eingeräumt, auf die Umwandlung insbesondere der bedeutenden Kombinate (verzögernd) einzuwirken.

Nach dem Regierungswechsel infolge der freien Volkskammerwahlen am 18. März 1990 gingen von dem Ministerrat beschleunigende Impulse hinsichtlich der Umwandlung von Betrieben in Kapitalgesellschaften aus. So hat beispielsweise das Ministerium für Umwelt, Naturschutz, Energie und Reaktorsicherheit, namentlich Staatssekretär Dr. Pautz, maßgeblich die Umwandlung der Energiekombinate in Aktiengesellschaften am 29. Juni 1990[303] betrieben[304].

Die Regierung, namentlich das Ministerium der Finanzen und Preise, hatte sich einen maßgeblichen unmittelbaren Einfluß auf die der Anstalt zur treuhänderischen Verwaltung des Volkseigentums anvertrauten Unternehmen durch die Fortführung der sog. Haushaltsbeziehung erhalten. Die – mit der Anstalt zur treuhänderischen Verwaltung des Volkseigentums abgestimmte[305] – am 4. April 1990 ergangene Richtlinie des Ministeriums der Finanzen und Preise zur (vorläufigen) Neuordnung der Finanzbeziehungen der Kapitalgesellschaften zum Staatshaushalt sah auch für die durch Um-

300 Schwedhelm, Die Unternehmensumwandlung, Tz. 1539.

301 § 4 Absatz 2 UmwandlungsVO.

302 Ziffer 2 Satz 2 Gründungsbeschluß.

303 Datum der Beurkundung der Umwandlungserklärungen.

304 So v. Ryssel, in: Volkskammer, 10. WP, stenographische Niederschrift der 19. Tagung, S. 809; Staatssekretär im Ministerium für Umwelt, Naturschutz, Energie und Reaktorsicherheit Pautz, in: Volkskammer, 10. WP, stenographische Niederschrift der 19. Tagung, S. 812 f.; Richter, in: Volkskammer, 10. WP, stenographische Niederschrift der 21. Tagung, S. 864.

305 Anstalt zur treuhänderischen Verwaltung des Volkseigentums, Information über die Tätigkeit der Anstalt zur treuhänderischen Verwaltung des Volkseigentums für den Zeitraum vom 15.03.1990 bis zum 18.04.1990, S. 7.

wandlung entstandenen Kapitalgesellschaften die weitgehende Abschöpfung von Finanzmitteln durch Abführungen an den Staatshaushalt sowie im Gegenzug die Zuteilung von Finanzmitteln aus dem Staatshaushalt im Kreditwege vor[306]. Die Betriebe sollten also – von zentraler materieller Planung befreit – in ein System monetärer Planung einbezogen bleiben[307]. Die Beweglichkeit der Unternehmen und damit auch die Möglichkeiten der Anstalt zur treuhänderischen Verwaltung des Volkseigentums, auf die Entwicklung von Unternehmen im Rahmen der von ihr bzw. von den durch sie einzusetzenden Beauftragten auszuübenden Gesellschafterrechte Einfluß zu nehmen, war damit in entscheidender Weise beschnitten. Die Betriebe konnten nicht etwa nach marktwirtschaftlichen Prinzipien wirtschaften, sondern wurden – in finanzieller Hinsicht – von der Regierung bewirtschaftet[308].

Weiterhin hatte sich die Regierung die Federführung bei Privatisierungen von volkseigenen Wirtschaftseinheiten unter Beteiligung bundesdeutscher und ausländischer Investoren, die zum damaligen Zeitpunkt ausschließlich im Wege der Bildung von Joint Ventures möglich war, vorbehalten, indem diese der Genehmigung durch das Wirtschaftskomitee des Ministerrates[309], dem sechs Minister[310] und der Leiter der Arbeitsgruppe Wirt-

306 Vgl. die Entwurfsfassung, Nachdruck in: Treuhandanstalt (Hrsg.), Dokumentation 1990-1994, Band 1, S. 47 ff.

307 Zu der bis dahin in der DDR geübten Planung der Preise und des Geldumlaufs s. Leipold, Wirtschafts- und Gesellschaftssysteme im Vergleich, S. 220 ff., sowie Herbst / Ranke / Winkler, So funktionierte die DDR, Stichwort "Ministerrat der DDR / Ministerium der Finanzen (MdF)", Band 2, S. 651 f.

308 Eine Wende markierte erst der Staatsvertrag, der in Artikel 26 Absatz 1 StaatsV eine in die marktwirtschaftliche Ordnung eingepaßte Haushaltswirtschaft für die öffentlichen Haushalte der DDR vorschrieb; vgl. die amtliche Begründung zu Artikel 26 StaatsV, BT-Drs. 11/7350, S. 97; Schützenmeister, in: StuR 1990, S. 722. An die Stelle der "Haushaltsbeziehungen" trat das bundesrepublikanische Steuerrecht einschließlich des Steuerverfahrensrechts; s. Einführungsgesetz zur Abgabenordnung v. 15.06.1990, GBl. Sonderdruck Nr. 1428, sowie die Verordnung über die Zahlung von Steuern der in Kapitalgesellschaften umgewandelten ehemaligen volkseigenen Kombinate, Betriebe und Einrichtungen im 2. Halbjahr 1990 v. 27.06.1990, GBl. I, S. 618; Schützenmeister, in: StuR 1990, S. 722 (724).

309 Gemäß § 8 Absatz 3 Joint-Venture-VO i.V.m. § 2 der 1. DB z. Joint-Venture-VO für kleinere Fälle delegiert auf die Räte der Bezirke und Kreise.

310 Minister für Maschinenbau als Vorsitzender; Minister für Wissenschaft und Technik; Minister für Naturschutz, Umweltschutz und Wasserwirtschaft; Minister für Finanzen und Preise; Minister für Arbeit und Löhne; Minister für

schaftsreform angehörten[311], sowie nach dessen Auflösung bei Amtsantritt der Regierung de Maizière der Genehmigung durch das Ministerium für Wirtschaft bedurften[312]. Die Gründung von Gemeinschaftsunternehmen im Zuge der von der Anstalt zur treuhänderischen Verwaltung des Volkseigentums betriebenen Umwandlung volkseigener Wirtschaftseinheiten erfolgte ebenfalls nur nach Abstimmung mit dem Ministerium für Wirtschaft[313].

Tatsächlich hat der Ministerrat auf die Gründung von Gemeinschaftsunternehmen in wirtschaftlich bedeutsamen Fällen sehr weitgehenden Einfluß ausgeübt[314], wofür das Versicherungs- und das Bankwesen der Deutschen Demokratischen Republik gute Beispiel liefern:

Vor dem Hintergrund einer sich abzeichnenden Deckungslücke bei der Staatlichen Versicherung der Deutschen Demokratischen Republik[315] hatte bereits die Regierung Modrow die Umwandlung zum 1. Mai 1990 in die Deutsche Versicherungs-AG und eine Beteiligung der bundesdeutschen Allianz AG Holding durch den Abschluß eines Vorvertrages am 8. März 1990

Außenwirtschaft. Die stellvertretende Vorsitzende des Ministerrates für Wirtschaft, Christa Luft, war nicht beteiligt.

311 Ziffer 2 des Beschlusses des Ministerrates über die Gründung eines Wirtschaftskomitees v. 18.01.1990, GBl. I, S. 24.

312 Eine derartige konkrete staatliche Lenkung widersprach auch in den Augen von Rechtswissenschaftlern aus der DDR den Vorstellungen zur Entwicklung der Wirtschaftsreform in der DDR; vgl. Ramminger, in: StuR 1990, S. 162 (164).

313 Treuhandanstalt, Tätigkeitsbericht der Treuhandanstalt (v. 03.07.1990), Nachdruck in: Treuhandanstalt (Hrsg.), Dokumentation 1990-1994, Band 1, S. 72 (73).

314 Von wirtschaftlich bedeutsamen Fällen kann dann gesprochen werden, wenn erstens es sich bei dem aus der DDR stammenden Beteiligten um eine wirtschaftlich bedeutsame Wirtschaftseinheit handelte, zweitens diese Wirtschaftseinheit ihren Betrieb im Wege der Sacheinlage weitgehend in das Gemeinschaftsunternehmen einbrachte und drittens die Höhe der ausländischen bzw. bundesdeutschen Beteiligung eine spürbaren Einfluß auf das Gemeinschaftsunternehmen vermittelte. Unter derartigen Umständen bedeutete die Gründung des Gemeinschaftsunternehmens eine Teilprivatisierung der beteiligten DDR-Wirtschaftseinheit.

315 Zur Staatlichen Versicherung der DDR: Bundesministerium für innerdeutsche Beziehungen, DDR Handbuch, Band 2 S. 1266 f.; Herbst / Ranke / Winkler, So funktionierte die DDR, Stichwort "Staatliche Versicherung der DDR, Band 2, S. 958 (960 f.).

vorbereitet[316]. Am 26. Juni 1990 hat das Ministerium für Finanzen gemeinsam mit der Anstalt zur treuhänderischen Verwaltung des Volkseigentums auf der Grundlage einer entsprechenden Entscheidung des Vorsitzenden des Ministerrats[317] mit der Allianz AG Holding einen Vertrag zur Gründung des Gemeinschaftsunternehmens Deutsche Versicherungs-Aktiengesellschaft abgeschlossen, in welche die Staatliche Versicherung der Deutschen Demokratischen Republik ihre Betriebe und Einrichtungen einbrachte. Die Allianz AG übernahm einen Anteil in Höhe von 51 v.H., die Treuhandanstalt einen Anteil in Höhe von 49 v.H. am Stammkapital des Gemeinschaftsunternehmens[318].

In ähnlicher Weise haben der Vorsitzende des Ministerrates und das Ministerium für Finanzen noch im Juni 1990 die Gründung zweier Gemeinschaftsunternehmen der Deutsche Kreditbank AG mit der Deutsche Bank AG und der Dresdner Bank AG betrieben[319]. Die Anstalt zur treuhänderischen Verwaltung des Volkseigentums, die parallel dazu mit Vertrag vom 21. Juni 1990 die von der Staatsbank der Deutschen Demokratischen Republik gehaltenen Aktien an der Deutschen Kreditbank AG erwarb, konnte auf die Gründung der Gemeinschaftsunternehmen keinen Einfluß nehmen[320].

Bereits während der Regierung Modrow war beschlossen worden, ein zweistufiges Bankensystem einzuführen[321], d.h. Noten- und Geschäftsbankebene zu trennen. Die Staatsbank der Deutschen Demokratischen Republik hatte zuletzt beide Funktionen erfüllt[322]. Gemeinsam mit einigen volkseigenen Unternehmen und Verbänden gründete die Staatsbank der Deutschen Demokratischen Republik am 19. März 1990 nach §§ 2, 16 ff. AktG-DDR die Deutsche Kreditbank AG, die ihre Geschäftstätigkeit zum 1. April 1990 aufnahm[323]. Mit Vertrag vom 21. Juni 1990 übernahm die

316 DA 1990, S. 635; Kellebenz, in: HB v. 02.07.1990, S. 2; Kemmler, Die Entstehung der Treuhandanstalt, S. 251; Liedtke, Wem gehört die Republik?, S. 36 f.

317 De Maizière, Anwalt der Einheit, S. 101; Kemmler, Die Entstehung der Treuhandanstalt, S. 252.

318 S. dazu Herbst / Ranke / Winkler, So funktionierte die DDR, Stichwort "Staatliche Versicherung der DDR", Band 2, S. 958 (961 f.); DA 1990, S. 1152; im Detail abweichend Liedtke, Wem gehört die Republik?, S. 36 f.

319 O. N., in: Börsen-Zeitung v. 31.08.1994, S. 5; Jocham, in: HB v. 31.08.1994, S. 6.

320 Kemmler, Die Entstehung der Treuhandanstalt, S. 252.

321 Gesetz zur Änderung des Gesetzes über die Staatsbank der DDR v. 06.03.1990, GBl. I 1990, S. 125.

322 Gesetz über die Staatsbank der DDR v. 19.12.1974, GBl. I, S. 580.

323 Deutsche Kreditbank AG, Presseinformation v. 23.02.1994, Nachdruck in: Treuhandanstalt (Hrsg.), Dokumentation 1990-1994, Band 6, S. 709 (715).

Deutsche Kreditbank AG rückwirkend zum 1. April 1990 von der Staatsbank der Deutschen Demokratischen Republik bankgeschäftliche Aktivitäten[324], insbesondere die (sog. Alt-) Kredite der Betriebe sowie der genossenschaftlichen und kommunalen Wohnungsbaugesellschaften[325], außerdem die Fondsinhaberschaft an Gebäuden, Anlagen und sonstigen Vermögenswerten[326]. Ebenfalls mit Vertrag vom 21. Juni 1990 übertrug die Staatsbank der Deutschen Demokratischen Republik der Anstalt zur treuhänderischen Verwaltung des Volkseigentums die von ihr gehaltenen Aktien an der Deutschen Kreditbank AG.

In Rahmen der Durchführung des Staatsvertrages wurde der Deutschen Kreditbank zum 1. Juli 1990 die Aufgabe übertragen, die von der Staatsbank der Deutschen Demokratischen Republik übernommenen Altkredite im Umfang von zunächst insgesamt 124 Mrd. DM[327] nach bankmäßigen Grundsätzen abzuwickeln[328]. Ein Neugeschäft wurde nicht aufgenommen[329].

Während die Altkredite an die gewerbliche Wirtschaft zu einem großen Teil von der Treuhandanstalt zur Entschuldung ihrer Unternehmen übernommen worden sind, unterlagen Zins- und Tilgungszahlungen des kommunalen und genossenschaftlichen Wohnungsbaus bis zum 31. Dezember 1993 einem Moratorium, auf das sich Bundesregierung und Gläubigerbanken am 22. März 1991 verständigt hatten. Die Verwaltung der Wohnungsbaukredite umfaßte daher zunächst deren Zuordnung nach Maßgabe des Artikel 22 Absatz 4 EinigungsV, nach dem Wegfall des Moratoriums dann vor allem die Mitwirkung an Verfahren zur Erlangung von Tilgungs- und Zinshilfen im Rahmen des Altschuldenhilfe-Gesetzes, namentlich die Vereinbarung von Schuldanerkenntnissen und Kreditverträgen mit den Kreditnehmern[330].

Die Kreditabwicklung erfolgte anfangs über zwei noch im Juni 1990 gegründete Gemeinschaftsunternehmen, die Deutsche Bank – Kreditbank AG und die Dresdner Bank – Kreditbank AG, mit denen entsprechende Geschäftsbesorgungsverträge ab-

324 Ausgenommen den auf Berlin bezogenen Geschäftsbereich der Staatsbank der DDR ("Berliner Stadtkontor"), welcher auf die neu gegründete, bereits im Mai 1991 von der Berliner Bank AG übernommene Berliner Stadtbank AG überführt wurde; Jocham, in: HB v. 31.08.1994, S. 6.

325 Deutsche Kreditbank AG, Presseinformation v. 23.02.1994, Nachdruck in: Treuhandanstalt (Hrsg.), Dokumentation 1990-1994, Band 6, S. 709 (716); s. a. o. N., in: Börsen-Zeitung v. 31.08.1994, S. 5.

326 Schmitt-Habersack, in: Kimme (Hrsg.), Offene Vermögensfragen, Artikel 22 EinigungsV, Rz. 21.

327 Deutsche Kreditbank AG, Presseinformation v. 23.02.1994, Nachdruck in: Treuhandanstalt (Hrsg.), Dokumentation 1990-1994, Band 6, S. 709 (741).

328 Beschluß des Ministerrates v. 13.06.1990.

329 O. N., in: Börsen-Zeitung v. 31.08.1994, S. 5; Jocham, in: HB v. 31.08.1994, S. 6.

330 Deutsche Kreditbank AG, Presseinformation v. 23.02.1994, Nachdruck in: Treuhandanstalt (Hrsg.), Dokumentation 1990-1994, Band 6, S. 709 (742 ff.).

geschlossen worden waren. Diese Gemeinschaftsunternehmen hatten 162 der ursprünglich 175 Filialen und knapp 12.000 Mitarbeiter übernommen. Lediglich etwa 400 Mitarbeiter verblieben bei der Deutschen Kreditbank[331].

Am 1. Juli 1990 gingen die von der Anstalt zur treuhänderischen Verwaltung des Volkseigentums gehaltenen Aktien an der Deutschen Kreditbank AG im Wege der Rechtsnachfolge auf die Treuhandanstalt über. In der Folgezeit erwarb die Treuhandanstalt auch die von den übrigen Gründungsaktionären gehaltenen Aktien[332]. Der Wert des vollständigen Anteilsbesitzes betrug knapp 5,6 Mrd. DM[333].

Die Anteile an den Gemeinschaftsunternehmen wurden nach der Herstellung der Einheit Deutschlands zügig an den jeweiligen Partner veräußert. Die Betreuung der Altkredite wurde schrittweise bis zum 31. März 1993 auf die Deutsche Kreditbank zurückgeführt[334].

Gemäß § 2 Absatz 4 TreuhUntÜV gingen die Aktien an der Deutschen Kreditbank AG zum 1. Januar 1995 unmittelbar auf den Bund über, unter dessen Verantwortung der bereits weit fortgeschrittene Veräußerungsprozeß kurzfristig durch Veräußerung der Aktien an die Bayerische Landesbank abgeschlossen wurde[335]. Da die Anteile der Bayerischen Landesbank zu gleichen Teilen von dem Freistaat Bayern und dem Bayerischen Sparkassen- und Giroverband gehalten werden[336], kann diese Veräußerung nicht als Privatisierung qualifiziert werden. Die Deutsche Kreditbank AG bleibt vielmehr ein öffentliches Unternehmen[337].

Darüber hinaus hat die Regierung de Maizière in einigen prominenten Einzelfällen im Vorfeld des Inkrafttretens des Treuhandgesetzes selbst Verhandlungen mit Erwerbsinteressenten geführt. Bekannt geworden sind insbesondere die seitens der Deutschen Demokratischen Republik von dem Minister für Umwelt, Naturschutz, Energie und Reaktorsicherheit, Professor Dr. Karl-Hermann Steinberg, geführten Verhandlungen mit westdeutschen Energieversorgungsunternehmen, die später zum Abschluß des sog. Stromvertrages führten.

331 O. N., in: Börsen-Zeitung v. 31.08.1994, S. 5; Jocham, in: HB v. 31.08.1994, S. 6.

332 Deutsche Kreditbank AG, Presseinformation v. 23.02.1994, Nachdruck in: Treuhandanstalt (Hrsg.), Dokumentation 1990-1994, Band 6, S. 709 (716).

333 Bundesanstalt für vereinigungsbedingte Sonderaufgaben, Jahresabschluß der Treuhandanstalt zum 31.12.1994, S. 12.

334 Deutsche Kreditbank AG, Presseinformation v. 23.02.1994, Nachdruck in: Treuhandanstalt (Hrsg.), Dokumentation 1990-1994, Band 6, S. 709 (721).

335 O. N., in: TSP v. 01.02.1995, S. 16.

336 Commerzbank AG, wer gehört zu wem, Nr. 1024.

337 S. die Definition des öffentlichen Unternehmens in § 8 Absatz 2 des Gesetzes über die Finanzstatistik i.d.F. v. 11.06.1980, BGBl. I, S. 673.

Als atomrechtliche Besonderheit ist zu vermerken, daß auf Geheiß des Ministers für Umwelt, Naturschutz, Energie und Reaktorsicherheit die Stilllegung der vier Reaktorblöcke des Kernkraftwerkes Nord bei Greifswald[338] und des Kernkraftwerkes Rheinsberg[339] erfolgte. An dieser – in späteren Jahren aus industriepolitischer Sicht kritisierten[340] – Entscheidung wirkte regierungsintern ebenfalls der Vorsitzende des Ministerrates mit[341].

Die Bundesregierung hat auf die Anstalt zur treuhänderischen Verwaltung des Volkseigentums begrenzt einwirken können. Das Bundesministerium der Finanzen suchte frühzeitig den unmittelbaren Kontakt, der jedoch zunächst nur informatorischen Charakter hatte[342].

Erst der mit der Wirtschafts-, Währungs- und Sozialunion zum 1. Juli 1990 eintretende partielle Souveränitätsverlust der Deutschen Demokratischen Republik führte insoweit zu einer Änderung, der sich auch schon in den Wochen zwischen dem Abschluß des Staatsvertrages und seinem Inkrafttreten bemerkbar machte. Beispielsweise schaltete sich der Bundesminister der Finanzen in die Ende Mai 1990 aufflackernde Diskussion über den Kreditbedarf der Treuhandunternehmen im zweiten Halbjahr 1990 ein und lehnte eine Ausweitung des in Artikel 27 StaatsV geregelten Kreditvolumens und damit des finanzwirtschaftlichen Spielraumes der Treuhandanstalt nach dem 1. Juli 1990 kategorisch ab[343].

Im Vorfeld der Wirtschafts-, Währungs- und Sozialunion wirkten Bundesministerien bereits beratend bei der Erstellung von Bewertungsrichtli-

338 Die Blöcke 2 und 3 waren bereits im Februar abgeschaltet worden, die Stillegung des Blocks 4 folgte im Juni 1990, Block 1 mußte bis zum 18.12.1990, d.h. bis zur Inbetriebnahme eines ersatzweise errichteten mobilen Heizkraftwerks auf Ölbasis, hauptsächlich zur Aufrechterhaltung der Fernwärmeversorgung der Stadt Greifswald weiterbetrieben werden; Nieder, in: DA 1990, S. 1908 (1909); DA 1990, S. 489, 494 und 1020 sowie DA 1991, S. 111; zu den Gründen dieser Entscheidung Horlamus, in: hefte zur ddr-geschichte Nr. 17, 1994, S. 45.

339 Stillegung im Juni 1990, s. o. N., in: TSP v. 14.05.1995, S. 14.

340 Berndt Seite, Ministerpräsident des Landes Mecklenburg-Vorpommern, zitiert bei o. N., in: TSP v. 07.07.1998, S. 19.

341 De Maizière, Anwalt der Einheit, S. 109.

342 Anstalt zur treuhänderischen Verwaltung des Volkseigentums, Information über die Tätigkeit der Anstalt zur treuhänderischen Verwaltung des Volkseigentums für den Zeitraum vom 15.03.1990 bis zum 18.04.1990, S. 9 f.

343 Kemmler, Die Entstehung der Treuhandanstalt, S. 134 f.

nien mit[344]. Der Staatsvertrag sah eine Bestandsaufnahme des volkseigenen Vermögens vor[345], womit sich nicht nur ein makroökonomischer statistischer Abgleich[346], sondern vor allem auch eine mikroökonomische Neubewertung der Aktiva und Passiva im Zuge der Erstellung der DM-Eröffnungsbilanz verband[347]. Die Arbeitsrichtlinie zur vorläufigen Bewertung von Grund und Boden wurde im Ministerium für Wirtschaft erarbeitet und mit dem Ministerium für Finanzen, dem Ministerium für Bauwesen, Städtebau und Wohnungswirtschaft, dem Ministerium des Inneren sowie dem Ministerium für Ernährung, Land- und Forstwirtschaft abgestimmt. Auf seiten der Bundesregierung waren das Bundesministerium der Finanzen, das Bundesministerium für Wirtschaft sowie das Bundesministerium für Raumordnung, Bauwesen und Städtebau beteiligt[348].

Daneben versuchten Mitarbeiter des Bundeskanzleramtes sowie der Bundesministerien der Finanzen, für Wirtschaft und der Justiz, auf die Formulierung des Treuhandgesetzes Einfluß zu nehmen, was nur zum Teil erfolgreich war[349]. In die Vorarbeiten zur späteren Satzung der Treuhandanstalt war die Bundesregierung ebenfalls nur flüchtig eingebunden[350].

344 Treuhandanstalt, Tätigkeitsbericht der Treuhandanstalt v. 03.07.1990, Nachdruck in: Treuhandanstalt (Hrsg.), Dokumentation 1990-1994, Band 1 S. 72 (77); Fischer / Schröter, in: Fischer / Hax / Schneider (Hrsg.), Treuhandanstalt – Das Unmögliche wagen, S. 17 (31).

345 Artikel 10 Absatz 6, Artikel 26 Absatz 4 Satz 1 StaatsV.

346 Gemeinsames Protokoll, Leitsatz B.II.7.

347 Anlage I Artikel 7 § 3 StaatsV.

348 Nachdruck in: Hommelhoff / Krebs (Hrsg.), Treuhandanstalt und Treuhandgesetz, Ziffer II.4.2; WPK-Mitt. Sonderheft September 1990; Treuhandanstalt (Hrsg.), Dokumentation 1990-1994, Band 8, S. 260.

349 Ausführlich Fischer / Schröter, in: Fischer / Hax / Schneider (Hrsg.), Treuhandanstalt – Das Unmögliche wagen, S. 17 (32 ff.); Kemmler, Die Entstehung der Treuhandanstalt, S. 155 ff.; Seibel, in: PVS 1994, S. 3 (4); Seibel, in: Aus Politik und Zeitgeschichte, B 43-44/94, S. 3; a. A. (ohne überzeugende Begründung) der Berichterstatter der SPD-Fraktion, in: Deutscher Bundestag, 12. WP, Beschlußempfehlung und Bericht des 2. Untersuchungsausschusses "Treuhandanstalt" v. 29.08.1994, Minderheitenvotum des Berichterstatters der SPD-Fraktion, BT-Drs. 12/8404, S. 755.

350 Ein Entwurf wurde am 06.07.1990 mit Vertretern der Bundesministerien der Finanzen, für Wirtschaft, des Inneren und der Justiz unter Einbeziehung des Bundesrechnungshofes beraten. Der Entwurf hat danach noch eine Reihe von Änderungen erfahren; s. Krause, Vorlage für den Ministerrat "Satzung der Treuhandanstalt" v. 16.07.1990, Nachdruck in: Treuhandanstalt (Hrsg.), Dokumentation 1990-1994, Band 1, S. 291 (293 ff).

Auf den bereits erwähnten Entschluß des Ministers für Umwelt, Naturschutz, Energie und Reaktorsicherheit zur Stillegung der Kernkraftwerke hatte der Bundesminister für Umwelt, Naturschutz und Reaktorsicherheit hingewirkt[351]. Grundlage war der Bericht einer deutsch-deutschen Regierungskommission[352], die nach einer – von der Bundesregierung veranlaßten[353] – Sicherheitsüberprüfung die Stillegung der Kernkraftwerke sowjetischer Bauart empfohlen hatte. Weiterhin schuf der Bundesminister für Umwelt, Naturschutz und Reaktorsicherheit die notwendigen Voraussetzungen für die Stillegung des letzten in Betrieb befindlichen Reaktorblocks des Kernkraftwerks Nord bei Greifswald, indem er flankierende Maßnahmen zur Aufrechterhaltung der Wärmeversorung in der Region Greifswald ergriff[354].

Schließlich haben sich Bundesregierung und Ministerrat spätestens im II. Quartal 1990 bereits in Einzelfällen über besondere Privatisierungsfälle verständigt. Bekannt geworden ist das Beispiel der Interflug GmbH[355]. Am 3. Mai 1990 hielten das Ministerium für Verkehrswesen und Interflug GmbH einerseits, Bundesminsterium für Verkehr und Deutsche Lufthansa AG andererseits in der Form eines Letter of intent ihre gemeinsame Absicht fest, daß nach der deutschen Vereinigung der Staat zu 51 v.H.[356], die Deutsche Lufthansa AG zu 26 v.H. und weitere Gesellschafter 23 v.H. an der Interflug GmbH beteiligt sein sollen[357]. Zwar war die Anstalt zur treuhänderischen Verwaltung des Volkseigentums von dieser Einigung zunächst nicht

351 Presse- und Informationsamt der Bundesregierung (Hrsg.), Jahresbericht der Bundesregierung 1990, S. 579; Biedermann, in: Energie Spektrum 3/97, S. 32.

352 DA 1990, S. 1020.

353 Presse- und Informationsamt der Bundesregierung (Hrsg.), Jahresbericht der Bundesregierung 1990, S. 579.

354 Finanzielle Förderung für die Errichtung eines mobilen 300-Megawatt-Ölheizwerkes; DA 1990, S. 1020 f.; Presse- und Informationsamt der Bundesregierung (Hrsg.), Jahresbericht der Bundesregierung 1990, S. 564.

355 Allgemein zur Interflug GmbH: Hopf, in: Bundesminsterium für innerdeutsche Beziehungen (Hrsg.), DDR Handbuch, Band 2, S. 1417 (1422 f.); Herbst / Ranke / Winkler, So funktionierte die DDR, Band 1, Stichwort "Interflug", S. 426 ff.

356 Dies entspricht der Höhe der damaligen unmittelbaren Beteiligung der Bundesrepublik Deutschland an der Deutsche Lufthansa AG.

357 Bothmann, in: Dümcke / Vilmar (Hrsg.), Kolonisierung der DDR, S. 188 (189); Breuel (Hrsg.), Treuhand intern, S. 180; Meier, in: NZZ v. 09.05.1990, S. 65; Metzler, in: SZ v. 17.10.1990, S. 10; Treuhandanstalt, Interflug GmbH Ablauf – Grobübersicht, Nachdruck in: Treuhandanstalt (Hrsg.), Dokumentation 1990-1994, Band 8, S. 154.

unmittelbar betroffen, da ihr die Geschäftsanteile der Interflug GmbH erst mit Vertrag vom 14. Juni 1990 von den bisherigen Gesellschaftern, dem Ministerium für das Verkehrswesen, dem VEB Kombinat Deutrans und dem VEB Reisebüro der Deutschen Demokratischen Republik[358] übertragen wurden[359]. Es erscheint indes wahrscheinlich, daß von dieser Einigung auf Regierungsebene eine Bindungswirkung ausging, die die Anstalt zur treuhänderischen Verwaltung des Volkseigentums im Zeitpunkt des Anteilserwerbs auf das vereinbarte Vorgehen – vorläufig – festlegte.

Der vorbezeichneten Einigung auf Regierungsebene war bereits am 13. März 1990 eine Verständigung der beiden Fluggesellschaften auf die 26prozentige Minderheitsbeteiligung der Lufthansa AG vorausgegangen[360]. Diese Gespräche wurden zwar bilateral geführt[361], doch war der Ministerrat gleichwohl beteiligt, denn der Generaldirektor der Interflug GmbH war zugleich stellvertretender Minister für Verkehrswesen[362].

2. Kontrolle durch die Volkskammer

Die Anstalt zur treuhänderischen Verwaltung des Volkseigentums unterlag auch einer Kontrolle durch die Volkskammer. Die Regierung Modrow be-

358 Allgemein zum VEB Reisebüro der Deutschen Demokratischen Republik: Bundesminsterium für innerdeutsche Beziehungen (Hrsg.), DDR Handbuch, Stichwort "Tourismus", Band 2, S. 1361 f.; Herbst / Ranke / Winkler, So funktionierte die DDR, Band 2, Stichwort "Reisebüro der Deutschen Demokratischen Republik", S. 842 ff.

359 Treuhandanstalt, Interflug GmbH Ablauf – Grobübersicht, in: Treuhandanstalt, Dokumentation 1990-1994, Band 8, S. 154; Klingenfuss, Rechtsgutachten zur Eigentumssituation an den Verkehrs- und Agrarflugplätzen auf dem Gebiet der neuen Bundesländer, Nachdruck in: Treuhandanstalt (Hrsg.), Dokumentation 1990-1994, Band 8, S. 185 (186).

360 Flug, Treuhand-Poker, S. 12; o. N., in: FAZ v. 14.03.1990, S. 19; Lenius, in: Börsen-Zeitung v. 22.03.1990, S. 1.

361 Treuhandanstalt, Interflug GmbH Ablauf – Grobübersicht, Nachdruck in: Treuhandanstalt (Hrsg.), Dokumentation 1990-1994, Band 8, S. 154.

362 Hopf, in: Bundesminsterium für innerdeutsche Beziehungen (Hrsg.), DDR Handbuch, Band 2, S. 1417 (1423).

tonte bei der Gründung der Anstalt zur treuhänderischen Verwaltung des Volkseigentums diesen Umstand ausdrücklich[363].

a) organisatorische Dispositionen

Die Bildung eines speziellen Volkskammerausschusses zur Beschäftigung mit der Tätigkeit der Anstalt zur treuhänderischen Verwaltung des Volkseigentums wäre nach § 28 Absatz 2 GO-Volkskammer (1974) ebenso wie nach § 25 Absatz 1 Satz 1 oder 2 Vorl. GO-Volkskammer (1990) möglich gewesen, ist jedoch unterblieben. Zwar hatten die Fraktionen der SPD und Bündnis 90 / Grüne am 26. April 1990 jede für sich die Einsetzung eines Parlamentsausschusses zur Kontrolle der Anstalt zur treuhänderischen Verwaltung des Volkseigentums gefordert[364]. Die Anträge wurden an den Wirtschaftsausschuß der Volkskammer überwiesen, der nach Abstimmung mit dem Rechtsausschuß, dem Finanzausschuß und dem Ausschuß für Verfassung und Verwaltung am 30. Mai 1990 die Bildung eines Sonderausschusses befürwortete und am 6. Juni 1990 dem Präsidium der Volkskammer einen entsprechenden Beschlußentwurf zuleitete. Das Gesetzgebungsverfahren für das Treuhandgesetz überholte indes diese Initiative, die daraufhin zurückgezogen wurde[365]. An Stelle eines Parlamentsausschusses beschloß der Wirtschaftsausschuß im Zuge der Beratung des Treuhandgesetzes, die Befugnisse der Volkskammer bei der Berufung der Mitglieder des Verwaltungsrats (der zukünftigen Treuhandanstalt) zu stärken[366].

Damit hatten sich entsprechende Anregungen des Direktoriums der Anstalt zur treuhänderischen Verwaltung des Volkseigentums im Zusammenhang mit den Überlegungen zur Formulierung des Treuhandgesetzes erledigt. Der vom Direktorium am 16. Mai 1990 gefertigte Entwurf für ein neues Statut der Anstalt hatte als § 1 Absatz 2 die Bestimmung vorgesehen:

363 Regierungssprecher Wolfgang Meyer in einer Pressekonferenz im Anschluß an die Ministerratssitzung am 01.03.1990, zitiert bei Meyer-Koester, in: HB v. 02./03.03.1990, S. 9; Morgenstern, in: ND v. 02.03.1990, S. 1; Modrow im Vorwort zu Hartmann, Die Liquidatoren, S. 7 (9 f.), spricht von "strikter parlamentarischer Kontrolle".

364 Volkskammer, 10. WP, Drs. 11 und 12; Kemmler, Die Entstehung der Treuhandanstalt, S. 166.

365 Steinecke, in: Volkskammer, 10. WP, stenographische Niederschrift der 14. Tagung, S. 480; Fischer / Schröter, in: Fischer / Hax / Schneider (Hrsg.), Treuhandanstalt – Das Unmögliche wagen, S. 17 (35).

366 Volkskammer, 10. WP, Drs. Nr. 55 a, Ziffer 2. der Begründung zu § 4 TreuhG-Entwurf.

> "Sie (die Treuhandanstalt, Anm. d. Verf.) unterliegt der Kontrolle eines ständigen Volkskammerausschusses entsprechend § 25 Absatz 1 der Vorläufigen Geschäftsordnung der Volkskammer."[367]

Statt dessen blieben die ständigen Ausschüsse der Volkskammer entsprechend ihren jeweiligen Aufgabenbereichen für Angelegenheiten der Anstalt zur treuhänderischen Verwaltung des Volkseigentums zuständig[368], allen voran die Ausschüsse für Industrie, Bauwesen und Verkehr, Handel und Dienstleistungen sowie Landwirtschaft[369]. So berichtete beispielsweise die stellvertretende Vorsitzende des Ministerrates für Wirtschaft, Professor Christa Luft, am 19. Februar 1990 dem Ausschuß für Industrie, Bauwesen und Verkehr über die Wirtschaftsreform[370].

Allerdings hat die zehnte Volkskammer in einer Sondertagung am 29. Juni 1990 die "Bildung einer parlamentarischen Arbeitsgruppe zur Untersuchung der Vorgänge auf dem Energiesektor, insbesondere des Kraftwerkes Boxberg, und Prüfung der Einbeziehung der Treuhandstelle" beschlossen[371]. Die Behandlung der Energieerzeugungs- und -verteilungsanlagen hat in besonderem Maße die Aufmerksamkeit der Volkskammer erregt. In diesem Falle ging es um die umstrittene Umwandlung von Energieerzeugungs- und -verteilungsbetrieben in Kapitalgesellschaften, die nach dem Willen des Ministerrates noch auf der Grundlage der Umwandlungsverordnung am 29. Juni 1990 erfolgen sollte. Die siebenköpfige Arbeitsgruppe konstituierte sich zwar noch am selben Tage, führte ihre Arbeit jedoch erst Anfang Juli 1990 durch. Am 5. Juli 1990 stattete die Arbeitsgruppe der Volkskammer ihren Bericht ab[372].

367 Anstalt zur treuhänderischen Verwaltung des Volkseigentums, Entwurf Statut der Anstalt für Treuhandschaft über Volksvermögen v. 16.05.1990, Nachdruck in: Kemmler, Die Entstehung der Treuhandanstalt, S. 400.

368 Die Zuständigkeit der bestehenden Ausschüsse hatte de Maizière in der Debatte am 26.04.1990 als Argument für seine Ablehnung eines Sonderausschusses gedient; de Maizière, in: Volkskammer, 10. WP, stenographische Niederschrift der 5. Tagung, S. 127 ff.

369 Vgl. § 28 Absatz 1 GO-Volkskammer (1974); Roggemann, Die DDR-Verfassungen, S. 371 f.

370 Spittmann / Helwig (Hrsg.), Chronik der Ereignisse in der DDR, S. 68.

371 Volkskammer, 10. WP, stenographische Niederschrift der 20. Tagung (Sondertagung), S. 815 f.

372 Volkskammer, 10. WP, stenographische Niederschrift der 21. Tagung, S. 863 f.; Aussprache hierzu in: Volkskammer, 10. WP, stenographische Niederschrift der 22. Tagung, S. 894 ff.

b) Ausübung parlamentarischer Kontrolle

Einwirkungen einer Volksvertretung gegenüber der Exekutive lassen sich systematisch in vorauswirkende, informierende und sanktionierende parlamentarische Kontrolle einteilen.

Zwar wurden diese Kategorien zur Beschreibung westlich geprägter parlamentarischer Systeme entwickelt, deren parlamentarisches System sich grundlegend von demjenigen in der Deutschen Demokratischen Republik unterschied. Dennoch eignen sich die genannten Kategorien durchaus auch zur Untersuchung der Kontrollmöglichkeiten der Volkskammer. Durch die Verwendung eines einheitlichen Maßstabes werden zudem die im Laufe des Jahres 1990, aber auch noch in der darauffolgenden Zeit eingetretenen Veränderungen sichtbar.

aa) vorauswirkende Kontrolle

Vorauswirkende parlamentarische Kontrolle bezeichnet insbesondere das Tätigwerden einer Volksvertretung im Bereich der Gesetzgebung und Planung[373]. Sie beruht auf der Bindung der Exekutive an Normsetzungen des Gesetzgebers.

Auch den Rechtsetzungsakten der Volkskammer kam eine solche Bindungswirkung zu. Dies ergab sich aus Artikel 49 Absatz 1 DDR-Verfassung, wonach jedermann an Gesetze der Volkskammer gebunden war. Darüber hinaus konnte die Volkskammer Beschlüsse fassen, denen die gleiche Bindungswirkung zukam[374]. Die Bindungswirkung erfaßte auch die Anstalt zur treuhänderischen Verwaltung des Volkseigentums (ebenso wie den Ministerrat[375]). Der Bestimmung des § 1 Absatz 2 Satz 1 Statut, der die Bindung der Anstalt zur treuhänderischen Verwaltung des Volkseigentums an Gesetze und Beschlüsse der Volkskammer konstatierte, kam daher lediglich deklaratorische Bedeutung zu.

Von besonderer wirtschaftslenkender Bedeutung waren die Wirtschaftspläne (Fünfjahrplan und Jahresvolkswirtschaftsplan) und die Staatshaushaltspläne, deren Erlaß in Gesetzesform der Volkskammer vorbehalten war[376].

373 Achterberg, Parlamentsrecht, S. 411 ff., 418 ff.

374 Artikel 49 Absatz 1 DDR-Verfassung.

375 S. a. § 2 Absatz 1 MinisterratsG.

376 § 3 Absatz 2 des Gesetzes über die Staatshaushaltsordnung der Deutschen Demokratischen Republik v. 13.12.1968, GBl. I, S. 383; dazu Mampel, Die sozialistische Verfassung der Deutschen Demokratischen Republik, Artikel 49, Rz. 7.

Allerdings war die Volkskammer an den Normsetzungen zur Bildung der Anstalt zur treuhänderischen Verwaltung des Volkseigentums nicht beteiligt. Sowohl den Gründungsbeschluß als auch das Statut erließ der Ministerrat ohne Beteiligung der Volkskammer. An weiteren Normen, die für die Tätigkeit der Anstalt zur treuhänderischen Verwaltung des Volkseigentums prägend waren, hat die Volkskammer nur teilweise mitgewirkt.

So verabschiedete die Volkskammer das Verfassungsänderungsgesetz am 12. Januar 1990, mit dem die Joint-Venture-Verordnung ermöglicht wurde, und am 7. März 1990 das Unternehmens- und das Gebäudeverkaufsgesetz. Die Joint-Venture-Verordnung selber und – noch bedeutender – die Umwandlungsverordnung, außerdem eine Reihe von Durchführungsbestimmungen zu verschiedenen Gesetzen, waren Ministerratsbeschlüsse.

Die fehlende Beteiligung der Volkskammer bei den Normsetzungen zur Gründung der Anstalt zur treuhänderischen Verwaltung des Volkseigentums (ebenso wie der Umwandlung der volkseigenen Wirtschaftseinheiten in Kapitalgesellschaften) wurde juristisch damit gerechtfertigt, daß es sich um rein organisatorische Maßnahmen handeln sollte, die – weil den Bestand des Volkseigentums nicht berührend – nicht so wesentlich seien, daß eine Parlamentsbeteiligung erforderlich gewesen wäre[377].

Nach bundesdeutschem Verständnis liegt eine Treuhandschaft im engeren Sinne nur vor, wenn der Treuhänder die volle Rechtsstellung des Treugebers, d.h. des Eigentümers innehat. Dies war für die Anstalt zur treuhänderischen Verwaltung des Volkseigentums in dieser ersten Phase nicht der Fall[378]. Die Formulierung, die *Verwaltung* habe im Interesse der Allgemeinheit zu erfolgen, wies – ebenso wie die Titulierung als Anstalt zur treuhänderischen *Verwaltung* des Volkseigentums[379] – darauf hin, daß die Anstalt zur treuhänderischen Verwaltung des Volkseigentums lediglich Verwalter, nicht Eigentümer des ihr anvertrauten Vermögens war[380]. Als juristische Per-

377 Vgl. Knüpfer, in: BB 1990, Supplement DDR-Rechtsentwicklungen, Folge 7, S. 1 (7); Maskow, in: BB 1990, Supplement DDR-Rechtsentwicklungen, Folge 4, S. 1 (4).

378 Kloepfer, in: Fischer / Hax / Schneider (Hrsg.), Treuhandanstalt – Das Unmögliche wagen, S. 41 (47 f.); Lindner, Der Übergang des Rechts der Wirtschaft von der Plan- zur Marktwirtschaft in Ostdeutschland, S. 99.

379 Titel sowie Ziffer 1 Satz 1 Gründungsbeschluß; Titel sowie § 1 Absatz 1 Satz 1 Statut; ebenso § 2 Absatz 1 Satz 2 UmwandlungsVO.

380 Buck, Von der staatlichen Kommandowirtschaft der DDR zur Sozialen Marktwirtschaft des vereinten Deutschland, S. 12 f.; Kloepfer, in: Treuhandanstalt – Das Unmögliche wagen, S. 41 (47); a. A. Busche, in: Clemm u.a. (Hrsg.), RVI, § 1 TreuhG, Rz. 18; Rother, in: Kaligin / Goutier (Hrsg.), BHEI, 4210, Rz. 5; Schwedhelm, Die Unternehmensumwandlung, Tz. 1552.

son[381] hätte sie zwar Subjekt des Eigentumsrechts werden können. Möglicherweise mit Blick auf die lauter werdenden Forderungen, die Rechte der Bürger der DDR am Volkseigentum durchzusetzen[382], besann sich die Regierung Modrow allerdings auf den ursprünglichen Inhalt des Volkseigentums als einem der Gesellschaft insgesamt zugeordneten Eigentumsrecht[383], dessen Subjekt nicht der Staat, sondern das Volk war[384].

Nach dieser neuen und keinesfalls von allen Regierungsmitgliedern geteilten[385] Auffassung von der Rolle des Staates hinsichtlich des Volkseigentums[386] konnte der Ministerrat nicht ohne gesetzliche Ermächtigung über das Eigentum des Volkes verfügen, sondern lediglich die staatliche Verwaltungsbefugnis durch Übertragung auf die Anstalt zur treuhänderischen Verwaltung des Volkseigentums neu ordnen. Am deutlichsten trat dies für das Immobilienvermögen zutage, bei dem ausdrücklich nur der Übergang der Rechtsträgerschaft auf die Anstalt zur treuhänderischen Verwaltung des Volkseigentums angeordnet war[387]. Für das Vermögen in Fondsinhaberschaft noch nicht umgewandelter Wirtschaftseinheiten ebenso wie für die Anteile an durch Umwandlung entstandenen Kapitalgesellschaften stellte das Statut klar, daß

381 § 1 Absatz 1 Satz 2 Statut.

382 S. Dokumente des Freien Forschungskollegiums "Selbstorganisation" bei Kemmler, Die Entstehung der Treuhandanstalt, S. 371 ff., 380 ff., 383 ff., 396 ff.; s. Nachdruck der Dokumente der SPD (DDR) in: Herles / Rose (Hrsg.), Vom Runden Tisch zum Parlament, S. 223 ff., und in: Kemmler, Die Entstehung der Treuhandanstalt, S. 389 f.; Knüpfer beklagt, die Schaffung von gesamtstaatlichem (Volks-)Eigentum habe lediglich eine Vergesellschaftungsfiktion bedeutet, der in der Realität eine Anhäufung politischer und wirtschaftlicher Macht bei einzelnen, für die Ausübung der Eigentümerbefugnisse zuständigen zentralen Organen gegenüberstand; Knüpfer, in: StuR 1990, S. 284 (285).

383 Artikel 10 Absatz 1 (1. Alt.) DDR-Verfassung; Mampel, Die sozialistische Verfassung der Deutschen Demokratischen Republik, Artikel 10, Rz. 13; Egler / Petzold / Schüßler, in: Akademie für Staats- und Rechtswissenschaft der DDR (Hrsg.), Staatsrecht der DDR, S. 17 (21).

384 Horn bezeichnet es angesichts der Rechtswirklichkeit in der DDR mit Recht als müßig, das Rechtssubjekt des volkseigenen Vermögens genau bestimmen zu wollen; s. Horn, in: Goerdeler u.a. (Hrsg.), Festschrift für Kellermann, S. 201 (206).

385 S. den Ausspruch von Gerhard Beil, Außenhandelsminister der Regierung Modrow, wiedergeben bei Suhr, Der Treuhandskandal, S. 45.

386 S. zu diesem Positionswechsel auch Weimar, TreuhG Kommentar, § 1, Rz. 8.

387 § 5 Absatz 2 Satz 1 Statut.

diese Vermögenswerte auch nach der Übernahme in die Treuhandschaft der Anstalt zur treuhänderischen Verwaltung des Volkseigentums im Volkseigentum standen[388].

Das vorstehend dargelegte Verständnis von der Treuhandschaft wird durch eine regierungsamtliche Verlautbarung[389], vor allem aber durch die Begründung der Ministerratsvorlage für das Statut gestützt, welche betonte, daß "mit ... der Treuhandanstalt ... das Volkseigentum als Eigentumsrecht des Volkes gesichert werden" sollte[390]. Weiter hieß es dort: "Die Treuhandanstalt ist alleiniger Verwalter des Volkseigentums und nur Gesetze der obersten Volksvertretung können Eigentumswechsel zulassen."

Dieses Verständnis von dem Inhalt der Treuhandschaft der Anstalt zur treuhänderischen Verwaltung des Volkseigentums wurde (zumindest von Teilen) der am Runden Tisch vertretenen Opposition durchaus geteilt. Dies belegt ein Gesetzentwurf, in dem die Einsetzung von Treuhandgesellschaften vorgeschlagen wurde, die "in keiner Form Eigentümer am Volkseigentum" sein, sondern das Volkseigentum lediglich vermitteln sollten[391].

Etwas anderes galt allerdings für die Anteile an der Deutschen Kreditbank AG. Deren Aktien hatten nicht im Eigentum des Volkes, sondern der Staatsbank der DDR, einem zentralen Organ des Ministerrates, gestanden. Durch Übertragungsvertrag vom 21. Juni 1990 wurde die Anstalt zur treuhändersichen Verwaltung des Volkseigentums Anteilseigner[392].

Ausschlaggebend für die Wahl des Verordnungsweges waren allerdings nicht juristische Erwägungen sondern der Umstand, daß der Regierung Modrow nach eigenem Bekunden nicht mehr genügend Zeit für die Einlei-

388 Für Wirtschaftseinheiten vor Umwandlung in Kapitalgesellschaften Ziffer 2 Satz 1 Gründungsbeschluß und § 2 Absatz 1 Satz 1 Statut; für Kapitalgesellschaften § 2 Absatz 2 Statut; dazu auch Knüpfer, in: BB 1990, Supplement DDR-Rechtsentwicklungen, Folge 7, S. 1 (7); Rosener / Roitzsch, in: DtZ 1990, S. 38 (40); mit abweichender Begründung auch Weimar, TreuhG Kommentar, § 1 Rz. 79.

389 Regierungspressedienst Nr. 9 v. 03.04.1990, S. 2.

390 Nachdruck in: Kemmler, Die Entstehung der Treuhandanstalt, S. 395; s. a. Modrow im Vorwort zu Hartmann, Die Liquidatoren, S. 7 (9): "Es galt, das Volkseigentum, die Eigentumsrechte des Volkes am Produktivvermögen der DDR zuverlässig und dauerhaft zu schützen."

391 Freies Forschungskollegium "Selbstorganisation", Gesetz zur Überführung vom vergesellschafteten Volkseigentum in Privateigentum und andere Eigentumsformen, Entwurf v. 28.02.1990, Nachdruck in: Kemmler, Die Entstehung der Treuhandanstalt, S. 383 (384).

392 S.o. Teil II Ziffer I.1.b).

tung eines Gesetzgebungsverfahrens geblieben war[393]. Ob diese Überlegung zwingend war, muß bezweifelt werden. Der Ministerrat hätte statt des Gründungsbeschlusses am 1. März 1990 ebenso gut einen entsprechenden Gesetzentwurf[394] verabschieden können, der – wie andere Gesetze zur Wirtschaftsreform auch[395] – am 6./7. März 1990 in der Volkskammer hätte behandelt werden können. Ein entsprechendes Vorgehen, welches noch vor dem 18. März 1990 zum Abschluß hätte gebracht werden sollen, war am Runden Tisch angemahnt worden[396].

Es fragt sich, ob die Vorgehensweise des Ministerrates, insbesondere Gründungsbeschluß und Umwandlungsverordnung ohne Beteiligung der Volkskammer als untergesetzliche Normen in Kraft zu setzen, rechtmäßig oder eine Verletzung der Befugnis der Volkskammer zur Ausübung vorauswirkender Kontrolle war.

Nach Maßgabe des Artikels 78 Absatz 2 DDR-Verfassung konnte der Ministerrat im Rahmen der Gesetze und Beschlüsse der Volkskammer Verordnungen erlassen und Beschlüsse fassen. Entscheidungen, die inhaltlich über diesen Rahmen hinausgingen, waren der Volkskammer vorbehalten[397]. Erst recht hätte die Volkskammer beteiligt werden müssen, wenn mit den in Rede stehenden Bestimmungen eine Änderung der DDR-Verfassung verbunden gewesen wäre. Gemäß Artikel 106 DDR-Verfassung durften verfas-

393 Luft, Die Lust am Eigentum, S. 40; Maskow, in: BB 1990, Supplement DDR-Rechtsentwicklungen, Folge 4, S. 1 (3).

394 Zu diesem Zeitpunkt lagen dem Ministerrat zur Gründung einer Einrichtung, die – wie die Anstalt zur treuhänderischen Verwaltung des Volkseigentums – die Verantwortung über das in Volkseigentum stehende Vermögen übernehmen sollte, bereits Gesetzentwürfe des Freien Forschungskollegiums "Selbstorganisation" sowie der SPD der DDR vor: Nachdruck des Gesetzentwurfs des Freien Forschungskollegiums "Selbstorganisation" in: Kemmler, Die Entstehung der Treuhandanstalt, S. 383 ff.; Nachdruck des Gesetzentwurfs der SPD der DDR in: Herles / Rose (Hrsg.), Vom Runden Tisch zum Parlament, S. 231 ff.

395 Z.B. UnternehmensG, GewerbeG, Änderungen zum LPGG, Gesetz über die Übertragung volkseigener landwirtschaftlicher Nutzflächen in das Eigentum von LPG u. v. m.

396 14. Sitzung des Rundtischgesprächs am 26.02.1990, 4. Beschluß (Zur Umwandlung der Rechtsform volkseigener Betriebe), Anlage 1, Nachdruck in: Herles / Rose (Hrsg.), Vom Runden Tisch zum Parlament, S. 223.

397 Artikel 48 Absatz 1 Satz 2, Artikel 49 Absatz 1, 2 DDR-Verfassung.

sungsrechtliche Bestimmungen nur durch Gesetz der Volkskammer, welches die Verfassungsmodifikation ausdrücklich anordnet, erfolgen[398].

In der Literatur wurde die Verletzung des Artikels 12 Absatz 1 Satz 2 DDR-Verfassung moniert[399]. Gegen die Bestimmung des § 10 Satz 1 UmwandlungsVO richtete sich auch ein vom Zentralen Runden Tisch unterstützter[400] Antrag auf einstweilige Anordnung der Projektgruppe Privatisierung der SPD (der Deutschen Demokratischen Republik) beim Stadtbezirksgericht Berlin-Mitte vom 9. März 1990[401]. Der novellierte[402] Artikel 12 Absatz 1 DDR-Verfassung, so wurde argumentiert, gestatte zwar Privateigentum an Industriebetrieben und sonstigen, in Artikel 12 Absatz 1 Satz 1 DDR-Verfassung aufgeführten Vermögensgegenständen, jedoch gemäß Artikel 12 Absatz 1 Satz 2 DDR-Verfassung nur auf gesetzlicher Grundlage.

Im Falle einer Umwandlung volkseigener Wirtschaftseinheiten in Kapitalgesellschaften auf der Grundlage der Umwandlungsverordnung fielen die entstehenden Gesellschaftsanteile bzw. Aktien in den Zuständigkeitsbereich der Anstalt zur treuhänderischen Verwaltung des Volkseigentums[403]. Dies galt auch für Kombinatsbetriebe[404]. Zugleich gingen die bislang lediglich in Fondsinhaberschaft der volkseigenen Wirtschaftseinheit stehenden volkseigenen Vermögensgegenstände, soweit sie in die gemäß § 4 Absatz 2 UmwandlungsVO zu erstellende Vermögensübersicht aufgenommen worden waren[405], in das Eigentum der Kapitalgesellschaft über[406]. Damit en-

398 Zur Frage der Wirksamkeit der DDR-Verfassung Isensee, in: Die Welt v. 09.04.1990, S. 8; Klein, in: FAZ v. 11.04.1990, S. 4; Mampel, in: DA 1990, S. 1377 (1382); ders., in: StuR 1990, S. 435; Stern, in: Stern / Schmidt-Bleibtreu (Hrsg.), Staatsvertrag zur Währungs-, Wirtschafts- und Sozialunion, S. 3 (24 f.).

399 Dornberger, in: Kammer für Außenhandel der DDR (Hrsg.), Gesellschaftsrecht der DDR, Kurzkommentar zum GmbH-Gesetz, zu § 1 GmbHG-DDR; Rosener / Roitzsch, in: DtZ 1990, S. 38 (39).

400 Spittmann / Helwig (Hrsg.), Chronik der Ereignisse in der DDR, S. 75; DA 1990, S. 633.

401 Nachdruck in: Kemmler, Die Entstehung der Treuhandanstalt, S. 389 f.

402 § 1 VerfassungsänderungsG.

403 § 3 Absatz 1 UmwandlungsVO, § 2 Absatz 2 Statut.

404 Busche, in: Clemm u.a. (Hrsg.), RVI, § 12 TreuhG, Rz. 2; Hoffmann / Völter, in: WM Sonderbeilage 4/1990, S. 17 (21); Schmitt-Habersack, in: Kimme (Hrsg.), Offene Vermögensfragen, § 12 TreuhG, Rz. 2.

405 Vermögensgegenstände, welche nicht in die Vermögensübersicht aufgenommen worden waren, blieben unmittelbares Volkseigentum; insoweit ungenau Schwedhelm, Die Unternehmensumwandlung, Tz. 1543.

406 § 4 Absatz 1 Satz 3 Ziffer 3 UmwandlungsVO i.V.m. Artikel 12 Absatz 1 Satz 3 DDR-Verfassung i.d.F. v. 12.01.1990.

dete die (unmittelbare) Treuhandschaft der Anstalt zur treuhänderischen Verwaltung des Volkseigentums an diesen Vermögensgegenständen[407].

Allerdings ist in der Umwandlungsverordnung lediglich von der "Übertragung der Fondsinhaberschaft" die Rede, was vom Wortlaut her zunächst nur einen Übergang der Bewirtschafterfunktion von der umzuwandelnden auf die umgewandelte Wirtschaftseinheit im Wege der Rechtsnachfolge[408] vermuten läßt und wovon eine in Literatur und Rechtsprechung vorherrschende Meinung ausgeht[409]. Die gewählte Formulierung gab jedoch den Willen des Verordnungsgebers nur verkürzt und dadurch mißverständlich wieder. Gemeint war vielmehr die Übertragung der bisher in Fondsinhaberschaft stehenden Vermögensgegenstände in das Eigentum der Kapitalgesellschaft. Eine historisch-teleologische Auslegung belegt die hier vertretene Auffassung: Die Autoren des Entwurfes der Umwandlungsverordnung[410] haben übereinstimmend erklärt, daß mit der in Rede stehenden Passage die Schaffung einer Eigentumsübergangsregelung beabsichtigt war[411]. Sie können sich dabei auf den im Januar 1990 im Vorfeld der Joint-Venture-

407 Maskow, in: BB 1990, Supplement DDR-Rechtsentwicklungen, Folge 4, S. 1 (5), deutet allerdings an, daß die Treuhandschaft der Anstalt zur treuhänderischen Verwaltung des Volkseigentums technisch erst mit der Übernahme der Anteile umgewandelter Betriebe beginnen sollte.

408 § 7 Satz 2 UmwandlungsVO; Rother, in: Kaligin / Goutier (Hrsg.), BHEI, 4110, Rz. 21.

409 So auch BezG Erfurt, in: VIZ 1993, S. 120 (121); Busche, in: Clemm u.a. (Hrsg.), RVI, Vor § 1 TreuhG, Rz. 7, sowie § 23 TreuhG, Rz. 4; Czernwenka, Rückgabe enteigneter Unternehmen in den neuen Bundesländern, S. 17; Jürgens, in: DB DDR-Report 1990, S. 3162; Prugger, Die Nachfolge in das Vermögen der ehemaligen DDR, S. 156; Rother, in: Kaligin / Goutier (Hrsg.), BHEI, 4110, Rz. 10; Spoerr, Treuhandanstalt und Treuhandunternehmen zwischen Verfassungs-, Verwaltungs- und Gesellschaftsrecht, S. 27; Thietz-Bartram / Pfeifer, in: WM-Sonderbeilage 4/1990, S. 3 (4); Weimar, TreuhG Kommentar, Einführung Rz. 6.

410 Hoffmann / Völter, in: WM Sonderbeilage 4/1990, S. 17 (18 Fn. 15) weisen auf das Institut für ausländisches Recht und Rechtsvergleichung der Hochschule für Verwaltung und Recht Potsdam; Maskow war Direktor, Knüpfer stellvertretender Direktor des Potsdamer Instituts.

411 Knüpfer, in: BB 1990, Supplement DDR-Rechtsentwicklungen, Folge 7, S. 1 (7); Knüpfer, in: StuR 1990, S. 284 (286), wo es zur Kennzeichnung dieser Stufe des Reformprozesses ausdrücklich heißt: "Der Kernbereich sozialistischer Eigentumsverhältnisse, den die staatlichen Wirtschaftsorganisationen vertreten, wird durch ein neues Verhältnis zwischen Staat und Betrieb geprägt, in dem der Betrieb eine souveräne Stellung in den Eigentumsverhältnissen erhält"; Maskow, in: BB 1990, Supplement DDR-Rechtsentwicklungen, Folge

Verordnung eingeleiteten Paradigmenwechsel[412] berufen, wonach die Unantastbarkeit des Volkseigentums in gesetzlich bestimmten Fällen aufgeweicht[413] und Volkseigentum zu Betriebseigentum werden durfte[414]. Die Unschärfe der Formulierung führen sie auf Unsicherheiten der Begriffsbildung zurück, die am Beginn der Transformationsphase bestanden[415].

Dennoch blieb das Volkseigentum in seinem Bestand unangetastet. Die Umwandlung überführte das bislang betrieblich verwaltete volkseigene Fondsvermögen nicht in Privateigentum i. S. v. Artikel 12 Absatz 1 Satz 2 DDR-Verfassung, sondern bewirkte lediglich die Reorganisation des Volkseigentums als Betriebseigentum volkseigener Kapitalgesellschaften[416]. Zu

4, S. 1 (4); außerdem Hoffmann / Völter, in: WM Sonderbeilage 4/1990, S. 17 (18); Rosener / Roitzsch, in: DtZ 1990, S. 38 (39); Schwedhelm, Die Unternehmensumwandlung, Tz. 1543.

412 Hoffmann / Völter, in: WM Sonderbeilage 2/1990, S. 12; Knüpfer, in: BB 1990, Supplement DDR-Rechtsentwicklungen, Folge 7, S. 1; Mampel, in: DA 1990, S. 1377 (1380).

413 Artikel 12 Absatz 1 DDR-Verfassung i.d.F. d. § 1 VerfassungsänderungsG; zum Ausnahmecharakter dieser Regelung s. Kemmler, Die Entstehung der Treuhandanstalt, S. 65 (Fn. 57).

414 Die Konstruktion der Fondsinhaberschaft anstelle von Betriebseigentum hatte es dem Staat ermöglicht, sämtliche strategischen betrieblichen Entscheidungen auf sich zu ziehen und auf diese Weise seinen Leitungsanspruch durchzusetzen; s. Seiffert, Wirtschaftsrecht der DDR, S. 15; Maskow, in: BB 1990, Supplement DDR-Rechtsentwicklungen, Folge 4, S. 1 (2); zur Definition des Fonds Martens, in: WM Sonderbeilage 2/1990, S. 3 (7) und Teige, in: VIZ 1994, S. 58 (59).

415 Knüpfer, in: BB 1990, Supplement DDR-Rechtsentwicklungen, Folge 7, S. 1 (9).

416 Begründung der Ministerratsvorlage V 400/90, "Statut, Grobstruktur und Sicherung der Arbeitsbedingungen der Anstalt zur treuhänderischen Verwaltung des Volkseigentums", Nachdruck in: Kemmler, Die Entstehung der Treuhandanstalt, S. 391 (395); Knüpfer, in: BB 1990, Supplement DDR-Rechtsentwicklungen, Folge 7, S. 1 (7); Knüpfer, in: StuR 1990, S. 284 (286); Maskow, in: BB 1990, Supplement DDR-Rechtsentwicklungen, Folge 4, S. 1 (3 f.); Rother, in: Kaligin / Goutier (Hrsg.), BHEI, 4110, Rz. 3; Die hier vertretene Auffassung teilte offenbar auch die Projektgruppe Privatisierung der SPD (DDR), die sich am 09.03.1990 mit dem Antrag auf Erlaß einer einstweiligen Verfügung gegen die Umwandlungsverordnung wandte. Diese wurde mit der Verfassungswidrigkeit eines in § 10 UmwandlungsVO vorgesehenen Verkaufs von Anteilsrechten an durch Umwandlung volkseigener Wirtschaftseinheiten entstandenen Kapitalgesellschaften, nicht jedoch mit einer angeblichen Privatisierung durch Umwandlung begründet; Nachdruck des Antrages bei Kemmler, Die Entstehung der Treuhandanstalt, S. 389 f.

organisatorischen Dispositionen über das Volkseigentum war der Ministerrat nach § 18 Absatz 2 Satz 2 ZGB befugt. Das von der Regierung Modrow hochgehaltene Prinzip der Wahrung des Volkseigentums[417] blieb unangetastet[418].

Der oben erwähnte Antrag auf einstweilige Anordnung der Projektgruppe Privatisierung der SPD (der Deutschen Demokratischen Republik) wurde daher zu Recht als unbegründet zurückgewiesen[419], da nicht § 10 UmwandlungsVO, sondern nachfolgende Gesetze die Grundlage für Privatisierungen schufen; § 10 Satz 1 UmwandlungsVO konstatierte im Einklang mit Artikel 12 Absatz 1 DDR-Verfassung lediglich, daß der Verkauf von Anteilen an den volkseigenen Kapitalgesellschaften durch die Anstalt zur treuhänderischen Verwaltung des Volkseigentums in gesetzlich geregelten Fällen zulässig sei[420].

In der Literatur wurde weiterhin eine Verletzung des Artikels 9 Absatz 3 Satz 1 und 2 DDR-Verfassung gerügt[421]. Artikel 9 Absatz 3 Satz 1 und 2 DDR-Verfassung statuierte den Grundsatz der Leitung und Planung der Volkswirtschaft[422]. Noch in seiner Regierungserklärung hatte Modrow eine "marktorientierte Planwirtschaft" angekündigt, in der auf eine Wirtschaftslenkung durch staatliche Rahmenplanung, beispielsweise der Unterneh-

417 S. insbesondere die Begründung der Ministerratsvorlage V 400/90, "Statut, Grobstruktur und Sicherung der Arbeitsbedingungen der Anstalt zur treuhänderischen Verwaltung des Volkseigentums", Nachdruck in: Kemmler, Die Entstehung der Treuhandanstalt, S. 391 (395), welche betont, daß mit der Umwandlung volkseigener Betriebe in Kapitalgesellschaften keine Privatisierung verbunden sei, sondern das Volkseigentum erhalten bliebe.

418 Darauf verwies die Regierung nachdrücklich; Regierungspressedienst der DDR Nr. 9 v. 03.04.1990, S. 2.

419 Kemmler, Die Entstehung der Treuhandanstalt, S. 101.

420 § 10 Satz 4 UmwandlungsVO.

421 Dornberger, in: Kammer für Außenhandel der DDR (Hrsg.), Gesellschaftsrecht der DDR, Kurzkommentar zum GmbH-Gesetz, zu § 1 GmbHG-DDR; Lindner, Der Übergang des Rechts der Wirtschaft von der Plan- zur Marktwirtschaft in Ostdeutschland, S. 119 f.; Rosener / Roitzsch, in: DtZ 1990, S. 38 (39).

422 Allerdings waren Volkseigentum und Zentralplanwirtschaft in der sozialistischen Wirtschaftstheorie und -praxis nicht immer zwingend miteinander verknüpft. Volkseigentum und freier Markt wurden in der Sowjetunion erst 1928 auf dem VI. Kongreß der Kommunistischen Internationale unter Führung von Stalin in bewußter Abkehr von Lenins Neuer Ökonomischer Politik für unvereinbar erklärt; s. Leipold, Wirtschafts- und Gesellschaftssysteme im Vergleich, S. 199.

mensziele, nicht verzichtet werden sollte[423]. Den Kern der nunmehr verfolgten Reformkonzeption bildete indes der Gedanke, die volkseigenen Wirtschaftseinheiten durch Entlassung aus staatlichem Dirigismus in einen Wettbewerb zueinander zu stellen, um so die dem marktwirtschaftlichen System immanenten Vorteile der dezentralen Planung zu realisieren und Leistungsanreize zu bieten[424]. In der Bestimmung der Ziffer 5 Satz 3 Gründungsbeschluß, der zufolge die Anstalt zur treuhänderischen Verwaltung des Volkseigentums keine wirtschaftsleitende Funktion ausüben sollte, fand diese Konzeption ihren Niederschlag. Damit widersprach der Gründungsbeschluß der Bestimmung des Artikels 9 Absatz 3 Satz 1 DDR-Verfassung[425]. Tatsächlich hätte die Volkskammer also zuvor eine Verfassungsänderung gemäß Artikel 106 DDR-Verfassung[426] herbeiführen müssen. Die unterlassene notwendige Beteiligung der Volkskammer bedeutete eine verfassungswidrige Beschneidung ihrer Befugnis zur Ausübung vorauswirkender Kontrolle.

Gleichwohl vermochte die mangelhafte Beteiligung der Volkskammer an dem vorgenannten Rechtsetzungsprozessen nicht zu überraschen. In einem von der führenden Rolle der SED, von Gewalteneinheit geprägten System war die Volkskammer maßgeblicher parlamentarischer Funktionen enthoben. Ihre Bedeutungslosigkeit manifestierte sich auch in einer weitgehenden Abstinenz in der Rechtsetzung, dem eine umfangreiche rechtsetzende Aktivität des Regierungsapparates gegenüberstand. Zwischen 1980 und 1986 verabschiedete die Volkskammer beispielsweise lediglich 22 Gesetze[427].

Weiterhin ist selbst dort, wo die Volkskammer Gesetze und Beschlüsse mit Relevanz für die Anstalt zur treuhänderischen Verwaltung des Volkseigentums erlassen bzw. gefaßt hatte, fraglich, ob von der Ausübung vorauswirkender Kontrolle die Rede sein konnte.

423 Modrow, Regierungserklärung v. 17.11.1989, in: Volkskammer, 9. WP, stenographische Niederschrift der 12. Tagung, S. 272 (275 ff.); Nachdruck in DA 1990, S. 122 (128); dazu auch Luft, zitiert bei Behrens / Steingart, in: WiWo v. 08.12.1989, S. 29 ff.

424 Arbeitsgruppe Wirtschaftsreform beim Ministerrat der DDR, Regierungskonzept zur Wirtschaftsreform in der DDR, S. 2; Luft, Treuhandreport, S. 20; Luft, Die Lust am Eigentum, S. 21; vgl. Modrow, Aufbruch und Ende, S. 102; Modrow im Vorwort zu Hartmann, Die Liquidatoren, S. 7 (9).

425 Lindner, Der Übergang des Rechts der Wirtschaft von der Plan- zur Marktwirtschaft in Ostdeutschland, S. 119 f.; Rosener / Roitzsch, in: DtZ 1990, S. 38 (39).

426 I.d.F. v. 07.10.1974.

427 Oberreuter, Parlamentsverständnis, in: Eppelmann u.a. (Hrsg.), Lexikon des DDR-Sozialismus, Band 2, S. 608 (610, 612).

Nach der Verfassung war die Volkskammer formal oberstes Machtorgan[428]. Nach dem Verfassungsgrundsatz der Einheit von Beschlußfassung und Durchführung[429] bestimmte die Volkskammer die Tätigkeit des Ministerrates[430], der lediglich als Organ der Volkskammer[431] in ihrem Auftrag die Durchführung der Politik zu leiten hatte[432]. Somit kamen der Volkskammer gegenüber dem Ministerrat weitreichende Steuerungsbefugnisse zu.

Trotz der Bindung des Ministerrates an Gesetze und Beschlüsse der Volkskammer war die Volkskammer zur eigenständigen Ausübung vorauswirkender Kontrolle über die Exekutive im Wege der Gesetzgebung und Beschlußfassung jedoch ursprünglich nicht in der Lage, da sie keinen Einfluß auf den Inhalt jener Gesetze und Beschlüsse nehmen konnte. Die in Artikel 1 Satz 1 DDR-Verfassung (a.E.)[433] verankerte Überordnung der SED auch über die Volkskammer hatte der Volkskammer ihren tatsächlichen politischen Einfluß und ihren Kontrollbefugnissen daher die Schärfe genommen. Die Funktion der Volkskammer war auf die Transformation politischer Macht in staatliche Macht beschränkt[434], sie vollzog mechanisch, was die Partei der Arbeiterklasse vorgab[435]. Die oberste politische Führungsorganisation, die SED-Führung, übte durch die Volkskammer die Staatsmacht in der Deutschen Demokratischen Republik aus.

Der Rechtsetzungsprozeß war in Umkehrung des geschilderten staatsorganisatorischen Hierarchiegefüges durch die von dem Ministerrat 1980 beschlossene "Ordnung über die Vorbereitung und Gestaltung von Rechtsvorschriften" in der Weise geregelt, daß Gesetzentwürfen grundsätzlich von dem Ministerrat bestätigte Konzeptionen zugrunde zu legen waren[436]. Die Möglichkeiten der Einflußnahme des Parlaments auf die Regierung durch Rechtsetzungsakte waren dadurch ausgehöhlt. Der unter der Anleitung des

428 Artikel 48 Absatz 1 DDR-Verfassung.

429 Artikel 48 Absatz 2 Satz 2 DDR-Verfassung.

430 Artikel 49 Absatz 3 DDR-Verfassung.

431 Artikel 76 Absatz 1 Satz 1 DDR-Verfassung.

432 Artikel 76 Absatz 1 Satz 2 DDR-Verfassung.

433 I.d.F. v. 07.10.1974.

434 Mampel, Die sozialistische Verfassung der Deutschen Demokratischen Republik, Artikel 48, Rz. 6.

435 Lörler, in: DA 1990, S. 77 (81 f.); Roggemann, Die DDR-Verfassungen, S. 218 f.

436 § 8 der Ordnung über die Vorbereitung und Gestaltung von Rechtsvorschriften; allgemein zum Verhältnis von Räten und Volksvertretungen der DDR Lörler, in: DA 1990, S. 77 (81 f.), sowie Hösel / Tzschoppe, in: Akademie für Staats- und Rechtswissenschaft der DDR (Hrsg.), Staatsrecht der DDR, S. 335.

Zentralkomitees der SED stehende Ministerrat seinerseits wirkte darauf hin, die Politik der SED in der konkret leitenden, planenden und organisierenden Tätigkeit des Staatsapparates zu verwirklichen[437].

Am 1. Dezember 1989 hatte die Volkskammer mit dem Verfassungsänderungsgesetz die führende Rolle der SED aus Artikel 1 Satz 1 DDR-Verfassung förmlich gestrichen[438]. Inwieweit sich auch die tatsächlichen Machtverhältnisse und hier insbesondere der Einfluß der politischen Führung der SED auf die Volkskammer im Zuge der politischen Entwicklung noch während der laufenden neunten Wahlperiode gegenüber dem vorstehend beschriebenen Ausgangsbefund bereits verschoben hatten, kann hier nicht erschöpfend untersucht werden[439]. Festzuhalten ist, daß die personelle Zusammensetzung der Volkskammer aus der letzten Wahl im Jahre 1986 herrührte[440]. Dennoch konnten Anzeichen einer gewissen politischen Emanzipation der Volkskammer beobachtet werden: Waren bislang Gesetzesvorlagen und Beschlüsse stets einstimmig gefaßt worden[441], entwickelte sich seit der elften Tagung der Volkskammer am 13. November 1989 ein differenzierteres Abstimmungsverhalten[442]. In bislang nicht gekannter kontroverser Debatte wurde die bisherige Einschränkung der Entscheidungsbefugnis der Volkskammer beklagt und gefordert, die tatsächlichen Entscheidungen über die Staatspolitik müßten zukünftig in der Volkskammer fallen[443]. Auch die Einsetzung von zeitweiligen Ausschüssen zur Untersuchung von Amtsmißbrauch und Korruption[444], zur Änderung und Ergän-

437 § 2 Absatz 1 MinisterratsG; dazu Petzold / Schüßler, in: Akademie für Staats- und Rechtswissenschaft der DDR (Hrsg.), Staatsrecht der DDR, S. 305; Lörler, in: DA 1990, S. 77 (81 f.).

438 Zur diesbezüglichen Debatte in der Volkskammer Künzel / Leue, in: Junge Welt v. 02./03.12.1989, S. 1 f.

439 Die in zahlreichen Vorschriften formalrechtlich fortbestehende Vorherrschaft der SED wurde endgültig erst durch das VerfassungsgrundsätzeG v. 17.06.1990 beseitigt; vgl. zur Situation in der ersten Jahreshälfte 1990 Mampel, in: DA 1990, S. 1377 (1378 f.).

440 Zur Rolle der Volkskammer zwischen 1986 und Spätherbst 1990 Luft, Treuhandreport, S. 15 f.

441 Winters, in: DA 1989, S. 1331.

442 Zur "Kampfabstimmung" bei der Wahl des Präsidenten der Volkskammer am 13.11.1989 Winters, in: DA 1989, S. 1331 (1331 f.).

443 Winters, in: DA 1989, S. 1331 (1332).

444 Beschluß der Volkskammer v. 18.11.1989, GBl. I, S. 249.

zung der Verfassung[445] sowie zur Ausarbeitung eines neuen Wahlgesetzes[446] sprechen dafür, daß die Volkskammer politische Initiative übernehmen wollte. Die Initiative zu der am 12. Januar 1990 beschlossenen Änderung des Artikels 12 und Einfügung des Artikels 14 a DDR-Verfassung ging indes von dem Ministerrat aus[447]. Gleiches galt für die übrigen die Tätigkeit der Anstalt zur treuhänderischen Verwaltung des Volkseigentums prägenden Gesetze.

Zu der vorauswirkenden parlamentarischen Kontrolle ist auch die Verpflichtung der Exekutive zu rechnen, für bestimmte Handlungen die Genehmigung des Parlaments einzuholen. Die Vorauswirkung liegt darin, daß der beabsichtigte Akt der Exekutive in der Zukunft liegt und seine zukünftige Realisierung von einer vorangehenden Mitwirkung des Parlaments abhängt.

Fraglich ist, ob der Volkskammer bei einer Veränderung der Beherrschungsverhältnisse an den der Anstalt zur treuhänderischen Verwaltung des Volkseigentums anvertrauten Kapitalgesellschaften im Einzelfall ein Mitwirkungsrecht zustand. Nach Maßgabe des § 10 Satz 4 UmwandlungsVO war die Zustimmung der zuständigen Volksvertretung einzuholen. Nach einer Auffassung sollte die Zuständigkeit an das vorherige Unterstellungsverhältnis anknüpfen[448]: Während Kombinate grundsätzlich einem Ministerium (oder einem anderen zentralen Staatsorgan) unmittelbar unterstanden[449], konnten volkseigene Betriebe auch den örtlichen Organen der

445 Beschluß der Volkskammer v. 18.11.1989, GBl. I, S. 249; Dieser Ausschuß blieb nach Mampel allerdings weitgehend wirkungslos; Mampel, in: DA 1990, S. 1377 (1378).

446 Beschluß der Volkskammer v. 18.11.1989, GBl. I, S. 249 (250); Spittmann / Helwig (Hrsg.), Chronik der Ereignisse in der DDR, S. 25.

447 Den entsprechenden Antrag hatte die stellvertretende Vorsitzende des Ministerrates für Wirtschaft, Christa Luft, begründet; Luft, Treuhandreport, S. 35; Luft, Die Lust am Eigentum, S. 36.

448 Maskow, in: BB 1990, Supplement DDR-Rechtsentwicklungen, Folge 4, S. 1 (6).

449 § 4 Absatz 2 Satz 1 KombinatsVO. Die Verteilung der zentralgeleiteten Kombinate auf die einzelnen Industrieministerien ergibt sich aus der "Anordnung über die Schlüsselsystematik der Staatsorgane, Kombinate, wirtschaftsleitenden Organe, Versorgungsbereiche und Fondsträger sowie der Bezirke" v. 18.05.1989, Sonderdruck des GBl. Nr. 1315. Allerdings wurden ab 1981 auch bezirksgeleitete Kombinate, z.B. die Kombinate Kraftverkehr, gegründet; s. Herbst / Ranke / Winkler, So funktionierte die DDR, Stichwort "Kombinate", Band 1, S. 478 (480); Rytlewski, in: Bundesministerium für innerdeutsche Beziehungen, DDR-Handbuch, Stichwort "Betriebsformen und Kooperation", Band 1, S. 193 (199); Bundesministerium für innerdeutsche Beziehungen, DDR-Handbuch, Stichwort "Kombinat Kraftverkehr, VEB", Band 1, S. 733.

Staatsmacht[450] unterstellt sein[451]. Dies war beispielsweise regelmäßig für Betriebe der örtlichen Versorgungs-, Wohnungs-, Verkehrs- und Wasserwirtschaft der Fall[452]. Da jedoch kommunalunterstellte Betriebe nach Maßgabe des § 6 Gründungsbeschluß von der Treuhandschaft der Anstalt zur treuhänderischen Verwaltung des Volkseigentums insgesamt ausgenommen waren, wäre allein die Volkskammer als zuständige Volksvertretung in Betracht gekommen. Dies entsprach erkennbar nicht der Intention des Verordnungsgebers, der mit der gewählten Formulierung "zuständige Volksvertretung" deutlich gemacht hatte, daß gerade nicht (nur) die Volkskammer gemeint war. Vorzugswürdig erscheint daher die Gegenauffassung, der zufolge die jeweilige örtliche Volksvertretung zuständig war[453]. Die Volkskammer hatte mithin keine Möglichkeit, im Wege einer vorauswirkenden Kontrolle nach § 10 UmwandlungsVO den Privatisierungsprozeß zu beeinflussen[454].

Der parlamentarischen Mitwirkung bei der Bestimmung von Organwaltern kommt ebenfalls eine vorauswirkende Kontrollwirkung zu, die um so bedeutender ist, je mehr der ausgewählte Organwalter das Organverhalten prägen kann. Von ihrem Recht, acht der elf vorgesehenen Mitglieder des Verwaltungsrats der Anstalt zur treuhänderischen Verwaltung des Volkseigentums zu wählen[455], hat die Volkskammer indes weder in der zu Ende gehenden neunten, noch in der beginnenden zehnten Wahlperiode Gebrauch gemacht[456]. Dies erscheint erstaunlich, hat doch die Volkskammer damit zugunsten des Ministerrats auf eine maßgebliche Prägung der Anstalt zur treuhänderischen Verwaltung des Volkseigentums durch einen Verwaltungsrat, der mit weitreichenden Befugnissen gegenüber dem Direktorium der Anstalt zur treuhänderischen Verwaltung des Volkseigentums ausge-

450 Hösel / Tzschoppe, in: Akademie für Staats- und Rechtswissenschaft der DDR (Hrsg.), Staatsrecht der DDR, Lehrbuch, S. 323 ff.

451 Vgl. § 31 Absatz 1 Satz 2 KombinatsVO; allerdings exisitierten durchaus auch dem Rat eines Kreises unterstellte Baukombinate, vgl. OLG Dresden, VIZ 1994, S. 427.

452 Erlaß des Staatsrates v. 02.07.1965, GBl. I S. 161.

453 Lindner, Der Übergang des Rechts der Wirtschaft von der Plan- zur Marktwirtschaft in Ostdeutschland, S. 133.

454 So im Ergebnis auch Maskow, in: BB 1990, Supplement DDR-Rechtsentwicklungen, Folge 4, S. 1 (6), mit dem allerdings nicht überzeugenden Verweis auf § 5 UnternehmensG, der das Zustimmungserfordernis nicht enthält.

455 § 9 Absatz 2 Statut.

456 Kemmler, Die Entstehung der Treuhandanstalt, S. 121; Kloepfer, in: Fischer / Hax / Schneider (Hrsg.), Treuhandanstalt – Das Unmögliche wagen, S. 41 (44).

stattet[457] und numerisch von seinen durch die Volkskammer bestimmten Mitgliedern beherrscht gewesen wäre, verzichtet. Die Erklärung mag für die neunte Legislaturperiode darin zu suchen sein, daß in den wenigen Tagen zwischen dem Inkrafttreten des Statuts der Anstalt zur treuhänderischen Verwaltung des Volkseigentums am 19. März 1990 und der Konstituierung der am 18. März gewählten zehnten Volkskammer, die am 5. April 1990 erfolgte, kaum noch Zeit für die Wahl der Verwaltungsratsmitglieder zur Verfügung stand und es zudem geboten erschien, diese bedeutende Personalentscheidung der nachfolgenden, erstmals frei gewählten Volkskammer zu überlassen. In der zehnten Legislaturperiode läßt sich der Verzicht auf die Wahl der Verwaltungsratsmitglieder mit der Ankündigung Lothar de Maizières in seiner Regierungserklärung am 19. April 1990, die Anstalt zur treuhänderischen Verwaltung des Volkseigentums in ihrer Struktur (und ihren Aufgaben) zu verändern[458], erklären. Die Wahl von Verwaltungsratsmitgliedern auf der Grundlage des Statuts der Anstalt zur treuhänderischen Verwaltung des Volkseigentums erübrigte sich dadurch. Bereits am 7. Juni 1990, zwei Monate nach ihrer Konstituierung, konnte sich die zehnte Volkskammer in erster Lesung mit dem Entwurf des Treuhandgesetzes und in diesem Zusammenhang auch mit den Bestimmungen zum Verwaltungsrat befassen.

Als abgeschwächte Form der vorauswirkenden parlamentarischen Kontrolle ist schließlich jene Art des schlichten Parlamentsbeschlusses zu nennen, mit dem die Regierung unverbindlich zu einem bestimmten Verhalten aufgefordert wird[459]. Nach § 31 GO-Volkskammer (1974) stand auch den Ausschüssen der Volkskammer das Recht zu, sich mit Vorschlägen, Empfehlungen und Stellungnahmen an den Ministerrat zu wenden.

Wie eine Auswertung der stenographischen Niederschriften der Tagungen der Volkskammer zeigt, sind zwar in einigen Fällen parlamentarische Initiativen dieser Art mit Bezug zur Anstalt zur treuhänderischen Verwaltung des Volkseigentums ergriffen worden. Diese Initiativen setzten allerdings erst in der zehnten Wahlperiode ein, gingen also erst von der ersten frei gewählten Volkskammer aus. Sie befaßten sich zudem nicht mehr mit der Anstalt zur treuhänderischen Verwaltung des Volkseigentums, sondern bereits mit der zukünftigen Tätigkeit der Nachfolgeorganisation, der Treuhandanstalt. Beispielhaft kann auf den Beschluß der Volkskammer vom 22. Juni 1990 betreffend den auf der Grundlage des Treuhandgesetzes geplan-

457 S.o. Teil II Ziffer I.1.a).

458 De Maizière, Regierungserklärung v. 19.04.1990, Nachdruck in: DA 1990, S. 795 (800).

459 Vgl. Achterberg, Parlamentsrecht, S. 739 f.

ten Verkauf von Energieerzeugungs- und -verteilungsanlagen verwiesen werden[460].

bb) informierende Kontrolle

Soweit das Parlament von der Exekutive Auskunft begehren kann, kann von informierender Kontrolle gesprochen werden. Sie beruht – wie bereits mit Blick auf die Informationsrechte des Ministerrates erläutert – auf dem Effekt, daß bereits eine solche Überwachung die Verwaltung zur Normentreue und zu verstärkten Bemühungen, die ihr erteilten Aufgaben schnell und erfolgreich abzuschließen, anzuhalten vermag, ohne daß es weitergehender Sanktionsmöglichkeiten bedarf[461].

Zur Ausübung informierender Kontrolle standen der Volkskammer zum einen ein Anspruch auf Rechenschaftslegung, zum anderen Frage- und Informationsrechte zu.

aaa) Anspruch auf Rechenschaftslegung

Nach § 1 Absatz 2 Satz 2 Statut war die Anstalt zur treuhänderischen Verwaltung des Volkseigentums gegenüber der Volkskammer (mindestens) einmal jährlich[462] rechenschaftspflichtig. § 5 Absatz 2 Satz 2 UnternehmensG[463] bestätigte die Pflicht im Hinblick auf den Verkauf volkseigenen Vermögens. Hierbei handelte es sich um eine Ausprägung des in Artikel 88 DDR-Verfassung begründeten Systems der Verantwortlichkeit aller leitenden Mitarbeiter in Staat und Wirtschaft gegenüber dem Volk durch Rechenschaftslegung über die geleistete Arbeit. Die Rechenschaftspflicht als Institut des Rechts in der Deutschen Demokratischen Republik ging über die bloße Pflicht zur Rechnungslegung hinaus und bedeutete eine umfassende Berichterstattung über alle Bereiche und Seiten der Tätigkeit des rechenschaftspflichtigen Organs[464]. Sie bezog sich insbesondere auf die Erfüllung

460 Volkskammer, 10. WP, stenographische Niederschrift der 17. Tagung, S. 665 – 670.

461 Achterberg, Parlamentsrecht, S. 435; Eichenberger, in: Schweizerische Juristenzeitung 1965, S. 269 (270).

462 Diese Intervallbestimmung war hinsichtlich der Rechenschaftspflicht gegenüber der Volkskammer nach § 1 Absatz 2 Satz 2 Statut nicht ausdrücklich festgehalten, sondern ergab sich in der Zusammenschau von § 8 Absatz 3 und § 10 Absatz 3 lit. a) Statut.

463 I.d.F. v. 07.03.1990.

464 Schulze, in: Akademie für Staats- und Rechtswissenschaft der DDR (Hrsg.), Verwaltungsrecht Lehrbuch, S. 142 (146).

der übertragenen Aufgaben und Befugnisse[465]. Nach ihrem Statut war die Anstalt zur treuhänderischen Verwaltung des Volkseigentums auch verpflichtet, die Volkskammer im Rahmen ihrer Rechenschaft auch über die Lage der ihr anvertrauten Unternehmen zu unterrichten[466].

Neben dieser unmittelbaren Überwachung der Anstalt zur treuhänderischen Verwaltung des Volkseigentums stand der Volkskammer ein weiterer Weg zur Information über deren Arbeit offen. Gemäß Artikel 76 Absatz 1 Satz 3 DDR-Verfassung und § 2 Absatz 3 MinisterratsG war der der Anstalt zur treuhänderischen Verwaltung des Volkseigentums administrativ übergeordnete Ministerrat der Volkskammer für seine Tätigkeit verantwortlich und rechenschaftspflichtig. Damit stand der Volkskammer ein – allerdings recht allgemeiner – Informationsanspruch zu, der sich auf grundlegende Fragen der Aufgabenerledigung durch den Ministerrat bezog[467]. Die eingetretenen politischen Veränderungen innerhalb der Deutschen Demokratischen Republik und die darauf reflektierenden, bereits angesprochenen Emanzipationsbewegungen der Volkskammer führten dazu, daß sich die formal festgelegte Rechenschaftspflicht des Ministerrates gegenüber der Volkskammer in der parlamentarischen Wirklichkeit durchzusetzen begann[468].

Die Anstalt zur treuhänderischen Verwaltung des Volkseigentums hat in den wenigen Wochen zwischen ihrer Konstituierung am 15. März 1990 und dem 30. Juni 1990 eine Mehrzahl von Berichten verfaßt, die über ihre aktuelle Situation Auskunft gaben, ohne dabei den Ansprüchen, die an einen jährlichen Tätigkeitsbericht zu stellen gewesen wären, zu genügen. Adressat der Berichte dürfte entsprechend § 8 Absatz 3 i.V.m. § 14 Absatz 2 Statut der Ministerrat gewesen sein. Es ist nicht bekannt, daß diese Berichte auch der Volkskammer oder einem ihrer Ausschüsse zugeleitet wurden. Eine mündliche Unterrichtung der Volkskammer oder ihrer Ausschüsse hat seitens der Anstalt zur treuhänderischen Verwaltung des Volkseigentums ebenfalls soweit ersichtlich nicht stattgefunden. Damit ist eine Rechenschaftslegung der Anstalt zur treuhänderischen Verwaltung des Volkseigentums nach § 1 Absatz 2 Satz 2 Statut gegenüber der Volkskammer unterblieben.

465 Mampel, Die sozialistische Verfassung der Deutschen Demokratischen Republik, Artikel 88, Rz. 7; Schulze, in: Akademie für Staats- und Rechtswissenschaft der DDR (Hrsg.), Verwaltungsrecht Lehrbuch, S. 142 (146).

466 § 8 Absatz 3 Satz 2 i.V.m. § 10 Absatz 3 lit. a), § 1 Absatz 2 Satz 2 Statut.

467 Mampel, Die sozialistische Verfassung der Deutschen Demokratischen Republik, Artikel 88, Rz. 26; Petzold / Schüßler, in: Akademie für Staats- und Rechtswissenschaft der DDR (Hrsg.), Staatsrecht der DDR, Lehrbuch, S. 305 (307).

468 Luft, zitiert in: Küchenmeister / Stephan, in: DA 1992, S. 62 (64).

bbb) parlamentarische Frage- und Informationsrechte

Neben der vorstehend behandelten Rechenschaftspflicht eröffnete das verfassungsrechtlich verankerte[469] parlamentarische Fragerecht Möglichkeiten zur Ausübung informierender parlamentarischer Kontrolle gegenüber der Anstalt zur treuhänderischen Verwaltung des Volkseigentums und dem Ministerrat.

Der tatsächlichen Wahrnehmung der verfassungsrechtlich zugeschriebenen Kontrollfunktion durch die Volkskammer waren ursprünglich schon dadurch enge Grenzen gezogen, daß diese – jedenfalls vor 1990 – nur selten, in der Regel zweimal jährlich, zusammentrat[470]. Dies hatte sich allerdings seit November 1989 deutlich geändert. In der neunten Wahlperiode trat die Volkskammer zwischen dem 13. November 1989 und dem 7. März 1990 zu acht teils zweitägigen Tagungen zusammen, in der zehnten Wahlperiode bis zum 30. Juni 1990 lassen sich knapp zwanzig Sitzungen zählen.

Nach der Geschäftsordnung der Volkskammer vom 7. Oktober 1974 konnten sowohl einzelne Abgeordnete wie Fraktionen und Ausschüsse Anfragen an den Ministerrat und seine Mitglieder richten[471].

Die Vorläufige Geschäftsordnung, die sich die frei gewählte zehnte Volkskammer zu Beginn ihrer ersten Tagung am 5. April 1990 gab, sah Einzelfragen von Abgeordneten[472] und Aktuelle Stunden[473] vor. Darüber hinaus eröffnete die Vorläufige Geschäftsordnung der Volkskammer das für parlamentarische Systeme typische Zitierungsrecht gegenüber den Mitgliedern des Ministerrates[474].

Mit dem parlamentarischen Zitierungsrecht verbinden sich – zumindest in der Tradition des Grundgesetzes – Auskunftsansprüche gegenüber dem Herbeigerufenen[475]. Es kann davon ausgegangen werden, daß für das Zitierungsrecht, welches die frei gewählte zehnte Volkskammer in ihre Geschäftsordnung aufnahm, nichts anderes gelten sollte. Aber auch nach der parlamentsrechtlichen Tradition der Deut-

469 Artikel 59 DDR-Verfassung.

470 Mampel, Die sozialistische Verfassung der Deutschen Demokratischen Republik, Artikel 48, Rz. 16; Roggemann, Die DDR-Verfassungen, S. 219; Winters, in: DA 1989, S. 1331.

471 § 12 GO-Volkskammer (1974).

472 § 37 Vorl. GO-Volkskammer (1990).

473 § 38 Vorl. GO-Volkskammer (1990).

474 § 18 Vorl. GO-Volkskammer (1990).

475 Achterberg, Parlamentsrecht, S. 462 f.; Busch, Parlamentarische Kontrolle, S. 117; Magiera, in: Schneider / Zeh (Hrsg.), Parlamentsrecht und Parlamentspraxis, S. 1421 (1423 f.); Steffani, in: Schneider / Zeh (Hrsg.), Parlamentsrecht und Parlamentspraxis, S. 1325 (1332); Vonderbeck, Parlamentarische Informations- und Redebefugnisse, S. 20 ff.

schen Demokratischen Republik ging das parlamentarische Zitierungsrecht, welches allerdings bis zum Inkrafttreten der Vorläufigen Geschäftsordnung allein den Ausschüssen der Volkskammer vorbehalten war, mit Informationsansprüchen einher[476].

Die zehnte Volkskammer hat von ihrem Zitierungsrecht in einer die Anstalt zur treuhänderischen Verwaltung des Volkseigentums berührenden Angelegenheit Gebrauch gemacht. In ihrer 19. Tagung am 29. Juni 1990 rief die Volkskammer den Minister für Umwelt, Naturschutz, Energie und Reaktorsicherheit herbei, um Auskunft über den Stand der Umwandlung der Energieerzeugungs- und -verteilungsbetriebe in Kapitalgesellschaften zu erlangen[477].

Dieser Vorgang ist bemerkenswert. Die Ausübung des parlamentarischen Zitierungsrechts hatte bereits als solche einen den Herbeigerufenen tadelnden Charakter[478]. Deshalb wäre es nicht verwunderlich, wenn die den Ministerrat stützende Abgeordnetenmehrheit die Herbeirufung, die formal einen Mehrheitsbeschluß voraussetzte[479], verhindert hätte. Daß die Herbeirufung dennoch erfolgte, spricht für die Unbefangenheit der frei gewählten zehnten Volkskammer und ihr parlamentarisches Selbstverständnis.

Bemerkenswert ist an dem vorbezeichneten Vorgang allerdings auch, daß entgegen der einschlägigen Bestimmung der Vorläufigen Geschäftsordnung[480] eine förmliche Beschlußfassung der Volkskammer über die Ausübung des Zitierungsrechts nicht stattgefunden hat. Statt dessen hatte das Präsidium der Volkskammer sich auf die Herbeirufung verständigt[481].

Ein großer Teil der Arbeit der Volkskammer hatte sich auf ihre Ausschüsse[482] verlagert, die wesentlich häufiger als – gewöhnlich – das Plenum tagten und in denen die überwiegende Mehrzahl der Abgeordneten vertreten war[483]. Nach der Geschäftsordnung der Volkskammer vom 7. Oktober 1974 hatten die einzelnen Ausschüsse die Volkskammer nahezu ersetzt. Mit der Vorläufigen Geschäftsordnung vom 5. April 1990 wurde diese Entwicklung wieder zurückgedrängt.

476 Artikel 61 Absatz 2 DDR-Verfassung; § 34 GO-Volkskammer (1974).

477 Volkskammer, 10. WP, stenographische Niederschrift der 19. Tagung, S. 811.

478 Vgl. Zeh, in: Isensee / Kirchhof (Hrsg.), HdbStR § 43, Rz. 53.

479 § 18 Vorl. GO-Volkskammer (1990) i.V.m. Artikel 63 Absatz 2 Satz 1 DDR-Verfassung.

480 §18 Vorl. GO-Volkskammer (1990).

481 Volkskammer, 10. WP, stenographische Niederschrift der 19. Tagung, S. 811.

482 Artikel 61 DDR-Verfassung; § 28 Absatz 1 GO-Volkskammer (1974).

483 Roggemann, Die DDR-Verfassungen, S. 225.

Nach der bis zum 4. April 1990 geltenden Geschäftsordnung der Volkskammer vom 7. Oktober 1974 oblag den Ausschüssen insbesondere die ständige Kontrolle der Durchführung der Gesetze[484]. Darüber hinaus konnten die Ausschüsse von sich aus Themen aufgreifen und sich dazu mit Vorschlägen, Empfehlungen und Stellungnahmen an den Staatsrat und den Ministerrat richten[485]. Mit der Vorläufigen Geschäftsordnung wurde dieses Initiativrecht der Volkskammerausschüsse aufgegeben[486].

Zur Wahrnehmung ihrer Aufgaben stand den Ausschüssen der Volkskammer bereits nach der bis zum 4. April 1990 geltenden Geschäftsordnung das Zitierungsrecht gegenüber den Mitgliedern des Ministerrates und darüber hinaus gegenüber sonstigen Funktionären der Staats- und Wirtschaftsverwaltung zu[487]. Der damit verbundene Informationsanspruch war ebenfalls in Verfassung und Geschäftsordnung festgehalten[488]. Mithin waren die Ausschüsse der Volkskammer in der neunten Wahlperiode in der Lage, eine informierende Kontrolle unmittelbar gegenüber der Anstalt zur treuhänderischen Verwaltung des Volkseigentums auszuüben.

Nach der Vorläufigen Geschäftsordnung der zehnten Volkskammer vom 5. April 1990 waren (nur noch) Mitglieder des Ministerrates dem Recht zur Herbeirufung durch einen Ausschuß der Volkskammer unterworfen[489]. Ein unmittelbarer Auskunftsdurchgriff auf nachrangige Verwaltungsstellen war (dem bundesdeutschen Beispiel entsprechend) nicht mehr vorgesehen.

Neben den spezifischen Frage- und damit in Verbindung stehenden Auskunftsrechten stand den einzelnen Abgeordneten der Volkskammer ein allgemeiner Anspruch auf Unterstützung, insbesondere Information durch alle staatlichen und wirtschaftlichen Organe zu, für dessen Wahrung bis zum Inkrafttreten der Vorläufigen Geschäftsordnung am 5. April 1990 der Ministerrat verantwortlich war[490]. Ähnliches galt für die Ausschüsse der Volkskammer[491].

484 Artikel 61 Absatz 1 Satz 2 DDR-Verfassung; Mampel, Die sozialistische Verfassung der Deutschen Demokratischen Republik, Artikel 61, Rz. 19.

485 § 31 GO-Volkskammer (1974).

486 Vgl. § 28 Vorl. GO-Volkskammer (1990).

487 Artikel 61 Absatz 2 Satz 1 DDR-Verfassung; § 34 Satz 1 GO-Volkskammer (1974).

488 Artikel 61 Absatz 2 Satz 2 DDR-Verfassung; § 34 Satz 2 GO-Volkskammer (1974).

489 § 31 Vorl. GO-Volkskammer (1990).

490 Artikel 60 Absatz 1 DDR-Verfassung; §§ 40, 41 GO-Volkskammer (1974).

491 Artikel 61 Absatz 2 Satz 2 DDR-Verfassung; § 33 GO-Volkskammer (1974).

Außer dem vorstehend beschriebenen Fall der Herbeirufung eines Regierungsmitglieds ist nicht bekannt, daß die Volkskammer eine informierende Kontrolle gegenüber der Anstalt zur treuhänderischen Verwaltung des Volkseigentums ausgeübt hat. Der Grund hierfür dürfte wohl weniger in einem mangelhaften parlamentarischen Selbstverständnis als in der Kürze der Zeit, in der die Anstalt zur treuhänderischen Verwaltung des Volkseigentums existierte, zu sehen sein. So ergab sich insbesondere keine Gelegenheit zur jährlichen Rechenschaftslegung.

cc) sanktionierende Kontrolle

Maßnahmen einer Volksvertretung gegenüber der Exekutive, insbesondere mit dem Ziel, die verantwortlichen Personen wegen Fehlverhaltens oder Versagens ihres Amtes zu entheben, sind der sanktionierenden parlamentarischen Kontrolle zuzurechnen[492].

Der Volkskammer stand das Recht zu, die von ihr gewählten Mitglieder des Verwaltungsrats der Anstalt zur treuhänderischen Verwaltung des Volkseigentums aus wichtigem Grund, insbesondere im Falle grober Pflichtverletzung oder Unfähigkeit zu ordnungsgemäßer Geschäftsführung, abzuwählen[493]. Hierzu konnte es schon deshalb nicht kommen, weil die Volkskammer es unterlassen hatte, Mitglieder des Verwaltungsrates zu wählen.

Auch sonstige Maßnahmen der sanktionierenden parlamentarischen Kontrolle – beispielsweise rügende Beschlüsse – hat die Volkskammer, soweit ersichtlich, gegenüber der Anstalt zur treuhänderischen Verwaltung des Volkseigentums nicht ergriffen.

3. Kontrolle durch den Zentralen Runden Tisch

Die sich zuspitzende politische Krise in der Deutschen Demokratischen Republik zeichnete sich zunächst in Massenflucht[494], seit Herbst 1989 auch und vor allem durch Massendemonstrationen und die Formierung von Oppositionsgruppen aus[495]. Hierdurch hatten die SED und mit ihr die von ihr

492 Achterberg, Parlamentsrecht, S. 435; Eichenberger, in: Schweizerische Juristenzeitung 1965, S. 269 (270).

493 § 9 Absatz 2 Satz 3 Statut.

494 Ausführlich Wendt, in: DA 1991, S. 386 (392 ff.).

495 Korte, Die Chance genutzt?, S. 44 ff., 49 ff.

beherrschten staatlichen Institutionen, insbesondere Ministerrat und Volkskammer, massiv an politischer Autorität eingebüßt. In dieser Phase wurden die Bürgerbewegungen, namentlich das schnell weithin bekannt gewordene Neue Forum[496], zu den politischen Hoffnungsträgern der Demonstranten und ihrer Sympathisanten[497]. Da jedoch ein institutionelles Forum fehlte, welches es ihnen ermöglicht hätte, ihre moralische Autorität in politische Führung umzusetzen, tat sich ein politisches Machtvakuum auf[498].

Als Versuch, dieses Machtvakuum zu füllen[499], trat nach polnischem Vorbild auf Einladung des Bundes der Evangelischen Kirchen am 7. Dezember 1989 erstmals der sog. Runde Tisch[500] zusammen[501]. Die Kooptation der wesentlichen politischen und gesellschaftlichen Kräfte der Deutschen Demokratischen Republik[502] als Teilnehmer, Beobachter oder Mitarbeiter in Arbeitsgruppen trug wesentlich dazu bei, den Mangel an demokratischer Legitimation, der Volkskammer und Ministerrat ohnehin auszeichnete und deshalb kein komparativer Nachteil des Runden Tisches war, zu kompensieren und den Runden Tisch als politische Autorität zu etablieren.

In seinem ersten Beschluß legte der Runde Tisch sein Selbstverständnis nieder, in dem es unter anderem hieß:

> "Obwohl der Rundtisch keine parlamentarische oder Regierungsfunktion ausüben kann, will er sich mit Vorschlägen zur Überwindung der Krise an die Öffentlichkeit wenden. Er fordert von der Volkskammer und der Regierung, rechtzeitig vor wichtigen rechts-, wirtschafts- und finanzpolitischen Entscheidungen informiert und einbezogen zu werden. Er versteht sich als Bestandteil

496 Dazu Glaeßner, Der schwierige Weg in die Demokratie, S. 48.

497 Glaeßner, Der schwierige Weg in die Demokratie, S. 47.

498 Süß, in: DA 1990, S. 907 (913).

499 Ullmann, zitiert in: Süß, in: DA 1991, S. 470; Glaeßner, Der schwierige Weg zur Demokratie, S. 89; Korte, Die Chance genutzt?, S. 68.

500 Neben diesem zentralen Runden Tisch hatten sich in der Folgezeit auf allen Ebenen der staatlichen Hierarchie und in vielen nichtstaatlichen Institutionen ebenfalls Runde Tische gebildet. Vorliegend ist mit dem Begriff "Runder Tisch" ausschließlich der zentrale Runde Tisch gemeint.

501 Zur Vorgeschichte ausführlich: Thaysen, Der Runde Tisch. Oder Wo blieb das Volk?, S. 19 ff.; Süß, in: DA 1991, S. 470 f.

502 S. die Auflistungen bei Haufe, in: Haufe / Bruckmeier (Hrsg.), Die Bürgerbewegungen in der DDR und in den ostdeutschen Bundesländern, S. 78 (85); Korte, Die Chance genutzt?, S. 69.

der öffentlichen Kontrolle in unserem Land. Geplant ist, seine Tätigkeit bis zur Durchführung freier, demokratischer und geheimer Wahlen fortzusetzen."[503]

Mit dem Anliegen einer Kontrolle der Exekutive – von der die Volkskammer bisher mangels einer Gewaltenteilung[504] nicht geschieden werden konnte – und Einbindung in staatliche Entscheidungsvorgänge nahm der Runde Tisch, der sich zwar nicht als Parlament, sondern als Ausdruck plebiszitärer Demokratie verstand[505], für sich durchaus im Laufe der Zeit zunehmend Funktionen eines Parlaments in Anspruch[506]. Dies machten auch eine Reihe weiterer Beschlüsse deutlich, in denen entsprechende Befugnisse eingefordert wurden. So forderte der Runde Tisch das Äquivalent des parlamentarischen Zitierungsrechts, nämlich zur umfassenden Information über die Regierungstätigkeit die ständige Anwesenheit eines kompetenten Regierungsvertreters sowie zusätzlich eines Vertreters des Ministeriums für Wirtschaft, darüber hinaus gegebenenfalls die Präsenz des jeweils zuständigen Ministers oder seines Vertreters[507]. Der Runde Tisch erwartete weiterhin, daß die Regierung ihm Gesetzentwürfe vor der Beschlußfassung durch die Volkskammer zur Stellungnahme zuleitete[508]. Schließlich verlangte der Runde Tisch, zu den Tagungen der Volkskammer eingeladen und mit Rederecht und dem Recht zur Anfrage an die Regierung ausgestattet zu werden[509].

503 1. Sitzung des Rundtischgesprächs am 07./08.12.1989, 1. Beschluß (Selbstverständnis), Nachdruck in: Herles / Rose (Hrsg.), Vom Runden Tisch zum Parlament, S. 23.

504 Vgl. Artikel 48 Absatz 2 Satz 3, Artikel 49 Absatz 3 DDR-Verfassung.

505 Korte, Die Chance genutzt?, S. 68; Süß, in: DA 1991, S. 470 (471).

506 Die (äußerlichen) Ähnlichkeiten des Runden Tisches mit einem Parlament nahmen dadurch weiter zu, daß seine Sitzungen ab dem 08.01.1990 im Fernsehen direkt übertragen wurden; Süß, in: DA 1991, S. 470 (474).

507 4. Sitzung des Rundtischgesprächs am 27.12.1989, 4. Beschluß (Beziehung zwischen Rundem Tisch und Regierung), Nachdruck in: Herles / Rose (Hrsg.), Vom Runden Tisch zum Parlament, S. 35.

508 8. Sitzung des Rundtischgesprächs am 18.01.1990, 6. Beschluß (Beziehung des Runden Tisches zur Regierung), Ziffer 6.1., Nachdruck in: Herles / Rose (Hrsg.), Vom Runden Tisch zum Parlament, S. 71; s. a. 4. Sitzung des Rundtischgesprächs am 27.12.1989, 4. Beschluß (Beziehung zwischen Rundem Tisch und Regierung), Nachdruck in: Herles / Rose (Hrsg.), Vom Runden Tisch zum Parlament, S. 35.

509 8. Sitzung des Rundtischgesprächs am 18.01.1990, 6. Beschluß (Beziehung des Runden Tisches zur Regierung), Ziffer 6.2., Nachdruck in: Herles / Rose (Hrsg.), Vom Runden Tisch zum Parlament, S. 71.

Hatte der Ministerrat zunächst versucht, sich dem Einfluß des Runden Tisches zu entziehen, so sah er sich unter dem Druck der Ereignisse bald gezwungen, auf den Runden Tisch zuzugehen[510]. Am 15. Januar 1990 erschien der Vorsitzende des Ministerrates Modrow erstmals an dem Runden Tisch und unterbreitete ein umfassendes Angebot zur Zusammenarbeit, darunter

- die Mitwirkung an der Vorbereitung von Gesetzen sowie Verordnungen und anderen wichtigen Entscheidungen des Ministerrates,
- die Mitwirkung in Kommissionen, Arbeitsgruppen und anderen Gremien der Regierung sowie ihrer Organe,
- die unmittelbare und verantwortliche Teilnahme an der Regierungsarbeit[511].

Zugleich ging der Ministerrat dazu über, den Runden Tisch umfassend und zeitnah durch Unterlagen und unmittelbare Auskünfte über seine Politik zu unterrichten. Gesetzesvorhaben des Ministerrates wurden nunmehr zunächst am Runden Tisch ausführlich diskutiert und erst nach dessen Billigung der Volkskammer zur förmlichen Beschlußfassung zugeleitet. Darüber hinaus wurde der Runde Tisch selbst initiativ[512] und erarbeitete insbesondere den (unvollständigen[513]) Entwurf einer Verfassung[514].

Die neuen Gruppierungen am Runden Tisch gingen – nach kontroversen internen (nichtöffentlichen) Diskussionen[515] und mit einer Ausnahme[516] –

510 Glaeßner, Der schwierige Weg zur Demokratie, S. 90; Süß, in: DA 1991, S. 470 (472 f.).

511 7. Sitzung des Rundtischgesprächs am 15.01.1990, Erklärung des Vorsitzenden des Ministerrates der DDR, Hans Modrow, vor den Teilnehmern am Runden Tisch, Nachdruck in: Herles / Rose (Hrsg.), Vom Runden Tisch zum Parlament, S. 54 (56).

512 Herles / Rose, in: Herles / Rose (Hrsg.), Vom Runden Tisch zum Parlament, S. 5; Thaysen, Der Runde Tisch. Oder Wo blieb das Volk?, S. 98 ff.

513 Mampel, in: DA 1990, S. 1377 (1382).

514 Arbeitsgruppe "Neue Verfassung der DDR" des Runden Tisches, Entwurf Verfassung der Deutschen Demokratischen Republik; Nachdruck u.a. in: KJ 1990, S. 226-262 und Blätter für deutsche und internationale Politik 1990, S. 731-757; hierzu Würtenberger, in: Isensee / Kirchhof (Hrsg.), HdbStR § 187, Rz. 52 ff.

515 Thaysen, Der Runde Tisch. Oder Wo blieb das Volk?, S. 82 ff; Süß, in: DA 1991, S. 470 (473 f.).

516 Die Vereinigte Linke beteiligte sich wegen grundsätzlicher Differenzen zu der Regierung Modrow in deutschlandpolitischer Hinsicht nicht; Glaeßner, Der schwierige Weg zur Demokratie, S. 92.

auch auf das am 22. Januar 1990 wiederholte[517] Angebot des Vorsitzenden des Ministerrates zur Teilhabe an der Regierungsverantwortung ein. Am 29. Januar 1990 konnte Modrow vor der Volkskammer die Bildung der "Regierung der nationalen Verantwortung" ankündigen, am 5. Februar 1990 wählte die Volkskammer acht Mitglieder oppositioneller Parteien und Vereinigungen als Minister ohne Geschäftsbereich in den Ministerrat[518].

Mit dem Eintritt der Vertreter oppositioneller Gruppierungen des Runden Tisches in den Ministerrat übernahm der Runde Tisch mittelbar Regierungsverantwortung; eine damit korrespondierende Regierungsmacht konnten die betreffenden Minister in Ermangelung eigener Geschäftsbereiche indes nur in beschränktem Maße entfalten[519]. Allerdings läßt sich festhalten, daß der Runde Tisch in der Phase ab dem 15. Januar 1990 bis zu seiner letzten (16.) Sitzung am 12. März 1990 über weitreichende Möglichkeiten der Information und Einflußnahme verfügte und dadurch informierende wie vorauswirkende Kontrolle parlamentsähnlicher Art gegenüber der Exekutive ausüben konnte[520].

Derart zur Steuerungsinstanz[521] geworden, wurde der Runde Tisch für die Anstalt zur treuhänderischen Verwaltung des Volkseigentums von nicht zu unterschätzender Bedeutung, denn von dort ging die Initiative zu ihrer Gründung aus. Neben der Verfassungsreform, der Durchführung freier Wahlen und der Auflösung der Staatssicherheit[522] gehörte die augenfällig notwendige Wirtschaftsreform von Anbeginn an zu den Schwerpunkten der

517 9. Sitzung des Rundtischgesprächs am 22.01.1990, Erklärung des Vorsitzenden des Ministerrates der DDR, Hans Modrow, vor den Teilnehmern am Runden Tisch, Nachdruck in: Herles / Rose (Hrsg.), Vom Runden Tisch zum Parlament, S. 77 (81).

518 Spittmann / Helwig (Hrsg.), Chronik der Ereignisse in der DDR, S. 60, 62.

519 Haufe, in: Haufe / Bruckmeier (Hrsg.), Die Bürgerbewegungen in der DDR und in den ostdeutschen Bundesländern, S. 78 (87 f.); Thaysen, Der Runde Tisch. Oder Wo blieb das Volk?, S. 76 ff.

520 Haufe kennzeichnet die Rolle des Runden Tisches in dieser Situation als "quasi 'parlamentarische Opposition'"; Haufe, in: Haufe / Bruckmeier (Hrsg.), Die Bürgerbewegungen in der DDR und in den ostdeutschen Bundesländern, S. 78 (87); Luchterhand konstatiert, der Runde Tisch habe ersatzweise die Funktionen eines Parlaments wahrgenommen; Luchterhand, in: Isensee / Kirchhof (Hrsg.), HdbStR § 185, Rz. 3. Würtenberger qualifiziert den Runden Tisch gar als neben die Volkskammer getretenes "revolutionär legitimiertes Organ öffentlicher Kontrolle und öffentlicher Mitwirkung an den politischen Reformen"; Würtenberger, in: Isensee / Kirchhof (Hrsg.), HdbStR § 187, Rz. 7.

521 Thaysen, Der Runde Tisch. Oder Wo blieb das Volk?, S. 76.

522 Korte, Die Chance genutzt?, S. 68 f.; Süß, in: DA 1991, S. 470 (472).

Arbeit des Runden Tisches, bereits in seiner ersten Sitzung wurde die Bildung einer entsprechenden Arbeitsgruppe beschlossen[523].

Den entscheidenden Anstoß gab der Vertreter der Gruppe "Demokratie Jetzt" Dr. Wolfgang Ullmann, der am 12. Februar 1990 den Vorschlag zur Bildung einer "Treuhandgesellschaft (Holding) zur Wahrung der Anteilsrechte der Bürger mit DDR-Staatsbürgerschaft am 'Volkseigentum' der Deutschen Demokratischen Republik" einbrachte[524]. Den entsprechenden Vorschlag hatte das Freie Forschungskollegium "Selbstorganisation", dem Ullmann angehörte, erarbeitet[525].

Der Vorschlag hatte eine Umgestaltung der Wirtschaftsorganisation mit dem Ziel, die Bevölkerung der Deutschen Demokratischen Republik in den Genuß des Volkseigentums zu bringen, zum Ziel. Nach der bisherigen Rechtsauffassung übte der Staat als Instrument des Volkes[526] bislang die oberste Verfügungsgewalt über das Volkseigentum aus[527] und galt daher als Träger des Eigentumsrechts des Volkes an den Produktionsmitteln[528]. Mit dem für alsbald bevorstehend erachteten Untergang der Deutschen Demokratischen Republik verband sich mithin die Frage nach der zukünftigen

523 1. Sitzung des Rundtischgesprächs am 07./08.12.1989, 5. Beschluß (Bildung von Arbeitsgruppen), Nachdruck in: Herles / Rose (Hrsg.), Vom Runden Tisch zum Parlament, S. 25.

524 Ullmann, Erklärung in Vorbereitung der Verhandlungen von Ministerpräsident Modrow und Bundeskanzler Kohl, Anlage 6 zum 1. Beschluß (Positionen des Runden Tisches für die Verhandlungen am 13./14.02.1990 in Bonn) der 12. Sitzung des Rundtischgesprächs am 12.02.1989, Nachdruck in: Herles / Rose (Hrsg.), Vom Runden Tisch zum Parlament, S. 123 (124); vgl. weiterhin 12. Sitzung des Rundtischgesprächs am 12.02.1989, 10. Beschluß (Bildung einer Treuhandgesellschaft zur Wahrung der Anteilsrechte der Bürger mit DDR-Staatsbürgerschaft am Volkseigentum der DDR), Nachdruck in: Herles / Rose (Hrsg.), Vom Runden Tisch zum Parlament, S. 152.

525 Freies Forschungskollegium "Selbstorganisation", Vorlage Nr. 12/29 zur 12. Sitzung des Zentralen Runden Tisches am 12.02.1990, Nachdruck in: Kemmler, Die Entstehung der Treuhandanstalt, S. 371 ff.

526 Egler / Petzold / Schüßler, in: Akademie für Staats- und Rechtswissenschaft der DDR (Hrsg.), Staatsrecht der DDR, S. 17 (21).

527 Mampel, Die sozialistische Verfassung der Deutschen Demokratischen Republik, Artikel 10, Rz. 13.

528 Brunner, Einführung in das Recht der DDR, S. 100; Egler / Petzold / Schüßler, in: Akademie für Staats- und Rechtswissenschaft der DDR (Hrsg.), Staatsrecht der DDR, S. 17 (21); Moschütz, in: Akademie für Staats- und Rechtswissenschaft der DDR (Hrsg.), Staatsrecht der DDR, S.130 (132); Seiffert, Wirtschaftsrecht der DDR, S.9; Weimar, in: DB 1991, S. 373.

Wahrnehmung dieser Eigentumsrechte[529]. Der Staat als Träger des Volkseigentums sollte deshalb durch ein Rechtssubjekt, nämlich eine Kapitalgesellschaft, ersetzt werden, welches auch nach einer wirtschaftsrechtlichen[530] oder gar staatlichen Union der beiden deutschen Staaten rechtlich fortexistieren und wie ein Nachlaßverwalter unteilbares gemeinschaftliches Eigentum der Bevölkerung der Deutschen Demokratischen Republik wahren konnte[531].

Die Frage der zukünftigen Behandlung des Volkseigentums hatte auch in der Arbeitsgruppe Wirtschaftsreform, bei oppositionellen Gruppierungen der Deutschen Demokratischen Republik und in der Bundesrepublik Deutschland zu Vorschlägen geführt, eine Einrichtung zu bilden, die die Verantwortung für das volkseigene Vermögen übernehmen solle[532]. Konkrete Wirkung im Sinne einer Initialzündung entfaltete erst der Vorschlag

529 Bereits 1950 hatte Böhm dieses Problem erkannt. Böhm befürchtete im Falle einer revolutionären Beseitigung der Zentralverwaltungswirtschaft ein Chaos, da niemand da sei, dem das Eigentum an den Betriebseinrichtungen zustehe, der also imstande wäre, gestützt auf dieses Eigentum diese Betriebe in Gang zu halten; Böhm, Wirtschaftsordnung und Staatsverfassung, S. 45.

530 Am 07.02.1990 hatte die Bundesregierung beschlossen, sofortige Verhandlungen zur Errichtung einer Währungsunion, verbunden mit einer Wirtschaftsreform in der DDR, einzutreten; Schäuble, Der Vertrag, S. 294; Sinn / Sinn, Kaltstart, S. 8; Süß, in: DA 1991, S. 596 (606). Schäuble hatte bereits Mitte Dezember 1989 angeregt, der DDR unverzüglich eine Währungs- und Wirtschaftsgemeinschaft anzubieten; Schäuble, Der Vertrag, S. 21.

531 Ausführlich Kemmler, Die Entstehung der Treuhandanstalt, S. 69 ff.; Fischer / Schröter, in: Fischer / Hax / Schneider (Hrsg.), Treuhandanstalt – Das Unmögliche wagen, S. 17 (19).

532 Ausführlich Fischer / Schröter, in: Fischer / Hax / Schneider (Hrsg.), Treuhandanstalt – Das Unmögliche wagen, S. 17 (18 f., 25 ff.); Kemmler, Die Entstehung der Treuhandanstalt, S. 48 ff., 82 ff.; Lindner, Der Übergang des Rechts der Wirtschaft von der Plan- zur Marktwirtschaft in Ostdeutschland, S. 96-99; Luft, Treuhandreport, S. 31; Stark, in: DA 1995, S. 1183 (1193). Von den vorgenannten Autoren übersehen wurde der ebenfalls im Februar von den wissenschaftlichen Mitarbeiter am Institut für Weltwirtschaft in Kiel, Schmieding und Kostrzewa, publizierte Vorschlag zur Gründung von zehn Privatisierungsgesellschaften, welchen die Anteile an sämtlichen, per Gesetz in Aktiengesellschaften umzuwandelnden größeren Unternehmen zwecks breiter Privatisierung insbesondere unter der Bevölkerung der DDR übertragen werden sollten; neben einem egalitären Element spielten dabei währungs- und finanzpolitische Überlegungen eine entscheidende Rolle; Schmieding / Kostrzewa, in: DA 1990, S. 212 (214 ff.).

von Ullmann[533]. Grund hierfür ist die besondere politische Rolle, die Ullmann bekleidete. Er gehörte seit dem 5. Februar 1990 als Vertreter des Runden Tisches auch dem Ministerrat als Minister ohne Geschäftsbereich an[534] und konnte daher seinen Vorschlag zugleich direkt im Kabinett einbringen[535]. Die Regierung, deren "Regierungskonzept zur Wirtschaftsreform in der Deutschen Demokratischen Republik" eine Institution wie die Anstalt zur treuhänderischen Verwaltung des Volkseigentums bislang nicht vorsah[536], griff den Vorschlag am 22. Februar 1990 auf[537] und ließ durch die Arbeitsgruppe Wirtschaftsreform beim Ministerrat unverzüglich den Gründungsbeschluß entwerfen, den sie – mit Ullmanns "mit Bedenken" gegebener Stimme[538] – am 1. März 1990 gemeinsam mit der Umwandlungsverordnung verabschiedete. Am 15. März 1990 folgte der Beschluß über das Statut der Anstalt zur treuhänderischen Verwaltung des Volkseigentums.

4. Kontrolle durch die Staatliche Finanzrevision

Nach Maßgabe des § 13 Absatz 4 Statut war die Staatliche Finanzrevision, die auf der Grundlage des Beschlusses über die Aufgaben, die Arbeitsweise und den Aufbau der Staatlichen Finanzrevision vom 12. Mai 1967[539] arbeitete, mit der Prüfung des Finanzgebarens der Anstalt zur treuhänderischen Verwaltung des Volkseigentums betraut. Sie sollte die Ordnungsmäßigkeit der Abrechnungen prüfen und bestätigen.

Tatsächlich ist es zu einer Prüfungstätigkeit jener Staatlichen Finanzrevision bei der Anstalt zur treuhänderischen Verwaltung des Volkseigentums in den vier Monaten ihres Bestehens nicht gekommen[540]. Allerdings über-

533 Luft, Treuhandreport, S. 31 und 38.

534 Spittmann / Helwig (Hrsg.), Chronik der Ereignisse in der DDR, S. 62.

535 Kemmler, Die Entstehung der Treuhandanstalt, S. 76.

536 Luft, Treuhandreport, S. 28, widerspricht insoweit ausdrücklich Christ / Neubauer, Kolonie im eigenen Land, S. 116.

537 Luft, Treuhandreport, S. 38.

538 Zu der Position Ullmanns Fischer / Schröter, in: Fischer / Hax / Schneider (Hrsg.), Treuhandanstalt – Das Unmögliche wagen, S. 17 (28 f.); Kemmler, Die Entstehung der Treuhandanstalt, S. 80 ff.

539 GBl. II 1967, S. 329.

540 Dazu Brunner, Kontrolle in Deutschland, S. 407.

nahm es die Staatliche Finanzrevision, die fälligen Schluß- und Eröffnungsbilanzen zu prüfen[541].

541 § 5 Absatz 2 UmwandlungsVO i.V.m. § 25 Absatz 2 AktG-DDR; Anstalt zur treuhänderischen Verwaltung des Volkseigentums, Information über die Tätigkeit der Anstalt zur treuhänderischen Verwaltung des Volkseigentums für den Zeitraum vom 15.03.1990 bis zum 18.04.1990, S. 7; Schwedhelm, Die Unternehmensumwandlung, Tz. 1548; Thietz-Bartram / Pfeifer, in: WM Sonderbeilage 4/1990, S. 3 (10).

II. Treuhandanstalt vor dem 3. Oktober 1990

Mit dem Inkrafttreten des Treuhandgesetzes, ergänzt um die Satzung der Treuhandanstalt sowie eine Reihe versprengter Vorschriften in anderen Rechtsquellen, wurde die Kontrolle über die Treuhandanstalt auf eine neue, veränderte Rechtsgrundlage gestellt.

1. Kontrolle durch den Ministerrat

Zur Kontrolle über die Treuhandanstalt standen dem Ministerrat Befugnisse aus seiner Organisationsgewalt sowie seinem Aufsichtsrecht zur Verfügung. Hinzu traten Instrumente des Haushaltsrechts.

a) Organisationsgewalt

Mit dem Begriff der Organisationsgewalt wird allgemein die Kompetenz zur Bildung, Errichtung, Einrichtung, Änderung oder Aufhebung von Gliedern und Organen durch die (abstrakte oder konkrete) Bestimmung ihrer Zuständigkeiten, ihrer Zusammenhänge und ihrer inneren Ordnung sowie durch ihre persönliche und sachliche Ausstattung bezeichnet. Die so verstandene Organisationsgewalt steht nicht allein der Exekutive, sondern insbesondere auch der Legislative zu und ist letzterer zu Teilen, vor allem die Kompetenz zur Bildung von Organen, vorbehalten[542].

Im vorliegend zu betrachtenden Fall hatte es die Legislative bereits unternommen, mit Erlaß des Treuhandgesetzes die Treuhandanstalt zu errichten und dabei die Bildung von Verwaltungsrat und Vorstand mit abgegrenzten Aufgaben vorzusehen. Der Regierung stand es offen, im Rahmen dieser und weiterer Vorgaben des Treuhandgesetzes weitere Organisationsakte vorzunehmen. In Betracht kam vor allem die Bildung von Organteilen (Ausschüssen, Beiräten u.ä.), die weitere Ausgestaltung der inneren Ordnung (z.B. durch Geschäftsordnung und Satzung – letztere allerdings nur unter Beteiligung der Legislative[543]) sowie die Ausstattung mit Personen[544].

542 Wolff / Bachof, Verwaltungsrecht II, § 78 I a).

543 § 2 Absatz 3 TreuhG.

544 In den durch § 4 Absatz 2 TreuhG gezogenen Grenzen.

Angesichts der Freiräume, welche der Treuhandanstalt bei der Erfüllung der ihr zugedachten Aufgaben eingeräumt waren, kam der Auswahl der Organwalter eine gesteigerte Bedeutung für das zukünftige Organisationsverhalten zu[545]. Nach dem Treuhandgesetz bestand die Treuhandanstalt – ähnlich wie bereits ihre Vorgängerorganisation, die Anstalt zur treuhänderischen Verwaltung des Volkseigentums – als Anstalt des öffentlichen Rechts mit einer Verwaltungsratsverfassung, wobei der Verwaltungsrat als Repräsentativorgan des Trägers[546], also des Staates, fungierte, dessen Mitglieder durch den Träger, d. h. staatliche Stellen, zu bestimmen waren. Die Mitgliedschaft im Verwaltungsrat war als wechselnde Organwalterschaft[547] ausgestaltet, was die Befugnis zur Bestimmung der Verwaltungsratsmitglieder zu einem stets einsetzbaren Steuerungsinstrument machte und so in ihrer Bedeutung nochmals erhöhte.

Auf die Tätigkeit des Vorstandes und damit das außengerichtete Organisationsverhalten übte der Verwaltungsrat auf zweierlei Weise Einfluß aus: Zum einen konnte er die Mitglieder des Vorstandes berufen und bei Vorliegen eines wichtigen Grundes

545 So bereits Steinecke, in: Volkskammer, 10. WP, stenographische Niederschrift der 14. Tagung, S. 480 (481), der irrtümlich von einer Bestimmung der Mitglieder des Vorstandes (statt richtigerweise des Verwaltungsrates) der Treuhandanstalt unter Beteiligung der Volkskammer spricht, sowie Nooke, in: Volkskammer, 10. WP, stenographische Niederschrift der 26. Tagung, S. 1124; ebenso: Kemmler, Die Entstehung der Treuhandanstalt, S. 187; Marissal, Der politische Handlungsrahmen der Treuhandanstalt, S. 28 f. und 57 f.; Schuppert, in: ZGR 1992, S. 454 (459).

546 Neben dieser Außenfunktion kam dem Verwaltungsrat der Treuhandanstalt eine Binnenfunktion zu; Spoerr, Treuhandanstalt und Treuhandunternehmen zwischen Verfassungs-, Verwaltungs- und Gesellschaftsrecht, S. 9. Diese bestand in der Bestellung sowie Kontrolle und Beratung des Vorstandes und ähnelte derjenigen des Aufsichtsrates einer Aktiengesellschaft; dazu Deutscher Bundestag, 12. WP, Beschlußempfehlung und Bericht des 2. Untersuchungsausschusses "Treuhandanstalt" v. 29.08.1994, BT-Drs. 12/8404, S. 56, 211, 239 f.; Kloepfer, in: Fischer / Hax / Schneider (Hrsg.), Treuhandanstalt – Das Unmögliche wagen, S. 41 (44).

547 Im Gegensatz zur sog. stetigen Organwalterschaft, bei der Organwalter während der Dauer ihrer Bestellung gegen ihren Willen nur durch straf- oder disziplinarrechtliche Urteile aus ihrer Position entfernt werden können, kann ein wechselnder Walter auch unter Zweckmäßigkeitsgesichtspunkten abberufen werden; Wolff / Bachof, Verwaltungsrecht II, § 74 IV d. Die Abberufung von Verwaltungsratsmitgliedern war nach § 7 Absatz 5 TreuhS ohne weiteres möglich; Spoerr, Treuhandanstalt und Treuhandunternehmen zwischen Verfassungs-, Verwaltungs- und Gesellschaftsrecht, S. 8.

abberufen[548], zum anderen hatte er die Geschäftstätigkeit des Vorstandes zu überwachen und zu unterstützen[549]. Der Überwachung dienten Informationsrechte[550], die Zustimmungsbedürftigkeit von Wirtschaftsplan[551] und Jahresabschluß[552] sowie die Bestimmung von Geschäften, welche der Vorstand nur mit Zustimmung des Verwaltungsrates tätigen durfte[553]. Zur Unterstützung des Vorstandes sollte der nach der Vorgabe des Gesetzgebers fachlich hochkompetent zu besetzende, unternehmerisch auszurichtende[554] Verwaltungsrat den Vorstand in allen Grundfragen beraten[555]. Beschlüsse des Verwaltungsrates waren für den Vorstand der Treuhandanstalt bindend[556].

Grundsätzlich wirkte die mit der Auswahl der Verwaltungsratsmitglieder verbundene Einflußnahme auf das Verhalten der Treuhandanstalt lediglich mittelbar, da nicht der Verwaltungsrat, sondern der Vorstand die laufende Geschäftsführung der Treuhandanstalt und deren Vertretung im Außenverhältnis wahrzunehmen hatte[557]. Allerdings ist diese Rollenverteilung wäh-

548 § 3 Absatz 2 Satz 2 TreuhG, § 11 Absatz 2 TreuhS.

549 § 4 Absatz 1 Satz 1 TreuhG, § 8 Absatz 2 Satz 2 TreuhS.

550 Regelmäßige Berichtspflicht des Vorstandes gemäß § 3 Absatz 3 Satz 1, § 4 Absatz 1 Satz 2 TreuhG, § 8 Absatz 2 Satz 1 (1. HS) TreuhS; jederzeitig unverzügliche Berichterstattungspflicht bei wichtigen Geschäftsangelegenheiten gemäß § 4 Absatz 1 Satz 3 TreuhG, § 8 Absatz 3 TreuhS; Recht des Verwaltungsrates zur Einsichtnahme und Prüfung von Unterlagen gemäß § 8 Absatz 2 Satz 1 (2. HS) TreuhS; Bestellung des Abschlußprüfers durch den Verwaltungsrat im Einvernehmen mit dem Rechnungshof der Republik gemäß § 16 Absatz 1 Satz 2 TreuhS.

551 § 8 Absatz 5 TreuhS.

552 § 6 Satz 3 TreuhG, § 16 Absatz 2 TreuhS.

553 § 4 Absatz 1 Satz 5 TreuhG, § 8 Absatz 3 TreuhS.

554 § 4 Absatz 2 Satz 5 TreuhG. An dieser Vorschrift wird deutlich, daß auch der Gesetzgeber davon ausging, daß von der Auswahl der Organwalter ein bestimmender Einfluß auf das Organisationsverhalten ausgehen werde.

555 § 4 Absatz 1 Satz 4 TreuhG, § 8 Absatz 2 Satz 2 TreuhS.

556 § 12 Absatz 1 Satz 2 (2. HS) TreuhS.

557 § 3 Absatz 1 (1. HS) TreuhG, § 12 Absatz 1 Satz 1 TreuhS; vgl. zu der Rollenverteilung zwischen Vorstand und Verwaltungsrat der Treuhandanstalt: Deutscher Bundestag, 12. WP, Beschlußempfehlung und Bericht des 2. Untersuchungsausschusses "Treuhandanstalt" v. 29.08.1994, BT-Drs. 12/8404, S. 53 ff., sowie Minderheitenvotum des Berichterstatters der SPD-Fraktion (Berichtsentwurf des Ausschußsekretariats), S. 236 ff.; Kloepfer, in: Fischer / Hax / Schneider (Hrsg.), Treuhandanstalt – Das Unmögliche wagen, S. 41 (43 ff.); Spoerr, Treuhandanstalt und Treuhandunternehmen zwischen Verfassungs-, Verwaltungs- und Gesellschaftsrecht, S. 7 ff.

rend der hier zu betrachtenden Zeitspanne nicht streng eingehalten worden[558]. In der Gründungsphase der Treuhandanstalt, in der zahlreiche grundsätzliche Entscheidungen anstanden, zugleich aber der Vorstand der Treuhandanstalt noch nicht vollständig besetzt, notwendige Strukturen noch nicht vorhanden waren[559], wirkte der seit dem 15. Juli 1990 vollständige Verwaltungsrat[560] häufig weit in die vom Vorstand wahrzunehmende operative Tätigkeit der Treuhandanstalt hinein[561]. Zu Recht bezeichnet Seibel daher den damaligen Vorsitzenden des Verwaltungsrates Rohwedder als institutionenprägenden Akteur, der eine ausschlaggebende Schlüsselstellung einnahm[562].

Der Ministerrat insgesamt hatte das Recht, acht der siebzehn Mitglieder des Verwaltungsrates, darunter seinen Vorsitzenden, sowie je ein Ersatzmitglied zu berufen oder abzuberufen[563]. Der Vorsitzende des Ministerrates[564] hatte der Volkskammer sieben weitere Mitglieder sowie entsprechende Er-

558 Die Beurteilung orientiert sich ausschließlich an den treuhandrechtlichen Vorgaben. Es kann offen bleiben, ob Aufsicht und Leitung der Treuhandanstalt nach den Maßstäben des Aktienrechts ausreichend scharf getrennt waren. Die öffentliche Hand war an die Vorgaben des Aktienrechts nicht gebunden, auch wenn sie es bei der Errichtung der Organe der Treuhandanstalt zum Modell nahm. Die Annäherung des Verwaltungsrates an das zivilrechtliche Vorbild des Aufsichtsrates ging daher nur so weit, wie dies ausdrücklich bestimmt war. Im öffentlich-rechtlichen Bereich nehmen Verwaltungsräte meistens eine stärkere Stellung als Aufsichtsräte ein; Püttner, Die öffentlichen Unternehmen, S. 225.

559 Vgl. die Übersicht über die Bestellung / Abberufung der Vorstandsmitglieder der Treuhandanstalt in: Bundesanstalt für vereinigungsbedingte Sonderaufgaben, Jahresabschluß der Treuhandanstalt zum 31.12.1994, S. 46; Kemmler, Die Entstehung der Treuhandanstalt, S. 201 ff.; Seibel nennt die Treuhandanstalt in dieser Phase wegen der noch nicht funktionsfähigen Organisationszentrale und fehlenden Strukturen eine virtuelle Organisation; Seibel, in: Fischer / Hax / Schneider (Hrsg.), Treuhandanstalt – Das Unmögliche wagen, S. 111 (116).

560 Vgl. die Übersicht über die Zusammensetzung des Verwaltungsrates der Treuhandanstalt in: Bundesanstalt für vereinigungsbedingte Sonderaufgaben, Jahresabschluß der Treuhandanstalt zum 31.12.1994, S. 43 ff.; Kemmler, Die Entstehung der Treuhandanstalt, S. 196 ff.

561 Kemmler, Die Entstehung der Treuhandanstalt, S. 200 f.

562 Seibel, in: Aus Politik und Zeitgeschichte, B 43-44/94, S. 3 (4 f.).

563 § 4 Absatz 2 Satz 2 TreuhG, § 7 Absatz 3 (1. Spiegelstrich), Absatz 5, Absatz 6 TreuhS.

564 Treuhandgesetz und die Satzung der Treuhandanstalt verwandten entgegen der terminologischen Vorgabe des Artikels 79 Absatz 1 DDR-Verfassung den Begriff "Ministerpräsident" anstelle von "Vorsitzender des Ministerrates".

satzmitglieder zur Berufung oder Abberufung vorzuschlagen[565]. Mit dieser Regelung verschoben sich gegenüber der noch für die Anstalt zur treuhänderischen Verwaltung des Volkseigentums vorgesehenen Konstruktion gleich auf zwei Ebenen die Gewichte. Zum einen ging der bestimmende Einfluß auf die Zusammensetzung des Verwaltungsrates von der Volkskammer[566] auf den Ministerrat und insbesondere dessen Vorsitzenden de Maizière über. Nach den als unbefriedigend empfundenen Erfahrungen mit der Anstalt zur treuhänderischen Verwaltung des Volkseigentums hatte de Maizière die Federführung an sich gezogen[567] und durch seinen Einfluß auf den Verwaltungsrat abgesichert[568]. Zum zweiten wandelte sich infolge der Vorgabe des § 4 Absatz 2 Satz 3 TreuhG das Selbstverständnis des Verwaltungsrates, indem die politische Repräsentanz weit hinter den für die Aufgaben der Treuhandanstalt benötigten wirtschaftlichen Sachverstand zurücktrat[569].

Tatsächlich hat die Bundesregierung die Besetzung des Verwaltungsrates entscheidend beeinflußt, denn die Berufung sowohl von Detlev Karsten Rohwedder[570] am 15. Juli 1990 als auch die seines Nachfolgers Jens Ode-

565 § 4 Absatz 2 Satz 4 TreuhG, § 7 Absatz 3 (3. Spiegelstrich), Absatz 5, Absatz 6 TreuhS.

566 Dabei darf allerdings nicht übersehen werden, daß die Volkskammer zum Zeitpunkt der Schaffung der Anstalt zur treuhänderischen Verwaltung nicht frei gewählt war und nur formal als oberstes Machtorgan, tatsächlich aber noch als Instrument der SED zur Ausübung der Staatsmacht fungierte; s.o. Teil II Ziffer I.2.b)aa).

567 O. N., in: Die Welt v. 26.05.1990, S. 9.

568 Im Regierungsentwurf des § 4 Absatz 2 TreuhG war sogar vorgesehen, daß der Vorsitzende des Ministerrates sämtliche Mitglieder des Verwaltungsrates beruft; s. Volkskammer, 10. WP, Drs. Nr. 55. Nachdem während der 1. Lesung des Treuhandgesetzes zahlreiche Abgeordnete die weitgehenden Befugnisse des Vorsitzenden des Ministerrates ebenso wie einen zu geringen Einfluß des Parlaments kritisiert hatten, erarbeitete der Wirtschaftsausschuß der Volkskammer die Gesetz gewordenen Modifikationen; vgl. Volkskammer, 10. WP, Drs. Nr. 55 a, sowie stenographische Niederschrift der 11. Tagung, S. 353 ff., und 14. Tagung, S. 480 ff.; dazu auch Kemmler, Die Entstehung der Treuhandanstalt, S. 167.

569 Kritisch dazu Rother, in: Kaligin / Goutier (Hrsg.), BHEI, 4210, Rz. 11.

570 Bundeskanzler Kohl, Rede anläßlich der Namengebung für das Detlev-Rohwedder-Haus am 16.01.1992, Nachdruck in: Treuhandanstalt (Hrsg.), Dokumentation 1990-1994, Band 1, S. A 120; außerdem: Deutscher Bundestag, 12. WP, Beschlußempfehlung und Bericht des 2. Untersuchungsausschusses "Treuhandanstalt" v. 29.08.1994, BT-Drs. 12/8404, S. 133; Kemmler, Die Ent-

wald[571] am 29. August 1990 ging auf die persönliche Initiative des Bundeskanzlers zurück[572]. Rohwedder seinerseits wählte acht weitere Mitglieder[573] des Verwaltungsrates aus[574], die von dem Vorsitzenden des Ministerrates bzw. in einem Fall von der Volkskammer auf Vorschlag des Vorsitzenden des Ministerrates in den Verwaltungsrat berufen wurden[575]. Lediglich die übrigen sechs der Volkskammer zur Berufung vorzuschlagenden Kandidaten – sämtlich ehemalige Generaldirektoren volkseigener Kombinate, die nun Vorstandsvorsitzende der entsprechenden Aktiengesellschaften geworden waren[576] – hatte de Maizière ausgesucht[577].

stehung der Treuhandanstalt, S. 188; Marissal, Der politische Handlungsrahmen der Treuhandanstalt, S. 30; Christ / Neubauer, Kolonie im eigenen Land, S. 125.

571 Marissal, Der politische Handlungsrahmen der Treuhandanstalt, S. 32; Jürgs, Die Treuhändler, S. 220.

572 Darüber hinaus soll die Berufung von Rainer Maria Gohlke zum ersten Präsidenten der Treuhandanstalt nur mit Zustimmung des Bundeskanzlers erfolgt sein; Marissal, Der politische Handlungsrahmen der Treuhandanstalt, S. 30, 57; s. a. Deutscher Bundestag, 12. WP, Beschlußempfehlung und Bericht des 2. Untersuchungsausschusses "Treuhandanstalt" v. 29.08.1994, BT-Drs. 12/8404, S. 133; Seibel, in: Aus Politik und Zeitgeschichte B 43-44/94, S. 3 (4).

573 Bei den Verwaltungsratsmitgliedern sollte es sich gemäß § 4 Absatz 2 Satz 3 TreuhG vorrangig um erfahrene Sanierer handeln, weshalb insbesondere Unternehmerpersönlichkeiten aus dem Westen in Betracht kamen; Rother, BHEI, 4210, Rz. 11.

574 Kemmler, Die Entstehung der Treuhandanstalt, S. 197.

575 Volkskammer, 10. WP, stenographische Niederschrift der 21. Tagung, S. 858 f.; Seibel, in: Fischer / Hax / Schneider (Hrsg.), Treuhandanstalt – Das Unmögliche wagen, S. 111 (114).

576 § 7 Absatz 2 Satz 1 TreuhS sah vor, daß gesetzliche Vertreter von Treuhand-Unternehmen nicht Mitglieder des Verwaltungsrates werden sollten. Diese Inkompabilitätsregelung war von einiger Bedeutung, damit der Vorstand der Treuhandanstalt seine Befugnisse gegenüber den Treuhand-Unternehmen wahrnehmen konnte. Mit der in § 7 Absatz 2 Satz 2 TreuhS für die erste Amtsperiode des Verwaltungsrates verankerten Ausnahmeregelung verband sich die Gefahr der Interessenkollision und mißbräuchlichen, weil nicht am Auftrag der Treuhandanstalt, sondern an dem nicht selten entgegengesetzten Interesse eines einzelnen Treuhand-Unternehmens ausgerichteten Ausübung des Verwaltungsratsmandats; s. Busche, in: Clemm u.a. (Hrsg.), RVI, § 4 TreuhG, Rz. 11. Nichts anderes galt im übrigen für die Verwaltungsratsmitgliedschaft von Aufsichtsräten von Treuhand-Unternehmen wie beispielsweise Otto Gellert, der neben seinem Verwaltungsratsmandat den Aufsichtsratsvorsitz bei der EKO Stahl AG übernahm; s. o. N., in: Die Welt v. 13.05.1994, S. 15.

Die Organisationsgewalt von Ministerpräsident de Maizière ging informell weiter als formal vorgesehen. Dies zeigte sich bereits bei der von de Maizière bestimmten Bestellung von Rainer Gohlke zum ersten Präsidenten der Treuhandanstalt[578], die eigentlich dem Verwaltungsrat der Treuhandanstalt oblag[579].

Der Wechsel von Gohlke zu Rohwedder als Präsident der Treuhandanstalt unterstrich de Maizières faktische Organisationsgewalt in Fragen der personellen Besetzung des Vorstands der Treuhandanstalt. Mit seiner Bitte, ihn von seiner Aufgabe zu entbinden, wandte sich Gohlke am 20. August 1990 nicht etwa an den formal zuständigen Verwaltungsrat, sondern an de Maizière. Der Ministerpräsident nahm Gohlkes Demission entgegen und bat noch am gleichen Tag Rohwedder, die Aufgabe des Präsidenten der Treuhandanstalt zu übernehmen[580]. Die Abberufung Gohlkes und Bestellung Rohwedders durch den Verwaltungsrat am 29. August 1990 war danach nur noch eine Formsache.

Die Ausgestaltung der inneren Organisation von Strukturen und Abläufen in der Treuhandanstalt unterlag insofern einer Kontrolle durch den Ministerrat, als daß die Geschäftsordnung für Vorstand und Verwaltungsrat[581]

577 Kemmler, Die Entstehung der Treuhandanstalt, S. 197.

578 Deutscher Bundestag, 12. WP, Beschlußempfehlung und Bericht des 2. Untersuchungsausschusses "Treuhandanstalt" v. 29.08.1994, BT-Drs. 12/8404, S. 133. Der Verwaltungsrat der Treuhandanstalt hat sich in seiner Sitzung am 15.07.1990 ausweislich der Tagesordnung mit der Bestellung von Mitgliedern des Vorstands nicht befaßt; s. Treuhandanstalt, Tagesordnung für die Verwaltungsratssitzung am 15.07.1990, Nachdruck in: Treuhandanstalt (Hrsg.), Dokumentation 1990-1994, Band 2, S. 652.

579 § 3 Absatz 2 Satz 2 TreuhG, § 11 Absatz 2 TreuhS.

580 Treuhandanstalt, Pressemitteilung v. 20.08.1990.

581 Der Regierungsentwurf des Treuhandgesetzes hatte zunächst getrennte Geschäftsordnungen für Verwaltungsrat und Vorstand vorgesehen, wobei gemäß § 3 Absatz 3 Satz 1 des Entwurfes die Bestätigung des Vorsitzenden des Ministerrates für die Geschäftsordnung und den Geschäftsverteilungsplan des Vorstandes der Treuhandanstalt vorgesehen war, während nach § 4 Absatz 4 des Entwurfes die Geschäftsordnung des Verwaltungsrates vom Ministerrat bestätigt werden sollte; s. Volkskammer, 10. WP, Drs. 55. Nachdrucke der Entwürfe für beide Geschäftsordnungen v. 07.08.1990 finden sich in: Treuhandanstalt (Hrsg.), Dokumentation 1990-1994, Band 1, S. 376-388. Im Zuge der Überarbeitung des Gesetzentwurfes durch den Wirtschaftsausschuß der Volkskammer fiel die Entscheidung, die innere Ordnung und die Zusammenarbeit der beiden Organe der Treuhandanstalt in einer Geschäftsordnung zu regeln; vgl. Volkskammer, 10. WP, Drs. Nr. 55 a, Beschluß zu § 4 Absatz 4 TreuhG-Entwurf.

der Treuhandanstalt seiner Bestätigung bedurfte[582]. In der Geschäftsordnung wurde u.a. die Bestimmung derjenigen Geschäfte getroffen, zu deren Vornahme der Vorstand der Treuhandanstalt die Genehmigung des Verwaltungsrates einzuholen hatte[583]. Es handelte sich dabei um eine zentrale Regelung der Aufsicht des den Träger der Treuhandanstalt repräsentierenden Organs über die Tätigkeit des Vorstandes, mithin – in funktionaler Hinsicht – einer mittelbaren Form der Staatsaufsicht.

Darüber hinaus war dem Ministerrat das Recht reserviert, auf Vorschlag des Verwaltungsrates im Verordnungswege die Übertragung der Treuhand-Unternehmen auf die Treuhand-Aktiengesellschaften vorzunehmen[584], was jedoch wegen der unterbliebenen Gründung der Treuhand-Aktiengesellschaften bedeutungslos geblieben ist.

Die Treuhand-Unternehmen sollten einer "schlagkräftigen Beteiligungsverwaltung"[585] unterliegen, die allerdings nach der vom Gesetzgeber zunächst vorgesehenen Konzeption nicht durch die Treuhandanstalt selbst erfolgen sollte. Dahinter stand die Befürchtung, die Treuhandanstalt selber sei als "Superholding" mit der Bewältigung der durch das Treuhandgesetz gestellten Aufgaben überfordert[586]. Daher schrieb der Gesetzgeber bei der Schaffung der Treuhandanstalt eine Dezentralisation[587] durch

582 § 2 Absatz 4 TreuhG.

583 § 15 GO-THA in ihrer ursprünglichen, seit dem 25.10.1990 geltenden Fassung. Die zunächst vorgesehene Aufnahme einer entsprechenden Regelung in der Satzung der Treuhandanstalt war auf Initiative des Verwaltungsrates hin unterblieben; vgl. die Begründung der Vorlage für den Ministerrat "Satzung der Treuhandanstalt" v. 16.07.1990, Nachdruck in: Treuhandanstalt (Hrsg.), Dokumentation 1990-1994, Band 1, S. 291 (294).

584 § 7 Absatz 3 TreuhG, § 13 Absatz 2 TreuhS.

585 Bundesminister der Finanzen Waigel am 23.05.1990 im Deutschen Bundestag, zitiert nach Kemmler, Die Entstehung der Treuhandanstalt, S. 154.

586 Minister Reichenbach, in: Volkskammer, 10. WP, stenographische Niederschrift der 11. Tagung, S. 353 (354).

587 Vgl. § 7 Absatz 1 TreuhG: "...in dezentraler Organisationsstruktur..."; ebenso die Überschrift vor §§ 5 ff. TreuhS, § 1 Absatz 1 der 1. DVO z. TreuhG. Diese Strukturvorgabe stellte gegenüber dem zentralistischen Grundkonzept der Treuhandanstalt, weniger gegenüber der überkommenen, in Branchenministerien aufgeteilten Verwaltungswirtschaft eine Dezentralisierung dar; zutreffend Nooke während der Volkskammerdebatte über die Satzung der Treuhandanstalt am 20.07.1990, Nachdruck in: Treuhandanstalt (Hrsg.), Dokumentation 1990-1994, Band 1, S. 313 (317): "Dies scheint der vernünftige Kompromiß zwischen der Konservierung alter Strukturen der Industrieministerien und einem zentralen Mammutkonzern." Zur Dezentralisation durch Treuhand-Akti-

sektorale Binnendifferenzierung zwingend vor[588]. Hierzu sollte die Treuhandanstalt bis August 1990 vier sog. Treuhand-Aktiengesellschaften[589] als Alleingesellschafter[590] errichten[591], denen im Verordnungswege die von der Treuhandanstalt gehaltenen Anteile an den bislang volkseigenen Unternehmen zugewiesen werden sollten[592]. Von der Zwischenschaltung dieser Aktiengesellschaften, in Teilen der Literatur sogar bereits als (formalrechtliche) Privatisierung qualifiziert[593], versprach man sich zudem eine mehr unternehmerisch orientierte Aufgabenwahrnehmung[594].

engesellschaften ausführlich Seibel, in: Fischer / Hax / Schneider (Hrsg.), Treuhandanstalt – Das Unmögliche wagen, S. 111 (119 f.).

588 § 7 Absatz 1 und 2 TreuhG i.d.F. v. 17.06.1990; § 5 Absatz 1 und 2 TreuhS; Strobel, in: BB 1990, Supplement DDR-Rechtsentwicklungen, Folge 9, S. 17 (25).

589 Anlage zur TreuhS: Schwerindustrie, Investitionsgüterindustrie, Konsumgüterindustrie, Dienstleistungen. Die am 18.07.1990 vom Ministerrat beschlossene Fassung sah noch eine fünfte Treuhand-Aktiengesellschaft für die Land- und Forstwirtschaft vor; s. Volkskammer, 10. WP, Drs. Nr. 156, Nachdruck in: Treuhandanstalt (Hrsg.), Dokumentation 1990-1994, Band 1, S. 280 (290). Bei der ersten Lesung des Treuhandgesetzes in der Volkskammer hatte der Minister im Amt des Vorsitzenden des Ministerrates, Reichenbach, die Bildung von bis zu acht Treuhand-Aktiengesellschaften angekündigt; Reichenbach, in: Volkskammer, 10. WP, stenographische Niederschrift der 11. Tagung, S. 353 (354). Der Minister für Wirtschaft, Pohl, hatte noch Ende Mai sogar von acht bis zwölf Treuhand-Aktiengesellschaften gesprochen; o. N., in: FR v. 31.05. 1990, S. 9. Der Wirtschaftsausschuß der Volkskammer hatte anschließend jedoch auf eine Beschränkung auf die unbedingt notwendige Anzahl gedrängt; s. Volkskammer, 10. WP, Drs. Nr. 55 a, Ziffer 1. der Begründung zu § 7 TreuhG-Entwurf. Schmieding / Kostrzewa, in: DA 1990, S. 212 (216), hatten bereits im Februar 1990 die Errichtung von zehn "Privatisierungsgesellschaften" zur Aufnahme und eigenhändigen Privatisierung aller größeren Unternehmen angeregt.

590 § 7 Absatz 2 TreuhG i.d.F. v. 17.06.1990; § 5 Absatz 3 und 4 TreuhS.

591 Dazu Lachmann, in: DtZ 1990, S. 238 (239 f.); Messerschmidt, in: Brunner u.a. (Hrsg.), RVI, SystDarst II, Rz. 43.

592 § 7 Absatz 3 TreuhG.

593 Gabler Wirtschaftslexikon, Stichwort "Privatisierung", Band 4, Spalte 1000; Hamer / Gebhardt, Privatisierungspraxis, S. 78; Möschel, in: Lange / Nörr / Westermann (Hrsg.), Festschrift für Joachim Gernhuber, S. 905 ff.; Möschel, in: WuW 1997, S. 120 (121); gegen die Einbeziehung der bloß formalen Privatisierung in den Privatisierungsbegriff z.B. Wissenschaftlicher Beirat beim Bundesministerium der Finanzen, Gutachten zur Lage und Entwicklung der Staatsfinanzen in der Bundesrepublik Deutschland, in: Bulletin der Bundesregierung Nr. 103 v. 16.08.1975.

594 § 8 Absatz 1 TreuhG; Hannemann / Bergmann, in: DtZ 1990, S. 183 (185); Penig, Treuhand- und KommunalvermögensG, Erl. zu § 2 TreuhG; Reichenbach,

Auf Betreiben des damaligen Präsidenten der Treuhandanstalt, Detlev Karsten Rohwedder, ignorierte die Treuhandanstalt diesen Gesetzesbefehl[595]. Ausschlaggebend hierfür war die im Laufe des August 1990 gewonnene Einsicht, daß die Gründung der Treuhand-Aktiengesellschaften wegen der damit verbundenen Abgrenzungs- und Koordinationsprobleme sowie den Schwierigkeiten einer schnellen, qualifizierten Besetzung die Treuhandanstalt in ihrer eigentlichen Aufgabe für längere Zeit behindert hätte[596]. Auch erschien die Effizienz der dreistufigen Organisationsstruktur – Treuhandanstalt / Treuhand-Aktiengesellschaften / ehemals volkseigene Betriebe – fraglich[597]. Wichtiger noch mögen im Verwaltungsrat aufgekommene Zweifel an der Kontrollierbarkeit der Treuhand-Aktiengesellschaften und befürchtete Verstetigungstendenzen gewesen sein[598]. Nachträglich hat der Gesetzgeber den Gesetzes-

in: Volkskammer, 10. WP, stenographische Niederschrift der 11. Tagung, S. 353 (354).

595 Rohwedder am 24.08.1990, zitiert bei o. N., in: HB v. 27.08.1990, S. 5; Baumgarten, in: DW v. 29.08.1990, S. 3; dazu Balz, in: VIZ 1992, S. 41 (42 f.); Balz, Schreiben an den Vorsitzenden des Zweiten Untersuchungsausschusses, Nachdruck in: Treuhandanstalt (Hrsg.), Dokumentation 1990-1994, Band 1, S. 262 (263); Horn, in: Goerdeler u.a. (Hrsg.), Festschrift für Kellermann, S. 201 (203); Lipps, in: BB 1991, Supplement Deutsche Einigung-Rechtsentwicklungen, Folge 21, S. 1 (4); Seibel, in: Aus Politik und Zeitgeschichte, B 43-44/94, S. 3 (5); Seibel, in: Fischer / Hax / Schneider (Hrsg.), Treuhandanstalt – Das Unmögliche wagen, S. 111 (117 ff.); Weimar, in: DWiR 1992, S. 493.

596 Rohwedder, in: Volkskammer, 10. WP, stenographische Niederschrift der 35. Tagung, S. 1680; Balz, in: VIZ 1992, S. 41 (42 f.).

597 Vgl. die gutachterliche Stellungnahme des Beratungsunternehmens McKinsey & Company Inc., zitiert bei o. N., in: Die Welt v. 29.08.1990, S. 10. Bereits zuvor wurden Überlegungen diskutiert, die Organisationsstruktur durch die Aufnahme der Vorstandsvorsitzenden der Treuhand-Aktiengesellschaften in den Vorstand der Treuhandanstalt faktisch auf ein zweistufiges Modell zu straffen; vgl. Roland Berger & Partner GmbH, Aufgaben, Struktur und Funktionsweise der Treuhandanstalt der DDR, Nachdruck in: Treuhandanstalt (Hrsg.), Dokumentation 1990-1994, Band 2, S. 393 ff.; Hoffmann-Becking, Notiz betr. Organisationsstruktur der Treuhandanstalt, Nachdruck in: Treuhandanstalt (Hrsg.), Dokumentation 1990-1994, Band 2, S. 411 ff.

598 Seibel, in: Fischer / Hax / Schneider (Hrsg.), Treuhandanstalt – Das Unmögliche wagen, S. 111 (119 f.); Seibel, in: Aus Politik und Zeitgeschichte, B 43-44/94, S. 3 (5); Seibel, in: PVS 1994, S. 3 (5); ausführlich zum Thema Treuhand-Aktiengesellschaften Deutscher Bundestag, 12. WP, Beschlußempfehlung und Bericht des 2. Untersuchungsausschusses "Treuhandanstalt" v. 29.08.1994, Minderheitenvotum des Berichterstatters der SPD-Fraktion (Berichtsentwurf des Ausschußsekretariats), BT-Drs. 12/8404, S. 247 ff.

verstoß (allerdings nicht rückwirkend) geheilt und die zwingende Anordnung in eine kann-Vorschrift umgewandelt[599].

Die Treuhandanstalt hat allerdings später das mit den Treuhand-Aktiengesellschaften aufgezeigte Modell der Beteiligungsverwaltung über Zwischengesellschaften in unterschiedlich abgewandelter Form aufgegriffen. Hier sind beispielsweise die sog. Management KGen[600], die bereits erwähnte Effect Vermögensverwaltungsgesellschaft mbH, welche die im Gebiet der alten Bundesländer und im westlichen Ausland belegenen Gesellschaften und Beteiligungen des Bereiches Kommerzielle Koordinierung unter sich vereinigte[601], oder die 1998 entstandenen Landesfusionsgesellschaften zu nennen[602].

Rohwedder, auf dessen Entscheidung das Unterlassen der gesetzlich vorgeschriebenen Gründung von Treuhand-Aktiengesellschaften zurückging, stützte sich dabei auf eine "Genehmigung" der Bundesregierung[603], wobei sich weder im Ministerrat noch in der Volkskammer Widerstand gegen diesen Vorgang regte[604]. Faktisch hatte offenbar die Bundesregierung die Organisationsgewalt über die Treuhandanstalt von dem in Agonie gefalle-

599 Artikel 9 Nr. 1 lit a) HemmnisbeseitigungsG; s. auch die entsprechende offizielle Begründung, BT-Drs. 12/103; dazu Weimar, in: DWiR 1992, S. 493 (494).

600 Busche, in: Clemm u.a. (Hrsg.), RVI, Vor § 1 TreuhG, Rz. 30; Seibel, in: Aus Politik und Zeitgeschichte, B 43-44/94, S. 3 (9 f.).

601 Treuhandanstalt (Bereich AHB), Der Bereich Kommerzielle Koordinierung, Nachdruck in: Treuhandanstalt (Hrsg.), Dokumentation 1990-1994, Band 9, S. 222 (226, 237 ff.).

602 Im übrigen hat sich durch die Transponierung der Kombinats- in Holdingstrukturen gemäß § 12 Absatz 2 TreuhG i.d.F. v. 17.06.1990 eine gestaffelte Beteiligungsverwaltung ergeben. In Einzelfällen sind auch neugegründete Gesellschaften mit speziellen Beteiligungsführungsfunktionen entstanden; s. zum Beispiel der INDUPRA GmbH als "Privatisierungsgesellschaft" der TAKRAF AG v. Dohnanyi, in: Deutscher Bundestag, 12. WP, Wortprotokoll der öffentlichen Anhörung (41. Sitzung) des Ausschusses für Wirtschaft, S. 33, sowie Siemens, in: Treuhandanstalt / Ostausschuß der Deutschen Wirtschaft / Bundesverband der Deutschen Industrie (Hrsg.), Privatisieren, S. 101 (106).

603 Breuel (Hrsg.), Treuhand intern, S. 83.

604 Deutscher Bundestag, 12. WP, Beschlußempfehlung und Bericht des 2. Untersuchungsausschusses "Treuhandanstalt" v. 29.08.1994, Minderheitenvotum des Berichterstatters der SPD-Fraktion (Berichtsentwurf des Ausschußsekretariats), BT-Drs. 12/8404, S. 251; Kloepfer, in: Fischer / Hax / Schneider (Hrsg.), Treuhandanstalt – Das Unmögliche wagen, S. 41 (46 f.); Lipps, in: BB 1991, Supplement Deutsche Einigung-Rechtsentwicklungen, Folge 21, S. 1 (4).

nen[605] formalen Träger der Treuhandanstalt, der durch Volkskammer und Ministerrat handelnden Deutschen Demokratischen Republik, übernommen.

Dies zeigte sich auch bei der am 30. August 1990 erfolgten Einrichtung des sog. Leitungsausschusses, eines unmittelbar vom Bundesministerium der Finanzen eingesetzten, aber organisatorisch in die Treuhandanstalt eingefügten[606], dem Vorstand der Treuhandanstalt jedoch nicht weisungsunterworfenen Sachverständigengremiums mit Beratungsfunktion gegenüber dem Vorstand der Treuhandanstalt[607].

Bereits kurz zuvor, am 12. August 1990, schloß die Treuhandanstalt mit der Bundesrepublik Deutschland und der (in teilweisem, mittelbaren Bundesbesitz stehenden) Wirtschaftsprüfungsgesellschaft C & L Treuarbeit

605 Seibel, in: Fischer / Hax / Schneider (Hrsg.), Treuhandanstalt – Das Unmögliche wagen, S. 111 (120); Seibel, in: PVS 1994, S. 3 (5); Seibel, in: Aus Politik und Zeitgeschichte, B 43-44/94, S. 3 (5).

606 Zwar waren die Mitglieder des Leitungsausschusses und die ihm unterstellten Berater keine Mitarbeiter der Treuhandanstalt; vgl. Treuhandanstalt, Organisationsanweisung Nr. 23/91 v. 13.11.1991, in: Treuhandanstalt, Organisationshandbuch, Ordnungs-Nr. 1.5.3.1. Dennoch waren Leitungsausschuß und Beratergruppe in die Organisation der Treuhandanstalt eingefügt; vgl. beispielsweise das Organigramm der Treuhandanstalt v. 24.10.1991, welches den Leitungsausschuß mit dem Funktionskürzel U1 U ("Prüfung von Unternehmenskonzepten") als Organisationseinheit innerhalb der Treuhandanstalt auflistet; Treuhandanstalt, Organisation der Treuhandanstalt (Stand 24.10.1991), S. 3, Nachdruck in: Deutscher Bundestag, 12. WP, Beschlußempfehlung und Bericht des 2. Untersuchungsausschusses "Treuhandanstalt" v. 29.08.1994, BT-Drs. 12/8404, Anlage 8.

607 Breuel (Hrsg.), Treuhand intern, S. 89; Czada, in: Fischer / Hax / Schneider (Hrsg.), Treuhandanstalt – Das Unmögliche wagen, S. 148 (157); ders., in: Aus Politik und Zeitgeschichte, B 43-44/94, S. 31 (41); Deutscher Bundestag, 12. WP, Beschlußempfehlung und Bericht des 2. Untersuchungsausschusses "Treuhandanstalt" v. 29.08.1994, BT-Drs. 12/8404, S. 102; Gless / Schwalbach, Sanierung von Unternehmen der Treuhandanstalt, S. 13; Kemmler, Die Entstehung der Treuhandanstalt, S. 304; Schwalbach, in: Fischer / Hax / Schneider (Hrsg.), Treuhandanstalt – Das Unmögliche wagen, S. 177 (183 f.); Treuhandanstalt, Aufgabenspektrum und Lösungswege, Nachdruck in: Treuhandanstalt (Hrsg.), Dokumentation 1990-1994, Band 10, S. 50; Treuhandanstalt, Aufgabe und Tätigkeit des Leitungsausschusses, Nachdruck in: Treuhandanstalt (Hrsg.), Dokumentation 1990-1994, Band 10, S. 75; Wandel, in: Fischer / Hax / Schneider (Hrsg.), Treuhandanstalt – Das Unmögliche wagen, S. 281 (288, Fn. 17).

Deutsche Revision AG einen Vertrag[608] zur Einrichtung eines Bürgschaftsausschusses, welcher der Vorgabe des Artikels 27 Absatz 4 StaatsV entsprechend zur laufenden Herstellung des Einvernehmens des Bundesministers der Finanzen (und darüber hinaus des Bundesministers für Wirtschaft) bei der Vergabe von Finanzhilfen durch die Treuhandanstalt diente[609].

b) Aufsichtsrecht

Die unmittelbare Kontrolle der Regierung über die laufende Tätigkeit der Treuhandanstalt war grundsätzlich in § 2 Absatz 2 TreuhG[610] geregelt und mit dem Begriff der Aufsicht bezeichnet. Darüber hinaus verliehen mehrere Spezialnormen einzelne Aufsichtszuständigkeiten und -befugnisse.

Eine Definition des Begriffs der Aufsicht und der damit verbundenen Kompetenzen enthält das Treuhandgesetz nicht. Das Institut der Aufsicht löste dasjenige der Unterstellung ab und war somit ein Novum in der Rechtspraxis der Deutschen Demokratischen Republik. Die Abwendung der Deutschen Demokratischen Republik von dem sog. Prinzip des demokratischen Zentralismus[611] und Hinwendung zu dem bundesdeutschen Rechtssystem, die im Staatsvertrag ihren herausragenden Ausdruck gefunden hatte, läßt die Vermutung zu, daß das im Verwaltungsorganisationsrecht der Bundesrepublik Deutschland geläufige Institut der Aufsicht über juristische Personen des öffentlichen Rechts gemeint war. Unter Aufsicht in diesem Sinne wird allgemein die Beobachtung und Beeinflussung des Auf-

608 Sog. Drittvertrag; s. Treuhandanstalt, Aufbau und Entwicklung der Unternehmensfinanzierung (F U), Nachdruck in: Treuhandanstalt (Hrsg.), Dokumentation 1990-1994, Band 12, S. 204.

609 Vgl. Treuhandanstalt, Konzept zum Einsatz treuhandverbürgter Kredite zur Förderung der Strukturanpassung und Sanierung von Unternehmen, Nachdruck in: Treuhandanstalt (Hrsg.), Dokumentation 1990-1994, Band 12, S. 32 (36); vgl. Treuhandanstalt, Grundsätze und Verfahrensweise der Bearbeitung der Anträge auf Gewährung von Restrukturierungs- / Sanierungsmitteln für Treuhand-Kapitalgesellschaften, Nachdruck in: Treuhandanstalt (Hrsg.), Dokumentation 1990-1994, Band 12, S. 44 (46 f.); vgl. Treuhandanstalt, Umstrukturierungs- und Sanierungshilfen, Nachdruck in: Treuhandanstalt (Hrsg.), Dokumentation 1990-1994, Band 12, S. 48 (53).

610 So auch § 1 Absatz 2 TreuhS.

611 Artikel 1 Absatz 2 Satz 2 VerfassungsgrundsätzeG; dazu Mampel, in: DA 1990, S. 1377 (1387 f.).

sichtsunterworfenen mit dem Ziel, dessen Verhalten mit vorgegebenen Maßstäben in Übereinstimmung zu halten bzw. zu bringen, verstanden[612].

Für ein an das bundesdeutsche Vorbild angelehntes Verständnis des Aufsichtsbegriffes spricht nicht zuletzt, daß das bei der Formulierung des Treuhandgesetzes besonders einflußreiche[613] sog. Bielefelder Konzept eine derartige Staatsaufsicht vorschlug[614].

aa) Aufsichtführender

Nach § 2 Absatz 2 TreuhG hatte der Vorsitzende des Ministerrates die Aufsicht über die Treuhandanstalt zu führen. Diese Ressortierung war in der Volkskammer während der ersten Lesung der Treuhandgesetzes mehrfach – auch aus der Regierungsfraktion der SPD – kritisiert worden[615]. Innerhalb des Kabinetts hatten sowohl der Minister für Wirtschaft, Pohl (CDU), als auch der Minister für Finanzen, Romberg (SPD), die Zuständigkeit für die Treuhandanstalt für sich reklamiert[616]. Begründet wurde die Zuteilung an

612 Grundlegend Triepel, Die Reichsaufsicht, S. 110 f., 120 f.; ihm folgend z.B. Krebs, in: Isensee / Kirchhof (Hrsg.), HdbStR § 69 Rz. 41; Salzwedel, in: VVDStRL 22 (1965), S. 206 (213); Schröder, in: JuS 1986, S. 371; Wolff / Bachof, Verwaltungsrecht II, § 77 II a.

613 Fischer / Schröter, in: Fischer / Hax / Schneider (Hrsg.), Treuhandanstalt – Das Unmögliche wagen, S. 17 (37); Kemmler, Die Entstehung der Treuhandanstalt, S. 158 ff.

614 Ziffer IV. 1. lit. d) des Bielefelder Konzeptes v. 20.05.1990 zur Organisation der Treuhandanstalt der DDR, Nachdruck in: Hommelhoff / Krebs (Hrsg.), Treuhandanstalt und Treuhandgesetz, Ziffer II.2.6.

615 Meyer-Bodemann (DBD / DFD), in: Volkskammer, 10. WP, stenographische Niederschrift der 11. Tagung, S. 354; Nooke (Bündnis 90 / Grüne), in: Volkskammer, 10. WP, stenographische Niederschrift der 11. Tagung, S. 355; Ringstorff (SPD), in: Volkskammer, 10. WP, stenographische Niederschrift der 11. Tagung, S. 359; Schulz (Bündnis 90 / Grüne), in: Volkskammer, 10. WP, stenographische Niederschrift der 14. Tagung, S. 486.

616 Fischer / Schröter, in: Fischer / Hax / Schneider (Hrsg.), Treuhandanstalt – Das Unmögliche wagen, S. 17 (32); Kemmler, Die Entstehung der Treuhandanstalt, S. 162 (Fn. 74). Nachdem das Treuhandgesetz verabschiedet war, hatte das Ministerium für Wirtschaft den erfolglos gebliebenen Versuch unternommen, die Treuhandanstalt in ihrer Satzung förmlich auf eine "enge Zusammenarbeit" mit den Ministerien für Wirtschaft und der Finanzen zu verpflichten, was die Einflußnahme beider Häuser auf die Treuhandanstalt, die zunächst dem Fachaufsichtsführenden zukam, rechtlich abgesichert hätte; vgl. Ministerium für Wirtschaft, Stellungnahme zum Entwurf der Satzung der Treuhandanstalt v. 15.06.1990, Nachdruck in: Treuhandanstalt (Hrsg.), Dokumentation 1990-1994, Band 1, S. 306 f.

den Vorsitzenden des Ministerrates mit der besonderen Bedeutung der Treuhandanstalt und der Gefahr einer an der Sichtweise des jeweiligen Fachressorts ausgerichteten, einseitigen Führung durch den Minister für Wirtschaft oder den Minister für Finanzen[617]. Die Minister Pohl und Romberg standen zudem nicht nur für ihr jeweiliges Ressort, sondern auch die jeweilige Partei, der sie angehörten. Die Entscheidung de Maizières, die regierungsinterne Zuständigkeit für die Treuhandanstalt selbst zu übernehmen, war daher auch der Versuch, Reibungsverluste durch koalitionsinterne, parteipolitisch motivierte Auseinandersetzungen über die heikle Frage des Umgangs mit dem Volkseigentum möglichst einzudämmen und sich selbst Freiräume zu verschaffen[618]. Schließlich mögen auch Zweifel an der fachlichen Kompetenz der amtierenden Minister[619] eine Rolle gespielt haben.

Fraglich erscheint, ob die Ressortierung der Aufsicht über die Treuhandanstalt bei dem Vorsitzenden des Ministerrates mit der Kompetenzverteilung innerhalb des Ministerrates vereinbar war. Zweifel daran gründen sich auf die Bestimmungen in Artikel 80 Absatz 3 DDR-Verfassung, § 12 Gesetz über den Ministerrat, wonach dem Vorsitzenden des Ministerrates keine Ressortverantwortlichkeit zukommt.

Daneben erhielten im übrigen der Ministerrat insgesamt sowie das Ministerium der Finanzen, das Ministerium für Wirtschaft, das Ministerium für Arbeit und Soziales, das Ministerium für Ernährung, Land- und Forstwirtschaft, das Ministerium für Abrüstung und Verteidigung und schließlich das Ministerium für Handel und Tourismus spezielle Aufsichtszuständigkeiten und -befugnisse.

bb) Reichweite des Aufsichtsrechts

Wenn Aufsicht die Beobachtung und Beeinflussung des Aufsichtsunterworfenen mit dem Ziel ist, dessen Verhalten mit vorgegebenen Maßstäben in Übereinstimmung zu halten bzw. zu bringen[620], dann wird die Reichweite des Aufsichtsrechts von der Antwort auf die Frage bestimmt, die Einhaltung welcher Maßstäbe der Beaufsichtigende zu überwachen hat. Hierzu

617 Steinecke, in: Volkskammer, 10. WP, stenographische Niederschrift der 14. Tagung, S. 481; mit Blick auf den Minister für Finanzen auch Nooke, in: Volkskammer, 10. WP, stenographische Niederschrift der 11. Tagung, S. 360.

618 Vgl. Kemmler, Die Entstehung der Treuhandanstalt, S. 145 f.

619 Vgl. Kemmler, Die Entstehung der Treuhandanstalt, S. 151 f.

620 Grundlegend Triepel, Die Reichsaufsicht, S. 110 f., 120 f.; ihm folgend z.B. Krebs, in: Isensee / Kirchhof (Hrsg.), HdbStR § 69 Rz. 41; Salzwedel, in: VVDStRL 22 (1965), S. 206 (213); Schröder, in: JuS 1986, S. 371; Wolff / Bachof, Verwaltungsrecht II, § 77 II a.

zählt (jedenfalls oder zumindest regelmäßig[621]) die Gesetzmäßigkeit der Tätigkeit (Rechtsaufsicht)[622] des Aufsichtsunterworfenen. Hinzu kommt, falls es sich bei den wahrzunehmenden Aufgaben nicht um solche des eigenen, sondern eines übertragenen Wirkungskreises handelt und keine den Umfang der Aufsichtsunterworfenheit einschränkenden Spezialnormen bestehen, als weiterer Maßstab die Zweckmäßigkeit der Tätigkeit (Fachaufsicht)[623] des zu beaufsichtigenden Teils der mittelbaren Staatsverwaltung[624].

Ob mit der angeordneten Aufsicht neben der Rechts- auch die Fachaufsicht gemeint war, geht aus § 2 Absatz 2 TreuhG nicht unmittelbar hervor. Somit stellt sich die Frage, ob der Treuhandanstalt Selbstverwaltungsrechte zukamen. Allgemein ist festzustellen[625], daß eine Anstalt des öffentlichen Rechts im Regelfall keine Selbstverwaltung durch Betroffene wahrnimmt[626], hier-

621 S. zum Meinungsstand Schröder, in: JuS 1986, S. 371 (372 f.).

622 Wolff / Bachof, Verwaltungsrecht II, § 77 II c; Deutscher Bundestag, 12. WP, Beschlußempfehlung und Bericht des 2. Untersuchungsausschusses "Treuhandanstalt" v. 29.08.1994, Minderheitenvotum des Berichterstatters der SPD-Fraktion (Berichtsentwurf des Ausschußsekretariats), BT-Drs. 12/8404, S. 208.

623 Vgl. § 13 Absatz 1 LOG NW, § 13 Absatz 3 LOG SL, § 16 Absatz 1 LVwG SH; Wolff / Bachof, Verwaltungsrecht II, § 77 II c; Deutscher Bundestag, 12. WP, Beschlußempfehlung und Bericht des 2. Untersuchungsausschusses "Treuhandanstalt" v. 29.08.1994, Minderheitenvotum des Berichterstatters der SPD-Fraktion (Berichtsentwurf des Ausschußsekretariats), BT-Drs. 12/8404, S. 209.

624 Rudolf, in: Erichsen (Hrsg.), Allgemeines Verwaltungsrecht, § 53 Rz. 53; Schröder, in: JuS 1986, S. 371 (372); Wolff / Bachof, Verwaltungsrecht II, § 77 II b 5.

625 Dieser Befund stützt sich auf Stellungnahmen zu der Anstalt des öffentlichen Rechts in der Bundesrepublik Deutschland. Diese können herangezogen werden, obwohl die Treuhandanstalt in der betrachteten Phase in das Rechtssystem der DDR eingebettet war. Denn die Treuhandanstalt war in ihrer Rechtsform an dem in der Verwaltungsrechtspraxis der Bundesrepublik Deutschland fortentwickelten Modell der öffentlich-rechtlichen Anstalt orientiert; Kloepfer, in: Fischer / Hax / Schneider (Hrsg.), Treuhandanstalt – Das Unmögliche wagen, S. 41 (42); ihm folgend Deutscher Bundestag, 12. WP, Beschlußempfehlung und Bericht des 2. Untersuchungsausschusses "Treuhandanstalt" v. 29.08.1994, Minderheitenvotum des Berichterstatters der SPD-Fraktion (Berichtsentwurf des Ausschußsekretariats), BT-Drs. 12/8404, S. 203.

626 Jecht, Die öffentliche Anstalt, S. 33; Maurer, Allgemeines Verwaltungsrecht, § 23 Rz. 50; Rüfner, in: DÖV 1985, S. 605 (609).

von jedoch Ausnahmen vorkommen[627]. Bei den im Treuhandgesetz enthaltenen Aufgaben handelte es sich nach dem Gesetzeswortlaut um solche des Ministerrates[628], welcher die Treuhandanstalt wiederum mit der Durchführung der entsprechenden Maßnahmen beauftragt[629]. Dies gilt ebenso für Auftragserweiterungen nach der 2. bis 5. DVO z. TreuhG[630]. Die Konstruktion weist Ähnlichkeit mit der Wahrnehmung von "Auftragsangelegenheiten" (auch "übertragene Angelegenheiten" genannt) durch die Kommunen in den Ländern mit dualistischer Aufgabenstruktur[631] auf. Dies spricht dafür, daß die Treuhandanstalt im staatlichen Auftrag, nicht etwa in einem eigenen Wirkungskreis tätig war[632].

Diese Annahme wird durch eine Betrachtung der Zusammensetzung des Verwaltungsrates bestätigt: In ihn waren vorrangig Persönlichkeiten mit großer unternehmerischer Kompetenz zu berufen[633]. Eine Betroffenenbeteiligung, d. h. die angemessene Eingliederung derjenigen Gruppen, deren Angelegenheiten die Tätigkeit der Anstalt berührt, in die staatliche Verwaltung[634], war mithin nicht vorgesehen[635]. Die Tätigkeit der Treuhandanstalt kann daher nicht als Wahrnehmung von Selbstverwaltungsaufgaben bezeichnet werden. Mithin erstreckte sich die Aufsicht des Vorsitzenden des Ministerrates grundsätzlich sowohl auf die Recht- als auch die Zweckmä-

627 Berg, in: NJW 1985, S. 2294 (2297); Hendler, Selbstverwaltung als Ordnungsprinzip, S. 284 ff.; Salzwedel, in: VVDStRL 22 (1965), S. 206 (121); vgl. auch Lange, in: VVDStRL 44 (1986), S. 169 (194 ff.).

628 § 1 Absatz 2 TreuhG.

629 § 1 Absatz 3 TreuhG.

630 Dies wird in der jeweiligen Präambel deutlich, in welcher sich immer der Bezug auf § 1 Absatz 2 TreuhG findet.

631 Dazu Krebs, in: Isensee / Kirchhof (Hrsg.), HdbStR § 69, Rz. 41.

632 Hartl, Die Treuhandanstalt im System der Finanzverfassung des Grundgesetzes, S. 14; a. A. Weimar, TreuhG Kommentar, § 2, Rz. 29.

633 § 4 Absatz 2 Satz 5 TreuhG.

634 Berg, in: NJW 1985, S. 2294 (2297); Lange, in. VVDStRL 44 (1986), S. 169 (194 ff., 198 f.).

635 Spoerr, Treuhandanstalt und Treuhandunternehmen zwischen Verfassungs-, Verwaltungs- und Gesellschaftsrecht, S. 9; Salzwedel, in: VVDStRL 22 (1965), S. 207 (212), spricht allerdings auch im vorliegenden Fall des "organisierten Sachverstandes" von einer Spielart echter Selbstverwaltung.

ßigkeit des Handelns der Treuhandanstalt[636]. Dies hatte auch das bereits erwähnte Bielefelder Konzept vorgeschlagen[637].

Auch der Gesetzgeber ist erkennbar von einer über eine bloße Rechtsaufsicht hinausgehenden Fachaufsichtskompetenz des Vorsitzenden des Ministerrates ausgegangen. Der Berichterstatter des Wirtschaftsausschusses der Volkskammer, Dr. Steinecke, sprach zu Beginn der zweiten Lesung des Treuhandgesetzes im Zusammenhang mit der in Rede stehenden Regelung davon, der Treuhandanstalt solle vermittels der Aufsicht eine "Leitungslinie" vorgegeben werden, die weder rein wirtschaftspolitisch noch rein fiskalpolitisch orientiert sein dürfe[638]. Die Möglichkeit politisch motivierter Einflußnahme, die dem Vorsitzenden des Ministerrates demzufolge zustehen sollte, eröffnet nicht die Rechts-, sondern nur die Fachaufsicht[639]. Dies gilt um so eher, als die Regelungen ihrer Zuständigkeiten und Aufgaben der Treuhandanstalt zahlreiche Beurteilungs- und Ermessensspielräume eröffneten, so daß die Treuhandanstalt rechtlich kaum auf eine einzige, bestimmte Verhaltensweise festzulegen war[640].

Im übrigen forderte auch das Haushaltsrecht die Etablierung einer Fachaufsicht über die Treuhandanstalt: Gemäß § 57 Absatz 3 HO-DDR, der nach Maßgabe des § 2 Absatz 5 TreuhG i. V. m. § 96 Absatz 2 HO-DDR auf die Treuhandanstalt anzuwenden war, sollte die Veräußerung von Unternehmen durch die Treuhandanstalt möglichst von einer Ministerzustimmung abhängig gemacht werden. Eine derartige Genehmigungspflicht ist insbesondere

636 Ähnlich Spoerr, Treuhandanstalt und Treuhandunternehmen zwischen Verfassungs-, Verwaltungs- und Gesellschaftsrecht, S. 13 f., der die Regelung des § 2 Absatz 2 TreuhG ablösenden Artikels 25 Absatz 1 Satz 3 (1. HS) EinigungsV, in welchem ausdrücklich von der Fach- und Rechtsaufsicht die Rede ist, als Klarstellung bezeichnet; so wohl auch (insoweit in sich widersprüchlich) Weimar, TreuhG Kommentar, § 2, Rz. 25 (ohne Begründung).

637 Ziffer IV. 1. lit. d) S. 2 des Bielefelder Konzeptes v. 20.05.1990 zur Organisation der Treuhandanstalt der DDR, Nachdruck in: Hommelhoff / Krebs (Hrsg.), Treuhandanstalt und Treuhandgesetz, Ziffer II.2.6, empfahl neben einer Rechtsaufsicht die Befugnis zu allgemeinen Weisungen, welche ein der bloßen Rechtsaufsicht fremdes Instrument der Fachaufsicht darstellt; vgl. Schröder, in: JuS 1986, S. 371 (373 f.).

638 Steinecke, in: Volkskammer, 10. WP, stenographische Niederschrift der 14. Tagung, S. 480 (481).

639 Bull, Allgemeines Verwaltungsrecht, Rz. 152.

640 Zu den Bedingungen einer wirkungsvollen Steuerung von Verwaltungshandeln im Wege der Rechtsaufsicht Bull, Allgemeines Verwaltungsrecht, Rz. 152; Lange, in: VVDStRL 44 (1986), S. 169 (201); Wolff / Bachof, Verwaltungsrecht II, § 77 I b sowie § 77 II c a.

dann sinnvoll, wenn bei der Entscheidung über die Erteilung der Zustimmung auch Zweckmäßigkeitsüberlegungen einfließen können[641].

Wie anschließend zu zeigen ist, wurden einzelne Fachaufsichtsbefugnisse spezialgesetzlich dem Ministerrat als Kollegialorgan sowie einzelnen Ministerien eingeräumt. Dies betraf jedoch nicht den Umfang der Aufsichtsunterworfenheit der Treuhandanstalt, sondern lediglich die Verteilung von Aufsichtsbefugnissen.

cc) Aufsichtsinstrumente

Grundsätzlich kommt für die Ausübung der Fach- und Rechtsaufsicht ein sehr weites Spektrum von Aufsichtsinstrumenten in Betracht, welches von der schlichten Beobachtung bis hin zur Einzelweisung und – sofern spezialgesetzlich ausgestaltet[642] – zum Selbsteintrittsrecht der Aufsichtsbehörde reicht[643]. In Bezug auf die Treuhandanstalt schuf der Gesetzgeber eine Anzahl spezieller Regelungen, mit denen er neben dem Vorsitzenden des Ministerrates auch verschiedenen Ministern sowie dem Ministerrat insgesamt Aufsichtsbefugnisse einräumte und Aufsichtsinstrumente an die Hand gab.

Dem Vorsitzenden des Ministerrates war ausdrücklich das Recht eingeräumt, persönlich oder durch einen Vertreter an Sitzungen des Verwaltungsrates teilzunehmen[644] und deren Einberufung zu verlangen[645]. Daneben war der Vorsitzende des Ministerrates als gemäß § 2 Absatz 2 TreuhG aufsichtführendes Regierungsmitglied zugleich "zuständiger Minister" im Sinne derjenigen haushaltsrechtlichen Vorschriften, die nach Maßgabe des § 2 Absatz 5 TreuhG i.V.m. § 96 Absatz 2 HO-DDR auf die Treuhandanstalt – teils entsprechend – anzuwenden waren. Damit verbanden sich einerseits rechnungsaufsichtliche Befugnisse[646]. Aus fachaufsichtsrechtlicher Sicht war § 57 Absatz 3 Satz 1 HO-DDR von Bedeutung. Jedoch verlieh diese

641 Vgl. zur Parallelvorschrift des § 65 Absatz 3 BHO das Schreiben des Staatssekretärs im Bundesministerium der Finanzen Haller an die Präsidentin der Treuhandanstalt Breuel v. 24.01.1994, VIII B 1 – FB 5041 – 1/94, Nachdruck in: Treuhandanstalt (Hrsg.), Dokumentation 1990-1994, Band 10, S. 890. "Das Genehmigungsverfahren nach § 65 BHO ist einer der typischen Fälle der Ausübung der Fachaufsicht."

642 H.M.; s. Schröder, in: JuS 1986, S. 371 (373) m.w.N. in Fn. 43.

643 Ausführlich Wolff / Bachof, Verwaltungsrecht II, § 77 II d; Deutscher Bundestag, 12. WP, Beschlußempfehlung und Bericht des 2. Untersuchungsausschusses "Treuhandanstalt" v. 29.08.1994, BT-Drs. 12/8404, S. 65.

644 § 9 Absatz 2 Satz 3 TreuhS.

645 § 9 Absatz 1 Satz 2 TreuhS.

646 Dazu s. u. Teil II Ziffer II.1.c).

Norm dem Vorsitzenden des Ministerrates als dem haushaltsrechtlich zuständigen Minister unmittelbar keine fachaufsichtsrechtliche Befugnis, sondern enthielt lediglich die Aufforderung, die ihm anderweitig eingeräumten Instrumente einzusetzen, um eine Zustimmungspflichtigkeit für die Veräußerung und auch den Erwerb von Unternehmen zu etablieren.

Hinsichtlich des laufenden Geschäfts der Treuhandanstalt war deren Vorstand gegenüber dem Kollegialorgan Ministerrat berichtspflichtig[647]. Für die Aufstellung des Wirtschaftsplans der Treuhandanstalt[648] sowie für die Entscheidung über die Einnahmenverwendung[649] war das Einvernehmen mit dem Ministerrat erforderlich. Unter Einvernehmen ist eine über die bloß beratende Funktion hinausgehende Mitbestimmung, d. h. eine bindende Beteiligung zu verstehen[650], so daß insofern von einem Zustimmungserfordernis gesprochen werden kann.

Schließlich waren für einzelne Ministerien spezielle Aufsichtsbefugnisse festgelegt. So hatten neben dem Vorsitzenden des Ministerrates auch das Ministerium der Finanzen, das Ministerium für Wirtschaft und das Ministerium für Arbeit und Soziales das Recht, einen Teilnehmer in die Sitzungen des Verwaltungsrates zu entsenden[651]. Die inhaltlichen Grundsätze und organisatorischen Dispositionen zur Wahrnehmung ihrer Aufgaben im Bereich der volkseigenen Land- und Forstwirtschaft hatte der Vorstand der Treuhandanstalt mit dem Ministerium für Ernährung, Land- und Forstwirtschaft[652], die Organisation der Behandlung des ausgesonderten Militärvermögens mit dem Ministerium für Abrüstung und Verteidigung abzustimmen[653]. Der Minister für Handel und Tourismus war über Vorhaben der Treuhandanstalt zur Veräußerung volkseigener Vermögenswerte der Kapitalgesellschaften des Handels sowie solcher, die sich in Rechtsträgerschaft der Konsumgenossenschaften befanden, in Kenntnis zu setzen und im Zweifel zu konsultieren[654]. Für eine ggf. gemäß § 57 Absatz 3 Satz 1 HO-DDR erteilte Zustimmung des Vorsitzenden des Ministerrates zu dem Erwerb oder der Veräußerung von Unternehmen durch die Treuhandanstalt

647 § 3 Absatz 3 TreuhG.

648 § 15 TreuhS.

649 § 5 Absatz 1 Satz 2 TreuhG.

650 vgl. BVerwG, DVBl. 1966, S. 179; Badura, in: Erichsen / Martens (Hrsg.), Allgemeines Verwaltungsrecht, § 37 Rz. 29; Fickert, in: DVBl. 1964, S. 173.

651 § 9 Absatz 2 Satz 3 TreuhS.

652 § 4 der 3. DVO z. TreuhG.

653 § 5 der 2. DVO z. TreuhG.

654 § 6 Absatz 2 Satz 2 HandelsentflechtungsVO.

war schließlich nach § 57 Absatz 3 Satz 2 HO-DDR die vorangehende Einwilligung des Ministers der Finanzen erforderlich.

Es stellt sich die Frage, ob mit diesen detaillierten Regelungen zu Aufsichtsinstrumenten, die verschiedenen Akteuren innerhalb des Ministerrates wie dem Ministerrat als Kollegialorgan an die Hand gegeben worden waren, eine abschließende Aufzählung erfolgt war[655]. Hierfür könnten die Gesetzesmaterialien sprechen. Aus ihnen geht hervor, daß die vom Wirtschaftsausschuß der Volkskammer vorgeschlagenen Modifikationen des Regierungsentwurfs zum Treuhandgesetz drei Ziele verfolgten:

- Erstens sollte innerhalb der Regierungsaufsicht der Einfluß des Ministerrates als Kollegialorgan gegenüber dem Einfluß seines Vorsitzenden gestärkt werden[656].
- Zweitens sollten die Einflußmöglichkeiten der Regierung auf diejenigen eines Anteilseigners nach dem Aktienrecht begrenzt und damit zugleich die Stellung des Verwaltungsrates als (gemäß § 4 Absatz 2 Satz 5 TreuhG wirtschaftlich kompetentem) Aufsichtsgremium aufgewertet werden[657].
- Drittens sollte der Einfluß des Parlaments gestärkt werden[658]. Hierzu diente die Aufnahme des Genehmigungsvorbehalts für die Satzung der Treuhandanstalt sowie die Kontrolle der Tätigkeit des Vorstandes der Treuhandanstalt durch den Verwaltungsrat[659], dessen Mitglieder mehrheitlich, nämlich für neun von siebzehn Positionen, von der Volkskammer berufen wurden und der daher in funktionaler Hinsicht als ein mittelbar parlamentarischer Kontrollausschuß angesehen wurde[660].

655 Für eine abschließende Aufzählung Weimar, TreuhG Kommentar, § 2 Rz. 29, unter Hinweis auf die hier nicht geteilte Einstufung der Aufgaben der Treuhandanstalt als Selbstverwaltungsangelegenheit.

656 Vgl. den Berichterstatter des Wirtschaftsausschusses, Steinecke, zu Beginn der 2. Lesung des Treuhandgesetzes, in: Volkskammer, 10. WP, stenographische Niederschrift der 14. Tagung, S. 480 (481).

657 Steinecke, in: Volkskammer, 10. WP, stenographische Niederschrift der 14. Tagung, S. 480.

658 Steinecke, in: Volkskammer, 10. WP, stenographische Niederschrift der 14. Tagung, S. 480.

659 Steinecke, in: Volkskammer, 10. WP, stenographische Niederschrift der 14. Tagung, S. 480 (481).

660 Die Einrichtung eines parlamentarisch beeinflußten, mit wichtigen Befugnissen gegenüber dem Vorstand der Treuhandanstalt ausgestatteten Verwaltungsrats veranlaßte die Volkskammer, auf die Einsetzung eines ständigen parlamentarischen Kontrollausschusses zu verzichten; vgl. Volkskammer, 10. WP, Drs. 55 a, Ziffer 2. der Begründung zu § 4 TreuhG-Entwurf.

Eine Beschränkung der Aufsichtsmittel auf die von dem Gesetzgeber ausdrücklich benannten Instrumente hätte allerdings zur Folge gehabt, daß dem Vorsitzenden des Ministerrates als grundsätzlich Aufsichtführendem lediglich Informationsrechte zur Wahrnehmung seiner Aufsichtsaufgabe zur Verfügung gestanden hätten. Dies wäre für den vorliegenden Fall einer übertragenen Angelegenheit sehr ungewöhnlich. Regelmäßig steht dem Aufsichtführenden in solchen Fällen ein (unbeschränktes) fachliches Weisungsrecht zu[661]. Auch das vorerwähnte Bielefelder Konzept hatte ausdrücklich neben der Rechtsaufsicht die Befugnis zu allgemeinen (fachaufsichtsrechtlichen) Weisungen vorgeschlagen[662]. Von einem fachlichen Weisungsrecht ging offenbar auch der Gesetzgeber aus, denn andernfalls wäre das Vorgeben einer "Leitlinie" für die Treuhandanstalt, welches nach der bereits erwähnten Vorstellung des Gesetzgebers dem aufsichtführenden Vorsitzenden des Ministerrates obliegen sollte[663], nicht effektiv möglich gewesen. Der Vorsitzende des Ministerrates hätte insbesondere keine Möglichkeit gehabt, gegenüber der Treuhandanstalt die in § 57 Absatz 3 Satz 1 HO-DDR geforderte Zustimmungspflichtigkeit für Unternehmensver- und -ankäufe durchzusetzen. Daher ist davon auszugehen, daß die Aufführung bestimmter Aufsichtsinstrumente im Treuhandgesetz und einigen anderen Stellen nicht als abschließende Aufzählung verstanden werden durfte. Der Vorsitzende des Ministerrates konnte sich grundsätzlich sämtlicher zur Wahrnehmung der Rechts- und Fachaufsicht üblichen Aufsichtsinstrumente bedienen, insbesondere Weisungen erteilen[664]. Ein Selbsteintrittsrecht zählte nicht dazu, denn es fehlte an einer dafür notwendigen[665] ausdrücklichen gesetzlichen Ermächtigung.

dd) Grenzen der Aufsichtsausübung

Das dem Vorsitzenden des Ministerrates zustehende allgemeine Aufsichtsrecht war ebenso wie die speziellen Aufsichtsbefugnisse des Ministerrates

661 Krebs, in: Isensee / Kirchhof (Hrsg.), HdbStR § 69, Rz. 41.

662 Ziffer IV. 1. lit. d) S. 2 des Bielefelder Konzeptes v. 20.05.1990 zur Organisation der Treuhandanstalt der DDR, Nachdruck in: Hommelhoff / Krebs (Hrsg.), Treuhandanstalt und Treuhandgesetz, Ziffer II.2.6.

663 Steinecke, in: Volkskammer, 10. WP, stenographische Niederschrift der 14. Tagung, S. 480 (481).

664 H.M.; Deutscher Bundestag, 12. WP, Beschlußempfehlung und Bericht des 2. Untersuchungsausschusses "Treuhandanstalt" v. 29.08.1994, BT-Drs. 12/8404, S. 70; im Ergebnis ebenso Spoerr, Treuhandanstalt und Treuhandunternehmen zwischen Verfassungs-, Verwaltungs- und Gesellschaftsrecht, S. 14.

665 H.M.; s. Schröder, in: JuS 1986, S. 371 (373) m.w.N. in Fn. 43.

insgesamt und einzelner Minister durch die geltenden Strafgesetze begrenzt. Die Aufsichtführenden durften die Treuhandanstalt nicht zu strafbarem Verhalten anhalten[666].

Der Ministerrat insgesamt und einzelne Ministerien durften über die ihnen ausdrücklich eingeräumten speziellen Aufsichtszuständigkeiten und -instrumente hinaus keine Aufsichtsmaßnahmen ergreifen, da allein dem Vorsitzenden des Ministerrates eine allgemeine Aufsichtskompetenz zukam.

Bei der Wahrnehmung der allgemeinen Aufsichtsbefugnis durch den Vorsitzenden des Ministerrates war schließlich zu beachten, daß die Wahrnehmung der Aufgaben nach dem Treuhandgesetz "unternehmerisch" erfolgen sollte[667] – nach dem ursprünglichen Konzept durch die Treuhand-Aktiengesellschaften[668], deren Vorstände und Aufsichtsräte besondere unternehmerische Qualitäten aufweisen sollten[669]. Die beabsichtigte unternehmerische Freiheit sollte dadurch gesichert werden, daß die Treuhand-Aktiengesellschaften nur den im Aktienrecht vorgesehenen Einflußnahmemöglichkeiten unterworfen sein sollten[670]. Soweit die für die Treuhand-Aktiengesellschaften vorgesehenen Aufgaben unmittelbar von der Treuhandanstalt wahrgenommen wurden, galt für sie ebenfalls das Postulat unternehmerischer Verhaltensweise[671], die sich aber nur entfalten konnte, soweit administrative Einflußnahmen unterblieben und die Treuhandanstalt einen sich dadurch eröffnenden unternehmerischen Gestaltungsspielraum durch eigenständige Entscheidungen ausfüllen konnte. Dementsprechend verfolgte der Gesetzgeber die Absicht, den unternehmerischen Entscheidungsspielraum der Treuhandanstalt bei der Erledigung der Aufgaben des

666 Wolff / Bachof, Verwaltungsrecht II, § 77 II g 1.

667 § 7 Absatz 1 (a. E.), § 8 Absatz 1 TreuhG, § 6 Absatz 1 TreuhS ("... nach wirtschaftlichen Grundsätzen ..."); Schmidt-Preuß, in: Isensee / Kirchhof (Hrsg.), HdbStR § 219, Rz. 3.

668 § 7 Absatz 1 TreuhG, § 5 Absatz 1 TreuhS.

669 Für die Vorstände § 10 Absatz 3 TreuhG, für die Aufsichtsräte § 10 Absatz 1 Satz 2 i. V. m. § 4 Absatz 2 Satz 5 TreuhG.

670 § 6 Absatz 2 TreuhS; dazu Penig, Treuhand- und KommunalvermögensG, Erl. zu § 3 TreuhG (a. E.).

671 Schmidt-Preuß, in: Die Verwaltung 25 (1992), S. 327 (332); Schmidt, in: Hommelhoff (Hrsg.), Treuhandunternehmen im Umbruch, S. 17 (30): "Die Treuhandanstalt muß vorrangig eine betriebswirtschaftliche Organisation, ihre Entscheidungen müssen im Kern ökonomisch bleiben."

Treuhandgesetzes vor einer Beschneidung durch Eingriffe seitens der Regierung zu schützen[672].

Dieser der Treuhandanstalt zugedachte Spielraum zur Ausübung ihres Experten- bzw. Managementermessens[673] begrenzte das Eingriffsermessen des Fachaufsichtführenden und war daher von dem Vorsitzenden des Ministerrates zu beachten[674]. Er hatte daher Maßnahmen der Fachaufsicht zurückhaltend einzusetzen[675]. Sie sollten, wie von der Volkskammer vorgesehen, der Vorgabe einer "Leitlinie"[676] beispielsweise durch allgemeine Weisungen dienen. Die Entscheidung über Einzelfälle hingegen sollte der Vorsitzende des Ministerrates regelmäßig, d. h. abgesehen von Fällen mit exemplarischer oder übergeordneter Bedeutung, nicht an sich ziehen[677].

ee) Praxis der Regierungsaufsicht

Über die Handhabung der Rechtsaufsicht durch den Vorsitzenden des Ministerrates ist kaum etwas bekannt. Eine Ausnahme bildet der aufsehenerregende Verstoß der Treuhandanstalt gegen den gesetzlich auferlegten Auf-

672 Steinecke, in: Volkskammer, 10. WP, stenographische Niederschrift der 14. Tagung, S. 480.

673 Vgl. Deutscher Bundestag, 12. WP, Beschlußempfehlung und Bericht des 2. Untersuchungsausschusses "Treuhandanstalt" v. 29.08.1994, BT-Drs. 12/8404, S. 67; Deutscher Bundestag, 13. WP, Beschlußempfehlung und Bericht des 2. Untersuchungsausschusses "DDR-Vermögen" v. 28.05.1998, BT-Drs. 13/10900, Band 1, S. 248; Schmidt, in: Hommelhoff (Hrsg.), Treuhandunternehmen im Umbruch, S. 17 (19), formuliert: "Unter den angebotenen Gründen für die Abkoppelung vom unmittelbaren staatlichen Willensbildungsprozeß kam es für die Treuhandanstalt wohl auf die Flexibilität des Handelns und die Freisetzung von Sachverstand an."

674 Vgl. die Stellungnahmen zum Verhältnis der Treuhandanstalt zur Bundesregierung: Deutscher Bundestag, 12. WP, Beschlußempfehlung und Bericht des 2. Untersuchungsausschusses "Treuhandanstalt" v. 29.08.1994, BT-Drs. 12/8404, S. 67; Rechenberg, in: DtZ 1994, S. 238 (239).

675 Seibel, in: PVS 1994, S. 3 (4), spricht von einer weitgehenden Unabhängigkeit von staatlichen Weisungen zwecks eigenverantwortlicher Aufgabenerledigung; allgemein zur Berücksichtigung des Übermaßverbots im Rahmen der Fachaufsicht Schröder, in: JuS 1986, S. 371 (374).

676 Steinecke, in: Volkskammer, 10. WP, stenographische Niederschrift der 14. Tagung, S. 480 (481); vgl. auch Rechenberg, in: DtZ 1994, S. 238 (239).

677 Rechenberg, in: DtZ 1994, S. 238 (239); allgemein zur Gefahr einer Entmündigung des Aufsichtsunterworfenen durch übermäßig intensive Aufsichtsmaßnahmen Wolff / Bachof, Verwaltungsrecht II, § 77 II a.

trag, Treuhand-Aktiengesellschaften zu gründen. Der Vorsitzende des Ministerrates hat es unterlassen, hiergegen einzuschreiten.

Ein sog. Dispensermessen der Treuhandanstalt, welches ihr den Verstoß gegen einen Gesetzesbefehl gestattet haben würde, kann zur Rechtfertigung der aufsichtsrechtlichen Untätigkeit nicht herangezogen werden. Ein solches Ermessen begegnet grundsätzlichen rechtsstaatlichen Bedenken und kann, wenn überhaupt, nur für solche Ausnahmefälle gelten, in denen die Anwendung einer Gesetzesvorschrift in einem atypischen Sonderfall zu Ergebnissen führt, die dem Gesetzeszweck zuwiderlaufen[678]. Im vorliegenden Fall handelte es sich nicht um einen atypischen, sondern gerade denjenigen Fall, den der Gesetzgeber in der besagten Art geregelt sehen wollte.

Ebenso erübrigt sich ein Nachdenken darüber, ob dem Vorsitzenden des Ministerrates bei der Wahrnehmung der Rechtsaufsicht grundsätzlich ein Opportunitätsermessen[679] eingeräumt war, da angesichts der Tragweite des in Rede stehenden gesetzeswidrigen Verhaltens der Treuhandanstalt[680] ein Einschreiten in jedem Fall rechtlich geboten war[681].

Das Versagen der Rechtsaufsicht des Vorsitzenden des Ministerrats ist nur durch ein zweifaches Primat zu erklären: in juristischer Hinsicht das der Opportunität über das Gesetz sowie in politischer Hinsicht das des Westens über den Osten. Rohwedder hatte sich bei seinem mit einigen Beamten im Bundesministerium der Finanzen und im Bundesministerium für Wirtschaft abgestimmten[682] Entschluß der Rückendeckung durch den Bundeskanzler versehen, den der Präsident der Treuhandanstalt Ende August 1990 in Bonn von der Richtigkeit der von ihm angestrebten Binnenstruktur der Treuhandanstalt und damit von der Notwendigkeit einer Nichtachtung der gesetzlichen Vorgabe überzeugt hatte[683]. Die Ausübung der Rechtsaufsicht durch den Vorsitzenden des Ministerrates ordnete sich – soweit ersichtlich freiwil-

678 Deutscher Bundestag, 12. WP, Beschlußempfehlung und Bericht des 2. Untersuchungsausschusses "Treuhandanstalt" v. 29.08.1994, BT-Drs. 12/8404, S. 67.

679 Vgl. Schröder, in: JuS 1986, S. 371 (374).

680 Dazu Seibel, in: PVS 1994, S. 3 (5); ders., in: Aus Politik und Zeitgeschichte, B 43-44/94, S. 3 (5 f.).

681 Im Ergebnis ebenso Lipps, in: BB 1991, Supplement Deutsche Einigung-Rechtsentwicklungen, Folge 21, S. 1 (4); vgl. auch Deutscher Bundestag, 12. WP, Beschlußempfehlung und Bericht des 2. Untersuchungsausschusses "Treuhandanstalt" v. 29.08.1994, BT-Drs. 12/8404, S. 66.

682 Seibel, in: Eisen / Wollmann (Hrsg.), Institutionenbildung in Ostdeutschland, S. 359 (377).

683 Breuel (Hrsg.), Treuhand intern, S. 83.

lig – dem politischen Votum des Bundeskanzlers der Bundesrepublik Deutschland unter.

Seiner fachaufsichtlichen Aufgabe kam der Vorsitzende des Ministerrates mit mehr Erfolg und Sorgfalt nach. Beispielsweise holte die Treuhandanstalt seine Genehmigung für das von ihr vorgesehene Vergütungssystem ein[684]. Der Informationsbeschaffung, aber auch der Beeinflussung diente die am 24. August 1990 von dem Vorsitzenden des Ministerrates gemeinsam mit dem Präsidenten der Treuhandanstalt durchgeführte Tagung mit etwa 200 führenden Vertretern von Unternehmen in der Deutschen Demokratischen Republik[685].

In zahlreichen weiteren fachaufsichtlichen Angelegenheiten hat der Ministerrat die Aufgabenwahrnehmung der Treuhandanstalt teils intensiv begleitet, teils sogar an sich gezogen. Dabei war häufig auch die Bundesregierung intensiv beteiligt. Dies gilt beispielsweise für die Liquiditätsausschüttung ebenso wie für Sanierungs- und Privatisierungsentscheidungen.

So entschieden im Juli 1990 das Ministerium für Wirtschaft und das Ministerium der Finanzen gemeinsam mit der Treuhandanstalt über die Sanierungswürdigkeit von etwa 130 Unternehmen und trafen dabei in 66 Fällen eine Vorentscheidung zur Stillegung von Unternehmen[686]. In Einzelfällen hat sich auch der Vorsitzende des Ministerrates, der sich unmittelbar von dem Vorstand der Treuhandanstalt unterrichten ließ[687], an derartigen Entscheidungen beteiligt, zumal wenn diese nicht (nur) wirtschaftlich, sondern umweltpolitisch begründet waren[688]. Ab August 1990 übernahmen in den Außenstellen Arbeitsgruppen, in denen neben der Treuhandanstalt das Ministerium für Wirtschaft[689], das Ministerium der Finanzen und weitere Mi-

684 Breuel (Hrsg.), Treuhand intern, S. 85.

685 Baumgarten, in: DW v. 29.08.1990, S. 3; Schmid, in: Berliner Zeitung v. 25.08.1990, S. 13.

686 Treuhandanstalt, Lagebericht Nr. 2 v. 30.07.1990, Nachdruck in: Treuhandanstalt (Hrsg.), Dokumentation 1990-1994, Band 12, S. 863 (868, 871).

687 Entsprechende Hinweise sind allerdings rar; der Vorstand der Treuhandanstalt beriet beispielsweise am 23.08.1990 über eine "Beratung beim Ministerpräsidenten"; Treuhandanstalt, Tagesordnung der Vorstandssitzung am 23.08.1990, Nachdruck in: Treuhandanstalt (Hrsg.), Dokumentation 1990-1994, Band 2, S. 656.

688 Vgl. de Maizière, Anwalt der Einheit, S. 109.

689 Vornehmlich ehemalige Mitarbeiter des Büros für Strukturanpassung des in das Ministerium für Wirtschaft überführten Wirtschaftskomitees; Breuel (Hrsg.), Treuhand intern, S. 66; zur Eingliederung des Wirtschaftskomitees in das Ministerium für Wirtschaft: Ziffer 7 (1. Spiegelstrich) des Beschlusses des Ministerrates v. 30.05.1990, GBl. I, S. 276 (277).

nisterien vertreten sein sollten, die Prüfung von Bürgschaftsanträgen[690]. Die Anleitung dieser Arbeitsgruppen verblieb – wie bei den vom Minister der Finanzen eingesetzten Arbeitsgruppen zur Abwicklung von bei Reprivatisierungen übriggebliebenen Betriebsresten[691] – bei der Treuhandanstalt[692].

Parallel dazu hatte das Bundesministerium der Finanzen in Absprache mit dem Präsidenten der Treuhandanstalt ebenfalls noch im Juli 1990 eine aus 60 Wirtschaftsprüfern bestehende Expertengruppe eingesetzt, die zunächst den Auftrag hatte, unverzüglich eine belastbare Informationsbasis über die mit Inkrafttreten der Währungsunion eintretende, in ihrem Ausmaß unvorhergesehene Liquiditätskrise[693] der Treuhand-Unternehmen[694] zu schaffen. Da die sich aus der Liquiditätskrise ergebenden finanziellen Verpflichtungen der Treuhandanstalt zu Lasten des Bundeshaushalt gehen konnten[695], hatte der Bundesminister der Finanzen daran ein besonderes Interesse. Das Expertengremium hatte deswegen umgehend den weiteren Liquiditätsbedarf sowie Rückzahlungsperspektiven für Liquiditätsdarlehen

690 Breuel (Hrsg.), Treuhand intern, S. 66; Treuhandanstalt, Tätigkeitsbericht v. 03.07.1990, Nachdruck in: Treuhandanstalt (Hrsg.), Dokumentation 1990-1994, Band 1, S. 72 (82); Treuhandanstalt, Lagebericht Nr. 2 v. 30.07.1990, Nachdruck in: Treuhandanstalt (Hrsg.), Dokumentation 1990-1994, Band 12, S. 863 (871).

691 Anweisung Nr. 13/90 des Ministers der Finanzen; Treuhandanstalt, Tätigkeitsbericht v. 03.07.1990, Nachdruck in: Treuhandanstalt (Hrsg.), Dokumentation 1990-1994, Band 1 S. 72 (80).

692 Breuel (Hrsg.), Treuhand intern, S. 66.

693 Allgemein zum Begriff der Liquiditätskrise Müller, Krisenmanagement in der Unternehmung, S. 15.

694 Ausführlich zu der damaligen Liquiditätssituation der Treuhand-Unternehmen Kemmler, Die Entstehung der Treuhandanstalt, S. 290 ff.

695 Zur Vermeidung stand der durch Artikel 4 Ziffer 4 EinigungsV neugeschaffene Artikel 135 a Absatz 2 GG zur Verfügung. Im übrigen galt: Selbst wenn die Treuhandanstalt ein positives Ergebnis erwirtschaftet hätte, wäre durch die in Rede stehenden finanziellen Verpflichtungen der Treuhandanstalt der zum Ausgleich der ansonsten u.a. vom Bund zu übernehmenden Staatsverschuldung zur Verfügung stehende Überschußbetrag geschmälert worden; vgl. Artikel 27 Absatz 3 StaatsV, Artikel 23 EinigungsV. Tatsächlich gingen die beiden deutschen Regierungen bei Abschluß des Staatsvertrages noch davon aus, daß die Treuhandanstalt bereits 1991 5 Mrd. DM an den Staatshaushalt abführen würde; bereits im August 1990 hatten sich derartige Hoffnungen zerstreut; vgl. den Parlamentarischen Staatssekretär Carstens, in: BT-Drs. 11/7689, S. 11, Ziffer 28.

überschlägig zu ermitteln[696]. Unmittelbar anschließend übernahm die Gruppe den Auftrag, Liquiditätsanträge großer Unternehmen zu prüfen, um das Bürgschaftsrisiko zu minimieren[697].

Im weiteren Verlauf drängten das Bundesministerium der Finanzen und das Bundesministerium für Wirtschaft darauf, die Liquiditätsversorgung nicht sanierungsfähiger Unternehmen zu beenden[698]. Ergänzend zu den bereits erwähnten, in den Außenstellen tätigen Arbeitsgruppen erhielt hierzu das vorgenannte, um Unternehmensberater und Steuerrechtler erweiterte Expertengremium von dem Bundesministerium der Finanzen den Auftrag, die Unternehmens- und Sanierungskonzepte großer Treuhand-Unternehmen zu prüfen und Handlungsempfehlungen gegenüber der Treuhandanstalt abzugeben. Als Kopfstelle konstituierte sich am 30. August 1990 der sog. Leitungsausschuß[699]. Leitungsausschuß und die sich in Branchenteams[700] aufteilende Beratergruppe bildeten ein unabhängiges, neutrales,

696 Kemmler, Die Entstehung der Treuhandanstalt, S. 297; Plaschna, zitiert in: Deutscher Bundestag, 12. WP, Beschlußempfehlung und Bericht des 2. Untersuchungsausschusses "Treuhandanstalt" v. 29.08.1994, BT-Drs. 12/8404, Minderheitenvotum des Berichterstatters der SPD-Fraktion (Berichtsentwurf des Ausschußsekretariats), S. 358; Plaschna, Vermerk für Herrn Prof. Liehmann v. 03.08.1990, Nachdruck in: Treuhandanstalt (Hrsg.), Dokumentation 1990-1994, S. 30.

697 Czada, in: Aus Politik und Zeitgeschichte, B 43-44/94, S. 31 (41); ders., in: Fischer / Hax / Schneider (Hrsg.), Treuhandanstalt – Das Unmögliche wagen, S. 148 (157); Deutscher Bundestag, 12. WP, Beschlußempfehlung und Bericht des 2. Untersuchungsausschusses "Treuhandanstalt" v. 29.08.1994, BT-Drs. 12/8404, S. 69, sowie Minderheitenvotum des Berichterstatters der SPD-Fraktion (Berichtsentwurf des Ausschußsekretariats), S. 211; Kemmler, Die Entstehung der Treuhandanstalt, S. 297; Treuhandanstalt, Aufgabenspektrum und Lösungswege, Nachdruck in: Treuhandanstalt (Hrsg.), Dokumentation 1990-1994, Band 10, S. 50; Treuhandanstalt, Aufgabe und Tätigkeit des Leitungsausschusses, Nachdruck in: Treuhandanstalt (Hrsg.), Dokumentation 1990-1994, Band 10, S. 75.

698 Vgl. z.B. Treuhandanstalt, Vorlage für den Vorstand v. 17.09.1990, Nachdruck in: Treuhandanstalt (Hrsg.), Dokumentation 1990-1994, Band 12, S. 38, aus deren Begründung hervorgeht, daß der Vorschlag über das weitere Vorgehen bei der Vergabe von Liquiditätskreditbürgschaften auf Absprachen mit den beiden Bundesressorts beruht.

699 Breuel (Hrsg.), Treuhand intern, S. 89.

700 S. Treuhandanstalt, Leitungsausschuß – Branchenteam-Organisation, Nachdruck in: Treuhandanstalt (Hrsg.), Dokumentation 1990-1994, Band 10, S. 85.

gegenüber der Treuhandanstalt weisungsfreies, mit konsultativer Funktion ausgestattetes Sachverständigengremium innerhalb der Treuhandanstalt[701].

Zur Ausreichung von Finanzhilfen benötigte die Treuhandanstalt gemäß Artikel 27 Absatz 2 StaatsV das Einvernehmen des Bundesministeriums der Finanzen. Der Bundesminister der Finanzen beschränkte diese Regelung auf Finanzhilfen von mindestens 30 Mio. DM[702]. Die entsprechende Abstimmung erfolgte in dem aus Vertretern des (federführenden[703]) Bundesministeriums für Wirtschaft, des Bundesministeriums der Finanzen, der Wirtschaftsprüfungsgesellschaft C & L Treuarbeit Deutsche Revision AG sowie der Treuhandanstalt zusammengesetzten Bürgschaftsausschuß[704]. Finanzhilfen über 100 Mio. DM waren darüber hinaus dem Bundesminister

701 Breuel (Hrsg.), Treuhand intern, S. 89; Czada, in: Fischer / Hax / Schneider (Hrsg.), Treuhandanstalt – Das Unmögliche wagen, S. 148 (157); ders., in: Aus Politik und Zeitgeschichte, B 43-44/94, S. 31 (41); Deutscher Bundestag, 12. WP, Beschlußempfehlung und Bericht des 2. Untersuchungsausschusses "Treuhandanstalt" v. 29.08.1994, BT-Drs. 12/8404, S. 102; Gless / Schwalbach, Sanierung von Unternehmen der Treuhandanstalt, S. 13; Kemmler, Die Entstehung der Treuhandanstalt, S. 304; Schwalbach, in: Fischer / Hax / Schneider (Hrsg.), Treuhandanstalt – Das Unmögliche wagen, S. 177 (183 f.); Treuhandanstalt, Aufgabenspektrum und Lösungswege, Nachdruck in: Treuhandanstalt (Hrsg.), Dokumentation 1990-1994, Band 10, S. 50; Treuhandanstalt, Aufgabe und Tätigkeit des Leitungsausschusses, Nachdruck in: Treuhandanstalt (Hrsg.), Dokumentation 1990-1994, Band 10, S. 75; Wandel, in: Fischer / Hax / Schneider (Hrsg.), Treuhandanstalt – Das Unmögliche wagen, S. 281 (288, Fn. 17).

702 Vgl. Treuhandanstalt, Grundsätze und Verfahrensweg der Bearbeitung der Anträge von Restrukturierungs- / Sanierungsmitteln für Treuhand-Kapitalgesellschaften, Nachdruck in: Treuhandanstalt (Hrsg.), Dokumentation 1990-1994, Band 12, S. 44 (47); Treuhandanstalt, Umstrukturierungs- und Sanierungshilfen, Nachdruck in: Treuhandanstalt (Hrsg.), Dokumentation 1990-1994, Band 12, S. 48 (53).

703 Breuel (Hrsg.), Treuhand intern, S. 67; Treuhandanstalt, Umstrukturierungs- und Sanierungshilfen, Nachdruck in: Treuhandanstalt (Hrsg.), Dokumentation 1990-1994, Band 12, S. 48 (53).

704 Vgl. Treuhandanstalt, Grundsätze und Verfahrensweg der Bearbeitung der Anträge von Restrukturierungs- / Sanierungsmitteln für Treuhand-Kapitalgesellschaften, Nachdruck in: Treuhandanstalt (Hrsg.), Dokumentation 1990-1994, Band 12, S. 44 (47); Treuhandanstalt, Umstrukturierungs- und Sanierungshilfen, Nachdruck in: Treuhandanstalt (Hrsg.), Dokumentation 1990-1994, Band 12, S. 48 (53).

der Finanzen und dem Bundesminister für Wirtschaft zur Genehmigung vorzulegen[705].

Einen steuernden Einfluß auf die (mit lediglich 34 verkauften Betrieben und Betriebsteilen im III. Quartal 1990[706] nur zögerlich anlaufende) Privatisierungstätigkeit der Treuhandanstalt vor der Vereinigung der beiden deutschen Staaten übten Ministerrat und Bundesregierung mit der Erstellung der "Hinweise für die Bewertung von Unternehmen" aus. Diese Handreichung diente nicht als Leitlinie bei der Neubewertung der Aktiva und Passiva im Zuge der Erstellung der DM-Eröffnungsbilanz[707], sondern als Orientierungshilfe für marktgerechte Bewertungen und für die Bestimmung von Ausgangsgrößen für Privatisierungsverhandlungen[708]. Erstellt im Auftrag des Ministeriums der Finanzen und von diesem im Juli 1990 herausgegeben, wirkten auch das Ministerium für Wirtschaft[709] sowie seitens der Bundesregierung das Bundesministerium der Finanzen, das Bundesministerium für Wirtschaft und das Bundesministerium der Justiz mit[710]. Die Treuhandanstalt ihrerseits hat ebenfalls beratend mitgewirkt[711].

Prominentes Beispiel für die Einflußnahme von Ministerrat und Bundesregierung auf ein einzelnes Privatisierungsvorhaben der Treuhandanstalt bildete die Anbahnung und der Abschluß der weithin bekannt gewordenen

705 Vgl. Treuhandanstalt, Grundsätze und Verfahrensweg der Bearbeitung der Anträge von Restrukturierungs- / Sanierungsmitteln für Treuhand-Kapitalgesellschaften, Nachdruck in: Treuhandanstalt (Hrsg.), Dokumentation 1990-1994, Band 12, S. 44 (47).

706 Nach Marissal, Der politische Handlungsrahmen der Treuhandanstalt, S. 36 (Fn. 54).

707 Ministerium der Finanzen, Hinweise für die Bewertung von Unternehmen, S. 5; Nachdruck in: Hommelhoff / Krebs (Hrsg.), Treuhandanstalt und Treuhandgesetz, Ziffer II.4.5.

708 Ministerium der Finanzen, Hinweise für die Bewertung von Unternehmen, S. 9; Nachdruck in: Hommelhoff / Krebs (Hrsg.), Treuhandanstalt und Treuhandgesetz, Ziffer II.4.5.

709 Treuhandanstalt, Tätigkeitsbericht v. 03.07.1990, Nachdruck in: Treuhandanstalt (Hrsg.), Dokumentation 1990-1994, Band 1, S. 72 (73, 77).

710 Ministerium der Finanzen, Hinweise für die Bewertung von Unternehmen, S. 5; Nachdruck in: Hommelhoff / Krebs (Hrsg.), Treuhandanstalt und Treuhandgesetz, Ziffer II.4.5.

711 Anstalt zur treuhänderischen Verwaltung des Volkseigentums, Information über die Tätigkeit der Anstalt zur treuhänderischen Verwaltung des Volkseigentums für den Zeitraum vom 15.03.1990 bis zum 18.04.1990, S. 7; Treuhandanstalt, Tätigkeitsbericht v. 03.07.1990, Nachdruck in: Treuhandanstalt (Hrsg.), Dokumentation 1990-1994, Band 1, S. 72 (73, 77).

sog. Stromverträge[712]. Der Ministerrat hatte aus Furcht vor andernfalls erwarteten Versorgungsstörungen[713] und angesichts der immensen Kosten der dringend erforderlichen Sanierung der ostdeutschen Elektrizitätswirtschaft[714] deren kurzfristige Übernahme durch große westdeutsche Energieversorgungsunternehmen angestrebt[715], der Minister für Umwelt, Naturschutz, Energie und Reaktorsicherheit, Professor Dr. Karl-Hermann Steinberg, die Verhandlungen geführt[716]. In den am 22. August 1990 beurkundeten Verträgen, die auf Initiative des Bundesministeriums für Wirtschaft[717] und des Bundeskartellamtes[718] zunächst nur die sofortige Übernahme der Geschäftsbesorgung, nicht die endgültige Privatisierung vorsahen[719], traten auf Verkäuferseite sowohl die Treuhandanstalt, die allerdings in den vorangegangenen Verhandlungen neben dem Ministerrat keine bedeutende Rolle gespielt hatte[720], als auch der Minister für Umwelt, Naturschutz, Energie und Reaktorsicherheit, gemeinsam als "Deutsche Demokratische Republik"

712 Die Bundesregierung hat das Engagement der beiden deutschen Regierungen bei der Umstrukturierung und Privatisierung der Elektrizitäts- und Gaswirtschaft in dem Jahresbericht 1990 etwas euphemistisch als aktive Flankierung bezeichnet; Presse- und Informationsamt der Bundesregierung (Hrsg.), Jahresbericht der Bundesregierung 1990, S. 254.

713 Kritisch hinsichtlich dieser Begründung Kartte, in: Energiewirtschaftliche Tagesfragen 1990, S. 838 (839).

714 Auch hinsichtlich dieser zweiten Begründung kritisch Kartte, in: Energiewirtschaftliche Tagesfragen 1990, S. 838 (839).

715 Rheinisch-Westfälisches Elektrizitätswerk AG, Die ostdeutsche Energiewirtschaft im Wandel, S. 19; Schäuble, Der Vertrag, S. 224; Minister für Umwelt, Naturschutz, Energie und Reaktorsicherheit Steinberg, in: Volkskammer, 10. WP, stenographische Niederschrift der 18. Tagung, S. 710 ff.

716 Härtel u.a., Die Entwicklung des Wettbewerbs in den neuen Bundesländern, S. 229.

717 Härtel u.a., Die Entwicklung des Wettbewerbs in den neuen Bundesländern, S. 228; Rheinisch-Westfälisches Elektrizitätswerk AG, Die ostdeutsche Energiewirtschaft im Wandel, S. 19.

718 Härtel u.a., Die Entwicklung des Wettbewerbs in den neuen Bundesländern, S. 230.

719 Danner, in: Obernolte / Danner, Energiewirtschaftsrecht, Teil I A Erl. V.4.; Rheinisch-Westfälisches Elektrizitätswerk AG, Die ostdeutsche Energiewirtschaft im Wandel, S. 20.

720 Kemmler, Die Entstehung der Treuhandanstalt, S. 254; vgl. dazu die Stellungnahmen der Mitglieder der Volkskammer Bogisch und Nooke sowie des Ministers für Umwelt, Naturschutz, Energie und Reaktorsicherheit Steinberg, in:

bezeichnet, auf[721]. Darüber hinaus nahm der Staatssekretär im Bundesministerium für Wirtschaft, Dr. von Würzen, im Auftrag des Bundeskanzlers kurz nach Abschluß der Stromverträge, aber noch vor der Paraphierung des Einigungsvertrages Gespräche mit den Vertragsparteien mit dem Ziel auf, Möglichkeiten der Verbesserung der Position der von dem Stromvertrag betroffenen Kommunen auszuloten[722]. Auslöser für dieses bemerkenswerte Engagement der Bundesregierung waren zunächst kartellrechtliche Bedenken, die um so schwerer wogen, als die Verträge eine Prüfung auf Vereinbarkeit mit dem bundesdeutschen Kartellrecht durch das Bundeskartellamt vorsahen. Weiteres, mindestens ebenso wichtiges Motiv für die Bemühungen der Bundesregierung war die aufgrund der Stromverträge notwendig gewordene, zunächst als problematisch angesehene Beschränkung des Kommunalisierungsanspruches der ostdeutschen Gemeinden bei Energieversorgungsunternehmen. Die Bundesregierung hat sich indes schließlich die Position des Ministerrates zu eigen gemacht[723], das Kommunalvermögensgesetz wurde daraufhin um den einschränkenden Zusatz des § 4 Absatz 2 Satz 2 KVG ergänzt in Bundesrecht übergeleitet[724].

Ein weiteres Beispiel für ein unmittelbares Eingreifen des Ministerrates der Deutschen Demokratischen Republik bildeten die Verhandlungen im Zusammenhang mit dem Personalabbau bei dem Treuhand-Unternehmen Mitteldeutschen Kali AG. Am 24. September 1990 vereinbarten Vertreter des Ministerrats, der Industriegewerkschaft Bergbau und Energie und der Sprecherrat der Bergleute im Rahmen eines sog. Festlegungsprotokolls So-

Volkskammer, 10. WP, stenographische Niederschrift der 18. Tagung, S. 711 f.; weiterhin Dörfler, in: Volkskammer, 10. WP, stenographische Niederschrift der 22. Tagung, S. 894.

721 Danner, in: Obernolte / Danner, Energiewirtschaftsrecht, Teil I A Erl. V.4.; Schucht, Zur Situation der ostdeutschen Energiewirtschaft, Nachdruck in: Treuhandanstalt (Hrsg.), Dokumentation 1990-1994, Band 3, S. 516. Vorentwürfe hatten zunächst sogar vorgesehen, daß die Treuhandanstalt nicht selbst unterzeichnet, sondern durch den Minister für Umwelt, Naturschutz, Energie und Reaktorsicherheit vertreten wird; vgl. Dörfler, in: Volkskammer, 10. WP, stenographische Niederschrift der 22. Tagung, S. 894.

722 Czada, in: PVS 1994, S. 245 (253), spricht daher vereinfachend, aber nicht zu Unrecht davon, die Stromverträge seien "zwischen westlichen Versorgungsunternehmen, DDR-Regierung, Treuhandanstalt und Bundeswirtschaftsministerium ausgehandelt" worden.

723 Schäuble, Der Vertrag, S. 226 ff.

724 Artikel 9 Absatz 2 i.V.m. Anlage II Kapitel IV Abschnitt III Ziffer 2 lit. b) EinigungsV; vgl. Position der Bundesregierung in dieser Frage: Bundesministerium für Wirtschaft, Energiepolitik für das vereinte Deutschland, S. 37 f.

zialpläne, deren Finanzierung notfalls aus Haushaltsmitteln erfolgen sollte[725].

Nach der Herstellung der Einheit Deutschlands zeigten sich allerdings unterschiedliche Auffassungen hinsichtlich der rechtlichen Qualität dieses Festlegungsprotokolls. Während die Bundesregierung hierin lediglich eine – juristisch unverbindliche – politische Absichtserklärung sehen wollte, verstand die Industriegewerkschaft Bergbau und Energie das Festlegungsprotokoll als juristisch bindende Erklärung.

Nicht nachvollzogen werden kann die Behauptung, die Bundesregierung habe gegen den Widerstand von Rohwedder im Verbund mit dem Ministerrat der Deutschen Demokratischen Republik das Ausmaß der wirtschaftlichen Schwierigkeiten der Treuhand-Unternehmen bis zu den Bundestagswahlen am 6. Dezember 1990 verschleiern wollen und dazu bewußt bremsend auf die Stillegungstätigkeit der Treuhandanstalt eingewirkt[726]. Gegen diese Annahme spricht, daß – wie oben gezeigt – gerade die Bundesregierung, um liquidationsreife Unternehmen von der Liquiditätsversorgung auszuschließen, auf eine schnelle Beurteilung der Sanierungsfähigkeit der Unternehmen gedrängt und dies mit der Errichtung des Leitungsausschusses und seiner Beratergruppe gefördert hatte. Es scheint, daß vielmehr Rohwedder selbst vor einer Stillegung bedeutender Unternehmen zunächst zurückschreckte und entsprechende Voten des Leitungsausschusses nochmals überprüfen ließ[727].

Zusammenfassend ist festzustellen, daß das fachaufsichtsrechtliche Einwirken auf die Tätigkeit der Treuhandanstalt während der Zeit bis zur Vereinigung der deutschen Staaten den hierfür zur Verfügung stehenden Rahmen – Vorgabe von Leitlinien, Einflußnahme auf Einzelentscheidungen nur in herausgehobenen Einzelfällen – ausgeschöpft hat und teilweise sogar, beispielsweise bei der Prüfung von Liquiditätsanträgen durch eine regierungsseitig eingesetzte Expertengruppe, darüber hinaus ging. Noch auffälliger ist, daß die Wahrnehmung fachaufsichtsrechtlicher Kompetenzen –

725 Deutscher Bundestag, 13. WP, Beschlußempfehlung und Bericht des 2. Untersuchungsausschusses "DDR-Vermögen" v. 28.05.1998, BT-Drs. 13/10900, Band 1, S. 277.

726 Marissal, Der politische Handlungsrahmen der Treuhandanstalt, S. 38; Schulte-Doinghaus / Steingart, in: WiWo v. 07.09.1990, S. 189 ff.

727 Vgl. Breuel (Hrsg.), Treuhand intern, S. 89. Zur Überprüfung der "Liquidationsreife" wurde zumindest im Fall der Pentagon Dresden GmbH eine Arbeitsgruppe eingesetzt, an der neben der Treuhandanstalt und Unternehmensberatern die Arbeitnehmerschaft, die Kommune und das (zukünftige) Land beteiligt wurden. Dadurch kam es erst am 02.10.1990 zu dem bereits am 30.08.1990 vom Leitungsausschuß empfohlenen Stillegungsbeschluß des Vorstandes der Treuhandanstalt; s. Breuel (Hrsg.), Treuhand intern, S. 112 f.

ähnlich wie die Wahrnehmung der Organisationsgewalt – zunehmend durch die formal hierzu nicht befugte Bundesregierung, namentlich den Bundeskanzler, den Bundesminister der Finanzen und den Bundesminister für Wirtschaft erfolgte. Die politische Realität des hochgradig dynamischen Vereinigungsprozesses ließ die während des Übergangsprozesses entstandenen staats- und verwaltungsorganisationsrechtlichen Strukturvorgaben binnen kurzer Frist weitgehend zu Makulatur werden.

c) Rechnungsaufsicht

Unter Rechnungsaufsicht wird die nachträgliche Kontrolle des Finanzgebarens des Kontrollierten verstanden.

Die Treuhandanstalt galt gemäß § 2 Absatz 5 TreuhG als Unternehmen in der Rechtsform einer republikunmittelbaren juristischen Person des öffentlichen Rechts[728], auf welches die Anordnungen des § 96 Absatz 2 und 3 HO-DDR Anwendung finden sollten. Damit war dem Vorsitzenden des Ministerrates das Recht eingeräumt, eine erweiterte Prüfung und Berichterstattung durch den Abschlußprüfer sowie die Übersendung des Prüfberichts zu verlangen[729]. Da der hier betrachtete Zeitabschnitt und damit das Amt des Vorsitzenden des Ministerrates noch vor dem Ablauf eines Wirtschaftsjahres der Treuhandanstalt endete, hat eine Rechnungsaufsicht durch den Vorsitzenden des Ministerrates nicht stattgefunden[730].

Weiterhin verbanden sich mit den auf die Treuhandanstalt für anwendbar erklärten Normen des Haushaltsrechts Prüfungsrechte des Rechnungshofs der Republik, auf die an anderer Stelle zurückzukommen ist.

d) finanzielle Steuerung

Unter finanzieller Steuerung wird die präventive Kontrolle des Finanzgebarens des Kontrollierten verstanden.

Die Tätigkeit eines Verwaltungsträgers kann durch die Regierung auch im Wege einer finanziellen Steuerung beeinflußt werden, beispielsweise soweit jener Verwaltungsträger auf finanzielle Zuwendungen angewiesen ist, welche die Regierung zuteilen und mit bestimmten Zweckbindungen, Be-

728 Zur Unternehmenseigenschaft der Treuhandanstalt: Busche, in: Clemm u.a. (Hrsg.), RVI, § 2 TreuhG, Rz. 24; Piduch, Bundeshaushaltsrecht, § 112 BHO, Rz. 3; Weimar, TreuhG Kommentar, § 2, Rz. 31 ff.

729 § 50 Absatz 1 HGrG-DDR i.V.m. § 59 Absatz 1, §96 Absatz 2 Satz 1 HO-DDR, § 2 Absatz 5 TreuhG.

730 Kloepfer, in: Fischer / Hax / Schneider (Hrsg.), Treuhandanstalt – Das Unmögliche wagen, S. 41 (60).

dingungen oder Auflagen verbinden kann[731]. Im Falle der Treuhandanstalt war eine derartige Einflußnahme nicht vorgesehen. Sie war vielmehr als finanziell autonom konzipiert, wobei ihr Finanzbedarf durch die erwarteten Erlöse gedeckt werden sollte[732].

Vor dem Hintergrund der nur schrittweise möglichen Mobilisierung des Vermögens der Treuhandanstalt[733] gestattete das Treuhandgesetz der Treuhandanstalt gemäß der Vorgabe in Artikel 27 Absatz 1 Satz 2 StaatsV für das Jahr 1990 eine Kreditaufnahme in Höhe von 7 Mrd. DM zur Vorfinanzierung erwarteter Erlöse[734].

Die Treuhandanstalt erfüllte die Kriterien eines Unternehmens im Sinne des § 96 Absatz 2 Satz 1 HO-DDR und war als solches von den Restriktionen, die sich aus der Einbindung in die öffentliche Haushaltswirtschaft ergeben, weitgehend befreit. Mithin bedurfte die Treuhandanstalt keiner gesetzlichen Ermächtigung, um Kredite aufzunehmen[735]. Die erwähnten Bestimmungen in Staatsvertrag und Treuhandgesetz begründeten daher keine Kreditermächtigung, sondern begrenzten die bestehende Freiheit zur Kreditaufnahme vielmehr der Höhe nach.

Eine andere, hier nicht zu vertiefende Frage ist, ob der Kreditaufnahme der Treuhandanstalt nicht bereits durch § 16 Absatz 1 HO-DDR eine Obergrenze gezogen wurde. Nach dieser § 18 Absatz 1 BHO nachgebildeten Bestimmung war eine Kreditaufnahme nur bis zu der Höhe der Summe der Ausgaben für Investitionen zulässig[736].

Darüber hinaus band § 2 Absatz 7 TreuhG die Treuhandanstalt bei der Verwendung aufgenommener Kreditmittel. Diese waren zweckgebunden, nämlich zur Sanierung von Unternehmen einzusetzen. Die Verwendung

731 Vgl. Lange, in: VVDStRL 44 (1986), S. 169 (199, Fn. 81); Wolff / Bachof, Verwaltungsrecht II, § 77 II c 5.

732 Diese Erwartung ist später zutreffend als "Selbstfinanzierungsillusion" bezeichnet worden, denn es hat sich erwiesen, daß die Einnahmen der Treuhandanstalt ihre Ausgaben bei weitem nicht zu decken vermögen; so Esters (SPD) in: Deutscher Bundestag, 12. WP, stenographische Niederschrift der 86. Sitzung, BT-PlPr 12/86, S. 7138.

733 Amtliche Begründung zu Artikel 27 StaatsV, BT-Drs. 11/7350, S. 97.

734 § 2 Absatz 7 TreuhG, § 4 Absatz 1 (1. und 2. Spiegelstrich) TreuhS.

735 So für den materiell unveränderten Status nach dem 03.10.1990 Parlamentarischer Staatssekretär beim Bundesminister der Finanzen Grünewald, in: Deutscher Bundestag, 12. WP, stenographischer Bericht der 86. Sitzung, BT-PlPr 12/86, S. 7136; Weimar, in: DtZ 1992, S. 317.

736 Ausführlich mit Blick auf die vergleichbare Rechtslage nach bundesdeutschem Recht Birk, in: Däubler-Gmelin u.a. (Hrsg.), Gegenrede, S. 473 (480 f., 484 ff.).

aufgenommener Mittel zu anderen Zwecken setzte demnach den Wegfall oder eine Änderung des § 2 Absatz 7 TreuhG voraus.

Eine Erweiterung des Kreditrahmens konnte gemäß Artikel 27 Absatz 1 Satz 3 StaatsV nur mit Zustimmung des Bundesministers der Finanzen erfolgen[737]. Die Aufnahme von Krediten, aber auch die Begebung von Bürgschaften und Übernahme sonstiger (Eventual-)Verpflichtungen finanzieller Natur setzte zudem gemäß Artikel 27 Absatz 2 StaatsV die Zustimmung der Finanzminister beider deutscher Staaten voraus.

Mit der Festlegung eines Kreditrahmens und der damit einhergehenden Zweckbindung war die Betätigungsfreiheit der Treuhandanstalt in finanzwirtschaftlicher Hinsicht begrenzt worden. Die Zustimmungserfordernisse des Artikels 27 Absatz 1 Satz 3 und Absatz 2 StaatsV gaben den Regierungen der Deutschen Demokratischen Republik, mehr noch der Bundesrepublik Deutschland ein Instrument zur Beeinflussung der finanzwirtschaftlichen Betätigung der Treuhandanstalt an die Hand.

Initiativen zur Ausweitung des Kreditrahmens im Mai und Juni 1990 war der Bundesminister der Finanzen mit einer klaren Absage begegnet[738]. Zur Überbrückung der mit Inkrafttreten der Währungsunion eintretenden Liquiditätskrise der Treuhandunternehmen[739] hatten die Finanzministerien beider deutscher Staaten jedoch in einer Sitzung am 28. Juni 1990, an der unter anderem auch die beiden Wirtschaftsministerien teilnahmen[740], der Treuhandanstalt die Vergabe von Globalbürgschaften für Liquiditätskredite bis September 1990 gestattet, wobei zunächst an einen Rahmen von 3 Mrd. DM gedacht wurde[741]. Angesichts des tatsächlichen Ausmaßes des Liquiditätsbedarfs stimmte die Bundesregierung, vertreten durch die Staatssekre-

737 Dazu Kloepfer, in: Fischer / Hax / Schneider (Hrsg.), Treuhandanstalt – Das Unmögliche wagen, S. 41 (60); Penig, Treuhand- und KommunalvermögensG, Erl. zu § 2 TreuhG (a. E.).

738 Kemmler, Die Entstehung der Treuhandanstalt, S. 134 f. und 293.

739 Dazu ausführlich Kemmler, Die Entstehung der Treuhandanstalt, S. 290 ff.

740 An dieser Sitzung nahmen außerdem Vertreter der Anstalt zur treuhänderischen Verwaltung des Volkseigentums, der C & L Treuarbeit Deutsche Revision AG, der Staatsbank und der Deutschen Kreditbank teil; s. Anstalt zur treuhänderischen Verwaltung des Volkseigentums, Vermerk zur Liquiditätssicherung der volkseigenen Unternehmen nach der Währungsumstellung, Nachdruck in: Treuhandanstalt (Hrsg.), Dokumentation 1990-1994, Band 12, S. 26 (27).

741 Anstalt zur treuhänderischen Verwaltung des Volkseigentums, Vermerk zur Liquiditätssicherung der volkseigenen Unternehmen nach der Währungsumstellung, Nachdruck in: Treuhandanstalt (Hrsg.), Dokumentation 1990-1994, Band 12, S. 26; vgl. Kemmler, Die Entstehung der Treuhandanstalt, S. 293.

täre von Würzen (BMWi) und Köhler (BMF), kurz darauf einer Erhöhung auf 5 Mrd. DM zu[742]. Bereits eine Woche nach Inkrafttreten der Währungsunion mußte der Bürgschaftsrahmen ein weiteres Mal auf nunmehr 10 Mrd. DM aufgestockt werden. Auf seiten der Bundesregierung wirkten diesmal vor allem der Bundeskanzler selber und das Bundeskanzleramt[743] mit[744].

Insgesamt beliefen sich die von der Treuhandanstalt verbürgten Liquiditätskredite bis Ende September 1990 auf 25,4 Mrd. DM[745]. Der Bundesminister der Finanzen hat die Ausweitung des Bürgschaftsrahmens zugelassen[746]. Er hat sich in diesen Vorgang sogar aktiv eingeschaltet und noch im Juli 1990 mit der Einrichtung einer aus Wirtschaftsprüfern bestehenden Expertengruppe – der Vorläuferin des späteren Leitungsausschusses – reagiert. Diese diente zunächst der Informationsbeschaffung, denn sie hatte den weiteren Liquiditätsbedarf sowie Rückzahlungsperspektiven abzuschätzen[747]. Anschließend wurde die Gruppe operativ eingesetzt, indem sie die Prüfung von Liquiditätsanträgen großer Unternehmen übernahm[748]. Die Einflußnahme des Bundesministers der Finanzen hatte sich damit von der finanzwirtschaftlichen Budgetzustimmung auf die Entscheidung über die tatsächliche Ausreichung von Bürgschaften in bedeutenden Einzelfällen verlagert. Zugleich haben sich die gesetzlich festgelegten Kreditobergrenzen als "weiche Budgetschranken" erwiesen[749].

742 Kemmler, Die Entstehung der Treuhandanstalt, S. 293.

743 Namentlich der damalige Leiter der Abteilung 4 (Wirtschafts- und Finanzpolitik) Ludewig.

744 Kemmler, Die Entstehung der Treuhandanstalt, S. 294 f.

745 Treuhandanstalt, Liquiditätskredite der Treuhandanstalt (Übersicht v. 29.11. 1990), Nachdruck in: Treuhandanstalt (Hrsg.), Dokumentation 1990-1994, Band 12, S. 73.

746 Hierin sieht Marissal das Bemühen der Bundesregierung, das Ausmaß der wirtschaftlichen Schwierigkeiten der Treuhand-Unternehmen bis zu den Bundestagswahlen am 06.12.1990 zu verschleiern; Marissal, Der politische Handlungsrahmen der Treuhandanstalt, S. 38. Dieser Deutung kann sich aus bereits dargelegten Gründen hier nicht angeschlossen werden; s.o. Teil II Ziffer II.1.b)ee).

747 Kemmler, Die Entstehung der Treuhandanstalt, S. 297; Plaschna, Vermerk für Herrn Prof. Liehmann v. 03.08.1990, Nachdruck in: Treuhandanstalt (Hrsg.), Dokumentation 1990-1994, Band 12, S. 30.

748 Kemmler, Die Entstehung der Treuhandanstalt, S. 297; Treuhandanstalt, Aufgabenspektrum und Lösungswege, Nachdruck in: Treuhandanstalt (Hrsg.), Dokumentation 1990-1994, Band 10, S. 50.

749 Brückner, Privatisierung in Ostdeutschland, S. 218.

e) Zusammenwirken von Ministerrat und Treuhandanstalt

Die bisher beschriebenen Formen der Kontrolle des Ministerrates über die Tätigkeit der Treuhandanstalt beruhen auf der hierarchischen Unterordnung der Treuhandanstalt unter die Regierung. Daneben waren Formen des Zusammenwirkens institutionalisiert, die sich durch die Gleichrangigkeit beider Akteure auszeichneten. In diesen Fällen konnte die Regierung durch ihre notwendige Vor- oder Mitarbeit die Tätigkeit der Treuhandanstalt beeinflussen.

aa) Militärvermögen

Zu nennen ist zum einen § 2 der 2. DVO z. TreuhG, wonach das Ministerium für Abrüstung und Verteidigung mit der ihm aufgetragenen Aussonderung von Militärvermögen und dessen Übertragung auf die Treuhandanstalt eine Vorarbeit für die von der Treuhandanstalt bezüglich dieser Vermögensgegenstände zu erledigenden Aufgaben zu leisten hatte. Die Vermögensübertragungen waren als Akte zwischen gleichrangigen Beteiligten konzipiert, eine Einflußnahme auf die sich anschließende Aufgabenwahrnehmung der Treuhandanstalt war dem Ministerium nicht eingeräumt. Doch konnte das Ministerium für Abrüstung und Verteidigung auf diese Weise steuern, bei welchen konkreten Gegenständen des Militärvermögens die Treuhandanstalt überhaupt tätig werden konnte. Tatsächlich hat die unterlassene Übertragung von ausgesondertem Militärvermögen während des in Rede stehenden Zeitabschnitts dazu geführt, daß die Treuhandanstalt keine Tätigkeit nach der 2. DVO z. TreuhG entfaltet hat.

bb) Exkurs: Verwertung von Militärvermögen

Grundsätzlich war nach § 1 Absatz 5 (1. Spiegelstrich) TreuhG volkseigenes Vermögen in Rechtsträgerschaft des Staates vom Auftrag zur "Privatisierung und Reorganisation des volkseigenen Vermögens" an den Ministerrat (§ 1 Absatz 2 TreuhG) und dem gemäß § 1 Absatz 3 TreuhG davon abgeleiteten Auftrag an die Treuhandanstalt ausgenommen. Für in Rechtsträgerschaft des damaligen Ministeriums für Abrüstung und Verteidigung befindliches, jedoch für militärische Zwecke nicht weiter benötigtes Vermögen beschloß der Ministerrat mit der 2. DVO z. TreuhG am 22. August 1990 die Privatisierung bzw. Verwertung durch die Treuhandanstalt.

Es stellt sich die Frage, ob angesichts der Regelung des § 1 Absatz 5 (1. Spiegelstrich) TreuhG eine solche Beauftragung an die Treuhandanstalt seitens des Ministerrates überhaupt erfolgen konnte. Das Landgericht Potsdam hat sich auf den Standpunkt gestellt, die 2. DVO z. TreuhG entbehre der gesetzlichen Grundlage, da sie im Widerspruch zu der Bestimmung des § 1 Absatz 5 (1. Spiegelstrich) TreuhG stehe, und sei daher nichtig[750].

Der Auffassung des LG Potsdam kann nicht gefolgt werden. Zunächst ist zweifelhaft, ob die beiden Regelungen überhaupt dasselbe Vermögen bezeichnen. Während nämlich § 1 Absatz 5 (1. Spiegelstrich) TreuhG sich auf Vermögen in Rechtsträgerschaft des Staates bezieht, erfaßt § 1 Absatz 1 der 2. DVO z. TreuhG Vermögen in Rechtsträgerschaft des Ministeriums für Abrüstung und Verteidigung. Tatsächlich konnte formal zwischen dem Staat und einem Ministerium als Rechtsträger unterschieden werden[751]. Bei einer am Wortlaut orientierten Auslegung, der zufolge § 1 Absatz 5 (1. Spiegelstrich) TreuhG sich nur auf formal in Rechtsträgerschaft der juristischen Person "Deutsche Demokratische Republik" stehendes Vermögen bezieht[752], besteht keine Überschneidung und mithin auch kein Widerspruch mit der Regelung der 2. DVO z. TreuhG.

Denkbar ist aber auch, den Begriff des Staates in § 1 Absatz 5 (1. Spiegelstrich) TreuhG im Wege einer teleologischen Ausdeutung zu erweitern. Zweck des Treuhandgesetzes ist es, die unternehmerische Tätigkeit des Staates durch Privatisierung zurückzuführen und in diesem Zusammenhang Grund und Boden für wirtschaftliche Zwecke zur Verfügung zu stellen[753]. Dem Privatisierungsauftrag entzogen bleibt dasjenige Vermögen, welches der nicht-unternehmerischen Tätigkeit, d.h. unmittelbar zur Erfüllung der Aufgaben des Staates dient. In der Terminologie der Bundesrepublik Deutschland wäre dies mit dem Begriff des Verwaltungsvermögens bezeichnet. Dabei kann es nicht darauf ankommen, ob sich Verwaltungsvermögen in Rechtsträgerschaft des Staates oder eines Ministeriums befindet. Mithin müßte unter § 1 Absatz 1 (1. Spiegelstrich) TreuhG auch dasjenige Vermögen zu rechnen sein, das sich in Rechtsträgerschaft staatlicher Organe befand, solange es nur unmittelbar zur Erfüllung staatlicher Aufgaben diente[754].

Auch bei einem solchen Verständnis des § 1 Absatz 5 (1. Spiegelstrich) TreuhG ergibt sich jedoch kein Widerspruch zur Regelung der 2. DVO z. TreuhG. Letztere berührt nämlich ausdrücklich nur solches Vermögen des Ministeriums für Abrüstung und Verteidigung, für welches die Feststellung getroffen wird, daß es für militärische Zwecke nicht mehr benötigt wird[755]. Solchermaßen gekennzeichnete Vermögensgegenstände unterfallen gerade nicht der von § 1 Absatz 5 (1. Spiegelstrich)

750 LG Potsdam, Beschluß v. 28.04.1994, Az. 5 T 67/94; dazu Wilhelms, in: VIZ 1994, S. 641 (642); offengelassen OLG Naumburg, Beschluß v. 13.03.1996, in: VIZ 1996, S. 536 (540).

751 Wilhelms, in: VIZ 1994, S. 641 (642) unter Verweis auf § 2 Absatz 1 lit. b RechtsträgerAO.

752 Busche, in: Clemm u.a. (Hrsg.), RVI, § 1 TreuhG, Rz. 46.

753 Präambel (1. und 3. Spiegelstrich) zum TreuhG.

754 Im Ergebnis (ohne nähere Begründung) ebenso Wilhelms, in: VIZ 1996, S. 600 (601).

755 § 2 Absatz 1 der 2. DVO z. TreuhG.

TreuhG getroffenen, auf Verwaltungsvermögen bezogenen Regelung[756]. Die Aussonderung nach § 2 Absatz 1 der 2. DVO z. TreuhG machte aus Verwaltungsvermögen, welches nach § 1 Absatz 5 (1. Spiegelstrich) TreuhG nicht privatisiert werden sollte, privatisierungsfähiges Finanzvermögen[757], welches teleologisch betrachtet nicht mehr dem Vorbehalt des § 1 Absatz 5 (1. Spiegelstrich) TreuhG unterfiel, sondern gemäß § 1 Absatz 1 Satz 1 TreuhG zu privatisieren war, und zwar im Auftrage des Ministerrates durch die Treuhandanstalt[758].

Nach den Bestimmungen der 2. DVO z. TreuhG ging mit der Aussonderung, welche gemäß § 2 Absatz 1 der 2. DVO z. TreuhG dem Ministerium für Abrüstung und Verteidigung oblag, der betreffende Vermögensgegenstand jedoch nicht kraft Gesetzes auf die Treuhandanstalt über. Aus § 2 Absatz 2 und 3 der 2. DVO z. TreuhG läßt sich die Vorstellung des Verordnungsgebers ablesen, daß nach der jeweiligen Entscheidung über die Aussonderung eines bestimmten Vermögensgegenstandes ein Übertragungsakt zugunsten der Treuhandanstalt erfolgen soll[759].

Zu übertragen war vor Inkrafttreten des Einigungsvertrages lediglich die bis dahin vom Ministerium für Abrüstung und Verteidigung innegehabte Rechtsträgerschaft an ausgesondertem Militärvermögen. Ein Übergang des Eigentumsrechts auf die Treuhandanstalt, wie es beispielsweise § 1 Absatz 4 TreuhG für Anteile an Kapitalgesellschaften vorsah, wurde durch die 2. DVO z. TreuhG nicht unmittelbar angeordnet. Damit blieb ausgesondertes Militärvermögen zunächst "Eigentum des Volkes". Diese Eigentumskategorie war weder durch den Staatsvertrag noch das Verfassungsgrundsätzegesetz oder das 1. Zivilrechtsänderungsgesetz beseitigt worden; sie hatte vielmehr bis zum Inkrafttreten des Einigungsvertrages Bestand. Die Aussonderung allein beseitigte den Status "Eigentum des Volkes" ebenfalls nicht[760].

756 Ähnlich Wilhelms, in: VIZ 1994, S. 641 (642).

757 Wilhelms, in: VIZ 1993, S. 551; OLG Rostock, VIZ 1993, S. 549, verwendet den Begriff "Verwaltungsvermögen i.w.S." für ausgesonderte Wohngrundstücke, beruft sich dabei aber zu Unrecht auf Lange, in: DtZ 1991, S. 329 (330). Selbst wenn man mit Lange für die Bestimmung des Verwaltungsvermögens zunächst an das in der DDR herrschende Verständnis anknüpfen will, wonach auch das Unterhalten von zweckgebundenen Wohnungen, Ferienheimen etc. zur Aufgabe der Verwaltung zu zählen war, so war doch mit der Aussonderung ein eindeutiger Entwidmungstatbestand geschaffen. Die Widmung für einen Verwaltungszweck ist auch für Lange das maßgebende Kriterium zur Bestimmung von Verwaltungsvermögen; s. a. Prugger, Die Nachfolge in das Vermögen der ehemaligen DDR, S. 104 (Fn. 156).

758 § 1 Absatz 2, 3 TreuhG.

759 OLG Rostock, VIZ 1993, S. 549; Scholz, in: VIZ 1994, S. 153 (156 f.); Wilhelms, in: VIZ 1994, S. 641 (644).

760 OLG Rostock, VIZ 1994, S. 549 (550); Scholz, in: VIZ 1994, S. 153 (156); a. A. Wilhelms, in: VIZ 1994, S. 641 (644); Wilhelms, in: VIZ 1993, S. 551.

Der Begriff der Aussonderung ist nicht rechtstechnisch wie im Bereich des Insolvenzrechts zu verstehen. Eine Aussonderung von Gegenständen des Militärvermögens nach der 2. DVO z. TreuhG bedeutete deren individuelle Entwidmung von militärischen Zwecken. Ein solcher, nach außen erkennbarer Wille, bestimmte Gegenstände nicht mehr zum militärischen Vermögen gehörig zu betrachten, manifestierte sich in Realakten (Räumung, Herausgabe an Dritte u.ä.) ebenso wie beispielsweise durch Aufnahme betreffender Objekte in entsprechenden Listen[761].

Dem Anwendungsbereich der 2. DVO z. TreuhG unterfallen grundsätzlich auch Gegenstände des Militärvermögens, die vor Inkrafttreten der Verordnung am 30. August 1990 ausgesondert worden waren. Angesichts der bereits mit dem Antritt der Regierung de Maizière und ihres der Nationalen Volksarmee vorgesetzten Ministers "für Abrüstung und Verteidigung" eingeleiteten Abrüstung und Entmilitarisierung ergab sich die Notwendigkeit, für eine organisierte Verwertung der ausgesonderten Gegenstände des Militärvermögens Sorge zu tragen. Hierfür schien die Treuhandanstalt prädestiniert, hatte sie doch bereits eine vergleichbare Verwertungsaufgabe für von vornherein zivile Vermögensgegenstände übernommen[762]. In den Fällen, in den das vor Einschaltung der Treuhandanstalt zuständige Ministerium für Abrüstung und Verteidigung bereits seinerseits beispielsweise durch den Abschluß entsprechender Kaufverträge wirksame Verwertungsschritte ergriffen hatte, war die vorbezeichnete Notwendigkeit für eine rückwirkend zu begründende Zuständigkeit der Treuhandanstalt nicht gegeben. Nach dem mutmaßlichen Willen des Verordnungsgebers waren solchermaßen bereits vor dem 30. August 1990 verwertete Gegenstände des Militärvermögens nicht mehr der Treuhandanstalt zu übertragen[763].

Das Ministerium für Abrüstung und Verteidigung wurde in § 2 Absatz 1 der 2. DVO z. TreuhG aufgefordert, die Aussonderung bis zum Beitritt der Deutschen Demokratischen Republik zur Bundesrepublik Deutschland abzuschließen. Diese Vorgabe konnte in den wenigen Wochen zwischen Inkrafttreten der Regelung am 30. August 1990 und dem Beitritt nicht erfüllt werden[764]. Übertragungsakte haben bis dahin überhaupt nicht stattgefunden[765].

761 Bundesministerium der Finanzen, Vermerk v. 14.10.1992, VI C 4 – O 1002 – 10.1 – 3/92, Ziffer 2 lit. f.

762 Wilhelms, in: VIZ 1996, S. 600 (601).

763 OLG Naumburg, VIZ 1996, 536 (540); a. A. Wilhelms, in: VIZ 1996, S. 600 (601).

764 Dem Jahresbericht der Bundesregierung 1993 ist zu entnehmen, daß selbst bis Ende 1993 noch 17 v.H. der militärisch entbehrlichen Liegenschaften noch nicht ausgesondert waren; Presse- und Informationsamt der Bundesregierung (Hrsg.), Jahresbericht der Bundesregierung 1993, S. 449.

765 S. Bundesministerium der Finanzen, Erlaß v. 26.02.1991, – VI C 4 – 0 1002 – 102/91, S. 1; Treuhandanstalt, Handbuch Vermögenszuordnung, Nachdruck in: Treuhandanstalt (Hrsg.), Dokumentation 1990-1994, Band 8, S. 766 (810

In den Bestimmungen des Einigungsvertrags zum Schicksal des Verwaltungs- und Finanzvermögens[766] findet sich keine spezifische Regelung zum Militärvermögen. Allerdings gilt die 2. DVO z. TreuhG nach Artikel 9 Absatz 2 EinigungsV i.V.m. Anlage II Kapitel IV Abschnitt I Ziffer 7 EinigungsV auch nach dem Beitritt fort. In der Rechtsprechung wurde daraus überwiegend der Schluß gezogen, daß mangels einer Spezialregelung, wie sie der Einigungsvertrag im Falle des Vermögens des Staatssicherheitsdienstes getroffen hat[767], ein gesetzlicher Eigentumsübergang ausgesonderten Militärvermögens zum 3. Oktober 1990 nicht stattgefunden habe[768].

Der Gesetzgeber mißt der fortgeltenden 2. DVO z. TreuhG jedoch eine andere Bedeutung bei. Nach § 1 Absatz 1 Satz 1 VZOG gehört die 2. DVO z. TreuhG zu denjenigen Bestimmungen, welche kraft Gesetzes (spätestens) zum 3. Oktober 1990 eine Übertragung des Eigentums, in diesem Fall auf die Treuhandanstalt, bewirkt haben[769]. Offenbar wird der Anordnung in Artikel 9 Absatz 2 EinigungsV i.V.m. Anlage II Kapitel IV Abschnitt I Ziffer 7 EinigungsV zur Fortgeltung der 2. DVO z. TreuhG die Bedeutung einer Sonderregelung im Sinne von Artikel 22 Absatz 1 Satz 1 EinigungsV beigemessen[770]. Artikel 22 Absatz 1 Satz 1 EinigungsV überführt Finanzvermögen, als welches ausgesondertes Militärvermögen zu qualifizieren ist, nur insoweit in die Treuhandverwaltung des Bundes, als es nicht – durch eine Sonderregelung – der Treuhandanstalt übertragen ist.

Für eine solche Interpretation sprechen auch praktische Überlegungen. Der Gesetzgeber hat mit der Fortgeltung der 2. DVO z. TreuhG hinsichtlich ausgesonderten Militärvermögens an der Vermögensübertragung auf die Treuhandanstalt festgehalten. Würde man in der Anordnung der Fortgeltung der 2. DVO z. TreuhG nicht eine Sonderregelung des gesetzlichen Eigentumsübergangs sehen, wären für die Übertragung der betreffenden Liegenschaften auf die Treuhandanstalt notariell zu beurkundende Einzelverträge und Grundbucheintragungen erforderlich, obwohl Gesetz- und Verordnungsgeber bereits die grundsätzliche Entscheidung getroffen hatten, daß ausgesondertes Militärvermögen auf die Treuhandanstalt übergehen soll. Der

f.); v. Detten, in: Kimme (Hrsg.), Offene Vermögensfragen, § 2 KVG, Rz. 41; Schmitt-Habersack, in: Kimme (Hrsg.), Offene Vermögensfragen, Anm. zur 2. DVO z. TreuhG; Wilhelms, in: VIZ 1994, S. 641 (643 Fn. 26).

766 Insbes. Artikel 21, 22 EinigungsV.

767 Artikel 21 Absatz 1 Satz 2, Artikel 22 Absatz 1 Satz 2 EinigungsV.

768 OLG Rostock, VIZ 1993, S. 549 (550); im Ergebnis ebenso: OLG Naumburg, VIZ 1996, S. 536 (541); BezG Potsdam, OLG-NL 1994, S. 30 (31 f.); LG Neubrandenburg, VIZ 1994, S. 688 (689); AG Rostock, VIZ 1995, S. 308 f.; offen gelassen von VG Berlin (31. Kammer), ZOV 1995, S. 216 (217); a. A. VG Berlin, Urteil v. 27.09.1994 – VG 30 A 248/94.

769 Schmidt-Räntsch / Hiestand, in: Clemm u.a. (Hrsg.), RVI, § 1 VZOG, Rz. 2; Schmitt-Habersack, in: Kimme (Hrsg.), Offene Vermögensfragen, § 1 VZOG, Rz. 2.

770 So auch Scholz, in: VIZ 1994, S. 153 (157).

Gesetzgeber hat in den vergleichbaren Fällen, in denen über den Rechtsnachfolger Klarheit bestand, sowohl im Einigungsvertrag als auch bei anderen Gelegenheiten[771] jedoch regelmäßig einen gesetzlichen Eigentumsübergang angeordnet.

Es fällt allerdings schwer, der 2. DVO z. TreuhG angesichts der dortigen Formulierung, wonach Militärvermögen "zu übertragen ist" und nicht bereits "übertragen ist", selbst im Lichte der Fortgeltungsregelung im Einigungsvertrag einen gesetzlichen Eigentumsübergangstatbestand und nicht lediglich eine Handlungsanweisung zu entnehmen. Vorzugswürdig erscheint daher die Lösung, in Artikel 22 EinigungsV eine planwidrige Regelungslücke[772] zu vermuten[773]. In Anlehnung an die in § 1 Absatz 1 Satz 1 VZOG zutage getretene Vorstellung des Gesetzgebers von einem gesetzlichen Eigentumsübergang hinsichtlich ausgesonderten Militärvermögens zum 3. Oktober 1990 und vor dem Hintergrund, daß der Gesetzgeber in vergleichbaren Situationen regelmäßig einen gesetzlichen Eigentumsübergang vorgesehen hat, ist diese Regelungslücke mit der Annahme einer gleichartigen Verfahrensweise für die in Rede stehenden Vermögensgegenstände zu schließen.

Im Ergebnis ist daher der von der Literatur[774] gestützten Auffassung beizupflichten, wonach ausgesondertes Militärvermögen zum 3. Oktober 1990 kraft Gesetzes in das Eigentum der Treuhandanstalt übergegangen ist.

Auch das OLG Rostock erkennt die Notwendigkeit, die Treuhandanstalt auf unkomplizierte Weise in den Stand zu setzen, ihrer Aufgabe nach der 2. DVO z. TreuhG nachzukommen. Da mit der Fortgeltung der 2. DVO z. TreuhG die Treuhandanstalt weiterhin die Privatisierung ausgesonderten Militärvermögens zu betreiben habe, sei sie nach Auffassung des OLG Rostock nunmehr als "Vertretungsorgan des Bundesvermögens bei Verwertung auszusondernden und ausgesonderten Militärvermögens anzusehen"[775]. Diese Konstruktion steht allerdings im Widerspruch zu der fortgeltenden Absicht des Gesetz- und Verordnungsgebers, der Treuhandanstalt Eigentum zu verschaffen.

Da bei vertretbarem Verwaltungsaufwand nicht mehr mit Sicherheit festgestellt werden konnte, welche Objekte durch das Ministerium für Abrüstung und Verteidigung ausgesondert worden waren, stellte das Bundesministerium der Finanzen in einem Erlaß vom 26. Februar 1991[776] klar, daß die in einer Übersicht des Bundesministe-

771 Beispiele bei Wilhelms, in: VIZ 1994, S. 641 (645, Fn. 36).

772 Engisch, Einführung in das juristische Denken, S. 176 ff.; Larenz, Methodenlehre der Rechtswissenschaft, S. 354 ff.

773 Wilhelms, in: VIZ 1994, S. 641 (644); Wilhelms, in: VIZ 1993, S. 551.

774 Barkam, in: ZAP-DDR, Fach 19, S. 157 (165 f.); Scholz, in: VIZ 1994, S. 153 (157); Weimar / Alfes, in: BB 1993, S. 378 (379); Wilhelms, in: VIZ 1994, S. 641 (645); Wilhelms, in: VIZ 1993, S. 551; unklar Schmitt-Habersack, in: Kimme (Hrsg.), Offene Vermögensfragen, Anm. zur 2. DVO z. TreuhG.

775 OLG Rostock, VIZ 1993, S. 549 (550).

776 Bundesministerium der Finanzen, Erlaß v. 26.02.1991, – VI C 4 – 0 1002 – 102/91.

riums der Verteidigung vom November 1990 enthaltenen, dort besonders gekennzeichneten 125[777] Objekte als vor dem 3. Oktober 1990 ausgesondert gelten sollen[778]. Hierunter befanden sich allerdings auch diejenigen Objekte, welche der Nationalen Volksarmee zuvor von dem Staatssicherheitsdienst "zur Verwahrung" übergeben worden waren[779] und daher der Treuhandanstalt nicht nach der 2., sondern der 4. DVO z. TreuhG zustanden. Einige Objekte hatten zudem ehemals in Reichseigentum gestanden[780]. Insgesamt handelt es sich um Liegenschaften (Dienstgebäude, Flug- und Übungsplätze usf.) im Wert von etwa 614 Mio. DM[781].

Als ausgesondert anzusehen sind außerdem Wohnobjekte[782] in vormaliger Rechtsträgerschaft des Ministeriums für Nationale Verteidigung bzw. Abrüstung und Verteidigung oder der Nationalen Volksarmee, die Dritten vor dem 3. Oktober 1990 zum Kauf angeboten worden waren[783]. Insbesondere auf der Grundlage des Gebäudeverkaufsgesetzes, der dazu ergangenen Durchführungsverordnung und einem entsprechenden Befehl des Ministers für Nationale Verteidigung[784] sind in etwa 700 Fäl-

777 Diese Zahl erhöhte sich bis zum 01.03.1993 auf 138, s. Treuhandanstalt, Aufgabenspektrum und Lösungswege, Nachdruck in: Treuhandanstalt (Hrsg.), Dokumentation 1990-1994, Band 9, S. 302 (307); zu Veränderungen der Objektliste s. a. Schreiben der Treuhandanstalt an den Bundesminister der Finanzen v. 26.05.1992, Az. U5 FV 1.1, Bundesministerium der Finanzen, Vermerk v. 14.10.1992, VI C 4 – O 1002 – 10.1 – 3/92, Ziffer 1, sowie insbesondere Bundesministerium der Verteidigung, Erlaß v. 22.03.1993, U I 2 – Az 45-01 –20/07, Ziffer 1 und 2 sowie Anlage 1.

778 Treuhandanstalt, Handbuch Vermögenszuordnung, Nachdruck in: Treuhandanstalt (Hrsg.), Dokumentation 1990-1994, Band 8, S. 766 (810 f.); v. Detten, in: Kimme (Hrsg.), Offene Vermögensfragen, § 2 KVG, Rz. 41.

779 Bundesministerium der Finanzen, Vermerk v. 09.07.1991, VI C 4 – O 1002-326/91, Ziffer 3.

780 Bundesministerium der Finanzen, Erlaß v. 07.06.1994, VI A 2 – O 1002 – 20.2 – 12/94, Ziffer I.

781 Treuhandanstalt, DM-Eröffnungsbilanz zum 01.07.1990, S. 26, Ziffer 3.3.4.1. Diese Angabe bezieht sich auf die ursprünglichen 125 Objekte und berücksichtigt die späteren Veränderungen und Ergänzungen.

782 Ein- und Zweifamilienhäuser, in Einfamilienhäuser umgewandelte Gästehäuser.

783 KG, DtZ 1992, S. 243; VG Berlin, ZOV 1995, S. 216.

784 Befehl Nr. 44/90 des Ministers für Nationale Verteidigung über den Verkauf volkseigener Ein- und Zweifamilienhäuser, die sich in Rechtsträgerschaft des Ministeriums für Nationale Verteidigung befinden, v. 29.03.1990, Ministerium für Nationale Verteidigung, AMBl. Nr. 28/90.

len[785] Verkäufe (zumeist sowohl des Gebäudes als auch des Grundstücks) erfolgt[786]. Das Unterbreiten des Kaufangebotes belegt bereits die Entwidmung von militärischen Zwecken[787]. In der überwiegenden Anzahl der Fälle waren die Vermögensverfügungen noch nicht vollzogen oder erwiesen sich als unwirksam[788], so daß das Eigentum an den Immobilien zum 3. Oktober 1990 auf die Treuhandanstalt übergegangen ist.

Das Bundesministerium der Finanzen und das Bundesministerium der Verteidigung verständigten sich daher 1992 darauf, diesen Objektbestand – nach damaliger Kenntnis 623 Liegenschaften[789] – der Treuhandanstalt zu übergeben[790].

785 Kenntnisstand 01.03.1993 lt. Treuhandanstalt, Aufgabenspektrum und Lösungswege, Nachdruck in: Treuhandanstalt (Hrsg.), Dokumentation 1990-1994, Band 9, S. 302 (303, 307).

786 Vgl. Treuhandanstalt, Aufgabenspektrum und Lösungswege, Nachdruck in: Treuhandanstalt (Hrsg.), Dokumentation 1990-1994, Band 9, S. 302 (303, 307).

787 Wilhelms, in: VIZ 1993, S. 551; OLG Rostock, VIZ 1993, S. 549 f. geht – unausgesprochen – ebenso wie das VG Berlin, ZOV 1995, S. 216, von einer Aussonderung bei Abschluß eines Grundstückskaufvertrages aus. Auch die Bundesregierung hat auf den Abschluß des Kaufvertrages als Zeitpunkt der Aussonderung abgestellt; s. Bundesministerium der Finanzen, Vermerk v. 14.10.1992, VI C 4 – O 1002 – 10.1 – 3/92, Ziffer 2 lit. b. Bereits dem gemäß Ziffer 3 Satz 1 des vorgenannten Befehls von dem Chef Militärbauwesen und Unterbringung zu unterbreitenden Kaufangebot ging jedoch die Entscheidung voraus, daß für das Gebäude keine (auch) dienstliche Nutzung erfolgte (vgl. Ziffern 1, 2 und 4 Satz 3 des vorgenannten Befehls).

788 Nichtigkeitsgründe gemäß § 68 Absatz 1 Ziffer 1 ZGB waren zumeist ein krasser oder dem Erwerber bekannter Verstoß gegen haushaltsrechtliche Bestimmungen, das Fehlen einer Veräußerungsbefugnis der veräußernden Organe oder fehlende notwendige Genehmigungen. Daneben mangelte es den auf Verkäuferseite Handelnden nicht selten an der erforderlichen Vertretungsmacht, gelegentlich waren die Käufer gesetzlich von einem Erwerb ausgeschlossen. Die Wirksamkeitsvoraussetzungen für Veräußerungen von volkseigenen Liegenschaften durch die Staatsorgane der DDR sind im einzelnen strittig, vgl. KG, DtZ 1992, S. 243 ff.; KG, VIZ 1993, S. 161 ff.; OLG Rostock, VIZ 1993, S. 549 (550); BezG Potsdam, VIZ 1994, S. 254 f.; Kößler, in: VIZ 1994, S. 514 ff.; Purps, in: VIZ 1994, S. 255 f.; Scholz, in: VIZ 1994, S. 218 ff.; Voss, in: DtZ 1992, S. 6 ff.; Wilhelms, in: VIZ 1993, S. 551 (552).

789 Eine Auflistung der Objekte ist dem Schreiben des Bundesministeriums der Verteidigung v. 11.05.1992, ES – Az 75-71-01, beigefügt.

790 Schreiben des Staatssekretärs im Bundesministerium der Finanzen Köhler, an den Staatssekretär im Bundesministerium der Verteidigung Wichert, v. 01.09.1992, VI C 4 – O 1002 – 10.1 – 3/92; vgl. auch Bundesministerium der Finanzen, Erlaß v. 02.05.1994, VI A 2 – O 1002 – 20.2 – 8/94.

Seit dem 3. Oktober 1990 ausgesondertes Militärvermögen ist nach Maßgabe des fortgeltenden § 2 Absatz 2 der 2. DVO z. TreuhG durch den Bund, auf den dieses Vermögen als Verwaltungsvermögen nach Artikel 21 Absatz 1 Satz 1 EinigungsV übergegangen ist[791], auf die Treuhandanstalt zu übertragen[792]. Die Fortgeltung der 2. DVO z. TreuhG ist nicht auf die Passagen beschränkt, welche sich mit der Treuhandanstalt befassen. Der Einigungsvertrag, der zuweilen gezielt einzelne Regelungen von einer Fortgeltung ausnimmt[793], hat auch die ursprünglich an das Ministerium für Abrüstung und Verteidigung gerichtete Aussonderungs- und Übertragungsanordnung in das Recht der Bundesrepublik Deutschland transponiert.

Die Bundesregierung teilt die vorgenannte Auffassung nicht[794]. Tatsächlich hat der Bund, vertreten durch das Bundesministerium der Verteidigung, den überwiegenden Teil der bis Ende 1993 knapp 1.450 ausgesonderten Immobilien dem Allgemeinen Grundvermögen des Bundes (AGV) und damit der dem Bundesministerium der Finanzen unterstehenden Bundesvermögensverwaltung zugeführt oder direkt an Dritte abgegeben[795].

Grundsätzlich nicht zum Militärvermögen zählte die Wehrgüterproduktion, im offiziellen Sprachgebrauch der Deutschen Demokratischen Republik "spezielle Produktion" genannt[796]. Das Kombinat Spezialtechnik, Dresden, seit 1979 die einzige Zusammenfassung von Rüstungsbetrieben in der Deutschen Demokratischen Republik[797], wurde zwar von einem Generaldirektor im Rang eines Generalmajors der Nationalen Volksarmee geleitet, unterstand aber dem Ministerium für Allgemeinen Maschinen-, Landmaschinen- und Apparatebau[798]. Eine Reihe weiterer Kombinate

791 Schmidt / Leitschuh, in: Clemm u.a. (Hrsg.), RVI, Artikel 21 EinigungsV, Rz. 25; dies unterstreicht Ziffer 12 Protokoll z. EinigungsV

792 Scholz, in: VIZ 1994, S. 153 (158); a. A. Wilhelms, in: VIZ 1994, S. 641 (643).

793 Beispielsweise § 2 der 4. DVO z. TreuhG gem. Anlage II Kapitel IV Abschnitt III EinigungsV i.V.m. Artikel 3 Ziffer 10 Vereinbarung z. EinigungsV.

794 Vgl. beispielsweise Bundesministerium der Verteidigung, Erlaß v. 22.03.1993, U I 2 – Az 45-01-20/07, Ziffer 1.

795 Presse- und Informationsamt der Bundesregierung (Hrsg.), Jahresbericht der Bundesregierung 1993, S. 449.

796 Schmieder, in: DA 1995, S. 521 (522).

797 Produktion von Waffen, Munition und sonstiger Ausrüstung sowie der Flugzeug- und Raketeninstandsetzung; Herbst / Ranke / Winkler, So funktionierte die DDR, Stichwort "Kombinate", Band 1, S. 504 f.; Schmieder, in: DA 1995, S. 521 (523).

798 Herbst / Ranke / Winkler, So funktionierte die DDR, Stichwort "Kombinate", Band 1, S. 486 und 504 f.; Schmieder, in: DA 1995, S 521 (525).

und Betriebe trugen daneben zur Rüstungsproduktion bei[799], andere befaßten sich mit dem Handel von Militärgut[800].

Der Vollständigkeit halber sei erwähnt, daß das Fluggerät der Interflug GmbH, das dem Nationalen Verteidigungsrat unterstellt gewesen sein soll[801] und obwohl der von 1978 bis 1990 amtierende Generaldirektor der Fluglinie Klaus Henkes zugleich Generalleutnant der Luftstreitkräfte war[802], ebenfalls nicht zum Militärvermögen zu rechnen war.

cc) Außenhandelsbetriebe

Unter dem Gesichtspunkt des gleichrangigen Zusammenwirkens von Ministerrat und Treuhandanstalt ist weiterhin auf § 2 Absatz 1 Satz 2 ClearingVO hinzuweisen. Danach hatte der Minister für Wirtschaft[803] über Ausnahmen von dem Abwicklungsgebot für Außenhandelsbetriebe nach § 2 Absatz 1 Satz 1 ClearingVO im Einvernehmen mit dem Minister der Finanzen und dem Präsidenten der Treuhandanstalt[804] zu entscheiden. Der Treuhandanstalt war damit ein gleichrangiges Mitentscheidungsrecht eingeräumt. Es handelte sich mithin um sog. Mitverwaltung[805].

799 Darunter VEB Carl Zeiss (Jena), Schwermaschinenbaukombinat TAKRAF (Leipzig) und Kombinat Nachrichtenelektronik (Berlin); Schmieder, in: DA 1995, S. 521 (525). Schmieders Angaben zufolge waren insgesamt über 180 Betriebe mit 42.000 Beschäftigten an der Rüstungsproduktion im weiteren Sinne, d.h. unter Einschluß der Herstellung verschiedener Ausrüstungs- und Versorgungsgüter für die Streitkräfte, beteiligt, wovon etwa 40 Betriebe nahezu ausschließlich Wehrgüter produzierten; Schmieder, in: DA 1995, S. 521 (522). Schließlich zählt Schmieder hierzu auch die SDAG Wismut wegen ihres Beitrages zur sowjetischen Nuklearrüstung; Schmieder, in: DA 1995, S. 521 (523).

800 Ingenieurtechnischer Außenhandel (ITA) und Imes GmbH, letztere eine zum Bereich Kommerzielle Koordinierung gezählte Waffenhandelsfirma; Herbst / Ranke / Winkler, So funktionierte die DDR, Stichwort "Kombinate", Band 1, S. 504 f.

801 O. N., in: Der Spiegel v. 15.01.1990, S. 104 f.

802 Herbst / Ranke / Winkler, So funktionierte die DDR, Band 1, S. 426 (428), Stichwort "INTERFLUG".

803 Das Ministerium für Wirtschaft war als Rechtsnachfolger des Ministeriums für Außenwirtschaft zuständiges Branchenministerium; vgl. Ziffer 7 (5. Spiegelstrich) des Beschlusses des Ministerrates v. 30.05.1990, GBl. I, S. 276 (277).

804 Fälschlicherweise noch als Vorsitzender des Direktoriums der Anstalt zur treuhänderischen Verwaltung des Volkseigentums bezeichnet.

805 Wolff / Bachof, Verwaltungsrecht II, § 77 V b 3.

dd) *Exkurs: Abwicklung von Außenhandelsbetrieben und Unternehmen des Bereichs Kommerzielle Koordinierung*

Zu den von Ziffer 2 Satz 1 Gründungsbeschluß erfaßten Vermögensmassen hatte grundsätzlich[806] auch das volkseigene Vermögen[807] in Fondsinhaberschaft der volkseigenen Außenhandelsbetriebe (AHB) gehört[808]. Sie waren überwiegend als VEB[809] bzw. Kombinatsbetrieb[810] organisiert, ausnahmsweise als eigenes Kombinat[811], vereinzelt auch als GmbH[812] oder Aktiengesellschaft[813]. Als Kapitalgesellschaften organisierte Außenhandelsbetriebe wurden als sog. Dienstleistungsbe-

806 Ausgenommen die als Staatsunternehmen vorgesehenen Betriebe wie die Deutsche Reichsbahn; zur Qualifikation der Deutschen Reichsbahn als "spezielles" Außenhandelsunternehmen Seiffert, Außenwirtschaftsrecht der DDR, S. 37.

807 Das Vermögen der AHB bestand vorwiegend aus Forderungen aus Lieferungen und Leistungen. Nach Abzug von Verbindlichkeiten ergab sich zum 01.07.1990 ein Nettowert von 2,9 Mrd. DM. Zu diesem Zeitpunkt beschäftigten die AHB etwa 13.000 Mitarbeiter; s. Treuhandanstalt, Direktorat Besondere Handelsgesellschaften (U2 AHB), Bericht für den Gesamtvorstand der Treuhandanstalt v. 25.01.1994, Nachdruck in: Treuhandanstalt (Hrsg.), Dokumentation 1990-1994, Band 9, S. 269 (271 f.). Einige AHB verfügten über Tochtergesellschaften oder Beteiligungen im Ausland; s. Seiffert, Außenwirtschaftsrecht der DDR, S. 37 f.; s. a. internen Vermerk der Treuhandanstalt, Abteilung U2 AHB 1, v. 19.08.1993, Nachdruck in: Treuhandanstalt (Hrsg.), Dokumentation 1990-1994, Band 9, S. 249.

808 So auch Deutscher Bundestag, 13. WP, Beschlußempfehlung und Bericht des 2. Untersuchungsausschusses "DDR-Vermögen" v. 28.05.1998, BT-Drs. 13/10900, Band 1, S. 142; vgl. Prugger, Die Nachfolge in das Vermögen der ehemaligen DDR, S. 187 f., zu der parallel gelagerten Frage der Geltung der UmwandlungsVO für Außenhandelsbetriebe.

809 Hüesker, in: WM Sonderbeilage 2/1990, S. 17 (18); Seiffert, Außenwirtschaftsrecht der DDR, S. 35.

810 Seiffert, Außenwirtschaftsrecht der DDR, S. 36.

811 VEB Kombinat Deutrans; s. dazu Seiffert, Außenwirtschaftsrecht der DDR, S. 37; Kombinat Seeverkehr und Hafenwirtschaft – Deutfracht / Seereederei; s. dazu Bundesministerium für innerdeutsche Beziehungen (Hrsg.), DDR Handbuch, Stichwort "Kombinat Seeverkehr und Hafenwirtschaft – Deutfracht / Seereederei", Band 1, S. 734.

812 Hüesker, in: WM Sonderbeilage 2/1990, S. 17 (18); Seiffert, Außenwirtschaftsrecht der DDR, S. 35.

813 Deutsche Außenhandelsbank AG, Deutsche Auslands- und Rückversicherungs-AG; Jesch, in: DtZ 1990, S. 101 (102); Seiffert, Außenwirtschaftsrecht der DDR, S. 37.

triebe (DLB) des Außenhandels bezeichnet[814]. Unabhängig von der Rechtsform[815] handelte es sich um volkseigene Wirtschaftseinheiten der einheitlichen sozialistischen Volkswirtschaft, die nicht über betriebliches Eigentum, sondern lediglich über Fonds verfügten[816]. Auch sie waren nach dem Prinzip der wirtschaftlichen Rechnungsführung arbeitende[817] juristische Personen[818] und demzufolge im Register der volkseigenen Wirtschaft zu führen[819].

Eine derartige, (nahezu) ausnahmslose Zuständigkeit der Treuhandanstalt für Außenhandelsbetriebe sieht das Treuhandgesetz nicht mehr vor. Gemäß § 11 Absatz 3 (4. Spiegelstrich) TreuhG sollten von einer Umwandlung und damit auch von einer Übernahme der Anteile durch die Treuhandanstalt nach § 1 Absatz 4 TreuhG "Außenhandelsbetriebe in Abwicklung" ausgespart bleiben, die gemäß Anlage I Artikel 8 § 4 Absatz 1 StaatsV Forderungen und Verbindlichkeiten in westlichen Währungen abzuwickeln hatten. Der Verweis auf die Passage des Staatsvertrages ist irritierend, denn dort ist die Einräumung einer Ausgleichsforderung gegen den Ausgleichfonds Währungsumstellung für ohne diese Maßnahme per 1. Juli 1990 überschul-

814 Vgl. Bundesministerium für innerdeutsche Beziehungen (Hrsg.), DDR Handbuch, Stichwort "Dienstleistungsbetriebe (DLB) des Außenhandels", Band 1, S. 308.

815 § 1 Absatz 2 Satz 1 AHBVO (1989); noch deutlicher § 22 Absatz 3 AHBVO (1974); Bundesministerium für innerdeutsche Beziehungen (Hrsg.), DDR Handbuch, Stichwort "Aktiengesellschaft (AG)", Band 1, S. 37 f., sowie Stichwort "Dienstleistungsbetriebe (DLB) des Außenhandels", Band 1, S. 308; Seiffert, Außenwirtschaftsrecht der DDR, S. 34.

816 § 4 Absatz 3 AHBVO (1989), für als Kapitalgesellschaft geführte AHB i.V.m. § 1 Absatz 2 Satz 1 AHBVO (1989); Prugger, Die Nachfolge in das Vermögen der ehemaligen DDR, S. 188; Bundesministerium für innerdeutsche Beziehungen (Hrsg.), DDR Handbuch, Stichwort "Außenhandelsbetriebe", Band 1, S. 104; Seiffert, Außenwirtschaftsrecht der DDR, S. 34.

817 Vgl. § 6 Absatz 4 Satz 3 AHBVO (1989), für als Kapitalgesellschaft geführte AHB i.V.m. § 1 Absatz 2 Satz 1 AHBVO (1989); noch deutlicher § 1 Absatz 1 S. 2 AHBVO (1974); Bundesministerium für innerdeutsche Beziehungen (Hrsg.), DDR Handbuch, Stichwort "Außenhandelsbetriebe", Band 1, S. 104; Diech, in: Bundesministerium für innerdeutsche Beziehungen (Hrsg.), DDR Handbuch, Band 1, S. 122 (124); Seiffert, Außenwirtschaftsrecht der DDR, S. 34.

818 § 4 Absatz 1 Satz 1 AHBVO (1989), für als Kapitalgesellschaft geführte AHB i.V.m. § 1 Absatz 2 Satz 1 AHBVO (1989); Seiffert, Außenwirtschaftsrecht der DDR, S. 34.

819 § 4 Absatz 4 AHBVO (1989), für als Kapitalgesellschaft geführte AHB i.V.m. § 1 Absatz 2 Satz 1 AHBVO (1989); Seiffert, Außenwirtschaftsrecht der DDR, S. 35.

dete Außenhandelsbetriebe geregelt[820]. Die in Rede stehende Klausel des Treuhandgesetzes zielte hingegen auf eine Sicherung ausstehender Forderungen aus abgeschlossenen Außenwirtschaftsverträgen[821]. Den Zusammenhang zwischen den Ausgleichforderungen und Auslandsverbindlichkeiten einerseits sowie Ausgleichsverbindlichkeiten und Auslandsforderungen andererseits stellte § 8 Absatz 1 Satz 2 ClearingVO her. Zugleich bestimmte die ClearingVO, daß die Außenhandelsbetriebe (nur) hinsichtlich ihrer Auslandsforderungen und -verbindlichkeiten[822] in Abwicklung[823] gingen[824]. Daraus wird teilweise geschlossen, die Außenhandelsbetriebe seien mit ihrem restlichen Vermögen gemäß § 11 Absatz 2 TreuhG umgewandelt[825] und nach § 1 Absatz 4 TreuhG in Anteilsinhaberschaft der Treuhandanstalt übergegangen[826]. Hiergegen spricht allerdings, daß keine durch Gesetz verfügte Spaltung der Außenhandelsbetriebe zum 30. Juni 1990, sondern lediglich nach § 4 ClearingVO im Einzelfall die Möglichkeit vorgesehen ist, im Wege der Sachgründung unter Zurücklassung des in § 7 ClearingVO definierten Abwicklungsvermögens eine Nachfolgegesellschaft zu gründen.

Die ClearingVO, am 4. Juli 1990 beschlossen, trat allerdings erst zum 20. Juli 1990 in Kraft[827], weshalb am 1. Juli 1990 noch kein Außenhandelsbetrieb in Abwicklung

820 Der Verweis hätte sich auf Anlage I Artikel 8 § 4 Absatz 5 Satz 2 StaatsV erstrecken müssen, wo die Entstehung einer Ausgleichverbindlichkeit eines Außenhandelsbetriebes gegenüber dem Ausgleichsfonds Währungsumstellung geregelt ist.

821 Volkskammer, 10. WP, Drs. Nr. 55 a, Begründung zu § 11 TreuhG-Entwurf.

822 Definition in § 7 Absatz 1 ClearingVO.

823 Nicht identisch mit dem Abwicklungsverfahren nach § 39 KombinatsVO i.V.m. GesO oder dem Liquidationsverfahren gemäß §§ 262 ff. AktG, §§ 60 ff. GmbHG.

824 Vgl. § 2 Absatz 1 Satz 1 ClearingVO. Auf Betreiben des Bundesaufsichtsamtes für das Kreditwesen wurde ab Februar 1991 das übrige Vermögen der Außenhandelsbetriebe in das Abwicklungsverfahren einbezogen; Sproß, in: VIZ 1993, S. 295.

825 Sofern dies nicht bereits zuvor auf der Grundlage der UmwandlungsVO erfolgt war.

826 Schmitt-Habersack, in: Kimme (Hrsg.), Offene Vermögensfragen, Artikel 22 EinigungsV, Rz. 25; Treuhandanstalt, Handbuch Vermögenszuordnung, Nachdruck in: Treuhandanstalt (Hrsg.), Dokumentation 1990-1994, Band 8, S. 766 (822); Treuhandanstalt (Direktorat Besondere Handelsbeziehungen), Bericht für den Gesamtvorstand der Treuhandanstalt über den Stand der Abwicklung der ehemaligen Außenhandelsbetriebe (AHB) und KoKo-Unternehmen sowie die Entflechtung von der Deutschen Handelsbank v. 25.01.1994, Nachdruck in: Treuhandanstalt (Hrsg.), Dokumentation 1990-1994, Band 6, S. 269 (270).

827 Vgl. § 15 ClearingVO.

war[828]. Möglicherweise durch diesen Umstand begünstigt, wurden in manchen Fällen Umwandlungen von Außenhandelsbetrieben gemäß § 11 Absatz 2 TreuhG im Handelsregister eingetragen[829]. Eine solche Vorgehensweise verstößt aber gegen den ausdrücklichen, bereits in § 11 Absatz 3 (4. Spiegelstrich) TreuhG manifestierten Willen des Gesetzgebers, der die Außenhandelsbetriebe zum Zwecke der Sicherung der Auslandsforderungen zunächst von einer Umwandlung und Übernahme durch die Treuhandanstalt ausschließen wollte[830]. Dieser Wille trat ebenfalls deutlich in den bereits seit dem 1. Juli 1990 geltenden[831] §§ 46, 50 GAW zutage, die einer weiteren Betätigung der Außenhandelsbetriebe die Rechtsgrundlage entzogen und nur noch deren Abwicklung vorsahen[832]. Der in § 11 Absatz 3 (4. Spiegelstrich) TreuhG gewählte Zusatz "in Abwicklung" zur Bezeichnung der von einer Umwandlung ausgenommenen Außenhandelsbetriebe muß daher als Redaktionsversehen betrachtet werden. Tatsächlich waren die betreffenden Außenhandelsbetriebe noch nicht förmlich in Abwicklung, aber dafür vorgesehen.

Die auf der Grundlage des § 4 ClearingVO gegründeten Nachfolgegesellschaften von Außenhandelsbetrieben können aber sehr wohl als Treuhandgesellschaften angesehen werden. Hierfür spricht die bereits an anderer Stelle besprochene Intention des Gesetzgebers, grundsätzlich sämtliche volkseigenen Kapitalgesellschaften auf die Treuhandanstalt zu überführen, soweit nicht ausdrücklich eine Ausnahme erforderlich ist. Vom Sinn und Zweck der Ausnahmeregelung des § 11 Absatz 3 (4. Spiegelstrich) TreuhG her war es nicht geboten, auch die (zunächst volkseigenen) Nachfolgegesellschaften von der Anteilsinhaberschaft auszunehmen, da die Auslandsforderungen und -verbindlichkeiten bei dem Außenhandelsbetrieb in Abwicklung verblieben[833].

828 Horn, Das Zivil- und Wirtschaftsrecht im neuen Bundesgebiet, § 20, Rz. 117.

829 KG, VIZ 1993, S. 113; s. a. den zwar etwas anders gelagerten Fall LG Berlin, DtZ 1991, S. 351 (352), bei dem aber ebenfalls die Begründung für die fehlende Einschlägigkeit von § 11 Absatz 3 (4. Spiegelstrich) TreuhG in dem Umstand gesucht wird, es habe am 01.07.1990 kein "Außenhandelsbetrieb in Abwicklung" bestanden; Stute, in: VIZ 1994, S. 381.

830 Horn, Das Zivil- und Wirtschaftsrecht im neuen Bundesgebiet, § 20, Rz. 117; Neye, in: EWiR 1993, S. 397 (398).

831 § 51 GAW.

832 Wie hier Prugger, Die Nachfolge in das Vermögen der ehemaligen DDR, S. 191 ff.

833 Ebenso für den Bereich des § 11 Absatz 3 (5. Spiegelstrich) TreuhG BGH, NJW 1994, S. 2487; Papier, in: DtZ 1993, S. 290 (295); Schmitt-Habersack, in: Kimme (Hrsg.), Offene Vermögensfragen, § 1 der 3. DVO z. TreuhG, Rz. 5; Weimar, in: EWiR 1994, S. 1025 (1026); a. A. Neye, in: EWiR 1992, S. 181 (182).

Von den Außenhandelsbetrieben zu unterscheiden waren die Unternehmen des Bereichs Kommerzielle Koordinierung[834], unter denen sich auch Außenhandelsunternehmen fanden[835]. Der Bereich Kommerzielle Koordinierung galt als Staatsorgan[836] und fungierte, weitgehend abgeschirmt selbst von einer Kontrolle durch Ministerrat oder Volkskammer[837], als Gesellschafter von Unternehmen im In- und Ausland[838], die der "maximalen Erwirtschaftung kapitalistischer Valuten außerhalb des Staatsplanes"[839] dienen sollten[840]. Die Gesellschaften des Bereiches Kommer-

834 Knüpfer, in: BB 1990, Supplement DDR-Rechtsentwicklungen, Folge 7, S. 1 (7 Fn. 11).

835 Gemeint sind Betriebe, die an anderer Stelle als "normale" Außenhandelsbetriebe geführt wurden, z.B. Intrac Handelsgesellschaft mbH, Transinter GmbH; s. Herbst / Ranke / Winkler, So funktionierte die DDR, Stichwort "Kommerzielle Koordinierung", Band 1, S. 523 (525); Treuhandanstalt, Bereich AHB, Vermerk v. 15.09.1992, Nachdruck in: Treuhandanstalt (Hrsg.), Dokumentation 1990-1994, Band 9, S. 222 (223). Tatsächlich waren sämtliche Unternehmen des Bereiches Kommerzielle Koordinierung mit Außenhandelsfunktionen betraut.

836 S. Hertle, in: DA 1992, S. 1019 (1029); vgl. Ziffer 1 des Beschlusses des Ministerrates 18/11a/90 v. 15.03.1990, in welcher die Bereich Kommerzielle Koordinierung ausdrücklich als Staatsorgan bezeichnet wird; Nachdruck bei Prugger, Die Nachfolge in das Vermögen der ehemaligen DDR, S. 283 (284).

837 Vgl. Verfügung des Vorsitzenden des Ministerrates Nr. 129/72 v. 14.09.1972, Nachdruck in: Prugger, Die Nachfolge in das Vermögen der ehemaligen DDR, S. 269 ff.

838 S. Hertle, in: DA 1992, S. 1019 (1029); eine Auflistung der knapp 180 Unternehmen des Bereiches Kommerzielle Koordinierung findet sich im Bericht des 1. Untersuchungsausschusses des Deutschen Bundestages, 12. WP, BT-Drs. 12/7600, S. 403 ff.; s. zu Übersichten über die dem Bereich Kommerzielle Koordinierung zuzurechnenden Unternehmen außerdem die der Verfügung des Vorsitzenden des Ministerrates Nr. /89 v. Dezember 1989 (paraphiert am 08.12. 1989) anliegende Objektliste, Nachdruck in: Prugger, Die Nachfolge in das Vermögen der ehemaligen DDR, S. 280 ff., sowie Koch, Das Schalck-Imperium lebt – Deutschland wird gekauft, S. 227, und Seiffert / Treutwein, Die Schalck-Papiere, S. 119 f., 122 ff.; zu den Schwächen der vorgenannten Übersichten Volze, in: DA 1992, S. 646 (649).

839 Ziffer 1 der Verfügung Nr. 61/66 des Vorsitzenden des Ministerrates der Deutschen Demokratischen Republik v. 01.04.1966, Nachdruck in: Prugger, Die Nachfolge in das Vermögen der ehemaligen DDR, S. 266 ff.

840 Nach der weitergefaßten Definition in Ziffer 1 Satz 1 der "Maßnahmen zur Durchsetzung des Beschlusses des Politbüros des ZK der SED v. 02.11.1976" war der Bereich Kommerzielle Koordinierung "mit der Durchführung spezieller politischer, handelspolitischer und ökonomischer Aufgaben zur Durchführung von Beschlüssen des Politbüros und des Generalsekretärs des ZK der

zielle Koordinierung galten als spezielle Staatsunternehmen[841] und waren von Wirtschaftseinheiten der volkseigenen Wirtschaft, als welche sie in der Regel[842] auch formell nicht organisiert waren, zu unterscheiden[843]. Sie waren weder kraft einer speziellen Regelung zur Eintragung in das Register der volkseigenen Wirtschaft berechtigt noch hierzu verpflichtet[844]. Ihr Vermögen war der Anstalt zur treuhänderischen Verwaltung des Volkseigentums daher nicht zugewiesen[845].

SED beauftragt". Die "Interne Ordnung für die Arbeit des Bereiches Kommerzielle Koordinierung" v. 10.03.1977 nennt als neue Aufgaben "die Leitung und Koordination der ökonomischen Beziehungen der DDR zu den Parteibetrieben in der BRD und in Portugal und die Koordination der Arbeiten zur Vorbereitung und Durchführung von Kompensationsgeschäften"; Nachdruck beider Dokumente in: Prugger, Die Nachfolge in das Vermögen der ehemaligen DDR, S. 275 f. (Nachdruck), S. 205 ff. (Erläuterungen).

841 Vgl. die Aussagen von Schalck zu den Firmen F. C. Gerlach und Forgber v. 14.02.1991 und 23.07.1991, Nachdruck in: Prugger, Die Nachfolge in das Vermögen der ehemaligen DDR, S. 288 ff.

842 Ausnahmen: VEB Asimex, vgl. Treuhandanstalt, Direktorat Besondere Handelsgesellschaften (U2 AHB), Bericht für den Gesamtvorstand der Treuhandanstalt v. 25.01.1994, Nachdruck in: Treuhandanstalt (Hrsg.), Dokumentation 1990-1994, Band 9, S. 269 (279); VEB Philatelie Wernsdorf, VEB Antikhandel Pirna, s. Ziffern 4 und 22 der Verfügung des Vorsitzenden des Ministerrates Nr. /89 v. Dezember 1989 (paraphiert am 08.12.1989) anliegenden Objektliste, Nachdruck in: Prugger, Die Nachfolge in das Vermögen der ehemaligen DDR, S. 280 ff.

843 Prugger qualifiziert die zu dem Bereich Kommerzielle Koordinierung zählende Firma F. C. Gerlach als volkseigenen Betrieb, wobei er jedoch Volks- bzw. Staatseigentum von Privateigentum abgrenzt, nicht jedoch zwischen Volks- und Staatseigentum unterscheidet; Prugger, Die Nachfolge in das Vermögen der ehemaligen DDR, S. 221 ff. (insbes. S. 230). Zugleich macht Prugger deutlich, daß die Wirtschaftseinheiten des Bereiches Kommerzielle Koordinierung bis zu der formellen Auflösung dieses Staatsorgans zum 31.03.1990 einem anderen Rechtsregime als die "üblichen" volkseigenen (Außenhandels-)betriebe unterstanden; Prugger, Die Nachfolge in das Vermögen der ehemaligen DDR, S. 231.

844 Vgl. für die dem Bereich Kommerzielle Koordinierung zugehörige Firma F. C. Gerlach LG Berlin, Teilurteil v. 07.08.1992, 9 O 416/91, S. 3, zitiert nach: Prugger, Die Nachfolge in das Vermögen der ehemaligen DDR, S. 202.

845 Vgl. Prugger, Die Nachfolge in das Vermögen der ehemaligen DDR, S. 188, der die Anwendbarkeit der UmwandlungsVO, deren Geltungsbereich ebenso wie derjenige des Gründungsbeschlusses beschrieben ist, auf die Unternehmen des Bereiches Kommerzielle Koordinierung bezweifelt; ebenso Schreiben des Vorsitzenden des Direktoriums der Anstalt zur treuhänderischen Ver-

Die Regierung Modrow war allerdings bestrebt, die Sonderstellung des Bereiches Kommerzielle Koordinierung zu beenden und beschloß dessen Auflösung[846]. Gemäß Ziffer 2 dieses Beschlusses und gestützt auf die Ermächtigung nach Ziffer 3 Gründungsbeschluß und § 6 Statut gründete die Anstalt zur treuhänderischen Verwaltung des Volkseigentums daraufhin zwei Gesellschaften, die ihr – als funktionale Beteiligungsgesellschaften – zur Aufnahme des zu sichernden und in die Marktwirtschaft zu überführenden Bestandes an Unternehmen und sonstigen Vermögensgegenständen des Bereiches Kommerzielle Koordinierung dienen sollten[847]. Eine Überführung von Vermögen auf diese Gesellschaften erfolgte tatsächlich allerdings nur in beschränktem Umfang[848].

Neben den auf die vorgenannten Gesellschaften übergegangenen Vermögensgegenständen des Bereiches Kommerzielle Koordinierung fielen bestehende Beteiligungen volkseigener Wirtschaftseinheiten an dem Bereich Kommerzielle Koordinierung zuzurechnenden Außenhandelsgesellschaften[849] mittelbar in den Verantwortungsbereich der Anstalt zur treuhänderischen Verwaltung des Volkseigentums.

Mit der formellen Auflösung des Bereiches Kommerzielle Koordinierung zum 31. März 1990 waren die diesem Bereich zugehörigen Unternehmen Außenhandelsbetriebe im Sinne der AHBVO (1989) geworden[850]. Auch[851] deshalb konnten diese

waltung des Volkseigentums, Moreth, an den Direktor des Vertragsgerichts v. 14.05.1990, Nachdruck in Koch, Das Schalck-Imperium lebt – Deutschland wird gekauft, S. 230 f.

846 Beschluß des Ministerrates 18/11 a/90 v. 15.03.1990, Nachdruck in Prugger, Die Nachfolge in das Vermögen der ehemaligen DDR, S. 283 ff.; s. zum Vorstehenden Deutscher Bundestag, 12. WP, Bericht des 1. Untersuchungsausschusses "Kommerzielle Koordinierung" v. 27.05.1994, BT-Drs. 12/7600, S. 482.

847 Berliner Handels- und Finanzierungsgesellschaft mbH (BHFG), Effect Vermögensverwaltungsgesellschaft mbH.

848 Treuhandanstalt, Direktorat Besondere Handelsgesellschaften (U2 AHB), Bericht für den Gesamtvorstand der Treuhandanstalt v. 25.01.1994, Nachdruck in: Treuhandanstalt (Hrsg.), Dokumentation 1990-1994, Band 9, S. 269 (278 f.).

849 Beispielsweise im Falle der Intrac Handelsgesellschaft mbH.

850 Prugger, Die Nachfolge in das Vermögen der ehemaligen DDR, S. 231.

851 Ein weiterer Grund war, daß der über den 30.06.1990 hinaus fortgeltende Beschluß des Ministerrates 18/11 a/90 neben der in Ziffer 1 geregelten Auflösung des Bereiches Kommerzielle Koordinierung unter Ziffer 3 die Spezialzuständigkeit der Berliner Handels- und Finanzierungsgesellschaft mbH begründet hatte; Nachdruck des Beschlusses in: Prugger, Die Nachfolge in das Vermögen der ehemaligen DDR, S. 283 ff.

Gesellschaften, wie die sonstigen Außenhandelsbetriebe, nicht (unmittelbar) Treuhand-Unternehmen werden[852].

ee) Betriebsübertragungsgesetz

Schließlich ist in diesem Zusammenhang § 1 Absatz 3 Satz 1 BetriebsübertragungsG zu nennen. Nach dieser Norm hatten die Treuhandanstalt und die Regierungsbevollmächtigten in den Bezirken bei der Vorbereitung der Übertragung von volkseigenen Betrieben der Land- und Forstwirtschaft auf Länder oder Kommunen zusammenzuwirken.

ff) Exkurs: Verwertung der volkseigenen Land- und Forstwirtschaft

Die Landwirtschaft der DDR war überwiegend genossenschaftlich organisiert. Sozialistische Produktionsgenossenschaften dominierten als LPG im Bereich der Landwirtschaft mit einem Anteil von 95 v.H. an der pflanzlichen und etwa 77 v.H. an der tierischen Gesamtproduktion[853]. Gleichwohl existierten auch in diesem Sektor der Volkswirtschaft volkseigene Betriebe. Neben einigen volkseigenen Betrieben[854] und Kombinaten[855] waren dort vor allem (bezirksgeleitete) volkseigene Güter (VEG)[856] gebildet worden. Als spezielle Ausprägung des VEB[857] war das VEG ebenfalls zur wirtschaftlichen Rechnungsführung verpflichtete[858] juristische Person[859]. Seine Rechtsstellung und damit auch die Verpflichtung zur Eintragung im

852 Prugger, Die Nachfolge in das Vermögen der ehemaligen DDR, S. 236.

853 Arlt, in: Arlt / Rosenau / Steding, Agrarrecht für Staats- und Wirtschaftsfunktionäre, S. 22; s. a. Leipold, Wirtschafts- und Gesellschaftssysteme im Vergleich, S. 204; s. a. Staatliche Zentralverwaltung für Statistik (Hrsg.), Statistisches Taschenbuch der Deutschen Demokratischen Republik 1989, S. 67 ff.

854 VEB Saat- und Pflanzgut, VEB Tierzucht, VEB Kreisbetrieb für Landtechnik, VEB Düngestoffe.

855 Kombinat Industrielle Mast (KIM), Kombinat Industrielle Tierproduktion, Kombinat für Landtechnik (KfL).

856 VEG Pflanzenproduktion, VEG Tierzucht.

857 Vgl. Arlt in: Arlt / Rosenau / Steding, Agrarrecht für Staats- und Wirtschaftsfunktionäre, S. 73: "Unter den volkseigenen Betrieben der Landwirtschaft nehmen die VEG den beherrschenden Platz ein"; Rother, in: Kaligin / Goutier (Hrsg.), BHEI, 4010, Rz. 5.

858 Arlt, in: Arlt / Rosenau / Steding, Agrarrecht für Staats- und Wirtschaftsfunktionäre, S. 73; vgl. für das wirtschaftsleitende Organ Vereinigung volkseigener Güter § 4 Absatz 1, 2 VVGVO, wonach die VVG als Einheit der volkseigenen Wirtschaft den Bestimmungen für die volkseigene Wirtschaft unterworfen ist.

859 Arlt, in: Arlt / Rosenau / Steding, Agrarrecht für Staats- und Wirtschaftsfunktionäre, S. 75 f.

Register des volkseigenen Wirtschaft[860] bestimmte sich nach der KombinatsVO[861]. Die staatliche Leitung erfolgte auch hier über wirtschaftsleitende Organe[862]. Wirtschaftlich spielten die VEG jedoch nur eine untergeordnete Rolle. Sie hatten eher die Funktion von Musterbetrieben[863].

Auch die sog. Staatlichen Forstwirtschaftsbetriebe waren im Register der volkseigenen Wirtschaft einzutragende, nach dem Prinzip der wirtschaftlichen Rechnungsführung arbeitende[864] volkseigene Betriebe[865].

Die volkseigenen Wirtschaftseinheiten im Bereich der Land- und Forstwirtschaft waren zunächst in die Treuhandschaft der Anstalt zur treuhänderischen Verwaltung des Volkseigentums überführt worden[866]. Gemäß § 11 Absatz 3 (5. Spiegelstrich) TreuhG blieben volkseigene Güter und staatliche Forstwirtschaftsbetriebe dann jedoch von einer Umwandlung und mithin der Anteilseignerschaft der Treuhandanstalt ausgeschlossen. Diese Ausnahme – ebenso wie die damit im Zusammenhang stehende Regelung des § 1 Absatz 6 TreuhG – fand erst unmittelbar vor der entscheidenden Sitzung der Volkskammer auf Vorschlag des Wirtschaftsausschusses Ein-

860 § 31 Absatz 3 Satz 2 KombinatsVO.

861 Arlt, in: Arlt / Rosenau / Steding, Agrarrecht für Staats- und Wirtschaftsfunktionäre, S. 76.

862 Vereinigung volkseigener Güter (VVG), Vereinigung volkseigener Betriebe (VVB) und Kombinate.

863 Arlt, in: Arlt / Rosenau / Steding, Agrarrecht für Staats- und Wirtschaftsfunktionäre, S. 23; Försterling, Recht der offenen Vermögensfragen, Rz. 27.

864 § 1 Absatz 1 des Rahmenstatuts für staatliche Forstwirtschaftsbetriebe v. 11.02.1959, GBl. I, S. 121 ff.

865 Vgl. Anordnung über die Aufgaben der Staatlichen Forstwirtschaftsbetriebe und die Betreuung des LPG- und Privatwaldes v. 11.02.1959, GBl. I, S. 121; Kurjo, in: Bundesministerium für innerdeutsche Beziehungen (Hrsg.), DDR Handbuch, Stichwort "Forst- und Holzwirtschaft", Band 1, S. 437 (438); Försterling, Recht der offenen Vermögensfragen, Rz. 27; Papier, in: DtZ 1993, S. 290 (290 u. 292 f.).

866 Neye, in: EWiR 1992, S. 181 (182) schließt mit Blick auf die Regelung des § 11 Absatz 3 (5. Spiegelstrich) TreuhG die Anwendbarkeit der UmwandlungsVO für volkseigene Güter aus. Demzufolge wäre wohl auch die Erstrekkung der Treuhandschaft der Anstalt zur treuhänderischen Verwaltung des Volkseigentums auszuschließen. Jedoch kann der Auffassung Neyes nicht gefolgt werden. Die angesprochene Regelung des Treuhandgesetzes verhinderte die Umwandlung noch als VEG organisierter Güter am 01.07.1990. Auf die Zeit zwischen dem 01.03.1990 und dem 30.06.1990 konnte diese Ausnahmeregelung jedoch nicht zurückwirken.

gang in das Gesetz[867]. Sie sollte es ermöglichen, den Besonderheiten dieses Sektors Sorge zu tragen[868]. Die Verwertung sollte regelmäßig durch Länder und Kommunen, hilfsweise eine "Treuhand Land und Forstwirtschaft"[869] erfolgen[870]. Die Zuständigkeit der Treuhandanstalt für sonstige volkseigene Betriebe der Land- und Forstwirtschaft, namentlich Betriebe der ersten Verarbeitungsstufe[871], auf die § 1 Absatz 4 TreuhG i.V.m. § 11 Absatz 2 TreuhG anwendbar war, blieb von der Ausnahmeregelung des § 11 Absatz 3 (5. Spiegelstrich) TreuhG unberührt[872].

867 Wirtschaftsausschuß der Volkskammer, Beschlußempfehlung v. 16.06.1990 zum Antrag des Ministerrates v. 06.06.1990, Volkskammer, 10. WP, Drs. Nr. 55 b. Damit verbunden war die Aufforderung an den Ausschuß für Ernährung, Land- und Forstwirtschaft der Volkskammer, binnen drei Tagen die Grundzüge einer Satzung der Treuhandschaft zur Privatisierung und Reorganisation volkseigenen Vermögens in der Land- und Forstwirtschaft beizubringen. Der Parlamentarische Staatssekretär im Ministerium für Ernährung, Land- und Forstwirtschaft, Kauffold (SPD), hatte eine Sonderbehandlung der Land- und Forstwirtschaft in der Volkskammerdebatte am 14.06.1990 gefordert und einen entsprechenden Antrag seiner Fraktion bei der Sitzung des Wirtschaftsausschusses am 16.06.1990 eingebracht; Kauffold, in: Volkskammer, 10. WP, stenographische Niederschrift der 14. Tagung, S. 485, sowie Steinecke, in: Volkskammer, 10. WP, stenographische Niederschrift der 15. Tagung, S. 558.

868 Hierzu ergingen noch im Juni und Juli 1990 das FörderG, das LandwirtschaftsanpassungsG, das BetriebsübertragungsG und das GrundstücksübertragungsG.

869 Die Treuhand Land- und Forstwirtschaft sollte nach dem ursprünglichen Willen eine eigene, von der Treuhandanstalt zu unterscheidende Organisation sein. Dies zeigt sich daran, daß der Gesetzgeber in § 1 Absatz 2 und 3 BetriebsübertragungsG beide Organisationen begrifflich und von der Vermögenszuweisung her trennt. Noch deutlicher wird dies in § 4 Absatz 3 Satz 1 GrundstücksübertragungsG, der im Juli 1990, also nach Inkrafttreten des Treuhandgesetzes, von der noch bevorstehenden Gründung der Treuhand Land- und Forstwirtschaft spricht. Diese Vorstellung hat zumindest der Verordnungsgeber bereits Ende August 1990 nicht mehr verfolgt, wie die 3. DVO z. TreuhG belegt. Tatsächlich ist die Treuhand Land- und Forstwirtschaft nie als juristisch selbständige Einheit, sondern zunächst als Direktorat innerhalb der Treuhandanstalt entstanden; vgl. BGH, NJW 1994, S. 2487.

870 §§ 1 ff. BetriebsübertragungsG; BGH, NJW 1994, S. 2487; Försterling, Recht der offenen Vermögensfragen, Rz. 124 f.

871 317 Unternehmen u.a. der Milch- und Fleischwirtschaft, Kühl- und Lagerhäuser sowie Landtechnikunternehmen; Treuhandanstalt, Aufgaben und Lösungswege, Nachdruck in: Treuhandanstalt (Hrsg.), Dokumentation 1990-1994, Band 8, S. 248 (249).

872 Schmitt-Habersack, in: Kimme (Hrsg.), Offene Vermögensfragen, § 1 der 3. DVO z. TreuhG, Rz. 3; Treuhandanstalt, Handbuch Vermögenszuordnung,

Die Rechtslage änderte sich jedoch mit Inkrafttreten des Einigungsvertrages zum 3. Oktober 1990. Das Betriebsübertragungsgesetz zählte nicht zu den nach Maßgabe des Artikels 9 EinigungsV fortgeltenden Rechtsvorschriften. Das Zugriffsrecht der Länder und Kommunen und damit zugleich die Rechtfertigung für die Schaffung der Ausnahmeregelung des § 11 Absatz 3 (5. Spiegelstrich) TreuhG entfielen. Nach der gesetzgeberischen Intention, nur in begründeten Ausnahmefällen davon abzusehen, Wirtschaftseinheiten von einer Umwandlung in Kapitalgesellschaften und der Zuweisung an die Treuhandanstalt auszunehmen, ist davon auszugehen, daß im Falle des Wegfalls des Umwandlungs- und Zuweisungshindernisses der gesetzliche Regelfall, d.h. Umwandlung gemäß § 11 Absatz 1, 2 TreuhG und Übernahme der Anteile durch die Treuhandanstalt nach § 1 Absatz 4 TreuhG, eintritt. Mithin wurde die Treuhandanstalt zum 3. Oktober 1990 Anteilseignerin der ehemals volkseigenen Güter und staatlichen Forstwirtschaftsbetriebe, die nunmehr als GmbHs i.A. firmierten[873].

f) sonstige Formen der Einflußnahme

Schließlich und am Rande sei erwähnt, daß es der Ministerrat, aber auch die Bundesregierung in der Hand hatte, das allgemeine Umfeld, in dem sich die Arbeit der Treuhandanstalt vollzog, rechtlich und administrativ zu gestalten und damit Bedingungen zu setzen, die sich teils erheblich auf die Tätigkeit der Treuhandanstalt auswirkten.

Einen bedeutenden Einfluß auf Privatisierungschancen für Treuhand-Unternehmen und damit auf den Erfolg der Privatisierungstätigkeit der Treuhandanstalt konnte beispielsweise der Minister für Umwelt, Naturschutz, Energie und Reaktorsicherheit ausüben. Nach Maßgabe des Artikels 1 § 4 Absatz 3 des am 1. Juli 1990 in Kraft getretenen Umweltrahmengesetzes war es in sein (und der zuständigen Behörden) Ermessen gestellt, Erwerber von Produktionsanlagen von der ordnungsrechtlichen Haftung für vor dem 1. Juli 1990 verursachte Umweltschäden freizustellen. Eine derartige Freistellung war häufig wesentliche Voraussetzung für ein Engagement von Investoren[874]. Die Altlastenfreistellung war daher ein Instrument der Investitionsförderung[875].

Nachdruck in: Treuhandanstalt (Hrsg.), Dokumentation 1990-1994, Band 8, S. 766 (811 f.).

873 So auch für staatliche Forstwirtschaftsbetriebe Papier, in: DtZ 1993, S. 290 (295); für VEG BGH, NJW 1994, S. 2487; Weimar, in: EWiR 1994, S. 1025 (1026); a. A. Neye, in: EWiR 1992, S. 181 (182).

874 Deutscher Bundestag, 12. WP, Beschlußempfehlung und Bericht des 2. Untersuchungsausschusses "Treuhandanstalt" v. 29.08.1994, BT-Drs. 12/8404, S. 120.

875 Vgl. Bundesministerium für Umwelt, Naturschutz und Reaktorsicherheit, Altlastensanierung, S. 11.

Ähnliches galt beispielsweise für die am 4. Juli 1990 von dem Ministerrat beschlossene InvestitionszulagenVO ebenso wie für die von dem Bundesministerium der Finanzen initiierten Anreize im bundesdeutschen Steuerrecht für ein unternehmerisches Engagement im anderen deutschen Staat[876].

Derartige Maßnahmen dienten jedoch nicht als Instrument der Kontrolle über die Treuhandanstalt, sondern beeinflußten deren Tätigkeit lediglich reflexiv. Sie bleiben daher im Rahmen der vorliegenden Arbeit außer Betracht.

2. Kontrolle durch die Volkskammer

Nach den allgemeinen, unmittelbaren, freien, gleichen und geheimen Wahlen am 18. März 1990 konstituierte sich am 5. April 1990 die zehnte Volkskammer. Die Wahlen waren angesichts des anhaltenden Zerfalls staatlicher Autorität vorgezogen worden, um so schnell wie möglich eine demokratisch legitimierte Volksvertretung (und eine handlungsfähige Regierung) zu etablieren[877]. Die hohe Wahlbeteiligung und der Ausgang der Wahl[878] trugen dazu bei, die Volkskammer als politische Autorität (wieder?)herzustellen.

Somit kam der zehnten Volkskammer ein anderer politischer Stellenwert als ihren Vorgängern zu. Dies blieb nicht ohne Auswirkung auch für die Treuhandanstalt.

a) organisatorische Dispositionen

Die Volkskammer hat, wie bereits erwähnt, auf die Bildung eines ständigen Ausschusses zur Überwachung der Treuhandanstalt bewußt verzichtet, obwohl sowohl das sog. "Bonner Konzept"[879] als auch das sog. "Bielefelder

876 Einen Überblick gibt das Presse- und Informationsamt der Bundesregierung (Hrsg.), Jahresbericht der Bundesregierung 1990, S. 200 ff.

877 Winters, in: DA 1990, S. 497.

878 Das endgültige amtliche Ergebnis der Wahlen ist wiedergegeben bei Winters, in: DA 1990, S. 497 (499).

879 Erläuterungen zur Organisation der Privatisierung des volkseigenen Vermögens v. 17.05.1990, Ziffer 6, Nachdruck in: Kemmler, Die Entstehung der Treuhandanstalt, S. 405 (406).

Konzept"[880] übereinstimmend die Einrichtung eines Unterausschusses des Haushaltsausschusses zur ständigen parlamentarischen Kontrolle über die Treuhandanstalt vorgeschlagen hatten. Auch der Wirtschaftsausschuß der Volkskammer hatte ursprünglich, d.h. vor der parlamentarischen Behandlung des Treuhandgesetzes, die auf die Einsetzung eines Sonderausschusses abzielenden Anträge der Volkskammerfraktionen der SPD und Bündnis 90 / Grüne befürwortet[881]. Neben der Befürchtung, ein gesonderter Parlamentsausschuß könne die praktische Arbeit der Treuhandanstalt behindern[882], hat vor allem die Einrichtung des mit wichtigen Befugnissen gegenüber dem Vorstand der Treuhandanstalt ausgestatteten Verwaltungsrats, dessen Mitglieder mehrheitlich, nämlich für neun von siebzehn Positionen, von der Volkskammer berufen wurden und der daher in funktionaler Hinsicht als ein mittelbar parlamentarischer Kontrollausschuß angesehen wurde, die Volkskammer zu diesem Verzicht veranlaßt[883]. Die Mitgliedschaft der Parlamentarier im Verwaltungsrat der Treuhandanstalt diente ausdrücklich zur Herstellung von Transparenz[884]. Dieses Verständnis von dem Verwaltungsrat als Mittel parlamentarischer Kontrolle kommt auch in § 9 Absatz 1 Satz 2 TreuhS zum Ausdruck, wonach die Volkskammer die Einberufung einer Verwaltungsratssitzung verlangen konnte.

Von den vorhandenen Ausschüssen der Volkskammer ist insbesondere der Wirtschaftsausschuß in Angelegenheiten der Treuhandanstalt tätig geworden. So führte er beispielsweise auf der Grundlage von Artikel 61 Absatz 2, 3 DDR-Verfassung Anhörungen durch, in denen gelegentlich auch Vertreter der Treuhandanstalt oder bedeutender Treuhand-Unternehmen zu Wort kamen[885].

880 "Bielefelder Konzept" v. 20.05.1990 zur Organisation der Treuhandanstalt der DDR, Ziffer I.2. und IV.1. lit. d), Nachdruck in: Hommelhoff / Krebs (Hrsg.), Treuhandanstalt und Treuhandgesetz, Ziffer II.2.6.

881 Volkskammer, 10. WP, Drs. 11 und 12.

882 Vgl. Volkskammer, 10. WP, Drs. 55 a, Ziffer 2. der Begründung zu § 4 TreuhG-Entwurf.

883 Vgl. Volkskammer, 10. WP, Drs. 55 b, Beschlußempfehlung Ziffer 8, Nachdruck in: Treuhandanstalt (Hrsg.), Dokumentation 1990-1994, Band 1, S. 126 (128); vgl. Volkskammer, 10. WP, Drs. 55 a, Ziffer 2. der Begründung zu § 4 TreuhG-Entwurf.

884 Vgl. Nooke, in: Volkskammer, 10. WP, stenographische Niederschrift der 26. Tagung, S. 1124.

885 Vgl. Steinitz, in: Volkskammer, 10. WP, stenographische Niederschrift der 26. Tagung, S. 1126; vgl. Steinecke, in: Volkskammer, 10. WP, stenographische Niederschrift der 15. Tagung, S. 557.

Daneben hatte die Volkskammer, wie bereits geschildert, am 29. Juni 1990 eine "parlamentarische Arbeitsgruppe zur Untersuchung der Vorgänge auf dem Energiesektor, insbesondere des Kraftwerkes Boxberg, und Prüfung der Einbeziehung der Treuhandanstelle" gebildet[886], die Anfang Juli 1990 ihre Arbeit verrichtete und am 5. Juli 1990 der Volkskammer Bericht erstattete[887].

b) Ausübung parlamentarischer Kontrolle

aa) vorauswirkende Kontrolle

Eine vorauswirkende Kontrolle durch Normsetzung übte die Volkskammer bei der Behandlung des Staatsvertrages, dessen erste Lesung am 21. Mai 1990 stattfand, aus. Der nach entsprechender Diskussion in den Ausschüssen am 21. Juni 1990 durch die Volkskammer ratifizierte Staatsvertrag enthielt eine Reihe von die Treuhandanstalt unmittelbar betreffenden Bestimmungen[888], die nachweislich auch die Formulierung des Treuhandgesetzes beeinflußt haben[889]. Auch der Deutsche Bundestag hatte im Zuge seiner sehr intensiven[890] Befassung mit dem Staatsvertrag Gelegenheit, bereits für die Phase vor dem 3. Oktober 1990 Einfluß auf die Treuhandanstalt auszuüben. Besonders bemerkenswert ist in diesem Zusammenhang die Bildung des federführenden Sonderausschusses "Deutsche Einheit" am 23. Mai 1990, dem Abgeordnete des Deutschen Bundestages und der Volkskammer angehörten.

Das gewachsene politische Gewicht und Selbstbewußtsein der zehnten Volkskammer zeigte sich dann deutlich auch im Gesetzgebungsverfahren des Treuhandgesetzes. Die Volkskammer bestand diesmal auf ihrer Befugnis zu vorauswirkender Kontrolle und machte davon Gebrauch.

886 Volkskammer, 10. WP, stenographische Niederschrift der 20. Tagung (Sondertagung), S. 815 f.

887 Volkskammer, 10. WP, stenographische Niederschrift der 21. Tagung, S. 883 f.

888 Insbesondere Artikel 10 Absatz 6, Artikel 26 Absatz 4, Artikel 27 Absatz 1-3 sowie Anlage IX StaatsV.

889 Beispielsweise ist die Formulierung der Präambel (4. Anstrich) und von § 5 Absatz 2 TreuhG unmittelbar auf Artikel 10 Absatz 6, Artikel 26 Absatz 4 StaatsV zurückzuführen; vgl. Volkskammer, 10. WP, Drs. 55 a, Ziffer 2. der Begründung zur Präambel sowie Ziffer 2. der Begründung zu § 5 des TreuhG-Entwurfs.

890 Dazu Stern, in: Stern / Schmidt-Bleibtreu (Hrsg.), Staatsvertrag zur Währungs-, Wirtschafts- und Sozialunion, S. 3 (74).

So hat die Volkskammer den Gesetzentwurf in erster und zweiter Lesung am 7., 15. und 17. Juni 1990 intensiv und kontrovers diskutiert und dabei Änderungen angeregt[891]. Allerdings war der Regierungsentwurf der Volkskammer erst am 6. Juni 1990 zugeleitet[892], den Abgeordneten erst am Morgen des 7. Juni 1990 verteilt worden[893], so daß den Abgeordneten bis zur ersten Lesung nur wenige Stunden der Vorbereitung blieben. Dieses die Arbeit in der ersten Lesung erschwerende Verhalten des Ministerrates verstieß gegen § 2 Absatz 2 Satz 2, 3 MinisterratsG und gab Anlaß zu entsprechender Kritik[894]. Dennoch akzeptierte die Volkskammer in ihrer überwiegenden Mehrheit den Zeitdruck, der sich aus dem bevorstehenden Inkrafttreten des Staatsvertrages am 1. Juli 1990 ergab, und versuchte, den engen zeitlichen Vorgaben durch besonderen Fleiß – nicht zuletzt die am Vortag durch eine achtstündige Sitzung des Wirtschaftsausschusses vorbereitete Tagung am Sonntag, den 17. Juni 1990 – gerecht zu werden. Zwischen den Plenardebatten anläßlich der Lesungen leisteten die Ausschüsse der Volkskammer die parlamentarische Arbeit am Treuhandgesetz. Der in dieser Angelegenheit federführende Wirtschaftsausschuß der Volkskammer führte die Änderungsvorschläge aus dem Plenum sowie des Rechtsausschusses, des Haushaltsausschusses, des Finanzausschusses und des Ausschusses für Verfassung und Verwaltungsreform und aus seinen eigenen Reihen in intensiven Diskussionen zusammen, hörte Regierungsstellen[895] und formulierte die überarbeiteten Entwurfsfassungen des Treuhandgesetzes. Über letzte

891 Volkskammer, 10. WP, stenographische Niederschrift der 11. Tagung, S. 353-361; Volkskammer, 10. WP, stenographische Niederschrift der 14. Tagung, S. 480-492; Volkskammer, 10. WP, stenographische Niederschrift der 15. Tagung, S. 557-561; dazu Fischer / Schröter, in: Fischer / Hax / Schneider (Hrsg.), Treuhandanstalt – Das Unmögliche wagen, S. 17 (35 ff.); Kemmler, Die Entstehung der Treuhandanstalt, S. 165 ff.

892 Fischer / Schröter, in: Fischer / Hax / Schneider (Hrsg.), Treuhandanstalt – Das Unmögliche wagen, S. 17 (35); Kemmler, Die Entstehung der Treuhandanstalt, S. 165.

893 Nooke, in: Volkskammer, 10. WP, stenographische Niederschrift der 11. Tagung, S. 353 (355).

894 Steinecke, in: Volkskammer, 10. WP, stenographische Niederschrift der 14. Tagung, S. 480.

895 In der Sitzung des Wirtschaftsausschusses am 16.06.1990 waren die Anstalt zur treuhänderischen Verwaltung des Volkseigentums, das Amt für Rechtsschutz des Vermögens der DDR, das Amt des Ministerpräsidenten, das Ministerium für Ernährung, Land- und Forstwirtschaft sowie das Ministerium für Wirtschaft vertreten; Steinecke, in: Volkskammer, 10. WP, stenographische Niederschrift der 15. Tagung, S. 557.

Änderungsvorschläge wurde wiederum unmittelbar vor der entscheidenden Abstimmung im Plenum diskutiert und entschieden.

Insgesamt erfuhr der Regierungsentwurf auf diese Weise einige bedeutende Veränderungen. Abweichend vom Regierungsentwurf fanden Kontrollbefugnisse für die Volkskammer Eingang in das Treuhandgesetz, so ihre Mitwirkung bei der Berufung der Mitglieder des Verwaltungsrates[896] und die Bestätigung der Satzung der Treuhandanstalt[897]. In einem begleitenden, den Ministerrat bindenden[898] Beschluß wurde der Ministerrat darüber hinaus aufgefordert, der Volkskammer quartalsweise über die Tätigkeit der Treuhandanstalt zu unterrichten[899]. Weiterhin wurde im Treuhandgesetz insbesondere die Stellung des Verwaltungsrats deutlich gestärkt und der eines Aufsichtsrates angeglichen. Dies bedingte, gemessen an dem Regierungsentwurf, für das Treuhandgesetz zugleich eine Beschneidung der Befugnisse der Regierung und insbesondere des Vorsitzenden des Ministerrates. Schließlich wurde der Entwurf des Treuhandgesetzes um Sonderregelungen zur Kommunalisierung[900], zu land- und forstwirtschaftlichem Vermögen[901], zu Außenhandelsbetrieben[902] sowie zur Einnahmenverwendung einschließlich der Möglichkeit der Ausgabe von Anteilsscheinen[903] ergänzt. Ergänzend wurde der Ministerrat beauftragt sicherzustellen, daß Grund und Boden nur unter Vereinbarung einer Nachbewertungsklausel veräußert wird[904].

Im Zusammenhang mit der Verabschiedung des Treuhandgesetzes faßte die Volkskammer zudem den Beschluß, daß bei einer Vereinigung beider deutschen Staaten das Vermögen und die Rechte der Treuhandanstalt auf

896 § 4 Absatz 2 TreuhG.

897 § 2 Absatz 3 TreuhG.

898 Artikel 49 Absatz 1 DDR-Verfassung.

899 Vgl. Volkskammer, 10. WP, Drs. 55 b, Beschlußempfehlung Ziffer 3 (1. Anstrich), Nachdruck in: Treuhandanstalt (Hrsg.), Dokumentation 1990-1994, Band 1, S. 126 (127).

900 § 1 Absatz 1 Satz 3 TreuhG.

901 § 1 Absatz 6, § 11 Absatz 3 (5. Anstrich) TreuhG.

902 § 11 Absatz 3 (4. Anstrich) TreuhG.

903 Präambel (4. Anstrich), § 5 Absatz 2 TreuhG.

904 Vgl. Volkskammer, 10. WP, Drs. 55 b, Beschlußempfehlung Ziffer 3 (2. Anstrich), Nachdruck in: Treuhandanstalt (Hrsg.), Dokumentation 1990-1994, Band 1, S. 126 (127).

die Länder übergehen, die dann auf dem Gebiet der Deutschen Demokratischen Republik bestehen[905].

Die auf Initiative der Volkskammer eingefügte Bestimmung des § 2 Absatz 3 TreuhG, wonach die Satzung der Treuhandanstalt der Bestätigung durch die Volkskammer bedurfte, eröffnete der Volkskammer eine weitere Möglichkeit, auf die Treuhandanstalt im Wege vorauswirkender Kontrolle Einfluß zu nehmen. Auch von dieser Möglichkeit hat die Volkskammer Gebrauch gemacht. Der Entwurf der Satzung wurde zunächst im Wirtschaftsausschuß beraten[906]. Nach ausführlicher Debatte im Plenum am 20. und 22. Juli 1990[907] bestätigte die Volkskammer die Satzung der Treuhandanstalt mit zwei Änderungsempfehlungen[908], von denen eine umgesetzt wurde. Auch insoweit konnte mithin von einer spürbaren vorauswirkenden Kontrolle durch die Volkskammer die Rede sein.

Treuhandgesetz und Satzung der Treuhandanstalt machen in einem Punkt auch auf das Versagen vorauswirkender, durch Normsetzung vermittelter Kontrolle der Volkskammer aufmerksam[909]. Entgegen der Festlegung in Treuhandgesetz[910] und TreuhS[911] verzichtete die Treuhandanstalt auf die Gründung der vorgesehenen Treuhand-Aktiengesellschaften. Die Volkskammer hat diesen Verstoß, wie die Debatte in der 35. Tagung am 13. September 1990 zeigte, weitgehend akzeptiert[912].

905 Vgl. Volkskammer, 10. WP, Drs. 55 b, Beschlußempfehlung Ziffer 4, Nachdruck in: Treuhandanstalt (Hrsg.), Dokumentation 1990-1994, Band 1, S. 126 (127).

906 De Maizière, in: Volkskammer, 10. WP, stenographische Niederschrift der 26. Tagung, S. 1124 f.; Steinecke, in: Volkskammer, 10. WP, stenographische Niederschrift der 27. Tagung, S. 1273.

907 Volkskammer, 10. WP, stenographische Niederschrift der 26. Tagung, S. 1123 ff.; Volkskammer, 10. WP, stenographische Niederschrift der 27. Tagung, S. 1173 ff.

908 Beschluß der Volkskammer der Deutschen Demokratischen Republik zur Bestätigung der Satzung der Treuhandanstalt v. 22.07.1990, Nachdruck in: Treuhandanstalt (Hrsg.), Dokumentation 1990-1994, Band 1, S. 358.

909 Hierzu ausführlich Seibel, in: Wollmann u. a., Transformation der politisch-administrativen Strukturen in Ostdeutschland, S. 169 (172 ff.).

910 §§ 7 f. TreuhG.

911 §§ 5 f. TreuhS.

912 Ullmann, in: Volkskammer, 10. WP, stenographische Niederschrift der 35. Tagung, Nachdruck in: Treuhandanstalt (Hrsg.), Dokumentation 1990-1994, Band 2, S. 152 (165); Bogisch, in: Volkskammer, 10. WP, stenographische Niederschrift der 35. Tagung, Nachdruck in: Treuhandanstalt (Hrsg.), Dokumentation 1990-1994, Band 2, S. 152 (171); anders Nitsch, in: Volkskammer,

Über die vorgenannten Fälle hinaus hat die Volkskammer über die Befassung mit einer Reihe weiterer Gesetze, welche sich mit einzelnen Aspekten der Tätigkeit der Treuhandanstalt befaßten, vorauswirkende Kontrolle ausgeübt. Beispielhaft sei hingewiesen auf die Änderung des Unternehmensgesetzes[913], die Aufhebung des Gesetzes vom 6. März 1990 über die Übertragung volkseigener landwirtschaftlicher Nutzfläche in das Eigentum von LPG[914], den Erlaß des Gesetzes zur Entflechtung des Handels in den Kommunen[915], des Gesetzes über die Übertragung volkseigener Güter, staatlicher Forstwirtschaftsbetriebe und anderer volkseigener Betriebe der Land- und Forstwirtschaft in das Eigentum der Länder und Kommunen[916], des Gesetzes über die Übertragung des Eigentums und die Verpachtung volkseigener landwirtschaftlich genutzter Grundstücke an Genossenschaften, Genossenschaftsmitglieder und andere Bürger[917] sowie schließlich des 2. Zivilrechtsänderungsgesetzes, mit welchem als schnelle Reaktion auf die Liquiditätskrise der Treuhand-Unternehmen die Kreditsicherungsmöglichkeiten erweitert wurden[918].

Schließlich haben auch Beschlüsse der Volkskammer zu Einzelfragen eine vorauswirkende Kontrollwirkung entfaltet. Beispielsweise verabschiedete die Volkskammer am 22. Juni 1990[919] und 23. Juli 1990[920] Anträge zu den Plänen für den dann am 22. August 1990 geschlossenen sog. Stromver-

10. WP, stenographische Niederschrift der 35. Tagung, Nachdruck in: Treuhandanstalt (Hrsg.), Dokumentation 1990-1994, Band 2, S. 152 (167 f.); Kloepfer, in: Fischer / Hax / Schneider, Treuhandanstalt – Das Unmögliche wagen, S. 41 (46).

913 § 5 Gesetz über die Änderung oder Aufhebung von Gesetzen der Deutschen Demokratischen Republik v. 28.06.1990, GBl. I, S. 483 (484).

914 § 7 Ziffer 5 Gesetz über die Änderung oder Aufhebung von Gesetzen der Deutschen Demokratischen Republik v. 28.06.1990, GBl. I, S. 483 (485).

915 Gesetz zur Entflechtung des Handels in den Kommunen v. 06.07.1990, GBl. I, S. 598.

916 Gesetz über die Übertragung volkseigener Güter, staatlicher Forstwirtschaftsbetriebe und anderer volkseigener Betriebe der Land- und Forstwirtschaft in das Eigentum der Länder und Kommunen, GBl. I, S. 897 ff.

917 Gesetz über die Übertragung des Eigentums und die Verpachtung volkseigener landwirtschaftlich genutzter Grundstücke an Genossenschaften, Genossenschaftsmitglieder und andere Bürger, GBl. I, S. 899 f.

918 Kemmler, Die Entstehung der Treuhandanstalt, S. 296.

919 Volkskammer, 10. WP, stenographische Niederschrift der 17. Tagung, S. 670.

920 Volkskammer, 10. WP, stenographische Niederschrift der 27. Tagung, S. 1278 f.; o. N., in: DA 1990, S. 1321.

trag. Der Vorbereitung des Beschlusses am 23. Juli 1990[921] diente eine gemeinsame Sitzung des Ausschusses für Wirtschaft und des Ausschusses für Umwelt, Naturschutz, Energie und Reaktorsicherheit am 3. Juli 1990, bei der eine Anhörung durchgeführt wurde. Mit dem Schicksal des Treuhandunternehmens Jenoptik Carl Zeiss Jena GmbH befaßte sich die Volkskammer ebenfalls und befürwortete nach vorangegangener Anhörung im Wirtschaftsausschuß[922] die Ende September 1990 dann von der Treuhandanstalt vollzogene Übertragung eines Geschäftsanteils von 20 v.H. auf die (ruhende) Carl Zeiss Stiftung, Jena, die das Land Thüringen als Verwalter einsetzte[923].

Wie an anderer Stelle bereits erläutert, kam dem Recht der Volkskammer, auf die Besetzung des Verwaltungsrates der Treuhandanstalt Einfluß zu nehmen, ebenfalls eine vorauswirkende Kontrollwirkung zu. Angesichts der gerade von der Volkskammer betonten unternehmerischen Freiheit der Treuhandanstalt[924] war die Auswahl der Organwalter, die den Vorstand der Treuhandanstalt zu berufen und ähnlich wie der Aufsichtsrat einer Aktiengesellschaft zu beraten und zu kontrollieren hatten[925], von herausragender Bedeutung. Die Volkskammer konnte von den siebzehn Mitgliedern des Verwaltungsrates zwei aus ihrer Mitte sowie sieben weitere auf Vorschlag des Vorsitzenden des Ministerrates wählen[926]. Die ihr somit eröffnete Möglichkeit zur Ausübung vorauswirkender Kontrolle nahm die Volkskammer sehr ernst. Die von dem Vorsitzenden des Ministerrates vorgeschlagenen Kandidaten unterzog der Wirtschaftsausschuß einer genauen Prüfung, was zu Veränderungen der Vorschlagsliste führte[927]. Zu parlamentarischen Vertretern im Verwaltungsrat wählte die Volkskammer den Vorsitzenden des Wirtschaftsausschusses Steinecke sowie – allerdings erst im dritten Wahlgang – als Kandidaten der Opposition Günter Nooke[928].

Die Möglichkeit vorauswirkender parlamentarischer Kontrolle mit Bezug zur Treuhandanstalt eröffnete schließlich auch § 1 Absatz 4 Gesetz über die Übertragung volkseigener Güter, staatlicher Forstwirtschaftsbetriebe

921 Volkskammer, 10. WP, Drs. 126 b.

922 Vgl. Steinitz, in: Volkskammer, 10. WP, stenographische Niederschrift der 26. Tagung, S. 1126.

923 Freese, Die Privatisierungstätigkeit der Treuhandanstalt, S. 245.

924 Vgl. pro aliis Nooke, in: Volkskammer, 10. WP, stenographische Niederschrift der 26. Tagung, S. 1124.

925 § 3 Absatz 2 Satz 2, § 4, § 6 Satz 3, § 7 Absatz 2 Satz 3 TreuhG.

926 § 4 Absatz 2 Satz 3, 4 TreuhG.

927 Kemmler, Die Entstehung der Treuhandanstalt, S. 197 f.

928 Kemmler, Die Entstehung der Treuhandanstalt, S. 198.

und anderer volkseigener Betriebe der Land- und Forstwirtschaft in das Eigentum der Länder und Kommunen[929]. Die Bestimmung sah ein Mitentscheidungsrecht in der Frage, ob ein volkseigener Betrieb der Land- und Forstwirtschaft in das Eigentum eines Landes oder der Treuhandanstalt überführt werden sollte, vor. Allerdings war die Mitwirkungsbefugnis nicht der Volkskammer als Organ, sondern den Volkskammerabgeordneten des jeweiligen Bezirks eingeräumt. Die Volkskammerabgeordneten fungierten hierbei zusammen mit den Regierungsbevollmächtigten in Vertretung der noch nicht gebildeten Länderparlamente.

bb) informierende Kontrolle

Zur Ausübung informierender parlamentarischer Kontrolle in Angelegenheiten der Anstalt zur treuhänderischen Verwaltung des Volkseigentums hatten der Volkskammer, wie gezeigt, ein Anspruch auf Rechenschaftslegung sowie parlamentarische Frage- und Informationsrechte zur Verfügung gestanden. Die Möglichkeiten der Volkskammer zu informierender Kontrolle hinsichtlich der Treuhandanstalt waren demgegenüber anders geartet.

aaa) Anspruch auf Rechenschaftslegung

Nach dem durch § 24 Absatz 3 (2. Spiegelstrich) TreuhG verfügten Wegfall ihres Statuts bestand für die Treuhandanstalt die ausdrückliche Anordnung einer Rechenschaftspflicht unmittelbar gegenüber der Volkskammer nicht mehr. Das Unternehmensgesetz blieb zwar über den 30. Juni 1990 hinaus in Kraft, die darin enthaltene Regelung einer Rechenschaftspflicht der Treuhandanstalt gegenüber der Volkskammer wurde jedoch ebenfalls zum 1. Juli 1990 durch § 5 Ziffer 5 des Gesetzes über die Änderung oder Aufhebung von Gesetzen der Deutschen Demokratischen Republik vom 28. Juni 1990[930] aufgehoben. Eine Rechenschaftspflicht der Treuhandanstalt gegenüber der Volkskammer kraft ausdrücklicher, spezieller Anordnung bestand daher nicht.

Ebenso wenig konnte eine derartige Verpflichtung der Treuhandanstalt aus Artikel 88 DDR-Verfassung abgeleitet werden, der bestimmte:

> "Die Verantwortlichkeit aller leitenden Mitarbeiter in Staat und Wirtschaft gegenüber den Bürgern ist durch ein System der Rechenschaftspflicht gewährleistet."

929 Gesetz über die Übertragung volkseigener Güter, staatlicher Forstwirtschaftsbetriebe und anderer volkseigener Betriebe der Land- und Forstwirtschaft in das Eigentum der Länder und Kommunen v. 22.07.1990, GBl. I, S. 897.

930 GBl. I, S. 483.

Gemäß Artikel 1 Absatz 2 Satz 2 VerfassungsgrundsätzeG besaßen Verfassungsvorschriften, die staatliche Stellen auf das sog. Prinzip des demokratischen Zentralismus verpflichteten, bereits keine Gültigkeit mehr. Daher wäre es möglich, daß auch Artikel 88 DDR-Verfassung als eine Ausprägung dieses Prinzips[931] seine Wirksamkeit verloren hätte. Die Allgemeinheit, mit der das Verfassungsgrundsätzegesetz die von der Rechtsfolge der Unwirksamkeit betroffenen Vorschriften bezeichnet, erlaubt jedoch hinsichtlich Artikel 88 DDR-Verfassung prima facie keine Gewißheit. Doch selbst wenn Artikel 88 DDR-Verfassung seine Gültigkeit nicht verloren haben sollte, so hätte er keine Pflicht zur Rechenschaftslegung der Treuhandanstalt gegenüber der Volkskammer mehr zu begründen vermocht. Denn Artikel 88 DDR-Verfassung enthielt lediglich eine Grundsatzbestimmung, die jeweils einer gesetzlichen Umsetzung bedurfte[932].

Ein Anspruch der Volkskammer unmittelbar gegen die Treuhandanstalt auf Rechenschaftslegung war mithin nicht gegeben. Bestehen blieb jedoch die Rechenschaftspflicht des Ministerrates gemäß Artikel 76 Absatz 1 Satz 3 DDR-Verfassung und § 2 Absatz 3 MinisterratsG, welche § 1 Absatz 2 (2. HS) TreuhG bekräftigte[933]. In Konkretisierung dieser Rechenschaftspflicht hatte die Volkskammer den Ministerrat anläßlich der Verabschiedung des Treuhandgesetzes verpflichtet, die Volkskammer vierteljährlich über die Tätigkeit der Treuhandanstalt zu informieren[934].

bbb) parlamentarische Frage- und Informationsrechte

Die Überwachungsmöglichkeiten der Volkskammer gegenüber dem Ministerrat waren indes nicht auf die vierteljährliche Berichterstatung durch den Vorsitzenden des Ministerrates beschränkt. Die am 12. Juli 1990 in Kraft getretene Geschäftsordnung der Volkskammer, die an die Stelle der Vorläufigen Geschäftsordnung vom 5. April 1990 trat, sah in deutlicher Anleh-

931 Hösel / Assmann, in: Akademie für Staats- und Rechtswissenschaft der DDR (Hrsg.), Staatsrecht der DDR, Lehrbuch, S. 270 (272); Mampel, Die sozialistische Verfassung der Deutschen Demokratischen Republik, Artikel 88, Rz. 10.

932 Mampel, Die sozialistische Verfassung der Deutschen Demokratischen Republik, Artikel 88 Rz. 4.

933 Die Beschränkung der informierenden parlamentarischen Kontrolle auf die Rechenschaftspflicht des Ministerrates gegenüber der Volkskammer gab Anlaß zu Kritik während der ersten Lesung des Treuhandgesetzes in der Volkskammer; s. Walther (DSU), in: Volkskammer, 10. WP, stenographische Niederschrift der 11. Tagung, S. 357 (358).

934 Vgl. Volkskammer, 10. WP, Drs. 55 b, Beschlußempfehlung Ziffer 3 (1. Anstrich), Nachdruck in: Treuhandanstalt (Hrsg.), Dokumentation 1990-1994, Band 1, S. 126 (127).

nung an die Geschäftsordnung des Deutschen Bundestages eine Reihe parlamentarischer Frage- und damit verbundener Auskunftsrechte vor. Darüber hinaus waren der Volkskammer Möglichkeiten einer weitergehenden Untersuchung eröffnet.

Die parlamentarischen Fragerechte teilten sich auf in Einzelfragen von Abgeordneten an den Ministerrat und seine Mitglieder[935], Kleine[936] und Große Anfragen[937], Aktuelle Stunde[938] sowie das Zitierungsrecht der Volkskammer[939] und ihrer Ausschüsse[940] gegenüber Mitgliedern des Ministerrates. Die Abgeordneten der zehnten Volkskammer haben von diesen Rechten regen Gebrauch gemacht. Auch dies kann als ein Hinweis auf das neue parlamentarische Selbstbewußtsein der frei gewählten Volkskammer gewertet werden[941].

So hat sich die Volkskammer mehrfach in Aktuellen Stunden mit Angelegenheiten befaßt, die einen Bezug zur Treuhandanstalt hatten. Beispielsweise hielt die Volkskammer am 12. und 19. Juli 1990 Aktuelle Stunden zur Krise der Landwirtschaft nach Eintritt in die Wirtschafts-, Währungs- und Sozialunion ab[942]. Am 13. Juli 1990 befaßte sich die Volkskammer in einer Aktuellen Stunde mit der Situation des Handels[943] und am 24. August 1990 mit den sog. Stromverträgen[944], die zuvor bereits mehrfach Gegenstand der Behandlung durch das Parlament gewesen waren[945].

935 § 58 i.V.m. Anlage 3 GO-Volkskammer (1990).

936 § 59 GO-Volkskammer (1990).

937 § 60 GO-Volkskammer (1990).

938 § 61 i.V.m. Anlage 4 GO-Volkskammer (1990).

939 § 29 Absatz 1 GO-Volkskammer (1990).

940 Artikel 61 Absatz 2 DDR-Verfassung; § 45 Absatz 2 GO-Volkskammer (1990).

941 Vgl. Mampel, Die sozialistische Verfassung der Deutschen Demokratischen Republik, Artikel 61, Rz. 23.

942 DA 1990, S. 1164 u. 1321.

943 DA 1990, S. 1164.

944 Volkskammer, 10. WP, stenographische Niederschrift der 32. Tagung, S. 1436 ff.; DA 1990, S. 1490.

945 Vgl. z.B. Volkskammer, 10. WP, stenographische Niederschrift der 17. Tagung, S. 670; Volkskammer, 10. WP, stenographische Niederschrift der 18. Tagung, S. 710 ff.; Volkskammer, 10. WP, stenographische Niederschrift der 19. Tagung, S. 809 ff.; Volkskammer, 10. WP, stenographische Niederschrift der 20. Tagung, S. 815 f.; Volkskammer, 10. WP, stenographische Niederschrift der 21. Tagung, S. 863 ff.; Volkskammer, 10. WP, stenographische Niederschrift der 22. Tagung, S. 894 ff.; Steinitz, in: Volkskammer, 10. WP, stenographische Niederschrift der 26. Tagung, S. 1126.

Auch in den Fragestunden zur Beantwortung von Einzelfragen der Abgeordneten[946] wurden regelmäßig Themen mit Bezug zur Treuhandanstalt behandelt. Dort ging es beispielsweise um die Verwendung des von der Treuhandanstalt verwalteten Vermögens[947] oder die Probleme des Handels[948].

Die Möglichkeit der Einholung von Information bei anderen Stellen als dem Ministerrat eröffnete das Institut der Anhörung von Sachverständigen, Interessenvertretern und anderen Auskunftspersonen durch einen Ausschuß der Volkskammer[949]. Auch hiervon wurde mehrfach in die Treuhandanstalt berührenden Angelegenheiten Gebrauch gemacht.

Beispielsweise führten der Ausschuß für Wirtschaft und der Ausschuß für Umwelt, Naturschutz, Energie und Reaktorsicherheit am 3. Juli 1990 gemeinsam eine Anhörung zu dem im Entwurf vorliegenden sog. Stromvertrag durch. Bemerkenswert ist die erste öffentliche Anhörung. Sie fand im Juli 1990 statt und befaßte sich mit der Entflechtung des Handels. Nach der Verabschiedung des Gesetzes zur Entflechtung des Handels in den Kommunen vom 6. Juli 1990 kam es landesweit zu Demonstrationen, an denen mehrere zehntausend Beschäftigte des Einzelhandels in der Deutschen Demokratischen Republik teilnahmen. Die etwa 5.000 Teilnehmer der Demonstration in Berlin erzwangen eine spontan einberufene öffentliche Anhörung in der Volkskammer[950].

Weitergehende Untersuchungsrechte (Aktenvorlage, Zutritt zu Einrichtungen) waren zudem für den Petitionsausschuß vorgesehen[951]. Der Petitionsausschuß der Volkskammer hat hiervon indes gegenüber der Treuhandanstalt keinen Gebrauch gemacht.

Daneben wurde die Volkskammer auch unmittelbar durch die Treuhandanstalt unterrichtet. Am 13. September 1990 berichtete der Präsident der Treuhandanstalt Rohwedder vor der Volkskammer über die bisherige Arbeit der Treuhandanstalt[952]. Der Präsident der Treuhandanstalt trat allerdings nicht aus eigenem Recht vor die Abgeordneten, sondern im Auftrag des

946 § 37 Vorl. GO-Volkskammer (1990); § 58 i.V.m. Anlage 3 GO-Volkskammer (1990).

947 Fragestunde in der 21. Tagung der Volkskammer am 05.07.1990, DA 1990, S. 1163.

948 Fragestunde in der 25. Tagung der Volkskammer am 19.07.1990, DA 1990, S. 1321.

949 § 49 GO-Volkskammer (1990).

950 DA 1990, S. 1176.

951 Vgl. § 63 Absatz 2, 3 GO-Volkskammer (1990).

952 Volkskammer, 10. WP, stenographische Niederschrift der 35. Tagung, Nachdruck in: Treuhandanstalt (Hrsg.), Dokumentation 1990-1994, Band 2, S. 152 ff.; DA 1990, S. 1491.

Vorsitzenden des Ministerrates, welcher dem bereits mehrfach erwähnten, die Verabschiedung des Treuhandgesetzes begleitenden Beschluß der Volkskammer zufolge vierteljährlich vor der Volkskammer Bericht über die Arbeit der Treuhandanstalt abzulegen hatte.

cc) sanktionierende Kontrolle

Die Volkskammer verfügte auch über Möglichkeiten der Ausübung sanktionierender Kontrolle über die Treuhandanstalt. Hier ist die Befugnis der Volkskammer zur Abberufung von Mitgliedern des Verwaltungsrates nach Maßgabe des § 7 Absatz 3, 5 TreuhS zu nennen.

Allerdings sah die Volkskammer keinen Anlaß und hatte angesichts der Kürze des hier betrachteten Zeitraumes auch kaum die Gelegenheit, von dieser Befugnis Gebrauch zu machen.

3. Kontrolle durch den Rechnungshof der Republik

Im Zuge der Neufassung des Haushaltsrechts der Deutschen Demokratischen Republik zum 1. Juli 1990 entstand der Rechnungshof der Republik, welcher die Staatliche Finanzrevision ablöste[953]. Er sollte gemäß § 2 Absatz 5 TreuhG i.V.m. §§ 95, 96 Absatz 2 Satz 1 HO-DDR die Haushalts- und Wirtschaftsführung der Treuhandanstalt prüfen[954]. Gleiches galt gemäß § 17 TreuhS.

Tatsächlich konnte der Rechnungshof der Republik in den drei Monaten seiner Existenz keine Bedeutung erlangen. Von einer Aufnahme der Kontrolltätigkeit gegenüber der Treuhandanstalt ist nichts bekannt[955]. Daher erübrigt sich an dieser Stelle eine weitergehende Darstellung seiner Aufgaben und Befugnisse gegenüber der Treuhandanstalt. Vielmehr kann insofern auf die Bemerkungen verwiesen werden, welche die Kontrolle durch den Bundesrechnungshof und damit die seit dem 3. Oktober 1990 bestehende

953 § 8 Absatz 3 RHG.

954 Eine ausdrückliche Aufnahme der Prüfungsbefugnis des Rechnungshofes der Republik gegenüber der Treuhandanstalt in § 6 TreuhG, wie während der ersten Lesung des Treuhandgesetzes gefordert, ist nicht erfolgt; s. Walther (DSU), in: Volkskammer, 10. WP, stenographische Niederschrift der 11. Tagung, S. 357 (358).

955 Kloepfer, in: Fischer / Hax / Schneider (Hrsg.), Treuhandanstalt – Das Unmögliche wagen, S. 41 (66); Marissal, Der politische Handlungsrahmen der Treuhandanstalt, S. 67.

Rechtslage zum Gegenstand haben, denn das Recht der externen Finanzkontrolle der Treuhandanstalt hat sich mit dem Beitritt der Deutschen Demokratischen Republik zur Bundesrepublik Deutschland inhaltlich kaum geändert. Das zum 1. Juli 1990 in Kraft getretene Haushaltsrecht der Deutschen Demokratischen Republik orientierte sich nämlich stark an dem bundesdeutschen Vorbild, dessen Bestimmungen nahezu wortgleich übernommen worden waren.

III. Treuhandanstalt seit dem 3. Oktober 1990

Mit dem Wirksamwerden des Beitritts der Deutschen Demokratischen Republik zur Bundesrepublik Deutschland am 3. Oktober 1990 wurde die Treuhandanstalt, deren Fortbestand Artikel 25 EinigungsV anordnete, in die Bundesrepublik Deutschland überführt. Sie war dadurch in ein neues rechtliches, politisches und gesellschaftliches Bezugsfeld gestellt. Mit der Eingliederung der Treuhandanstalt in die Staatsorganisation der Bundesrepublik Deutschland verband sich eine Neuordung der Kontrolle über die Treuhandanstalt.

1. Kontrolle durch die Bundesregierung

Mit dem Beitritt der Deutschen Demokratischen Republik zur Bundesrepublik Deutschland am 3. Oktober 1990 trat die Bundesregierung an die Stelle des Ministerrates. Damit vollzog sich auch formal eine Funktionsübernahme, die, wie oben gezeigt, bereits zuvor in zunehmendem Maße politische Realität gewesen war.

a) Organisationsgewalt

Die Bundesregierung nahm eine ganze Reihe von die Treuhandanstalt berührenden Organisationsakten vor. Insbesondere der Bundesminister der Finanzen und der Bundeskanzler übten Einfluß auf die Bildung, Errichtung und Einrichtung von Gliederungen der Treuhandanstalt aus[956]. Weitere Organisationsakte betrafen nicht ausschließlich die Treuhandanstalt, bezogen diese jedoch ein.

aa) Verwaltungsrat

Die herausragende, der Organisationsgewalt der Bundesregierung zuzurechnende Norm mit Bezug zur Treuhandanstalt war Artikel 25 Absatz 2 Satz 3 EinigungsV. Er bestimmte, daß abweichend von § 4 Absatz 2 TreuhG das Recht zur Berufung der Mitglieder des Verwaltungsrates und seines Vorsitzenden allein der Bundesregierung zustand. Damit war hinsichtlich

956 Zur Unterscheidung der Begriffe Bildung, Errichtung und Einrichtung s. Wolff / Bachof, Verwaltungsrecht II, § 78 I b.

der Besetzung dieses Gremiums der parlamentarische Einfluß, dem die Abgeordneten der Volkskammer eine herausragende Bedeutung beigemessen hatten, beendet.

Dies bedeutete jedoch nicht, daß die Bundesregierung vollständig freie Hand bei der Auswahl der Organwalter eingeräumt war. Vielmehr traten jeweils ein Vertreter der fünf neuen Länder und Berlins an die Stelle der beiden aus der Mitte der Volkskammer gewählten Mitglieder[957]. Mit der institutionalisierten Einbeziehung der betroffenen Länder in das Repräsentativorgan war bereits im Einigungsvertrag der Grundstein für die besondere Rolle der Treuhandanstalt als Schaltstelle eines Bund und Länder verbindenden Politiknetzwerks angelegt[958].

Trotz der zwingenden Mitgliedschaft der sechs den Interessen der betroffenen Länder verbundenen Vertreter behielt die Bundesregierung hinsichtlich der Besetzung des Verwaltungsrates den entscheidenden Einfluß, denn dieses Gremium wurde auf 20, für die erste Amtsperiode[959] sogar 23 Mitglieder nebst Vorsitzendem erweitert[960], so daß die von der Bundesregierung ausgewählten Organwalter in dem mit einfacher Stimmenmehrheit entscheidenden[961] Organ numerisch klar überlegen waren[962]. Die Bundesregierung konnte, einer Aufforderung des Ausschusses Deutsche Einheit folgend[963], ohne eine Zielverschiebung des Verwaltungsrates befürchten zu müssen, vier hochrangige Vertreter wichtiger Arbeitnehmerverbände[964] in den Verwaltungsrat berufen und so den Weg der Akteursvernetzung zur Be-

957 Artikel 25 Absatz 2 Satz 2 EinigungsV; Denkschrift zu Artikel 25 Absatz 2 EinigungsV.

958 Dazu ausführlich Czada, in: Aus Politik und Zeitgeschichte, B 43-44/94, S. 31 (32 ff.); ders., in: Fischer / Hax / Schneider (Hrsg.), Treuhandanstalt – Das Unmögliche wagen, S. 148 (150 ff.).

959 Bis 18.12.1992; vgl. Bundesanstalt für vereinigungsbedingte Sonderaufgaben, Jahresabschluß der Treuhandanstalt zum 31.12.1994, S. 43 ff.

960 Artikel 25 Absatz 2 Satz 1 EinigungsV; s. dazu Denkschrift zu Artikel 25 Absatz 2 EinigungsV.

961 § 9 Absatz 4 TreuhS.

962 Die Formulierung von Freese, Die Privatisierungstätigkeit der Treuhandanstalt, S. 62, der in diesem Zusammenhang von einem begrenzten Einfluß spricht, erscheint daher euphemistisch.

963 Deutscher Bundestag, 11. WP, Beschlußempfehlung und ergänzender Bericht des Ausschusses Deutsche Einheit, BT-Drs. 11/7931, S. 3 (Beschlußempfehlung Ziffer 4).

964 Heinz-Werner Meyer, später Dieter Schulte für den DGB; Hermann Rappe für die IG Chemie-Papier-Keramik, zugleich Mitglied des 12. und 13. Deutschen Bundestages; Horst Klaus, später Dieter Schulte, zuletzt Joachim Töppel für

wältigung der Vereinigungsaufgabe[965] fortsetzen. Insbesondere nachdem die Gründung der Treuhand-Aktiengesellschaften und damit die Bildung von dazugehörigen, mitbestimmten Aufsichtsräten unterbliebenen war, war die mangelnde Repräsentanz von Arbeitnehmerinteressen in den verbleibenden Leitungsorganen der Treuhandanstalt auf Kritik insbesondere der Opposition[966] und der Gewerkschaften[967] gestoßen.

Mit der Entsendung von zwölf, in der zweiten Amtsperiode neun Unternehmerpersönlichkeiten kam die Bundesregierung dem Auftrag des § 4 Absatz 2 Satz 4 Treuhandgesetz nach, vorrangig bewährte Wirtschaftsexperten zu berufen. Bis auf eine, gemäß § 7 Absatz 2 TreuhS auf die erste Amtsperiode beschränkte Ausnahme[968] stammten die Wirtschaftsvertreter aus dem Westen. Damit war zugleich der bedenkliche Einfluß der Treuhand-Unternehmen innerhalb des Verwaltungsrats zurückgedrängt[969], jedoch keinesfalls beseitigt, da auch weiterhin Aufsichtsräte von Treuhand-Unternehmen im Verwaltungsrat vertreten waren[970].

Schließlich entsandte die Bundesregierung je einen beamteten Staatssekretär aus dem Bundesministerium der Finanzen und dem Bundesministe-

die IG-Metall und Roland Issen für die DAG; s. Bundesanstalt für vereinigungsbedingte Sonderaufgaben, Janhresabschluß der Treuhandanstalt zum 31.12.1994, S. 43 ff.

965 Dazu ausführlich Czada, in: Aus Politik und Zeitgeschichte, B 43-44/94, S. 31-42; ders., in: Fischer / Hax / Schneider (Hrsg.), Treuhandanstalt – Das Unmögliche wagen, S. 148-174; ders., in: PVS 1994, S. 245-270.

966 Z.B. Antrag der Fraktion der SPD im Deutschen Bundestag v. 05.09.1990, BT-Drs. 11/7792; Entschließungsantrag Die Grünen v. 20.09.1990, BT-Drs. 11/7946.

967 S. z.B. Schmitz, in: HB v. 19.09.1990, S. 4.

968 Harald Tausch-Marton, vorl. Geschäftsführer der Dresdner Spitze GmbH, Dresden, gehörte dem Verwaltungsrat v. 15.07.1990 bis zum 18.12.1992 an; Deutscher Bundestag, 12. WP, Beschlußempfehlung und Bericht des 2. Untersuchungsausschusses "Treuhandanstalt" v. 29.08.1994, BT-Drs. 12/8404, S. 60; Treuhandanstalt, Liste der Bestellung / Abberufung der Mitglieder des Verwaltungsrates der Treuhandanstalt, Nachdruck in: Treuhandanstalt (Hrsg.), Dokumentation 1990-1994, Band 2, S. 499 (502).

969 Es sei daran erinnert, daß vor Inkrafttreten des Einigungsvertrages in den damals siebzehnköpfigen Verwaltungsrat allein sechs ehemalige Generaldirektoren volkseigener Kombinate, die zu Vorstandsvorsitzenden entsprechender Aktiengesellschaften geworden waren, auf Vorschlag des Vorsitzenden des Ministerrates berufen worden waren.

970 Zu den Folgen der Doppelmitgliedschaft von Otto Gellert im Verwaltungsrat der Treuhandanstalt und Aufsichtsrat des Treuhand-Unternehmens EKO Stahl AG s. Die Welt v. 13.05.1994, S. 15.

rium für Wirtschaft als Vertreter der Bundesregierung in den Verwaltungsrat[971]. Damit nahmen die beiden nach Artikel 25 Absatz 1 Satz 3 EinigungsV maßgeblich mit der Aufsicht über die Treuhandanstalt befaßten Ressorts an der Entscheidungsfindung innerhalb dieses Organs der Treuhandanstalt teil.

bb) Leitungsausschuß

Der Bundesminister der Finanzen behielt den von ihm eingesetzten Leitungsausschuß und die sich in Branchenteams, später auch Projektgruppen aufteilende[972], in der Spitze 80 Mitarbeiter zählende[973] Beratergruppe bei. Der Leitungsausschuß blieb weiterhin ein unabhängiges, neutrales, gegenüber der Treuhandanstalt weisungsfreies, mit konsultativer Funktion ausgestattetes Sachverständigengremium innerhalb der Treuhandanstalt[974].

Der dem Leitungsausschuß erteilte Prüfungs- und Beratungsauftrag wurde im Laufe der Zeit erweitert. Neben die erstmalige Prüfung von Unternehmens- und Sanierungskonzepten trat zunehmend eine laufende Begleitung ausgewählter Treuhand-Unternehmen im Rahmen der Konzept-

971 Staatssekretär Köhler, ihm folgend Staatssekretär Gerd Haller für das Bundesministerium der Finanzen; Staatssekretär v. Würzen für das Bundesministerium für Wirtschaft.

972 Treuhandanstalt, Leitungsausschuß – Branchenteam-Organisation, Nachdruck in: Treuhandanstalt (Hrsg.), Dokumentation 1990-1994, Band 10, S. 85; Treuhandanstalt, Leitungsausschuß – Aufbauorganisation des Leitungsausschusses im Rahmen der Projekt-Organisation ab Januar 1994, Nachdruck in: Treuhandanstalt (Hrsg.), Dokumentation 1990-1994, Band 10, S. 87.

973 Treuhandanstalt, Aufgabenspektrum und Lösungswege, Nachdruck in: Treuhandanstalt (Hrsg.), Dokumentation 1990-1994, Band 10, S. 50; Treuhandanstalt, Aufgabe und Tätigkeit des Leitungsausschusses, Nachdruck in: Treuhandanstalt (Hrsg.), Dokumentation 1990-1994, Band 10, S. 75.

974 Breuel (Hrsg.), Treuhand intern, S. 89; Czada, in: Fischer / Hax / Schneider (Hrsg.), Treuhandanstalt – Das Unmögliche wagen, S. 148 (157); ders., in: Aus Politik und Zeitgeschichte, B 43-44/94, S. 31 (41); Deutscher Bundestag, 12. WP, Beschlußempfehlung und Bericht des 2. Untersuchungsausschusses "Treuhandanstalt" v. 29.08.1994, BT-Drs. 12/8404, S. 102; Gless / Schwalbach, Sanierung von Unternehmen der Treuhandanstalt, S. 13; Kemmler, Die Entstehung der Treuhandanstalt, S. 304; Schwalbach, in: Fischer / Hax / Schneider (Hrsg.), Treuhandanstalt – Das Unmögliche wagen, S. 177 (183 f.); Treuhandanstalt, Aufgabenspektrum und Lösungswege, Nachdruck in: Treuhandanstalt (Hrsg.), Dokumentation 1990-1994, Band 10, S. 50; Treuhandanstalt, Aufgabe und Tätigkeit des Leitungsausschusses, Nachdruck in: Treuhandanstalt (Hrsg.), Dokumentation 1990-1994, Band 10, S. 75; Wandel, in:

umsetzung[975]. Bei Unternehmen mit überproportional großem Liquiditätsbedarf führte der Leitungsausschuß zudem eine Spezialuntersuchung durch[976]. Hinzu kam die Erstellung von Kurzanalysen bei Unternehmen ohne Unternehmens- und Sanierungskonzept[977]. Neben Untersuchungen bei Einzelunternehmen führte der Leitungsausschuß auch Pilotstudien zur Überprüfung der Sanierungsarbeit der Treuhandanstalt insgesamt durch[978].

Darüber hinaus wurde der Leitungsausschuß und die ihm angeschlossene Beratergruppe im Rahmen der Privatisierungstätigkeit der Treuhandanstalt eingesetzt und mit der Prüfung von Unternehmenskonzepten der Kaufinteressenten befaßt[979].

Schließlich begleitete der Leitungsausschuß ab Ende September 1993 auf Bitten des Bundesministeriums der Finanzen beratend[980] den Prozeß

Fischer / Hax / Schneider (Hrsg.), Treuhandanstalt – Das Unmögliche wagen, S. 281 (288, Fn. 17); zur organisatorischen Einfügung des Leitungsausschusses in die Treuhandanstalt vgl. das Organigramm der Treuhandanstalt v. 31.01.1991, S. 3, welches den Leitungsausschuß mit dem Funktionskürzel P U ("Prüfung von Unternehmenskonzepten") als Organisationseinheit innerhalb der Treuhandanstalt auflistet. Nach der Umstrukturierung des Vorstandes war der Leitungsausschuß im Unternehmensbereich U1 (Funktionskürzel U1 U) angesiedelt; vgl. das Organigramm der Treuhandanstalt v. 24.10.1991, S. 4.

975 Treuhandanstalt, Aufgabenspektrum und Lösungswege, Nachdruck in: Treuhandanstalt (Hrsg.), Dokumentation 1990-1994, Band 10, S. 50 (53); Treuhandanstalt, Organisationsanweisung 25/91 v. 29.10.1991, in: Treuhandanstalt, Organisationshandbuch, Ordnungs-Nr. 1.5.3; Treuhandanstalt, Aufgabe und Tätigkeit des Leitungsausschusses, Nachdruck in: Treuhandanstalt (Hrsg.), Dokumentation 1990-1994, Band 10, S. 75 (78).

976 Sog. Cashfresser-Analyse; s. Treuhandanstalt, Aufgabenspektrum und Lösungswege, Nachdruck in: Treuhandanstalt (Hrsg.), Dokumentation 1990-1994, Band 10, S. 50 (53); Treuhandanstalt, Aufgabe und Tätigkeit des Leitungsausschusses, Nachdruck in: Treuhandanstalt (Hrsg.), Dokumentation 1990-1994, Band 10, S. 75 (78).

977 Treuhandanstalt, Aufgaben und Struktur der Beratergruppe U1 U unter Gesamtführung des Leitungsausschusses, Ziffer 1.2, Nachdruck in: Treuhandanstalt Hrsg.), Dokumentation 1990-1994, Band 10, S. 88 (89).

978 Vgl. Breuel, Schreiben an alle Branchendirektoren / Niederlassungsleiter v. 03.09.1992, Nachdruck in: Treuhandanstalt (Hrsg.), Dokumentation 1990-1994, Band 11, S. 824.

979 Treuhandanstalt, Aufgaben und Struktur der Beratergruppe U1 U unter Gesamtführung des Leitungsausschusses, Ziffer 1.2, Nachdruck in: Treuhandanstalt (Hrsg.), Dokumentation 1990-1994, Band 10, S. 88 (89).

980 Etwas ungenau Steppan / Weidenfeld, in: WiWo v. 13.05.1994, S. 18 (19), die von einer Umsetzung von die Umstrukturierung der Treuhandanstalt betreffen-

der Umstrukturierung der Treuhandanstalt durch Aufteilung in Nachfolgeorganisationen zum Jahreswechsel 1994/95[981]. Dabei übernahm es der Leitungsausschuß, Projektgruppen zu Detailfragen der Umstrukturierung zu koordinieren. Außerdem gab er eine abschließende Empfehlung zu dem vom Vorstand der Treuhandanstalt erstellten Organisationskonzept für die Treuhandanstalts-Nachfolge ab. In der sog. Freitagsrunde des Leitungsausschusses kamen regelmäßig hochrangige Vertreter des Bundesministeriums der Finanzen, des Bundesministeriums für Wirtschaft, des Bundeskanzleramtes, der Treuhandanstalt, des Leitungsausschusses und der Kienbaum Unternehmensberatung GmbH zum Informations- und Meinungsaustausch zusammen.

cc) Kredit- und Bürgschaftsausschuß

Bereits seit dem IV. Quartal 1990 erfolgte eine Prüfung und Beratung entscheidender finanzieller Fragen durch den Bürgschaftsausschuß unter Vorsitz des Bundesministeriums für Wirtschaft[982]. Auf Veranlassung des Bundesministers der Finanzen wurde der Bürgschaftsausschuß in den Kredit- und Bürgschaftsausschuß umgebildet[983]. Hierbei handelte es sich weiterhin nicht um ein Gremium innerhalb der Treuhandanstalt, sondern mit Beteiligung der Treuhandanstalt. Bildung, Zuständigkeit und Verfahren des Kredit- und Bürgschaftsausschusses beruhten auf einer (nachträglich ergänzten) vertraglichen Vereinbarung zwischen der Bundesrepublik Deutschland, der Treuhandanstalt und der (in teilweisem, mittelbaren Bundesbesitz

den Vorgaben des Bundesministers der Finanzen durch den Leitungsausschuß sprechen.

981 Treuhandanstalt, Aufgaben und Struktur der Beratergruppe U1 U unter Gesamtführung des Leitungsausschusses, Ziffer 1.3, Nachdruck in: Treuhandanstalt Hrsg.), Dokumentation 1990-1994, Band 10, S. 88 (89). Nach Freese, Die Privatisierungstätigkeit der Treuhandanstalt, S. 62, hat der Leitungsausschuß den Vorstand der Treuhandanstalt auch sonst in Organisationsfragen beraten.

982 Breuel (Hrsg.), Treuhand intern, S. 67; vgl. Treuhandanstalt, Grundsätze und Verfahrensweg der Bearbeitung der Anträge von Restrukturierungs- / Sanierungsmitteln für Treuhand-Kapitalgesellschaften, Nachdruck in: Treuhandanstalt (Hrsg.), Dokumentation 1990-1994, Band 12, S. 44 (47); Treuhandanstalt, Umstrukturierungs- und Sanierungshilfen, Nachdruck in: Treuhandanstalt (Hrsg.), Dokumentation 1990-1994, Band 12, S. 48 (53).

983 Deutscher Bundestag, 12. WP, Beschlußempfehlung und Bericht des 2. Untersuchungsausschusses "Treuhandanstalt" v. 29.08.1994, BT-Drs. 12/8404, S. 69, sowie Minderheitenvotum des Berichterstatters der SPD-Fraktion (Berichtsentwurf des Ausschußsekretariats), S. 212.

stehenden) Wirtschaftsprüfungsgesellschaft C & L Treuarbeit Deutsche Revision AG vom 18. April 1991[984].

In dem Kredit- und Bürgschaftsausschuß waren nunmehr federführend das Bundesministerium der Finanzen[985], außerdem weiterhin das Bundesministerium für Wirtschaft[986], die Treuhandanstalt[987] einschließlich Leitungsausschuß sowie – als Mandatar des Bundesministeriums der Finanzen[988] – die Wirtschaftsprüfungsgesellschaft C & L Treuarbeit Deutsche Revision AG vertreten[989].

Der Kredit- und Bürgschaftsausschuß hatte die Aufgabe, Anträge der Treuhandanstalt auf Erteilung der nach Artikel 25 Absatz 5 EinigungsV erforderlichen Zustimmung des Bundesministers der Finanzen zu einer Vergabe von Gewährleistungen[990] zu überprüfen[991]. Die C & L Treuarbeit Deutsche Revision AG hatte entsprechende Voten zu den regelmäßig stattfindenden Sitzungen vorzubereiten. Der Kredit- und Bürgschaftsausschuß

984 Treuhandanstalt, Bericht über Aufgaben und Organisation des Kredit- und Bürgschaftsausschusses (KBA), Nachdruck in: Treuhandanstalt (Hrsg.), Dokumentation 1990-1994, Band 12, S. 200.

985 Abteilung VIII, Unterabteilung A; Bürgschafts- und Fachreferate.

986 L-D / THA; Bürgschafts- und Fachreferate.

987 Zuständiger Unternehmensbereich sowie Finanzbereich.

988 Das Referat VIII B 1 des Bundesministeriums der Finanzen war sowohl für die Rechtsaufsicht über die Treuhandanstalt als auch für die bis zum 31.08.1993 gehaltene Beteiligung des Bundes an der C & L Treuarbeit Deutsche Revision AG zuständig.

989 Deutscher Bundestag, 12. WP, Beschlußempfehlung und Bericht des 2. Untersuchungsausschusses "Treuhandanstalt" v. 29.08.1994, BT-Drs. 12/8404, S. 69, sowie Minderheitenvotum des Berichterstatters der SPD-Fraktion (Berichtsentwurf des Ausschußsekretariats), S. 212; Treuhandanstalt, Bericht über Aufgaben und Organisation des Kredit- und Bürgschaftsausschusses (KBA), Nachdruck in: Treuhandanstalt (Hrsg.), Dokumentation 1990-1994, Band 12, S. 200 (202).

990 Zustimmungsrelevant waren folgende Leistungen der Treuhandanstalt: Kredite und Gewährleistungen, Eigenkapitalzuführungen (ohne Ausgleichsforderungen und Altschuldenerlasse im Rahmen der Feststellung der DM-Eröffnungsbilanz), ergebniswirksame Leistungen einschließlich Zuschüsse, Exporthilfen usw.; Treuhandanstalt, Bericht über Aufgaben und Organisation des Kredit- und Bürgschaftsausschusses (KBA), Nachdruck in: Treuhandanstalt (Hrsg.), Dokumentation 1990-1994, Band 12, S. 200 (201).

991 Deutscher Bundestag, 12. WP, Beschlußempfehlung und Bericht des 2. Untersuchungsausschusses "Treuhandanstalt" v. 29.08.1994, BT-Drs. 12/8404, S. 69, sowie Minderheitenvotum des Berichterstatters der SPD-Fraktion (Berichtsentwurf des Ausschußsekretariats), S. 212.

entschied über die Zustimmung nach Artikel 25 Absatz 5 EinigungsV. Eine abschlägige Entscheidung konnte gleichwohl durch den Bundesminister der Finanzen revidiert werden[992].

dd) Arbeitsgruppe Bilanzüberprüfung

Eine weitere, aus etwa einem Dutzend Naturwissenschaftlern, Wirtschaftsprüfern und Juristen zusammengestellte Arbeitsgruppe überprüfte im Auftrag des Bundesministers der Finanzen vorrangig die bilanzielle Behandlung umweltschutzrelevanter Sachverhalte in den DM-Eröffnungsbilanzen und Folgeabschlüssen der Treuhand-Unternehmen, insbesondere die in den DM-Eröffnungsbilanzen gebildeten Rückstellungen zur Sanierung ökologischer Altlasten auf ihre Werthaltigkeit[993]. Daneben unterstützte die Arbeitsgruppe die Treuhandanstalt in ökologische Altlasten betreffenden Fragen bei der Privatisierung einschließlich des Vertragsmanagements. Vier Mitarbeiter der Treuhandanstalt waren als sog. Koordinatoren abgestellt, um die ständige, unbürokratische Kommunikation zwischen der Arbeitsgruppe Bilanzprüfung und den verschiedenen Stellen innerhalb der Treuhandanstalt zu gewährleisten.

Die Arbeitsgruppe Bilanzprüfung hat auf diese Weise zum einen einen maßgeblichen Einfluß auf die Bilanzpolitik der Treuhandanstalt genommen. Zum anderen hat das Bundesministerium der Finanzen seine Genehmigung einer Reihe bedeutender Privatisierungsvorgänge wie beispielsweise der Strom- und Gasverträge und der Privatisierungen im Bereich der Braunkohle u.a. von einer positiven Beurteilung der altlastenbezogenen Regelungen seitens der Arbeitsgruppe Bilanzprüfung abhängig gemacht, weshalb die Treuhandanstalt die Arbeitsgruppe Bilanzprüfung insoweit in die Gestaltung bzw. Nachverhandlung der entsprechenden Klauseln einbezog.

ee) Gruppe berufserfahrener "Senioren-Wirtschaftsprüfer"

Der Bundesminister der Finanzen bildete weiterhin eine Gruppe berufserfahrener "Senioren-Wirtschaftsprüfer". Es hatte sich gezeigt, daß die Erstellung der DM-Eröffnungsbilanzen der Unternehmen zum Stichtag 1. Juli

992 Treuhandanstalt, Bericht über Aufgaben und Organisation des Kredit- und Bürgschaftsausschusses (KBA), Nachdruck in: Treuhandanstalt (Hrsg.), Dokumentation 1990-1994, Band 12, S. 200 (202).

993 Deutscher Bundestag, 12. WP, Beschlußempfehlung und Bericht des 2. Untersuchungsausschusses "Treuhandanstalt" v. 29.08.1994, BT-Drs. 12/8404, S. 69, sowie Minderheitenvotum des Berichterstatters der SPD-Fraktion (Berichtsentwurf des Ausschußsekretariats), S. 212 und 721; Baetge u.a., in: Baetge u.a. (Hrsg.), Rechnungslegung, Prüfung und Beratung, S. VII f.

1990 mit erheblichen Schwierigkeiten und Fehlern belastet war[994]. Die Aufstellung und Feststellung standen zudem unter Zeitdruck[995].

Die von dem Bundesminister der Finanzen ausgesandten Wirtschaftsprüfer sollten daher bei der Aufstellung und Feststellung der DM-Eröffnungsbilanzen unterstützend tätig werden[996].

ff) Task-Force Besondere Handelsgesellschaften

Zur Unterstützung der Treuhandanstalt bei der Liquidation der Außenhandelsbetriebe und der Unternehmen des Bereiches Kommerzielle Koordinierung und der in diesem Zusammenhang erforderlichen vermögenssichernden Maßnahmen stellte das Bundesministerium der Finanzen eine kleine Gruppe von Betriebsprüfern und Steuerfahndern ab[997].

gg) Vertrauensbevollmächtigte

Die auf Betreiben der Bundesregierung innerhalb der Treuhandanstalt installierten sog. Vertrauensbevollmächtigten stellten – ähnlich wie der Leitungsausschuß mit seiner Beratergruppe – eine gegenüber dem Vorstand der Treuhandanstalt unabhängige, diesen beratende Instanz dar[998].

Angesichts der anhaltenden Unruhe, die sich mit dem Verbleib politisch belasteter Personen in Führungspositionen von Treuhand-Unternehmen

994 Vgl. Breuel (Hrsg.), Treuhand intern, S. 69 f.

995 § 22 TreuhG; § 35 Absatz 1 Satz 3 DMBilG.

996 Deutscher Bundestag, 12. WP, Beschlußempfehlung und Bericht des 2. Untersuchungsausschusses "Treuhandanstalt" v. 29.08.1994, BT-Drs. 12/8404, S. 69, sowie Minderheitenvotum des Berichterstatters der SPD-Fraktion (Berichtsentwurf des Ausschußsekretariats), S. 212.

997 Treuhandanstalt, Vorlage für den Vorstand der Treuhandanstalt "Liquidation von Außenhandels- und KoKo-Betrieben / Feststellung der DM-Eröffnungsbilanzen für AHB" v. 14.02.1991, Nachdruck in: Treuhandanstalt (Hrsg.), Dokumentation 1990-1994, Band 9, S. 207 (208).

998 Breuel (Hrsg.), Treuhand intern, S. 86; Krieger, in: Bierich / Hommelhoff / Kropff (Hrsg.), Festschrift für Semler, S. 16 (20); Bülow / Krieger, Bericht der Vertrauensbevollmächtigten vor dem Verwaltungsrat der Treuhandanstalt am 26.07.1991, Nachdruck in: Treuhandanstalt (Hrsg.), Dokumentation 1990-1994, Band 10, S. 799; Bülow / Krieger, Abschließender Bericht über die Tätigkeit der Vertrauensbevollmächtigten beim Vorstand und bei den Niederlassungen der Treuhandanstalt in den Jahren 1990-1992 v. 06.11.1992, Nachdruck in: Treuhandanstalt (Hrsg.), Dokumentation 1990-1994, Band 10,

verband[999], beauftragte der Bundeskanzler am 17. Oktober 1990 den damaligen Staatssekretär im Bundesministerium der Justiz Kinkel, die Einsetzung von sog. Vertrauensbevollmächtigten bei der Treuhandanstalt vorzubereiten[1000]. Nach Gesprächen, in die auch der Vorstand der Treuhandanstalt einbezogen wurde[1001], stellte Kinkel bereits am 5. November 1990 siebzehn hierfür ausgewählte Juristen, ehemalige Richter und Mitarbeiter des Bundesministeriums der Justiz[1002], im Bundeskanzleramt vor[1003]. Unmittelbar darauf nahmen die Vertrauensbevollmächtigten ihre Tätigkeit in der Zentrale und den fünfzehn Niederlassungen der Treuhandanstalt auf[1004].

Die Aufgabe der Vertrauensbevollmächtigten bestand darin, Hinweisen aus den Betrieben und der Bevölkerung auf kollusives Zusammenwirken ehemaliger Funktionäre ("alte Seilschaften") nachzugehen. Gleiches galt für die fortdauernde Beschäftigung von Personen, die im Rahmen von offizieller oder inoffizieller Mitarbeit bei dem Staatssicherheitsdienst Unrecht begangen hatten. In diesem Zusammenhang arbeiteten die Vertrauensbevollmächtigten auch mit der Behörde des Bundesbeauftragten für die personenbezogenen Unterlagen des ehemaligen Staatssicherheitsdienstes (sog. Gauck-Behörde) zusammen[1005].

Die Ergebnisse der Arbeit der Vertrauensbevollmächtigten mündeten gegebenenfalls[1006] in Empfehlungen für personelle Konsequenzen an den

S. 817; Deutscher Bundestag, 12. WP, Beschlußempfehlung und Bericht des 2. Untersuchungsausschusses "Treuhandanstalt" v. 29.08.1994, BT-Drs. 12/8404, S. 77; Treuhandanstalt, Pressemitteilung v. 07.11.1990 ("Treuhandanstalt stellt sich dem Problem der Seilschaften"), Nachdruck in: Treuhandanstalt (Hrsg.), Dokumentation 1990-1994, Band 10, S. 794.

999 Dazu Kemmler, Die Entstehung der Treuhandanstalt, S. 214 ff.

1000 Breuel (Hrsg.), Treuhand intern, S. 85 f.; Krieger, in: Bierich / Hommelhoff / Kropff (Hrsg.), Festschrift für Semler, S. 16 (18 f.).

1001 Breuel (Hrsg.), Treuhand intern, S. 157 f.; Krieger, in: Bierich / Hommelhoff / Kropff (Hrsg.), Festschrift für Semler, S. 16 (19).

1002 S. die Übersicht in: Deutscher Bundestag, 12. WP, Beschlußempfehlung und Bericht des 2. Untersuchungsausschusses "Treuhandanstalt" v. 29.08.1994, BT-Drs. 12/8404, S. 76 f.

1003 Krieger, in: Bierich / Hommelhoff / Kropff (Hrsg.), Festschrift für Semler, S. 16 (19); Breuel (Hrsg.), Treuhand intern, S. 158.

1004 Krieger, in: Bierich / Hommelhoff / Kropff (Hrsg.), Festschrift für Semler, S. 16 (19); Breuel (Hrsg.), Treuhand intern, S. 158; Treuhandanstalt, Pressemitteilung v. 07.11.1990 ("Treuhandanstalt stellt sich dem Problem der Seilschaften"), Nachdruck in: Treuhandanstalt (Hrsg.), Dokumentation 1990-1994, Band 10, S. 794.

Vorstand oder den zuständigen Leiter der jeweiligen Niederlassung der Treuhandanstalt, sofern es nicht, was häufig der Fall war, bereits als unmittelbare Folge der Erkenntnisse der Vertrauensbevollmächtigten zu Abberufungen kam, ohne daß es noch einer formellen Empfehlung bedurft hätte[1007].

Daneben berichteten die Vertrauensbevollmächtigten regelmäßig auch der Bundesregierung, insbesondere dem Bundeskanzleramt, über ihre Tätigkeit[1008].

1005 S. zur Arbeit der Vertrauensbevollmächtigten: Krieger, in: Bierich / Hommelhoff / Kropff (Hrsg.), Festschrift für Semler, S. 16 (20 ff.); Breuel (Hrsg.), Treuhand intern, S. 86 f., 158 ff.; Bülow / Krieger, Bericht der Vertrauensbevollmächtigten vor dem Verwaltungsrat der Treuhandanstalt am 26.07.1991, Nachdruck in: Treuhandanstalt (Hrsg.), Dokumentation 1990-1994, Band 10, S. 799 ff.; Bülow / Krieger, Abschließender Bericht über die Tätigkeit der Vertrauensbevollmächtigten beim Vorstand und bei den Niederlassungen der Treuhandanstalt in den Jahren 1990-1992 v. 06.11.1992, Nachdruck in: Treuhandanstalt (Hrsg.), Dokumentation 1990-1994, Band 10, S. 817 ff.; Deutscher Bundestag, 12. WP, Bericht der Enquête-Kommission "Aufarbeitung von Geschichte und Folgen der SED-Diktatur in Deutschland", BT-Drs. 12/7820; Deutscher Bundestag, 12. WP, Beschlußempfehlung und Bericht des 2. Untersuchungsausschusses "Treuhandanstalt" v. 29.08.1994, BT-Drs. 12/8404, S. 77 f.; Kemmler, Die Entstehung der Treuhandanstalt, S. 216.

1006 Eine Abberufungsempfehlung sollte dann ausgesprochen werden, wenn der betreffenden Person ein konkret vorwerfbares Verhalten, z.B. die Schikanierung Andersdenkender oder eine Tätigkeit für den Staatssicherheitsdienst, nachgewiesen wurde oder diese Person aufgrund objektiver Kompromittierung (Bekleidung hoher Partei- oder Staatsfunktionen) in der aktuellen Funktion nicht mehr tragbar erschien; s. Bockmair, Ergebnisbericht über die Sitzung der Vertrauensbevollmächtigten am 23.09.1991 im Bundeskanzleramt in Bonn, Nachdruck in: Treuhandanstalt (Hrsg.), Dokumentation 1990-1994, Band 10, S. 803 (811 f.).

1007 Bülow / Krieger, Abschließender Bericht über die Tätigkeit der Vertrauensbevollmächtigten beim Vorstand und bei den Niederlassungen der Treuhandanstalt in den Jahren 1990-1992 v. 06.11.1992, Nachdruck in: Treuhandanstalt (Hrsg.), Dokumentation 1990-1994, Band 10, S. 817 f.

1008 Vgl. Krieger, in: Bierich / Hommelhoff / Kropff (Hrsg.), Festschrift für Semler, S. 16 (20) betreffend eine Sitzung im Bundeskanzleramt am 16.03.1992; Bockmair, Ergebnisbericht über die Sitzung der Vertrauensbevollmächtigten am 23.09.1991 im Bundeskanzleramt in Bonn, Nachdruck in: Treuhandanstalt (Hrsg.), Dokumentation 1990-1994, Band 10, S. 803. An der letztgenannten Sitzung nahmen seitens der Bundesregierung Vertreter des Bundeskanzleramtes, des Bundesministeriums der Finanzen und des Bundesministeriums für Wirtschaft teil.

hh) Arbeitsgruppe Forschungs-GmbH

Die Einbeziehung der Treuhandanstalt in die von dem Bund-Länder-Ausschuß Forschung und Technologie eingesetzte Arbeitsgruppe Forschungs-GmbH (später als Arbeitsgruppe ostdeutsche Industrieforschung bezeichnet) stellte ebenfalls einen organisationsrechtlichen Akt der Bundesregierung gegenüber der Treuhandanstalt dar. Auch hierbei wurde das Bemühen um eine Akteursvernetzung erkennbar.

Die Arbeitsgruppe Forschungs-GmbH, die am 15. März 1991 zu ihrer konstituierenden Sitzung zusammentrat, stand – wie der Bund-Länder-Ausschuß Forschung und Technologie – unter der Federführung des Bundesministeriums für Wirtschaft[1009]. In ihr waren außerdem das Bundesministerium für Forschung und Technologie, das Bundesministerium der Finanzen, die für Industrieforschung zuständigen Ressorts der Landesregierungen in den neuen Bundesländern und Berlin, die Treuhandanstalt, Abgeordnete des Deutschen Bundestages sowie Repräsentanten der Wirtschaft[1010] und der Wissenschaft vertreten[1011].

In der Arbeitsgruppe Forschungs-GmbH stimmten die Beteiligten ihre Schritte zum Erhalt des aus den ehemaligen Kombinaten ausgegliederten, industrienahen Forschungspotentials in der Verantwortung der Treuhandanstalt ab. Ein derartig konzertiertes Vorgehen erschien angesichts der bedrohlichen Situation, in der sich die Mehrzahl der Forschungs-GmbH befand, erforderlich, da die Erhaltung leistungsfähiger marktorientierter Forschungs-

1009 Wahrgenommen innerhalb des Bundesministeriums für Wirtschaft durch Abteilung II Unterabteilung C Referat 1; Bundesministerium für Wirtschaft, Schreiben an den Generalbevollmächtigten der Treuhandanstalt v. 27.05.1992, Nachdruck in: Treuhandanstalt (Hrsg.), Dokumentation 1990-1994, Band 8, S. 691; s. a. Breuel, Schreiben an den Bundesminister für Wirtschaft v. 16.06.1992, Nachdruck in: Treuhandanstalt (Hrsg.), Dokumentation 1990-1994, Band 8, S. 694 (695); Treuhandanstalt, Aufgabenspektrum und Lösungswege, Nachdruck in: Treuhandanstalt (Hrsg.), Dokumentation 1990-1994, Band 8, S. 650 (651).

1010 U.a. Arbeitsgemeinschaft industieller Forschungsvereinigungen "Otto von Guericke" e. V., Bundesverband der Deutschen Industrie e.V.

1011 Bundesministerium für Wirtschaft, Vermerk über die 1. Sitzung der vom Bund-Länder-Ausschuß Forschung und Technologie eingesetzten Arbeitsgruppe Forschungs-GmbH am 15.03.1991, Nachdruck in: Treuhandanstalt (Hrsg.), Dokumentation 1990-1994, Band 8, S. 653 ff.

und Entwicklungskapazitäten als wesentliche Voraussetzung für die künftige Wettbewerbsfähigkeit der ostdeutschen Unternehmen galt[1012].

Mit der Entflechtung der Industriekombinate in den neuen Bundesländern waren im Wege der Umwandlung aus den ehemals zentralen Forschungseinrichtungen etwa 120 industrienahe Forschungs-GmbH entstanden[1013]. Diese waren in der Mehrzahl der Fälle aus betriebswirtschaftlicher Sicht nicht sanierungsfähig, da ihre kommerziellen Forschungserlöse den Aufwand auch nach einer Durchführung von Sanierungsmaßnahmen nicht zu decken vermochten[1014]. Somit stellten sich auch die Privatisierungschancen für diese Gesellschaften als außerordentlich schlecht dar[1015]. Die Abwerbung wichtiger Know-how-Träger sowie das Ausbleiben von Aufträgen und (anfänglich[1016]) staatlichen Fördermitteln traten hinzu, so daß der Fortbestand wirtschaftsnaher Forschung in den neuen Bundesländern insgesamt als gefährdet angesehen wurde[1017].

1012 Bundesministerium für Wirtschaft, Jahreswirtschaftsbericht 1992, S. 47; Wirtschaftsministerkonferenz, Ergebnisse der Wirtschaftsministerkonferenz am 11.12.1991 in Bonn mit dem Bundesminister für Forschung und Technologie, Ziffer 10; s. zur damaligen Einschätzung der Lage der industrienahen Forschung in den neuen Bundesländern z.B. Bund-Länder-Ausschuß Forschung und Technologie, Zur Situation der Industrieforschung in Ostdeutschland, Nachdruck in: Treuhandanstalt (Hrsg.), Dokumentation 1990-1994, Band 8, S. 692; Brandenburg, in: Deutscher Bundestag, 12. WP, Wortprotokoll der öffentlichen Anhörung (41. Sitzung) des Ausschusses für Wirtschaft, S. 45; Ziegler, in: DA 1993, S. 689 ff.

1013 Helmuth Kohn, zuständiger Referatsleiter im Bundesministerium für Wirtschaft, zitiert bei o. N., in: TSP v. 24.06.1994, S. 21; Treuhandanstalt, Bericht über den Stand der Forschungsaktivitäten bei F-GmbH, Nachdruck in: Treuhandanstalt (Hrsg.), Dokumentation 1990-1994, Band 8, S. 723.

1014 Treuhandanstalt, Vermerk "Probleme bei der Privatisierung der Forschungs-GmbH durch mißverständliche Weisungen des BMF", Ziffer 1, Nachdruck in: Treuhandanstalt (Hrsg.), Dokumentation 1990-1994, Band 10, S. 873.

1015 Treuhandanstalt, Vorlage für den Vorstand der Treuhandanstalt "Wirtschaftsnahe Forschungseinrichtungen", Nachdruck in: Treuhandanstalt (Hrsg.), Dokumentation 1990-1994, Band 8, S. 670 (673).

1016 Spezielle Förderprogramme fehlten zunächst. Eine Stützung erfuhren die Forschungs-GmbH später vor allem mit dem von dem Bundesministerium für Wirtschaft aufgelegten Programm "Förderung von FuE-Projekten zum Aufbau einer marktvorbereitenden Industrieforschung und zur Erleichterung des wirtschaftlichen Strukturwandels"; s. Deutsches Institut für Wirtschaftsforschung, Wochenbericht 6/95, S. 143 (150).

1017 Treuhandanstalt, Bericht über den Stand der Forschungsaktivitäten bei F-GmbH, Nachdruck in: Treuhandanstalt (Hrsg.), Dokumentation 1990-1994, Band 8, S. 723 (724).

Allerdings sind auch die meisten industrienahen Forschungseinrichtungen in den alten Bundesländern nicht in der Lage, ihren Kostenaufwand kommerziell zu dekken[1018]. Die Treuhandanstalt hat deswegen in Abstimmung mit den zuständigen Ressorts der Bundesregierung wie der betroffenen Landesregierungen davon abgesehen, die Forschungs-GmbH wie gewöhnliche Wirtschaftsunternehmen zu behandeln.

So wurde die Frage, ob eine Forschungseinrichtung erhaltenswert sei, im Rahmen einer besonderen Evaluierungskampagne (Mai bis Oktober 1991) nicht allein unter betriebswirtschaftlichen, sondern unter Hinzuziehung von wissenschaftlich-technischen Kriterien beurteilt. Für nicht im üblichen Wege privatisierbare, aber gemäß Evaluierung und aus Landessicht erhaltenswerte Forschungs-GmbH wurden gemeinsam mit den betroffenen Ländern besondere Lösungen entwickelt, nämlich die (kostenlose) Überführung in Landesinstitute oder gemeinnützige Trägervereine[1019].

Zur Überbrückungsfinanzierung im Jahre 1991 vergab die Treuhandanstalt, gedeckt durch eine Rückerstattungszusage des Bundesministers der Finanzen, an Forschungseinrichtungen spezielle Darlehen, um die Weiterführung und Neuaufnahme von Forschungsprojekten, welche seitens des Bundesministeriums für Wirtschaft und des Bundesministeriums für Forschung und Technologie für förderungswürdig erachtet worden waren, zu ermöglichen[1020].

Die Förderung der Industrieforschung zählte nicht zu den der Treuhandanstalt ausdrücklich gesetzlich erteilten Aufgaben. Es entsprach jedoch der allgemeinen Auffassung, daß die Erhaltung leistungsfähiger marktorientierter Forschungs- und Entwicklungskapazitäten in den neuen Bundesländern eine wesentliche Voraussetzung für die künftige Wettbewerbsfähigkeit der ostdeutschen Unternehmen darstellte[1021].

1018 Treuhandanstalt, Vermerk "Probleme bei der Privatisierung der Forschungs-GmbH durch mißverständliche Weisungen des BMF", Ziffer 1, Nachdruck in: Treuhandanstalt (Hrsg.), Dokumentation 1990-1994, Band 10, S. 873.

1019 Treuhandanstalt, Zur Situation der Forschungs-GmbH in Treuhandbesitz, Nachdruck in: Treuhandanstalt (Hrsg.), Dokumentation 1990-1994, Band 8, S. 699 (702); Treuhandanstalt, Bericht über den Stand der Forschungsaktivitäten bei F-GmbH, Nachdruck in: Treuhandanstalt (Hrsg.), Dokumentation 1990-1994, Band 8, S. 723 (728).

1020 Treuhandanstalt, Bericht zur Evaluierung der Forschungs-GmbH, Nachdruck in: Treuhandanstalt (Hrsg.), Dokumentation 1990-1994, Band 8, S. 685 (686); Treuhandanstalt, Zur Situation der Forschungs-GmbH in Treuhandbesitz, Nachdruck in: Treuhandanstalt (Hrsg.), Dokumentation 1990-1994, Band 8, S. 699 (700); Treuhandanstalt, Bericht über den Stand der Forschungsaktivitäten bei F-GmbH, Nachdruck in: Treuhandanstalt (Hrsg.), Dokumentation 1990-1994, Band 8, S. 723 (726).

1021 Wirtschaftsministerkonferenz, Ergebnisse der Wirtschaftsministerkonferenz am 11.12.1991 in Bonn mit dem Bundesminister für Forschung und Technologie, Ziffer 10; Kommission Wiederaufbau Neue Bundesländer der CDU / CSU-Bundestagsfraktion, Votum betr. Umstrukturierung der Forschungs-GmbH

Von marktorientierten Produktinnovationen war zudem eine beschäftigungsfördernde Wirkung zu erwarten. Die Besonderheiten der Forschungseinrichtungen zu berücksichtigen und ihren Erhalt zu fördern konnte daher als Annexaufgabe des der Treuhandanstalt von dem Gesetzgeber erteilten Auftrags, die Wettbewerbsfähigkeit möglichst vieler Unternehmen ihres Verantwortungsbereiches herzustellen und somit Arbeitsplätze zu sichern und neue zu schaffen[1022], gelten. Der damalige Bundesminister für Wirtschaft Möllemann räumte dieser Aufgabe der Treuhandanstalt sogar einen solchen Stellenwert ein, daß er im Juni 1992 die Einrichtung einer entsprechenden Funktionalzuständigkeit innerhalb der Treuhandanstalt forderte[1023]. Auch wenn dies nicht erfolgte – die Treuhandanstalt beließ es bei einer kleinen Projektgruppe[1024] –, konnten zwei Drittel der verselbständigten Forschungseinrichtungen im Zuständigkeitsbereich der Treuhandanstalt erhalten werden[1025].

Zur Erhaltung von Forschungspotentialen innerhalb von Treuhand-Unternehmen hat die Treuhandanstalt in der Regel – auch im Rahmen der Privatisierung[1026] – keine besonderen Vorkehrungen getroffen[1027]. Forschungsintensive Produktionszweige hatten in den neuen Bundesländern mit überdurchschnittlichen Anpassungs-

v. 22.06.1992, Nachdruck in: Treuhandanstalt (Hrsg.), Dokumentation 1990-1994, Band 8, S. 697; Bundesministerium für Wirtschaft, Jahreswirtschaftsbericht 1992, S. 47; Bund-Länder-Ausschuß Forschung und Technologie, Zur Situation der Industrieforschung in Ostdeutschland, Nachdruck in: Treuhandanstalt (Hrsg.), Dokumentation 1990-1994, Band 8, S. 692; Brandenburg, in: Deutscher Bundestag, 12. WP, Wortprotokoll der öffentlichen Anhörung (41. Sitzung) des Ausschusses für Wirtschaft, S. 45; Ziegler, in: DA 1993, S. 689 ff.

1022 Präambel (2. Spiegelstrich), § 2 Absatz 6 Satz 1 TreuhG.

1023 Ronzheimer, in: TSP v. 13.06.1992, S. 21; o. N., in: Die Welt v. 13.06.1992, S. 10; Erdmann, in: Berliner Zeitung v. 13.06.1992, S. 29.

1024 Treuhandanstalt, Aufgabenspektrum und Lösungswege, Nachdruck in: Treuhandanstalt (Hrsg.), Dokumentation 1990-1994, Band 8, S. 650.

1025 Helmuth Kohn, zuständiger Referatsleiter im Bundesministerium für Wirtschaft, zitiert bei o. N., in: TSP v. 24.06.1994, S. 21; kritisch zur Lage der industriellen Forschung in den neuen Bundesländern Deutsches Institut für Wirtschaftsforschung, Wochenbericht 6/95, S. 143 (152).

1026 Eine Ausnahme stellt der Vertrag zur Privatisierung der Buna, Sow, Leuna Olefinverbund GmbH v. 04.04.1995 dar: Der US-amerikanische Konzern The Dow Chemical Company wurde verpflichtet, am Standort Schkopau ein großes FuE-Zentrum einzurichten; vgl. Staatssekretär im Bundesministerium für Wirtschaft und Sonderbeauftragter der Bundesregierung für die neuen Bundesländer Ludewig, in: Bundesanstalt für vereinigungsbedingte Sonderaufgaben (Hrsg.), Dokumentation des Symposiums Zwischenbilanz Aufbau Ost, S. 51.

1027 Kritisch dazu Deutsches Institut für Wirtschaftsforschung, Wochenbericht 6/95, S. 143 (152).

problemen zu kämpfen[1028]. Dennoch ist der im Bereich Forschung und Entwicklung tätige Personalbestand in den neuen Bundesländern insgesamt gegenüber 1989 in geringerem Maße als die Produktion gesunken[1029].

Die Arbeitsgruppe Forschungs-GmbH veranlaßte und begleitete eine bis zum 31. Oktober 1991 abgeschlossene Evaluierung der vorhandenen Forschungseinrichtungen nach wissenschaftlich-technischen und betriebswirtschaftlichen Kriterien, auf deren Grundlage die Entscheidungen über die Fortführung der einzelnen Forschungs-GmbH getroffen wurden. Ihre Arbeit diente so auch der Information der Länder und damit der Vorbereitung von seitens der Länder im Rahmen ihrer politischen Aufgabenzuweisung zu ergreifenden Maßnahmen[1030]. Auf diese Weise konnten die befaßten Bundesressorts eine enge Verzahnung der Tätigkeit der Treuhandanstalt mit den für Entscheidungen der regionalen wie sektoralen Wirtschaftspolitik zuständigen Länder sowie eine zügige Überleitung der Verantwortung für nicht im üblichen Wege privatisierbare, aber gemäß Evaluierung und aus Landessicht erhaltenswerte Forschungs-GmbH auf die Länder erreichen.

ii) Forderungsrunde

Unter der Federführung des Bundesministers der Finanzen trat einmal monatlich die sog. Forderungsrunde zusammen. Ihre Aufgabe war, den Einzug problematischer Auslandsforderungen der Außenhandelsbetriebe zu steuern. Dementsprechend gehörten ihr die mit diesen Vorgängen befaßten Institutionen an, nämlich neben dem Bundesministerium der Finanzen das Bundesministerium für Wirtschaft, das Auswärtige Amt, die Hermes Kre-

1028 Klodt u.a., 5. Hauptbericht zur Strukturberichterstattung, Institut für Weltwirtschaft an der Universität Kiel, S. 137.

1029 Deutsches Institut für Wirtschaftsforschung, Wochenbericht 6/95, S. 143 (146).

1030 Vgl. Bundesministerium für Wirtschaft, Vermerk über die 1. Sitzung der vom Bund-Länder-Ausschuß Forschung und Technologie eingesetzten Arbeitsgruppe Forschungs-GmbH am 15.03.1991, Nachdruck in: Treuhandanstalt (Hrsg.), Dokumentation 1990-1994, Band 8, S. 653 ff.; Treuhandanstalt, Aufgabenspektrum und Lösungswege, Nachdruck in: Treuhandanstalt (Hrsg.), Dokumentation 1990-1994, Band 8, S. 650 ff.; Treuhandanstalt, Bericht zur Evaluierung der Forschungs-GmbH, Nachdruck in: Treuhandanstalt (Hrsg.), Dokumentation 1990-1994, Band 8, S. 685 ff.; Treuhandanstalt, Bericht über den Stand der Forschungsaktivitäten bei F-GmbH, Nachdruck in: Treuhandanstalt (Hrsg.), Dokumentation 1990-1994, Band 8, S. 723 ff.

ditversicherungs-AG, die Staatsbank Berlin und die Deutsche Außenhandelsbank AG[1031].

jj) Arbeitsgruppe Kommerzielle Koordinierung

Der Bundesminister der Finanzen setzte 1993 weiterhin eine Arbeitsgruppe Kommerzielle Koordinierung ein. Ihr gehörten neben der Treuhandanstalt die Unabhängige Kommission zur Überprüfung des Vermögens der Parteien und Massenorganisationen in der Deutschen Demokratischen Republik, die Zentralstelle zur Ermittlung von Regierungs- und Vereinigungskriminalität, die Staatsanwaltschaft Berlin sowie verschiedene, von dem Bundesministerium der Finanzen oder der Treuhandanstalt mandatierte Rechtsanwälte an. Ihre Aufgabe bestand im Austausch der zum Komplex Kommerzielle Koordinierung, aber auch zu den Bereichen Vermögen der Parteien und Massenorganisationen der DDR sowie des Ministeriums für Staatssicherheit, gewonnenen Informationen und in der Koordinierung der diesbezüglichen Aktivitäten[1032].

kk) Arbeitsgruppe Fährhafen Mukran

In der zweiten Hälfte des Jahres 1991 erfolgte die Einsetzung einer weiteren, die Akteure der verschiedenen staatlichen Ebenen zusammenführenden Arbeitsgruppe. Ihre Aufgabe war die Vorbereitung der künftigen Nutzung und der Trägerschaft des zunächst zu der Deutschen Seereederei Rostock GmbH gehörenden Fährhafens Mukran. Unter der Federführung des Bundesministeriums für Verkehr wirkten die Treuhandanstalt, das Land Mecklenburg-Vorpommern, die Gemeinde Saßnitz, die Deutsche Seereederei Rostock GmbH sowie die Deutsche Reichsbahn in dieser Arbeitsgruppe zusammen[1033].

1031 Treuhandanstalt, Stand der Aufgabenerfüllung des Direktorates "Besondere Handelsgesellschaften (AHB / KoKo)" der Treuhandanstalt, Nachdruck in: Treuhandanstalt (Hrsg.), Dokumentation 1990-1994, Band 9, S. 251 (254); Deutscher Bundestag, 13. WP, Beschlußempfehlung und Bericht des 2. Untersuchungsausschusses "DDR-Vermögen" v. 28.05.1998, BT-Drs. 13/10900, Band 1, S. 142.

1032 Deutscher Bundestag, 13. WP, Beschlußempfehlung und Bericht des 2. Untersuchungsausschusses "DDR-Vermögen" v. 28.05.1998, BT-Drs. 13/10900, Band 1, S. 138; vgl. Treuhandanstalt, Pressemitteilung v. 12.10.1994 ("Kein Streit zwischen Bundesfinanzministerium und Treuhandanstalt in Sachen Deutsche Außenhandelsbank DABA").

1033 Presse- und Informationsamt der Bundesregierung (Hrsg.), Jahresbericht der Bundesregierung 1991, S. 519.

Nach entsprechenden Abstimmungen unter den Mitgliedern der Arbeitsgruppe sowie Gesprächen mit den am Ostseeverkehr interessierten Reedereien und Unternehmen erarbeitete die Arbeitsgruppe ein Hafenentwicklungskonzept, welches in den Ende 1992 vorgelegten Abschlußbericht Eingang fand. Die Empfehlungen des Abschlußberichtes – u.a. Übertragung des Fährhafens auf die Gemeinde Saßnitz, Beteiligung des Landes Mecklenburg-Vorpommern an der Besitzgesellschaft – wurden schrittweise umgesetzt[1034].

ll) Ad-hoc-Arbeitsgruppe Kali

Zur Bewältigung der Probleme in der Kali-Industrie wurde am 20./21. März 1991 im Verlauf der Amtschef-Konferenz der Wirtschaftsminister beschlossen, eine sog. Ad-hoc-Arbeitsgruppe zu bilden, die "Konzepte zur Erreichung mittelfristiger, tragfähiger Lösungen für alle Beteiligten" erarbeiten sollte. In ihr waren die betroffenen Bundesländer Hessen, Niedersachsen, Sachsen-Anhalt und Thüringen vertreten, ferner arbeiteten Vertreter des Bundesministeriums für Wirtschaft mit. Einbezogen waren weiterhin die Treuhandanstalt, die Industriegewerkschaft Bergbau und Energie sowie die beiden deutschen Kali-Unternehmen, nämlich das Treuhand-Unternehmen Mitteldeutsche Kali AG, Sondershausen, und sowie die zum BASF-Konzern zählende Kali und Salz AG, Kassel.

mm) Gemeinsame Arbeitsgruppe Bund / THA / Länder

Als weiterer, die Treuhandanstalt betreffender und zugleich der Akteursvernetzung dienender organisationsrechtlicher Akt der Bundesregierung ist die Einbeziehung der Treuhandanstalt in die sog. Gemeinsame Arbeitsgruppe Bund / THA / Länder zu nennen.

Dieses Gremium setzte sich aus Vertretern des Bundesministeriums für Umwelt, Naturschutz und Reaktorsicherheit, des Bundesministeriums der Finanzen, des Bundesministeriums für Wirtschaft, des Bundesministeriums für Arbeit und Sozialordnung, der entsprechenden Ressorts der neuen Bundesländer und Berlins sowie der Treuhandanstalt zusammen. Die Federführung lag bei dem Bundesministerium der Finanzen und dem Bundesministerium für Umwelt, Naturschutz und Reaktorsicherheit[1035].

1034 Presse- und Informationsamt der Bundesregierung (Hrsg.), Jahresbericht der Bundesregierung 1992, S. 592; Presse- und Informationsamt der Bundesregierung (Hrsg.), Jahresbericht der Bundesregierung 1993, S. 614 f.

1035 Presse- und Informationsamt der Bundesregierung (Hrsg.), Jahresbericht der Bundesregierung 1993, S. 632.

Die Bundesregierung und die neuen Bundesländer sowie Berlin hatten sich am 22. Oktober 1992 in dem gemeinsamen Beschluß zur Finanzierungsregelung der ökologischen Altlasten[1036], welcher Bestandteil des VA-Altlastenfinanzierung wurde[1037], auf die Bildung der Gemeinsamen Arbeitsgruppe Bund / THA / Länder verständigt[1038]. Die Treuhandanstalt war an diesem Beschuß – zumindest formal – nicht beteiligt.

Aufgabe der Gemeinsamen Arbeitsgruppe Bund / THA / Länder war die Koordination und Abstimmung von Einzelfragen bei der Umsetzung der zwischen Bund und den neuen Ländern vereinbarten Finanzierungsregelung der ökologischen Altlasten[1039]. Hierzu zählte namentlich die Festlegung der Großprojekte[1040] sowie die Feststellung der Sanierungskonzepte und des Finanzrahmens[1041]. Darüber hinaus waren – soweit erforderlich – in der Gemeinsamen Arbeitsgruppe Bund / THA / Länder einvernehmlich ergänzende Regelungen zur Umsetzung des VA-Altlastensanierung zu treffen[1042].

1036 Vgl. zum Beschluß der Finanzierungsregelung der ökologischen Altlasten: Bundesministerium für Wirtschaft, Jahreswirtschaftsbericht 1993, S. 62; Presse- und Informationsamt der Bundesregierung (Hrsg.), Jahresbericht der Bundesregierung 1992, S. 612; Treuhandanstalt, Aufgabenspektrum und Lösungswege, Nachdruck in: Treuhandanstalt (Hrsg.), Dokumentation 1990-1994, Band 9, S. 366 (367).

1037 § 1 VA-Altlastenfinanzierung.

1038 Ziffer 6 der (den ersten Teil der Anlage 1 zu dem VA-Altlastenfinanzierung bildenden) Finanzierungsregelung der ökologischen Altlasten.

1039 Ziffer 6 der (den ersten Teil der Anlage 1 zu dem VA-Altlastenfinanzierung bildenden) Finanzierungsregelung der ökologischen Altlasten.

1040 § 2 Satz 3 VA-Altlastenfinanzierung; Gemeinsame Protokollnotiz des Beschlusses des Bundes und der neuen Länder zu Ziffer 6 der Finanzierungsregelung der ökologischen Altlasten (zweiter Teil der Anlage 1 zu dem VA-Altlastenfinanzierung); Ziffer 1 der Anlage 2 zu dem VA-Altlastenfinanzierung; Bundesministerium für Umwelt, Naturschutz und Reaktorsicherheit, Altlastensanierung, S. 26; Treuhandanstalt, Aufgabenspektrum und Lösungswege, Nachdruck in: Treuhandanstalt (Hrsg.), Dokumentation 1990-1994, Band 9, S. 366 (368); dazu ausführlich Radtke / Eisenbarth, in: ZAP-DDR, Fach 19, S. 285 (290).

1041 Bundesministerium für Umwelt, Naturschutz und Reaktorsicherheit, Altlastensanierung, S. 26; Treuhandanstalt, Maßnahmen der Treuhandanstalt zur Kostenbegrenzung bei Altlastenverpflichtungen aus Privatisierungsverträgen, Nachdruck in: Treuhandanstalt (Hrsg.), Dokumentation 1990-1994, Band 9, S. 493 (497).

1042 § 3 VA-Altlastensanierung. Entsprechende Beschlüsse zur Konkretisierung und Ergänzung des VA-Altlastensanierung faßte die Gemeinsame Arbeits-

Der gemeinsame Beschluß der Finanzierungsregelung der ökologischen Altlasten, der Abschluß des VA-Altlastensanierung und die Bildung eines ständigen Koordinationsgremiums war notwendig geworden, da die beteiligten Länder wegen des erheblichen finanziellen Risikos[1043] zunächst nicht bereit waren, in breitem Umfang Freistellungserklärungen nach Artikel 1 § 4 Absatz 3 UmweltrahmenG[1044] abzugeben[1045]. Sofern die zuständigen Landesbehörden Freistellungserklärungen abgaben, beschränkten sie diese auf einen prozentualen Anteil der anfallenden Kosten und überließen es den Investoren, bei der Treuhandanstalt die Übernahme des Restrisikos zu erwirken. Dieses Verhalten der Länder drohte, das mit der Altlastenfreistellungsklausel angestrebte Ziel, die investitionshemmende Wirkung (vermuteter) ökologischer Altlasten in den neuen Ländern zu beseitigen[1046], zu vereiteln[1047], wodurch wiederum die Interessen des Bundes und im speziellen der Treuhandanstalt berührt wurden. Mit der Finanzierungsregelung der ökologischen Altlasten und dem VA-Altlastenfinanzierung einigten sich deshalb Bund und Treuhandanstalt einerseits und die betroffenen Länder andererseits über eine generelle Kostenaufteilung und stellten mit der Bildung der Gemeinsamen Arbeitsgruppe Bund / THA / Länder ein ständiges Koordinationsgremium zur Umsetzung des VA-Altlastenfinanzierung auf. Durch das in der Gemeinsamen Arbeitsgruppe Bund / THA / Länder fest-

gruppe Bund / THA / Länder am 11.06.1993 und 26.10.1993; Nachdruck in: Treuhandanstalt (Hrsg.), Dokumentation 1990-1994, Band 9, S. 429 ff. und 434 ff.

1043 Bundesministerium für Umwelt, Naturschutz und Reaktorsicherheit, Altlastensanierung, S. 25; Radtke / Eisenbarth, in: ZAP-DDR, Fach 19, S. 285 (288).

1044 Dazu ausführlich Bundesministerium für Umwelt, Naturschutz und Reaktorsicherheit, Umwelt 1991, S. 430; Knopp, Altlastenrecht in der Praxis, Rz. 198 ff.

1045 Hinzu kam, daß sich auch noch 1992 die Strukturen der Umweltverwaltungen in den neuen Ländern im Aufbau befanden; Treuhandanstalt, Maßnahmen der Treuhandanstalt zur Kostenbegrenzung bei Altlastenverpflichtungen aus Privatisierungsverträgen, Nachdruck in: Treuhandanstalt (Hrsg.), Dokumentation 1990-1994, Band 9, S. 493 (496); vgl. Presse- und Informationsamt der Bundesregierung (Hrsg.), Jahresbericht der Bundesregierung 1992, S. 611.

1046 Vgl. Bundesministerium für Wirtschaft, Energiepolitik für das vereinte Deutschland, S. 32; Bundesministerium für Umwelt, Naturschutz und Reaktorsicherheit, Altlastensanierung, S. 11; Treuhandanstalt, Umweltschutz und Neuanfang, Nachdruck in: Treuhandanstalt (Hrsg.), Dokumentation 1990-1994, Band 9, S. 465 (466).

1047 Radtke / Eisenbarth, in: ZAP-DDR, Fach 19, S. 285 (288); o. N., in: WiWo v. 28.02.1992, Beilage, S. 3 f.

gelegte Verfahren wurde sichergestellt, daß nur für zuvor mit der Treuhandanstalt abgestimmte Altlastensanierungsmaßnahmen Kosten an die Länder erstattet wurden[1048].

nn) Büro Braunkohlesanierung der Treuhandanstalt

Ein weiteres, der Vernetzung der Akteure dienendes Gremium stellten das Büro Braunkohlesanierung und die dazugehörige Steuerungsgruppe dar. Ihre Bildung ging auf eine Initiative des Bundesministeriums für Umwelt, Naturschutz und Reaktorsicherheit zurück[1049], die in einen Beschluß des Bundeskabinetts vom 23. September 1992 mündete[1050].

Die ökologische Hinterlassenschaft des Braunkohlebergbaus in der Deutschen Demokratischen Republik stellte die betroffenen Stellen vor besonders große organisatorische und finanzielle Herausforderungen. Eine Fläche von 60.000 ha war devastiert, zahlreiche Tagebaurestlöcher bargen umweltgefährdende Altablagerungen der braunkohleveredelnden und chemischen Industrie. Schließlich galt es, schwerwiegende Eingriffe in den Wasserhaushalt wieder auszugleichen. Bis zu 20.000 Beschäftigte, zumeist ehemalige Bergleute, waren in Sanierungsprojekten tätig, für die jährlich 1,5 Mrd. DM aufgebracht wurden. Die Braunkohlesanierung war (und ist) hinsichtlich Beschäftigung, Sanierungs- und Finanzierungsumfang das bei weitem größte Umweltsanierungsprojekt in der Bundesrepublik Deutschland[1051]. Die Finanzierung der Sanierungsmaßnahmen erfolgte auf der Grundlage des bereits genannten VA-Altlastenfinanzierung[1052].

1048 Treuhandanstalt, Maßnahmen der Treuhandanstalt zur Kostenbegrenzung bei Altlastenverpflichtungen aus Privatisierungsverträgen, Nachdruck in: Treuhandanstalt (Hrsg.), Dokumentation 1990-1994, Band 9, S. 493 (497).

1049 Radtke / Eisenbarth, in: ZAP-DDR Fach 19, S. 285 (291).

1050 Vgl. Bundesministerium für Umwelt, Naturschutz und Reaktorsicherheit, Braunkohlesanierung Ost, S. 16; s. a. Breuel (Hrsg.), Treuhand intern, S. 370. Die Treuhandanstalt hat sich – soweit ersichtlich – erst nach dem Beschluß des Bundeskabinetts, nämlich in der Vorstandssitzung am 06.10.1992 und der Verwaltungsratssitzung am 15.10.1992, mit der Bildung des Büros Braunkohlesanierung befaßt; vgl. Treuhandanstalt, Tagesordnung der Vorstandssitzung am 06.10.1992 sowie Tagesordnung für die Sitzung des Verwaltungsrates am 15.10.1992, Nachdruck in: Treuhandanstalt (Hrsg.), Dokumentation 1990-1994, Band 2, S. 934, sowie S. 937.

1051 Bundesministerium für Umwelt, Naturschutz und Reaktorsicherheit, Braunkohlesanierung Ost, S. 3, 7 f., 11 ff.; Radtke / Eisenbarth, in: ZAP-DDR, Fach 19, S. 285 (290).

1052 Bundesministerium für Umwelt, Naturschutz und Reaktorsicherheit, Braunkohlesanierung Ost, S. 15 f.

Das Büro Braunkohlesanierung, das im November 1992 seine Arbeit aufnahm, hatte vor allem die Aufgabe, die länder- und unternehmensübergreifenden Sanierungsaufgaben im Bereich der Braunkohle zu koordinieren und zu betreuen[1053]. Es war im Unternehmensbereich U6 der Treuhandanstalt, zuständig u.a. für den Bergbau, angesiedelt und direkt dem zuständigen Vorstandsmitglied unterstellt. Die Finanzierung des Büros Braunkohlesanierung erfolgte durch die Treuhandanstalt[1054].

Das Büro Braunkohlesanierung erhielt seine inhaltlichen Vorgaben (einschließlich Aufbau- und Ablauforganisation) von einer Steuerungsgruppe unter der Federführung des Bundesministeriums für Umwelt, Naturschutz und Reaktorsicherheit, in der außerdem das Bundesministerium der Finanzen, das Bundesministerium für Wirtschaft, das Bundesministerium für Arbeit und Sozialordnung, die vom Braunkohletagebau betroffenen Länder Brandenburg, Sachsen, Sachsen-Anhalt und Thüringen sowie die Treuhandanstalt mit Sitz und Stimme vertreten waren. Beratend nahmen außerdem die Bergbaugesellschaften, die IG Bergbau und Energie sowie die IG Chemie-Papier-Keramik an den Sitzungen der Steuerungsgruppe teil[1055]. Die Steuerungsgruppe hatte die Sanierungsmaßnahmen in den ostdeutschen Braunkohlerevieren abzustimmen, zu genehmigen und zu budgetieren. Ihr oblag außerdem die Kontrolle über die Tätigkeit des Büros Braunkohlesanierung[1056].

Auf der Grundlage der von der Steuerungsgruppe beschlossenen Grundsätze hatte das Büro Braunkohlesanierung im Rahmen der Sanierung ökologischer Altlasten im Bereich der Braunkohle insbesondere eine Prioritätenliste für die Sanierung von Altlasten zu erarbeiten, Grundlagen für die Sanierungsplanung der Bergwerksunternehmen zu erstellen, weiterhin beantragte Sanierungsprojekte zu prüfen[1057] und eine entsprechende Stellungnahme gegenüber der Steuerungsgruppe abzugeben, die effiziente Durch-

1053 Bundesministerium für Umwelt, Naturschutz und Reaktorsicherheit, Braunkohlesanierung Ost, S. 18.

1054 Vgl. Bundesministerium für Umwelt, Naturschutz und Reaktorsicherheit, Braunkohlesanierung Ost, S. 16.

1055 Vgl. Bundesministerium für Umwelt, Naturschutz und Reaktorsicherheit, Braunkohlesanierung Ost, S. 16.

1056 Vgl. Bundesministerium für Umwelt, Naturschutz und Reaktorsicherheit, Braunkohlesanierung Ost, S. 18.

1057 Geprüft wurden die Anträge gemeinsam von den zuständigen Stellen der jeweiligen Landesregierung und durch das Büro Braunkohlesanierung im Hinblick auf landesplanerische und regionalstrukturelle Erfordernisse, auf berg- und geotechnische Notwendigkeiten, auf Übereinstimmung mit den der Bergbehörde vorliegenden Abschlußbetriebsplänen, auf die Zweckmäßigkeit des technischen Konzepts, die wirtschaftliche Effizienz sowie die Vereinbarkeit führung von Maßnahmen nach § 249 h AFG sicherzustellen[1058], schließlich das Controlling und die Auswertung von Sanierungsmaßnahmen im Sinne einer Optimierung der künftigen Sanierungsplanung durchzuführen[1059]. Hinzu kam die Vorbereitung einer längerfristigen organisatorischen Lösung in Zuständigkeit der Länder[1060].

oo) sog. "Fliegende Kommission"

Mit Erlaß vom November 1992 hat der Bundesminister der Finanzen der Bildung der sog. "Fliegenden Kommission" zugestimmt. In ihr waren das Bundesministerium für Verkehr, die Treuhandanstalt sowie die Liegenschaftsgesellschaft der Treuhandanstalt (TLG) vertreten.

Nach Maßgabe des Beschlusses des Deutschen Bundestages vom 5. Februar 1992, wonach Sportanlagen auf die Gemeinden in den neuen Bundesländern zu übertragen waren, sollten Agrar-, GST- und Sportflugplätze im Verantwortungsbereich der Treuhandanstalt kommunalisiert werden, soweit sie als Sportflugplätze zu qualifizieren waren. Häufig handelte es sich jedoch nicht um reine Sportflugplätze, sondern lag auch eine gewerbliche Nutzung vor, welche eine Kommunalisierung insoweit ausschloß. Die "Fliegende Kommission" hatte vom Bundesminister der Finanzen den Auftrag, die sich aus solchen Mischsachverhalten ergebenden Fragen im Sinne kooperativen Verwaltungshandelns[1061] mit den betroffenen Kommunen und Flugsportvereinen zu klären[1062].

mit dem VA-Altlastenfinanzierung. Parallel erfolgte eine Prüfung durch die Arbeitsverwaltung nach ihren Richtlinien; vgl. Steuerungsgruppe, Allgemeine Bestimmungen zum Antragsverfahren zur Förderung von Projekten / Maßnahmen zur Sanierung ökologischer Altlasten im Bereich Braunkohle, beschlossen am 12.05.1993.

1058 Zum Instrument des § 249 h AFG im Rahmen der Braunkohlesanierung Bundesministerium für Umwelt, Naturschutz und Reaktorsicherheit, Braunkohlesanierung Ost, S. 17.

1059 Vgl. Bundesministerium für Umwelt, Naturschutz und Reaktorsicherheit, Braunkohlesanierung Ost, S. 16 f.

1060 Die mit der Braunkohlesanierung zusammenhängenden wasserwirtschaftlichen Fragen bedürfen noch über lange Zeit, mindestens für 50 Jahre, einer Steuerung; Breuel (Hrsg.), Treuhand intern, S. 371; Bundesministerium für Umwelt, Naturschutz und Reaktorsicherheit, Braunkohlesanierung Ost, S. 13 f.

1061 Zum kooperativen Verwaltungshandeln im Rahmen der Kommunalisierung seitens der Treuhandanstalt König, in: Fischer / Hax / Schneider (Hrsg.), Treuhandanstalt – Das Unmögliche wagen, S. 263 (274).

1062 Treuhandanstalt, Kommunalisierung gibt Städten, Gemeinden und Kreisen Handlungsfähigkeit, Nachdruck in: Treuhandanstalt (Hrsg.), Dokumentation 1990-1994, Band 8, S. 1011 (1018, 1033 ff., 1054 ff.).

pp) sonstige Gremien der Treuhandanstalt und ihrer Beteiligungsunternehmen

Unter den die Treuhandanstalt berührenden Akten der Organisationsgewalt der Bundesregierung ist schließlich die Entsendung von Vertretern der Bundesregierung in Gremien der Treuhandanstalt und ihrer Beteiligungsunternehmen aufzuführen. Nicht zuletzt der § 65 Absatz 1 Ziffer 3 BHO zugrunde liegende Rechtsgedanke ließ es geboten erscheinen, daß der Bund Vertreter in die Überwachungsorgane der Treuhandanstalt und ihrer bedeutendsten Beteiligungsunternehmen entsandte. Die bereits an anderer Stelle dargestellte Bestellung je eines Staatssekretärs des Bundesministeriums der Finanzen und des Bundesministeriums für Wirtschaft zu Mitgliedern des Verwaltungsrats der Treuhandanstalt bildete hierfür das prominenteste und bedeutendste, jedoch bei weitem nicht das einzige Beispiel.

Die Treuhandanstalt hat mehrfach Beiräte eingerichtet, welche, besetzt mit Vertretern der relevanten politischen und ökonomische Instanzen, den Vorstand in bestimmten, komplexen Aufgabenbereichen beratend unterstützten:

- Der Beirat des Sondervermögens Land- und Forstwirtschaft (später als Beirat bei der Unternehmensgruppe Land- und Forstwirtschaft bezeichnet) trat am 28. Januar 1991 unter dem Vorsitz des Staatssekretärs im Bundesministerium für Ernährung, Landwirtschaft und Forsten Dr. Eisenkrämer und mit Beteiligung je eines Vertreters des Bundesministeriums der Finanzen und des Bundesministeriums für Wirtschaft zu seiner konstituierenden Sitzung zusammen[1063].
- Mit den vielfältigen Problemen der Entflechtung, Kommunalisierung und Privatisierung der ehemaligen Verkehrskombinate befaßte sich unter Federführung des Bundesministeriums für Verkehr[1064] ein ÖPNV-Beirat[1065].

1063 Protokoll der Konstituierenden Sitzung des Beirates des Sondervermögens Land- und Forstwirtschaft, Nachdruck in: Treuhandanstalt (Hrsg.), Dokumentation 1990-1994, Band 8, S. 276 ff. Diesem Protokoll ist die Liste der Teilnehmer / Mitglieder vorangestellt.

1064 Vgl. Breuel, Schreiben an den Parlamentarischen Staatssekretär beim Bundesminister des Inneren v. 28.11.1992, Nachdruck in: Treuhandanstalt (Hrsg.), Dokumentation 1990-1994, Band 8, S. 181 (182); Treuhandanstalt, Bericht zur Unterrichtung des Vorstandes über die Reorganisation des öffentlichen Personennahverkehrs, Nachdruck in: Treuhandanstalt (Hrsg.), Dokumentation 1990-1994, Band 6, S. 654 (656).

1065 Weitere Teilnehmer waren die Treuhandanstalt, die für Verkehr zuständigen Ressorts der Landesregierungen der neuen Ländern und Berlins, die kommunalen Spitzenverbände (Deutscher Städtetag, Deutscher Städte- und Gemein-

- Das Bundesministerium für Raumordnung, Bauwesen und Städtebau stellte den Vorsitzenden des etwa zur Jahresmitte 1991 eingerichteten Fachbeirats für die Bewertung von Liegenschaften der Treuhandanstalt[1066].
- In dem Lenkungsausschuß Chemie der Treuhandanstalt wirkten neben Treuhandanstalt, Bundesministerium der Finanzen und Bundesministerium für Wirtschaft die betroffenen Landesministerien, Gewerkschaften, Unternehmensleitungen sowie Unternehmensberatungsgesellschaften zusammen, um das Konzept zur Privatisierung der chemischen Industrie im Umsetzung und Weiterentwicklung zu koordinieren[1067].

Durch die Bildung dieser Beiräte einschließlich des Lenkungsausschusses Chemie konnte die Treuhandanstalt den externen Sachverstand für sich nutzbar machen und zugleich die politischen und ökonomischen Akteure in ihre damit transparent werdende Arbeit einbinden, d.h. unter Vermeidung von öffentlich ausgetragenen Konflikten auf die konsensual gefundenen Lösungen verpflichten[1068].

Die Bundesregierung entsandte weiterhin Vertreter in Gremien mehrerer funktionaler Beteiligungsgesellschaften der Treuhandanstalt:

- So stellte das Bundesministerium der Finanzen den Vorsitzenden und ein weiteres Mitglied des Aufsichtsrates der Deutsche Kreditbank AG, hatte je einen Sitz in dem Aufsichtsrat sowie in dem Fachbeirat Wohnungsprivatisierung der Liegenschaftsgesellschaft der Treuhandanstalt

debund, Deutscher Landkreistag) und die betroffenen Wirtschaftsverbände (Bundesverband Deutscher Omnibusunternehmer e.V., Verband Deutscher Verkehrsunternehmen).

1066 Fachbeirat für die Bewertung von Liegenschaften der Treuhandanstalt; s. dazu: Kleiber, in: ZAP-DDR, Fach 7, S. 75 (80 ff.); Liegenschaftsgesellschaft der Treuhandanstalt mbH, TLGkonkret 5/94, S. 2 f.; Liegenschaftsgesellschaft der Treuhandanstalt mbH, Namen und Tätigkeit der Mitglieder des Fachbeirates, Nachdruck in: Treuhandanstalt (Hrsg.), Dokumentation 1990-1994, Band 2, S. 527; Treuhandanstalt, Geschäftsordnung des Fachbeirates für die Bewertung von Liegenschaften der Treuhandanstalt, Nachdruck in: Treuhandanstalt (Hrsg.), Dokumentation 1990-1994, Band 8, S. 415 ff.

1067 Schmidt-Tophoff, in: Schmidt (Hrsg.), Zwischenbilanz, S. 193 (206 f.); Fischer / Weißbach, in: Schmidt / Lutz (Hrsg.), Chancen und Risiken der industriellen Restrukturierung in Ostdeutschland, S.43 (60).

1068 Vgl. Kiechle, Schreiben an den Generalbevollmächtigten des Sondervermögens Land- und Forstwirtschaft der Treuhandanstalt v. 18.12.1990, Nachdruck in: Treuhandanstalt (Hrsg.), Dokumentation 1990-1994, Band 8, S. 274; Treuhandanstalt, Informationsvorlage Beirat des Sondervermögens Land- und Forstwirtschaft, Nachdruck in: Treuhandanstalt (Hrsg.), Dokumentation 1990-1994, Band 8, S. 272.

(TLG), in den Aufsichtsräten der BVVG Bodenverwertung- und -verwaltungs GmbH[1069], der Energiewerke Nord GmbH (EWN), der Gesellschaft zur Verwahrung und Verwertung stillgelegter Bergwerksbetriebe mbH (GVV), der Gesellschaft zur Privatisierung der Staatsreserve (GPSR) und der Verwaltungsgesellschaften des Bergbaus, nämlich Lausitzer und Mitteldeutsche Bergbau-Verwaltungs GmbH (LMBV) sowie deren Tochtergesellschaften Lausitzer Bergbau-Verwaltungs GmbH (LBV) und Mitteldeutsche Bergbau-Verwaltungs GmbH (MBV), weiterhin in den bei der Treuhand Osteuropa Beratungs GmbH (TOB)[1070] und in jedem der bei den fünf Management-Kommanditgesellschaften gebildeten Beiräten[1071].

- Das Bundesministerium für Wirtschaft stellte ebenfalls je ein Mitglied in den Aufsichtsräten der Liegenschaftsgesellschaft der Treuhandanstalt (TLG), der Energiewerke Nord GmbH (EWN), der Lausitzer und Mitteldeutsche Bergbau-Verwaltungs GmbH (LMBV), der Lausitzer Bergbau-Verwaltungs GmbH (LBV) und der Mitteldeutsche Bergbau-Verwaltungs GmbH (MBV) sowie in dem Beirat der Treuhand Osteuropa Beratungs GmbH (TOB)[1072].
- Das Bundesministerium für Raumordnung, Bauwesen und Städtebau entsandte einen Vertreter in den Fachbeirat Wohnungsprivatisierung der Liegenschaftsgesellschaft der Treuhandanstalt mbH (TLG).
- Dem Bundesministerium für Ernährung, Landwirtschaft und Forsten entstammte ein Mitglied des Aufsichtsrats der BVVG Bodenverwertungs- und -verwaltungs GmbH[1073].

1069 Bodenverwertungs- und -verwaltungs GmbH, Geschäftsbericht 1993, Nachdruck in: Treuhandanstalt (Hrsg.), Dokumentation 1990-1994, Band 15, S. 480 (482).

1070 Treuhand Osteuropa Beratungsgesellschaft mbH, Die ehemaligen und jetzigen Beiratsmitglieder der TOB, Nachdruck in: Treuhandanstalt (Hrsg.), Dokumentation 1990-1994, Band 2, S. 528.

1071 Köhler, Schreiben an den Vorstand der Treuhandanstalt v. 15.07.1992, Nachdruck in: Treuhandanstalt (Hrsg.), Dokumentation 1990-1994, Band 7, S. 615 (619); Treuhandanstalt, Management KG, Nachdruck in: Treuhandanstalt (Hrsg.), Dokumentation 1990-1994, Band 7, S. 621 (639).

1072 Treuhand Osteuropa Beratungsgesellschaft mbH, Die ehemaligen und jetzigen Beiratsmitglieder der TOB, Nachdruck in: Treuhandanstalt (Hrsg.), Dokumentation 1990-1994, Band 2, S. 528.

1073 Bodenverwertungs- und -verwaltungs GmbH, Geschäftsbericht 1993, Nachdruck in: Treuhandanstalt (Hrsg.), Dokumentation 1990-1994, Band 15, S. 480 (482).

- Das Bundesministerium für Umwelt, Naturschutz und Reaktorsicherheit nahm einen Sitz im Aufsichtsrat der Lausitzer und Mitteldeutsche Bergbau-Verwaltungs GmbH (LMBV) ein.
- Im Beirat der Treuhand Osteuropa Beratungsgesellschaft mbH (TOB) war zunächst mit Dr. Johannes Ludewig auch das Bundeskanzleramt vertreten; an seine Stelle[1074] trat später der Beauftragte der Bundesregierung für die Beratung in Osteuropa Werner Kittel[1075].
- Auch im Aufsichtsrat der Treuhandanstalt-Forstbetriebs-GmbH (TFB) war das Bundesministerium der Finanzen vertreten[1076].

Schließlich haben vor allem das Bundesministerium der Finanzen[1077] und das Bundesministerium für Wirtschaft[1078] auch unmittelbar in die Aufsichtsräte zahlreicher bedeutender Treuhand-Unternehmen Vertreter ent-

1074 Ähnlich wie dem Bundeskanzleramt im allgemeinen oblag dem auf der Grundlage eines Kabinettsbeschlusses v. 13.07.1993 berufenen Beauftragten der Bundesregierung für die Beratung in Osteuropa hinsichtlich seines speziellen Aufgabenbereiches die Koordination und Unterstützung sämtlicher Bundesressorts; vgl. Bundesministerium für Wirtschaft, Die Beratung Mittel- und Osteuropas beim Aufbau von Demokratie und sozialer Marktwirtschaft, BMWi-Dokumentation Nr. 350, S. 6.

1075 Treuhand Osteuropa Beratungsgesellschaft mbH, Die ehemaligen und jetzigen Beiratsmitglieder der TOB, Nachdruck in: Treuhandanstalt (Hrsg.), Dokumentation 1990-1994, Band 2, S. 528.

1076 Vgl. Deutscher Bundestag, 12. WP, Beschlußempfehlung und Bericht des 2. Untersuchungsausschusses "Treuhandanstalt" v. 29.08.1994, Minderheitenvotum des Berichterstatters der SPD-Fraktion (Berichtsentwurf des Ausschußsekretariats), BT-Drs. 12/8404, S. 230.

1077 Vertreten u.a. in den Aufsichtsräten der BUNA AG, Chemie AG Bitterfeld-Wolfen, Chemnitzer Webmaschinen GmbH, DEKO AG, Deutsche Maschinen- und Schiffbau GmbH, EKO Stahl AG (s. Treuhandanstalt, Pressemitteilung v. 13.06.1994 "Aufsichtsrat EKO Stahl hat sich heute neu konstituiert"), Filmfabrik Wolfen GmbH, IFA Personenkraftwagen AG, Lausitzer Braunkohle AG (LAUBAG), MIBRAG Vereinigte Mitteldeutsche Braunkohle AG, OSTRA-Hydraulik AG, PTC-electronik AG, Qualitäts- und Edelstahl AG, robotron AG, Robotron Büromaschinenwerk AG.

1078 Vertreten u.a. in den Aufsichtsräten der Braunkohleveredelung GmbH Lauchhammer, Deutsche Maschinen- und Schiffbau GmbH, Deutsche Waggonbau AG, EKO Stahl AG (s. Treuhandanstalt, Pressemitteilung v. 13.06.1994 "Aufsichtsrat EKO Stahl hat sich heute neu konstituiert"), Erdöl-Erdgas Gommern GmbH, Landtechnik AG Schönebeck, Lausitzer Braunkohle AG (LAUBAG), Leuna-Werke AG (später Leuna-Raffineriegesellschaft mbH), MIBRAG Vereinigte Mitteldeutsche Braunkohle AG, Mitteldeutsche Kali AG.

sandt. Aufsichtsratsmandate nahmen in Einzelfällen auch Vertreter des Bundesministeriums für Verkehr[1079] und des Bundesministeriums für Ernährung, Landwirtschaft und Forsten[1080] wahr.

qq) Beauftragter der Bundesregierung für die Treuhandanstalt im 2. Untersuchungsausschuß

Unter den ihrer Organisationsgewalt entspringenden, die Treuhandanstalt betreffenden Maßnahmen der Bundesregierung sei auch die Benennung der Mitarbeiter der Treuhandanstalt Dr. Vehse und Kellner durch das Bundesministerium der Finanzen zu Beauftragten der Bundesregierung mit besonderer Zuständigkeit für den Bereich der Treuhandanstalt im 2. Untersuchungsausschuß "Treuhandanstalt" des 12. Deutschen Bundestages genannt.

Die benannten Mitarbeiter der Treuhandanstalt hatten somit den Status von Beauftragten der Bundesregierung im Sinne von Artikel 43 Absatz 2 GG. Sie hatten demnach das Recht, an allen Ausschußsitzungen teilzunehmen und mußten gehört werden.

Die als Beauftragte benannten Mitarbeiter der Treuhandanstalt traten im Untersuchungsausschuß formal für die Bundesregierung, nicht unmittelbar für die Treuhandanstalt auf. Die Bundesregierung nahm im Untersuchungsverfahren allerdings auch die Interessen der dem Bundesministerium der Finanzen nachgeordneten Treuhandanstalt wahr[1081]. Mit der Vertretung der Bundesregierung bei der Wahrung der Belange der Treuhandanstalt im Verfahren vor dem Untersuchungsausschuß waren die benannten Mitarbeiter der Treuhandanstalt betraut[1082].

Mit der geschilderten Einbeziehung von Mitarbeitern der Treuhandanstalt in das Untersuchungsverfahren gelang es der Bundesregierung, die Treuhandanstalt von der Einnahme einer eigenständigen, betroffenenähnli-

1079 Das Bundesministerium für Verkehr entsandte einen Vertreter in den Aufsichtsrat der Deutsche Binnenreederei GmbH, Berlin.

1080 Das Bundesministerium für Ernährung, Landwirtschaft und Forsten war mit einem Vertreter im Aufsichtsrat der Deutsche Fischereiwirtschaft AG, Rostock, repräsentiert.

1081 Deutscher Bundestag, 12. WP, Beschlußempfehlung und Bericht des 2. Untersuchungsausschusses "Treuhandanstalt" v. 29.08.1994, Minderheitenvotum des Berichterstatters der SPD-Fraktion (Berichtsentwurf des Ausschußsekretariats), BT-Drs. 12/8404, S. 153.

1082 Deutscher Bundestag, 12. WP, Beschlußempfehlung und Bericht des 2. Untersuchungsausschusses "Treuhandanstalt" v. 29.08.1994, BT-Drs. 12/8404, S. 29.

chen Stellung[1083] abzuhalten. Die Treuhandanstalt nahm einen darauf abzielenden Antrag wieder zurück[1084].

rr) Ludewig-Runde

Schließlich ist die Einbeziehung der Treuhandanstalt in die informelle, indes besonders bedeutende sog. Ludewig-Runde genannt[1085]. Auf Einladung des Bundeskanzlers fand sich dieses Gremium erstmals am 13. Mai 1991 zusammen und tagte fortan regelmäßig in mehrwöchigen Abständen. Unter der Leitung des damaligen Leiters der Abteilung 4 (Wirtschafts- und Finanzpolitik; Koordinierung neue Länder) im Bundeskanzleramt, Ministerialdirektor Dr. Johannes Ludewig, nahmen der Generalbevollmächtigte der Treuhandanstalt, die Chefs der Staatskanzleien der neuen Bundesländer sowie der Leiter des Außenstelle Berlin des Bundeskanzleramts an den Sitzungen teil. Aufgabe dieses politisch hochrangigen Koordinationsgremiums war es, im Sinne der am 14. März 1991 zwischen der Bundesregierung, den neuen Bundesländern und der Treuhandanstalt vereinbarten "Grundsätze zur Zusammenarbeit von Bund, neuen Ländern und Treuhandanstalt für den Aufschwung Ost"[1086] auf informeller, indes vertrauensvoller und verbindlicher Grundlage den gegenseitigen Informationsaustausch und die Abstimmung über allgemeine, länderübergreifende und politisch brisante Fragen der ökonomischen Systemtransformation zu ermöglichen[1087].

1083 Nach Maßgabe der in dem Beschluß des OVG Münster v. 02.09.1986, NVwZ 1987, S. 606, entwickelten Grundsätze zu den Rechten einer juristischen Person vor einem Untersuchungsausschuß.

1084 Deutscher Bundestag, 12. WP, Beschlußempfehlung und Bericht des 2. Untersuchungsausschusses "Treuhandanstalt" v. 29.08.1994, Minderheitenvotum des Berichterstatters der SPD-Fraktion (Berichtsentwurf des Ausschußsekretariats), BT-Drs. 12/8404, S. 153.

1085 Mit Schreiben v. 19.04.1991 bat Bundeskanzler Kohl die Präsidentin der Treuhandanstalt Breuel, einen persönlichen Beauftragten in dieses Gremium zu entsenden.

1086 Grundsätze zur Zusammenarbeit von Bund, neuen Ländern und Treuhandanstalt für den Aufbau Ost, Nachdruck in: Treuhandanstalt (Hrsg.), Dokumentation 1990-1994, Band 2, S. 386 ff., sowie Presse- und Informationsamt der Bundesregierung, Bulletin Nr. 29 v. 15.03.1991, S. 213 f.

1087 Czada, in: Fischer / Hax / Schneider (Hrsg.), Treuhandanstalt – Das Unmögliche wagen, S. 148 (157 f.); ders., in: Aus Politik und Zeitgeschichte, B 43-44/94, S. 31 (41); ders., in: PVS 1994, S. 245 (257 f.).

b) Aufsicht

Die Aufsicht der Regierung über die Treuhandanstalt erfuhr durch den Einigungsvertrag eine Neuregelung.

aa) Aufsichtführender

Artikel 25 Absatz 1 Satz 3 (1. HS) EinigungsV übertrug dem Bundesminister der Finanzen die Fach- und Rechtsaufsicht über die Treuhandanstalt. In fachaufsichtsrechtlichen Fragen hatte er das Einvernehmen mit dem Bundesminister für Wirtschaft und dem ggf. im übrigen jeweils zuständigen Bundesminister herzustellen[1088].

Damit war die ursprünglich von der Volkskammer erzwungene Aufteilung der Aufsichtskompetenz innerhalb der Regierung zwischen einem Einzelressort (dem des Vorsitzenden des Ministerrates) und der Regierung als Kollegialorgan[1089] beendet. An beider Stelle trat nun der Bundesminister der Finanzen. Sowohl die auf den Vorsitzenden des Ministerrates[1090] als auch die auf den Ministerrat insgesamt[1091] bezogenen aufsichtsrechtlichen Regelungen des Treuhandgesetzes und der Satzung der Treuhandanstalt waren im Lichte des Artikels 25 Absatz 1 Satz 3 EinigungsV seit dem 3. Oktober 1990 auf den Bundesminister der Finanzen zu beziehen[1092].

Mit der bereits genannten Verpflichtung des Bundesministers der Finanzen, in fachaufsichtsrechtlichen Fragen im Einvernehmen mit dem Bundesminister für Wirtschaft und dem jeweils zuständigen Bundesminister zu handeln, hatte die Mitwirkung der übrigen Ressorts eine Neuregelung allgemeiner Natur gefunden. Die bis dahin vereinzelt vorhandenen Normen, welche die Abstimmung der Treuhandanstalt mit bestimmten Ministerien geregelt und dabei eine Beteiligung des aufsichtführenden Ressorts nicht vorgesehen hatten[1093], wurden gegenstandslos. Nunmehr hatte das Bundesministerium der Finanzen bei fachaufsichtsrechtlichen Maßnahmen die Zu-

1088 Artikel 25 Absatz 2 Satz 3 (2. HS) EinigungsV.

1089 Vgl. den Berichterstatter des Wirtschaftsausschusses, Steinecke, zu Beginn der 2. Lesung des Treuhandgesetzes, in: Volkskammer, 10. WP, stenographische Niederschrift der 14. Tagung, S. 480 (481).

1090 § 2 Absatz 2 TreuhG, § 9 Absatz 1 Satz 2 TreuhS, § 9 Absatz 2 Satz 3 TreuhS.

1091 § 3 Absatz 3 TreuhG, § 5 Absatz 1 Satz 2 TreuhG, § 15 TreuhS.

1092 Vgl. Spoerr, Treuhandanstalt und Treuhandunternehmen zwischen Verfassungs-, Verwaltungs- und Gesellschaftsrecht, S. 13 f.

1093 § 5 der 2. DVO z. TreuhG, § 4 der 3. DVO z. TreuhG, § 6 Absatz 2 Satz 2 HandelsentflechtungsVO.

stimmung[1094] derjenigen Bundesminister einzuholen, deren Zuständigkeitsbereich von der Maßnahme berührt war. Den übrigen Ressorts war das Ergreifen von Aufsichtsmaßnahmen unmittelbar gegenüber der Treuhandanstalt ohne Zustimmung des Bundesministeriums der Finanzen verwehrt[1095].

Fraglich erscheint, ob dies ebenso hinsichtlich des in § 9 Absatz 2 Satz 3 TreuhS verankerten Rechts weiterer, nämlich der für Wirtschaft sowie für Arbeit und Soziales zuständigen Regierungsmitglieder galt, an den Sitzungen des Verwaltungsrates teilzunehmen. Für das Wirtschaftsressort konnte die Frage offenbleiben, da dieses Ministerium sogar ein Mitglied des Verwaltungsrates stellte. Dies galt jedoch nicht für das Bundesministerium für Arbeit und Sozialordnung. Während Artikel 25 Absatz 1 Satz 3 (2. HS) EinigungsV die bindende Mitwirkung weiterer Bundesministerien regelte, ging es in § 9 Absatz 2 Satz 3 TreuhS lediglich um ein der gegenseitigen Information dienendes Teilnahme-, keinesfalls jedoch ein bindendes Stimmrecht. Dieser Unterschied rechtfertigt die Annahme, Artikel 25 Absatz 1 Satz 3 (2. HS) EinigungsV habe das Recht des Bundesministers für Arbeit und Sozialordnung (wie auch des Bundesministers für Wirtschaft) auf Teilnahme an den Sitzungen des Verwaltungsrates nicht verdrängt[1096].

Zwar war das Bundesministerium der Finanzen bei der Ausübung der Rechtsaufsicht (anders als bei der Ausübung der Fachaufsicht) nicht zur Zusammenarbeit mit anderen Ressorts verpflichtet. Gleichwohl ist aus Gründen der Sachkompetenz sowie zur Sicherstellung der inhaltlichen Verantwortung für den Rechtsrahmen darauf nicht gänzlich verzichtet worden. Auf dem Gebiet der treuhänderischen Verwaltung des Vermögens der Parteien und Massenorganisationen der Deutschen Demokratischen Republik suchte das Bundesministerium der Finanzen das Einvernehmen mit dem Bundesminister des Innern, welcher allgemein für das Parteienrecht zuständig ist und dem im speziellen die Rechtsaufsicht über die Unabhängige Kommission zur Überprüfung des Vermögens der Parteien und Massenorganisationen der Deutschen Demokratischen Republik oblag[1097]. In den das

1094 Vgl. zur Deutung des Einvernehmensbegriffs als Zustimmungserfordernis BVerwG, DVBl. 1966, S. 179; Badura, in: Erichsen / Martens, Allgemeines Verwaltungsrecht, 9. Auflage, § 40 III; Fickert, DVBl. 1964, S. 173.

1095 So auch Bundesministerium der Finanzen, interner Vermerk v. 27.01.1992, zitiert in: Deutscher Bundestag, 12. WP, Beschlußempfehlung und Bericht des 2. Untersuchungsausschusses "Treuhandanstalt" v. 29.08.1994, Minderheitenvotum des Berichterstatters der SPD-Fraktion (Berichtsentwurf des Ausschußsekretariats), BT-Drs. 12/8404, S. 222.

1096 Es ist nicht bekannt, daß der Minister für Arbeit und Sozialordnung von diesem Recht Gebrauch gemacht hat.

1097 § 2 PVKV.

Recht der offenen Vermögensfragen betreffenden Fragen war eine Abstimmung mit dem Bundesministerium der Justiz vorgesehen[1098]. Auch darüber hinaus unterstützte das Bundesministerium der Justiz das Bundesministerium der Finanzen in Fragen der Gesetzesauslegung und Rechtsanwendung, insbesondere im Bereich der Abwicklung wie beispielsweise im Zusammenhang mit der Vergütung von Liquidatoren durch die Treuhandanstalt[1099].

Die Ressortierung der Aufsicht über die Treuhandanstalt bei dem Bundesminister der Finanzen, die auf eine Anregung führender Beamter des Bundesministeriums für Wirtschaft zurückging[1100], blieb nicht unangefochten. Für die Zuständigkeit des Bundesministers für Wirtschaft sprachen sich beispielsweise sowohl der damalige Bundesminister für Wirtschaft Haussmann und später sein Nachfolger Möllemann[1101] als auch – namentlich im Zuge der Diskussion um eine aktive strukturpolitische Rolle der Treuhandanstalt – Teile der Opposition im Deutschen Bundestag[1102]

1098 Interner Vermerk des Bundesministeriums der Finanzen v. März 1991, zitiert in: Deutscher Bundestag, 12. WP, Beschlußempfehlung und Bericht des 2. Untersuchungsausschusses "Treuhandanstalt" v. 29.08.1994, BT-Drs. 12/8404, Minderheitenvotum des Berichterstatters der SPD-Fraktion (Berichtsentwurf des Ausschußsekretariats), S. 222.

1099 Vgl. Deutscher Bundestag, 12. WP, Beschlußempfehlung und Bericht des 2. Untersuchungsausschusses "Treuhandanstalt" v. 29.08.1994, BT-Drs. 12/8404, Minderheitenvotum des Berichterstatters der SPD-Fraktion (Berichtsentwurf des Ausschußsekretariats), S. 600, 604, 626, 667 f.

1100 Seibel, in: Fischer / Hax / Schneider (Hrsg.), Treuhandanstalt – Das Unmögliche wagen, S. 111 (112).

1101 Deutscher Bundestag, 12. WP, Beschlußempfehlung und Bericht des 2. Untersuchungsausschusses "Treuhandanstalt" v. 29.08.1994, Minderheitenvotum des Berichterstatters der SPD-Fraktion (Berichtsentwurf des Ausschußsekretariats), BT-Drs. 12/8404, S. 207; Hamm, in: Gröner / Kantzenbach / Mayer (Hrsg.), Wirtschaftspolitische Probleme der Integration der ehemaligen DDR in die Bundesrepublik, S. 61 (69); Marissal, Der politische Handlungsrahmen der Treuhandanstalt, S. 64; Seibel, in: Fischer / Hax / Schneider (Hrsg.), Treuhandanstalt – Das Unmögliche wagen, S. 111 (112).

1102 S. z.B. § 5 Absatz 3 des Entwurfs eines Gesetzes zur Reorganisation und Verwertung des ehemals volkseigenen Vermögens (Treuhandgesetz), eingebracht von Abgeordneten der PDS / LL und der Gruppe der PDS / LL, BT-Drs. 12/552; Antrag der Fraktion der SPD, BT-Drs. 12/618; § 3 Absatz 3 des Entwurfs eines Gesetzes zur Förderung der Sanierung und Reorganisation des Treuhandvermögens (Treuhandgesetz), eingebracht von Abgeordneten der Bündnis 90 / Die Grünen und der Gruppe Bündnis 90 / Die Grünen, BT-Drs. 12/735.

aus[1103]. Die aufsichtsrechtliche Zuordnung zu dem Bundesminister der Finanzen sollte allerdings weniger eine wirtschaftspolitische Zurückhaltung der Treuhandanstalt absichern, sondern vielmehr ihrer finanzwirtschaftlichen Flexibilität dienen[1104]. Angesichts des erwarteten erheblichen Finanzbedarfs der Treuhandanstalt wurde so der für den Fall der fachlichen Zuständigkeit eines anderen Ressorts notwendige, mit Reibungsverlusten verbundene Abstimmungsbedarf zwischen unterschiedlichen Ministerien vermieden. Zudem war das Bundesministerium der Finanzen traditionell für den Beteiligungsbesitz des Bundes zuständig[1105] und verfügte über eine entsprechende Abteilung[1106].

Für die Verwaltung der Beteiligungen des Bundes sind aufgabenbezogen die einzelnen Fachressorts und Sondervermögen, darunter insbesondere das Bundesministerium der Finanzen, zuständig. Der Bundesminister der Finanzen hat darüber hinaus in seiner Eigenschaft als Vermögensminister allgemeine Aufgaben der Beteiligungsverwaltung wahrzunehmen. Allerdings besteht diese Zuständigkeit des Bundesministeriums der Finanzen für den Beteiligungsbesitz des Bundes erst seit Antritt der Regierung Brandt im Oktober 1969. Zuvor hatte das 1957 durch Erweiterung der Aufgabenstellung aus dem Bundesministerium für wirtschaftliche Zusammenarbeit hervorgegangene Bundesministerium für den wirtschaftlichen Besitz des Bundes, 1961 umbenannt in Bundesschatzministerium, diese Aufgabe wahrgenommen.

Der Staatssekretär bei dem Bundesministerium der Finanzen Dr. Köhler hat allerdings mit Recht darauf hingewiesen, daß zwischen der Betreuung von einer Reihe von Industriegesellschaften durch die Bundesregierung in den alten Bundesländern und der Verantwortung für den bei weitem überwie-

1103 S. a. Nick / Steinitz, in: Behrend (Hrsg.), Die Abwicklung der DDR, S. 119 (135).

1104 Allerdings hat sich die Rangfolge der von den Befürwortern der aufsichtsrechtlichen Zuständigkeit des Bundesministers der Finanzen vorgetragenen Argumente sehr bald umgedreht; vgl. Parlamentarischer Staatssekretär beim Bundesminister der Finanzen Grünewald, in: Deutscher Bundestag, 12. WP, stenographische Niederschrift der 86. Sitzung, BT-PlPr 12/86, S. 7136 (7137).

1105 John v. Freyend, in: Hill (Hrsg.), Erfolg im Osten, S. 68 (70).

1106 Deutscher Bundestag, 12. WP, Beschlußempfehlung und Bericht des 2. Untersuchungsausschusses "Treuhandanstalt" v. 29.08.1994, Minderheitenvotum des Berichterstatters der SPD-Fraktion (Berichtsentwurf des Ausschußsekretariats), BT-Drs. 12/8404, S. 207; Seibel, in: Fischer / Hax / Schneider (Hrsg.), Treuhandanstalt – Das Unmögliche wagen, S. 111 (112).

genden Teil der Volkswirtschaft der ehemaligen Deutschen Demokratischen Republik substantielle Unterschiede bestehen[1107].

Speziell für die Abwicklung der Forderungen und Verbindlichkeiten der größtenteils der Treuhandanstalt (zu einem späteren Zeitpunkt) anvertrauten[1108] Außenhandelsbetriebe ordnete Artikel 24 Absatz 1 Satz 1 EinigungsV an, diese habe auf Weisung und unter Aufsicht des Bundesministers der Finanzen zu erfolgen. Diese spezielle Zuweisung blieb unumstritten.

Im Zusammenhang mit der Veräußerung von Liegenschaften des Allgemeinen Grundvermögens sah der hierüber zwischen dem Bund, vertreten durch das Bundesministerium der Finanzen, und der Liegenschaftsgesellschaft der Treuhandanstalt mbH (TLG) geschlossene Geschäftsbesorgungsvertrag vom 30. September 1993 die Ausübung von Aufsichtsbefugnissen durch den Bundesminister der Finanzen und seine Beauftragten unmittelbar gegenüber der Liegenschaftsgesellschaft der Treuhandanstalt mbH (TLG) vor[1109]. Die Aufsichtskompetenz leitete sich in diesem Fall nicht aus Artikel 25 Absatz 1 Satz 3 EinigungsV her, sondern beruhte auf der Zuständigkeit des Bundesministers der Finanzen für das Allgemeine Grundvermögen des Bundes.

bb) Reichweite des Aufsichtsrechts

Der Einigungsvertrag stellte in Artikel 25 Absatz 1 Satz 3 EinigungsV klar, daß der Bundesminister der Finanzen sowohl die Rechts- als auch die Fachaufsicht über die Treuhandanstalt ausüben sollte. Die mit der undifferenzierten Formulierung des § 2 Absatz 2 TreuhG einhergehende Unsicherheit zur Reichweite des Aufsichtsrechts war damit beseitigt.

Fachaufsichtsrechtlichen Charakter hatte auch die Anordnung des Artikels 25 Absatz 5 EinigungsV, wonach die Treuhandanstalt Bürgschaften, Garantien und sonstige Gewährleistungen (zugunsten der ihr anvertrauten

1107 Deutscher Bundestag, 12. WP, Beschlußempfehlung und Bericht des 2. Untersuchungsausschusses "Treuhandanstalt" v. 29.08.1994, Minderheitenvotum des Berichterstatters der SPD-Fraktion (Berichtsentwurf des Ausschußsekretariats), BT-Drs. 12/8404, S. 214.

1108 S. o. Teil II Ziffer II.1.e)dd).

1109 § 11 Absatz 1 Satz 1, 2 des Vertrages zwischen der Bundesrepublik Deutschland (Bund) vertreten durch das Bundesministerium der Finanzen und der Liegenschaftsgesellschaft der Treuhandanstalt mbH, Berlin (TLG), über die Zusammenarbeit bei der Veräußerung von Liegenschaften in den neuen Bundesländern Brandenburg, Mecklenburg-Vorpommern, Sachsen, Sachsen-Anhalt und Thüringen – Az. – BMF VI A 1 – VV 2000 – 146/93 – F/VIC1/82. 1-82.11 v. 30.09.1993.

Unternehmen) nur im Einvernehmen, also mit Zustimmung des Bundesministers der Finanzen übernehmen durfte[1110].

Eine uneingeschränkte fachaufsichtsrechtliche Kontrolle ist im Bereich der mittelbaren Staatsverwaltung ungewöhnlich, jedoch nicht einmalig, wie das Beispiel der Bundesanstalt für landwirtschaftliche Marktordnung belegt[1111]. Zwar zeichnet es eine Anstalt, Körperschaft oder Stiftung öffentlichen Rechts in der Regel aus, daß sie nicht der (vollen) fachlichen Weisungsbefugnis der übergeordneten Ministerien unterliegt[1112]. Es steht dem Gesetzgeber aber frei, ausdrücklich eine weitergehende Fachaufsicht im Einzelfall vorzusehen[1113]. Selbst bei unbeschränkter Fachaufsicht kommt juristischen Personen des öffentlichen Rechts im Vergleich zu Behörden der unmittelbaren Staatsverwaltung ein gewisses Maß der ihnen wesenseigenen Verselbständigung zu[1114].

Wie bereits erwähnt, räumte der Geschäftsbesorgungsvertrag des Bundes, vertreten durch das Bundesministerium der Finanzen, mit der Liegenschaftsgesellschaft der Treuhandanstalt mbH (TLG) über die Veräußerung von Liegenschaften des Allgemeinen Grundvermögens vom 30. September 1993 dem Bundesminister der Finanzen und seinen Beauftragten fachaufsichtsrechtliche Kompetenzen unmittelbar gegenüber der Liegenschaftsgesellschaft der Treuhandanstalt mbH (TLG) ein[1115].

1110 Zur Einordnung dieses Zustimmungserfordernisses als Fachaufsichtsinstrument vgl. Rechenberg, in: DtZ 1994, S. 238 (239).

1111 § 8 Absatz 3 Gesetz zur Neuorganisation der Marktordnungsstellen v. 23.6.1976, BGBl. I, S. 1608.

1112 Bull, in: Wassermann (Hrsg.), Grundgesetz Altenativkommentar, Artikel 87, Rz. 44; Krebs, in: Isensee / Kirchhof (Hrsg.), HdbStR § 69 Rz. 55; Lerche, in: Maunz / Dürig, Kommentar zum Grundgesetz, Artikel 87, Rz. 193 ff.

1113 Dittmann, Bundesverwaltung, S. 271; Lerche, in: Maunz / Dürig, Grundgesetz Kommentar, Artikel 87 Rz. 194; Rüfner, in: DÖV 1985, S. 605 (609); Spoerr, Treuhandanstalt und Treuhandunternehmen zwischen Verfassungs-, Verwaltungs- und Gesellschaftsrecht, S. 89.

1114 Lerche, in: Maunz / Dürig, Grundgesetz Kommentar, Artikel 86, Rz. 84, Fn. 10; Spoerr, Treuhandanstalt und Treuhandunternehmen zwischen Verfassungs-, Verwaltungs- und Gesellschaftsrecht, S. 89 f.

1115 § 11 Absatz 1 Satz 1, 2 des Vertrages zwischen der Bundesrepublik Deutschland (Bund) vertreten durch das Bundesministerium der Finanzen und der Liegenschaftsgesellschaft der Treuhandanstalt mbH, Berlin (TLG), über die Zusammenarbeit bei der Veräußerung von Liegenschaften in den neuen Bundesländern Brandenburg, Mecklenburg-Vorpommern, Sachsen, Sachsen-Anhalt und Thüringen – Az. – BMF VI A 1 – VV 2000 – 146/93 – F/VIC1/82. 1-82.11 v. 30.09.1993.

cc) Aufsichtsinstrumente

Hinsichtlich der Mittel der Aufsichtsführung erfolgte durch den Einigungsvertrag keine Modifikation. Wie zuvor dem Vorsitzenden des Ministerrates standen dem Bundesminister der Finanzen neben den in dem Treuhandgesetz und der Satzung der Treuhandanstalt einzeln aufgeführten Aufsichtsmitteln[1116] gemäß den oben ausformulierten Überlegungen[1117] grundsätzlich sämtliche zur Wahrnehmung der Rechts- und Fachaufsicht üblichen Aufsichtsinstrumente zur Verfügung[1118]. Dies schloß – wie gezeigt – das Recht zur Erteilung allgemeiner Weisungen, in Ausnahmefällen auch von Einzelweisungen, nicht hingegen ein Selbsteintrittsrecht ein.

In Angelegenheiten der Veräußerung von Liegenschaften des Allgemeinen Grundvermögens auf der Grundlage des Geschäftsbesorgungsvertrages zwischen dem Bund, vertreten durch das Bundesministerium der Finanzen, und der Liegenschaftsgesellschaft der Treuhandanstalt mbH (TLG) vom 30. September 1993 standen dem Bundesminister der Finanzen und seinen Beauftragten als fachaufsichtsrechtliche Kompetenzen das Recht, Auskunft zu erlangen, Akteneinsicht zu nehmen und Weisungen im Einzelfall zu erteilen, aufgrund vertraglicher Vereinbarung unmittelbar gegenüber der Liegenschaftsgesellschaft der Treuhandanstalt mbH (TLG) zu[1119].

1116 Recht zur Teilnahme an den Sitzungen des Verwaltungsrates (§ 9 Absatz 2 Satz 3 TreuhS i.V.m. Artikel 25 Absatz 1 Satz 3 EinigungsV); Recht, die Einberufung des Verwaltungsrates zu verlangen (§ 9 Absatz 1 Satz 2 TreuhS i.V.m. Artikel 25 Absatz 1 Satz 3 EinigungsV); Anspruch auf Berichterstattung durch den Vorstand der Treuhandanstalt (§ 3 Absatz 3 TreuhG i.V.m. Artikel 25 Absatz 1 Satz 3 EinigungsV); Zustimmungsvorbehalte bzgl. Wirtschaftsplan (§ 15 TreuhS i.V.m. Artikel 25 Absatz 1 Satz 3 EinigungsV) und Einnahmenverwendung (§ 5 Absatz 1 Satz 2 TreuhG i.V.m. Artikel 25 Absatz 1 Satz 3 EinigungsV).

1117 S. o. Teil II. Ziffer II.1.b)cc).

1118 H.M.: Deutscher Bundestag, 12. WP, Beschlußempfehlung und Bericht des 2. Untersuchungsausschusses "Treuhandanstalt" v. 29.08.1994, BT-Drs. 12/8404, S. 70; im Ergebnis ebenso Spoerr, Treuhandanstalt und Treuhandunternehmen zwischen Verfassungs-, Verwaltungs- und Gesellschaftsrecht, S. 14.

1119 § 11 Absatz 1 Satz 1, 2 des Vertrages zwischen der Bundesrepublik Deutschland (Bund) vertreten durch das Bundesministerium der Finanzen und der Liegenschaftsgesellschaft der Treuhandanstalt mbH, Berlin (TLG), über die Zusammenarbeit bei der Veräußerung von Liegenschaften in den neuen Bundesländern Brandenburg, Mecklenburg-Vorpommern, Sachsen, Sachsen-Anhalt und Thüringen – Az. – BMF VI A 1 – VV 2000 – 146/93 – F/VIC1/82. 1-82.11 v. 30.09.1993.

dd) Grenzen der Aufsichtsausübung

Zur Beschreibung der Grenzen der Aufsichtsausübung gegenüber der Treuhandanstalt durch den Bundesminister der Finanzen kann zunächst auf die entsprechenden, den Vorsitzenden des Ministerrates betreffenden Ausführungen verwiesen werden[1120]. Der Einigungsvertrag hat an dieser Rechtslage nichts geändert. Demzufolge hatte der Fachaufsichtführende die von dem Gesetzgeber intendierte unternehmerische Gestaltungsfreiheit der Treuhandanstalt auch weiterhin zu respektieren[1121]. Dies bedeutete vor allem, daß der Bundesminister der Finanzen auf Einzelweisungen regelmäßig zu verzichten hatte und lediglich in Einzelfällen von herausgehobener, insbesondere exemplarischer Bedeutung von diesem Aufsichtsmittel Gebrauch machen sollte.

Zur Klarstellung sei angemerkt, daß die dem Bundesminister der Finanzen auferlegte Zurückhaltung hinsichtlich des Einsatzes von Einzelweisung nicht bedeutete, daß sich der Bundesminister der Finanzen überhaupt nicht mit Einzelfallentscheidungen der Treuhandanstalt befassen sollte. Bereits Artikel 25 Absatz 5 EinigungsV verlangte seine fachaufsichtsrechtliche Zustimmung für jeden einzelnen Fall der Übernahme von Gewährleistungen durch die Treuhandanstalt. Entsprechendes galt grundsätzlich für das von § 65 Absatz 3 Satz 1 BHO geforderte Zustimmungserfordernis[1122].

Das Gebot, von Einzelweisungen Abstand zu nehmen, band den Bundesminister der Finanzen zunächst nur im Bereich des unternehmerisch ausgerichteten Wirkens der Treuhandanstalt. Bei den ihr im Laufe der Zeit daneben aufgetragenen hoheitlichen Aufgaben, namentlich dem Erlaß von Verwaltungsakten, bestand hingegen kein Bedürfnis nach einem geschützten Bereich zur Entfaltung unternehmerischen Managementermessens. Daher konnte der Bundesminister der Finanzen ursprünglich in diesem Bereich uneingeschränkt auch von Einzelweisungen Gebrauch machen.

Hinsichtlich der Durchführung von Vermögenszuordnungsverfahren ergab sich hiervon aus dem durch das Registerverfahrensbeschleunigungsgesetz in § 1 Absatz 1 VZOG eingefügten Satz 2 eine Abweichung. Die Zuordnungsstellen hatten sich angesichts der ihnen zukommenden Schlichterfunktion gelegentlich als weisungsfrei betrachtet[1123]. Der Ge-

1120 S. o. Teil II Ziffer II.1.b)dd).

1121 A. A. (ohne überzeugende Begründung) der Berichterstatter der SPD-Fraktion, in: Deutscher Bundestag, 12. WP, Beschlußempfehlung und Bericht des 2. Untersuchungsausschusses "Treuhandanstalt" v. 29.08.1994, Minderheitenvotum des Berichterstatters der SPD-Fraktion, BT-Drs. 12/8404, S. 752 f.

1122 Dazu s. u. Teil II Ziffer III.1.b)ee)aaa)cccc).

1123 Schmidt-Räntsch / Hiestand, in: ZIP 1993, S. 1749 (1753).

setzgeber hat daher mit der angesprochenen Neuregelung einerseits klargestellt, daß die Zuordnungsstellen weisungsunterworfen sind. Um die Akzeptanz der Zuordnungsentscheidungen durch diese Feststellung nicht zu gefährden[1124], hat der Gesetzgeber zugleich Weisungen des Bundesministers der Finanzen in Einzelfällen ausgeschlossen und nur noch allgemeine Weisungen zugelassen[1125].

Einzelweisungen des Bundesministers der Finanzen an die Treuhandanstalt waren zudem nach Artikel 24 Absatz 1 Satz 1 EinigungsV im Zusammenhang mit der Abwicklung der Forderungen und Verbindlichkeiten der ihr anvertrauten Außenhandelsbetriebe zulässig.

Im Zusammenhang mit der Veräußerung von Liegenschaften des Allgemeinen Grundvermögens durch die Liegenschaftsgesellschaft der Treuhandanstalt mbH (TLG) war dem Bundesminister der Finanzen und seinen Beauftragten das uneingeschränkte Recht zur Erteilung von Weisungen im Einzelfall gegenüber der Liegenschaftsgesellschaft der Treuhandanstalt mbH (TLG) – wie bereits erwähnt – ausdrücklich vertraglich zugestanden[1126].

ee) Praxis der Regierungsaufsicht

Die Frage, ob und in welcher Weise die Bundesregierung oder einzelne ihrer Mitglieder Einfluß auf die Entscheidungen der Treuhandanstalt genommen oder dies versäumt haben, ist öffentlich heftig diskutiert worden. Sie wurde sogar Teil des Untersuchungsauftrages für den 2. Untersuchungsausschuß "Treuhandanstalt", welchen der 12. Deutsche Bundestag eingesetzt hatte[1127].

1124 Begründung des RegE zum RegVBG, BT-Drs. 12/5553, S. 159 f.; vgl. die Kritik an der Zulässigkeit von Einzelweisungen Jahberg, in: TSP v. 18.02.1994, S. 19.

1125 Dazu Schmidt-Räntsch / Hiestand, in: Clemm u.a. (Hrsg.), RVI, § 1 VZOG, Rz. 18.

1126 § 11 Absatz 1 Satz 1 des Vertrages zwischen der Bundesrepublik Deutschland (Bund) vertreten durch das Bundesministerium der Finanzen und der Liegenschaftsgesellschaft der Treuhandanstalt mbH, Berlin (TLG), über die Zusammenarbeit bei der Veräußerung von Liegenschaften in den neuen Bundesländern Brandenburg, Mecklenburg-Vorpommern, Sachsen, Sachsen-Anhalt und Thüringen – Az. – BMF VI A 1 – VV 2000 – 146/93 – F/VIC1/82. 1-82.11 v. 30.09.1993.

1127 Deutscher Bundestag, 12. WP, Beschlußempfehlung und Bericht des 2. Untersuchungsausschusses "Treuhandanstalt" v. 29.08.1994, BT-Drs. 12/8404, S. 26.

aaa) Bundesministerium der Finanzen

aaaa) organisatorische und personelle Dispositionen

Inwieweit das Bundesministerium der Finanzen zur Wahrnehmung der Rechts- und Fachaufsicht über die Treuhandanstalt in der Lage war, hing entscheidend von seinen für diese Aufgabe zur Verfügung stehenden personellen Kapazitäten und deren organisatorischer Strukturierung ab[1128].

Tatsächlich haben das Bundesministerium der Finanzen[1129], aber auch der Bundesrechnungshof auf die jeweils eigenen personellen Ressourcen als limitierenden Faktor für die Kontrolltätigkeit hingewiesen.

Innerhalb des Bundesministeriums der Finanzen standen bei Übernahme der Aufsichtsaufgabe am 3. Oktober 1990 acht Bedienstete für die Wahrnehmung der Fach- und Rechtsaufsicht zur Verfügung. Diese Zahl erhöhte sich rasch auf 24 im April 1991 und 65 im November 1991. In der Spitze waren mehr als 80 Mitarbeiter mit der Aufsichtsführung über die Treuhandanstalt (und zugleich den damit in sachlichem Zusammenhang stehenden Aufgaben wie der Mitwirkung an die Treuhandanstalt betreffenden Gesetzgebungsverfahren, der Betreuung parlamentarischer Gremien in Angelegenheiten der Treuhandanstalt etc.[1130]) betraut[1131].

1128 Deutscher Bundestag, 12. WP, Beschlußempfehlung und Bericht des 2. Untersuchungsausschusses "Treuhandanstalt" v. 29.08.1994, Minderheitenvotum des Berichterstatters der SPD-Fraktion (Berichtsentwurf des Ausschußsekretariats), BT-Drs. 12/8404, S. 213.

1129 Bundesministerium der Finanzen, interner Vermerk v. 25.02.1992, zitiert in: Deutscher Bundestag, 12. WP, Beschlußempfehlung und Bericht des 2. Untersuchungsausschusses "Treuhandanstalt" v. 29.08.1994, Minderheitenvotum des Berichterstatters der SPD-Fraktion (Berichtsentwurf des Ausschußsekretariats), BT-Drs. 12/8404, S. 221; Leiter der Unterabteilung VIII B im Bundesministeriums der Finanzen Bubinger, zitiert in: Deutscher Bundestag, 12. WP, Beschlußempfehlung und Bericht des 2. Untersuchungsausschusses "Treuhandanstalt" v. 29.08.1994, Minderheitenvotum des Berichterstatters der SPD-Fraktion (Berichtsentwurf des Ausschußsekretariats), BT-Drs. 12/8404, S. 231; Schreiben des Staatssekretärs im Bundesministerium der Finanzen Köhler an den Vizepräsidenten des Bundesrechnungshofes Heuer v. 26.05.1993, zitiert in: Deutscher Bundestag, 12. WP, Beschlußempfehlung und Bericht des 2. Untersuchungsausschusses "Treuhandanstalt" v. 29.08.1994, Minderheitenvotum des Berichterstatters der SPD-Fraktion (Berichtsentwurf des Ausschußsekretariats), BT-Drs. 12/8404, S. 218.

1130 Bundesministerium der Finanzen, zitiert in: Deutscher Bundestag, 12. WP, Beschlußempfehlung und Bericht des 2. Untersuchungsausschusses "Treuhandanstalt" v. 29.08.1994, Minderheitenvotum des Berichterstatters der SPD-Fraktion (Berichtsentwurf des Ausschußsekretariats), BT-Drs. 12/8404, S. 215.

Das Bundesministerium der Finanzen war zugleich um besondere fachliche Kompetenz der mit der Wahrnehmung der Fach- und Rechtsaufsicht betrauten Beamten bemüht. Die Leitung der zuständigen Abteilung im Bundesministerium der Finanzen übernahm Dr. Eckart John von Freyend, den der Bundesminister der Finanzen als "Mann aus der Wirtschaft" kennzeichnete[1132]. Mit der besonderen Situation in ostdeutschen Unternehmen konnten sich eine Reihe von Beamten durch ihre Mitgliedschaft in Aufsichtsräten von Treuhand-Unternehmen[1133] vertraut machen[1134].

Mit dem personellen Aufbau gingen organisatorische Dispositionen innerhalb des Bundesministeriums der Finanzen zur Verbesserung der Aufsichtsführung über die Treuhandanstalt einher. Ab Mai 1991 war die gesamte – bereits Ende 1990 / Anfang 1991 eingerichtete[1135] – Abteilung VIII, bestehend aus zwei Unterabteilungen mit jeweils fünf Referaten, mit der Wahrnehmung der Aufsicht über die Treuhandanstalt befaßt[1136]. Ähnlich wie in der Organisationsstruktur der Treuhandanstalt[1137] dominierte

1131 Zzgl. Schreibkräfte (Stand August 1994); Leiter der Unterabteilung VIII B im Bundesministeriums der Finanzen Bubinger, zitiert in: Deutscher Bundestag, 12. WP, Beschlußempfehlung und Bericht des 2. Untersuchungsausschusses "Treuhandanstalt" v. 29.08.1994, Minderheitenvotum des Berichterstatters der SPD-Fraktion (Berichtsentwurf des Ausschußsekretariats), BT-Drs. 12/8404, S. 215.

1132 Bundesminister der Finanzen Waigel, zitiert in: Deutscher Bundestag, 12. WP, Beschlußempfehlung und Bericht des 2. Untersuchungsausschusses "Treuhandanstalt" v. 29.08.1994, BT-Drs. 12/8404, S. 71, sowie Minderheitenvotum des Berichterstatters der SPD-Fraktion (Berichtsentwurf des Ausschußsekretariats), S. 215. John v. Freyend war zuletzt für den Bundesverband der Deutschen Industrie e.V. tätig und Mitinhaber eines Familienunternehmens.

1133 Dazu s. o. Teil II Ziffer III.1.a)pp).

1134 Leiter des Referates VIII A 3 im Bundesministerium der Finanzen Breitenstein, zitiert in: Deutscher Bundestag, 12. WP, Beschlußempfehlung und Bericht des 2. Untersuchungsausschusses "Treuhandanstalt" v. 29.08.1994, Minderheitenvotum des Berichterstatters der SPD-Fraktion (Berichtsentwurf des Ausschußsekretariats), BT-Drs. 12/8404, S. 215.

1135 Deutscher Bundestag, 13. WP, Beschlußempfehlung und Bericht des 2. Untersuchungsausschusses "DDR-Vermögen" v. 28.05.1998, BT-Drs. 13/10900, Band 1, S. 137.

1136 Deutscher Bundestag, 12. WP, Beschlußempfehlung und Bericht des 2. Untersuchungsausschusses "Treuhandanstalt" v. 29.08.1994, BT-Drs. 12/8404, S. 71, sowie Minderheitenvotum des Berichterstatters der SPD-Fraktion (Berichtsentwurf des Ausschußsekretariats), S. 214 f.

1137 Seibel, in: Fischer / Hax / Schneider (Hrsg.), Treuhandanstalt – Das Unmögliche wagen, S. 111 (126 ff.).

eine divisionale Gliederung, d. h. eine Aufgabenverteilung nach Branchen, die um einige funktionale Zuständigkeiten (z.B. Abwicklung, Reprivatisierung, Unternehmens- und Sanierungskonzepte etc.) ergänzt wurde[1138]. Die Branchenreferate übernahmen die Fachaufsicht in den die jeweilige Branche betreffenden Vorgängen bei der Treuhandanstalt. Auf diese Weise erhielten die Mitarbeiter des Bundesministeriums der Finanzen jeweils "ihre" Ansprechpartner innerhalb der Branchendirektorate der Treuhandanstalt, was eine enge Begleitung der Vorgänge möglich machte.

Zugleich setzte das Bundesministerium der Finanzen im April 1991 in seiner Außenstelle in Berlin eine Arbeitseinheit zur Aufklärung der Finanzbeziehungen zwischen dem ehemaligen Ministerium der Finanzen und dem Bereich Kommerzielle Koordinierung sowie den diesem Bereich zugeordneten Firmen ein. Im Auftrag dieser Arbeitsgruppe untersuchte die Treuhandanstalt, die seit dem Jahreswechsel 1990/91 einen Sonderbeauftragten für Außenhandelsbetriebe und Unternehmen des ehemaligen Bereiches Kommerzielle Koordinierung eingesetzt hatte, ob Zahlungen aus dem Bereich Kommerzielle Koordinierung und den von diesem Bereich kontrollierten Firmen auf Regierungskonten auch tatsächlich das Ministerium der Finanzen erreicht hatten und damit dem Staatshaushalt zugeführt worden waren[1139].

Aus Anlaß der Einsetzung des 2. Untersuchungsausschusses "Treuhandanstalt" des 12. Deutschen Bundestages richtete das Bundesministerium der Finanzen zudem eine Arbeitsgruppe ein, welche mit der Koordination der Kommunikation zwischen dem Untersuchungsausschuß einerseits und dem Bundesministerium der Finanzen sowie der Treuhandanstalt andererseits betraut war.

Die Rechtsaufsicht über die Treuhandanstalt nahm das ebenfalls in der Abteilung VIII angesiedelte Referat VIII B 1 (Rechtliche Grundsatzfragen, Generalreferat THA) wahr.

bbbb) Informationsbeschaffung

Das Bundesministerium der Finanzen hat in einer ausreichenden und zeitnahen Beschaffung von Information über alle sich abzeichnenden wichtigen Entscheidungen die Grundlage seiner Aufsichtstätigkeit gesehen[1140].

1138 Deutscher Bundestag, 12. WP, Beschlußempfehlung und Bericht des 2. Untersuchungsausschusses "Treuhandanstalt" v. 29.08.1994, BT-Drs. 12/8404, S. 71, sowie Minderheitenvotum des Berichterstatters der SPD-Fraktion (Berichtsentwurf des Ausschußsekretariats), S. 214 f.

1139 Deutscher Bundestag, 13. WP, Beschlußempfehlung und Bericht des 2. Untersuchungsausschusses "DDR-Vermögen" v. 28.05.1998, BT-Drs. 13/10900, Band 1, S. 138.

1140 Bundesministerium der Finanzen, interner Vermerk v. 25.11.1990, zitiert in: Deutscher Bundestag, 12. WP, Beschlußempfehlung und Bericht des 2. Untersuchungsausschusses "Treuhandanstalt" v. 29.08.1994, Minderheitenvotum

Neben allgemein zugänglichen Informationsquellen sowie Mitteilungen von anderen Bundesressorts, Länder- oder Kommunalinstanzen oder sonstigen Dritten nutzte das Bundesminsterium der Finanzen eine Vielzahl unterschiedlicher dienstlicher Informationsquellen[1141]:

- Der Vorstand der Treuhandanstalt übermittelte in Erfüllung der ihm obliegenden Pflicht, regelmäßig und insbesondere über den Fortgang der Privatisierung zu berichten[1142], monatlich eine ausführliche, schriftlichen Datensammlung ("Monatsinformation der THA")[1143]. Dabei veranlaßte das Bundesministeriums der Finanzen durch verschiedene Bitten um regelmäßige Berichterstattung zu bestimmten Gegenständen[1144] im Laufe der Zeit eine Erweiterung des in den Monatsinformationen dargestellten Themenkreises.

des Berichterstatters der SPD-Fraktion (Berichtsentwurf des Ausschußsekretariats), BT-Drs. 12/8404, S. 231; Bundesminister der Finanzen Waigel, Schreiben an die Präsidentin der Treuhandanstalt v. 02.03.1993 (VIII A 4 – FB 5091 – 5/93), Nachdruck in: Treuhandanstalt, Dokumentation 1990-1994, Band 11, S. 167 (169); Staatssekretär im Bundesministerium der Finanzen Köhler, Schreiben an die Präsidentin der Treuhandanstalt v. 26.06.1992 (VIII A 3 – FB 5103 – 82/92), Nachdruck in: Treuhandanstalt (Hrsg.), Dokumentation 1990-1994, Band 10, S. 851 (855); Leiter der Unterabteilung VIII B im Bundesministeriums der Finanzen Bubinger, zitiert in: Deutscher Bundestag, 12. WP, Beschlußempfehlung und Bericht des 2. Untersuchungsausschusses "Treuhandanstalt" v. 29.08.1994, Minderheitenvotum des Berichterstatters der SPD-Fraktion (Berichtsentwurf des Ausschußsekretariats), BT-Drs. 12/8404, S. 220.

1141 Bundesministerium der Finanzen, interner Vermerk v. 27.01.1992, zitiert in: Deutscher Bundestag, 12. WP, Beschlußempfehlung und Bericht des 2. Untersuchungsausschusses "Treuhandanstalt" v. 29.08.1994, Minderheitenvotum des Berichterstatters der SPD-Fraktion (Berichtsentwurf des Ausschußsekretariats), BT-Drs. 12/8404, S. 230.

1142 § 3 Absatz 3 TreuhG i.V.m. Artikel 25 Absatz 1 Satz 2 EinigungsV.

1143 Kloepfer, in: Fischer / Hax / Schneider (Hrsg.), Treuhandanstalt – Das Unmögliche wagen, S. 41 (61).

1144 Beispielsweise bat das Bundesministerium der Finanzen um regelmäßige Berichterstattung über die Personalentwicklung der Treuhandanstalt; Schreiben des Staatssekretärs im Bundesministerium der Finanzen Köhler an die Präsidentin der Treuhandanstalt v. 26.06.1992 (VIII A 3 – FB 5103 – 82/92), Nachdruck in: Treuhandanstalt (Hrsg.), Dokumentation 1990-1994, Band 10, S. 851 (857). Später erging die Aufforderung, über die finanziellen Auswirkungen bei Abschluß von Liquidationsverfahren regelmäßig zu berichten; Schreiben des Leiters der Abteilung VIII im Bundesministerium der Finanzen John v. Freyend an das Mitglied des Vorstandes der Treuhandanstalt Klinz v. 14.05.1993,

- Weiterhin übermittelte die Treuhandanstalt dem Bundesministerium der Finanzen mit Anträgen auf Erteilung von Genehmigungen[1145] die mit dem genehmigungspflichtigen Vorgang im Zusammenhang stehenden Informationen[1146].
- Auch darüber hinaus ließ sich das Bundesministerium der Finanzen über aktuelle Entwicklungen und Einzelfälle von der Treuhandanstalt gezielt unterrichten[1147]. Auslöser hierfür war in der Regel ein sich beispielsweise in Presseberichten und -anfragen manifestierendes Interesse der Öffentlichkeit. In einer Vielzahl dieser Fälle fand das öffentliche Interesse auch seinen Niederschlag in an die Bundesregierung gerichteten Informationsbegehren aus dem Plenum und den Ausschüssen des Deutschen Bundestages[1148], für deren Beantwortung das Bundesministerium der Finanzen von der Treuhandanstalt detaillierte Darstellungen erbat. Bevorstehende Gespräche des Bundesministers der Finanzen und seiner Mitarbeiter mit Vertretern der Länder, der Kommunen, der Treuhand-Unternehmen, Erwerbsinteressenten usw. gaben gleichfalls Anlaß zu gezielten Auskunftsbegehren auch zu dem Entwicklungsstand in Einzelfällen.

zitiert in: Deutscher Bundestag, 12. WP, Beschlußempfehlung und Bericht des 2. Untersuchungsausschusses "Treuhandanstalt" v. 29.08.1994, Minderheitenvotum des Berichterstatters der SPD-Fraktion (Berichtsentwurf des Ausschußsekretariats), BT-Drs. 12/8404, S. 665. Beide Themen fanden Aufnahme in die Monatsinformation.

1145 Ausführlich zu den Genehmigungserfordernissen u. Teil II Ziffer III.1.b) ee)aaa)cccc).

1146 Vgl. Bundesministerium der Finanzen, interner Vermerk v. 27.01.1992, zitiert in: Deutscher Bundestag, 12. WP, Beschlußempfehlung und Bericht des 2. Untersuchungsausschusses "Treuhandanstalt" v. 29.08.1994, Minderheitenvotum des Berichterstatters der SPD-Fraktion (Berichtsentwurf des Ausschußsekretariats), BT-Drs. 12/8404, S. 230.

1147 Z.B. zu der Privatisierung der Silikatwerk GmbH Brandis, Schreiben des Bundesministeriums der Finanzen an die Treuhandanstalt v. 24.06.1993, zitiert in: Deutscher Bundestag, 12. WP, Beschlußempfehlung und Bericht des 2. Untersuchungsausschusses "Treuhandanstalt" v. 29.08.1994, Minderheitenvotum des Berichterstatters der SPD-Fraktion (Berichtsentwurf des Ausschußsekretariats), BT-Drs. 12/8404, S. 562; allgemein: Bundesministerium der Finanzen, interner Vermerk v. 27.01.1992, zitiert in: Deutscher Bundestag, 12. WP, Beschlußempfehlung und Bericht des 2. Untersuchungsausschusses "Treuhandanstalt" v. 29.08.1994, Minderheitenvotum des Berichterstatters der SPD-Fraktion (Berichtsentwurf des Ausschußsekretariats), BT-Drs. 12/8404, S. 230.

1148 Ausführlich dazu u. Teil II Ziffer III.2.c)aa).

- Zur Unterrichtung über einzelne Gegenstände kam auch die Anforderung von Vorstandsvorlagen und -protokollen in Betracht[1149].
- In einigen Bereichen, beispielsweise dem der Abwicklung[1150] und der Behandlung der Forschungs-GmbH[1151], hat sich das Bundesministerium der Finanzen unabhängig von dem Erreichen generell festgelegter Genehmigungsgrenzen und der Notwendigkeit, auf konkrete Anfragen zu reagieren, eine fortlaufende Unterrichtung über eine Vielzahl von Einzelfällen ausbedungen. Hiergegen hat sich die Treuhandanstalt – beginnend im Januar 1992[1152] – zwar unter Bezugnahme auf ihren unternehmerischen Handlungsspielraum im Einzelfall zur Wehr gesetzt[1153]. Das Bundesministerium der Finanzen hat jedoch – jedenfalls bei der Informationsanforderungen zu dem Bereich der Abwicklung – auf einer

1149 Bundesministerium der Finanzen, interner Vermerk v. 27.01.1992, zitiert in: Deutscher Bundestag, 12. WP, Beschlußempfehlung und Bericht des 2. Untersuchungsausschusses "Treuhandanstalt" v. 29.08.1994, Minderheitenvotum des Berichterstatters der SPD-Fraktion (Berichtsentwurf des Ausschußsekretariats), BT-Drs. 12/8404, S. 230.

1150 Vgl. Schreiben des Leiters der Abteilung VIII im Bundesministerium der Finanzen John v. Freyend an das Mitglied des Vorstandes der Treuhandanstalt Klinz v. 29.07.1992, zitiert in: Deutscher Bundestag, 12. WP, Beschlußempfehlung und Bericht des 2. Untersuchungsausschusses "Treuhandanstalt" v. 29.08.1994, Minderheitenvotum des Berichterstatters der SPD-Fraktion (Berichtsentwurf des Ausschußsekretariats), BT-Drs. 12/8404, S. 660; vgl. Schreiben des Leiters des Referats VIII B 2 im Bundesministerium der Finanzen Bley an den Direktor der Treuhandanstalt Tränkner v. 17.09.1992, zitiert in: Deutscher Bundestag, 12. WP, Beschlußempfehlung und Bericht des 2. Untersuchungsausschusses "Treuhandanstalt" v. 29.08.1994, Minderheitenvotum des Berichterstatters der SPD-Fraktion (Berichtsentwurf des Ausschußsekretariats), BT-Drs. 12/8404, S. 660 f.

1151 Vgl. Treuhandanstalt, Vermerk "Probleme bei der Privatisierung der Forschungs-GmbH durch mißverständliche Weisungen des BMF", Ziffer 4, Nachdruck in: Treuhandanstalt (Hrsg.), Dokumentation 1990-1994, Band 10, S. 873 (874).

1152 Treuhandanstalt, Tagesordnung der Vorstandssitzung am 21.01.1992, Nachdruck in: Treuhandanstalt (Hrsg.), Dokumentation 1990-1994, Band 2, S. 837 (839).

1153 Schreiben des Mitglieds des Vorstandes der Treuhandanstalt Klinz an den Leiter der Abteilung VIII im Bundesministerium der Finanzen John v. Freyend v. 14.10.1992, zitiert in: Deutscher Bundestag, 12. WP, Beschlußempfehlung und Bericht des 2. Untersuchungsausschusses "Treuhandanstalt" v. 29.08. 1994, Minderheitenvotum des Berichterstatters der SPD-Fraktion (Berichtsentwurf des Ausschußsekretariats), BT-Drs. 12/8404, S. 661.

Detailberichterstattung über jeden der festgelegten Einzelfälle bestanden und sich zur Begründung auf das besondere finanzielle und politische Interesse an diesen Vorgängen berufen[1154].

- Außerdem nutzte das Bundesministerium der Finanzen die der internen Kontrolle dienenden Organisationseinheiten der Treuhandanstalt zur Beschaffung von Informationen, indem es die Durchführungen von internen Kontrollmaßnahmen anregte, um sich anschließend die entsprechenden (Treuhand-internen) Berichte vorlegen zu lassen. Hierzu zählten insbesondere Berichte der Direktorate Revision[1155], dessen Prüfungspläne und Prüfungsschwerpunkte ohnehin mit dem Bundesministerium der Finanzen abgestimmt waren[1156], und Zentrales Controlling[1157] sowie beispielsweise der Kaufmännischen Direktorate der einzelnen Vorstandsbereiche[1158] und des Insider-Panels[1159].

1154 Schreiben des Leiters der Abteilung VIII im Bundesministerium der Finanzen John v. Freyend an das Mitglied des Vorstandes der Treuhandanstalt Klinz v. 02.12.1992, zitiert in: Deutscher Bundestag, 12. WP, Beschlußempfehlung und Bericht des 2. Untersuchungsausschusses "Treuhandanstalt" v. 29.08. 1994, Minderheitenvotum des Berichterstatters der SPD-Fraktion (Berichtsentwurf des Ausschußsekretariats), BT-Drs. 12/8404, S. 662 f.

1155 Z.B. Anforderung eines Prüfberichtes über die Finanzkontrolle im Direktorat Abwicklung der Treuhandanstalt; vgl. die zuständige Referatsleiterin im Bundesministerium der Finanzen Otto, zitiert in: Deutscher Bundestag, 12. WP, Beschlußempfehlung und Bericht des 2. Untersuchungsausschusses "Treuhandanstalt" v. 29.08.1994, Minderheitenvotum des Berichterstatters der SPD-Fraktion (Berichtsentwurf des Ausschußsekretariats), BT-Drs. 12/8404, S. 667.

1156 Dazu im einzelnen: BT-Drs. 12/7001.

1157 Z.B. Anforderung einer Unterrichtung über Art und Umfang durchgeführter Prüfungen bei dem Direktorat Abwicklung der Treuhandanstalt; vgl. John v. Freyend, Schreiben an die Treuhandanstalt v. 24.01.1992, zitiert in: Deutscher Bundestag, 12. WP, Beschlußempfehlung und Bericht des 2. Untersuchungsausschusses "Treuhandanstalt" v. 29.08.1994, Minderheitenvotum des Berichterstatters der SPD-Fraktion (Berichtsentwurf des Ausschußsekretariats), BT-Drs. 12/8404, S. 657 f.

1158 Z.B. Prüfvermerk des Kaufmännischen Direktorates im Unternehmensbereich 4 (U4 C) über die Einhaltung des internen Regelwerkes im Bereich Abwicklung; vgl. Schreiben des Mitglieds des Vorstandes der Treuhandanstalt Klinz an den Abteilungsleiter im Bundesministerium der Finanzen John v. Freyend v. Dezember 1992, zitiert in: Deutscher Bundestag, 12. WP, Beschlußempfehlung und Bericht des 2. Untersuchungsausschusses "Treuhandanstalt" v. 29.08.1994, Minderheitenvotum des Berichterstatters der SPD-Fraktion (Berichtsentwurf des Ausschußsekretariats), BT-Drs. 12/8404, S. 663.

- Gleiches galt für auf Bitten des Bundesministeriums der Finanzen vom Vorstand der Treuhandanstalt in Auftrag gegebene Gutachten der Wirtschaftsprüfungsgesellschaft C & L Treuarbeit Deutsche Revision AG[1160]. Diese führte eine Reihe von sog. Sonderprüfungen in der Treuhandanstalt, beispielsweise zur Privatisierung[1161], zur Abwicklung[1162] oder zur Kommunalisierung[1163] durch.
- Eine bedeutende Rolle bei der Beschaffung von Informationen von der Treuhandanstalt spielte weiterhin der ständige informelle, in der Regel

1159 Protokoll der Sitzung des Insider-Panels der Treuhandanstalt v. 08.10.1993, zitiert in: Deutscher Bundestag, 12. WP, Beschlußempfehlung und Bericht des 2. Untersuchungsausschusses "Treuhandanstalt" v. 29.08.1994, Minderheitenvotum des Berichterstatters der SPD-Fraktion (Berichtsentwurf des Ausschußsekretariats), BT-Drs. 12/8404, S. 650; zu der Arbeit des Insider-Panels der Treuhandanstalt s. die Dokumentensammlung in: Treuhandanstalt (Hrsg.), Dokumentation 1990-1994, Band 11, S. 237-268.

1160 Z.B. Anforderung einer Prüfung der Finanzkontrolle im Direktorat Abwicklung der Treuhandanstalt; vgl. Otto, zuständige Referatsleiterin im Bundesministerium der Finanzen, zitiert in: Deutscher Bundestag, 12. WP, Beschlußempfehlung und Bericht des 2. Untersuchungsausschusses "Treuhandanstalt" v. 29.08.1994, Minderheitenvotum des Berichterstatters der SPD-Fraktion (Berichtsentwurf des Ausschußsekretariats), BT-Drs. 12/8404, S. 667; vgl. Breuel, Schreiben an den Staatssekretär im Bundesministerium der Finanzen Köhler v. 16.07.1992, Nachdruck in: Treuhandanstalt (Hrsg.), Dokumentation 1990-1994, Band 10, S. 858 (862).

1161 Analyse des internen Kontrollsystems für den Abschluß von Privatisierungsverträgen, Prüfung der Einhaltung des im Juni 1991 für die Zentrale und im Juli 1991 für die Niederlassungen eingeführten Kontrollsystems anhand von ausgewählten Verträgen sowie Beurteilung der Vertragsinhalte der ausgewählten Verträge in rechtlicher und wirtschaftlicher Hinsicht, durchgeführt Oktober und November 1991; vgl. Deutscher Bundestag, 2. WP, Beschlußempfehlung und Bericht des 2. Untersuchungsausschusses "Treuhandanstalt" v. 29.08.1994, BT-Drs. 12/8404, S. 98, sowie Minderheitenvotum des Berichterstatters der SPD-Fraktion (Berichtsentwurf des Ausschußsekretariats), BT-Drs. 12/8404, S. 436.

1162 Bericht v. 28.04.1992; vgl. Deutscher Bundestag, 12. WP, Beschlußempfehlung und Bericht des 2. Untersuchungsausschusses "Treuhandanstalt" v. 29.08.1994, BT-Drs. 12/8404, S. 109; vgl. auch Treuhandanstalt, Tagesordnung der Vorstandssitzung am 12.04.1994, Nachdruck in: Treuhandanstalt (Hrsg.), Dokumentation 1990-1994, Band 3, S. 143.

1163 Vgl. Treuhandanstalt, Tagesordnung der Vorstandssitzung v. 24.11.1992 sowie Tagesordnung der Vorstandssitzung v. 25.11.1992, Nachdruck in: Treuhandanstalt (Hrsg.), Dokumentation 1990-1994, Band 2, S. 949 (950) sowie S. 951.

fernmündlich[1164] gepflegte Kontakt des Bundesministers der Finanzen und seiner Mitarbeiter mit allen Ebenen der Treuhandanstalt[1165]. In diesem Zusammenhang sind auch die – gelegentlichen – Besuche des Bundesministers der Finanzen sowie – sehr viel häufiger – seiner Mitarbeiter bei der Treuhandanstalt zu erwähnen.

- Eine Information des Bundesministeriums der Finanzen erfolgte auch im Zusammenhang mit dem Erfordernis seiner Zustimmung zu dem Wirtschaftsplan[1166] und der Einnahmenverwendung[1167] der Treuhandanstalt. Zugleich erhielt das Bundesministerium der Finanzen seit 1993 monatliche Jahresplanauswertungen.
- Eine direkte Form der Informationsbeschaffung eröffnete sich den Mitarbeitern des Bundesministeriums der Finanzen durch die Mitgliedschaft in Gremien der Treuhandanstalt. Von hervorragender Bedeutung war in diesem Zusammenhang die bereits mehrfach erwähnte Zugehörigkeit des Staatssekretärs im Bundesministerium der Finanzen zum Verwaltungsrat der Treuhandanstalt. Er war außerdem Mitglied in dem Präsidialausschuß, dem Personalausschuß und dem Finanzausschuß des Verwaltungsrates der Treuhandanstalt[1168]. Weiterhin gehört die Zugehörigkeit des Leiters der damaligen Unterabteilung "Treuhandanstalt, Rechts- und Fachaufsicht" im Bundesministerium der Finanzen, Dr. Thilo Sarrazin, zu dem Beirat des Sondervermögens Land- und Forstwirtschaft (später Beirat bei der Unternehmensgruppe Land- und Forstwirtschaft)[1169] sowie eines Vertreters des Bundesministeriums der Finanzen zu dem Lenkungsausschuß Chemie der Treuhandanstalt hierhin.

1164 Vgl. Breuel, Schreiben an die leitenden Mitarbeiter der Treuhandanstalt und Geschäftsführer der Funktionalgesellschaften v. 16.12.1993, Nachdruck in: Treuhandanstalt (Hrsg.), Dokumentation 1990-1994, Band 10, S. 887 (888).

1165 Vgl. Deutscher Bundestag, 12. WP, Beschlußempfehlung und Bericht des 2. Untersuchungsausschusses "Treuhandanstalt" v. 29.08.1994, BT-Drs. 12/8404, S. 136, sowie Minderheitenvotum des Berichterstatters der SPD-Fraktion (Berichtsentwurf des Ausschußsekretariats), BT-Drs. 12/8404, S. 231.

1166 § 15 TreuhS i.V.m. Artikel 25 Absatz 1 Satz 3 EinigungsV.

1167 § 5 Absatz 1 Satz 2 TreuhG i.V.m. Artikel 25 Absatz 1 Satz 3 EinigungsV.

1168 Deutscher Bundestag, 12. WP, Beschlußempfehlung und Bericht des 2. Untersuchungsausschusses "Treuhandanstalt" v. 29.08.1994, BT-Drs. 12/8404, S. 71, sowie Minderheitenvotum des Berichterstatters der SPD-Fraktion (Berichtsentwurf des Ausschußsekretariats), BT-Drs. 12/8404, S. 232.

1169 Treuhandanstalt, Schreiben an alle Mitglieder des Beirats des Sondervermögens Land- und Forstwirtschaft v. 10.01.1991, Nachdruck in: Treuhandanstalt (Hrsg.), Dokumentation 1990-1994, Band 8, S. 275 (276 f.).

- Über die Mitgliedschaft in Gremien der Treuhandanstalt hinaus nahmen Vertreter des Bundesministeriums der Finanzen zum Zweck der eigenen Informationserhebung teils regelmäßig teils gelegentlich als Gast an Sitzungen von Gremien der Treuhandanstalt teil[1170]. Der Leiter der Abteilung VIII im Bundesministerium der Finanzen Dr. John von Freyend nahm als ständiger Gast an den Sitzungen des Verwaltungsrates der Treuhandanstalt[1171] (sowie dessen Ausschüssen mit Ausnahme des Personalausschusses[1172]) teil[1173] und erhielt wie die Mitglieder des Verwaltungsrates die vorab verteilten Sitzungsunterlagen[1174]. An den Sitzungen des Fachausschusses "Immobilien und Sondervermögen" sowie des Fachausschusses "Management KG und sonstige Beteiligungen" des

1170 Vgl. Bundesministerium der Finanzen, interner Vermerk v. 27.01.1992, zitiert in: Deutscher Bundestag, 12. WP, Beschlußempfehlung und Bericht des 2. Untersuchungsausschusses "Treuhandanstalt" v. 29.08.1994, Minderheitenvotum des Berichterstatters der SPD-Fraktion (Berichtsentwurf des Ausschußsekretariats), BT-Drs. 12/8404, S. 230.

1171 Deutscher Bundestag, 12. WP, Beschlußempfehlung und Bericht des 2. Untersuchungsausschusses "Treuhandanstalt" v. 29.08.1994, BT-Drs. 12/8404, S. 71, sowie Minderheitenvotum des Berichterstatters der SPD-Fraktion (Berichtsentwurf des Ausschußsekretariats), BT-Drs. 12/8404, S. 211.

1172 Präsidialausschuß, Finanzausschuß, Ausschuß Management KG und sonstige Beteiligungen, Ausschuß Privatisierung, Sanierung und Verwertung, Ausschuß Immobilien und Sondervermögen, Ausschuß Organisation und Personal Treuhandanstalt (letzterer nicht zu verwechseln mit dem Personalausschuß).

1173 Vgl. für die Teilnahme des Leiters der Abteilung VIII John v. Freyend in Präsidialausschuß, Finanzausschuß, Ausschuß Management KG und sonstige Beteiligungen, Ausschuß Privatisierung, Sanierung und Verwertung sowie Ausschuß Immobilien und Sondervermögen: Deutscher Bundestag, 12. WP, Beschlußempfehlung und Bericht des 2. Untersuchungsausschusses "Treuhandanstalt" v. 29.08.1994, BT-Drs. 12/8404, S. 71, sowie Minderheitenvotum des Berichterstatters der SPD-Fraktion (Berichtsentwurf des Ausschußsekretariats), BT-Drs. 12/8404, S. 232.

1174 Vgl. Schreiben des Staatssekretärs im Bundesministerium der Finanzen Köhler an die Präsidentin der Treuhandanstalt v. 26.06.1992, zitiert in: Deutscher Bundestag, 12. WP, Beschlußempfehlung und Bericht des 2. Untersuchungsausschusses "Treuhandanstalt" v. 29.08.1994, Minderheitenvotum des Berichterstatters der SPD-Fraktion (Berichtsentwurf des Ausschußsekretariats), BT-Drs. 12/8404, S. 233; vgl. Schreiben des Leiters der Abteilung VIII im Bundesministerium der Finanzen John v. Freyend an den Bundesrechnungshof v. 22.05.1992, zitiert in: Deutscher Bundestag, 12. WP, Beschlußempfehlung und Bericht des 2. Untersuchungsausschusses "Treuhandanstalt" v. 29.08. 1994, Minderheitenvotum des Berichterstatters der SPD-Fraktion (Berichtsentwurf des Ausschußsekretariats), BT-Drs. 12/8404, S. 233 f.; vgl. Schreiben

Verwaltungsrates der Treuhandanstalt nahmen zudem weitere Mitarbeiter der Abteilung VIII des Bundesministeriums der Finanzen teil[1175]. Die Hospitanz von Vertretern des Bundesministeriums der Finanzen in Gremien der Treuhandanstalt beschränkte sich nicht auf den Verwaltungsrat der Treuhandanstalt und dessen Ausschüsse. Bundesminister Waigel war mehrfach bei Sitzungen des Vorstandes der Treuhandanstalt zugegen[1176]. Das für Fragen der Abwicklung zuständige Referat VIII B 2 des Bundesministeriums der Finanzen war regelmäßig über die Termine und Agenden der Sitzungen des bei der Treuhandanstalt errichteten Abwicklungsbeirats[1177] informiert, so daß die Beamten, sofern Gegenstände von Interesse für das Ministerium zur Behandlung anstanden, an den Sitzungen teilnehmen konnten. Darüber hinaus nahmen Mitarbeiter des Referats VIII B 2 auch an Besprechungen in der Treuhandanstalt zur Abwicklung einzelner Unternehmen teil[1178].

- Auch die Zugehörigkeit zu Gremien funktionaler wie nicht-funktionaler Beteiligungsgesellschaften der Treuhandanstalt führte zu einer Erweiterung und Vertiefung der dem Bundesministerium der Finanzen zur Ver-

des Leiters der Abteilung VIII im Bundesministerium der Finanzen John v. Freyend an das Mitglied des Vorstandes der Treuhandanstalt Klinz v. 14.05.1993, zitiert in: Deutscher Bundestag, 12. WP, Beschlußempfehlung und Bericht des 2. Untersuchungsausschusses "Treuhandanstalt" v. 29.08. 1994, Minderheitenvotum des Berichterstatters der SPD-Fraktion (Berichtsentwurf des Ausschußsekretariats), BT-Drs. 12/8404, S. 665.

1175 Deutscher Bundestag, 12. WP, Beschlußempfehlung und Bericht des 2. Untersuchungsausschusses "Treuhandanstalt" v. 29.08.1994, BT-Drs. 12/8404, S. 71, sowie Minderheitenvotum des Berichterstatters der SPD-Fraktion (Berichtsentwurf des Ausschußsekretariats), BT-Drs. 12/8404, S. 232.

1176 Vgl. Treuhandanstalt, Tagesordnungen der Vorstandssitzungen am 14. und 21.07.1992, Nachdruck in: Treuhandanstalt (Hrsg.), Dokumentation 1990-1994, Band 2, S. 904 (906) und 907 (908).

1177 Der Abwicklungsbeirat der Treuhandanstalt, der sich aus fünf externen Abwicklungsexperten zusammensetzte, hatte die Aufgabe, den Vorstand der Treuhandanstalt in Abwicklungsfragen zu beraten und die Interessen der Liquidatoren gegenüber der Treuhandanstalt zu vertreten; vgl. Wandel, in: Fischer / Hax / Schneider (Hrsg.), Treuhandanstalt – Das Unmögliche wagen, S. 283 (294); zur Zusammensetzung des Abwicklungsbeirats s. a. Treuhandanstalt (Hrsg.), Dokumentation 1990-1994, Band 2, S. 503.

1178 Interner Vermerk des Bundesministeriums der Finanzen v. 28.07.1992, zitiert in: Deutscher Bundestag, 12. WP, Beschlußempfehlung und Bericht des 2. Untersuchungsausschusses "Treuhandanstalt" v. 29.08.1994, Minderheitenvotum des Berichterstatters der SPD-Fraktion (Berichtsentwurf des Ausschußsekretariats), BT-Drs. 12/8404, S. 659.

fügung stehenden Informationsbasis[1179]. Erinnert sei an die bereits aufgeführten Mitgliedschaften von Vertretern des Bundesministeriums der Finanzen in den Aufsichtsräten der Liegenschaftsgesellschaft der Treuhandanstalt mbH (TLG), der BVVG Bodenverwertung- und -verwaltungs GmbH, der Treuhandanstalt-Forstbetriebs-GmbH, der Gesellschaft zur Privatisierung der Staatsreserve (GPSR), der Energiewerke Nord GmbH (EWN), der Gesellschaft zur Verwahrung und Verwertung stillgelegter Bergwerksbetriebe mbH (GVV), der Lausitzer und Mitteldeutsche Bergbau-Verwaltungs GmbH (LMBV) sowie deren Tochtergesellschaften Lausitzer Bergbau-Verwaltungs GmbH (LBV) und Mitteldeutsche Bergbau-Verwaltungs GmbH (MBV), in den Beiräten der Treuhand Osteuropa Beratungs GmbH (TOB) und der Management-Kommanditgesellschaften, in dem Fachbeirat Wohnungsprivatisierung der Liegenschaftsgesellschaft der Treuhandanstalt (TLG) sowie schließlich in dem Aufsichtsrat der Deutsche Kreditbank AG und sonstigen Aufsichts- bzw. Beiräten zahlreicher (nicht-funktionaler) Treuhand-Unternehmen[1180].

- Der Informationsbeschaffung des Bundesministeriums der Finanzen diente ebenso die Mitgliedschaft seiner Vertreter in außerhalb der Treuhandanstalt gebildeten Gremien, in welchen die Treuhandanstalt mitarbeitete. Zu nennen sind der Kredit- und Bürgschaftsausschuß[1181], die Gemeinsame Arbeitsgruppe Bund / THA / Länder[1182], die Steuerungsgruppe des Büros Braunkohlesanierung[1183], die Arbeitsgruppe Forschungs-GmbH[1184] und schließlich die Forderungsrunde[1185].
- Das Bundesministerium der Finanzen erhielt zudem regelmäßig Berichte von mit der Treuhandanstalt befaßten, eigens eingesetzten Expertengremien, bei denen die Mitwirkung von Mitarbeitern des Bundesministeriums der Finanzen nicht vorgesehen war. Hierzu zählten der Lei-

1179 Leiter des Referates VIII A 3 im Bundesministerium der Finanzen Breitenstein, zitiert in: Deutscher Bundestag, 12. WP, Beschlußempfehlung und Bericht des 2. Untersuchungsausschusses "Treuhandanstalt" v. 29.08.1994, Minderheitenvotum des Berichterstatters der SPD-Fraktion (Berichtsentwurf des Ausschußsekretariats), BT-Drs. 12/8404, S. 215.

1180 S.o. Teil II Ziffer III.1.a)pp).

1181 S.o. Teil II Ziffer III.1.a)cc).

1182 S.o. Teil II Ziffer III.1.a)mm).

1183 S.o. Teil II Ziffer III.1.a)nn).

1184 S.o. Teil II Ziffer III.1.a)hh).

1185 S.o. Teil II Ziffer III.1.a)ii).

tungsausschuß[1186], die sog. Gruppe berufserfahrener Senioren-Wirtschaftsprüfer[1187], die Arbeitsgruppe Bilanzüberprüfung[1188], die Arbeitsgruppe Kommerzielle Koordinierung[1189] sowie die Vertrauensbevollmächtigten[1190].

- Als weiteres Instrument zur von der Treuhandanstalt unabhängigen Informationsbeschaffung hat das Bundesministerium der Finanzen die Einholung von gutachterlichen Stellungnahmen externer Dritter genutzt[1191]. Beispielsweise beauftragte das Bundesministerium der Finanzen im Mai 1993 die Wirtschaftsprüfungsgesellschaft C & L Treuarbeit Deutsche Revision AG, die von der Treuhandanstalt mit einer in Schwierigkeiten geratenen Investoren-Gruppe vorgenommenen Verkäufe daraufhin zu überprüfen, ob diese ordnungsgemäß und unter Einhaltung der entsprechenden Vorschriften zustande gekommen sind[1192]. Zu dem in der Öffentlichkeit wie in parlamentarischen Gremien im Laufe des Jahres 1992 heftig diskutierten leistungsabhängigen Vergütungssystem für leitende Angestellte der Treuhandanstalt (sog. Bonussystem) ließ das Bundesministerium der Finanzen sogar zwei Gutachten

1186 Leiter des Referates VIII A 3 im Bundesministerium der Finanzen Breitenstein, zitiert in: Deutscher Bundestag, 12. WP, Beschlußempfehlung und Bericht des 2. Untersuchungsausschusses "Treuhandanstalt" v. 29.08.1994, Minderheitenvotum des Berichterstatters der SPD-Fraktion (Berichtsentwurf des Ausschußsekretariats), BT-Drs. 12/8404, S. 365.

1187 S.o. Teil II Ziffer III.1.a)ee).

1188 S.o. Teil II Ziffer III.1.a)dd).

1189 S.o. Teil II Ziffer III.1.a)jj).

1190 S.o. Teil II Ziffer III.1.a)gg).

1191 Leiter der Unterabteilung VIII B im Bundesministerium der Finanzen Bubinger, zitiert in: Deutscher Bundestag, 12. WP, Beschlußempfehlung und Bericht des 2. Untersuchungsausschusses "Treuhandanstalt" v. 29.08.1994, Minderheitenvotum des Berichterstatters der SPD-Fraktion (Berichtsentwurf des Ausschußsekretariats), BT-Drs. 12/8404, S. 227; Leiter des Referates VIII A 4 im Bundesministerium der Finanzen Bierwirth, zitiert in: Deutscher Bundestag, 12. WP, Beschlußempfehlung und Bericht des 2. Untersuchungsausschusses "Treuhandanstalt" v. 29.08.1994, Minderheitenvotum des Berichterstatters der SPD-Fraktion (Berichtsentwurf des Ausschußsekretariats), BT-Drs. 12/8404, S. 220.

1192 Deutscher Bundestag, 12. WP, Beschlußempfehlung und Bericht des 2. Untersuchungsausschusses "Treuhandanstalt" v. 29.08.1994, BT-Drs. 12/8404, S. 93, sowie Minderheitenvotum des Berichterstatters der SPD-Fraktion (Berichtsentwurf des Ausschußsekretariats), BT-Drs. 12/8404, S. 481.

von verschiedenen Wirtschaftsprüfungsgesellschaften erstellen[1193]. Auch der Bundesrechnungshof wurde von dem Bundesministerium der Finanzen um die Durchführung spezieller Prüfungen, darunter auch des Bonussystems, gebeten[1194].

- Eine regelmäßige, umfangreiche Unterrichtung des Bundesministeriums der Finanzen erfolgte auch in Form der von der Wirtschaftsprüfungsgesellschaft C & L Treuarbeit Deutsche Revision AG erstellten Berichte über die bei der Treuhandanstalt vorgenommenen, gemäß § 53 Absatz 1, § 55 Absatz 2 HGrG wesentlich erweiterten[1195] Prüfungen des Jahresabschlusses der Treuhandanstalt[1196]. Die Treuhandanstalt hatte die Prüfberichte dem Bundesministerium der Finanzen unverzüglich nach Eingang weiterzuleiten[1197].

  Der Vizepräsident des Bundesrechnungshofes Heuer hat den Standpunkt vertreten, der Bericht über die Prüfung des Jahresabschlusses der Treuhandanstalt sei ein untaugliches Mittel der Informationsbeschaffung im Rahmen der Aufsichtsführung durch das Bundesministerium der Finanzen, da er viel zu spät komme[1198]. Tatsächlich lag der Prüfbericht in der Regel etwa ein halbes Jahr nach Ablauf des Geschäftsjahres vor. Hätte sich die Aufsichtsführung allein auf diesen Bericht gestützt, müßte dem Vizepräsidenten des Bundesrechnungshofes in seiner Kritik

1193 Deutscher Bundestag, 12. WP, Beschlußempfehlung und Bericht des 2. Untersuchungsausschusses "Treuhandanstalt" v. 29.08.1994, BT-Drs. 12/8404, S. 75, sowie Minderheitenvotum des Berichterstatters der SPD-Fraktion (Berichtsentwurf des Ausschußsekretariats), BT-Drs. 12/8404, S. 316 f.

1194 Parlamentarischer Staatssekretär bei dem Bundesminister der Finanzen Grünewald, zitiert in: Deutscher Bundestag, 12. WP, Beschlußempfehlung und Bericht des 2. Untersuchungsausschusses "Treuhandanstalt" v. 29.08.1994, BT-Drs. 12/8404, S. 75; Leiter der Unterabteilung VIII B im Bundesministerium der Finanzen Bubinger, zitiert in: Deutscher Bundestag, 12. WP, Beschlußempfehlung und Bericht des 2. Untersuchungsausschusses "Treuhandanstalt" v. 29.08.1994, Minderheitenvotum des Berichterstatters der SPD-Fraktion (Berichtsentwurf des Ausschußsekretariats), BT-Drs. 12/8404, S. 222.

1195 Soldner, in: Heuer (Hrsg.), HdbFK, § 53 HGrG, Rz. 10.

1196 Ausführlich zu den Inhalten des Prüfberichts u. Teil II Ziffer III.1.e).

1197 § 53 Absatz 1 Ziffer 3 HGrG.

1198 Vizepräsident des Bundesrechnungshofes Heuer, zitiert in: Deutscher Bundestag, 12. WP, Beschlußempfehlung und Bericht des 2. Untersuchungsausschusses "Treuhandanstalt" v. 29.08.1994, Minderheitenvotum des Berichterstatters der SPD-Fraktion (Berichtsentwurf des Ausschußsekretariats), BT-Drs. 12/8404, S. 229.

beigepflichtet werden. Jedoch stellte der Bericht über die Prüfung des Jahresabschlusses der Treuhandanstalt nur eine von vielen Informationsquellen dar. Seine Vorzüge waren weniger die Zeitnähe als einerseits die Tiefe der Untersuchungen zur Ordnungsmäßigkeit der Geschäftsführung sowie andererseits die Regelmäßigkeit seiner Erstellung, welche besonders geeignet war, Entwicklungen abzubilden und die Umsetzung von in der Vergangenheit eingeleiteten Aufsichtsmaßnahmen zu kontrollieren. Auf diese Weise erfüllte auch der Prüfbericht des Jahresabschlusses eine nützliche Funktion bei der Informationsbeschaffung im Rahmen der Aufsichtsführung durch das Bundesministerium der Finanzen.

- Die Gesellschaftsverträge bzw. Satzungen mehrerer funktionaler Beteiligungsgesellschaften der Treuhandanstalt verpflichteten die jeweilige Geschäftsführung, dem Bundesminister der Finanzen bestimmte Unterlagen vorzulegen. Hierzu zählten insbesondere die Berichte über die Prüfung des Jahresabschlusses, auf die bei entsprechender Regelung im Gesellschaftsvertrag § 53 HGrG Anwendung fand, aber auch Lageberichte, Berichte des Aufsichtsrates bzw. Beirates und Prüfberichte. Dies war beispielsweise bei der Liegenschaftsgesellschaft der Treuhandanstalt mbH (TLG)[1199] der Fall.
  Darüber hinaus hat das Bundesministerium der Finanzen von der Treuhandanstalt die Jahresabschlüsse zahlreicher Treuhand-Unternehmen gemäß § 53 HGrG erstellen und sich zur Prüfung vorlegen lassen[1200]. Die mit dem seit 1970 zu Verfügung stehenden Instrument des § 53 HGrG eröffnete Möglichkeit einer eingehenden Finanzkontrolle hat in diesem Zusammenhang eine besondere Bedeutung erlangt[1201]. Dabei wurden gezielte Vorgaben für die Prüfung der Ordnungsmäßigkeit der Geschäftsführung gemacht[1202].

1199 § 18 Absatz 1 des Gesellschaftsvertrages der Liegenschaftsgesellschaft der Treuhandanstalt mbH i.d.F. v. 18.03.1991, Nachdruck in: Treuhandanstalt (Hrsg.), Dokumentation 1990-1994, Band 8, S. 405 (414).

1200 Vgl. beispielsweise Schreiben des Leiters des Referates VIII B 2 im Bundesministerium der Finanzen Bierwirth an die Treuhandanstalt v. 13.09.1994 (VIII B 2 – FB 5143 – 36/94), Nachdruck in: Treuhandanstalt (Hrsg.), Dokumentation 1990-1994, Band 8, S. 296 f.

1201 Bierwirth, in: Baetge u.a. (Hrsg.), Rechnungslegung, Prüfung und Beratung, S. 124 (128 f.).

1202 Bierwirth, in: Baetge u.a. (Hrsg.), Rechnungslegung, Prüfung und Beratung, S. 124 (137).

- Weitere Informationsquellen des Bundesministeriums der Finanzen waren schließlich die zahlreichen[1203] Prüfungsmitteilungen des Bundesrechnungshofes[1204], die dem Bundesministerium der Finanzen in der Regel[1205] unmittelbar zugeleitet wurden.
- Das Bundesministerium der Finanzen hatte auch eigene Erhebungen vor Ort, d.h. Prüfungen mit Akten- und Büchereinsicht durch eigene Mitarbeiter, als Mittel der Informationsbeschaffung grundsätzlich vorgesehen[1206]. Auf eine Umsetzung wurde allerdings weitgehend verzichtet, was der Bundesrechnungshof anfänglich sehr stark[1207], später nur noch insoweit kritisiert hat, als er zumindest Stichproben durch Beamte des Bundesministeriums der Finanzen für erforderlich hielt[1208].

1203 Beginnend 1992 hatte der Bundesrechnungshof bis einschließlich 1995 etwa 100 Prüfungsmitteilungen, also durchschnittlich eine Prüfungsmitteilung pro Monat, erstellt.

1204 Dazu u. Teil II Ziffer III.3.a).

1205 § 96 Absatz 2 BHO i.V.m. § 111 Absatz 1 Satz 2 BHO: Grundsätzlich erhält das Bundesministerium der Finanzen zugleich mit der geprüften Stelle einen Abdruck der Prüfungsmitteilung, wenn es sich um Fälle von grundsätzlicher oder erheblicher finanzieller Bedeutung (5 Mio. DM im Finanzplanungszeitraum) handelt; s. Bundesministerium der Finanzen, Das Haushaltssystem der Bundesrepublik Deutschland, S. 67. Diese Voraussetzungen waren in die Treuhandanstalt betreffenden Angelegenheiten regelmäßig erfüllt.

1206 Interner Vermerk des Bundesministeriums der Finanzen v. 27.01.1992, zitiert in: Deutscher Bundestag, 12. WP, Beschlußempfehlung und Bericht des 2. Untersuchungsausschusses "Treuhandanstalt" v. 29.08.1994, Minderheitenvotum des Berichterstatters der SPD-Fraktion (Berichtsentwurf des Ausschußsekretariats), BT-Drs. 12/8404, S. 230; interner Vermerk des Bundesministeriums der Finanzen v. 28.07.1992, zitiert in: Deutscher Bundestag, 12. WP, Beschlußempfehlung und Bericht des 2. Untersuchungsausschusses "Treuhandanstalt" v. 29.08.1994, Minderheitenvotum des Berichterstatters der SPD-Fraktion (Berichtsentwurf des Ausschußsekretariats), BT-Drs. 12/8404, S. 659 (660).

1207 Bundesrechnungshof, Prüfungsvermerk v. 20.02.1992, zitiert in: Deutscher Bundestag, 12. WP, Beschlußempfehlung und Bericht des 2. Untersuchungsausschusses "Treuhandanstalt" v. 29.08.1994, Minderheitenvotum des Berichterstatters der SPD-Fraktion (Berichtsentwurf des Ausschußsekretariats), BT-Drs. 12/8404, S. 224.

1208 Bundesrechnungshof, Bemerkungen des Bundesrechnungshofes 1993 zur Haushalts- und Wirtschaftsführung (einschließlich der Feststellungen zur Jahresrechnung des Bundes 1991), BT-Drs. 12/5650, S. 57 f..

Das Bundesministerium der Finanzen verwies zur Begründung seiner Vorgehensweise auf die Personalstärke seiner mit der Wahrnehmung der Aufsicht über die Treuhandanstalt befaßten Abteilung VIII, welche derartige zeit- und personalaufwendige Prüfungen nicht zuließe[1209]. Wollte sich das Bundesministerium der Finanzen zur Ausübung der Aufsichtsaufgaben vorwiegend auf eigene Informationserhebungen stützen, hätte dies angesichts des dann notwendigen bürokratischen Aufwandes Verzögerungen der Aufsichtstätigkeit und damit auch eine Blockierung der Privatisierungstätigkeit der Treuhandanstalt zur Folge gehabt[1210]. Soweit für erforderlich gehalten, habe das Bundesministerium der Finanzen zur unmittelbaren Informationsbeschaffung bei der Treuhandanstalt externe Sachverständige[1211] eingesetzt[1212]. Nach der vorstehenden Aufzählung von Informationsquellen des Bundesministeriums der Finanzen ist ferner die Mitgliedschaft seiner Beamten in Gremien der Treuhandanstalt und ihrer Beteiligungsunternehmen als tatsächlich genutzte Möglichkeit zur Gewinnung von Informationen vor Ort hinzuzufügen. Schließlich hat das Bundesministerium der Finanzen auch eigenständige Nachforschungen, beispielsweise über Erwerbsinteressenten[1213], eingezogen.

1209 Schreiben des Staatssekretärs im Bundesministerium der Finanzen Köhler an den Vizepräsidenten des Bundesrechnungshofes Heuer v. 26.05.1993, zitiert in: Deutscher Bundestag, 12. WP, Beschlußempfehlung und Bericht des 2. Untersuchungsausschusses "Treuhandanstalt" v. 29.08.1994, Minderheitenvotum des Berichterstatters der SPD-Fraktion (Berichtsentwurf des Ausschußsekretariats), BT-Drs. 12/8404, S. 218.

1210 Bundesminister der Finanzen Waigel, zitiert in: Deutscher Bundestag, 12. WP, Beschlußempfehlung und Bericht des 2. Untersuchungsausschusses "Treuhandanstalt" v. 29.08.1994, Minderheitenvotum des Berichterstatters der SPD-Fraktion (Berichtsentwurf des Ausschußsekretariats), BT-Drs. 12/8404, S. 228.

1211 Gemeint waren die bereits beschriebenen eingesetzten Expertengremien und mit gesonderten Gutachtenaufträgen versehenen Sachverständigen.

1212 Leiter der Unterabteilung VIII B im Bundesministerium der Finanzen Bubinger, zitiert in: Deutscher Bundestag, 12. WP, Beschlußempfehlung und Bericht des 2. Untersuchungsausschusses "Treuhandanstalt" v. 29.08.1994, Minderheitenvotum des Berichterstatters der SPD-Fraktion (Berichtsentwurf des Ausschußsekretariats), BT-Drs. 12/8404, S. 231.

1213 Vgl. Parlamentarischer Staatssekretär beim Bundesminister der Finanzen Grünewald, zitiert in: Deutscher Bundestag, 12. WP, Beschlußempfehlung und Bericht des 2. Untersuchungsausschusses "Treuhandanstalt" v. 29.08.1994, Minderheitenvotum des Berichterstatters der SPD-Fraktion (Berichtsentwurf des Ausschußsekretariats), BT-Drs. 12/8404, S. 486.

- Schließlich konnte das Bundesministerium der Finanzen im direkten Kontakt mit "Betroffenen", d.h. Treuhand-Unternehmen, Kaufinteressenten, Verbänden, Gewerkschaften, Kommunen und Landesregierungen Informationen über die Treuhandanstalt gewinnen. Während derartige Informationsbeziehungen grundsätzlich informell blieben, hat es hinsichtlich des Austausches mit Kommunalvertretern eine gewisse Institutionalisierung durch sog. Kommunalkonferenzen gegeben, die das Bundesministerium der Finanzen – im Wechsel mit dem Bundesministerium des Innern – abhielt, um mit Landräten und Bürgermeistern insbesondere Fragen der Kommunalisierung zu erörtern[1214].

Zusammenfassend kann dem damaligen Staatssekretär im Bundesministerium der Finanzen Köhler zugestimmt werden, der hinsichtlich der aufsichtsrechtlich bedeutsamen Unterrichtung seines Hauses über die Treuhandanstalt von einem dichten Informationsnetz gesprochen hat[1215]. Bei der Bewertung ist zu berücksichtigen, daß das Aufsichtsrecht des Bundesministeriums der Finanzen durch die der Treuhandanstalt zukommende unternehmerische Handlungsfreiheit begrenzt war und die Behandlung von Einzelfällen, sofern diese nicht von herausgehobener Bedeutung waren, nicht der Fachaufsicht unterfielen. Demzufolge war auch eine Unterrichtung über Einzelfälle in der Regel nicht geboten, das Einfordern von Informationen über Einzelfälle, von den bezeichneten Ausnahmen abgesehen, von der Fachaufsichtsbefugnis nicht gedeckt[1216]. An diesem Maßstab gemessen, stellte sich die Informationsbeschaffung des Bundesministeriums der Finanzen als umfassend dar.

1214 Vgl. Czada, in: Aus Politik und Zeitgeschichte, B 43-44/94, S. 31 (35); Staatssekretär beim Bundesminister des Inneren Priesnitz, in: Hill (Hrsg.), Erfolg im Osten, S. 13 (16).

1215 Schreiben des Staatssekretärs im Bundesministerium der Finanzen Köhler an den Vizepräsidenten des Bundesrechnungshofes Heuer v. 26.05.1993, zitiert in: Deutscher Bundestag, 12. WP, Beschlußempfehlung und Bericht des 2. Untersuchungsausschusses "Treuhandanstalt" v. 29.08.1994, Minderheitenvotum des Berichterstatters der SPD-Fraktion (Berichtsentwurf des Ausschußsekretariats), BT-Drs. 12/8404, S. 227.

1216 Daher im Grundsatz richtig: Schreiben des Mitglieds des Vorstandes der Treuhandanstalt Klinz an den Leiter der Abteilung VIII im Bundesministerium der Finanzen John v. Freyend v. 14.10.1992, zitiert in: Deutscher Bundestag, 12. WP, Beschlußempfehlung und Bericht des 2. Untersuchungsausschusses "Treuhandanstalt" v. 29.08.1994, Minderheitenvotum des Berichterstatters der SPD-Fraktion (Berichtsentwurf des Ausschußsekretariats), BT-Drs. 12/8404, S. 661.

Das Bundesministerium der Finanzen hat sich – wie gezeigt – zu einem großen Teil auf Informationen gestützt, die ihm von der Treuhandanstalt zur Verfügung gestellt wurden[1217]. Dem Bundesrechnungshof ist darin zuzustimmen, daß eine solche Vorgehensweise nur akzeptabel ist, wenn die Verläßlichkeit der durch die Treuhandanstalt übermittelten Informationen sichergestellt war[1218]. Tatsächlich hat das Bundesministerium der Finanzen insbesondere durch Mitgliedschaft und Hospitanz seiner Beamten in den beschriebenen Gremien innerhalb der Treuhandanstalt und ihrer Beteiligungsunternehmen unmittelbar eigene Informationen erhoben. Darüber hinaus vermittelten die zur einmaligen oder regelmäßigen Berichterstattung eingesetzten Sachverständigen, Gutachter und Prüfer ebenso wie Mitteilungen des ebenfalls in der Regel vor Ort prüfenden[1219] Bundesrechnungshofs vertiefte Einblicke sowohl in allgemeine Abläufe wie auch in die Behandlung von Einzelfällen bei der Treuhandanstalt. Das Bundesministerium der Finanzen hat also die erforderliche Verifizierung und Ergänzung der von der Treuhandanstalt übermittelten Informationen durch eigene und von dritter Seite erfolgte Erhebungen durchgeführt.

Dennoch sind dem Bundesministerium der Finanzen nicht in allen Fällen die erforderlichen Informationen zeitnah zugegangen[1220]. Es erscheint jedoch fraglich, ob die verbliebenen Schwächen im Informationsfluß – wie

1217 Insoweit zutreffend Deutscher Bundestag, 12. WP, Beschlußempfehlung und Bericht des 2. Untersuchungsausschusses "Treuhandanstalt" v. 29.08.1994, Minderheitenvotum des Berichterstatters der SPD-Fraktion (Berichtsentwurf des Ausschußsekretariats), BT-Drs. 12/8404, S. 231.

1218 Bundesrechnungshof, Prüfungsvermerk v. 20.02.1992, zitiert in: Deutscher Bundestag, 12. WP, Beschlußempfehlung und Bericht des 2. Untersuchungsausschusses "Treuhandanstalt" v. 29.08.1994, Minderheitenvotum des Berichterstatters der SPD-Fraktion (Berichtsentwurf des Ausschußsekretariats), BT-Drs. 12/8404, S. 225; Bundesrechnungshof, Bemerkungen des Bundesrechnungshofes 1993 zur Haushalts- und Wirtschaftsführung (einschließlich der Feststellungen zur Jahresrechnung des Bundes 1991), BT-Drs. 12/5650, S. 56 f.; Vizepräsident des Bundesrechnungshofes Heuer, zitiert in: Deutscher Bundestag, 12. WP, Beschlußempfehlung und Bericht des 2. Untersuchungsausschusses "Treuhandanstalt" v. 29.08.1994, Minderheitenvotum des Berichterstatters der SPD-Fraktion (Berichtsentwurf des Ausschußsekretariats), BT-Drs. 12/8404, S. 229.

1219 Bundesministerium der Finanzen, Das Haushaltssystem der Bundesrepublik Deutschland, S. 66.

1220 Vgl. Schreiben des Leiters der Abteilung VIII im Bundesministerium der Finanzen John v. Freyend an die Präsidentin der Treuhandanstalt v. 29.07.1992 (VIII A 3 – FB 5103 – 95/92, VIII B 1 – FB 5026 – 9/92), Nachdruck in: Treuhandanstalt (Hrsg.), Dokumentation 1990-1994, Band 10, S. 866 f.; Bundesvom Bundesrechnungshof unterstellt[1221] – durch eine Ausweitung der Informationserhebung durch Beamte des Bundesministeriums der Finanzen unmittelbar in der Treuhandanstalt in Form von Prüfungen bei vertretbarem Aufwand hätte verbessert werden können[1222]. Der Bundesminister der Finanzen hat dies mit der einleuchtenden Argumentation verneint, andernfalls hätte der dann notwendige bürokratische Aufwand die Aufsichtstätigkeit und damit auch Tätigkeit der Treuhandanstalt spürbar behindert[1223].

Eine rechtliche Pflicht zu der von dem Bundesrechnungshof geforderten "aktiven Form der Aufsicht"[1224], d. h. zu verstärkter Informationserhebungen unmittelbar durch Beamte des Bundesministeriums der Finanzen in der Treuhandanstalt, bestand jedenfalls nicht. Vielmehr steht es nach allgemei-

rechnungshof, Bemerkungen des Bundesrechnungshofes 1993 zur Haushalts- und Wirtschaftsführung (einschließlich der Feststellungen zur Jahresrechnung des Bundes 1991), BT-Drs. 12/5650, S. 55 ff.; darauf Bezug nehmend Schmidt u.a., in: PDS / LL im Deutschen Bundestag u.a., Blickpunkt Treuhandanstalt, S. 62 f.

1221 Bundesrechnungshof, Prüfungsvermerk v. 20.02.1992, zitiert in: Deutscher Bundestag, 12. WP, Beschlußempfehlung und Bericht des 2. Untersuchungsausschusses "Treuhandanstalt" v. 29.08.1994, Minderheitenvotum des Berichterstatters der SPD-Fraktion (Berichtsentwurf des Ausschußsekretariats), BT-Drs. 12/8404, S. 225; Bundesrechnungshof, Bemerkungen des Bundesrechnungshofes 1993 zur Haushalts- und Wirtschaftsführung (einschließlich der Feststellungen zur Jahresrechnung des Bundes 1991), BT-Drs. 12/5650, S. 57 f.; Vizepräsident des Bundesrechnungshofes Heuer, zitiert in: Deutscher Bundestag, 12. WP, Beschlußempfehlung und Bericht des 2. Untersuchungsausschusses "Treuhandanstalt" v. 29.08.1994, Minderheitenvotum des Berichterstatters der SPD-Fraktion (Berichtsentwurf des Ausschußsekretariats), BT-Drs. 12/8404, S. 229.

1222 Leiter des Referates VIII A 3 im Bundesministerium der Finanzen Breitenstein, zitiert in: Deutscher Bundestag, 12. WP, Beschlußempfehlung und Bericht des 2. Untersuchungsausschusses "Treuhandanstalt" v. 29.08.1994, Minderheitenvotum des Berichterstatters der SPD-Fraktion (Berichtsentwurf des Ausschußsekretariats), BT-Drs. 12/8404, S. 218.

1223 Bundesminister der Finanzen Waigel, zitiert in: Deutscher Bundestag, 12. WP, Beschlußempfehlung und Bericht des 2. Untersuchungsausschusses "Treuhandanstalt" v. 29.08.1994, Minderheitenvotum des Berichterstatters der SPD-Fraktion (Berichtsentwurf des Ausschußsekretariats), BT-Drs. 12/8404, S. 228.

1224 Bundesrechnungshof, Prüfungsvermerk v. 20.02.1992, zitiert in: Deutscher Bundestag, 12. WP, Beschlußempfehlung und Bericht des 2. Untersuchungsausschusses "Treuhandanstalt" v. 29.08.1994, Minderheitenvotum des Berichterstatters der SPD-Fraktion (Berichtsentwurf des Ausschußsekretariats), BT-Drs. 12/8404, S. 225.

ner Ansicht im Bereich der Fachaufsicht im Opportunitätsermessen, ob und welche Vorgänge fachaufsichtsrechtlich aufgegriffen werden[1225]. Hierauf hat sich auch das Bundesministerium der Finanzen berufen[1226].

cccc) Beeinflussung

Anfang November 1990, also unmittelbar nach der formalen Überleitung der Fach- und Rechtsaufsicht auf den Bundesminister der Finanzen, fanden zwischen der Leitung der Treuhandanstalt und dem Bundesministerium der Finanzen Gespräche zur grundsätzlichen Handhabung der Aufsicht statt. Rohwedder bestand dabei auf der Respektierung eines unternehmerischen Entscheidungsspielraumes der Treuhandanstalt und verwahrte sich dagegen, die Treuhandanstalt einer behördentypischen uneingeschränkten Fachaufsicht, d.h. vor allem einem Weisungsrecht in jedem Einzelfall, zu unterwerfen[1227]. Im Ergebnis dieser Auseinandersetzung, von deren Ausgang Rohwedder seinen Verbleib an der Spitze der Treuhandanstalt abhängig gemacht hatte[1228], stellte ein interner Vermerk des Bundesministeriums der Finanzen fest,

> "daß einzelfallbezogene Eingriffe, ja selbst Meinungsäußerungen zu Einzelfällen, die absolute Ausnahme bleiben müssen."[1229]

1225 Schröder, in: JuS 1986, S. 371 (374).

1226 Deutscher Bundestag, 12. WP, Beschlußempfehlung und Bericht des 2. Untersuchungsausschusses "Treuhandanstalt" v. 29.08.1994, BT-Drs. 12/8404, S. 66; interner Vermerk des Bundesministeriums der Finanzen v. 27.02.1992, zitiert in: Deutscher Bundestag, 12. WP, Beschlußempfehlung und Bericht des 2. Untersuchungsausschusses "Treuhandanstalt" v. 29.08.1994, Minderheitenvotum des Berichterstatters der SPD-Fraktion (Berichtsentwurf des Ausschußsekretariats), BT-Drs. 12/8404, S. 221; interner Vermerk des Bundesministeriums der Finanzen v. 25.11.1990, zitiert in: Deutscher Bundestag, 12. WP, Beschlußempfehlung und Bericht des 2. Untersuchungsausschusses "Treuhandanstalt" v. 29.08.1994, Minderheitenvotum des Berichterstatters der SPD-Fraktion (Berichtsentwurf des Ausschußsekretariats), BT-Drs. 12/8404, S. 221.

1227 Deutscher Bundestag, 12. WP, Beschlußempfehlung und Bericht des 2. Untersuchungsausschusses "Treuhandanstalt" v. 29.08.1994, Minderheitenvotum des Berichterstatters der SPD-Fraktion (Berichtsentwurf des Ausschußsekretariats), BT-Drs. 12/8404, S. 216 f.; Kemmler, Die Entstehung der Treuhandanstalt, S. 192; Uhlmann, in: HB v. 22.11.1990, S. 1; o. N., in: TSP v. 22.11.1990, S. 11; o. N., in: Berliner Zeitung v. 22.11.1990, S. 2.

1228 Kemmler, Die Entstehung der Treuhandanstalt, S. 192.

1229 Bundesministerium der Finanzen, interner Vermerk v. 25.11.1990, zitiert in: Deutscher Bundestag, 12. WP, Beschlußempfehlung und Bericht des 2. Untersuchungsausschusses "Treuhandanstalt" v. 29.08.1994, Minderheitenvotum-

Ergänzend hierzu heißt es in einem weiteren internen Vermerk des Bundesministeriums der Finanzen:

> "Es liegt im Interesse der Bundesregierung, die Unabhängigkeit und Eigenverantwortung des Treuhand-Vorstandes zu stärken und vom Instrument der fachaufsichtlichen Weisung einen möglichst sparsamen Gebrauch zu machen. (...) Tatsächlich geht es eher darum, auf möglichst informelle Weise eine angemessene Verzahnung zwischen der Politik der Bundesregierung und den Entscheidungen und Maßnahmen der Treuhandanstalt sicherzustellen und offene Fragen im Vorfeld von Entscheidungen einvernehmlich abzuklären."[1230]

Die sich hieraus ergebende Aufgabe des Bundesministeriums der Finanzen im Zusammenhang mit der Wahrnehmung der Aufsicht über die Treuhandanstalt findet sich in einem dritten Vermerk beschrieben:

> "Vom Ansatz her sollte sich die Fachaufsicht auf die Begleitung der Arbeit der Treuhandanstalt bei den größeren, politisch relevanten Entscheidungen einerseits und auf eine gewisse allgemeine Überprüfung der Funktionsfähigkeit und funktionellen Abläufe der Treuhandanstalt andererseits beschränken."[1231]

Damit hatte sich das Bundesministerium der Finanzen der Auffassung Rohwedders angeschlossen und der Treuhandanstalt einen unternehmerischen

des Berichterstatters der SPD-Fraktion (Berichtsentwurf des Ausschußsekretariats), BT-Drs. 12/8404, S. 217.

1230 Bundesministerium der Finanzen, interner Vermerk v. 18.01.1991, zitiert in: Deutscher Bundestag, 12. WP, Beschlußempfehlung und Bericht des 2. Untersuchungsausschusses "Treuhandanstalt" v. 29.08.1994, Minderheitenvotum des Berichterstatters der SPD-Fraktion (Berichtsentwurf des Ausschußsekretariats), BT-Drs. 12/8404, S. 218; ähnlich Bundesministerium der Finanzen, interner Vermerk v. 01.06.1992, zitiert in: Deutscher Bundestag, 12. WP, Beschlußempfehlung und Bericht des 2. Untersuchungsausschusses "Treuhandanstalt" v. 29.08.1994, Minderheitenvotum des Berichterstatters der SPD-Fraktion (Berichtsentwurf des Ausschußsekretariats), BT-Drs. 12/8404, S. 658.

1231 Bundesministerium der Finanzen, interner Vermerk v. 10.12.1990, zitiert in: Deutscher Bundestag, 12. WP, Beschlußempfehlung und Bericht des 2. Untersuchungsausschusses "Treuhandanstalt" v. 29.08.1994, Minderheitenvotum des Berichterstatters der SPD-Fraktion (Berichtsentwurf des Ausschußsekretariats), BT-Drs. 12/8404, S. 218; ähnlich Bundesministerium der Finanzen, interner Vermerk v. 27.01.1991, zitiert in: Deutscher Bundestag, 12. WP, Beschlußempfehlung und Bericht des 2. Untersuchungsausschusses "Treuhandanstalt" v. 29.08.1994, Minderheitenvotum des Berichterstatters der SPD-Fraktion (Berichtsentwurf des Ausschußsekretariats), BT-Drs. 12/8404, S. 220.

Handlungsspielraum zugestanden[1232]. Tatsächlich hat diese Konzeption die Ausübung der fach- und rechtsaufsichtlichen Einflußnahme des Bundesministeriums der Finanzen auf die Treuhandanstalt weitgehend bestimmt[1233].

Als wichtigstes Instrument zur fachaufsichtlichen Einflußnahme hat das Bundesministerium der Finanzen die Abstimmung mit der Treuhandanstalt über deren Wirtschaftsplan angesehen[1234]. Gemäß § 15 TreuhS i.V.m. Artikel 25 Absatz 1 Satz 3 EinigungsV hatte die Treuhandanstalt im Einvernehmen mit dem Bundesminister der Finanzen einen Wirtschaftsplan einschließlich eines Finanzplanes aufzustellen.

Die Treuhandanstalt erstellte regelmäßig einen Jahresplan, der außer einer gegliederten Darstellung der zu erwartenden Einnahmen und Ausgaben eine Finanzierungsübersicht, einen Kreditfinanzierungsplan und ein untergliedertes Titelverzeichnis enthielt. Der Detaillierungsgrad der Planung wurde dabei laufend fortentwickelt: Während die Planung für das Geschäftsjahr 1992 noch pauschal nach den einzelnen Geschäftsfeldern Privatisierung, Sanierung und Abwicklung vorgenommen wurde, enthielt der Jahresplan für das Geschäftsjahr 1993 erstmals Einzelpläne für die operativen und fuktionalen Bereiche auf Direktoratsebene mit 99 einzelnen Kostenstellen. Eine Umstellung der EDV ermöglichte es, den Jahresplan für das Geschäftsjahr 1994 in 7.061 Kostenstellen zu unterteilen. Kleinste Planungseinheit waren dabei im wesentlichen die einzelnen Treuhandunternehmen und Privatisierungsverträge.

1232 Vgl. Leiter der Abteilung VIII im Bundesministerium der Finanzen John v. Freyend, zitiert in: Deutscher Bundestag, 12. WP, Beschlußempfehlung und Bericht des 2. Untersuchungsausschusses "Treuhandanstalt" v. 29.08.1994, Minderheitenvotum des Berichterstatters der SPD-Fraktion (Berichtsentwurf des Ausschußsekretariats), BT-Drs. 12/8404, S. 219; vgl. Staatssekretär bei dem Bundesministerium der Finanzen Köhler, zitiert in: Deutscher Bundestag, 12. WP, Beschlußempfehlung und Bericht des 2. Untersuchungsausschusses "Treuhandanstalt" v. 29.08.1994, Minderheitenvotum des Berichterstatters der SPD-Fraktion (Berichtsentwurf des Ausschußsekretariats), BT-Drs. 12/8404, S. 219.

1233 Vgl. Staatssekretär im Bundesministerium der Finanzen Köhler, zitiert in: Deutscher Bundestag, 12. WP, Beschlußempfehlung und Bericht des 2. Untersuchungsausschusses "Treuhandanstalt" v. 29.08.1994, Minderheitenvotum des Berichterstatters der SPD-Fraktion (Berichtsentwurf des Ausschußsekretariats), BT-Drs. 12/8404, S. 277 f.

1234 So die Parlamentarische Staatssekretärin im Bundesministerium der Finanzen, Irmgard Karwatzki, in der Anhörung vor dem 2. Untersuchungsausschuß "DDR-Vermögen" des 13. Deutschen Bundestages am 29.02.1996, vgl. Deutscher Bundestag, 13. WP, Beschlußempfehlung und Bericht des Untersuchungsausschusses "DDR-Vermögen" v. 28.05.1998, BT-Drs. 13/10900, Band 1, S. 248.

Je differenzierter die Jahrespläne der Treuhandanstalt ausfielen, je genauer bildete sich in diesen Plänen ab, welche einzelnen Maßnahmen die Treuhandanstalt zu ergreifen gedachte. Dem Bundesministerium der Finanzen eröffnete sich damit im Vorfeld der Zustimmung zu dem Jahresplan die Möglichkeit, sich mit der Treuhandanstalt über grundsätzliche Weichenstellungen sowie in einem von Jahr zu Jahr rapide wachsenden Ausmaß über Einzelfälle bis hin zur Personalplanung abzustimmen.

Das Bundesminsterium der Finanzen war nicht allein in der Phase der Planerstellung, sondern auch in die Budgetkontrolle eingebunden. Sowohl die gegenseitige Deckungsfähigkeit von Titeln des Wirtschaftsplanes wie im Einzelfall die Überschreitung eines Titelansatzes um mehr als 100 Mio. DM machte der Bundesminister der Finanzen von seiner Zustimmung abhängig.

Das Bundesministerium der Finanzen hat sich im übrigen entsprechend der selbst formulierten Maßgabe vor allem der Aufbau- und Ablauforganisation der Treuhandanstalt angenommen. Im Vordergrund stand der Auf- und Ausbau der internen Kontrollmechanismen der Treuhandanstalt, namentlich des Zentralen Controllings, der sog. Kaufmännischen Direktorate in den einzelnen Unternehmensbereichen, der Finanzkontrolle, des Vertragsmanagements und der Revision[1235], wofür sich zahlreiche Beispiele finden lassen[1236]. Daneben hat das Bundesministerium der Finanzen unter anderem frühzeitig Vorgaben für die Behandlung ökologischer Altlastenri-

1235 Deutscher Bundestag, 12. WP, Beschlußempfehlung und Bericht des 2. Untersuchungsausschusses "Treuhandanstalt" v. 29.08.1994, BT-Drs. 12/8404, S. 136; Leiter des Referates VIII A 3 im Bundesministerium der Finanzen Breitenstein, zitiert in: Deutscher Bundestag, 12. WP, Beschlußempfehlung und Bericht des 2. Untersuchungsausschusses "Treuhandanstalt" v. 29.08.1994, Minderheitenvotum des Berichterstatters der SPD-Fraktion (Berichtsentwurf des Ausschußsekretariats), BT-Drs. 12/8404, S. 220; Schreiben des Staatssekretärs im Bundesministerium der Finanzen Köhler an den Vizepräsidenten des Bundesrechnungshofes v. 26.05.1993, zitiert in: Deutscher Bundestag, 12. WP, Beschlußempfehlung und Bericht des 2. Untersuchungsausschusses "Treuhandanstalt" v. 29.08.1994, Minderheitenvotum des Berichterstatters der SPD-Fraktion (Berichtsentwurf des Ausschußsekretariats), BT-Drs. 12/8404, S. 227.

1236 U.a.: Schreiben des Leiters der Abteilung VIII im Bundesministerium der Finanzen John v. Freyend an die Treuhandanstalt v. 24.01.1992, zitiert in: Deutscher Bundestag, 12. WP, Beschlußempfehlung und Bericht des 2. Untersuchungsausschusses "Treuhandanstalt" v. 29.08.1994, Minderheitenvotum des Berichterstatters der SPD-Fraktion (Berichtsentwurf des Ausschußsekretariats), BT-Drs. 12/8404, S. 657; Referatsleiterin im Bundesministerium der Finanzen Otto, zitiert in: Deutscher Bundestag, 12. WP, Beschlußempfehlung siken in Privatisierungsverträgen gemacht[1237], auf die Erstellung des Abwicklungshandbuches[1238] und überarbeiteter Leitlinien zur Liquidatorenvergütung[1239] hingewirkt, an der Erarbeitung der Privatisierungs- und Sanierungsrichtlinien[1240] wie der Arbeitsanweisung zur Behandlung von Altschulden[1241], dem Verwertungskonzept für die ehemals volkseigenen Güter (VEG)[1242], dem Abwicklungskonzept für die Außenhandelsbetriebe (AHB) und Unternehmen des Bereiches Kommerzielle Koordinierung[1243],

und Bericht des 2. Untersuchungsausschusses "Treuhandanstalt" v. 29.08. 1994, Minderheitenvotum des Berichterstatters der SPD-Fraktion (Berichtsentwurf des Ausschußsekretariats), BT-Drs. 12/8404, S. 666 f.

1237 Staatssekretär im Bundesministerium der Finanzen Köhler, Schreiben an den Vorstand der Treuhandanstalt v. 27.11.1990 (VIII B 2 – FB 5008 – 1/90) sowie v. 28.02.1991 (VIII B 3 – FB 5002 – /91), Nachdruck in: Treuhandanstalt (Hrsg.), Dokumentation 1990-1994, Band 9, S. 374 ff. sowie 384 ff.

1238 Erstellung des Abwicklungshandbuches, vgl. Referatsleiterin im Bundesministerium der Finanzen Otto, zitiert in: Deutscher Bundestag, 12. WP, Beschlußempfehlung und Bericht des 2. Untersuchungsausschusses "Treuhandanstalt" v. 29.08.1994, Minderheitenvotum des Berichterstatters der SPD-Fraktion (Berichtsentwurf des Ausschußsekretariats), BT-Drs. 12/8404, S. 657; Trennung von Gutachter und Liquidator, vgl. Tränkner, zitiert in: Deutscher Bundestag, 12. WP, Beschlußempfehlung und Bericht des 2. Untersuchungsausschusses "Treuhandanstalt" v. 29.08.1994, Minderheitenvotum des Berichterstatters der SPD-Fraktion (Berichtsentwurf des Ausschußsekretariats), BT-Drs. 12/8404, S. 599.

1239 Vgl. Deutscher Bundestag, 12. WP, Beschlußempfehlung und Bericht des 2. Untersuchungsausschusses "Treuhandanstalt" v. 29.08.1994, Minderheitenvotum des Berichterstatters der SPD-Fraktion (Berichtsentwurf des Ausschußsekretariats), BT-Drs. 12/8404, S. 624 ff., 632, 651.

1240 Staatssekretär im Bundesministerium der Finanzen Köhler, zitiert in: Deutscher Bundestag, 12. WP, Beschlußempfehlung und Bericht des 2. Untersuchungsausschusses "Treuhandanstalt" v. 29.08.1994, BT-Drs. 12/8404, S. 73.

1241 Vgl. Deutscher Bundestag, 12. WP, Beschlußempfehlung und Bericht des 2. Untersuchungsausschusses "Treuhandanstalt" v. 29.08.1994, Minderheitenvotum des Berichterstatters der SPD-Fraktion (Berichtsentwurf des Ausschußsekretariats), BT-Drs. 12/8404, S. 576.

1242 Treuhandanstalt, Aufgabenspektrum und Lösungswege, Nachdruck in: Treuhandanstalt (Hrsg.), Dokumentation 1990-1994, Band 8, S. 248 (249).

1243 Staatssekretär im Bundesministerium der Finanzen Haller, zitiert in: Deutscher Bundestag, 12. WP, Beschlußempfehlung und Bericht des 2. Untersuchungsausschusses "Treuhandanstalt" v. 29.08.1994, Minderheitenvotum des Berichterstatters der SPD-Fraktion (Berichtsentwurf des Ausschußsekretariats), BT-Drs. 12/8404, S. 651; vgl. Treuhandanstalt, Vorlage für den Vorstand der Richtlinie "Grundsätze für das Vertragsmanagement der Treuhandanstalt"[1244] sowie der Richtlinie zur treuhänderischen Verwaltung des Vermögens der Parteien und Massenorganisationen[1245] mitgewirkt und auf fortlaufende Verbesserung der Privatisierungsablaufes[1246] Einfluß genommen.

Dabei vermied das Bundesministerium der Finanzen das Mittel der fachlichen Weisung weitgehend und wählte zumeist den Weg der Empfehlung[1247] oder Bitte[1248]. Diese beruhten häufig auf Analysen der internen Kontrollinstanzen der Treuhandanstalt[1249] oder externer Gutachter[1250], de-

der Treuhandanstalt "Liquidation von Außenhandels- und KoKo-Betrieben / Feststellung der DM-Eröffnungsbilanzen für AHB" v. 14.02.1991, Nachdruck in: Treuhandanstalt (Hrsg.), Dokumentation 1990-1994, Band 9, S. 207 (208); Schreiben des Leiters der Abteilung VIII im Bundesministerium der Finanzen John v. Freyend an die Treuhandanstalt v. September 1991 (VIII B 2 – FB 5045 – 194/91), Nachdruck in: Treuhandanstalt (Hrsg.), Dokumentation 1990-1994, Band 9, S. 211.

1244 Grundsätze für das Vertragsmanagement der Treuhandanstalt, Anlage zum Schreiben des Leiters der Abteilung VIII im Bundesministerium der Finanzen John v. Freyend an den Vorstand der Treuhandanstalt v. 07.02.1994, Nachdruck in: Treuhandanstalt (Hrsg.), Dokumentation 1990-1994, Band 7, S. 975 ff.

1245 Deutscher Bundestag, 12. WP, Beschlußempfehlung und Bericht des 2. Untersuchungsausschusses "Treuhandanstalt" v. 29.08.1994, BT-Drs. 12/8404, S. 73.

1246 Leiter des Referates VIII A 3 im Bundesministerium der Finanzen Breitenstein, zitiert in: Deutscher Bundestag, 12. WP, Beschlußempfehlung und Bericht des 2. Untersuchungsausschusses "Treuhandanstalt" v. 29.08.1994, Minderheitenvotum des Berichterstatters der SPD-Fraktion (Berichtsentwurf des Ausschußsekretariats), BT-Drs. 12/8404, S. 235.

1247 Deutscher Bundestag, 12. WP, Beschlußempfehlung und Bericht des 2. Untersuchungsausschusses "Treuhandanstalt" v. 29.08.1994, BT-Drs. 12/8404, S. 72; Generalbevollmächtigter der Treuhandanstalt van Scherpenberg, Vermerk "Probleme der zunehmenden fachaufsichtlichen Weisungen und Eingriffe durch den BMF in die Arbeit der Treuhandanstalt" v. 22.03.1993, Nachdruck in: Treuhandanstalt (Hrsg.), Dokumentation 1990-1994, Band 10, S. 870.

1248 Vgl. z.B. Entwurf eines Schreibens des Bundesministeriums der Finanzen an das Mitglied des Vorstands der Treuhandanstalt Wild v. Oktober 1993, zitiert in: Deutscher Bundestag, 12. WP, Beschlußempfehlung und Bericht des 2. Untersuchungsausschusses "Treuhandanstalt" v. 29.08.1994, Minderheitenvotum des Berichterstatters der SPD-Fraktion (Berichtsentwurf des Ausschußsekretariats), BT-Drs. 12/8404, S. 507: "Ich bitte Sie daher, in vergleichbaren Fällen ...".

1249 Z.B. Untersuchung des Bereiches Revision zur Finanzkontrolle bei der Abwicklung; vgl. Deutscher Bundestag, 12. WP, Beschlußempfehlung und Bericht des 2. Untersuchungsausschusses "Treuhandanstalt" v. 29.08.1994, Minren Erstellung im Auftrage des Vorstands der Treuhandanstalt das Bundesministerium der Finanzen angeregt hatte. Auf diese Weise hat das Bundesministerium der Finanzen zahlreiche Handreichungen, Richtlinien und Handbücher der Treuhandanstalt[1251] angeregt und an ihrer weiteren Ausgestaltung mitgewirkt, ohne die Treuhandanstalt aus der Verantwortung für die letztendliche Gestaltung zu entlassen.

Den Weg des Erlasses wählte das Bundesministerium der Finanzen hingegen regelmäßig, wenn es um die Abgrenzung der Zuständigkeit der Treuhandanstalt von derjenigen anderer Stellen, beispielsweise des Bundesamtes zur Regelung offener Vermögensfragen oder der Oberfinanzdirektionen, ging[1252].

Durch seine vorbezeichnete Einflußnahme hat das Bundesministerium der Finanzen zugleich – entsprechend seinem Verständnis von der Handhabung der Aufsichtsführung[1253] – an grundsätzlichen Fragen inhaltlicher Natur mitgewirkt. Dies geschah darüber hinaus in einer Vielzahl von weiteren Fällen, ohne daß zugleich die Aufbau- oder Ablauforganisation innerhalb der Treuhandanstalt (mit-)gestaltet worden wäre. Auch in solchen Fällen wählte das Bundesministerium der Finanzen in der Regel den Weg der in-

derheitenvotum des Berichterstatters der SPD-Fraktion (Berichtsentwurf des Ausschußsekretariats), BT-Drs. 12/8404, S. 667.

1250 Z.B. Sonderprüfungen der C & L Treuarbeit Deutsche Revision AG des Privatisierungs-, des Abwicklungsablaufs und des leistungsabhängigen Vergütungssystems für Führungspersonal der Treuhandanstalt (sog. Bonussystem); vgl. Deutscher Bundestag, 12. WP, Beschlußempfehlung und Bericht des 2. Untersuchungsausschusses "Treuhandanstalt" v. 29.08.1994, BT-Drs. 12/8404, S. 75, 98, 109, 436, 667.

1251 Vgl. die Auflistung der internen Regelwerke der Treuhandanstalt in: Deutscher Bundestag, 12. WP, Beschlußempfehlung und Bericht des 2. Untersuchungsausschusses "Treuhandanstalt" v. 29.08.1994, BT-Drs. 12/8404, S. 73; vgl. dazu Deutscher Bundestag, 12. WP, Beschlußempfehlung und Bericht des 2. Untersuchungsausschusses "Treuhandanstalt" v. 29.08.1994, BT-Drs. 12/8404, S. 125, 127.

1252 Z.B. Erlaß des Bundesministeriums der Finanzen v. 10.08.1992 (VI A 6 – 5350 – 3/92) zur Zuständigkeitsregelung bei der Restitution von Vermögen der Parteien und Massenorganisationen der DDR, Nachdruck in: VIZ 1993, S. 62 f.; Erlaß des Bundesministeriums der Finanzen zur "Fliegenden Kommission" v. November 1992, vgl. Treuhandanstalt, Kommunalisierung gibt Städten, Gemeinden und Kreisen Handlungsfähigkeit, Nachdruck in: Treuhandanstalt (Hrsg.), Dokumentation 1990-1994, Band 8, S. 1011 (1033).

1253 Deutscher Bundestag, 12. WP, Beschlußempfehlung und Bericht des 2. Untersuchungsausschusses "Treuhandanstalt" v. 29.08.1994, BT-Drs. 12/8404, S. 72.

formellen Abstimmung in der Form der Beratung, Empfehlung, Anregung usf.[1254].

Das Bundesminsterium der Finanzen konnte der Treuhandanstalt auf diesem Wege maßgebliche Impulse geben. Beispielsweise leitete die Aufforderung des Bundesministeriums der Finanzen vom März 1991 an die Treuhandanstalt, die "Verantwortung für die (noch) nicht privatisierungsfähigen Unternehmen stärker in den Vordergrund" zu rücken[1255], einen Kurswechsel bei der Sanierungspolitik der Treuhandanstalt ein. Nachdem bis dahin Sanierungsbemühungen in Treuhand-Unternehmen, die aus der Natur der Sache heraus über eine längere Zeitstrecke zu konzipieren waren, zugunsten schnellstmöglicher Privatisierung nur geringe Beachtung seitens der Treuhandanstalt zuteil geworden war, übernahm die Treuhandanstalt nunmehr

1254 Beispiele: Grundsätze für die Befreiung von ökologischen Altlastenrisiken für Erwerber in Verträgen mit der Treuhandanstalt, Schreiben des Staatssekretärs im Bundesministerium der Finanzen Köhler an den Vorstand der Treuhandanstalt v. 27.11.1990 (VIII B 2 – FB 5008 – 1/90) und 28.02.1991 (VIII B 3 – FB 5002 – /91), Nachdruck in: Treuhandanstalt (Hrsg.), Dokumentation 1990-1994, Band 9, S. 374 ff. und 384 ff.; Klärung von Grundsatzfragen bei der Anwendung des DMBilG, des HGrG etc., vgl. Treuhandanstalt, Aufgabenspektrum und Lösungswege, Nachdruck in: Treuhandanstalt (Hrsg.), Dokumentation 1990-1994, Band 12, S. 18 (19); Behandlung von Unternehmen des ehemaligen Bereiches Kommerzielle Koordinierung, Schreiben des Bundesministeriums der Finanzen an die Treuhandanstalt v. September 1991 (VIII B 2 – FB 5045 – 194/91), Nachdruck in: Treuhandanstalt (Hrsg.), Dokumentation 1990-1994, Band 9, S. 211; Gestaltung spezieller Verkaufsbedingungen im Bereich der Wohnungsprivatisierung, s. Treuhandanstalt, Vorlage für den Gesamtvorstand "Privatisierung des Wohnungsbestands der Treuhandanstalt" v. 28.09.1992, Nachdruck in: Treuhandanstalt (Hrsg.), Dokumentation 1990-1994, Band 8, S. 508 (515 f.); Grundsatzentscheidung zur Bevorzugung der stillen Liquidation als Abwicklungsverfahren, s. Referatsleiterin im Bundesministerium der Finanzen Otto, zitiert in: Deutscher Bundestag, 12. WP, Beschlußempfehlung und Bericht des 2. Untersuchungsausschusses "Treuhandanstalt" v. 29.08.1994, Minderheitenvotum des Berichterstatters der SPD-Fraktion (Berichtsentwurf des Ausschußsekretariats), BT-Drs. 12/8404, S. 654; Grundsätze der Bestellung von Abschlußprüfern, Schreiben des Bundesministeriums der Finanzen an die Treuhandanstalt v. 04.05.1994 (VIII B 1 – FB 0212 – 1/94); Behandlung von Baulichkeiteneigentum, Schreiben des Bundesministeriums der Finanzen an die Treuhandanstalt v. 18.03.1994 (VIII B 1 – FB 5060 – 17/94); den Umgang mit Jugendsekten betreffend, Schreiben des Bundesministeriums der Finanzen an die Treuhandanstalt v. 11.11.1991 (VIII B 4 – FB 5510 – 91/92).

1255 Zitiert nach Pilz / Ortwein, Das vereinte Deutschland, S. 89.

eine investorenneutrale Ansanierung ihrer Unternehmen[1256], die zutreffend als "marktwirtschaftliche Grundsanierung" beschrieben wird[1257].

Gelegentlich bediente sich das Bundesministerium der Finanzen zur Steuerung der Treuhandanstalt auch des Erlasses allgemeiner Weisungen[1258]. Diese wurden in einer Reihe von Fällen in der von dem Bundesminister des Innern verlegten, der Unterrichtung der Kommunen in den neuen Bundesländern dienenden Zeitschrift Infodienst Kommunal veröffentlicht[1259].

Neben der Einflußnahme auf allgemeine Grundsatzentscheidungen der Treuhandanstalt hatte sich das Bundesministerium der Finanzen eine "Begleitung bei größeren, politisch relevanten Entscheidungen" auch in Einzelfällen vorgenommen. Daher hat das Bundesministerium der Finanzen im Wege der ständigen informellen Kontakte durch nicht eingreifende Aufsichtsmittel[1260] wie Hinweise, Empfehlungen, Anregungen, Bitten, Beratung oder auch das Aufmerksammachen auf maßgebliche Gesichtspunkte und die danach erforderlich erscheinenden Maßnahmen steuernd Einfluß auf das laufende Geschäft der Treuhandanstalt ausgeübt[1261]. Auf diese in-

1256 Geppert / Kachel, in: Schmidt / Lutz (Hrsg.), Chancen und Risiken der industriellen Restrukturierung in Ostdeutschland, S. 69 (83 f.); Hickel / Priewe, Nach dem Fehlstart, S. 61; Kemmler, Die Entstehung der Treuhandanstalt, S. 302 f.; Nolte, in: Nolte / Sitte / Wagner (Hrsg.), Wirtschaftliche und soziale Einheit Deutschlands, S. 66 (74 ff.); Pilz / Ortwein, Das vereinte Deutschland, S. 87 f.

1257 Rössel, in: Schmidt / Lutz (Hrsg.), Chancen und Risiken der industriellen Restrukturierung in Ostdeutschland, S. 107 (114 ff.).

1258 Beispielsweise wies das Bundesministerium der Finanzen die Treuhandanstalt an, die Beschlüsse der Gemeinsamen Arbeitsgruppe Bund / THA / Länder zur Konkretisierung des VA-Altlastenfinanzierung umzusetzen; vgl. Treuhandanstalt, Direktorat Umweltschutz / Altlasten, Jahresbericht 1993, S. 5.

1259 Z.B. allgemeine Weisungen die Ausführung von Vermögenszuordnungen betreffend, s. Schmidt-Räntsch / Hiestand, in: Clemm u.a. (Hrsg.), RVI, § 1 VZOG, Rz. 18; z.B. Verbilligungsmöglichkeiten bei der Veräußerung bundeseigener Liegenschaften betreffend Infodienst Kommunal Nr. 37/1991, S. 21, und Nr. 93/1994.

1260 Vgl. dazu Wolff / Bachof, Verwaltungsrecht II, 4. Auflage, § 77 II d 1.

1261 Vgl. Deutscher Bundestag, 12. WP, Beschlußempfehlung und Bericht des 2. Untersuchungsausschusses "Treuhandanstalt" v. 29.08.1994, BT-Drs. 12/8404, S. 136; Deutscher Bundestag, 13. WP, Beschlußempfehlung und Bericht des 2. Untersuchungsausschusses "DDR-Vermögen" v. 28.05.1998, BT-Drs. 13/10900, Band 1, S. 304 (Dort ist – euphemistisch – von einer Beteiligung des Bundesministeriums der Finanzen an der "allgemeinen Diskussion" im Vorfeld von Privatisierungsverhandlungen die Rede.).

formelle Weise erreichte das Bundesministerium der Finanzen eine Koordination seiner auch vor dem Hintergrund der politischen Relevanz eines Vorgangs gebildeten Zielvorstellungen mit den – zunächst rein betriebswirtschaftlich orientierten – Überlegungen der Treuhandanstalt.

Als Beispiel kann die Behandlung der ostdeutschen Werftindustrie dienen. Die hierzu zählenden Unternehmen wurden unter betriebswirtschaftlichen Gesichtspunkten allgemein als nicht sanierungsfähig eingestuft[1262].

Zur Bestimmung der für eine Sanierung in Betracht kommenden Unternehmen dient das betriebswirtschaftliche Kriterium der Sanierungsfähigkeit[1263]. Bei der Ermittlung der Sanierungsfähigkeit sind unterschiedliche Maßstäbe denkbar[1264] und ist zudem Raum für subjektive Einflüsse[1265]. Damit blieb für die Treuhandanstalt ein Beurteilungsspielraum[1266], der sich innerhalb der Bandbreite der betriebswirtschaft-

1262 Paulin, zuständiger Direktor der Treuhandanstalt, Vortrag gehalten am 10.12.1993, Nachdruck in: Treuhandanstalt (Hrsg.), Dokumentation 1990-1994, Band 4, S. 193 (216); John v. Freyend, zitiert in: Deutscher Bundestag, 13. WP, Beschlußempfehlung und Bericht des 2. Untersuchungsausschusses "DDR-Vermögen" v. 28.05.1998, BT-Drs. 13/10900, Band 1, S. 293; Deutscher Bundestag, 13. WP, Beschlußempfehlung und Bericht des 2. Untersuchungsausschusses "DDR-Vermögen" v. 28.05.1998, BT-Drs. 13/10900, Band 1, S. 383.

1263 Auf die Sanierungsfähigkeit hat der Gesetzgeber auch andernorts abgestellt, ohne eine Definition des Begriffes zu treffen: z.B. § 24 Absatz 1 DMBilG, § 2 Absatz 2 EntschVO, § 3 Absatz 4 GUG, § 6 Absatz 4 Satz 2 VermG.

1264 Nachhaltige Erzielbarkeit einer angemessenen Kapitalrendite oder Fortführungswert höher als Liquidationswert oder zumindest nachhaltige Erreichbarkeit eines ausgeglichenen Betriebsergebnisses; s. a. die verschiedenen Definitionsvorschläge: Sachverständigenrat zur Begutachtung der gesamtwirtschaftlichen Entwicklung, Jahresgutachten 1990/1991, BT-Drs. 11/8472, Tz. 516, 531, 535; mit Blick auf § 6 Absatz 4 VermG: Bundesministerium der Justiz, Leitfaden für die Behandlung von Anträgen auf Rückübertragung von Unternehmen gemäß § 6 sowie auf vorläufige Einweisung und Entflechtung gemäß §§ 6a, 6b des Vermögensgesetzes, Ziffer 3.5.4.2., sowie Walter / Uhmann, in: VIZ 1994, S. 51 (54 ff.).

1265 Försterling, Recht der offenen Vermögensfragen, Rz. 67; Kayser, in: BB 1983, S. 415; Lichtblau, Privatisierungs- und Sanierungsarbeit der Treuhandanstalt, S. 56; Schwalbach, in: Fischer / Hax / Schneider (Hrsg.), Treuhandanstalt – Das Unmögliche wagen, S. 177 (186).

1266 Bundesrechnungshof, Bemerkungen des Bundesrechnungshofes 1993 zur Haushalts- und Wirtschaftsführung, in: BT-Drs. 12/5650, S. 183 ff.; Försterling, Recht der offenen Vermögensfragen, Rz. 70; Hickel / Priewe, Nach dem Fehlstart, S. 72; vgl. auch den von Mitgliedern der SPD-Bundestagsfraktion stammenden Hinweis auf den Entscheidungsspielraum der Treuhandanstalt lichen Diskussion bewegt[1267]. Das haushaltsrechtliche Gebot der Wirtschaftlichkeit und Sparsamkeit[1268] zwang die Treuhandanstalt zu einem zweckrationalen Mitteleinsatz[1269], schloß aber in der Praxis nur unternehmerisch offensichtlich verfehlte, nicht nachvollziehbare Sanierungsaufwendungen aus[1270].

Der Gesetzgeber hat der Treuhandanstalt zwingend vorgegeben, nicht sanierungsfähige Unternehmen aufzulösen[1271]. Eine Sanierungsbegleitung für nach betriebswirtschaftlichen Maßstäben nicht sanierungsfähige Unternehmen, deren Erhaltung aus wirtschafts-, insbesondere regionalstrukturpolitischen Gründen wünschenswert erscheinen mochte[1272], lag nicht mehr in der Zuständigkeit der Treuhandanstalt[1273].

bei der Einschätzung der Sanierungsfähigkeit von Unternehmen, in: Beschlußempfehlung und Bericht des Haushaltsausschusses, Bestandsgarantie für sanierungsfähige Betriebe der Treuhandanstalt, BT-Drs. 12/6770, S. 3.

1267 Schwalbach, in: Fischer / Hax / Schneider (Hrsg.), Treuhandanstalt – Das Unmögliche wagen, S. 177 (180).

1268 §§ 6, 48 HGrG, §§ 7, 105 BHO.

1269 Weimar, in: DWiR 1992, S. 493 (494).

1270 Bull, Allgemeines Verwaltungsrecht, Rz. 152, scheint hingegen den Grundsatz der Wirtschaftlichkeit und Sparsamkeit als eine konkretere Vorgabe einzuschätzen.

1271 § 8 Absatz 1 (3. Spiegelstrich) TreuhG; § 3 (5. Spiegelstrich) TreuhS.

1272 Häufig fand sich die Forderung, die Treuhandanstalt solle eine aktive Industriepolitik betreiben, um Betriebe mit zentraler Stellung für eine Region zur Vermeidung des Mezzogiorno-Effektes erhalten; beispielhaft Knipper, in: HB v. 04.08.1994, S. 4; Luft, Treuhandreport, S. 168 ff.; Hockel, in: Deutscher Bundestag, 12. WP, Wortprotokoll der öffentlichen Anhörung (41. Sitzung) des Ausschusses für Wirtschaft, S. 122 ff., außerdem Priewe, ebd., S. 89, und Roth, ebd. S. 93. Wolfgang Ullmann hat es als den größten Fehler der Treuhandanstalt bezeichnet, nach betriebswirtschaftlichen und nicht regionalpolitischen Erwägungen zu handeln; o. N., in: ND v. 12.07.1994, S. 4. Entsprechende Gesetzentwürfe zur Änderung des Treuhandgesetzes haben PDS / LL, Bündnis 90 / Die Grünen und SPD vorgelegt; s. BT-Drs. 12/552, 12/735, 12/2291 und 12/2604.

1273 Rexrodt, in: Fischer / Wilke (Hrsg.) Probleme des Zusammenwachsens im wiedervereinigten Deutschland, S. 55; Brahms, zitiert bei Gürtler / Prudent, in: Wochenpost v. 18.12.1991, S. 24 (25). Dieser juristische Befund wird auch von Kritikern des so beschriebenen Auftrags der Treuhandanstalt geteilt; s. Priewe, in: Aus Politik und Zeitgeschichte, B 43-44/94, S. 21 (28). Die Bundesländer verlangten hingegen eine Berücksichtigung regional- und strukturpolitischer Belange bei Entscheidungen über Unternehmenssanierung; vgl. Beschluß der Wirtschaftsministerkonferenz v. 20.03.1991, Ziffer 11, Nachdruck in: Treuhandanstalt (Hrsg.), Dokumentation 1990-1994, Band 2, S. 371 (373 f.).

Dementsprechend sah das Treuhandgesetz beispielsweise eine Aufnahme von Fremdkapital zur Erhaltung nicht sanierungsfähiger Unternehmen nicht vor[1274].

Gleichwohl hat die Treuhandanstalt nicht die Stillegung der Werftindustrie, sondern deren Privatisierung betrieben. Dem lag eine regionalstrukturpolitisch motivierte, mit dem Land Mecklenburg-Vorpommern abgestimmte Grundsatzentscheidung der Bundesregierung zugrunde[1275].

Das Bundesministerium der Finanzen pflegte die beschriebenen informellen Kontakte zur Treuhandanstalt nicht nur mit deren Vorstand, sondern auch unterhalb der Vorstandsebene. Der Vorstand der Treuhandanstalt hat hierin die Gefahr gesehen, daß sein Direktionsrecht außer Kraft gesetzt wird, und deshalb den Bundesminister der Finanzen gebeten, bestimmende Einflußnahme ausschließlich auf den Vorstand der Treuhandanstalt auszuüben[1276]. Der Bundesminister der Finanzen ist dieser Bitte allerdings nicht nachgekommen, sondern hat sich vorbehalten, weiterhin auf allen Ebenen der Treuhandanstalt unmittelbar Einfluß zu nehmen[1277].

Einen Beeinflussungsautomatismus hat das Bundesministerium der Finanzen schließlich durch seine in einigen Fällen geäußerte Bitte ausgelöst, der Vorstand der Treuhandanstalt möge in bestimmten Fragen, beispielsweise zum Ablauf der Privatisierung, der Abwicklung oder der Kommunalisierung, ein Gutachten der Wirtschaftsprüfungsgesellschaft C & L Treuarbeit Deutsche Revision AG in Auftrag geben[1278]. Sofern ein solches Gut-

1274 Vgl. § 2 Absatz 7 TreuhG.

1275 Paulin, Vortrag gehalten am 10.12.1993, Nachdruck in: Treuhandanstalt (Hrsg.), Dokumentation 1990-1994, Band 4, S. 193 (216); John v. Freyend, zitiert in: Deutscher Bundestag, 13. WP, Beschlußempfehlung und Bericht des 2. Untersuchungsausschusses "DDR-Vermögen" v. 28.05.1998, BT-Drs. 13/10900, Band 1, S. 293.

1276 Van Scherpenberg, Probleme der zunehmenden fachaufsichtlichen Weisungen und Eingriffe durch den BMF in die Arbeit der Treuhandanstalt, Vermerk v. 22.03.1993, Nachdruck in: Treuhandanstalt (Hrsg.), Dokumentation 1990-1994, Band 10, S. 870 (871 f.); Schreiben der Präsidentin der Treuhandanstalt Breuel an den Staatssekretär im Bundesministerium der Finanzen Haller v. 28.01.1994, Nachdruck in: Treuhandanstalt (Hrsg.), Dokumentation 1990-1994, Band 10, S. 870 (871 f.).

1277 Schreiben des Staatssekretärs im Bundesministerium der Finanzen Haller v. 24.01.1994 (VIII B 1 – FB 5041 – 1/94), Nachdruck in: Treuhandanstalt (Hrsg.), Dokumentation 1990-1994, Band 10, S. 892 (893).

1278 S.o. Teil II Ziffer III.1.b)ee)aaa)bbbb).

achten Schwächen benannte, hat dies die Treuhandanstalt zu sofortigen Verbesserungsmaßnahmen veranlaßt[1279].

Es sind hingegen auch Fälle bekannt, in welchen die Bundesregierung sich unmittelbar an der Aufgabenerledigung der Treuhandanstalt beteiligt hat. So hat sich das Bundesministerium der Finanzen an der Suche nach Investoren beispielsweise für die ostdeutschen Kali-Industrie beteiligt[1280]. Weitergehender noch gestaltete sich die Mitwirkung des Bundesministeriums der Finanzen im Falle der Privatisierung der Fernwasserversorgung Elbaue-Ostharz GmbH. Bundesregierung, die Länder Sachsen und Sachsen-Anhalt, die Kommunalen Spitzenverbände sowie die Treuhandanstalt hatten eine Vereinbarung geschlossen, der zufolge Geschäftsanteile über 51 v. H. am Stammkapital durch die Treuhandanstalt privatisiert, die übrigen Geschäftsanteile den Ländern treuhänderisch für die Kommunen übertragen wurden, die durch die Fernwasserversorgung direkt oder indirekt versorgt werden[1281]. Das gemeinsame Vorgehen von Bundesregierung und Treuhandanstalt sowie die Formel zur Befriedigung kommunaler Ansprüche erinnert an die Privatisierung der Energieversorgungsunternehmen. Eine unmittelbare Beteiligung der fachaufsichtführenden Bundesregierung an der Aufgabenerledigung der Treuhandanstalt war indes von den fachaufsichtlichen Befugnissen nicht mehr gedeckt. Eine diesbezügliche Kritik ist, soweit ersichtlich, gleichwohl nicht geäußert worden.

Vielmehr ist die Bundesregierung, insbesondere der Bundesminister der Finanzen, wegen des zurückhaltenden Gebrauchs eingreifender Aufsichtsmittel wie Weisungen kritisiert worden[1282]. Zutreffend können die an die Treuhandanstalt gerichteten Empfehlungen, Hinweise, Bitten etc., also nicht eingreifenden Aufsichtsmittel des Bundesministeriums der Finanzen lediglich als "weiche" Einflußmittel gewertet werden, da es letztendlich in der Entscheidung der Treuhandanstalt lag, solchermaßen gearteten Vorga-

1279 So diskutierte der Vorstand der Treuhandanstalt beispielsweise "sofortige Konsequenzen aus der Treuarbeit-Untersuchung Kommunalvermögen"; s. Treuhandanstalt, Tagesordnung der Vorstandssitzung am 24.11.1992 sowie Tagesordnung der Vorstandssitzung am 25.11.1992, Nachdruck in: Treuhandanstalt (Hrsg.), Dokumentation 1990-1994, Band 2, S. 949 (950) sowie 951.

1280 Deutscher Bundestag, 13. WP, Beschlußempfehlung und Bericht des 2. Untersuchungsausschusses "DDR-Vermögen" v. 28.05.1998, BT-Drs. 13/10900, Band 1, S. 273.

1281 Treuhandanstalt, Pressemitteilung v. 06.07.1994 ("Fernwasserversorgung Elbaue – Ostharz GmbH jetzt vollständig übertragen").

1282 S. Deutscher Bundestag, 12. WP, Beschlußempfehlung und Bericht des 2. Untersuchungsausschusses "Treuhandanstalt" v. 29.08.1994, Minderheitenvotum des Berichterstatters der SPD-Fraktion, BT-Drs. 12/8404, S. 750 f.

ben zu folgen. Tatsächlich ist die Treuhandanstalt zwar in der überwiegenden Anzahl der Fälle, jedoch nicht ausnahmslos den Wünschen des Bundesministeriums der Finanzen nachgekommen[1283]. Richtig ist auch, daß mit der Entscheidungszuständigkeit auch die Verantwortung für die Entscheidung bei der Treuhandanstalt verblieb und nur im Falle einer eindeutigen Weisung auf den weisungsgebenden Bundesminister überging[1284]. Wie bereits an anderer Stelle ausführlich dargelegt, hatte der Gesetzgeber der Bundesregierung jedoch Zurückhaltung bei dem Gebrauch eingreifender Aufsichtsmittel auferlegt, indem er der Treuhandanstalt einen "unternehmerischen" Entscheidungsspielraum zugedacht hatte. Ein von Kritikern der Bundesregierung geforderter verstärkter Einsatz bindender Weisungen im Bereich der Fachaufsicht hätte eine gesetzeswidrige Beschneidung des Experten- und Managementermessens der Treuhandanstalt zur Folge gehabt.

Auch wenn das Bundesministerium der Finanzen durch die (Mit-)Gestaltung der Entscheidungsabläufe und -kriterien innerhalb der Treuhandanstalt eine "Programmierung" der Treuhandanstalt zu erreichen suchte, welche im Einzelfall Fehlentwicklungen vermied und zu fachaufsichtlich gebilligten Ergebnissen führte, so wurde eine förmliche fachaufsichtliche Einflußnahme auf Einzelfälle dennoch nicht entbehrlich. Formelle Einzelfallentscheidungen des Bundesministers der Finanzen waren insbesondere gefordert

1283 Vgl. Deutscher Bundestag, 12. WP, Beschlußempfehlung und Bericht des 2. Untersuchungsausschusses "Treuhandanstalt" v. 29.08.1994, Minderheitenvotum des Berichterstatters der SPD-Fraktion (Berichtsentwurf des Ausschußsekretariats), BT-Drs. 12/8404, S. 277 f.; s. beispielsweise das vergebliche Verlangen des Bundesministeriums der Finanzen, die Treuhandanstalt möge ihre Personalkosten 1993 um 10 v.H. reduzieren: Treuhandanstalt (Hrsg.), Dokumentation 1990-1994, Band 11, S. 164, 168 und 206 ff.

1284 Deutscher Bundestag, 12. WP, Beschlußempfehlung und Bericht des 2. Untersuchungsausschusses "Treuhandanstalt" v. 29.08.1994, Minderheitenvotum des Berichterstatters der SPD-Fraktion, BT-Drs. 12/8404, S. 752; Breuel, Schreiben v. 16.12.1993, Nachdruck in: Treuhandanstalt (Hrsg.), Dokumentation 1990-1994, Band 10, S. 887 (889); van Scherpenberg, Probleme der zunehmenden fachaufsichtlichen Weisungen und Eingriffe durch den BMF in die Arbeit der Treuhandanstalt, Vermerk v. 22.03.1993, Nachdruck in: Treuhandanstalt (Hrsg.), Dokumentation 1990-1994, Band 10, S. 870.

- gemäß § 65 Absatz 3 BHO i.V.m. § 112 Absatz 2 Satz 1 BHO[1285] bei der Veräußerung, aber auch dem Erwerb (bzw. der Gründung) von Unternehmen,
- nach Maßgabe des § 64 Absatz 1 (1. HS) BHO im Falle der Veräußerung von Grundstücken in unmittelbarem Eigentum des Bundes sowie
- nach Artikel 25 Absatz 5 EinigungsV bei der Vergabe von Bürgschaften, Garantien und sonstigen Gewährleistungen. Der Begriff der sonstigen Gewährleistungen entspricht hierbei demjenigen in Artikel 115 Absatz 1 Satz 1 GG und § 39 Absatz 1 BHO.

Während Artikel 25 Absatz 5 EinigungsV in der Nachfolge des Artikels 27 Absatz 2 StaatsV die Treuhandanstalt unmittelbar verpflichtete, für ausgereichte Finanzhilfen die Zustimmung des Bundesministeriums der Finanzen einzuholen, richten sich § 64 Absatz 1 (1. HS) BHO und § 65 Absatz 3 BHO an den Bundesminister der Finanzen als dem zuständigen Bundesminister und gaben ihm auf, die Treuhandanstalt einer entsprechenden Genehmigungspflicht zu unterwerfen. Der Bundesminister der Finanzen ist dieser haushaltsrechtlichen Aufforderung im Rahmen der ihm zur Verfügung stehenden fachaufsichtlichen Möglichkeiten[1286] nachgekommen[1287].

1285 Zur Unternehmenseigenschaft der Treuhandanstalt i. S. v. § 112 Absatz 2 Satz 1 BHO: Busche, in: Clemm u.a. (Hrsg.), RVI, § 2 TreuhG, Rz. 24; Piduch, Bundeshaushaltsrecht, 112 BHO, Rz. 3; Weimar, TreuhG Kommentar, § 2, Rz. 30 ff.

1286 Das Bundesministerium der Finanzen bediente sich hierbei seines Weisungsrechts. Zwar haben sowohl das Bundesministerium der Finanzen als auch die Treuhandanstalt regelmäßig von diesbezüglichen "Vereinbarungen" gesprochen. Auch haben sich Bundesministerium der Finanzen und Treuhandanstalt über die Ausgestaltung der Zustimmungserfordernisse ausgetauscht. Solche im Vorfeld erfolgten Abstimmungen änderten jedoch daran nichts, daß die Verbindlichkeit der Zustimmungserfordernisse einzig auf ihrem einseitig erfolgenden Erlaß durch das Bundesministerium der Finanzen beruhte. Dies kommt auch in den entsprechenden Schreiben des Bundesministeriums der Finanzen deutlich zum Ausdruck; s. Schreiben der Staatssekretäre im Bundesministerium der Finanzen Köhler und Haller an die Präsidentin bzw. den Vorstand der Treuhandanstalt v. 26.06.1992 (VIII A 3 – FB 5103 – 82/92), 04.05.1993 (VIII A 3 – FB 5103 – 22/93) und 16.02.1994 (VIII A 3 – FB 5103 – 7/94), Nachdruck in: Treuhandanstalt (Hrsg.), Dokumentation 1990-1994, Band 10, S. 851 ff., 876 ff. und 894 f.

1287 Kloepfer, in: Fischer / Hax / Schneider, Treuhandanstalt – Das Unmögliche wagen, S. 41 (61). Dieses Verständnis von der Beziehung zwischen Haushalts- und Fachaufsichtsrecht liegt auch einem Schreiben des Staatssekretärs im Bun-

Vor dem Hintergrund einer mit ihm abgestimmten Gestaltung der Entscheidungsabläufe und -kriterien hat das Bundesministerium der Finanzen – der beschriebenen, noch 1990 entwickelten Konzeption zur Handhabung der Fachaufsicht über die Treuhandanstalt entsprechend – jedoch nicht auf sämtliche von § 64 Absatz 1 (1. HS) BHO, § 65 Absatz 3 BHO oder Artikel 25 Absatz 5 EinigungsV erfaßten Einzelfälle Einfluß genommen, sondern sich nur bei Fällen von herausgehobener Bedeutung eine förmliche Mitwirkung vorbehalten[1288]. Damit wurde die Linie fortgesetzt, die die Bundesregierung im Bereich der Genehmigung von Finanzhilfen auf der Grundlage des Artikels 27 Absatz 2 StaatsV eingeschlagen hatte. Der Bundesminister der Finanzen verfolgte mit diesem "Konzept einer mittelbaren, abgestuften Aufsichtsführung"[1289] das Ziel, mit Rücksicht auf seine begrenzten Personalkapazitäten eine gleichbleibende Anzahl der jeweils wichtigsten Vorgänge zu überprüfen. Eine breitere präventive Kontrolle hätte nach Ansicht der Bundesregierung den bürokratischen Aufwand erheblich gesteigert und damit insbesondere dem strategischen Ziel der raschen Privatisierung des Unternehmensbestandes der Treuhandanstalt widersprochen[1290].

desministerium der Finanzen Haller an die Präsidentin der Treuhandanstalt v. 24.01.1994 (VIII B 1 – FB 5041 – 1/94), Nachdruck in: Treuhandanstalt (Hrsg.), Dokumentation 1990-1994, Band 10, S. 890, zugrunde, in dem es heißt: " Das Genehmigungsverfahren nach § 65 BHO ist einer der typischen Fälle der Ausübung von Fachaufsicht." Vgl. dazu auch Deutscher Bundestag, 12. WP, Beschlußempfehlung und Bericht des 2. Untersuchungsausschusses "Treuhandanstalt" v. 29.08.1994, Minderheitenvotum des Berichterstatters der SPD-Fraktion (Berichtsentwurf des Ausschußsekretariats), BT-Drs. 12/8404, S. 287.

1288 Besonders deutlich kommt die von dem Bundesministerium der Finanzen verfolgte Konzeption in einem an die Präsidentin der Treuhandanstalt gerichteten Schreiben des Staatssekretärs im Bundesministerium der Finanzen Köhler v. 26.06.1992 (VIII A 3 – FB 5103 – 82/92), Nachdruck in: Treuhandanstalt (Hrsg.), Dokumentation 1990-1994, Band 10, S. 851 (855), zum Ausdruck, in dem es heißt: "Die Aufsicht kann sich im Einzelfall reduzieren, wenn die internen Entscheidungsabläufe so geregelt sind, daß Fehlentscheidungen durch ein System interner Kontrollen weitestgehend ausgeschlossen werden können."

1289 Antwort der Bundesregierung v. 16.03.1994, BT-Drs. 12/7001, auf eine Kleine Anfrage der PDS / LL, BT-Drs. 12/5846.

1290 Antwort der Bundesregierung v. 16.03.1994, BT-Drs. 12/7001, auf eine Kleine Anfrage der PDS / LL, BT-Drs. 12/5846; Bundesminister der Finanzen Waigel, zitiert in: Deutscher Bundestag, 12. WP, Beschlußempfehlung und Bericht des 2. Untersuchungsausschusses "Treuhandanstalt" v. 29.08.1994, Minderheitenvotum des Berichterstatters der SPD-Fraktion (Berichtsentwurf des Ausschußsekretariats), BT-Drs. 12/8404, S. 228; Leiter des Referates VIII A 3

Das Haushaltsrecht sieht die Möglichkeit eines Verzichts auf den Einwilligungsvorbehalt in § 64 Absatz 1 (2. HS) BHO ebenso wie in § 65 Absatz 4 BHO ausdrücklich vor. Auch Artikel 25 Absatz 5 EinigungsV ließ ein solches Vorgehen zu, denn die dortige Regelung schloß eine generelle, gegebenenfalls im Einzelfall widerrufliche Zustimmungserteilung beispielsweise für Fälle von geringerer Bedeutung nicht aus.

Umgesetzt wurde das vorbezeichnete "Konzept einer mittelbaren, abgestuften Aufsichtsführung" ab Dezember 1990 durch die Einführung eines mit dem Bundesministerium für Wirtschaft und dem Bundesrechnungshof abgestimmten[1291] Systems von generellen Genehmigungsvorbehalten, welches eine Reihe von Kriterien und Schwellenwerten aufwies, deren Erreichen die Genehmigungspflichtigkeit auslöste. Das vereinfachte Einwilligungsverfahren war zunächst bis zum 30. Juni 1991 befristet, wurde jedoch immer wieder verlängert. Dabei hat das Bundesministerium der Finanzen angesichts ansteigender eigener personeller Kapazitäten sowie des durch die fortschreitende Aufgabenerledigung seitens der Treuhandanstalt bedingten Rückgangs der erfaßten Fälle im Laufe der Zeit mehrfach Kriterien hinzugefügt und die Wertobergrenzen gesenkt. Damit ergab sich insgesamt folgendes Bild[1292]:

Kriterien für die Genehmigungspflicht von Privatisierungsvorgängen ebenso wie von Entscheidungen zum Erwerb, zur Neugründung und zur Einleitung der Abwicklung eines Unternehmens waren

im Bundesministerium der Finanzen Breitenstein, zitiert in: Deutscher Bundestag, 12. WP, Beschlußempfehlung und Bericht des 2. Untersuchungsausschusses "Treuhandanstalt" v. 29.08.1994, Minderheitenvotum des Berichterstatters der SPD-Fraktion (Berichtsentwurf des Ausschußsekretariats), BT-Drs. 12/8404, S. 285.

1291 Deutscher Bundestag, 12. WP, Beschlußempfehlung und Bericht des 2. Untersuchungsausschusses "Treuhandanstalt" v. 29.08.1994, Minderheitenvotum des Berichterstatters der SPD-Fraktion (Berichtsentwurf des Ausschußsekretariats), BT-Drs. 12/8404, S. 285.

1292 Vgl. dazu Deutscher Bundestag, 12. WP, Beschlußempfehlung und Bericht des 2. Untersuchungsausschusses "Treuhandanstalt" v. 29.08.1994, Minderheitenvotum des Berichterstatters der SPD-Fraktion (Berichtsentwurf des Ausschußsekretariats), BT-Drs. 12/8404, S. 278 ff. sowie Anlage 12; Treuhandanstalt, Vereinfachtes Einwilligungsverfahren nach BHO, in: Treuhandanstalt (Hrsg.), Dokumentation 1990-1994, Band 10, S. 843 ff.; Schreiben des Staatssekretärs im Bundesministerium der Finanzen Köhler v. 26.06.1992 (VIII A 3 – FB 5103 – 82/92), Nachdruck in: Treuhandanstalt (Hrsg.), Dokumentation 1990-1994, Band 10, S. 851 (852); Schreiben des Bundesministeriums der Finanzen v.

- die Anzahl der Arbeitnehmer des zu privatisierenden, zu erwerbenden, zu gründenden oder abzuwickelnden Unternehmens oder Unternehmensteils[1293],
- der Jahresumsatz des zu privatisierenden, zu erwerbenden, zu gründenden oder abzuwickelnden Unternehmens oder Unternehmensteils[1294],
- die Bilanzsumme des zu privatisierenden, zu erwerbenden, zu gründenden oder abzuwickelnden Unternehmens oder Unternehmensteils[1295],
- die privatisierungs-, erwerbs-, gründungs- oder abwicklungsbedingte finanzielle Belastung der Treuhandanstalt[1296],
- die prozentuale Höhe der ggf. in Treuhandbesitz verbleibenden oder erworbenen Kapitalbeteiligung[1297] sowie
- im Falle von reinen Grundstücksveräußerungen die Höhe des Kaufpreises[1298].

Nachträgliche Vertragsänderungen waren seit dem 1. März 1993 genehmigungspflichtig, wobei auf folgende Kriterien abgestellt wurde:

17.07.1992 (VIII A 3 – FB 5510 – 249/92), Nachdruck in: Treuhandanstalt (Hrsg.), Dokumentation 1990-1994, Band 10, S. 865; Schreiben des Staatssekretärs im Bundesministerium der Finanzen Köhler v. 04.05.1993 (VIII A 3 – FB 5103 – 22/93), Nachdruck in: Treuhandanstalt (Hrsg.), Dokumentation 1990-1994, Band 10, S. 876 ff.; Schreiben des Staatssekretärs im Bundesministerium der Finanzen Haller v. 16.02.1994 (VIII A 3 – FB 5103 – 7/94), Nachdruck in: Treuhandanstalt (Hrsg.), Dokumentation 1990-1994, Band 10, S. 894 f.

1293 Schwellenwert: bis 31.03.1992 2.000 Beschäftigte; danach bis zum 31.12.1993 1.500 Beschäftigte, danach bis zum 31.12.1994 1.000 Beschäftigte.

1294 Schwellenwert: bis 31.03.1992 Jahresumsatz 300 Mio. DM; danach bis zum 31.12.1993 Jahresumsatz 150 Mio. DM, danach bis zum 31.12.1994 100 Mio. DM Jahresumsatz.

1295 Schwellenwert: bis zum 31.03.1992 Bilanzsumme 100 Mio. DM; danach bis zum 31.12.1994 Bilanzsumme 150 Mio. DM.

1296 Schwellenwert: mindestens 100 Mio. DM.

1297 Schwellenwert: mehr als 25 v.H.

1298 Schwellenwert bei Grundstücken in unmittelbarem Eigentum des Bundes (auf der Grundlage von § 64 Absatz 1 BHO): 10 Mio. DM; Schwellenwert bei Grundstücken im Eigentum der Treuhandanstalt oder ihrer Beteiligungsunternehmen: 100 Mio. DM.

- die Höhe der damit für die Treuhandanstalt verbundenen finanziellen Belastung[1299],
- die Abweichung hinsichtlich der von dem Erwerber zugesagten Arbeitsplätze[1300] und
- die Abweichung hinsichtlich der von dem Erwerber zugesagten Investitionen[1301].

Die Rücknahme von Unternehmen bedurfte in jedem Einzelfall der Genehmigung durch das Bundesministerium der Finanzen[1302].

Sanierungskonzepte (oder deren wesentliche Änderung) bedurften der (vom Leitungsausschuß anstelle des Bundesministeriums der Finanzen zu erteilenden[1303]) Genehmigung nach folgenden Kriterien:

- Anzahl der Arbeitnehmer des zu sanierenden Unternehmens[1304],
- Umsatz des zu sanierenden Unternehmens[1305],
- Bilanzsumme des zu sanierenden Unternehmens[1306] und
- Höhe der (neuen) finanziellen Belastung für die Treuhandanstalt[1307].

Bei der Ausreichung von Finanzhilfen im Rahmen der Sanierung oder Abwicklung von Unternehmen hing die Pflicht zur Genehmigung (durch den Kredit- und Bürgschaftsausschuß[1308]) ab von

1299 Schwellenwert: über 50 Mio. DM.

1300 Schwellenwert: Abweichung um mehr als 500 Arbeitsplätze.

1301 Schwellenwert: Abweichung über 100 Mio. DM.

1302 Grundsätze für das Vertragsmanagement der Treuhandanstalt, Anlage zum Schreiben des Leiters der Abteilung VIII im Bundesministerium der Finanzen John v. Freyend an den Vorstand der Treuhandanstalt v. 07.02.1994, Nachdruck in: Treuhandanstalt (Hrsg.), Dokumentation 1990-1994, Band 7, S. 975 (982).

1303 Zur Aufsicht durch Gremien s.u. Teil II Ziffer III.1.b)ee)aaa)dddd).

1304 Schwellenwert ab Januar 1993: 500 Arbeitnehmer zum Stichtag, 1.500 Arbeitnehmer zum 01.01.1993.

1305 Schwellenwert ab Januar 1993: Umsatz des laufenden Jahres über 75 Mio. DM, Jahresumsatz 1992 über 150 Mio. DM.

1306 Schwellenwert ab Januar 1993: Bilanzsumme über 50 Mio. DM.

1307 Schwellenwert ab Januar 1993: neue finanzielle Belastung über 100 Mio. DM.

1308 Zur Aufsicht durch Gremien s.u. Teil II Ziffer III.1.b)ee)aaa)dddd).

- der Höhe der Finanzhilfe[1309].

Darüber hinaus waren Vorgänge von besonderer politischer Bedeutung sowie Vorgänge, bei denen von generell genehmigten Vorgehensweisen abgewichen werden sollte, unabhängig von dem Erreichen der Schwellenwerte genehmigungspflichtig. Dieses Kriterium hat trotz oder möglicherweise wegen seiner Offenheit besondere Bedeutung insbesondere in der Anfangszeit erlangt. Beispielsweise erfolgte bis Ende 1991 bei drei Vierteln der dem Bundesministerium der Finanzen zur Genehmigung zugeleiteten Privatisierungsvorgänge die Vorlage wegen der besonderen Bedeutung des Falles, nicht wegen des Erreichens der Schwellenwerte[1310].

Die Schwellenwerte waren insgesamt so hoch angesiedelt, daß auch unter Hinzunahme des vorbezeichneten Kriteriums der grundsätzlichen Bedeutung lediglich ein – gemessen an der Menge der bei der Treuhandanstalt zu treffenden Entscheidungen – kleiner Teil der Vorgänge der Genehmigung des Bundesministeriums der Finanzen bedurfte. So hatte das Bundesministerium der Finanzen bis Mai 1994 beispielsweise über 134 Unternehmensprivatisierungs- und -gründungsvorlagen zu befinden[1311]. Hinzu kam, daß es die Treuhandanstalt insbesondere in den ersten Monaten nach dem 3. Oktober 1990 gelegentlich[1312] versäumt hat, die erforderliche Genehmigung vorab, d.h. vor Wirksamwerden der zustimmungsbedürftigen Entscheidung, einzuholen. Diese Fälle sind allerdings mit dem Aufbau der Ver-

1309 Schwellenwert für Finanzhilfen im Rahmen der Sanierung: insgesamt 50 Mio. DM innerhalb eines Kalenderjahres, insgesamt 100 Mio. DM, insgesamt 100 Mio. DM über dem zuletzt genehmigten Gesamtobligo; Schwellenwert für Finanzhilfen im Rahmen der Abwicklung: maximales finanzielles Obligo über 100 Mio. DM.

1310 S. Schreiben des Staatssekretärs im Bundesministerium der Finanzen Köhler v. 26.06.1992 (VIII A 3 – FB 5103 – 82/92), Nachdruck in: Treuhandanstalt (Hrsg.), Dokumentation 1990-1994, Band 10, S. 851.

1311 Vgl. Deutscher Bundestag, 12. WP, Beschlußempfehlung und Bericht des 2. Untersuchungsausschusses "Treuhandanstalt" v. 29.08.1994, BT-Drs. 12/8404, Anlage 13; Jahberg, in: TSP v. 21.09.1994, S. 1.

1312 "Bei mindestens zehn Unternehmensverkäufen" nach Deutscher Bundestag, 12. WP, Beschlußempfehlung und Bericht des 2. Untersuchungsausschusses "Treuhandanstalt" v. 29.08.1994, Minderheitenvotum des Berichterstatters der SPD-Fraktion, BT-Drs. 12/8404, S. 748; weiterhin bei der Gründung von einigen funktionalen Beteiligungsgesellschaften, vgl. Deutscher Bundestag, 12. WP, Beschlußempfehlung und Bericht des 2. Untersuchungsausschusses "Treuhandanstalt" v. 29.08.1994, Minderheitenvotum des Berichterstatters der SPD-Fraktion (Berichtsentwurf des Ausschußsekretariats), BT-Drs. 12/8404, S. 226 f.; s. a. Schreiben des Leiters der Abteilung VIII im Bundesministerium tragabwicklungsabteilungen ab Mitte 1991 systematisch aufgearbeitet und die fehlenden Genehmigungen nachgeholt worden[1313]. Die nachträgliche Einholung zunächst übergangener Genehmigungen zog sich allerdings bis Ende 1992 hin[1314].

Tendenzen im Bundesministerium der Finanzen, den Anwendungsbereich der aufsichtsrechtlichen Genehmigung – beispielsweise im Bereich der Veräußerung der Forschungs-GmbH – bedeutend auszudehnen, hat die Treuhandanstalt erfolgreich entgegengewirkt[1315].

Zur Prüfung der vorgelegten Entscheidungen ließ sich das Bundesministerium der Finanzen von der Treuhandanstalt sämtliche zur Verfügung stehenden Unterlagen aushändigen. In Einzelfällen veranlaßte das Bundesministerium der Finanzen darüber hinaus Prüfungen durch externe Gutachter. Abgestimmt mit dem Bundesministerium für Wirtschaft hat das Bundesministerium der Finanzen zumeist die begehrte Genehmigung ausgesprochen,

der Finanzen John v. Freyend an die Präsidentin der Treuhandanstalt v. 29.07.1992 (VIII A 3 – FB 5103 – 95/92, VIII B 1 – FB 5026 – 9/92), Nachdruck in: Treuhandanstalt (Hrsg.), Dokumentation 1990-1994, Band 10, S. 866 f.; Bundesrechnungshof, Bemerkungen des Bundesrechnungshofes 1993 zur Haushalts- und Wirtschaftsführung (einschließlich der Feststellungen zur Jahresrechnung des Bundes 1991), BT-Drs. 12/5650, S. 55 ff.

1313 Vgl. als Beispielsfall die Privatisierung der Thüringische Faser AG, dazu Deutscher Bundestag, 12. WP, Beschlußempfehlung und Bericht des 2. Untersuchungsausschusses "Treuhandanstalt" v. 29.08.1994, Minderheitenvotum des Berichterstatters der SPD-Fraktion (Berichtsentwurf des Ausschußsekretariats), BT-Drs. 12/8404, S. 541 ff.

1314 Vgl. Treuhandanstalt, Tagesordnung der Vorstandssitzung am 03.11.1992, Nachdruck in: Treuhandanstalt (Hrsg.), Dokumentation 1990-1994, Band 2, S. 942 (943); Treuhandanstalt, Tagesordnung der 31. Verwaltungsratssitzung am 13.11.1992, Nachdruck in: Treuhandanstalt (Hrsg.), Dokumentation 1990-1994, Band 2, S. 946.

1315 Vgl. Treuhandanstalt, Zur Situation der Forschungs-GmbH in Treuhandbesitz, Nachdruck in: Treuhandanstalt (Hrsg.), Dokumentation 1990-1994, Band 8, S. 699 (703); Schreiben des Generalbevollmächtigten der Treuhandanstalt van Scherpenberg an den Leiter der Abteilung VIII im Bundesministerium der Finanzen John v. Freyend v. 04.11.1992, Nachdruck in: Treuhandanstalt (Hrsg.), Dokumentation 1990-1994, Band 8, S. 705 (706 f.); van Scherpenberg, Probleme bei der Privatisierung der Forschungs-GmbH durch mißverständliche Weisungen des BMF, Vermerk v. 22.03.1993, Nachdruck in: Treuhandanstalt (Hrsg.), Dokumentation 1990-1994, Band 10, S. 873 ff.

jedoch in etwa zwei Dritteln der Fälle[1316] mit Auflagen versehen[1317], wogegen sich die Treuhandanstalt – vergeblich – gewehrt hat[1318].

Diese Auflagen veranlaßten die Treuhandanstalt regelmäßig zu Nachverhandlungen mit den Vertragspartnern[1319]. Letztendlich hat das Bundesministerium der Finanzen auf diese Weise meßbar einen mittelbaren, aber bedeutsamen Einfluß auf die Gestaltung einzelner Privatisierungsverträge ausgeübt.

Die vergleichsweise geringe Anzahl der im Rahmen der Genehmigungsverfahren überprüften Einzelfälle hat Anlaß zur Kritik, namentlich seitens der parlamentarischen Opposition im Deutschen Bundestag, gegeben: Nach dem Sinn und Zweck des § 65 Absatz 4 BHO hätten lediglich Bagatellfälle von der Genehmigungspflicht ausgenommen werden dürfen[1320], während wegen der hohen Schwellenwerten in der Praxis das Regel-Ausnahme-Verhältnis verkehrt worden sei. Der Bundesminister der Finanzen habe der politischen Bedeutung der Tätigkeit der Treuhandanstalt nicht Rechnung getragen[1321]. Zur Wahrnehmung der Rechtsaufsicht hätte der

1316 Jedenfalls im Bereich der Genehmigung von Unternehmensprivatisierungen und -gründungen, vgl. Deutscher Bundestag, 12. WP, Beschlußempfehlung und Bericht des 2. Untersuchungsausschusses "Treuhandanstalt" v. 29.08.1994, Minderheitenvotum des Berichterstatters der SPD-Fraktion, BT-Drs. 12/8404, Anlage 13.

1317 S. Leiter des Referates VIII A 3 im Bundesministerium der Finanzen Breitenstein, zitiert in: Deutscher Bundestag, 12. WP, Beschlußempfehlung und Bericht des 2. Untersuchungsausschusses "Treuhandanstalt" v. 29.08.1994, Minderheitenvotum des Berichterstatters der SPD-Fraktion (Berichtsentwurf des Ausschußsekretariats), BT-Drs. 12/8404, S. 286.

1318 Schreiben des Generalbevollmächtigten der Treuhandanstalt van Scherpenberg an den Staatssekretär im Bundesministerium der Finanzen Köhler v. 16.07.1992, Nachdruck in: Treuhandanstalt (Hrsg.), Dokumentation 1990-1994, Band 10, S. 858 (859); Schreiben des Generalbevollmächtigten der Treuhandanstalt van Scherpenberg an den Leiter der Abteilung VIII im Bundesministerium der Finanzen John v. Freyend v. 15.10.1992, Nachdruck in: Treuhandanstalt (Hrsg.), Dokumentation 1990-1994, Band 10, S. 868 (869).

1319 S. beispielsweise die nachträgliche Aufnahme der Pflicht der Bremer Vulkan Verbund AG als Erwerber der MTW Schiffswerft GmbH in Wismar, sog. Spill-over-Berichte vorzulegen; Bericht der Bundesregierung zu III.3. des Untersuchungsauftrags (Bremer Vulkan Verbund AG), S. 18, Nachdruck in: Deutscher Bundestag, 13. WP, Beschlußempfehlung und Bericht des 2. Untersuchungsausschusses "DDR-Vermögen" v. 28.05.1998, BT-Drs. 13/10900, Band 2, S. 903 (920).

1320 Allgemein Soldner, in: Heuer, HdbFK, § 65 BHO, Rz. 29.

1321 Jahberg, in: TSP v. 21.09.1994, S. 1.

Bundesminister der Finanzen Vorkehrungen für eine umfassende Rechtmäßigkeitskontrolle treffen müssen[1322].

Diese Kritik kann nicht geteilt werden. Zum einen handelt es sich namentlich bei der Genehmigungspflichtigkeit gemäß § 65 BHO um ein Instrument der Fach-, nicht der Rechtsaufsicht. Dem zuständigen Bundesminister soll vornehmlich die Gelegenheit zu einer Zweckmäßigkeitsprüfung gegeben werden[1323]. Zum zweiten ist § 65 Absatz 4 BHO eine Ausprägung des Opportunitätsprinzips und in dessen Licht zu verstehen. Daher ist die Frage, welche Ausnahmen nach § 65 Absatz 4 BHO zugelassen werden sollen und dürfen, nach den jeweiligen Umständen zu entscheiden. Für die Verhältnisse in den alten Bundesländern mag es angesichts der dort vergleichsweise raren Erscheinung von Vorgängen, welche § 65 Absatz 2 BHO unterfallen, richtig sein, lediglich für Bagatellfälle von der Genehmigungspflichtigkeit abzusehen. Dieses Abwägungsergebnis konnte jedoch auf die Ausnahmesituation in den neuen Bundesländern nicht kritiklos übertragen werden. Um der überragenden Aufgabe, eine verstaatlichte Zentralplanwirtschaft nach Maßgabe der Präambel, 1. Spiegelstrich Treuhandgesetz "so rasch und so weit wie möglich" in eine Marktwirtschaft zu überführen, gerecht zu werden, war eine Reduzierung von Einzelfallüberprüfungen auf ein Mindestmaß geboten und bei Konzentration auf die effektive aufsichtliche Formulierung und Implantierung von Leitlinien vertretbar[1324].

dddd) Aufsicht durch Gremien

Das Bundesministerium der Finanzen hat auch die zahlreichen, teils mehr, teils weniger stark auf die Treuhandanstalt einwirkenden Gremien in seine Konzeption zur Wahrnehmung des Aufsichtsrechts einbezogen. Zu nennen ist die Mitarbeit des Bundesministeriums der Finanzen in

1322 Deutscher Bundestag, 12. WP, Beschlußempfehlung und Bericht des 2. Untersuchungsausschusses "Treuhandanstalt" v. 29.08.1994, Minderheitenvotum des Berichterstatters der SPD-Fraktion, BT-Drs. 12/8404, S. 748.

1323 Vgl. Soldner, in: Heuer, HdbFK, § 65 BHO, Rz. 26, 28. Dementsprechend war neben der für Angelegenheiten der Treuhandanstalt zuständigen Abteilung VIII die Haushaltabteilung des Bundesministeriums der Finanzen sowie das Bundesministerium für Wirtschaft mit der Prüfung nach § 65 BHO befaßt; s. Leiter des Referates VIII A 3 im Bundesministerium der Finanzen Breitenstein, zitiert in: Deutscher Bundestag, 12. WP, Beschlußempfehlung und Bericht des 2. Untersuchungsausschusses "Treuhandanstalt" v. 29.08.1994, Minderheitenvotum des Berichterstatters der SPD-Fraktion (Berichtsentwurf des Ausschußsekretariats), BT-Drs. 12/8404, S. 286.

1324 S. Schreiben des Staatssekretärs im Bundesministerium der Finanzen Köhler v. 26.06.1992 (VIII A 3 – FB 5103 – 82/92), Nachdruck in: Treuhandanstalt (Hrsg.), Dokumentation 1990-1994, Band 10, S. 851 (852).

- dem Verwaltungsrat der Treuhandanstalt,
- dem Kredit- und Bürgschaftsausschuß,
- der Steuerungsgruppe des Büros Braunkohlesanierung,
- der Gemeinsamen Arbeitsgruppe Bund / THA / Länder,
- der Arbeitsgruppe Kommerzielle Koordinierung,
- der Arbeitsgruppe Forschungs GmbH,
- der Forderungsrunde,
- dem Beirat des Sondervermögens Land- und Forstwirtschaft (später Beirat bei der Unternehmensgruppe Land- und Forstwirtschaft),
- dem Lenkungsausschuß Chemie der Treuhandanstalt,
- den Aufsichts-, Bei- und Fachbeiräten funktionaler Beteiligungsgesellschaften der Treuhandanstalt sowie
- den Aufsichtsorganen sonstiger Beteiligungsunternehmen der Treuhandanstalt[1325].

Hierzu gehören weiterhin die von dem Bundesministerium der Finanzen eingesetzten Expertengremien, namentlich

- der Leitungsausschuß,
- die Gruppe berufserfahrener "Senioren-Wirtschaftsprüfer",
- die Arbeitsgruppe Bilanzüberprüfung sowie
- die Task-Force Besondere Handelsgesellschaften.

Allerdings waren die Möglichkeiten des Bundesministeriums der Finanzen zur Einflußnahme auf die Treuhandanstalt mittels der vorbezeichneten Gremien beschränkt. Das Bundesministerium der Finanzen war in den Gremien der ersten Gruppe nur einer unter mehreren Teilnehmern, in der zweiten Gruppe überhaupt nicht vertreten. Es konnte deshalb kein unmittelbarer Durchgriff des Bundesministeriums der Finanzen über die Gremien auf die Treuhandanstalt erfolgen. Mithin kann lediglich von einer mittelbaren Form der Aufsichtsführung gesprochen werden[1326]. Die Mehrzahl der vorgenannten Gremien hatte zudem lediglich eine konsultative Funktion. Ihren Empfehlungen folgte die Treuhandanstalt zwar regelmäßig, jedoch nicht aus-

1325 Die Vertreter des Bundesministeriums der Finanzen hatten gemäß § 65 Absatz 6 BHO in den Aufsichtsorganen der Beteiligungsunternehmen der Treuhandanstalt die besonderen Interessen des Bundes zu berücksichtigen.

1326 Deutscher Bundestag, 12. WP, Beschlußempfehlung und Bericht des 2. Untersuchungsausschusses "Treuhandanstalt" v. 29.08.1994, BT-Drs. 12/8404, S. 71.

nahmslos[1327]. Außerdem handelte der Präsident der Treuhandanstalt bei hoheitlichen Aufgaben wie der Durchführung von Vermögenszuordnungsverfahren als Behörde des Bundes, nicht als Organ der Treuhandanstalt, so daß insbesondere der Verwaltungsrat insoweit vollständig ohne Einfluß blieb[1328].

Die mittelbare Aufsicht über Gremien durfte aufgrund der eingeschränkten Möglichkeiten des Bundesministeriums der Finanzen nicht Hauptplatz für die Wahrnehmung der Rechts- und Fachaufsicht sein[1329]. Erst recht vermochte die Einflußnahme über Gremien nicht die unmittelbare Aufsichtsführung zu ersetzten[1330]. Dennoch ist die aufsichtliche Einflußnahme des Bundesministeriums der Finanzen auf die Treuhandanstalt über die vorgenannten Gremien nachweisbar[1331]. Im Vordergrund stand jedoch – vor allem bei der erstgenannten Gruppe von Gremien – die Vernetzung der Fachaufsichtführung des Bundesministeriums der Finanzen mit

1327 Vgl. beispielsweise hinsichtlich der Empfehlungen des Leitungsausschusses Brahms, in: Deutscher Bundestag, 12. WP, Wortprotokoll der öffentlichen Anhörung (41. Sitzung) des Ausschusses für Wirtschaft am 09.11.1992 – Anhörung von Sachverständigen zum Thema "Politik der Treuhandanstalt", S. 95; s. a. Treuhandanstalt (Hrsg.), Dokumentation 1990-1994, Band 10, S. 49 ff.

1328 Schmitt-Habersack, in: Kimme (Hrsg.), Offene Vermögensfragen, § 1 VZOG, Rz. 4.

1329 Vorsitzender des Verwaltungsrates der Treuhandanstalt Lennings, zitiert in: Beschlußempfehlung und Bericht des 2. Untersuchungsausschusses "Treuhandanstalt" v. 29.08.1994, Minderheitenvotum des Berichterstatters der SPD-Fraktion (Berichtsentwurf des Ausschußsekretariats), BT-Drs. 12/8404, S. 185.

1330 Heuer, zitiert in: Deutscher Bundestag, 12. WP, Beschlußempfehlung und Bericht des 2. Untersuchungsausschusses "Treuhandanstalt" v. 29.08.1994, Minderheitenvotum des Berichterstatters der SPD-Fraktion (Berichtsentwurf des Ausschußsekretariats), BT-Drs. 12/8404, S. 229.

1331 Z.B. lenkte das Bundesministerium der Finanzen eine Initiative zur Verbesserung des Berichtswesens der Treuhandanstalt über das Präsidium des Verwaltungsrats; s. Deutscher Bundestag, 12. WP, Beschlußempfehlung und Bericht des 2. Untersuchungsausschusses "Treuhandanstalt" v. 29.08.1994, Minderheitenvotum des Berichterstatters der SPD-Fraktion (Berichtsentwurf des Ausschußsekretariats), BT-Drs. 12/8404, S. 664. Vgl. auch Schreiben des Leiters der Abteilung VIII im Bundesministerium der Finanzen John v. Freyend an die Treuhandanstalt v. 14.05.1993, zitiert in: Deutscher Bundestag, 12. WP, Beschlußempfehlung und Bericht des 2. Untersuchungsausschusses "Treuhandanstalt" v. 29.08.1994, Minderheitenvotum des Berichterstatters der SPD-Fraktion (Berichtsentwurf des Ausschußsekretariats), BT-Drs. 12/8404, S. 665.

sonstigen Akteuren[1332]. Daneben hat im Falle der an zweiter Stelle aufgeführten Gruppe von Einrichtungen in beschränktem Umfang praktisch eine Delegation der Fachaufsichtsausübung auf externe Experten stattgefunden, wobei das Bundesministerium der Finanzen hierbei durch die Formulierung des Auftrages, die Abstimmung der Entscheidungskriterien und die Auswahl der beauftragten Experten die Leitlinien bestimmt hat.

Eine Präjudizierung der unmittelbaren Aufsichtführung war mit der Einbindung der aufgeführten Gremien in die Aufsichtskonzeption des Bundesministeriums der Finanzen nicht verbunden. Weder die unter Beteiligung von hochrangigen Vertretern des Bundesministeriums der Finanzen zustande gekommenen Beschlüsse des Verwaltungsrates noch die Empfehlungen des Leitungsausschusses noch der übrigen Einrichtungen banden das Bundesministerium der Finanzen beispielsweise bei der Entscheidung über genehmigungspflichtige Vorgänge. Auch ein eine Finanzhilfe ablehnendes Votum des Kredit- und Bürgschaftsausschusses konnte durch eine gegenteilige Entscheidung des Bundesministeriums der Finanzen überspielt werden[1333].

Soweit erkennbar, haben die Regierungsbevollmächtigten in den Bezirken, die ebenso wie die Landessprecher nach Maßgabe des Artikels 15 Absatz 1 EinigungsV bis zur Wahl der Ministerpräsidenten im Amte blieben und dem Weisungsrecht der Bundesregierung unterstanden, bei der Ausübung der Fach- und Rechtsaufsicht keine Rolle gespielt.

bbb) Bundesministerium für Wirtschaft

Nach der Vorgabe des Artikels 25 Absatz 1 Satz 3 EinigungsV war das Bundesministerium für Wirtschaft an den fachaufsichtlichen Entscheidungen des Bundesministeriums der Finanzen zu beteiligen. Das Bundesministerium für Wirtschaft nahm daher in Angelegenheiten der Fachaufsicht über die Treuhandanstalt eine herausragende Rolle ein.

aaaa) organisatorische und personelle Dispositionen

Zur Wahrnehmung der Aufsichtsaufgabe traf auch der Bundesminister für Wirtschaft organisatorische Dispositionen, die allerdings hinter denjenigen im Bundesministerium der Finanzen umfänglich zurückblieben. Es wurde

1332 Deutscher Bundestag, 12. WP, Beschlußempfehlung und Bericht des 2. Untersuchungsausschusses "Treuhandanstalt" v. 29.08.1994, BT-Drs. 12/8404, S. 71.

1333 Treuhandanstalt, Bericht über Aufgaben und Organisation des Kredit- und Bürgschaftsausschusses (KBA), Nachdruck in: Treuhandanstalt (Hrsg.), Dokumentation 1990-1994, Band 12, S. 200 (202).

ein eigener, im Abteilungsrang stehender Leitungsstab Deutschland (L-D), später in Leitungsstab Neue Bundesländer umbenannt[1334], mit einem Beauftragten für die Treuhandanstalt (L-D / THA) gebildet, der als Gruppenleiter mit zwei Referaten, in denen vierzehn Bedienstete des mittleren und höheren Dienstes beschäftigt waren[1335], federführend für die Fachaufsicht über die Treuhandanstalt zuständig war. Mit der Wahl der Bezeichnungen "Leitungsstab" und "Gruppenleiter" war diese Organisationseinheit bewußt von den etablierten Abteilungen im Ministerium abgesetzt. Es wurde der wegen der speziellen Aufgabe vorübergehende Charakter der Einrichtung unterstrichen und einer organisatorische Verstetigung entgegengewirkt.

Ebenso wie das Bundesministerium der Finanzen richtete das Bundesministerium für Wirtschaft eine "Arbeitsgruppe Untersuchungsausschuß Treuhandanstalt" genannte Koordinierungsstelle für die Kommunikation zwischen dem Ministerium und der Treuhandanstalt auf der einen und dem 2. Untersuchungsausschuß "Treuhandanstalt" des 12. Deutschen Bundestages auf der anderen Seite ein. Diese Arbeitsgruppe war in den Leitungsstab Neue Bundesländer integriert.

Neben dem vorbezeichneten Leitungsstab waren in fachlicher Hinsicht die im Bundesministerium für Wirtschaft bereits bestehenden Abteilungen, Unterabteilungen und Referate, deren Zuständigkeiten überwiegend nach Branchen verteilt ist, an der Ausübung der Fachaufsicht beteiligt. Für die Treuhandanstalt von besonderer Bedeutung war insbesondere Abteilung IV (Gewerbliche Wirtschaft) mit neunzehn Branchenreferaten in drei Unterabteilungen, aber auch beispielsweise die Abteilung E (Europapolitik), deren Referat E B 2 für Beihilfefragen zuständig ist[1336].

bbbb) Informationsbeschaffung

Um die ihm zugedachte Aufgabe wirkungsvoll ausüben zu können, war auch für den Bundesminister für Wirtschaft eine breite Informationsgrundlage unabdingbare Voraussetzung. Zwar war das Bundesministerium für Wirtschaft nicht unmittelbar gegenüber der Treuhandanstalt aufsichtsbe-

1334 Deutscher Bundestag, 13. WP, Beschlußempfehlung und Bericht des 2. Untersuchungsausschusses "DDR-Vermögen" v. 28.05.1998, BT-Drs. 13/10900, Band 1, S. 337.

1335 Ministerialrat im Bundesministerium für Wirtschaft Homann, zitiert in: Deutscher Bundestag, 12. WP, Beschlußempfehlung und Bericht des 2. Untersuchungsausschusses "Treuhandanstalt" v. 29.08.1994, BT-Drs. 12/8404, Minderheitenvotum des Berichterstatters der SPD-Fraktion (Berichtsentwurf des Ausschußsekretariats), S. 223.

1336 Vgl. hierzu Deutscher Bundestag, 13. WP, Beschlußempfehlung und Bericht des 2. Untersuchungsausschusses "DDR-Vermögen" v. 28.05.1998, BT-Drs. 13/10900, Band 1, S. 337.

fugt und verfügte daher nicht von vornherein über die Möglichkeiten unmittelbarer fachaufsichtlicher Informationsbeschaffung. Dennoch standen wie für das Bundesministerium der Finanzen eine Mehrzahl von Informationsquellen zur Verfügung:

- Die von dem Vorstand der Treuhandanstalt erstellte ausführliche Monatsinformation erhielt auch das Bundesministerium für Wirtschaft.
- Da das Bundesministerium der Finanzen seine Entscheidungen in von der Treuhandanstalt zur Genehmigung vorgelegten Angelegenheiten mit dem Bundesministerium für Wirtschaft abstimmte, erhielt das Bundesministerium für Wirtschaft sämtliche dem Bundesministerium der Finanzen eingereichte Unterlagen ebenfalls zugeleitet[1337].
- Anlaß zur Einholung gezielter Information unmittelbar bei der Treuhandanstalt waren außerdem die zahlreichen Unterrichtungen im Ministerrat oder der Kommission der Europäischen Gemeinschaften bzw. Europäischen Union zu Angelegenheiten der Treuhandanstalt, welche für die Bundesregierung durch das Bundesministerium für Wirtschaft erfolgten[1338].
- Ähnlich wie das Bundesministerium der Finanzen ließ sich das Bundesministerium für Wirtschaft über aktuelle Entwicklungen und Einzelfälle von politischer Bedeutung gezielt auf Anfrage unterrichten.
- Auch für das Bundesministerium für Wirtschaft spielte der ständige informelle Kontakt des Bundesministers für Wirtschaft und seiner Mitarbeiter mit allen Ebenen der Treuhandanstalt eine bedeutende Rolle bei der Beschaffung von Informationen von der Treuhandanstalt[1339]. Neben den ständigen Kontakten unterhalb der Vorstandsebene trafen der Bundesminister für Wirtschaft und der Präsident bzw. die Präsidentin der Treuhandanstalt häufig zu ausführlichen Gesprächen zusammen[1340].

1337 Vgl. Deutscher Bundestag, 12. WP, Beschlußempfehlung und Bericht des 2. Untersuchungsausschusses "Treuhandanstalt" v. 29.08.1994, BT-Drs. 12/8404, Minderheitenvotum des Berichterstatters der SPD-Fraktion (Berichtsentwurf des Ausschußsekretariats), S. 496.

1338 Vgl. z.B. Treuhandanstalt, Pressemitteilung v. 05.07.1994 ("Treuhandanstalt und Bundesregierung haben EU-Kommission über Situation bei EKO Stahl GmbH Eisenhüttenstadt unterrichtet").

1339 Vgl. Deutscher Bundestag, 12. WP, Beschlußempfehlung und Bericht des 2. Untersuchungsausschusses "Treuhandanstalt" v. 29.08.1994, BT-Drs. 12/8404, S. 136.

1340 Vgl. Deutscher Bundestag, 12. WP, Beschlußempfehlung und Bericht des 2. Untersuchungsausschusses "Treuhandanstalt" v. 29.08.1994, BT-Drs. 12/8404, Minderheitenvotum des Berichterstatters der SPD-Fraktion (Berichtsentwurf des Ausschußsekretariats), S. 225.

- Von hervorragender Bedeutung war außerdem die Mitgliedschaft von Mitarbeitern des Bundesministeriums für Wirtschaft in Gremien der Treuhandanstalt, vor allem die bereits mehrfach erwähnte Zugehörigkeit des Staatssekretärs im Bundesministerium für Wirtschaft zum Verwaltungsrat der Treuhandanstalt. Er war außerdem Mitglied in dem Präsidialausschuß und dem Sanierungsausschuß bzw. (nach einer Neuordnung der Ausschüsse) dem Ausschuß Privatisierung, Sanierung, Verwertung I des Verwaltungsrates der Treuhandanstalt[1341]. Der damalige Leiter des Referats Europäische Agrarpolitik im Bundesministerium für Wirtschaft, Regierungsdirektor Röben, war außerdem Mitglied in dem Beirat des Sondervermögens Land- und Forstwirtschaft (später Beirat bei der Unternehmensgruppe Land- und Forstwirtschaft)[1342]. Schließlich ist die Mitgliedschaft eines Vertreters des Bundesministeriums für Wirtschaft im Lenkungsausschuß Chemie der Treuhandanstalt hier zu nennen.
- Darüber hinaus nahm der Bundesminister für Wirtschaft gelegentlich an Sitzungen des Vorstandes der Treuhandanstalt teil.
- Weiterhin gehörten, wie bereits erwähnt, Vertreter des Bundesministeriums für Wirtschaft Gremien funktionaler wie nicht-funktionaler Beteiligungsgesellschaften der Treuhandanstalt an. Zu nennen sind der Aufsichtsrat der Liegenschaftsgesellschaft der Treuhandanstalt (TLG), der Energiewerke Nord GmbH (EWN), der Lausitzer und Mitteldeutsche Bergbau-Verwaltungs GmbH (LMBV), der Lausitzer Bergbau-Verwaltungs GmbH (LBV) und der Mitteldeutsche Bergbau-Verwaltungs GmbH (MBV) sowie der Beirat der Treuhand Osteuropa Beratungs GmbH (TOB)[1343], außerdem zahlreiche Aufsichts- bzw. Beiräte nicht-funktionaler Treuhand-Unternehmen[1344].

  In diesem Zusammenhang ist der Vollständigkeit halber auch die Prüfgruppe "Ermittlung Arbeitskräftebedarf / Arbeitskräfteangebot" zu nennen, welche die Treuhandanstalt auf Initiative des damals zu ihr entsandten Mitarbeiters der Bundesanstalt für Arbeit und späteren Direk-

1341 Deutscher Bundestag, 12. WP, Beschlußempfehlung und Bericht des 2. Untersuchungsausschusses "Treuhandanstalt" v. 29.08.1994, BT-Drs. 12/8404, S. 71, sowie Minderheitenvotum des Berichterstatters der SPD-Fraktion (Berichtsentwurf des Ausschußsekretariats), BT-Drs. 12/8404, S. 232.

1342 Treuhandanstalt, Schreiben an alle Mitglieder des Beirats des Sondervermögens Land- und Forstwirtschaft v. 10.01.1991, Nachdruck in: Treuhandanstalt (Hrsg.), Dokumentation 1990-1994, Band 8, S. 275 (276 f.).

1343 Treuhand Osteuropa Beratungsgesellschaft mbH, Die ehemaligen und jetzigen Beiratsmitglieder der TOB, Nachdruck in: Treuhandanstalt (Hrsg.), Dokumentation 1990-1994, Band 2, S. 528.

1344 s.o. Teil II Ziffer III.1.a)pp).

tors Peter Gemählich noch vor dem 3. Oktober 1990 beschlossen hatte aufzubauen. Vertreter des Bundesministeriums für Wirtschaft, des Bundesministeriums für Arbeit und Sozialordnung, der Bundesanstalt für Arbeit und der Treuhandanstalt sollten in dieser Prüfgruppe gemeinsam arbeitsmarktrelevante Daten erheben, um das frühzeitige Einleiten arbeitsmarktpolitischer Maßnahmen vorzubereiten[1345]. Soweit ersichtlich ist dieses Gremium allerdings nicht oder kaum tätig geworden.

- Der Informationsbeschaffung des Bundesministeriums für Wirtschaft diente ebenso die Mitgliedschaft seiner Vertreter in außerhalb der Treuhandanstalt gebildeten Gremien, in welchen die Treuhandanstalt mitarbeitete. Zu nennen sind der Bürgschaftsausschuß und der ihm nachfolgende Kredit- und Bürgschaftsausschuß[1346], die Ad-hoc-Arbeitsgruppe Kali[1347], die Gemeinsame Arbeitsgruppe Bund / THA / Länder[1348], die Steuerungsgruppe des Büros Braunkohlesanierung[1349], die Arbeitsgruppe Forschungs-GmbH[1350] und die Forderungsrunde[1351].
- Das Bundesministerium für Wirtschaft erhielt zudem regelmäßig die Prüfvermerke und Ergebnisprotokolle des Leitungsausschusses.
- Wie das Bundesministerium der Finanzen ließ auch das Bundesministerium für Wirtschaft zur Erweiterung seiner Informationsbasis gutachterliche Stellungnahmen von externen Sachverständigen erstellen. Diese befaßten sich vornehmlich mit den wirtschaftlichen Auswirkungen der Tätigkeit der Treuhandanstalt. Beispielsweise beauftragte das Bundesministerium für Wirtschaft das Institut für Weltwirtschaft, Kiel, und das Deutsche Institut für Wirtschaftsforschung, Berlin, mit der vierteljährlichen Vorlage eines gemeinsamen Berichtes unter dem Titel "Gesamtwirtschaftliche und unternehmerische Anpassungsprozesse in Ostdeutschland", an denen zahlreiche weitere Forschungseinrichtungen mitwirkten. Das HWWA-Institut für Wirtschaftsforschung, Hamburg,

1345 Treuhandanstalt, Vorlage für den Vorstand der Treuhandanstalt "Kurzdarstellung einer Aufbau- und Ablauforganisation zum Einsatz arbeitsmarktpolitischer Hilfen für eine sozialverträgliche Begleitung der Strukturanpassung" v. 23./24.08.1990, Nachdruck in: Treuhandanstalt (Hrsg.), Dokumentation 1990-1994, Band 11, S. 438 ff.

1346 S.o. Teil II Ziffer III.1.a)cc).

1347 S.o. Teil II Ziffer III.1.a)ll).

1348 S.o. Teil II Ziffer III.1.a)mm).

1349 S.o. Teil II Ziffer III.1.a)nn).

1350 S.o. Teil II Ziffer III.1.a)hh).

1351 S.o. Teil II Ziffer III.1.a)ii).

erhielt im Herbst 1990 den Auftrag, die Entwicklung des Wettbewerbs in den neuen Ländern zu beobachten und zu analysieren und legte dazu 1991 und 1992 insgesamt sechs Zwischenberichte sowie 1994 einen umfangreichen Abschlußbericht vor[1352]. Das Dr. Friedrich / Otto-Blume-Institut für Sozialforschung und Gesellschaftspolitik e.V., Köln, erstellte im Auftrag des Bundesministeriums für Wirtschaft eine Studie zur Privatisierung im Wege des MBO / MBI[1353]. Allerdings holte das Bundesministerium für Wirtschaft in bedeutenden Fällen auch Gutachten zu einzelnen Unternehmenskonzepten ein[1354].

- Weitere Informationsquellen des Bundesministeriums für Wirtschaft waren die Prüfungsmitteilungen des Bundesrechnungshofes, die zumindest dem Vertreter des Bundesministeriums für Wirtschaft im Verwaltungsrat der Treuhandanstalt unmittelbar zugeleitet wurden[1355].
- Das Bundesministerium für Wirtschaft beteiligte sich an sog. Regionalkonferenzen, die nach dem Vorbild der Ruhrgebietskonferenz[1356] die Vertreter der betroffenen Gebietskörperschaften und der Wirtschaft bestimmter Regionen mit Vertretern des Bundesministeriums für Wirtschaft, des Bundeskanzleramtes und der Treuhandanstalt zusammenführten.
- Schließlich informierten sich der Bundesminister für Wirtschaft und seine Mitarbeiter in einzelnen Treuhand-Unternehmen über den Stand und Fortgang der Bemühungen der Treuhandanstalt[1357].

1352 Härtel u.a., Die Entwicklung des Wettbewerbs in den neuen Bundesländern, S. 5; o. N., in: HB v. 06.07.1994, S. 15.

1353 Vgl. dazu Deutscher Bundestag, 12. WP, Beschlußempfehlung und Bericht des 2. Untersuchungsausschusses "Treuhandanstalt" v. 29.08.1994, BT-Drs. 12/8404, S. 117, sowie Minderheitenvotum des Berichterstatters der SPD-Fraktion (Berichtsentwurf des Ausschußsekretariats), BT-Drs. 12/8404, S. 674 f.

1354 Beispielsweise ein Gutachten der Kreditanstalt für Wiederaufbau zum Unternehmenskonzept der Deutschen Maschinen- und Schiffbau AG; s. Gehrke, in: DW (Hrsg.), Kombinate – Was aus ihnen geworden ist, Nachdruck in: Treuhandanstalt (Hrsg.), Dokumentation 1990-1994, Band 5, S. 105 (108).

1355 Dazu u. Teil II Ziffer III.3.d).

1356 Vgl. Bundeskanzler Kohl, in: Presse- und Informationsamt der Bundesregierung, Pressemitteilung Nr. 554/92 v. 01.12.1992 ("Rede anläßlich der Regionalkonferenz 'Industriestandort Sachsen-Anhalt – Zukunft der Chemieregion'").

1357 Hierfür lassen sich zahlreiche Beispiele anführen. Pro aliis sei der Besuch des Bundesministers für Wirtschaft Möllemann bei der Mansfeld AG am 16.09.1992 erwähnt.

cccc) Beeinflussung

Da das Bundesministerium für Wirtschaft gegenüber der Treuhandanstalt nicht unmittelbar aufsichtsbefugt war, sondern nur an der Ausübung der Fachaufsicht durch das Bundesministerium der Finanzen zu beteiligen war, verfügte das Bundesministerium für Wirtschaft nicht über die förmlichen Möglichkeiten der unmittelbaren fachaufsichtlichen Einflußnahme auf die Treuhandanstalt. Insbesondere war der Bundesminister für Wirtschaft gegenüber der Treuhandanstalt nicht weisungsbefugt.

Dennoch hat das Bundesministerium für Wirtschaft insbesondere in Bereichen, welche Grundfragen der Wirtschaftspolitik betrafen, de facto die Federführung innegehabt und die entscheidenden inhaltlichen Vorgaben für die Treuhandanstalt formuliert[1358]. Dies wurde u.a. am Beispiel der Erhaltung sog. industrieller Kerne sichtbar. Das hierzu entwickelte Konzept der Bundesregierung, welches den Auftrag der Treuhandanstalt faktisch modifizierte[1359], stammte aus dem Hause des Bundesministers für Wirtschaft und wurde erstmals im Jahreswirtschaftsbericht 1991 formuliert. Ähnliches galt für die Beachtung der Belange des Mittelstandes, die Transparenz des Ausschreibungsverfahrens[1360] oder die Durchführung der Reprivatisierung[1361].

Dabei erkannte auch das Bundesministerium für Wirtschaft die unternehmerische Natur der Aufgabe der Treuhandanstalt und die daraus folgende Selbständigkeit und Selbstverantwortung an. Dementsprechend begriff das Bundesministerium für Wirtschaft Fachaufsicht nicht nur als Durchsetzen von fachlichen Vorgaben. Vielmehr sollte sich die Fachauf-

1358 Ministerialrat im Bundesministerium für Wirtschaft Homann, zitiert in: Deutscher Bundestag, 12. WP, Beschlußempfehlung und Bericht des 2. Untersuchungsausschusses "Treuhandanstalt" v. 29.08.1994, BT-Drs. 12/8404, Minderheitenvotum des Berichterstatters der SPD-Fraktion (Berichtsentwurf des Ausschußsekretariats), S. 223 f.

1359 Dazu ausführlicher u. Teil II Ziffer II.1.c)cc)bbb).

1360 Vgl. beispielsweise die Dokumentation in: Deutscher Bundestag, 12. WP, Beschlußempfehlung und Bericht des 2. Untersuchungsausschusses "Treuhandanstalt" v. 29.08.1994, BT-Drs. 12/8404, Minderheitenvotum des Berichterstatters der SPD-Fraktion (Berichtsentwurf des Ausschußsekretariats), BT-Drs. 12/8404, S. 491.

1361 Ministerialrat im Bundesministerium für Wirtschaft Homann, zitiert in: Deutscher Bundestag, 12. WP, Beschlußempfehlung und Bericht des 2. Untersuchungsausschusses "Treuhandanstalt" v. 29.08.1994, BT-Drs. 12/8404, Minderheitenvotum des Berichterstatters der SPD-Fraktion (Berichtsentwurf des Ausschußsekretariats), S. 224.

sichtführung als ständiger Diskussions- und Abstimmungsprozeß vollziehen[1362].

Die fachaufsichtliche Einwirkung des Bundesministeriums für Wirtschaft vollzog sich, wie bereits zuvor erwähnt, zunächst mittelbar, d.h. durch Mitwirkung an fachaufsichtlichen Maßnahmen des Bundesministeriums der Finanzen. Insbesondere ist in diesem Zusammenhang die Erteilung von Genehmigungen nach § 65 Absatz 3 BHO und Artikel 25 Absatz 5 EinigungsV zu nennen. An den von dem Bundesministerium der Finanzen gegenüber der Treuhandanstalt ausgesprochenen Entscheidungen hat das Bundesministerium für Wirtschaft gleichberechtigt mitgewirkt[1363]. Aber auch bei grundsätzlichen fachaufsichtlichen Vorgaben wie beispielsweise der Festlegung der eine Genehmigungspflicht auslösenden Kriterien oder dem sog. "Orientierungsrahmen" für die Behandlung ökologischer Altlastenrisiken in Privatisierungsverträgen wirkte das Bundesministerium für Wirtschaft gleichberechtigt mit[1364].

Als eigenständiges Instrument der fachaufsichtlich motivierten Einflußnahme auf die Treuhandanstalt erlangte der ständige, informelle, unmittelbare, auf sämtlichen Ebenen gepflegte Kontakt des Bundesministeriums für Wirtschaft mit der Treuhandanstalt[1365] eine besondere Bedeutung. Dieser Austausch diente dem Bundesministerium für Wirtschaft nicht allein zur Informationsbeschaffung, sondern konnte im Wege der Abstimmung über das

1362 Ministerialrat im Bundesministerium für Wirtschaft Homann, zitiert in: Deutscher Bundestag, 12. WP, Beschlußempfehlung und Bericht des 2. Untersuchungsausschusses "Treuhandanstalt" v. 29.08.1994, Minderheitenvotum des Berichterstatters der SPD-Fraktion (Berichtsentwurf des Ausschußsekretariats), BT-Drs. 12/8404, S. 223.

1363 Vgl. beispielsweise die Dokumentation in: Deutscher Bundestag, 12. WP, Beschlußempfehlung und Bericht des 2. Untersuchungsausschusses "Treuhandanstalt" v. 29.08.1994, Minderheitenvotum des Berichterstatters der SPD-Fraktion (Berichtsentwurf des Ausschußsekretariats), BT-Drs. 12/8404, S. 500.

1364 Staatssekretär im Bundesministerium der Finanzen Köhler, Schreiben an den Vorstand der Treuhandanstalt v. 27.11.1990 (VIII B 2 – FB 5008 – 1/90) sowie v. 28.02.1991 (VIII B 3 – FB 5002 – /91), Nachdruck in: Treuhandanstalt (Hrsg.), Dokumentation 1990-1994, Band 9, S. 374 ff. sowie 384 ff.; Treuhandanstalt, Maßnahmen der Treuhandanstalt zur Kostenbegrenzung bei Altlastenverpflichtungen aus Privatisierungsverträgen, Nachdruck in: Treuhandanstalt (Hrsg.), Dokumentation 1990-1994, Band 9, S. 493 ff.

1365 Staatssekretär im Bundesministerium für Wirtschaft v. Würzen, zitiert in: Deutscher Bundestag, 12. WP, Beschlußempfehlung und Bericht des 2. Untersuchungsausschusses "Treuhandanstalt" v. 29.08.1994, BT-Drs. 12/8404, S. 136.

weitere Vorgehen gelegentlich zugleich einen steuernden Einfluß auf Entscheidungen der Treuhandanstalt ausüben.

Auf der höchsten Ebene sind in diesem Zusammenhang die Gespräche des Bundesministers für Wirtschaft mit dem Vorstand der Treuhandanstalt zu hervorzuheben[1366]. Diese Gesprächsrunden wurden durch einen laufenden brieflichen und fernmündlichen Austausch ergänzt, in welchem es entsprechend dem wirtschaftspolitischen Ansatz des Bundesministeriums für Wirtschaft teils um sehr detaillierte Einzelfragen beispielsweise der Privatisierung und Sanierung bestimmter Unternehmen ging. Die im Zuge dessen geäußerten Vorstellungen des Bundesministers für Wirtschaft zur Behandlung von Einzelfällen hat die Treuhandanstalt jedoch nicht ohne weiteres umgesetzt, sondern sorgfältig geprüft und ihnen gegebenenfalls widersprochen. Der direkten Einflußnahme des Bundesministers für Wirtschaft auf den Vorstand der Treuhandanstalt kann mithin lediglich fakultativer Charakter attestiert werden.

Gleichwohl kann festgestellt werden, daß das Bundesministerium für Wirtschaft die Treuhandanstalt zur Umsetzung seiner Vorstellungen anzuhalten vermochte. Beispielsweise setzte das Bundesministerium für Wirtschaft bei der Privatisierung der Leuna-Raffineriegesellschaft mbH (vormals Leuna-Werke AG) und Minol AG durch, daß sich das Erwerberkonsortium verpflichtete, 10 v.H. der übernommenen Tankstellen an Betreiber aus dem Mittelstand weiterzugeben[1367].

Der Bundesminister für Wirtschaft hat daneben in Einzelfällen von herausragender Bedeutung auch in der Weise auf die Tätigkeit der Treuhandanstalt Einfluß genommen, daß er sich unmittelbar und zur Unterstützung der Treuhandanstalt in laufende Verhandlungen eingeschaltet hat. Als Beispiele können die Aktivitäten des Bundesministers für Wirtschaft im Zusammenhang mit den aufsehenerregenden Nachverhandlungen mit der französischen Société Nationale Elf Aquitaine S.A. zur Privatisierung der Leuna-Raffineriegesellschaft mbH (vormals Leuna-Werke AG) und Minol AG im März 1994[1368] sowie der Teilprivatisierung der EKO Stahl AG bzw. GmbH durch Veräußerung von 60 v.H. der Geschäftsanteile ab Mai desselben Jah-

1366 Ministerialrat im Bundesministerium für Wirtschaft Homann, zitiert in: Deutscher Bundestag, 12. WP, Beschlußempfehlung und Bericht des 2. Untersuchungsausschusses "Treuhandanstalt" v. 29.08.1994, Minderheitenvotum des Berichterstatters der SPD-Fraktion (Berichtsentwurf des Ausschußsekretariats), BT-Drs. 12/8404, S. 224.

1367 Deutscher Bundestag, 13. WP, Beschlußempfehlung und Bericht des 2. Untersuchungsausschusses "DDR-Vermögen" v. 28.05.1998, BT-Drs. 13/10900, Band 1, S. 263.

1368 O. N., in: TSP v. 28.02.1994, S. 14; o. N., in: FAZ v. 28.02.1994, S. 13; o. N., in: FAZ v. 02.03.1994, S. 20.

res genannt werden[1369], die die belgische Cockerill-Sambre-Gruppe Ende 1994 übernahmen, nachdem zunächst im Mai ein Vertrag mit der italienischen Riva-Gruppe gescheitert war. Mit seinem direkten Eingreifen setzte sich der Bundesminister für Wirtschaft der Gefahr aus, bei Scheitern seiner Bemühungen, wie im Falle des geplatzten Riva-Vertrages geschehen, politisch verantwortlich gemacht zu werden[1370]. Die lose Kopplung der Anstalt öffentlichen Rechts an die Bundesregierung hat ansonsten den Effekt gehabt, die Bundesregierung von öffentlicher Kritik am Vorgehen in den neuen Ländern abzuschirmen[1371].

Ein handlungsleitender Einfluß des Bundesministeriums für Wirtschaft auf die Treuhandanstalt kann weiterhin in jenen Einzelfällen vermutet werden, in denen sich der Bundesminister für Wirtschaft öffentlich auf ein bestimmtes Vorgehen, insbesondere den Erhalt eines bestimmten Standortes als einem sog. industriellen Kern festgelegt hat[1372].

Eine weitere Form der gemeinsamen Entscheidungsvorbereitung stellte die Mitwirkung von Vertretern des Bundesministeriums für Wirtschaft an den sog. Regionalkonferenzen dar, welche die Bundesregierung nach dem Vorbild der Ruhrgebietskonferenz durchführte. An diesen Veranstaltungen waren seitens der Bundesregierung neben dem Bundesministerium für Wirtschaft in Ausnahmefällen der Bundeskanzler, in der Regel das Bundeskanzleramt, vertreten durch Dr. Johannes Ludewig, weiterhin die Treuhandanstalt beteiligt.

dddd) Aufsicht durch Gremien

Eine andere Form mittelbarer Aufsichtsführung eröffnete sich dem Bundesministerium für Wirtschaft durch die Mitarbeit in Gremien, die ihrerseits in

1369 Hennes / v. Keller, in: WiWo v. 27.05.1994, S. 17 ff.; o. N., in: FAZ v. 02.05. 1994, S. 21; o. N., in: SZ v. 03.05.1994, S. 21; o. N., in: HB v. 03.05.1994, S. 19; o. N., in: Die Welt v. 03.05.1994, S. 13.

1370 So berichtete die SZ über ein Gespräch mit dem Minister für Wirtschaft und Mittelstand, Technologie und Verkehr des Landes Nordrhein-Westfalen Clement unter der Überschrift: "Clement: EKO Stahl ist Rexrodts größter Flop"; Jaspert, in: SZ v. 17.05.1994, S. 21. Die Wirtschaftswoche stellte fest: "Bei der Privatisierung des ostdeutschen Stahlwerks hat Günter Rexrodt kläglich versagt."; Hennes / v. Keller, in: WiWo v. 20.05.1994, S. 50.

1371 Seibel, in: PVS 1994, S. 3 (10); ders., in: Aus Politik und Zeitgeschichte B 43-44/94, S. 3 (4); ders., in: Fischer / Hax / Schneider, Treuhandanstalt – Das Unmögliche wagen, S. 111 (132).

1372 Vgl. beispielsweise die Äußerung von Bundesminister Möllemann zu EKO Stahl AG im November 1991, wiedergegeben bei Christ, in: Die Zeit v. 08.11.1991, S. 25.

unterschiedlicher Weise auf die Entscheidungen der Treuhandanstalt Einfluß nahmen. Von herausragender Bedeutung war dabei die Mitgliedschaft des Staatssekretärs im Bundesministerium für Wirtschaft im Verwaltungsrat der Treuhandanstalt[1373]. Der Staatssekretär war zugleich Mitglied im Ausschuß Privatisierung, Sanierung und Verwertung I des Verwaltungsrats, vor allem aber auch ständiger Gast im Präsidialausschuß.

Daneben sind Mitgliedschaften von Mitarbeitern des Bundesministeriums für Wirtschaft in folgenden Gremien in Erinnerung zu bringen:

- Kredit- und Bürgschaftsausschuß,
- Steuerungsgruppe des Büros Braunkohlesanierung,
- Ad-hoc-Arbeitsgruppe Kali,
- Gemeinsame Arbeitsgruppe Bund / Länder / Treuhandanstalt,
- Arbeitsgruppe Forschungs-GmbH (federführend),
- Forderungsrunde,
- Beirat des Sondervermögens Land- und Forstwirtschaft (später Beirat bei der Unternehmensgruppe Land- und Forstwirtschaft),
- Lenkungsausschuß Chemie der Treuhandanstalt,
- den Aufsichts-, Bei- und Fachbeiräten funktionaler Beteiligungsgesellschaften der Treuhandanstalt sowie
- den Aufsichtsorganen sonstiger Beteiligungsunternehmen der Treuhandanstalt.

ccc) sonstige Fachminister

Der Bundesminister der Finanzen hatte in fachaufsichtsrechtlichen Fragen das Einvernehmen nicht nur mit dem Bundesminister für Wirtschaft, sondern ggf. auch mit dem im übrigen jeweils zuständigen Bundesminister herzustellen[1374]. Damit waren für die übrigen Bundesressorts rechtlich gleichartige Voraussetzungen zur Beteiligung an der Fachaufsicht über die Treuhandanstalt geschaffen. Wie dem Bundesminister für Wirtschaft standen auch den übrigen Bundesministern keine originären fachaufsichtlichen Befugnisse unmittelbar gegenüber der Treuhandanstalt zu.

1373 Ministerialrat im Bundesministerium für Wirtschaft Homann, zitiert in: Deutscher Bundestag, 12. WP, Beschlußempfehlung und Bericht des 2. Untersuchungsausschusses "Treuhandanstalt" v. 29.08.1994, BT-Drs. 12/8404, Minderheitenvotum des Berichterstatters der SPD-Fraktion (Berichtsentwurf des Ausschußsekretariats), S. 224.

1374 Artikel 25 Absatz 2 Satz 3 (2. HS) EinigungsV.

Anders als das Bundesministerium für Wirtschaft waren die übrigen Bundesministerien jedoch nicht in sämtliche fachaufsichtliche Prozesse einzubinden, sondern nur dort, wo die jeweilige Ressortzuständigkeit berührt war. Dies führte dazu, daß die sonstigen Bundesministerien insgesamt deutlich weniger an der Ausübung der Fachaufsicht über die Treuhandanstalt teil hatten. Daher sind in den übrigen Bundesministerien bis auf wenige Ausnahmen keine binnenorganisatorischen Dispositionen mit Blick auf die Wahrnehmung fachaufsichtlicher Aufgaben über die Treuhandanstalt getroffen worden. Im Zusammenhang mit der Fachaufsicht über die Treuhandanstalt anfallende Aufgaben wurden von den vorhandenen Mitarbeitern in den vorhandenen Organisationseinheiten erledigt.

Wenn die übrigen Bundesministerien auch rechtlich in gleicher Weise an der Fachaufsicht über die Treuhandanstalt beteiligt waren, so unterschied sich die Intensität der Beschäftigung mit der Treuhandanstalt von Ressort zu Ressort tatsächlich deutlich. Dabei stand der Grad der Befassung mit fachaufsichtlichen Vorgängen in einem korrelativen Zusammenhang mit der Art und Weise der fachaufsichtlichen Betätigung. Je intensiver sich ein Ministerium mit der Treuhandanstalt zu befassen hatte, desto mehr prägten sich – zumeist informell – Formen der Informationsbeschaffung und Einflußnahme aus. Augenfällig wird dieser Effekt bei den informellen Kontakten auf Mitarbeiterebene. Die Treuhandanstalt informierte durch die von ihr erstellten Monatsberichte neben den Bundesministerien der Finanzen und für Wirtschaft auch weitere Bundesministerien, sofern deren Ressortzuständigkeit berührt war[1375].

Hinsichtlich ihrer Beteiligung an der Fachaufsicht über die Treuhandanstalt sind folgende Bundesministerien hervorzuheben:

aaaa) Bundesministerium für Verkehr

Das Bundesministerium für Verkehr hat sich frühzeitig um eine weitreichende, unmittelbare Einflußnahme auf die verkehrspolitisch relevante Betätigung der Treuhandanstalt bemüht. Der Bundesminister für Verkehr hat sich hierzu bereits am 25. September 1990, also sogar noch vor der Vereinigung der beiden deutschen Staaten, schriftlich an den Präsidenten der Treuhandanstalt gewandt[1376]. Hieran schloß sich am 26. November 1990 in Bonn ein ausführliches Gespräch zwischen dem Bundesminister für Ver-

1375 S. beispielsweise den Verteiler bei Treuhandanstalt, Status der beschäftigungswirksamen Maßnahmen nach § 249 h AFG, Nachdruck in: Treuhandanstalt (Hrsg.), Dokumentation 1990-1994, Band 9, S. 661 (684).

1376 Vgl. das Antwortschreiben des Präsidenten der Treuhandanstalt v. 09.10.1990, Nachdruck in: Treuhandanstalt (Hrsg.), Dokumentation 1990-1994, Band 8, S. 142.

kehr und dem Präsidenten der Treuhandanstalt an, in dem es namentlich um die Interflug GmbH, die Flughafen Schönefeld GmbH, die Autobahntankstellen, die Reedereien, die Seehäfen sowie die Verkehrskombinate ging[1377]. Der Bundesminister für Verkehr teilte der Treuhandanstalt bei dieser Gelegenheit seine teils sehr konkreten Vorstellungen zur weiteren Behandlung der vorgenannten Gegenstände durch die Treuhandanstalt mit. Beispielsweise kündigte er an, ein Standortkonzept für die Autobahntankstellen sowie umgehend Vorschläge zur Neubesetzung von Aufsichtsrat und Geschäftsführung der Flughafen Schönefeld GmbH, deren bisherige Besetzung er als politisch belastet und untätig bezeichnete, zu übermitteln. Auch bat der Bundesminister für Verkehr darum, bei der Veräußerung von Güterverkehrsflächen eingeschaltet zu werden, um die von ihm angestrebte künftige Beteiligung der mittelständischen Wirtschaft sicherzustellen. Zur Interflug GmbH teilte der Bundesminister für Verkehr mit, die Bundesregierung erwarte deren stille Liquidation nach Abschluß einer Betriebsführungsvereinbarung mit der Deutschen Lufthansa AG[1378].

Die Treuhandanstalt hat den vorbezeichneten Aufforderungen des Bundesministers für Verkehr indes nicht unbedingt Folge geleistet. Dies gilt selbst für die Behandlung der Interflug GmbH. Auch nach dem Gespräch ihres Präsidenten mit dem Bundesminister für Verkehr hatte sich die Treuhandanstalt zunächst intensiv um eine Privatisierung der Fluggesellschaft bemüht, wobei insbesondere eine Veräußerung an ein von British Airways geführtes Konsortium im Vordergrund stand[1379]. Angesichts fusionsrechtlicher Bedenken des Bundeskartellamtes für den Fall einer (wie auch immer rechtlich ausgestalteten) Übernahme der Interflug GmbH durch die Deutsche Lufthansa AG[1380] hatte namentlich das Bundesministerium der Finan-

1377 S. Vehse, Gespräch Präsident Rohwedder / Bundesverkehrsminister Zimmermann am 26.11.1990 in Bonn (Ergebnisprotokoll), Nachdruck in: Treuhandanstalt (Hrsg.), Dokumentation 1990-1994, Band 8, S. 143 ff.

1378 Die Deutsche Lufthansa AG hatte bemerkenswerterweise nicht der Treuhandanstalt, sondern dem Bundesminister für Verkehr am 15.10.1990 einen Vorschlag für einen entsprechenden Betriebsführungsvertrag unterbreitet; Breuel (Hrsg.), Treuhand intern, S. 180; Treuhandanstalt, Interflug GmbH Ablauf – Grobübersicht, Nachdruck in: Treuhandanstalt (Hrsg.), Dokumentation 1990-1994, Band 8, S. 154 (155); o.N., in: FAZ v. 18.10.1990, S. 20.

1379 Vgl. Treuhandanstalt, Interflug GmbH Ablauf – Grobübersicht, Nachdruck in: Treuhandanstalt (Hrsg.), Dokumentation 1990-1994, Band 8, S. 154 (160).

1380 Eine entsprechende Abmahnung hatte das Bundeskartellamtes bereits Anfang August 1990 ausgesprochen; vgl. Treuhandanstalt, Interflug GmbH Ablauf – Grobübersicht, Nachdruck in: Treuhandanstalt (Hrsg.), Dokumentation 1990-1994, Band 8, S. 154; Kartte, Präsident des Bundeskartellamts, zitiert bei o.N., in: Der Spiegel v. 13.08.1990, S. 90.

zen die Treuhandanstalt gebeten, die Gespräche mit anderen Interessenten fortzusetzen[1381]. Die Bemühungen der Treuhandanstalt blieben jedoch vergeblich, weshalb für die Interflug GmbH im Frühjahr 1991 ein förmliches Liquidationsverfahren eingeleitet wurde[1382].

Nachhaltiger war die Einflußnahme des Bundesministeriums für Verkehr bei der Neuordnung der Eigentumsverhältnisse in den Bereichen des öffentlichen Personennahverkehrs, der Reedereien, der See- und Binnenhäfen sowie der Verkehrsflughäfen und Agrarflugplätze. An der Entwicklung der entsprechenden Konzeptionen haben regelmäßig Mitarbeiter des Bundesministeriums für Verkehr mitgewirkt[1383] und das weitere Vorgehen begleitet[1384]. Besonders intensiv gestaltete sich die Mitwirkung des Bundes-

1381 Schreiben des Staatssekretärs im Bundesministerium der Finanzen, Köhler, v. 30.11.1990; vgl. Treuhandanstalt, Interflug GmbH Ablauf – Grobübersicht, Nachdruck in: Treuhandanstalt (Hrsg.), Dokumentation 1990-1994, Band 8, S. 154 (156).

1382 Auslöser hierfür waren die Absagen von British Airways am 30.01.1991 und Deutsche Lufthansa AG am 06.02.1991. Das Bundesministerium für Verkehr hatte insofern seine Linie durchsetzen können, als daß British Airways eine Gleichbehandlung der privatisierten Interflug GmbH mit der im Bundesbesitz stehenden Deutsche Lufthansa AG durch die Bundesregierung nicht zugesagt wurde; vgl. Treuhandanstalt, Aktennotiz betrifft Interflug v. 11.01.1991, Nachdruck in: Treuhandanstalt (Hrsg.), Dokumentation 1990-1994, Band 8, S. 148 (148 f., 153). Statt dessen konnte das Bundesministerium für Verkehr am 19.12.1990 ein die "Lufthansa-Lösung" favorisierendes Kabinettsvotum herbeiführen; vgl. Treuhandanstalt, Interflug GmbH Ablauf – Grobübersicht, Nachdruck in: Treuhandanstalt (Hrsg.), Dokumentation 1990-1994, Band 8, S. 154 (156 f.); s. a. zum Verlauf der Bemühungen um die Interflug Bothmann, in: Dümcke / Vilmar (Hrsg.), Kolonialisierung der DDR, S. 188 ff., sowie Flug, Treuhand-Poker, S. 150 f.

1383 Vgl. für den ÖPNV Treuhandanstalt, Pressemitteilung v. 15.05.1991 ("Grundsätze zur Neuordnung des ÖPNV verabschiedet – Treuhandanstalt und Bundesverkehrsminister einig mit Omnibusunternehmern"), Nachdruck in: Treuhandanstalt (Hrsg.), Dokumentation 1990-1994, Band 8, S. 180; vgl. für die Binnenhäfen Mittelelbe Magdeburg GmbH, Magdeburg, Treuhandanstalt, Vermerk v. 28.02.1991, Nachdruck in: Treuhandanstalt (Hrsg.), Dokumentation 1990-1994, Band 8, S. 167 ff.; vgl. für die Reedereien Presse- und Informationsamt der Bundesregierung (Hrsg.), Jahresbericht 1990 der Bundesregierung, S. 546, Jahresbericht 1991 der Bundesregierung, S. 519, Jahresbericht 1992 der Bundesregierung, S. 592 sowie Jahresbericht 1993 der Bundesregierung, S. 614.

1384 Vgl. zur Privatisierung der Bagger-, Bugsier- und Bergungsreederei GmbH Rostock, Deutscher Bundestag, 12. WP, Beschlußempfehlung und Bericht des 2. Untersuchungsausschusses "Treuhandanstalt" v. 29.08.1994, Minderheitenministeriums für Verkehr dort, wo seine Mitarbeiter in Gremien, die mit der Erstellung und / oder Umsetzung derartiger Konzeptionen betraut waren, mitwirkten. Hier sind der ÖPNV-Beirat, die Fliegende Kommission, die Arbeitsgruppe Fährhafen Mukran sowie der Aufsichtsrat der Deutsche Binnenreederei GmbH, Berlin, zu nennen.

Wenig Erfolg war einer Initiative des aus Mecklenburg-Vorpommern stammenden Bundesministers für Verkehr Krause, zugleich Vorsitzender der CDU Mecklenburg-Vorpommern, beschieden, der in die Bemühungen der Treuhandanstalt um die ostdeutsche Schiffbauindustrie eingebunden war[1385] und sich in der Diskussion um deren Privatisierung im Frühjahr 1992 öffentlich für eine Verbundlösung und damit gegen eine Einzelprivatisierung der Werften ausgesprochen hatte[1386].

Erfolgreicher war – zumindest nach Einschätzung der Fraktionen von SPD und Bündnis 90 / Die Grünen im 13. Deutschen Bundestag – eine Intervention von Bundesminister Krause im Rahmen der Verhandlungen, welche die Treuhandanstalt mit dem von der Société Nationale Elf Aquitaine S.A. angeführten Konsortium über die Paketprivatisierung der Raffinerie- und Methanolaktivitäten der Leuna-Raffineriegesellschaft mbH (vormals Leuna-Werke AG) und der Minol AG im Jahre 1992 zu führen hatte. Danach soll in der strittigen Frage der von den Erwerbsinteressenten gewünschten Einbeziehung der Autobahntankstellen der Minol AG außerhalb der sonstigen Verhandlungen und ohne Beteiligung der Treuhandanstalt am 16. Juli 1992 ein Gespräch zwischen Bundesminister Krause und einem Vertreter der Société Nationale Elf Aquitaine S.A. stattgefunden haben, in dessen Rahmen "die Frage geklärt" worden sei[1387].

bbbb) Bundesministerium für Ernährung, Landwirtschaft und Forsten

Das Bundesministerium für Ernährung, Landwirtschaft und Forsten hat sich intensiv an der Erarbeitung von Grundsätzen zur Privatisierung der

votum des Berichterstatters der SPD-Fraktion (Berichtsentwurf des Ausschußsekretariats), BT-Drs. 12/8404, S. 512, 516.

1385 S. beispielsweise den Verteiler für das Schreiben des Präsidenten Rohwedder an den Bundesminister für Wirtschaft v. 28.02.1991, Nachdruck in: Treuhandanstalt Hrsg.), Dokumentation 1990-1994, Band 5, S. 220 (222).

1386 Breuel (Hrsg.), Treuhand intern, S. 243 f.; Lichtblau, Privatisierungs- und Sanierungsarbeit der Treuhandanstalt, S. 37; Marissal, Der politische Handlungsrahmen der Treuhandanstalt, S. 115 f.

1387 Deutscher Bundestag, 13. WP, Beschlußempfehlung und Bericht des 2. Untersuchungsausschusses "DDR-Vermögen" v. 28.05.1998, Bewertung durch die Fraktionen von SPD und Bündnis 90 / Die Grünen, BT-Drs. 13/10900, Band 1, S. 392 ff. (413).

Land- und Forstwirtschaft durch die Treuhandanstalt beteiligt. Dabei offenbarte sich frühzeitig ein Konflikt mit dem Bundesministerium der Finanzen, dem entsprechend der allgemeinen Aufgabenstellung der Treuhandanstalt an einer möglichst zügigen und weitgehenden Privatisierung der land- und forstwirtschaftlichen Nutzflächen gelegen war[1388]. Wie auch die Treuhandanstalt[1389] favorisierte das Bundesministerium für Ernährung, Landwirtschaft und Forsten indes, gestützt auf die Regelung des § 1 Absatz 6 TreuhG, wonach den Besonderheiten der Land- und Forstwirtschaft Rechnung zu tragen ist, eine Verwertung landwirtschaftlicher Nutzflächen durch den Abschluß langfristiger Pachtverträge mit einer Laufzeit von bis zu 12 Jahren, um insbesondere negative Auswirkungen auf das Niveau der Bodenpreise zu verhindern. Bereits im Rahmen der zwischen dem Bundesministerium der Finanzen, dem Bundesministerium für Wirtschaft und dem Bundesministerium für Ernährung, Landwirtschaft und Forsten erfolgten Abstimmung zu dem "Konzept für die Verwertung der volkseigenen land- und forstwirtschaftlichen Flächen"[1390] der Treuhandanstalt haben sich das Bundesministerium für Ernährung, Landwirtschaft und Forsten und die Treuhandanstalt, in dieser Frage auch von den Landwirtschaftsministerien der neuen Bundesländer unterstützt[1391], insoweit gegenüber dem Bundesministerium der Finanzen durchsetzen können, als daß dieses Konzept auf

1388 Staatssekretär im Bundesministerium für Ernährung, Landwirtschaft und Forsten Eisenkrämer, zitiert in: Deutscher Bundestag, 12. WP, Beschlußempfehlung und Bericht des 2. Untersuchungsausschusses "Treuhandanstalt" v. 29.08.1994, Minderheitenvotum des Berichterstatters der SPD-Fraktion (Berichtsentwurf des Ausschußsekretariats), BT-Drs. 12/8404, S. 735.

1389 Generalbevollmächtigter des Sondervermögens Land- und Forstwirtschaft der Treuhandanstalt, Rohr, zitiert in: Protokoll der Konstituierenden Sitzung des Beirats des Sondervermögens Land- und Forstwirtschaft am 28.01.1991, Nachdruck in: Treuhandanstalt (Hrsg.), Dokumentation 1990-1994, Band 8, S. 278 (283).

1390 Vgl. Treuhandanstalt, Vorlage für den Verwaltungsrat der Treuhandanstalt "Konzept für die Verwertung der volkseigenen land- und forstwirtschaftlichen Flächen" v. 18.07.1991, Nachdruck in: Treuhandanstalt (Hrsg.), Dokumentation 1990-1994, Band 8, S. 289 (293).

1391 Vgl. Staatssekretär im Ministerium für Ernährung, Landwirtschaft und Forsten des Landes Mecklenburg-Vorpommern, Roeloffs, zitiert in: Protokoll der Konstituierenden Sitzung des Beirats des Sondervermögens Land- und Forstwirtschaft am 28.01.1991, Nachdruck in: Treuhandanstalt (Hrsg.), Dokumentation 1990-1994, Band 8, S. 278 (282).

der Annahme fußt, zunächst werde die Verpachtung der zur Verfügung stehenden Flächen im Vordergrund stehen[1392].

Die "Richtlinie für die Durchführung der Verwaltung und Verwertung (ehemals) volkseigener land- und forstwirtschaftlicher Flächen" der Treuhandanstalt vom 26. Juni 1992 räumte indes im Falle gleicher wirtschaftlicher Auswirkungen für die Treuhandanstalt dem Flächenverkauf Vorrang vor der Verpachtung ein[1393]. Diese Richtlinie war Gegenstand einer breiten öffentlichen Diskussion. Auf politischer Ebene fand hierzu am 16. November 1992 eine Tagung unter der Leitung des Chefs des Bundeskanzleramts Bohl statt. Hierbei wurde ein Konzept zur "Verwertung ehemals volkseigener landwirtschaftlichen Flächen" (sog. "Bohl-Papier") verabschiedet, welches u.a. in einer ersten Phase den Vorrang der Verpachtung vor dem Verkauf festschrieb[1394]. Die Treuhandanstalt hatte daraufhin auf förmliches Geheiß des Bundesministeriums der Finanzen[1395] ihre bisherige Richtlinie entsprechend anzupassen[1396].

Das Bundesministerium für Ernährung, Landwirtschaft und Forsten hat sich mithin in dieser Grundsatzfrage gegenüber dem Bundesministerium der Finanzen vollständig durchsetzen und seine Auffassung zur verbindlichen Leitlinie für das Handeln der Treuhandanstalt machen können[1397]. Hierzu mag der Umstand beigetragen haben, das der damalige Staatssekre-

1392 Vgl. Treuhandanstalt, Vorlage für den Verwaltungsrat der Treuhandanstalt "Konzept für die Verwertung der volkseigenen land- und forstwirtschaftlichen Flächen" v. 18.07.1991, Nachdruck in: Treuhandanstalt (Hrsg.), Dokumentation 1990-1994, Band 8, S. 289 (292).

1393 Ziffer 2.3 Satz 1 der Richtlinie für die Durchführung der Verwertung und Verwaltung volkseigener land- und forstwirtschaftlicher Flächen, Nachdruck in: Treuhandanstalt (Hrsg.), Dokumentation 1990-1994, Band 8, S. 302 ff.

1394 Ziffer I des "Bohl-Papiers", Nachdruck in: Treuhandanstalt (Hrsg.), Dokumentation 1990-1994, Band 8, S. 315.

1395 Schreiben des Leiters der Abteilung VIII im Bundesministerium der Finanzen John v. Freyend an das Mitglied des Vorstands der Treuhandanstalt Rexroth v. 02.12.1992 (VIII B 3 – FB 5501 – 529/92), Nachdruck in: Treuhandanstalt (Hrsg.), Dokumentation 1990-1994, Band 8, S. 314.

1396 Vgl. Treuhandanstalt, Richtlinie zur Anpassung der Treuhandrichtlinie v. 26.06.1992 an die Verpachtungsgrundsätze des unter Leitung des Bundeskanzleramtes am 16.11.1992 beschlossenen Privatisierungskonzeptes v. 22.06. 1993, Nachdruck in: Treuhandanstalt (Hrsg.), Dokumentation 1990-1994, Band 8, S. 312 f.

1397 Deutscher Bundestag, 12. WP, Beschlußempfehlung und Bericht des 2. Untersuchungsausschusses "Treuhandanstalt" v. 29.08.1994, BT-Drs. 12/8404, S. 127. Der Position des Bundesministeriums der Finanzen wurde zugleich insotär im Bundesministerium für Ernährung, Landwirtschaft und Forsten den Vorsitz im Beirat des Sondervermögens Land- und Forstwirtschaft der Treuhandanstalt innehatte. Diesem Gremium gehörten neben Vertretern des Bundesministeriums für Ernährung, Landwirtschaft und Forsten, dem Bundesministerium der Finanzen und dem Bundesministerium für Wirtschaft auch Vertreter der Landwirtschaftsministerien der Länder Brandenburg, Mecklenburg-Vorpommern, Sachsen, Sachsen-Anhalt und Thüringen sowie der einschlägigen Verbände und landwirtschaftlich orientierten Banken an[1398]. Schon wegen seiner Zusammensetzung kam dem Beirat insbesondere bei der Erarbeitung grundsätzlicher Weichenstellungen eine Schlüsselrolle zu.

Darüber hinaus vermochte das Bundesministerium für Ernährung, Landwirtschaft und Forsten über die Entsendung von Mitarbeitern in die Aufsichtsräte der BVVG Bodenverwertungs- und -verwaltungs GmbH sowie der Deutschen Fischwirtschaft AG, Rostock, Einfluß zu nehmen.

cccc) Bundesministerium für Raumordnung, Bauwesen und Städtebau

Das Bundesministerium für Raumordnung, Bauwesen und Städtebau hat namentlich auf die Privatisierung des der Treuhandanstalt anvertrauten Wohnungsbestandes[1399] Einfluß genommen. Angesichts der sozialen Sensibilität dieser Aufgabe konnte das Bundesministerium für Raumordnung, Bauwesen und Städtebau durchsetzen, daß den Zielen der Sozialverträglichkeit und breiten Eigentumsbildung in der Hand der bisherigen Mieter Vorrang vor dem treuhandgesetzlichen Zügigkeitsgebot eingeräumt wurde[1400]. Um der besonderen Aufgabenstellung Rechnung zu tragen, richtete die Treuhandanstalt einen von einer eigens eingerichteten, gesonderten

weit Rechnung getragen, als die Treuhandanstalt von der Wahrnehmung der langfristigen Verwaltungs- und Verwertungsaufgabe durch deren Delegation auf die hierzu gegründete funktionale Beteiligungsgesellschaft Bodenverwertungs- und -verwaltungsgesellschaft mbH (BVVG) entlastet wurde.

1398 Treuhandanstalt, Liste der Teilnehmer an der Konstituierenden Sitzung des Beirats des Sondervermögens Land- und Forstwirtschaft am 28.01.1991, Nachdruck in: Treuhandanstalt (Hrsg.), Dokumentation 1990-1994, Band 8, S. 276.

1399 Etwa 210.000 Wohnungseinheiten; Treuhandanstalt, Vorlage für den Gesamtvorstand "Privatisierung des Wohnungsbestandes der Treuhandanstalt" v. 28.09.1992, Nachdruck in: Treuhandanstalt (Hrsg.), Dokumentation 1990-1994, Band 8, S. 508 (514).

1400 Vgl. Treuhandanstalt, Vorlage für den Gesamtvorstand "Privatisierung des Wohnungsbestandes der Treuhandanstalt" v. 28.09.1992, Nachdruck in: Treuhandanstalt (Hrsg.), Dokumentation 1990-1994, Band 8, S. 508 (514).

Stelle innerhalb der Liegenschaftsgesellschaft der Treuhandanstalt mbH (TLG) betreuten Wohnungspool ein. Zugleich erfolgte die Einrichtung des Fachbeirats Wohnungsprivatisierung bei der Liegenschaftsgesellschaft der Treuhandanstalt mbH (TLG), in welchem das Bundesministerium für Raumordnung, Bauwesen und Städtebau vertreten war.

Daneben beteiligte sich das Bundesministerium für Raumordnung, Bauwesen und Städtebau auch weiterhin[1401] im Bereich der Liegenschaftsveräußerungen an der Immobilienwertermittlung. Dies erfolgte vor allem durch den Fachbeirat für die Bewertung von Liegenschaften der Treuhandanstalt (Fachbeirat Bewertung), dessen Vorsitzenden das Bundesministerium für Raumordnung, Bauwesen und Städtebau stellte. Dieses Gremium hatte die Aufgabe, Vorstand und Verwaltungsrat der Treuhandanstalt insbesondere bei der Anwendung geeigneter Wertermittlungsverfahren und sonstiger Wertermittlungsgrundlagen, bei der Auswahl geeigneter Gutachter und bei der Privatisierung von Liegenschaften aus immobilienwirtschaftlicher Sicht zu beraten und zu unterstützen; ihm oblag die Prüfung von Wertgutachten für besonders wertvolle oder grundsätzlich bedeutsame Liegenschaften[1402].

dddd) Bundesministerium des Innern

Das Bundesministerium des Innern hatte vor allem auf drei Gebieten Berührung mit der Treuhandanstalt: im Zusammenhang mit der von der Treuhandanstalt vorzunehmenden Kommunalisierung, bei der der Treuhandanstalt obliegenden treuhänderischen Verwaltung des Vermögens der Parteien und Massenorganisationen der ehemaligen Deutschen Demokratischen Republik sowie schließlich bei der der Treuhandanstalt übertragenen Privatisierung des Vermögens des ehemaligen Staatssicherheitsdienstes der DDR[1403].

Als das innerhalb der Bundesregierung für Angelegenheiten des Kommunalwesens zuständige Ressort war das Bundesministerium des Innern fachlich in Fragen der Kommunalisierung beteiligt.

1401 Wie zuvor geschildert, hatte sich das Bundesministerium für Raumordnung, Bauwesen und Städtebau bereits an der Erstellung der Arbeitsrichtlinie zur vorläufigen Bewertung von Grund und Boden beteiligt; s.o. Teil II Ziffer I.1.b).

1402 § 1 Absatz 1, 2 Geschäftsordnung des Fachbeirats für die Bewertung von Liegenschaften der Treuhandanstalt, Nachdruck in: Treuhandanstalt (Hrsg.), Dokumentation 1990-1994, Band 8, S. 415.

1403 Ministerium für Staatssicherheit sowie Amt für Nationale Sicherheit als dessen Nachfolgeorganisation.

Die Hilfe beim Aufbau einer leistungsfähigen Verwaltung in den neuen Ländern, insbesondere auf kommunaler Ebene, zu welcher auch die Unterstützung in Fragen des Kommunalvermögens gerechnet wurde, hat das Bundesministerium des Innern als zentrale Aufgabe der Innenpolitik angesehen und zur Wahrnehmung dieser Aufgabe besondere binnenorganisatorische Maßnahmen ergriffen. Im Frühjahr 1991 richtete der Bundesminister des Innern einen besonderen "Arbeitsstab Neue Länder" unter Leitung des zum Beauftragten der Bundesregierung für die neuen Länder berufenen beamteten Staatssekretärs Dr. Walter Priesnitz[1404] ein[1405]. Der Arbeitsstab Neue Länder wählte Fragen des kommunalen Vermögens zu einem seiner Tätigkeitsschwerpunkte[1406] und betraute hiermit eine der fünf innerhalb des Arbeitsstabes Neue Länder gebildeten Arbeitsgruppen[1407].

Aufgrund des fortschreitenden Aufbaus der Kommunalverwaltung in den neuen Ländern konnte der Arbeitsstab Neue Länder nach zwanzigmonatiger Tätigkeit bereits Ende 1992 wieder aufgelöst werden. Die bestehenden Arbeitseinheiten wurden in die neugebildete Abteilung Berlin des Bundesministeriums des Innern integriert, wo sie ihre Tätigkeit fortsetzten. Ende Dezember 1993 wurde die Abteilung Berlin ihrerseits in die neue Abteilung "Innenpolitische Grundsatzfragen, Deutsche Einheit, Politische Bildung" eingegliedert[1408].

Durch die Veröffentlichung der Arbeitsanleitung zur Übertragung des kommunalen Vermögens vom 16. November 1990 prägte das Bundesministerium des Innern das entsprechende Verfahren. Neben der Unterstützung der Kommunen bei der Antragstellung durch die vorerwähnte Arbeitsgruppe Kommunalvermögen seines Arbeitsstabes Neue Länder führte das Bundesministerium des Innern zahlreiche sog. regionale Kommunalkonferenzen durch[1409], bei denen Vertreter der Kommunen und der Treuhandan-

1404 Priesnitz war im Zuge der am 18. Januar 1991 erfolgten Auflösung des Bundesministeriums für innerdeutsche Beziehungen, dem er zuletzt ebenfalls als beamteter Staatssekretär angehört hatte, in das Bundesministerium des Innern gewechselt.

1405 Presse- und Informationsamt der Bundesregierung (Hrsg.), Jahresbericht der Bundesregierung 1991, S. 111.

1406 Presse- und Informationsamt der Bundesregierung (Hrsg.), Jahresbericht der Bundesregierung 1992, S. 135.

1407 Bundesministerium des Innern, Hinweise zur Übertragung kommunalen Vermögens, in: Infodienst Kommunal Nr. 61 v. 20.11.1992.

1408 Presse- und Informationsamt der Bundesregierung (Hrsg.), Jahresbericht der Bundesregierung 1993, S. 137.

1409 Treuhandanstalt, Kommunalisierung gibt Städten, Gemeinden und Kreisen Handlungsfähigkeit, Nachdruck in: Treuhandanstalt (Hrsg.), Dokumentation 1990-1994, Band 8, S. 1011 (1019); Staatssekretär beim Bundesminister des Innern Priesnitz, in: Hill (Hrsg.), Erfolg im Osten, S. 13 (16).

stalt zusammengeführt wurden, um Informationsdefizite zu beseitigen[1410] und Lösungen zu grundsätzlichen wie auch Einzelproblemen zu erarbeiten[1411].

Das Bundesministerium des Innern ist weiterhin, wie sich u.a. aus § 2 PVKV ergibt, für Angelegenheiten der Unabhängigen Kommission zur Überprüfung des Vermögens der Parteien und Massenorganisationen der ehemaligen Deutschen Demokratischen Republik zuständig. Daher hatte der Bundesminister der Finanzen bei fachaufsichtsrechtlichen Maßnahmen gegenüber der Treuhandanstalt, die deren Tätigkeit als treuhänderischer Verwalter des Vermögens der Parteien und Massenorganisationen der ehemaligen Deutschen Demokratischen Republik betrafen, das Einvernehmen mit dem Bundesminister des Innern herzustellen. Dies erfolgte vor allem im unmittelbaren Kontakt zwischen dem zuständigen Referat VIII B 2 im Bundesministerium der Finanzen und dem im Bundesministerium des Innern zuständigen Referat V I 7 bzw. später V II 5. Außerdem nahmen an den Sitzungen der Unabhängigen Kommission neben Vertretern des Bundesministeriums des Innern zumeist auch Vertreter des Bundesministeriums der Finanzen teil. Bei zu treffenden bedeutsamen Entscheidungen wurden die für das jeweilige Haus anzufertigenden Vorlagen abgestimmt bzw. mitgezeichnet[1412].

Zugleich ist das im November 1990 auf der Grundlage des 3. Nachtragshaushalts für 1990 eingerichtete Sekretariat der Unabhängigen Kommission organisatorischer Bestandteil des Bundesministeriums des Innern[1413]. Mithin hat dieser Teil des Bundesministeriums des Innern mit der Treuhandanstalt insoweit operativ zusammengearbeitet, als diese bei der treuhänderischen Verwaltung des Vermögens der Parteien und Massenorganisationen der ehemaligen Deutschen Demokratischen Republik sowie dessen Rückführung an früher Berechtigte, dessen Verwendung zu gemeinnüt-

1410 Vgl. Präsidentin der Treuhandanstalt Breuel, Schreiben an den Parlamentarischen Staatssekretär beim Bundesminister des Innern Waffenschmidt v. 28.11.1991, Nachdruck in: Treuhandanstalt (Hrsg.), Dokumentation 1990-1994, Band 8, S. 181; Staatssekretär beim Bundesminister des Innern Priesnitz, in: Hill (Hrsg.), Erfolg im Osten, S. 13 (16).

1411 Treuhandanstalt, Zwischenbilanz in der Kommunalvermögensübertragung, Nachdruck in: Treuhandanstalt (Hrsg.), Dokumentation 1990-1994, Band 8, S. 996.

1412 Bundesministerium des Innern, Schreiben v. 15.03.1995 (V II 5 – 122 650 II Unger) an den Verfasser.

1413 Unabhängige Kommission zur Überprüfung des Vermögens der Parteien und Massenorganisationen der DDR, Zwischenbericht, in: BT-Drs. 12/622, S. 6.

zigen Zwecken oder Freigabe zugunsten der betreffenden Organisation das Einvernehmen mit der Unabhängigen Kommission herzustellen hatte.

In den Geschäftsbereich des Bundesministerium des Innern fiel schließlich auch die Vermögensabwicklung des ehemaligen Staatssicherheitsdienstes der DDR. Durch Erlaß übertrug das Bundesministeriums des Innern diese Aufgabe ab 1. Januar 1991 dem Bundesverwaltungsamt[1414]. Das Bundesverwaltungsamt als selbständige Bundesoberbehörde im Geschäftsbereich des Bundesministeriums des Innern hatte mit seiner zeitweilig eingerichteten Außenstelle in Berlin und den neuen Ländern das bewegliche und unbewegliche Vermögen des Ministeriums für Staatssicherheit und seines Nachfolgers, des Amtes für Nationale Sicherheit, zu identifizieren, zu erfassen und zu sichern.

Mit § 1 Absatz 1 Satz 1 der am 12. September 1990 beschlossenen 4. DVO z. TreuhG[1415] hatte der Ministerrat der Treuhandanstalt zum 1. Oktober 1990 das Vermögen des ehemaligen Staatssicherheitsdienstes übertragen.

Auf der Grundlage der oben[1416] geschilderten Überlegung des LG Potsdam zur 2. DVO z. TreuhG müßte die Berechtigung des Ministerrates zum Erlaß der 4. DVO z. TreuhG ebenfalls bezweifelt werden[1417]. Die Bedenken sind jedoch aus den ebenfalls oben[1418] dargestellten Gründen unbegründet[1419].

Auch nach den Bestimmungen des Einigungsvertrages zur Verteilung von Verwaltungs- und Finanzvermögen steht der Treuhandanstalt dieses Vermögen zu[1420]. Eine generelle Aufteilung nach dem Prinzip der Funktionsnachfolge (bzw. der funktionsadäquaten Amtsausstattung entsprechend der Ver-

1414 Deutscher Bundestag, 13. WP, Beschlußempfehlung und Bericht des 2. Untersuchungsausschusses "DDR-Vermögen" v. 28.05.1998, BT-Drs. 13/10900, Band 1, S. 183; s. a. Presse- und Informationsamt der Bundesregierung (Hrsg.), Jahresbericht der Bundesregierung 1991, S. 88; Presse- und Informationsamt der Bundesregierung (Hrsg.), Jahresbericht der Bundesregierung 1995, S. 134 f.

1415 GBl. I S. 1465.

1416 S.o. Teil II Ziffer II.1.e)bb).

1417 Wilhelms, in: VIZ 1994, 641 (642).

1418 S.o. Teil II Ziffer II.1.e)bb).

1419 Auch der BGH, DtZ 1993, S. 59 (61), geht von der Wirksamkeit der 4. DVO z. TreuhG aus.

1420 Artikel 21 Absatz 1 Satz 2, Artikel 22 Absatz 1 Satz 2 EinigungsV; Presse- und Informationsamt der Bundesregierung (Hrsg.), Jahresbericht der Bundesregierung 1994, S. 126.

waltungskompetenz[1421]), insbesondere zugunsten von Verfassungsschutz und Nachrichtendiensten, schied in diesem Fall – weitgehend[1422] – aus[1423].

Der Treuhandanstalt oblag, wie § 2 der 4. DVO z. TreuhG in seiner ursprünglichen Fassung auch ausdrücklich vorsah, die Privatisierung dieses Vermögens nach Maßgabe des Treuhandgesetzes. Damit hatte sich die Regierung de Maizière über Anfang 1990 geäußerte Forderungen nach sozialer Verwendung statt "marktwirtschaftlicher Ausnutzung" aus Kreisen des Zentralen Runden Tisches hinweggesetzt. Zugleich hatte § 2 Satz 2 der 4. DVO z. TreuhG ausdrücklich auf bestehende Vermögensansprüche der Gebietskörperschaften aufmerksam gemacht.

Beide Bestimmungen hatten lediglich deklaratorischen Charakter. Sowohl der Privatisierungs- wie auch der Kommunalisierungsauftrag waren bereits im Treuhandgesetz verankert, auf welches § 2 der 4. DVO z. TreuhG in toto Bezug nimmt. Der Auftrag an die Treuhandanstalt änderte sich deshalb nicht, als im Zuge der Überführung in das Recht der vereinten Bundesrepublik § 2 der 4. DVO z. TreuhG gestrichen wurde[1424].

Die Aufklärung des MfS / AfNS-Vermögens bereitete größere Schwierigkeiten. Auch die Treuhandanstalt beteiligte sich an der Nachforschung nach MfS / AfNS-Vermögen. Bei der Überprüfung von Geldabhebungen von MfS-Konten bei der Staatsbank der DDR und der Betriebssparkasse des Ministeriums für Staatssicherheit[1425] wirkten Bundesverwaltungsamt, Treuhandanstalt und die Zentrale Ermittlungsstelle für Regierungs- und Vereinigungskriminalität im Rahmen einer gemeinsamen Arbeitsgruppe zusammen[1426].

1421 Ipsen / Koch, in: DVBl. 1993, S. 1 (5); Löwer, in: SächsVBl. 1993, S. 97 (100).

1422 In einigen Teilbereichen ist es dennoch zu einer Funktions- und damit verbundenen Vermögensnachfolge gekommen.

1423 Den ursprünglichen Plan, den Staatssicherheitsdienst nicht aufzulösen, sondern in einen Nachrichtendienst und einen Verfassungsschutz aufzuspalten, mußte die Regierung Modrow aufgeben; s. Gill / Schröter, Das Ministerium für Staatssicherheit, S. 179-181.

1424 Artikel 3 Ziffer 10 der Vereinbarung z. EinigungsV.

1425 Zur Betriebssparkasse des MfS: Deutscher Bundestag, 13. WP, Beschlußempfehlung und Bericht des 2. Untersuchungsausschusses "DDR-Vermögen" v. 28.05.1998, BT-Drs. 13/10900, Band 1, S. 184.

1426 Deutscher Bundestag, 13. WP, Beschlußempfehlung und Bericht des 2. Untersuchungsausschusses "DDR-Vermögen" v. 28.05.1998, BT-Drs. 13/10900, Band 1, S. 143.

eeee) Exkurs: Das der Treuhandanstalt zugewiesene Vermögen des ehemaligen Staatssicherheitsdienstes der DDR

Der Staatssicherheitsdienst hatte ursprünglich über ein beträchtliches Immobiliar- und Mobiliarvermögen verfügt. Neben den Verwaltungsgebäuden standen beispielsweise etwa 18.000 Wohnungen, 305 Erholungsobjekte, ein eigenständiges Hochschul- und Gesundheitswesen mit Kliniken und Ambulatorien und rund 19.500 Fahrzeuge für Zwecke des Ministeriums der Staatssicherheit zur Verfügung[1427]. Hinzu kamen fünf Kombinate für sog. "Sondertechnik"[1428], die sich beispielsweise mit der Herstellung von Spionage-, Abhör- und Sicherungsanlagen beschäftigten[1429]. Schätzungen aus 1990 sprechen von einem Gesamtwert von zwischen 20 und 60 Mrd. DM[1430]. Das Bundesministerium der Finanzen gab 1996 den Wert des festgestellten Vermögens des ehemaligen Staatssicherheitsdienstes der DDR indes mit lediglich rund drei Mrd. DM an[1431].

Legendierte Objekte

Umstritten ist, ob auch sog. "legendierte Objekte" zu den der Treuhandanstalt übereigneten Vermögensgegenständen zu zählen sind. Dabei handelte es sich insbesondere um Immobilien, die von Privaten mit Mittel des Staatssicherheitsdienstes erworben worden waren und dem Staatssicherheitsdienst für konspirative Zwecke zur Verfügung standen[1432]. Wegen der Ei-

1427 Komitee zur Auflösung des Amtes für Nationale Sicherheit, Faktenmaterial zur Auflösung des MfS / AfNS; s. a. Fricke, in: DA 1990, S. 242 (243); ders., in: DA 1990, S. 1881 (1886); Gill / Schröter, Das Ministerium für Staatssicherheit, S. 90-94.

1428 Schaefgen, in: DtZ 1992, S. 130.

1429 Vgl. zum "Ingenieurbau für wissenschaftlichen Gerätebau" Bericht der Arbeitsgruppe Sicherheit des Zentralen Runden Tisches am 12.03.1990, Nachdruck in Gill / Schröter, Das Ministerium für Staatssicherheit, S. 235 ff. (242-243); s. dazu auch Gill / Schröter, Das Ministerium für Staatssicherheit, S. 256.

1430 Komitee zur Auflösung des Amtes für Nationale Sicherheit, Bericht über die Auflösungshandlungen im Aufgabenbereich materielle Fonds, S. 3, Nachdruck in: Deutscher Bundestag, 13. WP, Beschlußempfehlung und Bericht des 2. Untersuchungsausschusses "DDR-Vermögen" v. 28.05.1998, BT-Drs. 13/10900, Band 2, S. 653 ff.

1431 Deutscher Bundestag, 13. WP, Beschlußempfehlung und Bericht des 2. Untersuchungsausschusses "DDR-Vermögen" v. 28.05.1998, BT-Drs. 13/10900, Band 1, S. 183.

1432 Unklar ist der Umfang dieser Objekte. Während Schaefgen, in: DtZ 1992, S. 130, und Prugger, Die Nachfolge in das Vermögen der ehemaligen DDR, S. 109, von mehr als 300 Objekten sprechen, gibt Fricke, in: DA 1990, S. 1881 gentümerstellung Dritter wird die Auffassung vertreten, diese Objekte seien einer Verwertung durch die Treuhandanstalt entzogen[1433]. Dem kann nicht gefolgt werden. Das formal existente, durch Grundbucheintrag ausgewiesene Privateigentum fand real keine Entsprechung. Vielmehr handelte es sich um eine zu Konspirationszwecken errichtete Scheinposition, denn die durch das Eigentumsrecht typischerweise vermittelte Verfügungsgewalt stand dem Staatssicherheitsdienst zu, welcher – wie bereits erwähnt – auch die Mittel zum Erwerb der Objekte zur Verfügung gestellt hatte. Das auf die Grundbucheintragung reduzierte, der Verschleierung tatsächlicher Verhältnisse dienende Eigentum eines Dritten kann keine rechtlich anzuerkennende Rechtsposition sein. Insbesondere kann diese bloß formale, zu konspirativen Zwecken eingenommene Position nicht im Zuge des Vereinigungsprozesses durch Respektierung der Grundbuchlage zu unangefochtenem Voll-Eigentum aufgewertet worden sein. Daher ist umgekehrt davon auszugehen, daß auch legendierte Objekte Eigentum der Treuhandanstalt geworden sind.

Für die hier vertretene Auffassung spricht auch der Wortlaut des § 1 Satz 1 der 4. DVO z. TreuhG. Dort ist ausdrücklich davon die Rede, daß auch die lediglich im Besitz des Staatssicherheitsdienstes stehenden Grundstücke, Gebäude und baulichen Anlagen der Treuhandanstalt zum 1. Oktober 1990 übertragen sind[1434]. Auch der Einigungsvertrag stellt nicht auf eine förmliche Rechtsstellung des Staatssicherheitsdienstes, sondern lediglich auf die tatsächliche überwiegende Nutzung von Vermögensgegenständen für Aufgaben des Staatssicherheitsdienstes ab[1435].

Bereich Kommerzielle Koordinierung

Schwierigkeiten bereitet die Frage, ob das dem Bereich Kommerzielle Koordinierung zuzuordnende Vermögen in Gänze oder zumindest in Teilen ebenfalls als Vermögen des Staatssicherheitsdienstes anzusehen ist. Das

(1886), unter Berufung auf das vom Staatlichen Komitee zur Auflösung des Amtes für Nationale Sicherheit herausgegebene "Faktenmaterial zur Auflösung des MfS / AfNS" die Zahl der zu konspirativen Zwecken genutzten Wohnungen mit 5.503 an.

1433 Schaefgen, in: DtZ 1992, S. 130.

1434 Wie hier LG Dresden, VIZ 1994, S. 199 mit zustimmender Anmerkung Wilhelms, in: VIZ 1994, S. 200 (202); Wilhelms, in: VIZ 1994, S. 641 (646).

1435 Artikel 21 Absatz 1 Satz 2 (1. HS), Artikel 22 Absatz 1 Satz 2 (1. HS) EinigungsV; dazu Prugger, Die Nachfolge in das Vermögen der ehemaligen DDR, S. 108 f., 120.

Landgericht Berlin[1436] hat ebenso wie das Kammergericht[1437] die Feststellung getroffen, der Bereich Kommerzielle Koordinierung habe dem Ministerium für Staatssicherheit unterstanden, diesem Bereich zuzuordnendes Vermögen sei daher gemäß Artikel 22 Absatz 1 Satz 2 EinigungsV auf die Treuhandanstalt übergegangen.

Die Bundesregierung[1438], aber auch die Treuhandanstalt selber[1439] vertraten hingegen die Auffassung, Vermögen des Bereiches Kommerzielle Koordinierung sei Finanzvermögen im Sinne des Artikel 22 Absatz 1 Satz 1 EinigungsV, welches nicht überwiegend für Aufgaben des Staatssicherheitsdienstes genutzt worden sei. Hierfür spricht, daß der Bereich Kommerzielle Koordinierung – ursprünglich im Ministerium für Außenhandel gegründet und formal immer als "Ministerium für Außenhandel – Bereich Kommerzielle Koordinierung" geführt – zuletzt dem Sekretär für Wirtschaft des Zentralkomitees der SED[1440], Günter Mittag, unterstellt war[1441]. Zwar hatte auch der Staatssicherheitsdienst Entscheidungsbefugnisse inne, jedoch nur, soweit neben der ökonomischen auch "operative" Tätigkeiten

1436 LG Berlin, 9 O 415/91 sowie LG Berlin, 9 O 416/91; beide Entscheidungen sind referiert in: BT-Drs. 12/7600, S. 413 f., letztere bei Prugger, Die Nachfolge in das Vermögen der ehemaligen DDR, S. 218 ff.; zustimmend Kohler, in: EWiR 1993, S. 257; s. a. Denny / Wastl, in: DtZ 1993, S. 75 (77); anders noch LG Berlin, 9 O 255/91, referiert bei Prugger, Die Nachfolge in das Vermögen der ehemaligen DDR, S. 129 und 215.

1437 KG, 9 U 4993/91, referiert bei Prugger, Die Nachfolge in das Vermögen der ehemaligen DDR, S. 215 ff.

1438 Bundesministerium der Finanzen, Erlaß v. 13.05.1992 (VIII B 2 – FB 5045 – 201/92, VI C 4 – O 1002 – 476/92), Nachdruck in: Treuhandanstalt (Hrsg.), Dokumentation 1990-1994, Band 9, S. 217; vgl. den Bericht über die Berufung der Bundesrepublik Deutschland gegen die Entscheidung des LG Berlin, 9 O 415/91, zum KG (AZ 9 U 6065/92) in: BT-Drs. 12/7600, S. 413.

1439 Treuhandanstalt, Handbuch Vermögenszuordnung, Nachdruck in: Treuhandanstalt (Hrsg.), Dokumentation 1990-1994, Band 8, S. 766 (820 f.).

1440 Zur Qualifizierung des Bereiches Kommerzielle Koordinierung als Staats-, nicht Parteivermögen s. Deutscher Bundestag, 12. WP, Bericht des 1. Untersuchungsausschusses "Kommerzielle Koordinierung" v. 27.05.1994, BT-Drs. 12/7600, S. 417 f.; Prugger, Die Nachfolge in das Vermögen der ehemaligen DDR, S. 234.

1441 Ziffer 2 Satz 2 der "Maßnahmen zur Durchsetzung des Beschlusses des Politbüros des ZK der SED" v. 02.11.1976; "Interne Ordnung für die Arbeit des Bereiches Kommerzielle Koordinierung" v. 10.03.1977 (a. E.); Nachdruck beider Dokumente in: Prugger, Die Nachfolge in das Vermögen der ehemaligen DDR, S. 275 f.

anfielen[1442]. Wegen der "operativen" Aufgaben, die innerhalb des Bereiches Kommerzielle Koordinierung wahrgenommen wurden, bestanden auch in personeller, disziplinarischer Hinsicht gegenüber dem Ministerium für Staatssicherheit Unterstellungsverhältnisse; jeder sechste Mitarbeiter des Bereiches Kommerzielle Koordinierung gehörte zugleich der Arbeitsgruppe Kommerzielle Koordinierung im Ministerium für Staatssicherheit an[1443]. Diese enge Verzahnung erklärt sich mit dem Bemühen des Staatssicherheitsdienstes, in Zusammenarbeit insbesondere mit der Hauptabteilung I des Bereiches Kommerzielle Koordinierung Embargogüter[1444] aus dem westlichen Ausland zu beschaffen[1445]. Dafür hatte der Staatssicherheitsdienst die Abschirmung des Bereiches Kommerzielle Koordinierung mit geheimdienstlichen Mitteln zu besorgen[1446]. Prugger[1447] hat jedoch nachgewiesen, daß sich diese Kooperation lediglich auf einen Teilbereich der Aktivitäten des Bereiches Kommerzielle Koordinierung beschränkte und daher nicht den Schluß zuläßt, der Bereich Kommerzielle Koordinierung sei überwiegend für Aufgaben des Staatssicherheitsdienstes genutzt worden[1448].

1442 Minister für Staatssicherheit, "Regelung für die Arbeit mit Firmen operativer Diensteinheiten des MfS, die dem Bereich Kommerzielle Koordinierung auf dem Gebiet des Außenhandels zugeordnet sind" v. 01.09.1980, Nachdruck in: Prugger, Die Nachfolge in das Vermögen der ehemaligen DDR, S. 277 (278).

1443 Herbst / Ranke / Winkler, So funktionierte die DDR, Stichwort "Kommerzielle Koordinierung", Band 1, S. 523 (524 f.); Treuhandanstalt (Bereich AHB), Der Bereich Kommerzielle Koordinierung, Nachdruck in: Treuhandanstalt (Hrsg.), Dokumentation 1990-1994, Band 9, S. 222.

1444 Dazu Prugger, Die Nachfolge in das Vermögen der ehemaligen DDR, S. 202 (Fn. 278).

1445 Herbst / Ranke / Winkler, So funktionierte die DDR, Stichwort "Kommerzielle Koordinierung", Band 1, S. 523 (525); Treuhandanstalt (Bereich AHB), Der Bereich Kommerzielle Koordinierung, Nachdruck in: Treuhandanstalt (Hrsg.), Dokumentation 1990-1994, Band 9, S. 222 (223).

1446 Gill / Schröter, Das Ministerium für Staatssicherheit, S. 46.

1447 Prugger, Die Nachfolge in das Vermögen der ehemaligen DDR, S. 234 ff.

1448 Herbst / Ranke / Winkler, So funktionierte die DDR, Stichwort "Kommerzielle Koordinierung", Band 1, S. 523 (524), stellen hierzu fest, der Bereich Kommerzielle Koordinierung sei zwar Gegenstand besonderen Interesses und besonderer Schutzvorkehrungen seitens des Staatssicherheitsdienstes gewesen, was aber dessen formelle wie tatsächliche Zuordnung unangetastet gelassen habe.

Zuführung zu sozialen oder öffentlichen Zwecken
Von der Übertragung auf die Treuhandanstalt sollte nach § 1 Absatz 1 Satz 2 der 4. DVO z. TreuhG solches Vermögen ausgenommen bleiben,

> "für das in der Zeit vom 1. Oktober 1989 bis zum 30. September 1990 durch das Komitee zur Auflösung des Amtes für Nationale Sicherheit die Entscheidung zur Übertragung an Dritte für soziale und öffentliche Zwecke ergangen ist".

Mit der Sanktionierung von Nutzungsänderungen zu sozialen und öffentlichen Zwecken nahm der Verordnungsgeber zumindest für abgeschlossene Vorgänge Rücksicht auf die Position des Zentralen Runden Tisches, der Anfang 1990 für den Vorrang sozialer Verwendung vor "marktwirtschaftlicher Ausnutzung" des Vermögens des Staatssicherheitsdienstes eingetreten war[1449].

Tatsächlich waren zum 30. September 1990 bereits größere Teile des Vermögens des ehemaligen Staatssicherheitsdienstes, insbesondere Mobilien, aber auch Liegenschaften im Besitze Dritter[1450]. Das der Treuhandanstalt zugefallene, überwiegend aus Immobilien bestehende Vermögen hatte nach Angabe der Treuhandanstalt von Oktober 1992 noch einen Wert von 4,5 Mrd. DM[1451]. Umfangreiche Vermögensbestände hatten andere Staatsorgane wegen des gleichzeitigen Überganges der damit verbundenen Zuständigkeiten und Aufgaben des Staatssicherheitsdienstes übernommen[1452]. Daneben waren beispielsweise zahlreiche Wohnungs- und Verwaltungsge-

1449 Ergebnisse der 11. Sitzung des Rundtischgespräches am 05.02.1990, Ziffer 1.2., Nachdruck in: Herles / Rose (Hrsg.), Vom Runden Tisch zum Parlament, S. 105; Bericht der Arbeitsgruppe Sicherheit des Zentralen Runden Tisches am 12.03.1990, Nachdruck in: Gill / Schröter, Das Ministerium für Staatssicherheit, S. 235 ff. (241-242).

1450 Detaillierte Angaben hierzu in: Deutscher Bundestag, 13. WP, Beschlußempfehlung und Bericht des 2. Untersuchungsausschusses "DDR-Vermögen" v. 28.05.1998, BT-Drs. 13/10900, Band 1, S. 188.

1451 Treuhandanstalt, DM-Eröffnungsbilanz zum 01.07.1990, S. 26, Ziffer 3.4.4.2.; Schaefgen nennt hingegen 10,2 Mrd. DM; Schaefgen, in: DtZ 1992, S. 130.

1452 Beschluß des Ministerrates 6/18 a/90 v. 14.12.1989. Dabei handelte es sich überwiegend um eine Rückgliederung von Aufgaben in das Ministerium für Innere Angelegenheiten, aus dessen Hauptverwaltung zum Schutze der Volkswirtschaft der Staatssicherheitsdienst 1950 hervorgegangen war. Eine solche Rückgliederung war im Zusammenhang mit der formalen Auflösung des Staatssicherheitsdienstes 1953 bis 1955 schon einmal erfolgt. Gewisse Aufgaben und dazu dienende Vermögensmassen übernahmen daneben das Ministerium für Nationale Verteidigung, das Ministerium für Post- und Fernmeldewesen und auf den Ministerrat; ausführlich Gill / Schröter, Das Ministerium für Staatssicherheit, S. 206-211 und 214-217; s. a. Fricke, in: DA 1989, S. 1340 (1343); ders., in: DA 1990, S. 655 (656).

bäude den Kommunen[1453], die Kraftfahrzeuge überwiegend dem Maschinenbauhandel zur weiteren Verteilung übergeben worden[1454]. Schließlich hatten bereits umfangreiche Verkäufe vor allem bei dem beweglichen Vermögen eingesetzt[1455].

Auch der nur zwei Wochen später in Kraft getretene Einigungsvertrag sieht einen Bestandsschutz für gewisse Vermögenszuführungen vor. Nach Artikel 21 Absatz 2 Satz 2 EinigungsV und Artikel 22 Absatz 1 Satz 2 EinigungsV steht der Treuhandanstalt das Eigentum an dem Verwaltungs- und Finanzvermögen des Ministeriums für Staatssicherheit und des Amtes für Nationale Sicherheit als dessen Nachfolgeorganisation nur insoweit zu, als es nicht nach dem 1. Oktober 1989 neuen sozialen oder öffentlichen Zwekken zugeführt worden ist.

Umstritten ist, welche formalen Anforderungen an eine derartige, die Zuordnung des Eigentums zur Treuhandanstalt hindernde Zuführung zu stellen sind. Damit ist zunächst die Frage gemeint, ob unter Zuführung lediglich der tatsächliche Nutzungsübergang zu verstehen ist, wie dies ein Teil der juristischen Literatur vertritt[1456], oder ob mit Zuführung ein Übertragungsakt durch zuführungsberechtigte Stellen gemeint ist[1457].

Die zuletzt genannte Meinung verdient bereits dem Wortlaut des Einigungsvertrages nach den Vorzug. Der Einigungsvertrag deutet mit der in Artikel 21 Absatz 1 Satz 2 und Artikel 22 Absatz 1 Satz 2 EinigungsV gleichlautenden Formulierung "zugeführt worden ist" auf einen bewußten Herausgabeakt hin. Zu fragen ist, ob die Realität des Auflösungsprozesses des Staatssicherheitsdienstes der von dem Wortlaut des Einigungsvertrages

1453 Gill / Schröter, Das Ministerium für Staatssicherheit, S. 209.

1454 Gill / Schröter, Das Ministerium für Staatssicherheit, S. 206; Bericht der Arbeitsgruppe Sicherheit des Zentralen Runden Tisches am 12.03.1990, Nachdruck in: Gill / Schröter, Das Ministerium für Staatssicherheit, S. 235 ff. (242). Für derartige Zuweisungen mußte gemäß Beschluß des Ministerrates 6/6/90 v. 16.05.1990 (nachträglich) ein Entgelt entrichtet werden; s. BGH, DtZ 1993, S. 59 (61).

1455 Wilhelms, in: VIZ 1994, 641 (642); einem bei Gill / Schröter, Das Ministerium für Staatssicherheit, S. 208, zitierten Bericht des Komitees zur Auflösung des Amtes für Nationale Sicherheit zufolge wurde allein bis zum 30.06.1990 bewegliches Vermögen im Wert von 84 Mio. Mark der DDR verkauft.

1456 So v. Detten, in: Kimme (Hrsg.), Offene Vermögensfragen, § 2 KVG, Rz. 20 f.; Schmidt / Leitschuh, in: Clemm u.a. (Hrsg.), RVI, Artikel 21 EinigungsV Rz. 26 ff.; Schmitt-Habersack, in: Kimme (Hrsg.), Offene Vermögensfragen, Artikel 21 EinigungsV, Rz. 15 ff.

1457 Lange, in: DtZ 1991, S. 329 (331); Schaefgen, in: DtZ 1992, S. 130 (133); Wilhelms, in: VIZ 1994, S. 641 (645).

geweckten Vorstellung entsprach. Sollte sich umgekehrt die Verteilung des Vermögens tatsächlich ohne erkennbare Vergabeentscheidungen von zur Herausgabe fähigen Instanzen vollzogen haben, müßte die genannte Formulierung des Einigungsvertrages insoweit als mißglückt und das darauf gestützte Argument als hinfällig angesehen werden.

Nach der Ankündigung des Vorsitzenden des Ministerrates Modrow in seiner Regierungserklärung am 17. November 1989, das Ministerium für Staatssicherheit in das Amt für Nationale Sicherheit umzuwandeln[1458], erging Anfang Dezember die Anordnung, die Kreisämter[1459] des Staatssicherheitsdienstes aufzulösen[1460] und auf die Bezirksämter zu konzentrieren[1461]. Zuständig für die Umsetzung dieser Anordnung und zu Vermögensverfügungen in diesem Zusammenhang war der Leiter des Amtes für Nationale Sicherheit und von ihm bevollmächtigten Stellen des Staatssicherheitsdienstes[1462].

Begleitet wurde dieser Prozeß von spontan gebildeten Bürgerkomitees auf Kreis-, ab 4. Dezember 1989 auch auf Bezirksebene, die insbesondere

1458 Modrow, Regierungserklärung v. 17.11.1989, in: Volkskammer, 9. WP, stenographische Niederschrift der 12. Tagung, S. 272 (275 ff.); Nachdruck in: DA 1990, S. 122 (131); zu Modrows Absichten Fricke, in: DA 1989, S. 1340 (1342); ders., in: DA 1990, S. 59; Süß, in: DA 1995, S. 122 (130 ff.).

1459 Die bisherigen Kreisdienststellen und Bezirksverwaltungen des Ministeriums für Staatssicherheit wurden mit der Umbenennung des Ministeriums in das Amt für Nationale Sicherheit als Ämter bezeichnet.; s. Fricke, in: DA 1989, S. 1340 (1344); ders., in: DA 1990, S. 59.

1460 Eine teilweise Räumung der Kreisdienststellen des Ministeriums für Staatssicherheit, insbesondere zum Schutz von Dokumenten, hatte der Minister der Staatssicherheit, Mielke, bereits am 06.11.1989 befohlen; genauere Anweisungen ergingen am 22.11.1989 vom Leiter des Amtes für Nationale Sicherheit, Schwanitz; Süß, in: DA 1995, S. 122 (126 f.).

1461 Der Vorsitzende des Ministerrates Modrow und der Vorsitzende des Nationalen Verteidigungsrates, Krenz, hatten am 30.11. bzw. 01.12.1989 die "Konzeption zur Bestimmung der grundsätzlichen Aufgaben und Struktur des Amtes für Nationale Sicherheit" bestätigt, der zufolge alle Kreisämter, zwei Fünftel der Diensteinheiten in den Bezirksämtern und ein Viertel der zentralen Diensteinheiten aufgelöst werden sollten; s. Süß, in: DA 1995, S. 122 (137). Bereits zum Jahreswechsel 1989/90 waren die 216 Kreisämter und einige Bezirksämter geräumt; Fricke, in: DA 1990, S. 59 (61). S. hierzu und zum folgenden ausführlich Gill / Schröter, Das Ministerium für Staatssicherheit, S. 177 ff.

1462 So v. Detten, in: Kimme (Hrsg.), Offene Vermögensfragen, § 2 KVG, Rz. 23; Schmidt / Leitschuh, in: Clemm u.a. (Hrsg.), RVI, Artikel 21 EinigungsV, Rz. 28.

der Vernichtung von Aktenmaterial entgegenwirken wollten[1463]. Am 7. Dezember 1989 forderte der Zentrale Runde Tisch die Regierung auf, das Amt für Nationale Sicherheit aufzulösen und die Bürgerkomitees dabei einzubinden[1464]. Um diesen Druck aufzufangen, gab die Regierung am 8. Dezember 1989 die Einsetzung von Regierungsbeauftragen auf Bezirksebene für "alle mit der Tätigkeit der Dienststellen des Amtes für Nationale Sicherheit zusammenhängenden Fragen"[1465] bekannt, die dabei im Auftrag des Vorsitzenden des Ministerrates handeln und mit den örtlichen Behörden und den Bürgerkomitees zusammenwirken sollten.

Bereits wenig später, am 14. Dezember 1989, sah sich die Regierung durch anhaltende Forderungen der Bevölkerung veranlaßt, die Auflösung des Amt für Nationale Sicherheit zu beschließen[1466]. Bauten und andere Vermögenswerte des aufgelösten Amtes sollten – sofern nicht für die damals noch vorgesehenen Nachfolgeorganisationen Nachrichtendienst und Amt für Verfassungsschutz[1467] benötigt – neuen Rechtsträgern zur wirtschaftlichen Verwendung übertragen werden[1468]. Die Umsetzung dieses Beschlusses erfolgte operativ wieder durch die dazu berufenen Stellen des Staatssicherheitsdienstes[1469]. Zu deren Kontrolle wurde am 19. Dezember 1989 ein Regierungsbeauftragter eingesetzt[1470]. Unterstützt von einem dreißigköpfigen Arbeitsstab befaßte sich der Regierungsbeauftragte schwerpunktmäßig mit der materiellen Auflösung des Amtes für Nationale Sicher-

1463 Fricke, in: DA 1990, S. 59 (59 f.); Gill / Schröter, Das Ministerium für Staatssicherheit, S. 183; Süß, in: DA 1995, 122 (142 ff.).

1464 Beschlüsse der 1. Sitzung des Rundtischgespräches am 07./08.12.1989, Nachdruck in: Herles / Rose (Hrsg.), Vom Runden Tisch zum Parlament, S. 23 (26).

1465 Zitiert nach Gill / Schröter, Das Ministerium für Staatssicherheit, S. 178 f.

1466 Beschluß des Ministerrates 6/18 a/89 v. 14.12.1989; Nachdruck in: Deutscher Bundestag, 13. WP, Beschlußempfehlung und Bericht des 2. Untersuchungsausschusses "DDR-Vermögen" v. 28.05.1998, BT-Drs. 13/10900, Band 2, S. 558 ff.

1467 Zur Konzeption für einen neuen Geheimdienst der DDR: Deutscher Bundestag, 13. WP, Beschlußempfehlung und Bericht des 2. Untersuchungsausschusses "DDR-Vermögen" v. 28.05.1998, BT-Drs. 13/10900, Band 1, S. 196 f.

1468 Fricke, in: DA 1990, S. 59 (61).

1469 Gill / Schröter, Das Ministerium für Staatssicherheit, S. 179; Schmidt / Leitschuh, in: Clemm u.a. (Hrsg.), RVI, Artikel 21 EinigungsV Rz. 28.

1470 Erster Regierungsbeauftragter wurde der bisherige Leiter der Abteilung Staatliche Notariate im Justizministerium, Peter Koch. Nach massiver Kritik des Zentralen Runden Tisches wich Koch am 18.01.1990 Fritz Peter, Generaloberst und ehemaliger Chef der Zivilverteidigung. S. Gill / Schröter, Das Ministerium für Staatssicherheit, S. 179-182; vgl. Ergebnisse der 6. Sitzung des heit[1471]. Nach dem Eintritt von Vertretern des Zentralen Runden Tisches als Minister ohne Geschäftsbereich in die Regierung Modrow am 28. Januar 1990 standen dem Regierungsbeauftragten drei vom Zentralen Runden Tisch berufene (Regierungs-)Bevollmächtigte zur Seite[1472].

Am 8. Februar 1990 beschloß der Ministerrat, ein dem Regierungsbeauftragten und den Regierungsbevollmächtigten sowie zugleich der Regierung unterstelltes Komitee zur Auflösung des ehemaligen Amtes für Nationale Sicherheit als Zentrales Staatsorgan einzurichten[1473]. Zu den Aufgaben dieses staatlichen Komitees gehörte die Erfassung und geordnete Verteilung des Vermögens des ehemaligen Staatssicherheitsdienstes[1474]. Hierfür wurden ein eigener Aufgabenbereich mit drei Abteilungen eingerichtet[1475].

Die Regierung de Maizière unterstellte mit Beschluß vom 16. Mai 1990[1476] das Komitee zur Auflösung des Amtes für Nationale Sicherheit dem Minister des Inneren und beendete zugleich die Tätigkeit des Regierungsbeauftragten und der Regierungsbevollmächtigten. Das in Rechtsträgerschaft des ehemaligen Staatssicherheitsdienstes stehende Vermögen wurde zur weiteren Erfassung, Verwaltung und Vergabe in treuhänderische Verwaltung des Komitees zur Auflösung des ehemaligen Amtes für Nationale Sicherheit überführt.

Rundtischgesprächs am 08.01.1990, Nachdruck in: Herles / Rose (Hrsg.), Vom Runden Tisch zum Parlament, S. 48 ff.; vgl. Ergebnisse der 7. Sitzung des Rundtischgesprächs am 15.01.1990, Nachdruck in: Herles / Rose (Hrsg.), Vom Runden Tisch zum Parlament, S. 54 ff.

1471 Bericht von Fischer für den Zentralen Runden Tisch am 05.02.1990, Nachdruck in: Gill / Schröter, Das Ministerium für Staatssicherheit, S. 191 ff. (192).

1472 Georg Böhm, Mitglied des Vorstandes der DBD; Werner Fischer, Initiative Frieden und Menschenrechte; Gottfried Forck, Bischof der Evangelischen Kirche Berlin-Brandenburg (ständig vertreten durch Oberkonsistorialrat Ulrich Schröter).

1473 "Über weitere Maßnahmen zur Auflösung des ehemaligen Amtes für Nationale Sicherheit", Beschluß des Ministerrates 13/4/90 v. 08.02.1990, Nachdruck in: Gill / Schröter, Das Ministerium für Staatssicherheit, S. 197 ff.

1474 Gill / Schröter, Das Ministerium für Staatssicherheit, S. 201.

1475 Strukturschema des Komitees zur Auflösung des Amtes für Nationale Sicherheit bei Gill / Schröter, Das Ministerium für Staatssicherheit, S. 202; s. a. Fricke, in: DA 1990, S. 1881 (1886 f.).

1476 "Beschluß über weitere Aufgaben und Maßnahmen, die sich aus der Auflösung des ehemaligen Ministeriums für Staatssicherheit / Amtes für Nationale Sicherheit ergeben", Beschluß des Ministerrates 6/6/90 v. 16.05.1990; Gill / Schröter, Das Ministerium für Staatssicherheit, S. 258; Fricke, in: DA 1990, S. 1881 (1887).

Die Vergabekompetenz des Komitees zur Auflösung des ehemaligen Amtes für Nationale Sicherheit blieb bis zum 30. September 1990 bestehen. Zwar hatte der Ministerrat mit Blick auf Artikel 10 Absatz 6 (1. HS), Artikel 26 Absatz 4 StaatsV am 15. August 1990 einen allgemeinen Verfügungsstopp für volkseigenes Vermögen beschlossen[1477], doch betraf dies weder Entscheidungen des Komitees über zurückliegende Nutzungsänderungen noch dessen sonstige Entscheidungen[1478], da es sich bei dem Komitee zur Auflösung des ehemaligen Amtes für Nationale Sicherheit um eine eigens zur geordneten Vergabe volkseigenen Vermögens eingesetzte Instanz handelte, die wegen dieser Eigenschaft nicht zum Adressatenkreis des Ministerratsbeschlusses zählte. Dies ist für die Treuhandanstalt unstreitig, muß aber gleichfalls für das Komitee zur Auflösung des ehemaligen Amtes für Nationale Sicherheit gelten. Diese Rechtsauffassung teilte der Ministerrat, wie sich aus einer entsprechenden Mitteilung des Ministers des Inneren an den Leiter des Komitees ergab[1479]. Schließlich weist auch § 1 Satz 2 der 4. DVO z. TreuhG auf das Verständnis des Ministerrates von einer bis zum 30. September 1990 unangefochtenen Vergabekompetenz des Komitees zur Auflösung des ehemaligen Amtes für Nationale Sicherheit.

Wie die vorstehenden Ausführungen belegen, bestanden zu jedem Zeitpunkt der Auflösung des Staatssicherheitsdienstes klare Zuständigkeiten für die Verteilung des Vermögens, bereits seit Anfang Dezember 1989 waren auch eigens dazu berufene Stellen eingesetzt. Damit ist die am Wortlaut des Einigungsvertrages orientierte Auslegung gestützt, daß unter Zuführung ein bewußter Akt der Herausgabe durch die dazu befähigten Instanzen zu verstehen ist. Vergabeentscheidungen kommunaler Gremien[1480], der kommunalen und bezirklichen Bürgerkomitees und Runden Tische und weiterer, formal unzuständiger Stellen[1481] erfüllen jedoch das in Artikel 21 Absatz 1 Satz 2 und Artikel 22 Absatz 1 Satz 2 EinigungsV genannte Er-

1477 Anhang 1 Ziffer 1 des Beschlusses 25/21/90 v. 15.08.1990 über "Grundsätze und Maßnahmen der Erfassung des Grundvermögens (Liegenschaften) der Republik", zitiert u.a. bei Scholz, in: VIZ 1994, S. 218 (219).

1478 Schaefgen, in: DtZ 1992, 130 (133, Fn. 18); Wilhelms, in: VIZ 1994, 641 (646); a. A. v. Detten, in: Kimme (Hrsg.), Offene Vermögensfragen, § 2 KVG, Rz. 26 ff.; Schmidt / Leitschuh, in: Clemm u.a. (Hrsg.), RVI, Artikel 21 EinigungsV, Rz. 27 f.

1479 Schaefgen, in: DtZ 1992, 130 (133, Fn. 18).

1480 A. A. BVerwG, VIZ 1995, S. 232.

1481 Vgl. v. Detten, in: Kimme (Hrsg.), Offene Vermögensfragen, § 2 KVG, Rz. 25; Gill / Schröter, Das Ministerium für Staatssicherheit, S. 209; Schaefgen, in: DtZ 1992, S. 130; Schmidt / Leitschuh, in: Clemm u.a. (Hrsg.), RVI, Artikel 21 EinigungsV, Rz. 28.

fordernis der Zuführung nicht. Dies gilt erst recht für Herausgaben unter Zwang oder Bedrohung oder für schlichte Inbesitznahmen[1482].

Es stellt sich allerdings die weitergehende Frage, wer als zuführungsberechtigt anzusehen ist. In den genannten Artikeln des Einigungsvertrages findet sich hierzu keine ausdrückliche Regelung, während § 1 Satz 2 der 4. DVO z. TreuhG auf eine Entscheidung des Komitees zur Auflösung des Amtes für Nationale Sicherheit abstellt. Diese Unterscheidung ist von einigem Gewicht, da schätzungsweise lediglich für ein Drittel der Vergabevorgänge Entscheidungen des Komitees für die Auflösung des ehemaligen Amtes für Nationale Sicherheit vorlagen[1483]. Nach der 4. DVO z. TreuhG wäre der Treuhandanstalt daher ein deutlich größeres Vermögen zugefallen als nach dem Wortlaut des Einigungsvertrages.

Die 4. DVO z. TreuhG ist – mit Ausnahme des nicht übernommenen § 2 – in Folge ihrer Aufnahme in Artikel 3 Ziffer 10 der Vereinbarung zwischen der Bundesrepublik Deutschland und der Deutschen Demokratischen Republik zur Durchführung und Auslegung des Einigungsvertrages vom 23. September 1990 Bundesrecht im Range eines Gesetzes geworden und damit dem Einigungsvertrag formell gleichrangig[1484]. In der Literatur ist umstritten, ob – wofür sich das Bundesverwaltungsgericht ausgesprochen hat[1485] – der Regelung des Einigungsvertrages[1486] oder der der 4. DVO z. TreuhG[1487] der Vorrang gebührt.

Zwei Argumente sprechen für die letztgenannte Auffassung. Zum einen führte die 4. DVO z. TreuhG bereits zum 1. Oktober 1990 zu einem Vermögensübergang auf die Treuhandanstalt in dem durch die 4. DVO z. TreuhG definierten Umfang herbei[1488]. Damit waren all jene Vermögensgegenstände, die neuen sozialen oder öffentlichen Zwecken dienten, ohne daß zu

1482 Schaefgen, in: DtZ 1992, S. 130 (134); vgl. Treuhandanstalt, Handbuch Vermögenszuordnung, Nachdruck in: Treuhandanstalt (Hrsg.), Dokumentation 1990-1994, Band 8, S. 766 (809).

1483 Schaefgen, in: DtZ 1992, S. 130 (134).

1484 Schaefgen, in: DtZ 1992, S. 130 (131).

1485 BVerwG, VIZ 1995, S. 232 (232 f.); unklar BGH, DtZ 1993, S. 59, wo von einer Bestätigung durch den Regierungsbeauftragten, dem das Staatliche Komitee anfangs unterstellt war, die Rede ist.

1486 So v. Detten, in: Kimme (Hrsg.), Offene Vermögensfragen, § 2 KVG, Rz. 26 ff.; Schaefgen, in: DtZ 1992, S. 130 (134); Schmidt / Leitschuh, in: Clemm u.a. (Hrsg.), RVI, Artikel 21 EinigungsV, Rz. 28; Schmitt-Habersack, in: Kimme (Hrsg.), Offene Vermögensfragen, Artikel 21 EinigungsV, Rz. 17 f.

1487 Lange, in: DtZ 1991, S. 329 (331); Wilhelms, in: VIZ 1994, S. 641 (645 f.).

1488 Scholz, in: VIZ 1994, S. 153 (156); dies übersieht das BVerwG in seiner Entscheidung VIZ 1995, S. 232.

dieser Nutzungsänderung eine Entscheidung des Komitees zur Auflösung des ehemaligen Amtes für Nationale Sicherheit vorlag, auf die Treuhandanstalt übergegangen[1489]. Damit haben die Regelungen in Artikel 21 und 22 EinigungsV, soweit sie positiv den Vermögensübergang auf die Treuhandanstalt beinhalten, nur noch deklaratorischen Charakter[1490]. Ein konstitutives Element, nämlich den Eigentumsübergang auf die Treuhandanstalt nach der 4. DVO z. TreuhG teilweise wieder rückgängig zu machen, kann dem Einigungsvertrag vom Wortlaut her nicht entnommen werden. Auch eine historische Betrachtung verbietet, dem Einigungsvertrag die genannte Absicht zu entnehmen. Schließlich erfolgte die Paraphierung des Einigungsvertrages bereits am 31. August 1990. Demnach baut nicht der Einigungsvertrag auf der 4. DVO z. TreuhG, sondern umgekehrt die am 12. September 1990 beschlossene 4. DVO z. TreuhG auf dem bereits paraphierten Einigungsvertrag auf[1491].

Zum zweiten ist nach Artikel 6 der Vereinbarung zum Einigungsvertrag, die in Artikel 3 Ziffer 9 die Fortgeltung der 4. DVO z. TreuhG bestimmt, bei Zweifeln oder Unstimmigkeiten über den Inhalt des Einigungsvertrages jene Vereinbarung maßgebend. Damit hat die Regelung der 4. DVO z. TreuhG als Spezialgesetz Vorrang vor Artikel 21 Absatz 1 Satz 2, 22 Absatz 1 Satz 2 EinigungsV[1492].

Diese formal abgeleitete Lösung ist der Sache nach richtig. Erst die Regierung de Maizière hatte am 16. Mai 1990 das Staatliche Komitee zur Auflösung des ehemaligen Amtes für Nationale Sicherheit auf das Kriterium der sozialen oder öffentlichen Nutzung festgelegt und zugleich eine Überprüfung aller seit dem 1. Oktober 1989 getroffenen Entscheidungen über Vermögen des Staatssicherheitsdienstes angeordnet[1493], nachdem der Leiter des Komitees auf die Notwendigkeit der "Wiederherstellung der Ordnungsmäßigkeit" im Zusammenhang mit der Vergabe volkseigenen Vermö-

1489 Wilhelms, in: VIZ 1995, S. 460 f.

1490 Wilhelms, in: VIZ 1994, S. 641 (645).

1491 Ähnlich Lange, in: DtZ 1991, S. 329 (331); vgl. bereits die Begründung der Ministerratsvorlage zur 4. DVO z. TreuhG, Nachdruck in: Treuhandanstalt (Hrsg.), Dokumentation 1990-1994, Band 1, S. 247 (249).

1492 Lange, in: DtZ 1991, S. 329 (331); Wilhelms, in: VIZ 1994, S. 641 (645).

1493 "Beschluß über weitere Aufgaben und Maßnahmen, die sich aus der Auflösung des ehemaligen Ministeriums für Staatssicherheit / Amtes für Nationale Sicherheit (MfS / AfNS)", Beschluß des Ministerrates 6/6/90 v. 16.05.1990; Gill / Schröter, Das Ministerium für Staatssicherheit, S. 258.

gens des Staatssicherheitsdienstes aufmerksam gemacht hatte[1494]. Die Zweifelhaftigkeit der bisherigen Vergabepraxis rührte aus dem Umstand, daß sie auf Vorgaben der demokratisch nicht legitimierten Regierung Modrow beruhte, von dem ehemaligen Staatssicherheitsdienst weitgehend selbst umgesetzt und schließlich bis dahin nur unzureichend kontrolliert worden war[1495]. Die erwähnten Zweifel bezogen sich auch auf die Entscheidungen der Regierungsbeauftragten[1496].

Bezeichnend ist in diesem Zusammenhang die Einschätzung des ehemaligen Ministers der Finanzen in der Regierung Modrow und späteren Staatssekretärs im Ministerium der Finanzen in der Regierung Modrow, Dr. Walter Siegerts, der in einem an Lothar de Maizière gerichteten Schreiben vom 24. Oktober 1990 äußert, der Zeitraum Oktober 1989 bis Januar 1990 sei ein völlig unkontrollierter Raum für Verfügungen über Vermögen des Staatssicherheitsdienstes der DDR gewesen[1497].

Vor diesem Hintergrund wird deutlich, daß eine Legitimierung der von den Regierungsbeauftragten und von sonstigen bislang zuführungsberechtigten Personen insbesondere aus dem Staatssicherheitsdienst selbst vorgenommenen Vermögensverfügungen grundsätzlich nicht in Betracht kam. Von einer Regelungslücke in der 4. DVO z. TreuhG, wie sie von Teilen der Literatur ausgemacht wird[1498], kann nicht die Rede sein. Vielmehr wurden mit der Formulierung der 4. DVO z. TreuhG diejenigen Vermögensvergaben, die seit dem 16. Mai 1990 noch nicht überprüft worden waren, bewußt zugunsten einer Übertragung des Vermögens auf die Treuhandanstalt rück-

1494 Bericht des Leiters des Komitees zur Auflösung des ehemaligen Amtes für Nationale Sicherheit, Eichhorn, an den Minister des Inneren, Diestel, v. 17.04.1990, auszugsweiser Nachdruck in: Gill / Schröter, Das Ministerium für Staatssicherheit, S. 254; s. a. Schaefgen, in: DtZ 1992, S. 130 (132).

1495 Schröter und Fischer berichten, daß sich die Regierungsbevollmächtigten Böhm, Fischer und Forck bzw. Schröter im Verbund mit dem Regierungsbeauftragten Peter zu einer wirksamen Kontrolle nicht in der Lage sahen; Gill / Schröter, Das Ministerium für Staatssicherheit, S. 191 und 195.

1496 Den von der Regierung Modrow ab 08.12.1989 auf Bezirksebene eingesetzten Regierungsbeauftragten ebenso wie dem Arbeitsstab des Regierungsbeauftragten Koch wurde auch von Vertretern des Zentralen Runden Tisches großes Mißtrauen entgegengebracht; Gill / Schröter, Das Ministerium für Staatssicherheit, S. 179, 192 und 237.

1497 Deutscher Bundestag, 13. WP, Beschlußempfehlung und Bericht des 2. Untersuchungsausschusses "DDR-Vermögen" v. 28.05.1998, BT-Drs. 13/10900, Band 1, S. 283.

1498 Schaefgen, in: DtZ 1992, S. 130 (134).

gängig gemacht[1499]. Das Bundesverwaltungsgericht, das seine gegenteilige Auffassung mit dem Argument stützt, der Ministerrat habe mit der Formulierung seines Beschlusses vom 16. Mai 1990 angedeutet, von einer vorläufigen Wirksamkeit der zu überprüfenden Zuführungen bis zu einer gegenteiligen Entscheidung durch das Komitee zur Auflösung des Amtes für Nationale Sicherheit auszugehen[1500], verkennt, daß nicht jener Beschluß, wohl aber die eindeutige Wortwahl des § 1 Satz 2 der 4. DVO z. TreuhG normative Wirkung entfaltet[1501].

Die Treuhandanstalt ist allerdings anders verfahren. Nicht zuletzt aus praktischen Erwägungen heraus[1502] hat sie solche Zuführungen akzeptiert, denen ein einvernehmlicher Übertragungsakt im Zeitraum zwischen dem 1. Oktober 1989 und dem 30. September 1990 zugrunde liegt, auch wenn dabei nur die innerhalb des Staatssicherheitsdienstes zuständigen Stellen verfügt haben[1503].

Keine Zuführung lag in den Fällen vor, in denen Liegenschaften des Staatssicherheitsdienstes der Nationalen Volksarmee "zur Verwaltung" übergeben worden waren[1504]. Hierdurch sollte lediglich die Sicherung der Objekte erleichtert und der Rückbau technischer Anlagen ermöglicht werden[1505].

ffff) Auswärtiges Amt

Das Auswärtige Amt hat, soweit ersichtlich, keinen Einfluß auf die Treuhandanstalt ausgeübt. Berührungspunkte haben sich lediglich dort ergeben, wo das Auswärtige Amt die Treuhandanstalt bei der Erledigung ihrer Aufgaben unterstützen konnte. In diesem Zusammenhang ist die Mitarbeit des (für Grundsatzfragen der Außenwirtschaftspolitik und der nationalen Wirtschaftspolitik zuständigen Referats des) Auswärtigen Amts in der sog. Forderungsrunde zu nennen. Daneben hat das Auswärtige Amt der Treuhand-

1499 Wilhelms, in: VIZ 1994, S. 641 (645); Wilhelms, in: VIZ 1995, 460; a. A. BVerwG, VIZ 1995, S. 232 (232 f.); Schmidt / Leitschuh, in: Clemm u.a. (Hrsg.), RVI, Artikel 21 EinigungsV, Rz. 28.

1500 BVerwG, VIZ 1995, S. 232 (232 f.); so auch Schaefgen, in: DtZ 1992, 130 (134).

1501 S. weiterhin Wilhelms, in: VIZ 1995, S. 460 (461).

1502 Schaefgen, in: DtZ 1992, S. 130 (134).

1503 Treuhandanstalt, Handbuch Vermögenszuordnung, Nachdruck in: Treuhandanstalt (Hrsg.), Dokumentation 1990-1994, Band 8, S. 766 (809).

1504 S. Bundesministerium der Finanzen, Vermerk v. 09.07.1991, VI C 4 – O 1002-326/91, Ziffer 3.

1505 Bundesministerium der Verteidigung, Erlaß v. 22.03.1993, U I 2 – Az 45-01.20/07, Ziffer 5.

anstalt beispielsweise bei der Beschaffung von Informationen über ausländische Erwerbsinteressenten[1506] und durch die Herstellung von Regierungs- und Wirtschaftskontakten im Ausland Hilfe geleistet.

gggg) Bundesministerium der Verteidigung

Das Bundesministerium der Verteidigung und die Treuhandanstalt hatten hinsichtlich des entwidmeten Militärvermögens zusammenzuwirken. Dabei kam dem Bundesministerium der Verteidigung – ähnlich wie zuvor seinem Funktionsvorgänger, dem Ministerium für Abrüstung und Verteidigung – dadurch eine maßgebliche Rolle zu, als es festlegte, welche Vermögensgegenstände im einzelnen als ausgesondert gelten sollten. Diese Festlegung erfolgte im Einvernehmen mit dem Bundesministerium der Finanzen. Mit der Festlegung der im einzelnen der Treuhandanstalt zu überantwortenden Vermögensgegenstände bestimmte das Bundesministerium der Verteidigung in sächlicher Hinsicht den Tätigkeitsbereich der Treuhandanstalt.

Da die Vermögensübertragungen als Akte zwischen gleichrangigen Beteiligten konzipiert waren, hatte das Bundesministerium der Verteidigung keine rechtliche Handhabe, auf die Art und Weise der Aufgabenerfüllung der Treuhandanstalt einzuwirken.

Tatsächlich hat das Bundesministerium der Verteidigung dadurch, daß es die Verwertung ausgesonderter Wehrtechnik der Nationalen Volksarmee selbst durchführte, die Art und Weise der Verwertung bestimmt. Dies geschah zwar – zumindest aus Sicht der Treuhandanstalt – formal im Auftrag der Treuhandanstalt als der Eigentümerin der betreffenden Vermögensgegenstände[1507], jedoch hat die Treuhandanstalt keinerlei Kontrolle ausgeübt.

Das Tätigwerden des Bundesministeriums der Verteidigung auf dem Gebiet der Verwertung der Wehrtechnik der Nationalen Volksarmee erklärt sich mit seiner Zuständigkeit in Fragen der Abrüstung. Der am 19. November 1990 in Paris von 22 Staats- und Regierungschefs unterzeichnete Vertrag über konventionelle Streitkräfte in Europa (KSE-Vertrag) verpflichtete die Bundesrepublik Deutschland zu einer international verifizierbaren Reduzierung, Begrenzung und Nutzungseinschränkung der für eine weiträu-

1506 Vgl. die Erwähnung in: Deutscher Bundestag, 12. WP, Beschlußempfehlung und Bericht des 2. Untersuchungsausschusses "Treuhandanstalt" v. 29.08. 1994, Minderheitenvotum des Berichterstatters der SPD-Fraktion (Berichtsentwurf des Ausschußsekretariats), BT-Drs. 12/8404, S. 516 und 536.

1507 Treuhandanstalt, Aufgabenspektrum und Lösungswege, Nachdruck in: Treuhandanstalt (Hrsg.), Dokumentation 1990-1994, Band 9, S. 302 (303).

mige Offensive wesentlichen Großwaffensysteme (Panzer, gepanzerte Gefechtsfahrzeuge, Artillerie, Kampfhubschrauber und Kampfflugzeuge)[1508].

hhhh) Bundesministerium der Justiz

Das Bundesministerium der Justiz hat kaum unmittelbaren Einfluß auf die Treuhandanstalt genommen. Allerdings haben Vertreter dieses Ressorts beispielsweise an im Rahmen der Fachaufsichtführung auf Referatsebene stattfindenden Besprechungen des Bundesministeriums der Finanzen und des Bundesministeriums für Wirtschaft mit der Treuhandanstalt teilgenommen[1509] und so unmittelbar an der entsprechenden Abstimmung mitgewirkt. Darüber hinaus hat das Bundesministerium der Justiz die Treuhandanstalt bei der Besetzung der Stabsstelle "Besondere Aufgaben", die sich mit der Bekämpfung von Wirtschaftskriminalität innerhalb der Treuhandanstalt sowie in Treuhand-Unternehmen befaßte, unterstützt[1510].

Davon abgesehen war das Bundesministerium der Justiz lediglich dann an fachaufsichtsrechtlichen Maßnahmen beteiligt, wenn das Bundesministerium der Finanzen bei an die Treuhandanstalt gerichteten Weisungen und ähnlichen Maßnahmen das Einvernehmen mit dem Bundesministerium der Justiz herstellte, weil dessen Zuständigkeit berührt war, also namentlich in den Bereichen des Gesellschaftsrechts, des Bilanzrechts, des Vermögensgesetzes und des Vermögenszuordnungsgesetzes[1511].

1508 Presse- und Informationsamt der Bundesregierung (Hrsg.), Jahresbericht der Bundesregierung 1990, S. 427; Presse- und Informationsamt der Bundesregierung (Hrsg.), Jahresbericht der Bundesregierung 1995, S. 487.

1509 Vgl. Bundesministerium der Finanzen, Schreiben v. 21.09.1993 an die Treuhandanstalt, zitiert in: Deutscher Bundestag, 12. WP, Beschlußempfehlung und Bericht des 2. Untersuchungsausschusses "Treuhandanstalt" v. 29.08. 1994, Minderheitenvotum des Berichterstatters der SPD-Fraktion (Berichtsentwurf des Ausschußsekretariats), BT-Drs. 12/8404, S. 600.

1510 S. Präsidentin der Treuhandanstalt Breuel, Schreiben an den Vorsitzenden des Verwaltungsrates der Treuhandanstalt Odewald v. 01.10.1992, Nachdruck in: Treuhandanstalt (Hrsg.), Dokumentation 1990-1994, Band 10, S. 959 (960).

1511 Bundesministerium der Justiz, Schreiben v. 04.04.1995 (III A 4 – 3501/6 (D) – 1 – 32 0273/95) an den Verfasser.

Daneben hat das Bundesministerium der Justiz sowohl das Bundesministerium der Finanzen[1512] als auch unmittelbar die Treuhandanstalt[1513] in Fragen der Gesetzesauslegung und Rechtsanwendung beratend unterstützt.

iiii) Bundesministerium für Arbeit und Sozialordnung

Dem Bundesminister für Arbeit und Sozialordnung fiel nach seiner Ressortzuständigkeit die Aufgabe zu, den von der Treuhandanstalt mitgestalteten Transformationsprozeß der Wirtschaft in den neuen Bundesländern arbeitsmarktpolitisch zu begleiten. Hierbei wirkten das Bundesministerium für Arbeit und Sozialordnung und die seiner Rechtsaufsicht unterstehende Bundesanstalt für Arbeit mit der Treuhandanstalt zusammen.

In unmittelbarem Kontakt standen Treuhandanstalt und Bundesministerium für Arbeit und Sozialordnung im wesentlichen in den hierfür eingerichteten Gremien:

- Gemeinsame Arbeitsgruppe Bund / THA / Länder

und

- Steuerungsgruppe des Büros Braunkohlesanierung.

Die Zusammenarbeit in der bereits vorerwähnten Prüfgruppe "Ermittlung Arbeitskräftebedarf / Arbeitskräfteangebot" hatte keine Bedeutung erlangt. Sein Recht zur Teilnahme an Sitzungen des Verwaltungsrat hat der Bundesminister für Arbeit und Sozialordnung – soweit ersichtlich – nicht wahrgenommen.

Treuhandanstalt und Bundesministerium für Arbeit und Sozialordnung führten zu arbeitsmarktpolitisch relevanten Themen Informationsveranstaltungen wie Vor-Ort-Gespräche zur regionalen Wirtschaftsentwicklung und arbeitsmarktpolitischen Abfederung, Pressegespräche und andere Formen der Öffentlichkeitsarbeit gemeinsam durch.

1512 Z.B. zur Frage der Liquidatorenvergütung, s. Referatsleiterin im Bundesministerium der Finanzen Otto, zitiert in: Deutscher Bundestag, 12. WP, Beschlußempfehlung und Bericht des 2. Untersuchungsausschusses "Treuhandanstalt" v. 29.08.1994, Minderheitenvotum des Berichterstatters der SPD-Fraktion (Berichtsentwurf des Ausschußsekretariats), BT-Drs. 12/8404, S. 626, 667 f.

1513 Z.B. Schreiben des Bundesministeriums der Justiz v. 19.01.1993 an die Treuhandanstalt zur Auslegung von § 56 DMBilG, s. Deutscher Bundestag, 12. WP, Beschlußempfehlung und Bericht des 2. Untersuchungsausschusses "Treuhandanstalt" v. 29.08.1994, Minderheitenvotum des Berichterstatters der SPD-Fraktion (Berichtsentwurf des Ausschußsekretariats), BT-Drs. 12/8404, S. 604; s. a. Treuhandanstalt, Vermerk v. 30.11.1990, Nachdruck in: Treuhandanstalt (Hrsg.), Dokumentation 1990-1994, Band 10, S. 111.

Die Bundesanstalt für Arbeit entsandte mit Herrn Peter Gemählich einen qualifizierten Mitarbeiter, der in ihrem Auftrag bei der Treuhandanstalt den flankierenden Einsatz des gesamten arbeitsmarktpolitischen Instrumentariums im Rahmen der Privatisierungsbemühungen voranbringen sollte[1514] und der bereits seit August 1990 die Treuhandanstalt in arbeitsmarkt- und beschäftigungspolitischen Fragen beriet[1515]. Ferner ließen das Institut für Arbeitsmarkt- und Berufsforschung der Bundesanstalt für Arbeit und die Treuhandanstalt gemeinsam Untersuchungen zu Beschäftigungsperspektiven in (ehemaligen) Treuhandunternehmen durchführen[1516]. Vor allem aber wirkten Treuhandanstalt und Bundesanstalt für Arbeit im Rahmen der Finanzierung des arbeitsmarktpolitischen Instrumentariums der Bundesanstalt für Arbeit (Fortbildung und Umschulung, ABM, Maßnahmen nach § 249 h AFG) zusammen.

jjjj) Bundesministerium für Umwelt, Naturschutz und Reaktorsicherheit

Das Bundesministerium für Umwelt, Naturschutz und Reaktorsicherheit hat das Zustandekommen und die Arbeit von mit Umweltschutzvorhaben befaßten ABM-Projekten in Treuhandunternehmen unterstützend begleitet. Dies erfolgte auch beispielsweise durch Vorarbeiten wie die Erfassung und Bewertung von Altlastenflächen oder durch Beratung zur Wahrung umweltrechtlicher Anforderungen[1517].

Seiner Ressortzuständigkeit entsprechend war das Bundesministerium für Umwelt, Naturschutz und Reaktorsicherheit in mehreren Gremien vertreten, die entweder Steuerungsbefugnisse gegenüber der Treuhandanstalt

1514 Präsident der Bundesanstalt für Arbeit Franke, Schreiben an den Bundesminister im Bundeskanzleramt Seiters v. 20.08.1990, Nachdruck in: Treuhandanstalt (Hrsg.), Dokumentation 1990-1994, Band 11, S. 437.

1515 Gemählich, Aktionsplan zu einer Arbeitsmarkt- und Beschäftigungspolitik v. 15.08.1990, Nachdruck in: Treuhandanstalt (Hrsg.), Dokumentation 1990-1994, Band 11, S. 430 (433).

1516 SÖSTRA Sozialökonomische Strukturanalysen e.V. / Institut für Arbeitsmarkt- und Berufsforschung / Treuhandanstalt, Beschäftigungsperspektiven von Treuhandunternehmen – Befragung April 1992, Nachdruck in: Treuhandanstalt (Hrsg.), Dokumentation 1990-1994, Band 11, S. 359 ff.; dies., Beschäftigungsperspektiven von Treuhandunternehmen und Ex-Treuhandfirmen im Vergleich – Befragung April 1993 bzw. Befragung April 1994, Nachdruck in: Treuhandanstalt (Hrsg.), Dokumentation 1990-1994, Band 11, S. 381 ff. bzw. S. 402 ff.

1517 Bundesministerium für Umwelt, Naturschutz und Reaktorsicherheit, Pressemitteilung v. 19.12.1991 ("70.000 ABM-Kräfte bei der Umweltsanierung in Treuhandunternehmen"), Nachdruck in: Treuhandanstalt (Hrsg.), Dokumentation 1990-1994, Band 9, S. 559 (560).

hatten oder in denen eine gleichrangige Zusammenarbeit mit der Treuhandanstalt stattfand:

- Steuerungsgruppe des Büros Braunkohlesanierung (federführend),
- Gemeinsame Arbeitsgruppe Bund / THA / Länder,
- Aufsichtsrat der Lausitzer und Mitteldeutsche Bergbau-Verwaltungs GmbH (LMBV).

kkkk) Bundesministerium für Forschung und Technologie

Das Bundesministerium für Forschung und Technologie hat in der Frage der Erhaltung der industrienahen Forschung Einfluß auf die Treuhandanstalt ausgeübt. Allerdings ist das Bundesministerium für Forschung und Technologie nicht initiativ geworden, sondern hat sich an entsprechenden Bemühungen im Rahmen seiner Mitwirkung in der Arbeitsgruppe Forschungs-GmbH beteiligt. Einen ressortspezifischen Beitrag leistete das Bundesministerium für Forschung und Technologie dabei im Laufe des Jahres 1991 durch die wissenschaftlich-technische Begutachtung der Förderungswürdigkeit von Forschungsprojekten, deren Durchführung mit einer speziellen Überbrückungsfinanzierung der Treuhandanstalt ermöglicht wurde[1518].

c) Kontrolle durch den Bundeskanzler

Die für die Fachaufsicht über die Treuhandanstalt einschlägigen Regelungen sahen eine Einbindung des Bundeskanzlers nicht ausdrücklich vor. Nach Artikel 25 Absatz 2 Satz 3 (2. HS) EinigungsV hatte der Bundesminister der Finanzen die Fachaufsicht im Einvernehmen mit dem jeweils zuständigen Bundesminister wahrzunehmen. Für das grundsätzlich ressortfreie Bundeskanzleramt – einzig verbliebene Ausnahme nach Herstellung der deutschen Einheit ist die Ressortzuständigkeit betreffend den Bundesnachrichtendienst[1519] – ergab sich deshalb kein Anlaß zur Einbindung in die Fachaufsicht.

1518 Treuhandanstalt, Bericht zur Evaluierung der Forschungs-GmbH, Nachdruck in: Treuhandanstalt (Hrsg.), Dokumentation 1990-1994, Band 8, S. 685 (686); Treuhandanstalt, Zur Situation der Forschungs-GmbH in Treuhandbesitz, Nachdruck in: Treuhandanstalt (Hrsg.), Dokumentation 1990-1994, Band 8, S. 699 (700); Treuhandanstalt, Bericht über den Stand der Forschungsaktivitäten bei F-GmbH, Nachdruck in: Treuhandanstalt (Hrsg.), Dokumentation 1990-1994, Band 8, S. 723 (726).

1519 Zuletzt Organisationserlaß des Bundeskanzlers v. 03.05.1989, BGBl. I, S. 901.

Bis zum 3. Oktober 1990 hatte als Ressortaufgabe beim Bundeskanzleramt die Zuständigkeit für Grundsatzfragen der Deutschlandpolitik gelegen, nachdem die Deutsche Demokratische Republik die Zuständigkeit des Bundesministeriums für innerdeutsche Angelegenheiten, die Bundesrepublik Deutschland die Zuständigkeit des Auswärtigen Amtes abgelehnt hatte[1520]. Unter Deutschlandpolitik war die Gesamtheit der Bemühungen zur Erreichung des in Satz 3 der Präambel des Grundgesetzes[1521] beschriebenen Zieles zu verstehen,

> "in freier Selbstbestimmung die Einheit und Freiheit Deutschlands zu vollenden"[1522].

Diese Ressortzuständigkeit, die beispielsweise zur Folge gehabt hatte, daß ein beamteter Staatssekretär beim Bundeskanzler die Ständige Vertretung der Bundesrepublik Deutschland bei der DDR leitete, rechtfertigte es auch, daß der Chef des Bundeskanzleramtes und Bundesminister für besondere Aufgaben als Beauftragter Vorsitzender dem am 7. Februar 1990 gebildeten Kabinettausschuß "Deutsche Einheit" vorsaß[1523]. Mit der Herstellung der (äußeren) Einheit Deutschlands ist das Politikfeld "Deutschlandpolitik" und damit auch die entsprechende Ressortzuständigkeit beim Bundeskanzleramt entfallen.

Eine Befassung des Bundeskanzlers mit der Treuhandanstalt konnte formal gesehen lediglich in Ausübung der Richtlinienkompetenz nach Maßgabe des Artikels 65 Satz 1 GG erfolgen[1524]. Dies eröffnete dem Bundeskanzler nur mittelbare Einflußmöglichkeiten auf die Treuhandanstalt, da der Bestimmung von Richtlinien der Politik als innerregierungsrechtlicher Maßnahme keine unmittelbare Außenwirkung zukommt[1525].

Allerdings ist der zusammengesetzte Begriff der "Richtlinien der Politik" nicht evident. Die Rechtsprechung hat zum Verständnis bislang kaum beitragen können, die Rechtswissenschaft hat sich nicht auf eine Definition verständigt. Mit der herrschenden Meinung können die vom Bundeskanzler zu bestimmenden Richtlinien der Politik als staatsrichtungbestimmende Gestaltungsentscheidungen verstanden werden, die einen für die Bundesminister rechtsverbindlichen Rahmen festlegen, innerhalb dessen sie sich bei der Wahrnehmung ihrer Ressortkompetenz ebenso wie die Bundesre-

1520 Busse, Bundeskanzleramt und Bundesregierung, S. 51.

1521 I.d.F. v. 23.05.1949.

1522 Ausführlicher zum Inhalt von Deutschlandpolitik Presse- und Informationsamt der Bundesregierung (Hrsg.), Jahresbericht der Bundesregierung 1990, S. 334.

1523 Gebildet aufgrund Kabinettbeschlusses v. 07.02.1990; Presse- und Informationsamt der Bundesregierung, Bulletin Nr. 22 v. 08.02.1990, S. 173 f.

1524 Marissal, Der politische Handlungsrahmen der Treuhandanstalt, S. 58.

1525 Achterberg, in: Isensee / Kirchhof (Hrsg.), HdbStR § 52 Rz. 18; Busse, Bundeskanzleramt und Bundesregierung, S. 46.

gierung bei der Wahrnehmung ihrer Kollegialkompetenz zu bewegen haben. Auch wenn, wie Artikel 65 Satz 2 GG deutlich macht, den Ausführenden der Richtlinien Spielraum zur eigenverantwortlichen Kompetenzwahrnehmung verbleiben muß, können auch im Prinzipiellen wurzelnde Einzelanordnungen des Bundeskanzlers gegenüber einem Bundesminister von seiner Richtlinienkompetenz gedeckt sein[1526].

In der Praxis führt die Offenheit des Begriffs der Richtlinien der Politik dazu, daß sich der Bundeskanzler all jener Angelegenheiten annimmt, die ihm für die Gesamtpolitik der Bundesregierung bedeutsam erscheinen[1527].

Zur Durchsetzung seiner Richtlinienkompetenz ist der Bundeskanzler weitgehend auf seine politische Autorität angewiesen. Rechtlich betrachtet kann er insbesondere nach Artikel 64 Absatz 1 GG die Entlassung von Bundesministern veranlassen. Ein Selbsteintrittsrecht, also das Recht, einzelne Ressortentscheidungen an sich zu ziehen, ist nach Artikel 65 Satz 2 GG ausgeschlossen[1528].

Das Bundeskanzleramt unter der Leitung des Chefs des Bundeskanzleramts und Bundesministers für besondere Aufgaben unterstützt den Bundeskanzler, indem es ihn über Fragen allgemeiner politischer Natur und die Tätigkeit der Bundesminister unterrichtet, die Entscheidungen des Bundeskanzlers vorbereitet, auf ihre Durchführung achtet und die Arbeiten der Bundesministerien koordiniert[1529].

In deutschlandpolitischen Fragen hatte das Bundeskanzleramt, wie bereits erläutert, bis zu dem 3. Oktober 1990 über eine besondere Zuständigkeit verfügt[1530] und insbesondere im Vereinigungsprozeß – einer durch eine "hochgradig zentralisierte Struktur politischer Strategieentwicklung" gekennzeichnete Phase[1531] – eine ganz beherrschende Rolle gespielt[1532]. Vor diesem Hintergrund verwundert es nicht, daß Bundeskanzler und Bundeskanzleramt die Vollendung der inneren Einheit Deutschlands als einen "Ko-

1526 Achterberg, in: Isensee / Kirchhof (Hrsg.), HdbStR § 52 Rz. 19 f.; Busse, Bundeskanzleramt und Bundesregierung, S. 46.

1527 Forsthoff, Rechtsstaat im Wandel, S. 204 f.

1528 Achterberg, in: Isensee / Kirchhof (Hrsg.), HdbStR § 52 Rz. 19 f.; a. A. Busse, Bundeskanzleramt und Bundesregierung, S. 46.

1529 § 1 Absatz 2, § 3 GO-BReg; Hesse / Ellwein, Das Regierungssystem der Bundesrepublik Deutschland, Band 1, S. 280; Presse- und Informationsamt der Bundesregierung (Hrsg.), Jahresbericht der Bundesregierung 1993, S. 10.

1530 S. a. Presse- und Informationsamt der Bundesregierung (Hrsg.), Jahresbericht der Bundesregierung 1990, S. 793 f.

1531 Lehmbruch, in: PVS 1991, S. 585 (586).

1532 Lehmbruch, in: Leviathan 18/1990, S. 462 (468 ff.); Lehmbruch, in: PVS 1991, S. 585 (587, 589 f.).

ordinierungsschwerpunkt" und insofern als eigenes Tätigkeitsfeld betrachtet haben[1533]. In diesem Zusammenhang haben sich neben dem Bundesminister der Finanzen, dem Bundesminister für Wirtschaft und weiteren Bundesministern, deren Ressortzuständigkeit berührt war, auch der Bundeskanzler und das Bundeskanzleramt mit der Treuhandanstalt befaßt.

Inwieweit sich Bundeskanzler und Bundeskanzleramt mit der Treuhandanstalt befassen konnten, hing wie bei den übrigen Bundesressorts auch von den eigenen personellen und organisatorischen Gegebenheiten ab. Bei der Beschäftigung des Bundeskanzlers und des Bundeskanzleramtes mit der Treuhandanstalt kann weiterhin wie bei den fachaufsichtlich befaßten Bundesressorts zwischen Informationsbeschaffung und Beeinflussung unterschieden werden.

aa) organisatorische und personelle Dispositionen

Formale binnenorganisatorische Anpassungen an das Betätigungsfeld "Vollendung der inneren Einheit Deutschlands" sind im Bundeskanzleramt nur in geringem Umfang und teilweise überraschend spät vorgenommen worden. So wurde erst im Jahre 1993 unmittelbar bei dem Bundesminister für besondere Aufgaben und Chef des Bundeskanzleramts ein Arbeitsstab neue Länder gebildet[1534]. Dieser Arbeitsstab, der sich aus einigen Mitarbeitern anderer Abteilungen des Bundeskanzleramts zusammensetzt, befaßt sich insgesamt mit Fragen der inneren Einheit Deutschlands, insbesondere dem Aufbau in den neuen Bundesländern, und in diesem Zusammenhang auch mit der Treuhandanstalt[1535]. Er hat namentlich die Aufgabe, den Chef des Bundeskanzleramtes bei der Koordinierung der Maßnahmen zum Aufbau der neuen Länder zu unterstützen, entsprechende Ausarbeitungen zu fertigen und dafür erforderliche Kontakte zu pflegen.

Zur Koordination von "Maßnahmen und Entscheidungen, die darauf gerichtet sind, nach der staatlichen Einheit auch die innere Einheit und das soziale Zusammenwachsen Deutschlands zu fördern und zu beschleunigen", fungierte der Chef des Bundeskanzleramts aufgrund eines Kabinettbeschlusses vom 29. Januar 1991 als Beauftragter Vorsitzender des Kabinettsausschusses "Neue Bundesländer", der die Kabinettausschüsse "Deutsche

1533 Presse- und Informationsamt der Bundesregierung (Hrsg.), Jahresbericht der Bundesregierung 1993, S. 10; Bohl, zitiert bei Wuchold, in: Berliner Zeitung v. 11.07.1992, S. 5.

1534 Presse- und Informationsamt der Bundesregierung (Hrsg.), Jahresbericht der Bundesregierung 1993, S. 10.

1535 Vgl. die von dem Arbeitsstab neue Länder in aktualisierter Fortschreibung vorgelegte Dokumentation "Der Aufbau in den neuen Bundesländern".

Einheit" sowie "Deutschland- und Berlin-Fragen" ablöste[1536]. Die Zuweisung der Stellung des Beauftragten Vorsitzenden für den Chef des Bundeskanzleramtes und Bundesminister für besondere Aufgaben ist bemerkenswert, da nach § 1 Absatz 2 der Rahmenregelung für den Geschäftsablauf der Kabinettausschüsse der Bundesregierung[1537] der für den Aufgabenbereich des Ausschusses federführende oder hauptbeteiligte Bundesminister den Vorsitz führen soll. Demzufolge nahm die Bundesregierung augenscheinlich trotz des Wegfalls der deutschlandpolitischen Ressortzuständigkeit weiterhin eine Federführung bzw. Hauptbeteiligung des Bundeskanzleramtes in Fragen der inneren Einheit Deutschlands an.

Der Kabinettausschuß "Neue Bundesländer" wurde im Laufe der Zeit zunehmend durch informelle[1538] Treffen der beamteten Staatssekretäre derjenigen Ressorts, die in besonderem Maße mit der Förderung der Entwicklung und des Zusammenwachsens in Deutschland befaßt sind, entlastet, die regelmäßig im Bundeskanzleramt unter dem Vorsitz des Chefs des Bundeskanzleramts stattfanden[1539].

Im übrigen bediente sich das Bundeskanzleramt weitgehend der vorhandenen Strukturen. Hierbei erlangte die für Wirtschafts- und Finanzpolitik, ab 1992 zudem für die Koordinierung neue Länder zuständige Abteilung 4 im Bundeskanzleramt besondere Bedeutung. Leiter dieser Abteilung war Ministerialdirektor Dr. Johannes Ludewig, der das besondere Vertrauen des Bundeskanzlers genoß und zu ihm unmittelbaren Zugang hatte. Dem Leiter der Abteilung 4 im Bundeskanzleramt arbeitete auch der Arbeitsstab neue Länder zu, dessen unmittelbare Anbindung an den Bundesminister der üblichen Binnenorganisation eines Bundesministeriums entsprach[1540], jedoch lediglich formalen Charakter hatte.

1536 Presse- und Informationsamt der Bundesregierung, Bulletin Nr. 16 v. 08.02.1991, S. 112.

1537 Rahmenregelung für den Geschäftsablauf der Kabinettausschüsse der Bundesregierung, geschaffen durch Kabinettbeschlüsse v. 31.01.1973 und 02.09. 1974, in der aktuellen Fassung der Bekanntmachung des Bundesministers des Innern v. 24.02.1993, GMBl. 1993, S. 181.

1538 Ein förmlicher Beschluß des Bundeskabinetts oder der Runde der beamteten Staatssekretäre zur Einsetzung eines Staatssekretärs-Ausschusses wurde nicht gefaßt.

1539 Busse, Bundeskanzleramt und Bundesregierung, S. 94; Presse- und Informationsamt der Bundesregierung (Hrsg.), Jahresbericht der Bundesregierung 1993, S. 885.

1540 Hesse / Ellwein, Das Regierungssystem der Bundesrepublik Deutschland, Band 1, S. 267.

Neben den vorgenannten informellen Gremien, die der regierungsinternen Koordination dienten, erlangten informelle organisatorische Maßnahmen des Bundeskanzleramts unter Einbeziehung Externer wesentliche Bedeutung. Gemeint ist die Bildung verschiedener, gewöhnlich als "Runden" bezeichneter informeller Gremien, die auf Initiative und unter Federführung des Bundeskanzleramts zusammentraten und weitere Akteure einbanden. Neben den seit Februar 1990 in unregelmäßigen Abständen einberufenen sog. Kanzlerrunden[1541] sowie zahlreichen Besprechungskreisen unter der Leitung der Chefs des Bundeskanzleramtes Seiters[1542] und seines Nachfolgers Bohl[1543] ist vor allem die sog. Ludewig-Runde[1544] zu nennen. Die Stetigkeit ihres Teilnehmerkreises, die Regelmäßigkeit und Häufigkeit ihres Zusammentretens einerseits, die Hochrangigkeit ihrer Teilnehmer und die Überschaubarkeit des Teilnehmerkreises andererseits trugen dazu bei, das sich die Ludewig-Runde als bedeutendes – informelles – Koordinationsgremium des Bundeskanzleramtes etablieren konnte[1545]. Schließlich verdienen die häufig wiederkehrenden Treffen des Bundeskanzlers mit den Regierungschefs der neuen Länder in diesem Zusammenhang Erwähnung[1546].

bb) Informationsbeschaffung

Der Bundeskanzler und das Bundeskanzleramt haben eine Reihe von dienstlichen Informationsquellen zur unmittelbaren Unterrichtung über die Treuhandanstalt genutzt:

1541 Dazu: Busse, Bundeskanzleramt und Bundesregierung, S. 97 f.; Czada, in: PVS 1994, S. 245 (257); ders., in: Fischer / Hax / Schneider (Hrsg.), Treuhandanstalt – Das Unmögliche wagen, S. 148 (158); o. N., in: SZ v. 01.03.1994, S. 23.

1542 Presse- und Informationsamt der Bundesregierung (Hrsg.), Jahresbericht der Bundesregierung 1990, S. 794; DA 1990, S. 1812.

1543 Presse- und Informationsamt der Bundesregierung (Hrsg.), Jahresbericht der Bundesregierung 1995, S. 919.

1544 S.o. Teil II Ziffer III.1.a)rr).

1545 Ausführlich dazu: Czada, in: Fischer / Hax / Schneider (Hrsg.), Treuhandanstalt – Das Unmögliche wagen, S. 148 (157 f.); ders., in: Aus Politik und Zeitgeschichte, B 43-44/94, S. 31 (41); ders., in: PVS 1994, S. 245 (257 f.).

1546 Busse, Bundeskanzleramt und Bundesregierung, S. 96.

- Eine regelmäßige unmittelbare Information des Bundeskanzleramtes durch die Treuhandanstalt erfolgte durch deren Monatsberichte[1547] sowie die Übermittlung der Protokolle der Vorstands- und Verwaltungsratssitzungen[1548].
- Die Mitarbeiter der Abteilung 4 des Bundeskanzleramts informierten sich darüber hinaus im informellen Kontakt mit Vorstand und nachrangigen Mitarbeitern der Treuhandanstalt regelmäßig über einzelne Vorgänge von herausgehobener Bedeutung, wobei sich die Bedeutung auch an dem Umfang, in welchem die Öffentlichkeit einem Fall Beachtung schenkte, festmachte[1549].
- Darüber hinaus bestanden enge informelle Verbindungen zwischen Treuhandanstalt und dem Bundeskanzler selbst[1550]. Über bedeutende Grundsatzthemen und Einzelfälle ließ sich Bundeskanzler Kohl laufend in Gesprächen im Bundeskanzleramt oder auch fernmündlich unmittelbar durch die Treuhandanstalt unterrichten. Häufig gaben neben der laufenden Unterrichtung vorzubereitende Gespräche des Bundeskanzlers mit Politikern aus den neuen Ländern Anlaß zu gezielter Informationsabfrage. Umgekehrt ging auch von der Treuhandanstalt die Initiative zur Information des Bundeskanzlers aus[1551]. Die Unterrichtung erfolgte überwiegend durch den Präsident[1552] bzw. die Präsidentin, gelegentlich aber auch durch Mitarbeiter der Treuhandanstalt.

1547 Vgl. Treuhandanstalt, Status der beschäftigungswirksamen Maßnahmen nach § 249 h AFG, Nachdruck in: Treuhandanstalt (Hrsg.), Dokumentation 1990-1994, Band 9, S. 661 (684).

1548 Marissal, Der politische Handlungsrahmen der Treuhandanstalt, S. 58.

1549 Dies führte beispielsweise im Jahre 1994, als die Tätigkeit der Treuhandanstalt im Vorfeld der Bundestagswahl zunehmend öffentlich diskutiert wurde, zu einer Intensivierung der Kontakte der Mitarbeiter der Abteilung 4 des Bundeskanzleramts zur Treuhandanstalt.

1550 Freese, Die Privatisierungstätigkeit der Treuhandanstalt, S. 63.

1551 Beispielsweise wandte sich Präsident Rohwedder an den Bundeskanzler, um auf die aus dem Vermögensgesetz für die Privatisierung erwachsenden Schwierigkeiten hinzuweisen, was letztendlich zum Hemmnisbeseitigungsgesetz geführt hat; Breuel (Hrsg.), Treuhand intern, S. 248 f.

1552 Präsident Rohwedder berichtete im Verwaltungsrat der Treuhandanstalt beispielsweise bereits im Oktober 1990 über ein Gespräch beim Bundeskanzler; Treuhandanstalt, Tagesordnung für die Sitzung des Verwaltungsrates am 18.10.1990, Nachdruck in: Treuhandanstalt (Hrsg.), Dokumentation 1990-1994, Band 2, S. 667.

- In bedeutenden Vorgängen unterrichtete der Präsident bzw. die Präsidentin der Treuhandanstalt, sofern eine Befassung des Bundeskanzlers selbst nicht angezeigt war, den Leiter der Abteilung 4 im Bundeskanzleramt Dr. Johannes Ludewig[1553].
- Eine wichtige Informationsquelle erschloß sich dem Bundeskanzleramt durch die regelmäßige Teilnahme des Leiters der Abteilung 4 im Bundeskanzleramt Ludewig an den Sitzungen des Präsidialausschusses des Verwaltungsrates der Treuhandanstalt[1554].
  Ludewig erhielt in Vorbereitung der Sitzungen des Präsidialausschusses der Treuhandanstalt detaillierte Informationen zu den zu behandelnden Vorgängen. Neben den von der Treuhandanstalt übermittelten Sitzungsunterlagen waren hier die umfangreichen Begleitunterlagen, die im Bundesministerium der Finanzen und im Bundesministerium für Wirtschaft erstellt wurden[1555] und neben den als Mitgliedern des Verwaltungsrats fungierenden Staatssekretären auch Ludewig zur Verfügung standen[1556], von Bedeutung.
- Zur Unterrichtung des Bundeskanzleramtes trug weiterhin die vorerwähnte sog. Ludewig-Runde bei, an der regelmäßig der Generalbevollmächtigte der Treuhandanstalt teilnahm.
- Regelmäßige Besprechungen im Bundeskanzleramt mit den Vertrauensbevollmächtigten beim Vorstand der Treuhandanstalt, an denen auch Vertreter des Bundesministeriums der Finanzen und des Bundesministeriums für Wirtschaft teilnahmen[1557], hielten das Bundeskanzleramt in

1553 S. beispielsweise den Verteiler für das Schreiben des Präsidenten Rohwedder an den Bundesminister für Wirtschaft v. 28.02.1991, Nachdruck in: Treuhandanstalt Hrsg.), Dokumentation 1990-1994, Band 5, S. 220 (222).

1554 Deutscher Bundestag, 12. WP, Beschlußempfehlung und Bericht des 2. Untersuchungsausschusses "Treuhandanstalt" v. 29.08.1994, Minderheitenvotum des Berichterstatters der SPD-Fraktion (Berichtsentwurf des Ausschußsekretariats), BT-Drs. 12/8404, S. 751.

1555 Deutscher Bundestag, 12. WP, Beschlußempfehlung und Bericht des 2. Untersuchungsausschusses "Treuhandanstalt" v. 29.08.1994, Minderheitenvotum des Berichterstatters der SPD-Fraktion (Berichtsentwurf des Ausschußsekretariats), BT-Drs. 12/8404, S. 233.

1556 Marissal, Der politische Handlungsrahmen der Treuhandanstalt, S. 58 (Fn. 148).

1557 Vgl. Krieger, in: Bierich / Hommelhoff / Kropff (Hrsg.), Festschrift für Semler, S. 16 (20), betreffend eine Sitzung im Bundeskanzleramt am 16.03.1992; Bockmair, Ergebnisbericht über die Sitzung der Vertrauensbevollmächtigten am 23.09.1991 im Bundeskanzleramt in Bonn, Nachdruck in: Treuhandanstalt den die Aufgaben der Vertrauensbevollmächtigten betreffenden Angelegenheiten informiert. Als Ansprechpartner für die Vertrauensbevollmächtigten fungierte im Bundeskanzleramt der Leiter der Abteilung 4 Ludewig[1558].

- Das Bundeskanzleramt organisierte seit 1992 außerdem sog. Regionalkonferenzen, die dem Modell der Ruhrgebietskonferenz nachempfunden waren. Für das Bundeskanzleramt wirkten regelmäßig Ludewig, in Ausnahmefällen auch Bundeskanzler Kohl[1559], für die Treuhandanstalt ihr Generalbevollmächtigter daran mit. Weitere Teilnehmer waren neben dem Bundesministerium für Wirtschaft[1560] die Industrie- und Handelskammern sowie die sonstigen regionalwirtschaftlich bedeutenden Akteure[1561].
- Zu einzelnen bedeutenden Treuhand-Unternehmen führte das Bundeskanzleramt, vertreten durch Dr. Johannes Ludewig, zunehmend häufig vor Ort Veranstaltungen gemeinsam mit der Treuhandanstalt und weiteren Beteiligten durch[1562].
- Unter der Leitung des Bundesministers für besondere Angelegenheiten und Chefs des Bundeskanzleramts Seiters bzw. später Bohl fanden darüber hinaus, wie bereits erwähnt, ab dem 11. Oktober 1990[1563] häufig Besprechungsrunden zu Fragen der inneren Einheit statt, die immer dann, wenn auch Vertreter der Treuhandanstalt daran teilnahmen, die Möglichkeit zur unmittelbaren Information eröffneten.

(Hrsg.), Dokumentation 1990-1994, Band 10, S. 803. An der letztgenannten Sitzung nahmen seitens der Bundesregierung Vertreter des Bundeskanzleramtes, des Bundesministeriums der Finanzen und des Bundesministeriums für Wirtschaft teil.

1558 Krieger, in: Bierich / Hommelhoff / Kropff (Hrsg.), Festschrift für Semler, S. 16 (66).

1559 Vgl. Bundeskanzler Kohl, in: Presse- und Informationsamt der Bundesregierung, Pressemitteilung Nr. 554/92 v. 01.12.1992 ("Rede anläßlich der Regionalkonferenz 'Industriestandort Sachsen-Anhalt – Zukunft der Chemieregion'").

1560 Vertreten durch den Leiter des Leitungsstabs Neue Bundesländer, Ministerialdirigent Birner.

1561 Czada, in: PVS 1994, S. 245 (258).

1562 Pro aliis: Beispiel 1 – MKM Mansfelder Kupfer und Messing GmbH: s. o. N., in: Die Welt v. 21.05.1994, S. 12; Haeusgen, in: Mitteldeutsche Zeitung v. 21.05.1994, S. 13; o. N. Mansfeld-Echo, Nr. 2 (Juni 1994), S. 2; Beispiel 2 – Schwermaschinenbau-Aktiengesellschaft Wildau bei Berlin: s. Wulf, in: TSP v. 08.08.1994, S. 13.

1563 DA 1990, S. 1812 f.

- Zu nennen ist weiterhin die gelegentliche Teilnahme des Bundeskanzlers sowie von Bundesminister Bohl an Sitzungen des Vorstands sowie des Präsidiums des Verwaltungsrates der Treuhandanstalt[1564]. Derartige Hospitanzen waren indes selten und damit von untergeordneter Bedeutung.
  Eine Vertiefung der informellen unmittelbaren Beziehungen zwischen dem Bundeskanzler und dem Vorstand der Treuhandanstalt war nicht zuletzt mit dem offiziellen Besuch des Bundeskanzlers bei der Treuhandanstalt am 16. Januar 1992 verbunden.
- Eine unmittelbare Unterrichtung des Bundeskanzlers und des Bundeskanzleramtes durch die Treuhandanstalt erfolgte schließlich auch im Rahmen der mehr als zwanzig Kanzlerrunden zum wirtschaftlichen Aufbau in den neuen Bundesländern. Diese Treffen begünstigten allerdings wegen des weiten Teilnehmerkreises weniger als beispielsweise die Ludewig-Runde einen offenen Informationsaustausch zwischen Treuhandanstalt und Bundeskanzler. Dieser fand deshalb eher im Zuge der Vorbereitung der Kanzlerrunden statt.

Neben den vorstehend aufgeführten Möglichkeiten der unmittelbaren Informationsbeschaffung standen dem Bundeskanzler und dem Bundeskanzleramt zahlreiche mittelbare Informationsquellen zur Verfügung[1565]. Herauszuheben ist die Unterrichtung durch die einzelnen Bundesminister, die gemäß der Geschäftsordnung der Bundesregierung in allen Angelegenheiten zu erfolgen hat, die für die Bestimmung der Richtlinien der Politik oder von allgemeiner politischer Bedeutung sind[1566]. Eine entsprechende Unterrichtung erfolgte parallel im Kabinettausschuß Neue Bundesländer durch die betreffenden Bundesminister sowie im Rahmen der Treffen der beamteten Staatssekretäre aus den betreffenden Ressorts.

1564 Deutscher Bundestag, 13. WP, Beschlußempfehlung und Bericht des 2. Untersuchungsausschusses "DDR-Vermögen" v. 28.05.1998, BT-Drs. 13/10900, Band 1, S. 265.

1565 Allgemein zugängliche Informationsquellen, Mitteilungen von Bundesressorts, Länder- und Kommunalinstanzen oder sonstigen Dritten.

1566 § 3 i.V.m. § 15 Absatz 1 GO-BReg; ausführlich Herzog, in: Maunz / Dürig, Kommentar zum Grundgesetz, Artikel 65 Rz. 23 ff.

cc) Beeinflussung

Bundeskanzler und Bundeskanzleramt haben auf Entscheidungen der Treuhandanstalt verschiedentlich Einfluß genommen. Gegenstand der Einflußnahme waren sowohl Grundsatzfragen als auch Einzelfälle. Dabei lassen sich von der Form der Einflußnahme die informelle bilaterale Abstimmung, die informelle Moderation und die informelle Festlegungen durch öffentliche Äußerungen unterscheiden.

aaa) informelle bilaterale Abstimmung

Gelegenheiten zu einer informellen bilateralen Abstimmung zwischen Bundeskanzler und Bundeskanzleramt einerseits und Treuhandanstalt andererseits ergaben sich häufig und regelmäßig. Hierzu dürften vor allem die Sitzungen des Präsidialausschusses des Verwaltungsrats der Treuhandanstalt Gelegenheit geboten haben, an denen der Leiter der Abteilung 4 im Bundeskanzleramt Dr. Johannes Ludewig als Gast teilnahm[1567].

Dem Präsidialausschuß kam wegen seiner Zusammensetzung wie auch seiner Aufgaben und Befugnissen eine herausragende Bedeutung zu: Der Präsidialausschuß setzte sich aus sechs Mitgliedern, darunter den beiden als Mitglieder des Verwaltungsrats der Treuhandanstalt fungierenden Staatssekretären im Bundesministerium der Finanzen und im Bundesministerium für Wirtschaft, dem Vorsitzenden des Verwaltungsrats und seinen Stellvertretern zusammen[1568]. Er hatte die Sitzungen des Verwaltungsrates vorzubereiten[1569] und konnte, was mehrfach geschehen ist[1570], in eilbedürftigen Fällen anstelle des Verwaltungsrates entscheiden[1571].

1567 Deutscher Bundestag, 12. WP, Beschlußempfehlung und Bericht des 2. Untersuchungsausschusses "Treuhandanstalt" v. 29.08.1994, Minderheitenvotum des Berichterstatters der SPD-Fraktion (Berichtsentwurf des Ausschußsekretariats), BT-Drs. 12/8404, S. 751.

1568 § 6 Absatz 1 GO-THA.

1569 § 6 Absatz 2 GO-THA.

1570 Beispielsweise bei der Privatisierung der Minol AG / Raffinerie- und Methanolaktivitäten der Leuna-Raffineriegesellschaft mbH (vormals Leuna-Werke AG): vgl. Treuhandanstalt, Tagesordnung für die Verwaltungsratssitzung am 14.02.1992, Nachdruck in: Treuhandanstalt (Hrsg.), Dokumentation 1990-1994, Band 2, S. 850; ebenso im Falle der – später gescheiterten – Teilprivatisierung der EKO Stahl AG durch Veräußerung von 60 v.H. der Geschäftsanteile an den italienischen Riva-Konzern: Gatermann / Nölting / Wilhelm, in: manager magazin 4/1994, S. 39 (43).

1571 § 6 Absatz 3 lit. b) GO-THA.

Sitzungsprotokolle des Präsidialausschusses des Verwaltungsrats sind vorläufig nicht zugänglich, weshalb die Rolle von Ludewig nicht überprüft werden kann. Es erscheint indes höchst unwahrscheinlich, daß der formal nicht stimmberechtigte Ludewig an den Sitzungen des Präsidialausschusses lediglich passiv teilgenommen hat. Institutionelle Verschränkungen dieser Art[1572] erfolgen, wie die Politikwissenschaften nachweisen, mit dem Ziel der bereits mehrfach erwähnten Vernetzung von Akteuren zur Zielabstimmung und damit Vermeidung von Reibungsverlusten und wechselseitiger Blockierung[1573]. Vor diesem Hintergrund kann davon ausgegangen werden, daß die Entscheidungen des Präsidialausschusses des Verwaltungsrats der Treuhandanstalt ebenso wie seine an den Verwaltungsrat gerichteten, dessen Entscheidungen prägenden Empfehlungen im Konsens mit allen Anwesenden, ob formal stimmberechtigt oder nicht, gefaßt wurden. Insofern wird Marissal in seiner – allerdings allgemeiner gefaßten – Annahme zugestimmt, daß kein Fall gegen das Votum des Bundeskanzlers entschieden wurde[1574]. Wenn Freese eine Beeinflussung der Treuhandanstalt durch den Bundeskanzler für den weitaus überwiegenden Teil ihrer Geschäfte in Abrede stellt[1575], so kann dies – bei numerischer Betrachtungsweise – sicherlich als zutreffend erachtet werden[1576], läßt indes eine Gewichtung nach der Bedeutung des jeweiligen Vorgangs außer Acht. Gemessen an den Abertausenden von Entscheidungen, die die Treuhandanstalt zu treffen hatte, wurde im Verwaltungsrat der Treuhandanstalt und seinem Präsidialausschuß lediglich ein kleiner Bruchteil behandelt[1577], der sich jedoch durch seine besondere Bedeutung auszeichnete[1578].

1572 Von der vorliegend festgestellten Kooptation informeller Art ist die formale Kooptationen von Entscheidungsträgern, d.h. deren formale Einbindung in den Entscheidungsprozeß, zu unterscheiden, die (auch) einen legitimatorisch-entlastenden Effekt entfalten kann.

1573 Vgl. Czada, in: Fischer / Hax / Schneider, Treuhandanstalt – Das Unmögliche wagen, S. 148 (169 f.).

1574 Marissal, Der politische Handlungsrahmen der Treuhandanstalt, S. 59.

1575 Freese, Die Privatisierungstätigkeit der Treuhandanstalt, S. 63.

1576 Freese hat sich in den Jahren 1991 und 1992 als persönlicher Referent von Birgit Breuel ein genaues Bild von den Entscheidungsabläufen machen können.

1577 Vgl. die Tagesordnungen der nicht ganz sechzig Sitzungen des Verwaltungsrats der Treuhandanstalt, Nachdruck in: Treuhandanstalt (Hrsg.), Dokumentation 1990-1994, Band 2, S. 652 ff., sowie Band 3, S. 25 ff.

1578 Vgl. die Bestimmungen zur Befassung des Verwaltungsrats in Treuhandgesetz, Satzung und Geschäftsordnung der Treuhandanstalt.

Es kann weiterhin angenommen werden, daß auch die sonstigen informellen bilateralen Kontakte zwischen dem Bundeskanzler und dem Bundeskanzleramt einerseits und der Treuhandanstalt andererseits nicht nur der Information der erstgenannten, sondern gelegentlich auch der gegenseitigen Abstimmung gedient haben. Dies erscheint zumindest für jene allerdings wenigen Vorgänge wahrscheinlich, in denen der Bundeskanzler öffentlich Position bezogen[1579] und daher ein eigenes Interesse an einem bestimmten Verlauf hatte.

Der informelle und nichtöffentliche Charakter der bilateralen Abstimmung bedingt zugleich, daß sich eine hierbei bewirkte Beeinflussung der Treuhandanstalt im konkreten Einzelfall kaum nachweisen läßt. Im Falle der Paketprivatisierung der Raffinerie- und Methanolaktivitäten der Leuna-Raffineriegesellschaft mbH (vormals Leuna-Werke AG) und der Minol AG im Jahre 1992 erscheint zumindest belegt, daß sich der französische Staatspräsident Mitterand bei Bundeskanzler Kohl für eine Vergabeentscheidung zugunsten des von der damals noch staatlichen Société Nationale Elf Aquitaine S. A. angeführten Konsortiums eingesetzt hat[1580]. Presseberichte zitieren deutsche Regierungskreise, die den Ausgang des von der Treuhandanstalt entschiedenen Bieterwettbewerbs auf die Intervention Präsident Mitterands zurückführen[1581]. Andere Presseberichte haben diese Annahme wiederholt[1582]. Weder Bundeskanzleramt noch Treuhandanstalt haben solche Darstellungen dementiert[1583]. Lediglich den später vor dem Hintergrund von Ermittlungen der französischen Staatsanwaltschaft wegen angeblicher Zahlung von Bestechungsgeldern durch Société Nationale Elf

1579 Dazu u. Teil II Ziffer III.1.c)cc)ccc).

1580 O. N., in: FAZ v. 28.02.1994, S. 13; Mihm, in: TSP v. 01.03.1994, S. 23; o. N. in: FAZ v. 02.03.1994, S. 20.

1581 O. N., in: FAZ v. 28.02.1994, S. 13; Mihm, in: TSP v. 01.03.1994, S. 23.

1582 Nach Hoffmann / Proissl, in: Die Zeit v. 09.05.1997, S. 28, haben Bundeskanzler Kohl und Staatspräsident Mitterand das Geschäft "eingefädelt"; v. Keller, in: WiWo v. 04.03.1994, S. 46 (47), schreibt: "Auf Druck von Bonn bekam Elf den Zuschlag." O. N., in: HB v. 02.05.1997, S. 4, spricht lediglich von "Rükkendeckung aus Bonn".

1583 Angesichts von im Jahre 1997 aufgekommenen Korruptionsvorwürfen im Zusammenhang mit der Vergabeentscheidung zugunsten der Société Nationale Elf Aquitaine S.A. hat die CDU lediglich den Erhalt von verdeckten Zahlungen, nicht aber eine Einflußnahme des Bundeskanzlers auf die Entscheidung der Treuhandanstalt zurückgewiesen; vgl. o. N., in: SZ v. 30.04.1997, S. 6; o. N., in: HB v. 02.05.1997, S. 4.

Aquitaine S. A.[1584] an die CDU erhobenen Vorwurf, der Bundesminister für besondere Angelegenheiten und Chef des Bundeskanzleramts Bohl habe an der Treuhandanstalt vorbei mit dem französischen Unternehmen verhandelt, wies die Bundesregierung zurück[1585]. Demgegenüber ist belegt, daß am 10. Juli 1992 – und damit vor der Beurkundung des Privatisierungsvertrages am 30. und 31. Juli 1992[1586] – eine Besprechung zwischen Vertretern des Elf-Konzerns und dem Bundesminister für besondere Aufgaben und Chef des Bundeskanzleramts Bohl stattgefunden hatte[1587].

Allerdings hat das für die Privatisierung zuständige Mitglied des Vorstands der Treuhandanstalt, der nachmalige Minister für Wirtschaft und Technologie des Landes Sachsen-Anhalt Dr. Klaus Schucht, bei seiner Vernehmung als Zeuge vor dem Untersuchungsausschuß "DDR-Vermögen" des 13. Deutschen Bundestages am 11. Dezember 1997 ausgesagt, die Auswahl der Bewerber allein und unbeeinflußt von der Bundesregierung getroffen zu haben[1588]. Ähnlich haben sich die im Zeitpunkt der Privatisierung führenden Mitarbeiter im Bundesministerium der Finanzen, der damalige Staatssekretär Dr. Grünewald[1589] und der damalige Leiter der für die Treuhandanstalt zuständigen Abteilung VIII Dr. John von Freyend, geäußert[1590]. Gleichwohl hat der Pressesprecher der Treuhandanstalt Schöde den Vor-

1584 Hierzu: Deutscher Bundestag, 13. WP, Beschlußempfehlung und Bericht des 2. Untersuchungsausschusses "DDR-Vermögen" v. 28.05.1998, BT-Drs. 13/10900, Band 1, S. 267 f.

1585 O. N., in: TSP v. 03.01.1998, S. 2.

1586 Deutscher Bundestag, 13. WP, Beschlußempfehlung und Bericht des 2. Untersuchungsausschusses "DDR-Vermögen" v. 28.05.1998, BT-Drs. 13/10900, Band 1, S. 262.

1587 Deutscher Bundestag, 13. WP, Beschlußempfehlung und Bericht des 2. Untersuchungsausschusses "DDR-Vermögen" v. 28.05.1998, BT-Drs. 13/10900, Band 1, S. 268.

1588 Schucht, zitiert in: Deutscher Bundestag, 13. WP, Beschlußempfehlung und Bericht des 2. Untersuchungsausschusses "DDR-Vermögen" v. 28.05.1998, BT-Drs. 13/10900, Band 1, S. 265.

1589 Als Staatssekretär im Bundesministerium der Finanzen war allerdings nicht Grünewald, sondern zunächst sein Kollege Köhler, später als dessen Nachfolger Haller, Mitglied im Verwaltungsrat der Treuhandanstalt; vgl. Deutscher Bundestag, 12. WP, Beschlußempfehlung und Bericht des Untersuchungsausschusses "Treuhandanstalt", BT-Drs. 12/8404, Band 1, S. 57 f.

1590 Deutscher Bundestag, 13. WP, Beschlußempfehlung und Bericht des 2. Untersuchungsausschusses "DDR-Vermögen" v. 28.05.1998, BT-Drs. 13/10900, Band 1, S. 265.

gang im Nachhinein als "vielfältige Gemengelage zwischen Wirtschaft und Politik" gekennzeichnet[1591].

Als Société Nationale Elf Aquitaine S. A. im Frühjahr 1994 das vertraglich vereinbarte Projekt eines Raffinerieneubaus in Frage stellte, hat sich Bundeskanzler Kohl (erneut) eingeschaltet[1592] und mit Schreiben vom 18. Februar 1994 an den französischen Premierminister Edouard Balladur mit der Bitte gewandt, das Staatsunternehmen zur Einhaltung der Pflichten aus dem Privatisierungsvertrag zu bewegen[1593].

Auf diese Weise hat sich der Bundeskanzler unmittelbar an einer der Treuhandanstalt obliegenden, in den Bereich des Vertragsmanagements fallenden Aufgabe beteiligt. Gleichwohl wird man hierin keinen Verstoß gegen Zuständigkeitsbestimmungen sehen können, da es sich lediglich um eine willkommene Unterstützung der Bemühungen der Treuhandanstalt, nicht etwa um den Versuch, auf diese inhaltlich Einfluß zu nehmen, handelte. Gleiches gilt erst recht für den Einsatz des Bundeskanzlers bei der EU-Kommission für die beihilferechtliche Genehmigung der Verträge zur Privatisierung der ostdeutschen Werftindustrie[1594]. Bei der Einholung der Genehmigung der EU-Kommission handelt es sich nicht um eine Aufgabe der Treuhandanstalt, sondern der Bundesregierung, die hierbei durch das Bundesministerium für Wirtschaft handelt[1595].

1591 Schöde, zitiert bei o. N., in: TSP v. 03.03.1994, S. 23. Die Treuhandanstalt hat im übrigen selbst einen Bericht (als Nachdruck) veröffentlicht, in dem die Vergabeentscheidung der Treuhandanstalt ebenfalls auf eine Absprache Mitterands mit Kohl zurückgeführt wird: Wilke, in: DW (Hrsg.), Privatisierte – Was aus ihnen wird, S. 367 ff. (372), Nachdruck in: Treuhandanstalt (Hrsg.), Dokumentation 1990-1994, Band 4, S. 243 ff. (248).

1592 O. N., in: FAZ v. 28.02.1994, S. 13; Mihm, in: TSP v. 01.03.1994, S. 23; Reckmann, in: TSP v. 06.03.1994, S. 3.

1593 Nachdruck in: Deutscher Bundestag, 13. WP, Beschlußempfehlung und Bericht des 2. Untersuchungsausschusses "DDR-Vermögen" v. 28.05.1998, BT-Drs. 13/10900, Band 2, S. 886 f.; s. a. Berschens, in: WiWo v. 01.04.1994, S. 59.

1594 S. Deutscher Bundestag, 13. WP, Beschlußempfehlung und Bericht des 2. Untersuchungsausschusses "DDR-Vermögen" v. 28.05.1998, BT-Drs. 13/10900, Band 1, S. 304.

1595 S. Deutscher Bundestag, 13. WP, Beschlußempfehlung und Bericht des 2. Untersuchungsausschusses "DDR-Vermögen" v. 28.05.1998, BT-Drs. 13/10900, Band 1, S. 304.

Einen weiteren Fall unmittelbarer informeller Einflußnahme im Wege bilateraler Abstimmung schildert Christ[1596]. Danach hat der Bundeskanzler, vermittelt durch Ludewig, auf den Vorstand der Treuhandanstalt mit dem Ziel eingewirkt, die von Lothar Späth entwickelte Lösung zur Veräußerung der Jenoptik Carl Zeiss JENA GmbH einer Gesamtvollstreckung vorzuziehen[1597]. Späth war auf Anraten des Bundeskanzlers von dem damaligen thüringischen Ministerpräsidenten Duchac mit den Verhandlungen mit der Treuhandanstalt beauftragt worden[1598].

Auch die Einrichtung der Vertrauensbevollmächtigten beim Vorstand der Treuhandanstalt ging auf den Einfluß des Bundeskanzlers und des Bundeskanzleramtes zurück. Die Initiative ging, wie bereits berichtet, von Bundeskanzler Kohl aus, der im Rahmen der Kabinettssitzung am 17. Oktober 1990 dem Bundesminister der Justiz den Auftrag erteilt hatte, entsprechende Schritte einzuleiten. Am 25. Oktober 1990 wurde dem Präsidenten der Treuhandanstalt Rohwedder im Bundeskanzleramt das Vorhaben erläutert, am 5. November 1990 wurden die Vorbereitungen zur Einsetzung der Vertrauensbevollmächtigten mit einer weiteren Zusammenkunft im Bundeskanzleramt abgeschlossen[1599].

bbb) Moderation

Neben der bilateralen Abstimmung haben Bundeskanzler und Bundeskanzleramt durch Moderation informeller multilateraler Abstimmungsprozesse auf die Treuhandanstalt Einfluß ausgeübt. Die in diesem Zusammenhang entstandenen Foren können als Fortbildung einer Form der Politikentwicklung durch ein Konzertierungsnetzwerk auf zentraler Ebene angesehen werden, das in der Tradition des Korporatismus in der Bundesrepublik Deutschland staatliche und nichtstaatliche korporierte Akteure miteinander verschränkt[1600]. Dabei war die weitgehend akzeptierte Autorität des Bundes-

1596 Christ, in: Die Zeit v. 08.11.1991, S. 25; auf die Darstellung von Christ stützt sich Marissal, Der politische Handlungsrahmen der Treuhandanstalt, S. 60 f.

1597 Freese, Die Privatisierungstätigkeit der Treuhandanstalt, S. 63 (Fn. 76), bezweifelt allerdings die bei Marissal wiedergegebene Darstellung von Christ.

1598 Freese, Die Privatisierungstätigkeit der Treuhandanstalt, S. 252; s. a. Dorst, in: HB v. 29.09.1994, S. 6.

1599 Krieger, in: Bierich / Hommelhoff / Kropff (Hrsg.), Festschrift für Semler, S. 16 (18-20).

1600 Vgl. Lehmbruch, in: PVS 1991, S. 585 (598 f.); Lehmbruch, in: Eisen / Wollmann (Hrsg.), Institutionenbildung in Ostdeutschland, S. 63 (66); zu derartigen Strukturen allgemein Vogel, in: HB v. 12.04.1995, S. 2, sowie Weidenfeld / Wolf-Doettinchem, in: WiWo v. 11.05,1995, S. 32 ff.

kanzlers und Bundeskanzleramts notwendige Voraussetzung für den Erfolg dieser Abstimmungsprozesse[1601], in denen die beteiligten Akteure aus Staat und Wirtschaft unter Verzicht auf eigenständige Problemlösungen sich koordiniert an neue Problemlagen anpaßten, indem sie sich um kollektive Situationsdeutung bemühten, aus der handlungsleitende Orientierung erwachsen konnte[1602].

Bekanntestes Beispiel für von dem Bundeskanzler moderierte Entscheidungsprozesse waren die in der Tradition der von Bundesminister Schiller in den Jahren 1967 bis 1976 einberufenen Konzertierten Aktion stehenden sog. Kanzlerrunden zum wirtschaftlichen Aufbau in den neuen Bundesländern[1603]. Diese Runden, die zwischen Februar 1990 und Ende 1994 in unregelmäßigen Abständen dreiundzwanzig Mal zusammentraten, vereinten regelmäßig unter der Leitung des Bundeskanzlers die zuständigen Bundesminister, die Spitzen der Wirtschaft und Gewerkschaften, die Präsidenten der Bundesbank und der Bundesanstalt für Arbeit, die Ministerpräsidenten der neuen Länder[1604] sowie die Treuhandanstalt, vertreten durch Präsident bzw. Präsidentin und den Vorsitzenden des Verwaltungsrats.

Entgegen mancher Kritik[1605] haben die Kanzlerrunden – wenn auch möglicherweise nicht immer in dem erwarteten Ausmaß – Wirkungen gezeitigt und damit auch die Treuhandanstalt beeinflußt. Solche Auswirkungen auf die Treuhandanstalt lassen sich indes nur selten in Einzelfällen belegen, da die Kanzlerrunden vor allem bereits durch den gegenseitigen Austausch von Informationen und Positionen einer gegenseitigen Rücksichtnahme bei den eigenen autonomen Entscheidungen Vorschub leisteten[1606].

1601 Czada, in: Eisen / Wollmann (Hrsg.), Institutionenbildung in Ostdeutschland, S. 337 (354); vgl. Präsident der Bundesanstalt für Arbeit Franke, Schreiben an Bundesminister Seiters v. 20.08.1990, Nachdruck in: Treuhandanstalt (Hrsg.), Dokumentation 1990-1994, Band 11, S. 437.

1602 Czada, in: Eisen / Wollmann (Hrsg.), Institutionenbildung in Ostdeutschland, S. 337 (354).

1603 Busse, Bundeskanzleramt und Bundesregierung, S. 97 f.

1604 Ministerpräsidenten der neuen Länder nahmen erstmals an der 4. Kanzlerrunde am 26.11.1990 teil. Der Vorsitzende des Ministerrates de Maizière war bei der 2. Kanzlerrunde am 28. 06.1990 zugegen.

1605 Beispielsweise bemerkte der ehemalige Regierungssprecher Vogel: "In den Kanzlerrunden zur Wirtschaftslage in den neuen Bundesländern sind neben vielen wichtigen Berichten schließlich mehr Statements verlesen als Probleme diskutiert worden."; Vogel, in: HB v. 12.04.1995, S. 2.

1606 Busse, Bundeskanzleramt und Bundesregierung, S. 98; Vogel, in: HB v. 12.04.1995, S. 2.

Als Beispiele für konkret greifbare Ergebnisse, die allerdings in der Regel nicht erst in den Sitzungen, sondern bereits in Vorbereitung auf die Kanzlerrunden erzielt wurden, seien im folgenden genannt:

Im Rahmen der dritten Kanzlerrunde am 8. Oktober 1990 konnte der die Treuhandanstalt unterstützende Aufruf des Bundeskanzlers an die bundesdeutsche Wirtschaft, der Treuhandanstalt unverzüglich etwa 100 erfahrene Manager vorübergehend zur Verfügung zu stellen, mit einer entsprechenden Selbstverpflichtung der Angesprochenen zu einem Erfolg geführt werden. Tatsächlich erfolgte binnen weniger Wochen eine Entsendung von mehr als 100 weiterhin von den westdeutschen Unternehmen bezahlten Führungskräften, was zur schnellen Herstellung der Arbeitsfähigkeit der Treuhandanstalt wesentlich beitrug[1607]. Die Bedeutung dieser im Rahmen der Kanzlerrunde beförderten Hilfestellung durch den Bundeskanzler für die Treuhandanstalt läßt sich auch daran ablesen, daß sich der Vorstand der Treuhandanstalt in der Folgezeit auf mindestens drei Sitzungen mit der "Hundertschaft des Kanzlers" befaßte[1608].

Eine besondere Dynamik entwickelten diejenigen Kanzlerrunden, die Ende 1992 und zu Beginn des Jahres 1993 im Zeichen der von dem Bundeskanzler initiierten Gespräche über den sog. Solidarpakt für Deutschland[1609] standen. Zu den hierbei erzielten, die Treuhandanstalt betreffenden Ergebnissen zählten

- die Einkaufsoffensive Neue Bundesländer,
- die Bankeninitiative,
- die Förderung der Aus- und Fortbildung ostdeutscher Führungskräfte.

Die sog. Einkaufsoffensive Neue Bundesländer entwickelte sich über drei aufeinanderfolgende Kanzlerrunden hinweg. Die Präsidentin der Treuhandanstalt Breuel hatte in der 13. Kanzlerrunde am 28. September 1992 die Absatzschwierigkeiten der Unternehmen in den neuen Bundesländern – weggebrochene Märkte im Osten, kaum Marktzutritt im Westen – deutlich gemacht und dabei angedroht, Treuhand-Unternehmen könnten zukünftig mit

1607 Breuel (Hrsg.), Treuhand intern, S. 85; Kemmler, Die Entstehung der Treuhandanstalt, S. 208 f.; o. N., in: SZ v. 01.03.1994, S. 23.

1608 Vgl. Treuhandanstalt, Tagesordnung der Vorstandssitzungen am 23.10.1990, 01.11.1990 und 08.01.1991, Nachdruck in: Treuhandanstalt (Hrsg.), Dokumentation 1990-1994, Band 2, S. 668, 670 und 692.

1609 Ausführlich zum Solidarpakt: Bundesregierung, Solidarpakt für Deutschland, Nachdruck in: Treuhandanstalt (Hrsg.), Dokumentation 1990-1994, Band 11, S. 596-619.

"Kampfpreisen" um Märkte im Westen kämpfen[1610]. Auf Anregung der Bundesregierung[1611] wurden bereits in der darauffolgenden Kanzlerrunde am 7. Dezember 1992 die Gedanken zu einer von den westdeutschen Unternehmen gesteuerten Intensivierung des Einkaufs bei Unternehmen in den neuen Bundesländern konkretisiert, im Rahmen der 15. Kanzlerrunde am 16. Februar 1993 verpflichteten sich 33 Großunternehmen schriftlich gegenüber dem Bundeskanzler, als Beitrag zum Solidarpakt ihre Einkaufsvolumina bei Unternehmen in den neuen Ländern schrittweise zu verdoppeln[1612].

Ebenfalls im Rahmen der 15. Kanzlerrunde am 16. Februar 1993 sagte die Kreditwirtschaft als ihren Beitrag zu dem Solidarpakt zu, 1 Mrd. DM im eigenen Risiko in den Privatisierungsprozeß der Treuhandanstalt durch Übernahme von Unternehmen einzubringen (sog. Bankenmilliarde)[1613]. Auf der Grundlage einer bereits am 11. Januar 1993 geschlossenen Vereinbarung zwischen dem Staatssekretär im Bundesministerium der Finanzen Köhler und den Präsidenten der Spitzenverbände der deutschen Kreditwirtschaft nahm die Treuhandanstalt schon am 18. Februar 1993 Verhandlungen mit Bankenrepräsentanten auf[1614]. Intern stellte sich die Treuhandanstalt mit einem vereinfachten Genehmigungsverfahren für den Verkauf von

1610 Treuhandanstalt, Sprechzettel für die Präsidentin der Treuhandanstalt zur Pressekonferenz am 30.09.1992, Nachdruck in: Treuhandanstalt (Hrsg.), Dokumentation 1990-1994, Band 10, S. 455 ff.; Treuhandanstalt, unkorrigierte Mitschrift der Pressekonferenz v. 30.09.1992 (Auszüge aus dem Statement der Präsidentin der Treuhandanstalt), Nachdruck in: Treuhandanstalt (Hrsg.), Dokumentation 1990-1994, Band 10, S. 458 ff.

1611 Bundesministerium der Finanzen / Bundesministerium für Wirtschaft, Konzept der Bundesregierung zur Sicherung und Erneuerung industrieller Kerne durch die Treuhandanstalt in den neuen Bundesländern, Nachdruck in: Treuhandanstalt (Hrsg.), Dokumentation 1990-1994, Band 11, S. 717 (728).

1612 Treuhandanstalt, Chronologie Einkaufsoffensive Neue Bundesländer, Nachdruck in: Treuhandanstalt (Hrsg.), Dokumentation 1990-1994, Band 10, S. 530 (531); o. N., in: SZ v. 01.03.1994, S. 23.

1613 Bundesregierung, Solidarpakt für Deutschland, Nachdruck in: Treuhandanstalt (Hrsg.), Dokumentation 1990-1994, Band 11, S. 596 (605); Treuhandanstalt, Pressemitteilung v. 18.02.1993 ("Kreditwirtschaft unterstützt Treuhandanstalt"), Nachdruck in: Treuhandanstalt (Hrsg.), Dokumentation 1990-1994, Band 11, S. 653; o. N., in: SZ v. 01.03.1994, S. 23.

1614 Treuhandanstalt, Protokoll des Gesprächs mit Vertretern der Kreditwirtschaft am 19.02.1993, Nachdruck in: Treuhandanstalt (Hrsg.), Dokumentation 1990-1994, Band 11, S. 655 ff.

Unternehmen an Banken auf das Solidarpaktversprechen der Kreditwirtschaft ein[1615].

Im weiteren Verfolg des Solidarpakt-Gedankens sagte die westdeutsche Wirtschaft in der 17. Kanzlerrunde am 14. Juni 1993 gegenüber dem Bundeskanzler und zugunsten (auch) der Treuhand-Unternehmen zu, 1.000 zusätzliche Praktikantenplätze zur Aus- und Fortbildung ostdeutscher Führungskräfte bereitzustellen[1616].

In den vorgenannten Fällen der Einkaufsoffensive, der Bankeninitiative und der Förderung der Aus- und Fortbildung ostdeutscher Führungskräfte läßt sich eine die Treuhandanstalt unterstützende, von den Kanzlerrunden ausgehende Einflußnahme des Bundeskanzlers feststellen. Eine katalytische Rolle entwickelte beispielsweise die 20. Kanzlerrunde am 28. Februar 1994: in der Vorbereitung und in ihrem Verlauf konnten Fortschritte bei der Privatisierung des Lausitzer Braunkohlebergbaus erzielt werden[1617].

In der 23. Kanzlerrunde am 15. September 1994 konnte schließlich nach entsprechender Anregung des Bundeskanzlers in der 22. Kanzlerrunde am 6. Juli 1994[1618] die Einrichtung von Konsolidierungsfonds zwischen Treuhandanstalt, Bundesregierung und Landesregierungen abgestimmt werden[1619]. Aus diesen von den Ländern einzurichtenden, von der Treuhandanstalt mit insgesamt 500 Mio. DM zu finanzierenden Konsolidierungsfonds wurden Konsolidierungshilfen an ehemalige Treuhand-Unternehmen des gewerblichen Mittelstands gewährt. Die Treuhandanstalt hatte entsprechende Vorstellungen erstmals im Sommer 1994 dem Bundesminister der

1615 Vgl. Treuhandanstalt, Tagesordnung der Vorstandssitzung am 25.05.1993, Nachdruck in: Treuhandanstalt (Hrsg.), Dokumentation 1990-1994, Band 3, S. 37 (38).

1616 Bundesministerium der Finanzen / Bundesministerium für Wirtschaft, Konzept der Bundesregierung zur Sicherung und Erneuerung industrieller Kerne durch die Treuhandanstalt in den neuen Bundesländern, Nachdruck in: Treuhandanstalt (Hrsg.), Dokumentation 1990-1994, Band 11, S. 717 (727).

1617 Treuhandanstalt, Rededisposition zur Vorlage "Privatisierung der Braunkohleindustrie ..." vor dem THA-Ausschuß des Deutschen Bundestages am 13.04.1994, Nachdruck in: Treuhandanstalt (Hrsg.), Dokumentation 1990-1994, Band 4, S. 103 (104).

1618 Vgl. Ludewig, zitiert bei Schulte, in: Berliner Zeitung v. 06.09.1994, S. 10 (12).

1619 O. N., in: FAZ v. 16.09.1994, S. 15; o. N., in: HB v. 16.09.1994, S. 4; o. N., in: SZ v. 16.09.1994, S. 27.

Finanzen vorgetragen[1620]. Bereits zum 1. November 1994 traten entsprechende, zwischen der Treuhandanstalt und den Ländern abgeschlossene Verwaltungsvereinbarungen in Kraft[1621].

Indes haben die Abstimmungsprozesse der Kanzlerrunden nicht immer Erfolg gehabt. Ein frühes Beispiel konnte im Zusammenhang mit der Auseinandersetzung um eine Beteiligung der Treuhandanstalt an Beschäftigungsgesellschaften beobachtet werden. Nachdem in der ersten Hälfte des Jahres 1991 deutlich wurde, daß größere Entlassungsschübe in den Treuhand-Unternehmen und damit eine krisenhafte Entwicklung auf dem Arbeitsmarkt in den neuen Ländern bevorstanden, hatten sich im Frühjahr Bund, neue Länder, Treuhandanstalt und Gewerkschaften zunächst darauf verständigen können, daß die Länder für die Gründung von Beschäftigungsgesellschaften, die die arbeitsmarktpolitischen Belastungen abfedern sollten, verantwortlich sind und seitens der Treuhandanstalt hierin insbesondere durch Information und die Bereitstellung von Sachmitteln unterstützt werden[1622]. In der siebten Kanzlerrunde am 4. Juni 1991 wurde das Thema Beschäftigungsgesellschaften ausführlich besprochen[1623], drei Tage später forderte die Treuhandanstalt – in einer bis dahin nicht erkennbaren Eindeutigkeit[1624] – die Treuhand-Unternehmen auf, keine gesellschaftsrechtlichen Beteiligungen an Beschäftigungsgesellschaften einzugehen[1625]. Es erscheint sehr unwahrscheinlich, daß diese von der Treuhandanstalt formulierte Position, die den erwähnten, im Frühjahr getroffenen

1620 Schreiben der Präsidentin der Treuhandanstalt an den Bundesminister der Finanzen v. 27.06.1994, Nachdruck in: Treuhandanstalt (Hrsg.), Dokumentation 1990-1994, Band 10, S. 392 ff.

1621 S. die Vereinbarungen der Treuhandanstalt mit Thüringen, Mecklenburg-Vorpommern, Brandenburg, Sachsen-Anhalt, Sachsen und Berlin, Nachdruck in: Treuhandanstalt (Hrsg.), Dokumentation 1990-1994, Band 10, S. 400 ff., 407 ff., 414 ff., 422 ff., 429 ff. und 437 ff.

1622 Grundsätze zur Zusammenarbeit von Bund, neuen Ländern und Treuhandanstalt für den Aufschwung Ost v. 14.03.1991, Nachdruck in: Treuhandanstalt (Hrsg.), Dokumentation 1990-1994, Band 2, S. 386 (387), sowie Presse- und Informationsamt der Bundesregierung, Bulletin Nr. 29 v. 15.03.1991, S. 213 (214); Gemeinsame Erklärung von Deutschem Gewerkschaftsbund, Deutscher Angestelltengewerkschaft, Treuhandanstalt v. 13.04.1991, Nachdruck in: Treuhandanstalt (Hrsg.), Dokumentation 1990-1994, Band 2, S. 389 (390).

1623 Marissal, Der politische Handlungsrahmen der Treuhandanstalt, S. 95.

1624 Marissal, Der politische Handlungsrahmen der Treuhandanstalt, S. 90 ff.

1625 Treuhandanstalt, Schreiben an alle Unternehmensleitungen v. 07.06.1990, Nachdruck in: Treuhandanstalt (Hrsg.), Dokumentation 1990-1994, Band 9, S. 523 f.

Abreden entsprach, im Widerspruch zu dem Ergebnis der Kanzlerrunde stand[1626]. Es handelte sich bei der von der Treuhandanstalt eingeschlagenen Linie mithin nicht um einen isolierten Ansatz, sondern einen mit den maßgeblichen Akteuren abgestimmten Weg.

Allerdings gelangte das Schreiben der Treuhandanstalt vom 7. Juni 1991 sehr schnell an die Öffentlichkeit[1627]. Dies veranlaßte die Gewerkschaften, unterstützt von den neuen Länder sowie der Opposition im Deutschen Bundestag, öffentlich ihren Widerstand gegen die Absage der Treuhandanstalt an einer gesellschaftsrechtlichen Beteiligung ihrer Unternehmen an Beschäftigungsgesellschaften zu bekunden[1628]. Bemühungen im Verwaltungsrat der Treuhandanstalt, der sich am 21. Juni 1991 mit der Problematik beschäftigte, eine Verständigung zwischen den Vertretern der Bundesregierung, neuen Länder und Gewerkschaften herbeizuführen, blieben weitgehend erfolglos[1629]. Erst weitere intensive Gespräche der Treuhandanstalt mit den Landesregierungen und den Sozialpartnern führten am 17. Juli 1991 zum Abschluß einer Rahmenvereinbarung[1630], die zum einen die Rückkehr zu einem koordinierten Vorgehen der Beteiligten markierte, zum anderen mit den Trägergesellschaften auf Landesebene eine problembezogene gesonderte institutionelle Verschränkung der Akteure herbeiführte[1631].

Ein stärker dirigierender Einfluß auf die Treuhandanstalt ging vor allem von kleineren, von Bundeskanzler und Bundeskanzleramt ausgewählten, einberufenen und geleiteten Gesprächskreisen aus. Während der sehr breit gefächerte Teilnehmerkreis der Kanzlerrunden zum Aufbau Ost Probleme

1626 Marissal, Der politische Handlungsrahmen der Treuhandanstalt, S. 95 f.

1627 Marissal, Der politische Handlungsrahmen der Treuhandanstalt, S. 93.

1628 Seibel, in: PVS 1994, S. 3 (14).

1629 Vgl. Treuhandanstalt, Pressemitteilung v. 21.06.1991 ("THA-Verwaltungsrat zu Beschäftigungsgesellschaften"), Nachdruck in: Treuhandanstalt (Hrsg.), Dokumentation 1990-1994, Band 9, S. 535.

1630 Rahmenvereinbarung zur Bildung von Gesellschaften zur Arbeitsförderung, Beschäftigung und Strukturentwicklung (ABS) v. 17.07.1991, Nachdruck in: Treuhandanstalt (Hrsg.), Dokumentation 1990-1994, Band 9, S. 546 ff.; Marissal, Der politische Handlungsrahmen der Treuhandanstalt, S. 99 f.

1631 "Gesellschafter der Trägergesellschaften auf Landesebene sind in erster Linie die neuen Bundesländer, Treuhandanstalt, Gewerkschaften, Arbeitgeberverbände und kommunale Spitzenverbände." Ziffer I. 2. Satz 1 der Rahmenvereinbarung zur Bildung von Gesellschaften zur Arbeitsförderung, Beschäftigung und Strukturentwicklung (ABS) v. 17.07.1991, Nachdruck in: Treuhandanstalt (Hrsg.), Dokumentation 1990-1994, Band 9, S. 546 (547).

eher nach Art einer Tour d'horizont ansprach, konnte in verkleinerten Zirkeln einzelnen Fragen konkreter nachgegangen werden.

Ein bedeutendes Beispiel für eine stärker dirigierende Moderation durch den Bundeskanzler liefert die Absprache zur Finanzierung von Maßnahmen zur Gefahrenabwehr bei ökologischen Altlasten[1632]. Das mit ökologischen Altlasten verbundene Kostenrisiko waren private Investoren in der Regel nicht bereit zu übernehmen. Dieses Privatisierungshemmnis durch Freistellungsbescheid auszuräumen obliegt den Ländern[1633], die dieser Aufgabe indes aus administrativen, aber vor allem aus fiskalischen Gründen[1634] nur sehr schleppend nachkamen[1635]. Die sich daraus für die Treuhandanstalt ergebenden massiven Schwierigkeiten[1636] gaben Anlaß zu Gesprächen mit den Ministerpräsidenten der neuen Länder unter Federführung des Bundeskanzlers. Am 22. Oktober 1992 konnte eine Einigung erzielt und kurz darauf in einem Verwaltungsabkommen festgeschrieben werden[1637], der zufolge sich die Treuhandanstalt in festgelegtem Umfang im Falle der Freistellung durch das Land an den dem Land entstehenden Kosten beteiligte. Im Ergebnis der Verhandlungen hatte die Treuhandanstalt aufgrund der Ent-

1632 Marissal, Der politische Handlungsrahmen der Treuhandanstalt, S. 59 (Fn. 150).

1633 Artikel 30, 83 GG, Artikel 1 § 4 Absatz 3 UmweltrahmenG; Eisenbarth, Altlastensanierung und Altlastenfinanzierung, Rz. 81; Radtke / Eisenbarth, in: ZAP-DDR, Fach 19, S. 285.

1634 Die Länder haben nach dem Konnexitätsprinzip des Artikels 104 a GG die bei der ihnen gemäß Artikel 30, 83 GG originär obliegende Ausführung des Umweltrahmengesetzes entstehenden Ausgaben grundsätzlich selbst zu tragen; Eisenbarth, Altlastensanierung und Altlastenfinanzierung, Rz. 82.

1635 Eisenbarth, Altlastensanierung und Altlastenfinanzierung, Rz. 81; Radtke / Eisenbarth, in: ZAP-DDR, Fach 19, S. 285 (288); vgl. die Angaben zum Bearbeitungsstand bei Spieth, altlasten-spektrum 4/1994, S. 199 (200). In einem internen Vermerk des Bundesministeriums für Wirtschaft ist in diesem Zusammenhang von der "Weigerung der Länder, Unternehmen von ökologischen Altlasten freizustellen", die Rede; Ministerialrat im Bundesministerium für Wirtschaft Homann, Überblicksvermerk v. 13.12.1991 (L-D / THA – 28 00 16), Nachdruck in: Treuhandanstalt (Hrsg.), Dokumentation 1990-1994, Band 7, S. 471 (475).

1636 Die Zurückhaltung der Länder zwang die Treuhandanstalt häufig, zu ihren Lasten Freistellungen in Privatisierungsverträgen zu akzeptieren, was die Kosten der Privatisierung deutlich erhöhte. Unter Kostengesichtspunkten waren dadurch eine Reihe von Privatisierungen aus Sicht der Treuhandanstalt nicht mehr zu vertreten.

1637 Verwaltungsabkommen über die Regelung der Finanzierung der ökologischen Altlasten v. 01.12.1992, BAnz. 1993, S. 2842.

scheidung des Bundeskanzlers mithin in Durchbrechung des Konnexitätsgrundsatzes des Artikels 104 a GG die Kofinanzierung einer originären Länderaufgabe übernommen. Damit verbundenen verfassungsrechtlichen Bedenken[1638] wurde mit dem Verweis auf den Umstand, daß sich die Finanzierungsregelung gemäß Ziffer 1 der Anlage 1 zum Verwaltungsabkommen auf den Kreis der Unternehmen im Bereich der Treuhandanstalt beschränke, zurückgewiesen[1639].

Die zusätzliche Finanzierungslast der Treuhandanstalt war ein Grund für die in den nachfolgenden Solidarpaktbeschlüssen vorgesehene Ausweitung ihres Kreditrahmens[1640].

Der Vollständigkeit halber ist anzufügen, daß sich Bund und Länder am 16. Dezember 1994 auf eine Nachfolgeregelung zum 1. Januar 1995 geeinigt haben[1641], die am 10. Januar 1995 als Erstes Änderungsabkommen förmlich vereinbart wurde[1642].

Die Solidarpaktbeschlüsse wurden ebenfalls in einer kleineren, von dem Bundeskanzler bestimmten Runde gefällt[1643]. Sie hatten einen nachhaltigen, dirigierenden Einfluß auf das Verständnis von dem Auftrag der Treuhandanstalt. Der Vorstand der Treuhandanstalt hatte sich am 24. November 1992 im Vorfeld der Gespräche mit der Formulierung des Beitrags der Treuhandanstalt im Rahmen des Solidarpaktes befaßt[1644] und dabei Maßnahmen zur mittelfristigen Sanierung und Privatisierung solcher sanierungsfähigen Unternehmen, für die kurzfristig keine Privatisierung erreicht werden kann, erörtert. Grundtenor der Überlegungen war, daß (trotz des gesetzlichen Gebotes einer schnellen Privatisierung) sanierungsfähigen Unternehmen ausreichend Zeit eingeräumt werden sollte, bis sich Privatisierungsmöglichkei-

1638 Eisenbarth, Altlastensanierung und Altlastenfinanzierung, Rz. 82.

1639 Eisenbarth, Altlastensanierung und Altlastenfinanzierung, Rz. 87.

1640 Bundesregierung, Solidarpakt für Deutschland, Nachdruck in: Treuhandanstalt (Hrsg.), Dokumentation 1990-1994, Band 11, S. 596 (601).

1641 Eisenbarth, Altlastensanierung und Altlastenfinanzierung, Rz. 83.

1642 Das Verwaltungsabkommen über die Regelung der Finanzierung der ökologischen Altlasten in der ab 01.01.1995 geltenden Fassung ist veröffentlicht in: BAnz. 1995, S. 7905.

1643 Czada sieht in diesem Vorgang den Höhepunkt einer die Vereinigungspolitik insgesamt kennzeichnenden Informalisierung, d.h. der Verlagerung von Entscheidungen aus dem verfassungsrechtlichen und politischen "Normalbetrieb" auf "issuespezifische Politiknetzwerke"; Czada, in: Eisen / Wollmann (Hrsg.), Institutionenbildung in Ostdeutschland, S. 337 (350 f.).

1644 Vgl. Treuhandanstalt, Tagesordnung der Vorstandssitzung am 24.11.1992, Nachdruck in: Treuhandanstalt (Hrsg.), Dokumentation 1990-1994, Band 2, S. 949 (950).

ten ergeben; bis dahin sollten Sanierungsmaßnahmen fortgesetzt werden[1645].

In der Klausurtagung des Bundeskanzlers mit den Regierungschefs der Länder sowie den Partei- und Fraktionsvorsitzenden vom 11. bis 13. März 1993 in Bonn legte die Bundesregierung die Treuhandanstalt auf die "Sicherung und Erneuerung industrieller Kerne" fest. Dabei handelte es sich um eine mit Blick auf die politischen Auswirkungen des Transformationsprozesses erfolgte[1646] Neuausrichtung der Treuhandanstalt[1647].

Das Konzept zur "Sicherung und Erneuerung industrieller Kerne" schloß die Vorgabe ein, eine laufende Sanierung von Treuhand-Unternehmen durch deren mögliche Privatisierung nicht zu gefährden[1648]. So formuliert, stellte die Vorgabe die gesetzlich fixierte Rangfolge von Privatisierung und Sanierung auf den Kopf[1649].

Zugleich machte die Bundesregierung sich und damit auch der Treuhandanstalt ein sehr weit gefaßtes Verständnis des Begriffes der Sanierungsfähigkeit zu eigen, dem zufolge ein Sanierungskonzept nicht an der

1645 Treuhandanstalt, Beitrag der Treuhandanstalt im Rahmen des Solidarpaktes (Entwurf), Nachdruck in: Treuhandanstalt (Hrsg.), Dokumentation 1990-1994, Band 11, S. 588 (590 f.); Treuhandanstalt, Sicherung industrieller Kerne durch möglichst rasche Herstellung der Wettbewerbsfähigkeit überlebensfähiger Unternehmen durch Privatisierung und Sanierung (Entwurf), Nachdruck in: Treuhandanstalt (Hrsg.), Dokumentation 1990-1994, Band 11, S. 706 (709).

1646 Ludewig, zitiert bei Schulte, in: Berliner Zeitung v. 06.09.1994, S. 10: "Die Treuhandanstalt gehört mit zur Bundesregierung, wir arbeiten eng zusammen. Aber: Jeder hat seine besonderen Aufgaben. Die Politik ist dafür da, auf die Wirkungen zu achten. Zum Beispiel darauf, welche politischen Auswirkungen sich aus dem tiefgreifenden Strukturwandel in bestimmten, besonders stark betroffenen Regionen ergeben. Daraus ist das Konzept zum Erhalt industrieller Kerne entstanden."

1647 Glaeßner, in: Glaeßner (Hrsg.), Der lange Weg zur Einheit, S. 35 (60).

1648 Bundesregierung, Solidarpakt für Deutschland, Nachdruck in: Treuhandanstalt (Hrsg.), Dokumentation 1990-1994, Band 11, S. 596 (608); Bundesministerium für Wirtschaft, Jahreswirtschaftsbericht 1993, Ziffer 68; Bundesministerium der Finanzen / Bundesministerium für Wirtschaft, Konzept der Bundesregierung zur Sicherung und Erneuerung industrieller Kerne durch die Treuhandanstalt in den neuen Bundesländern, Nachdruck in: Treuhandanstalt (Hrsg.), Dokumentation 1990-1994, Band 11, S. 717 (726); ähnlich § 6 Absatz 4 des Gesetzentwurfes der PDS / LL für ein neues Treuhandgesetz, BT-Drs. 12/552, S. 4.

1649 Lichtblau, Privatisierungs- und Sanierungsarbeit der Treuhandanstalt, S. 59 f.

Finanzierung scheitern sollte[1650]. Die Höhe des Kapitalbedarfes sollte danach kein Kriterium im Rahmen der Ermittlung der Sanierungsfähigkeit sein. Ein Unternehmen war also selbst dann als sanierungsfähig anzusehen, wenn es zu seiner Fortführung eines höheren finanziellen Aufwandes bedurfte als zu seiner Liquidation[1651]. Abgestellt wurde somit einzig darauf, ob in absehbarer Zeit eine branchen- und größenübliche Bilanz- und Ertragsstruktur nachhaltig erreicht werden konnte[1652]. Damit wurde – mit Rücksichtnahme auf volkswirtschaftliche Aspekte[1653] und unter starkem

1650 Bundesregierung, Solidarpakt für Deutschland, Nachdruck in: Treuhandanstalt (Hrsg.), Dokumentation 1990-1994, Band 11, S. 596 (608); Bundesministerium der Finanzen / Bundesministerium für Wirtschaft, Konzept der Bundesregierung zur Sicherung und Erneuerung industrieller Kerne durch die Treuhandanstalt in den neuen Bundesländern, Nachdruck in: Treuhandanstalt (Hrsg.), Dokumentation 1990-1994, Band 11, S. 717 (725); ähnlich Bundesministerium für Wirtschaft, Jahreswirtschaftsbericht 1993, Ziffer 68 (4. Spiegelstrich); Treuhandanstalt, Entschlossen Sanieren, S. 17.

1651 Vgl. zu der ähnlich gelagerten Problematik der Privatisierung mit einem unterhalb des Liquidationswertes liegenden Ergebnis Treuhandanstalt, Sicherung industrieller Kerne durch möglichst rasche Herstellung der Wettbewerbsfähigkeit überlebensfähiger Unternehmen durch Privatisierung und Sanierung (Entwurf), Nachdruck in: Treuhandanstalt (Hrsg.), Dokumentation 1990-1994, Band 11, S. 706 (707), sowie Engels u.a. (Kronberger Kreis), Wirtschaftspolitik für das geeinte Deutschland, S. 27.

1652 Schwalbach, in: Fischer / Hax / Schneider (Hrsg.), Treuhandanstalt – Das Unmögliche wagen, S. 177 (186 f.); s. a. Arbeitsgruppe Alternative Wirtschaftspolitik, Memorandum '92, S. 133; kritisch hierzu v. Dohnanyi, in: Der Spiegel v. 17.07.1995, S. 75 (78): "Wie lange hätte denn die Sanierung mit wieviel Geld gemacht werden sollen? Bis die Trabi-Fabrik schließlich VW überholt?"; auf budgetbedingte Grenzen verweisen Brahms, in: Deutscher Bundestag, 12. WP, Wortprotokoll der öffentlichen Anhörung (41. Sitzung) des Ausschusses für Wirtschaft, S. 131, sowie Lichtblau, Privatisierungs- und Sanierungsarbeit der Treuhandanstalt, S. 56 f.

1653 In einem Gutachten für die Bundesregierung hatte das Beratungsunternehmen McKinsey & Company Inc. im April 1991 empfohlen, den von der Treuhandanstalt zu finanzierenden Fortführungskosten die volkswirtschaftlichen Opportunitätskosten gegenüberzustellen; s. McKinsey & Company Inc., Überlegungen zur kurzfristigen Stabilisierung und langfristigen Steigerung der Wirtschaftskraft in den neuen Bundesländern, S. 15, Nachdruck in: Treuhandanstalt (Hrsg.), Dokumentation 1990-1994, Band 2, S. 179 (204); s. a. Pilz / Ortwein, Das vereinte Deutschland, S. 91. Christ / Neubauer, Kolonie im eigenen Land, S. 160 f., berichten von entsprechenden, d.h. volkswirtschaftliche Opportunitätskosten berücksichtigenden Berechnungen für die chemische Indupolitischen Druck – betriebswirtschaftlich betrachtet eine Randposition vertreten[1654].

Schließlich bestätigten die Solidarpaktbeschlüsse die Treuhandanstalt auf dem von ihr eingeschlagenen Weg des Zusammenwirkens mit den Ländern zur Erhaltung industrieller Kerne. Das sog. "Sachsen-Modell" wurde zur allgemeinen Regel erhoben, dem zufolge die Länder industrielle Kerne benennen konnten und sich in bestimmtem Umfang an den Kosten der Sanierung beteiligten[1655].

Angesichts des somit stärker akzentuierten Sanierungsauftrags und, wie erwähnt, angesichts einer gestiegenen finanziellen Belastung der Treuhandanstalt im Zusammenhang mit ökologischen Altlasten sahen die Solidarpaktbeschlüsse eine Erweiterung des Kreditrahmens der Treuhandanstalt vor[1656]. Dies vollzog sich auf der Grundlage von § 3 Satz 2 THAKredG, wonach der Bundesminister der Finanzen mit Einwilligung des Haushaltssausschusses des Deutschen Bundestages bei unabweisbarem Mehrbedarf eine Überschreitung des Kreditrahmens von 30 Mrd. DM um weitere acht Mrd. DM zulassen konnte[1657].

strie Ostdeutschlands. Nicht ganz berechtigt erscheint daher die Kritik, volkswirtschaftliche Aspekte seien übersehen worden, geäußert z.B. von: Bundesrechnungshof, Bemerkungen des Bundesrechnungshofes 1993 zur Haushalts- und Wirtschaftsführung, BT-Drs. 12/5650, S. 183 ff., und darauf gestützt Hikkel / Priewe, Nach dem Fehlstart, S. 72; Hickel, in: Schulz / Volmer (Hrsg.), Entwickeln statt abwickeln, S. 201 (210 f.); Hickel / Priewe, Der Preis der Einheit, S. 183 f.

1654 Auf den Vergleich zwischen Fortführungs- und Liquidationswert stellen beispielsweise ab Schwalbach, in: Fischer / Hax / Schneider (Hrsg.), Treuhandanstalt – Das Unmögliche wagen, S. 177 (180), und – in der Privatisierungsvariante – Engels u.a. (Kronberger Kreis), Wirtschaftspolitik für das geeinte Deutschland, S. 27.

1655 Bundesregierung, Solidarpakt für Deutschland, Nachdruck in: Treuhandanstalt (Hrsg.), Dokumentation 1990-1994, Band 11, S. 596 (609); Bundesministerium der Finanzen / Bundesministerium für Wirtschaft, Konzept der Bundesregierung zur Sicherung und Erneuerung industrieller Kerne durch die Treuhandanstalt in den neuen Bundesländern, Nachdruck in: Treuhandanstalt (Hrsg.), Dokumentation 1990-1994, Band 11, S. 717 (731 f.); vgl. a. Münch, in: Hill (Hrsg.), Erfolg im Osten, S. 39 (43); Allert, in: Hill (Hrsg.), Erfolg im Osten III, S. 57 (58).

1656 Bundesregierung, Solidarpakt für Deutschland, Nachdruck in: Treuhandanstalt (Hrsg.), Dokumentation 1990-1994, Band 11, S. 596 (607).

1657 In seiner Sitzung am 30.06.1993 hat der Haushaltsausschuß des Deutschen Bundestages allerdings eine Erweiterung des Kreditrahmens um acht Mrd. DM abgelehnt und lediglich weiteren sieben Mrd. DM zugestimmt; vgl. Treu-

Neben den Vorgaben zur Sanierung von Treuhand-Unternehmen enthielt der Solidarpakt Beschlüsse zur Stärkung des Wohnungsbaus in den neuen Ländern[1658]. Die Treuhandanstalt sah sich dadurch veranlaßt, Regelungen für von der DKB Deutsche Kreditbank AG zu vergebende Wohnungsbaukredite zu beschließen[1659].

Das Bundeskanzleramt hat seine Koordinierungsfunktion darüber hinaus vor allem in den bereits erwähnten informellen Gesprächsrunden zwischen Bund, neuen Ländern einschließlich Berlins und Treuhandanstalt wahrgenommen, die unter der Leitung des Bundesministers für besondere Angelegenheiten und Chefs des Bundeskanzleramtes Seiters bzw. später Bohl sowie der Federführung des Leiters der Abteilung 4 im Bundeskanzleramt Ludewig regelmäßig zusammentraten. Noch mehr als in den Kanzlerrunden ermöglichte der im kleineren Kreis offenere und intensivere Austausch von Informationen und Positionen die gegenseitige Berücksichtigung der Interessen der übrigen Beteiligten im Rahmen der eigenen autonomen Entscheidungen. Auf diese Weise konnte bereits im Vorfeld möglicher Konflikte eine Abstimmung unter den Akteuren erfolgen, die eine mit Reibungsverlusten und gegenseitiger Blockierung verbundene Konfrontation und die damit für den dabei Unterliegenden einhergehende Gefahr, Gestaltungsspielräume nachhaltig einzubüßen, vermied[1660].

Zwar ist der von diesen informellen Abstimmungsvorgängen auf die Treuhandanstalt ausgehende Einfluß schwer meßbar, da die sich anschließenden Entscheidungen der Treuhandanstalt autonom getroffen wurden. Der Umstand, daß die informellen Gespräche im Einvernehmen mit allen Beteiligten über Jahre hinweg regelmäßig fortgesetzt wurden, zeigt jedoch an, daß die Teilnehmenden ihre Zusammenkünfte für sinnvoll erachteten. Da die Gesprächsrunden nicht öffentlichkeitswirksam waren, erfüllte sich ihr Zweck einzig in einer effizienten Abstimmung. Es kann daher angenommen werden, daß von den Gesprächsrunden ein nachhaltiger Einfluß auf die Treuhandanstalt ausging.

handanstalt, Neuer Jahresplan 1993, Nachdruck in: Treuhandanstalt (Hrsg.), Dokumentation 1990-1994, Band 12, S. 597 (599).

1658 Bundesregierung, Solidarpakt für Deutschland, Nachdruck in: Treuhandanstalt (Hrsg.), Dokumentation 1990-1994, Band 11, S. 596 (601 f.).

1659 Vgl. Treuhandanstalt, Tagesordnung der Vorstandssitzung am 06.04.1993, Nachdruck in: Treuhandanstalt (Hrsg.), Dokumentation 1990-1994, Band 3, S. 20 (21).

1660 Vgl. Czada, in: Fischer / Hax / Schneider, Treuhandanstalt – Das Unmögliche wagen, S. 148 (169 f.).

Mit dem Fall des sog. Bohl-Papiers ist immerhin ein Beispiel bekannt geworden, in dem von einer Gesprächsrunde, die das Bundeskanzleramt ausgewählt, eingeladen und geleitet hat, ein maßgeblicher Einfluß auf die Treuhandanstalt ausgegangen ist. Die von der Treuhandanstalt erlassene interne "Richtlinie für die Durchführung der Verwaltung und Verwertung (ehemals) volkseigener land- und forstwirtschaftlicher Flächen" vom 26. Juni 1992[1661] war Gegenstand einer ausgedehnten öffentlichen Diskussion geworden. Daraufhin fand am 16. November 1992 eine Tagung unter der Leitung von Bundesminister Bohl statt, an der die zuständigen Bundesressorts, die Treuhandanstalt und die Landwirtschaftsministerien der neuen Länder teilgenommen haben[1662]: Hierbei wurde ein Konzept zur "Verwertung ehemals volkseigener landwirtschaftlichen Flächen" (sog. "Bohl-Papier")[1663] verabschiedet, an welches die Treuhandanstalt ihre bisherige Richtlinie anpaßte[1664].

Bundeskanzler und Bundeskanzleramt beschränkten ihre moderierende Einflußnahme auf die Treuhandanstalt außerhalb der Kanzlerrunden im übrigen nicht auf den Austausch mit Repräsentaten der neuen Ländern, sondern führten gleichermaßen informelle, nichtöffentliche Gespräche mit Treuhandanstalt und Wirtschaft durch[1665]. Beispielsweise nahm das Bun-

1661 Treuhandanstalt, Richtlinie für die Durchführung der Verwaltung und Verwertung (ehemals) volkseigener land- und forstwirtschaftlicher Flächen, Nachdruck in: Treuhandanstalt (Hrsg.), Dokumentation 1990-1994, Band 8, S. 302 ff.

1662 Deutscher Bundestag, 12. WP, Beschlußempfehlung und Bericht des 2. Untersuchungsausschusses "Treuhandanstalt" v. 29.08.1994, Minderheitenvotum des Berichterstatters der SPD-Fraktion (Berichtsentwurf des Ausschußsekretariats), BT-Drs. 12/8404, Band 1, S. 730.

1663 "Verwertung ehemals volkseigener landwirtschaftlichen Flächen" (sog. "Bohl-Papier"), Nachdruck in: Treuhandanstalt (Hrsg.), Dokumentation 1990-1994, Band 8, S. 315 ff.

1664 Schreiben des Leiters der Abteilung VIII im Bundesministerium der Finanzen John von Freyend an das Mitglied des Vorstands der Treuhandanstalt Rexroth v. 02.12.1992 (VIII B 3 – FB 5501 – 529/92), Nachdruck in: Treuhandanstalt (Hrsg.), Dokumentation 1990-1994, Band 8, S. 314; vgl. Treuhandanstalt, Richtlinie zur Anpassung der Treuhandrichtlinie v. 26.06.1992 an die Verpachtungsgrundsätze des unter Leitung des Bundeskanzleramtes am 16.11.1992 beschlossenen Privatisierungskonzeptes v. 22.06.1993, Nachdruck in: Treuhandanstalt (Hrsg.), Dokumentation 1990-1994, Band 8, S. 312 f.

1665 Ein frühes Beispiel stellt das Bankengespräch im Bundeskanzleramt am 25.10.1990 dar; vgl. Treuhandanstalt, Tagesordnung der Vorstandssitzung am 23.10.1990, Nachdruck in: Treuhandanstalt (Hrsg.), Dokumentation 1990-1994, Band 2, S. 668 (669).

deskanzleramt auf die Verhandlungen zur Zukunft der Hydrierwerke Zeitz GmbH maßgeblichen Einfluß, indem es in einer Besprechung am 20. Juni 1994 durchsetzte, daß die DKR Gesellschaft für Kunststoffrecycling mbH, eine Tochter der Duales System Deutschland GmbH, mindestens 80.000 to. Kunststoffabfall in Zeitz verwerten läßt, was den Fortbestand des Unternehmens und die Grundlage für eine nachfolgende Privatisierung sichern sollte[1666].

Im Streit um eine Beteiligung der ostdeutschen Braunkohleländer Brandenburg und Sachsen an dem ostdeutschen Verbundunternehmen Vereinigte Energiewerke AG (VEAG), deren Privatisierung bereits Gegenstand der zwanzigsten Kanzlerrunde am 28. Februar 1994 war[1667], rief der brandenburgische Ministerpräsident Stolpe Bundeskanzler Kohl ausdrücklich zur Vermittlung zwischen den Ländern, Erwerbern und der Treuhandanstalt auf[1668].

Schließlich eröffneten auch die Regionalkonferenzen und Unternehmensgespräche vor Ort dem Bundeskanzleramt die Möglichkeit, moderierend einzuwirken.

ccc) öffentliche Äußerungen

Schließlich ist auf die Beeinflussung der Treuhandanstalt durch öffentliche Äußerungen des Bundeskanzlers und der Mitarbeiter des Bundeskanzleramts einzugehen. Noch weniger als die informellen Steuerungsmittel der bilateralen und multilateralen Abstimmung ist diese Form der Steuerung juristisch greifbar, jedoch politische Realität und daher in eine Betrachtung der Kontrolle über die Treuhandanstalt einzubeziehen.

Weithin bekannt geworden ist die frühzeitige Stellungnahme des Bundeskanzlers Kohl zur Zukunft der großchemischen Industrie in Sachsen-Anhalt. Am 11. Juni 1991 hatte der Bundeskanzler bei einem Besuch der Buna AG (später GmbH) in Schkopau die Erhaltung der Standorte angekündigt[1669]. Zu diesem Zeitpunkt lag das von der Treuhandanstalt in Auftrag

1666 Chiari, in: TSP v. 22.06.1994, S. 21; o. N., in: ND v. 22.06.1994, S. 9; o. N., in: Die Welt v. 23.06.1994, S. 15; v. Keller, in: WiWo v. 08.07.1994, S. 11.

1667 O. N., in: SZ v. 01.03.1994, S. 23.

1668 O. N., in: FAZ v. 06.04.1994, S. 13; o. N., in: TSP v. 02.04.1994, S. 6.

1669 Breuel (Hrsg.), Treuhand intern, S. 96; vgl. Bundeskanzler Kohl, in: Presse- und Informationsamt der Bundesregierung, Pressemitteilung Nr. 554/92 v. 01.12.1992 ("Rede anläßlich der Regionalkonferenz 'Industriestandort Sachsen-Anhalt – Zukunft der Chemieregion'"); Schucht, zitiert in: Deutscher Bundestag, 13. WP, Beschlußempfehlung und Bericht des 2. Untersuchungsausschusses "DDR-Vermögen" v. 28.05.1998, BT-Drs. 13/10900, Band 1, S. 265.

gegebene Gutachten "Unternehmenskonzepte für die Großchemie (Leuna, Buna, Bitterfeld, Wolfen)" des Beratungsunternehmens McKinsey & Company Inc. in seiner Endfassung noch nicht vor[1670]; erst in seiner Sitzung am 18. Juni 1991 konnte sich der Vorstand der Treuhandanstalt hiermit befassen[1671], die Endfassung der Studie datierte schließlich vom 4. Juli 1991. Dabei kam das McKinsey-Gutachten zu dem Schluß, daß eine Erhaltung der großchemischen Industrie unter betriebswirtschaftlichen Gesichtspunkten nicht empfohlen werden könne und nur bei Gegenüberstellung der von der Treuhandanstalt zu finanzierenden Fortführungskosten und der volkswirtschaftlichen Opportunitätskosten zu rechtfertigen sei – und auch dies nur unter bestimmten Voraussetzungen, u.a. einer schnellen Privatisierung[1672]. Die Treuhandanstalt beurteilte – zumindest zum damaligen Zeitpunkt – die Sanierungsfähigkeit ihrer Unternehmen in Übereinstimmung mit dem Leitungsausschuß grundsätzlich jedoch nach betriebswirtschaftlichen Kriterien[1673]. Die Entscheidung der Treuhandanstalt, mit einem industriepolitischen Ansatz[1674] die Erhaltung aller Standorte anzustreben, muß daher im Rahmen des politischen Kontextes gesehen werden: Die Treuhandanstalt hat die öffentliche Festlegung des Bundeskanzlers als politische Bestandsgarantie und dadurch für sich als Zielvorgabe[1675] handlungsleitend empfunden[1676].

Ähnlich wirkten gelegentliche öffentliche Äußerungen des Leiters der Abteilung 4 im Bundeskanzleramt, Dr. Johannes Ludewig, in den neuen Bundesländern. Insbesondere im Wahljahr 1994 war Ludewig für das Bun-

1670 Breuel (Hrsg.), Treuhand intern, S. 97; Christ / Neubauer, Kolonie im eigenen Land, S. 157 ff.; Marissal, Der politische Handlungsrahmen der Treuhandanstalt, S. 59 f.

1671 Treuhandanstalt, Tagesordnung der Vorstandssitzung am 18.06.1991, Nachdruck in: Treuhandanstalt (Hrsg.), Dokumentation 1990-1994, Band 2, S. 747; Marissal, Der politische Handlungsrahmen der Treuhandanstalt, S. 59 f.

1672 Breuel (Hrsg.), Treuhand intern, S. 97; Christ / Neubauer, Kolonie im eigenen Land, S. 160 – 162; Schmidt-Tophoff, in: Schmidt (Hrsg.), Zwischenbilanz, S. 193 (208).

1673 Vgl. Vogelgesang, in: Treuhandanstalt / Ostausschuß der deutschen Wirtschaft / Bundesverband der deutschen Industrie (Hrsg.), Privatisieren, S. 78 ff.

1674 Fischer / Weißbach, in: Schmidt / Lutz (Hrsg.), Chancen und Risiken der industriellen Restrukturierung in Ostdeutschland, S. 43 (60); Schmidt-Tophoff, in: Schmidt (Hrsg.), Zwischenbilanz, S. 193 (204 f.).

1675 Deutscher Bundestag, 13. WP, Beschlußempfehlung und Bericht des 2. Untersuchungsausschusses "DDR-Vermögen" v. 28.05.1998, BT-Drs. 13/10900, Band 1, S. 380.

1676 Schucht, zitiert bei George / Uhlmann, in: Wirtschaft & Markt 09/1996, S. 14.

deskanzleramt bemüht, den Unternehmensleitungen, Belegschaften und der Öffentlichkeit ein positiveres Bild von Verlauf und Ergebnissen des Transformationsprozesses in den neuen Ländern zu vermitteln[1677] und politische Belastungen durch Maßnahmen der Treuhandanstalt zu vermeiden[1678]. Die von Ludewig in einer Mehrzahl von Einzelfällen öffentlich ausgegebene Parole "Keine Privatisierung um jeden Preis"[1679] bremste die Treuhandanstalt in ihrem Bemühen, kurzfristig[1680] unpopuläre Privatisierungslösungen umzusetzen. Die Äußerungen Ludewigs weckten zudem insbesondere bei den betroffenen Belegschaften und sonstigen regionalen Akteuren[1681], aber auch bei Konkurrenz und Übernahmeinteressenten[1682] zudem den Eindruck einer politischen Standortgarantie. Die Treuhandanstalt war hierdurch in ihrer Handlungsfreiheit eingeschränkt, was ihre Verhandlungsposition gegenüber Leitung und Belegschaft der betroffenen Treuhand-Unternehmen zu schwächen geeignet war.

Für die Treuhandanstalt handlungsleitend war auch die im Rahmen eines Treffens mit Belegschaftsvertretern im Bundeskanzleramt am 14. Juli 1993 gegebene schriftliche Zusage des Bundeskanzlers[1683], die Beschäfti-

1677 Ludewig, zitiert bei Schwenn, in: FAZ v. 08.08.1994, S. 9.

1678 Ludewig, zitiert bei Schulte, in: Berliner Zeitung v. 06.09.1994, S. 10.

1679 Beispielsweise für die EKO Stahl GmbH: Ludewig, zitiert bei Schulte, in: Berliner Zeitung v. 06.09.1994, S. 10 (12); beispielsweise für die MKM Mansfelder Kupfer und Messing GmbH: Haeusgen, in: Mitteldeutsche Zeitung v. 21.05.1994, S. 13; o. N., in: Die Welt v. 21.05.1994, S. 12; o. N., in: Mansfeld-Echo Nr. 2 (Juni 1994), S. 2.

1680 Die Privatisierungstätigkeit der Treuhandanstalt hatte im Laufe des Jahres 1994 angesichts des zum Jahresende anstehenden (scheinbaren) Endes ihrer Existenz deutlich an Dynamik gewonnen. Dabei hatte sich die Auffassung verbreitet, daß Privatisierungen, die nicht bis zum Jahresende vereinbart werden könnten, in den Nachfolgeeinrichtungen der Treuhandanstalt zunächst nicht mit der gleichen Intensität weiter betrieben würden, weshalb im Sinne der gesetzlichen Vorgabe einer möglichst zügigen Privatisierung dieser Auftrag bis Jahresende so weit wie möglich – auch unter Inkaufnahme möglicherweise suboptimaler Lösungen – abgearbeitet werden solle.

1681 Vgl. beispielsweise mit Blick auf EKO Stahl AG: Hennes / v. Keller, in: WiWo v. 20.05.1994, S. 50 (51); Gatermann / Nölting / Wilhelm, in: manager magazin 4/1994, S. 39 (41); o. N., in: Der Spiegel v. 02.05.1994, S. 110.

1682 So wurde beispielsweise Jean Gandois, Vorsitzender des Verwaltungsrats der Cockerill-Sambre-Gruppe mit Blick auf EKO Stahl AG, welche Cockerill-Sambre im weiteren Verlauf des Jahres 1994 mehrheitlich übernahm, mit den Worten zitiert: "Es gibt eine politische Bestandsgarantie der deutschen Bundesregierung."; Hennes / Reichert, in: WiWo v. 09.03.1995, S. 64.

1683 O. N., in: Die Welt v. 03.01.1994, S. 11.

gung der von der Schließung bedrohten Belegschaft der Kaligrube Bischofferode bis Ende 1995 zu sichern[1684]. Die Treuhandanstalt hat in diesem Zusammenhang in der Folgezeit stets ausdrücklich von einer Beschäftigungsgarantie der Bundesregierung gesprochen, deren Umsetzung sie durchführe[1685]. Mit seiner Zusage hatte das Bundeskanzleramt die Initiative übernommen, um den "härtesten Konflikt um eine THA-Privatisierung, der zudem politischen Streit ausgelöst hatte"[1686], in seinen negativen politischen Auswirkungen einzudämmen.

Neben dem Bundeskanzler und dem Leiter der Abteilung 4 im Bundeskanzleramt Ludewig schließlich ist auch Bundesminister Bohl mit die Treuhandanstalt festlegenden Äußerungen an die Öffentlichkeit getreten[1687].

dd) Mitarbeit in Gremien

Das Bundeskanzleramt hat von der Möglichkeit der Aufsicht durch Mitwirkung in Gremien der Treuhandanstalt Gebrauch gemacht. Von herausragender Bedeutung war hierbei die bereits ausführlich beschriebene informelle Kooptation im Präsidialausschuß des Verwaltungsrates der Treuhandanstalt. Die gelegentliche Anwesenheit von Bundesminister Bohl bei Vorstandssitzungen der Treuhandanstalt erfolgte indes so selten, daß von einer informellen Kooptation nicht gesprochen werden kann.

Eine formale Kooptation des Bundeskanzleramts hat es hingegen im Beirat der Treuhand Osteuropa Beratungs GmbH (TOB) gegeben[1688].

1684 Treuhandanstalt, Umstrukturierungsprozeß an den Kali-Standorten Merkers und Bischofferode, 1. Bericht an den Bundesminister der Finanzen, Nachdruck in: Treuhandanstalt (Hrsg.), Dokumentation 1990-1994, Band 4, S. 135 (137, 145).

1685 Treuhandanstalt, Umstrukturierungsprozeß an den Kali-Standorten Merkers und Bischofferode, 1. Bericht an den Bundesminister der Finanzen, Nachdruck in: Treuhandanstalt (Hrsg.), Dokumentation 1990-1994, Band 4, S. 135 (145); Treuhandanstalt, Ersatzarbeitsplätze in Bischofferode und Merkers, Information über den Stand der Arbeiten anläßlich der Sondersitzung (16. Sitzung) des Ausschusses "Treuhandanstalt" des Deutschen Bundestages am 07.09.1993 in Bonn, Nachdruck in: Treuhandanstalt (Hrsg.), Dokumentation 1990-1994, Band 4, S. 128 (133 f.).

1686 O. N., in: SZ v. 03.01.1994, S. 6.

1687 Beispielsweise bzgl. Märkische Faser AG Premnitz s. BT-Drs. 12/5493 u. 5559, bzgl. der Fusion der Mitteldeutschen Kali AG mit Kali und Salz AG s. Brower, in: NOZ v. 17.08.1993, S. 1 f.

1688 Treuhand Osteuropa Beratungsgesellschaft mbH, Die ehemaligen und jetzigen Beiratsmitglieder der TOB, Nachdruck in: Treuhandanstalt (Hrsg.), Dokumentation 1990-1994, Band 2, S. 528.

d) Kontrolle durch die Bundesregierung als Ganzes

Der Bundesregierung als Kollegialorgan sind nach Maßgabe des § 15 Absatz 1 GO-BReg alle Angelegenheiten von allgemeiner Bedeutung zur Beratung und Beschlußfassung vorzulegen. In Wahrnehmung dieser Kollegialkompetenz hat das Bundeskabinett eine Reihe von Beschlüssen gefaßt, die die Treuhandanstalt in ihrem Handeln geprägt haben.

Beispielsweise orientierte sich die Treuhandanstalt bei der Restrukturierung des ostdeutschen Braunkohlebergbaus an den vom Bundeskabinett verabschiedeten Leitlinien der gesamtdeutschen Energiepolitik[1689] und beachtete im Rahmen der Reprivatisierung die Vorgaben der Kabinettsbeschlüsse vom 1. Juli 1992[1690].

Grundsätzlich stand die Tätigkeit der Treuhandanstalt im ordnungspolitischen Kontext des vom Bundeskabinett am 28. November 1990 verabschiedeten Gesamtkonzepts 1990 für die Privatisierungs- und Beteiligungspolitik des Bundes[1691], welches auf dem am 26. März 1985 vom Bundeskabinett beschlossenen Gesamtkonzept für die Privatisierungs- und Beteiligungspolitik des Bundes[1692] aufbaute. Die Bundesregierung hatte sich darin auf § 65 Absatz 1 BHO bezogen und festgelegt, Bundesbeteiligungen grundsätzlich zu veräußern, sofern sie nicht (mehr) der Erfüllung bedeutsamer Bundesaufgaben dienten.

Unterhalb der Kabinettsebene waren die förmlichen Kabinettsausschüsse "Deutsche Einheit" und "Neue Bundesländer" angelegt. Kabinettsausschüsse nehmen eine ihnen delegierte Kabinettsfunktion wahr, indem sie eine Koordination der beteiligten Ressorts herstellen[1693]. Diese Koordi-

1689 Treuhandanstalt, Privatisierung der Braunkohleindustrie (MIBRAG / LAUBAG) unter Berücksichtigung der Bildung von Regionalgesellschaften mit Beteiligung der Bundesländer im Rahmen des Sanierungsbergbaus, Nachdruck in: Treuhandanstalt (Hrsg.), Dokumentation 1990-1994, Band 4, S. 107.

1690 Treuhandanstalt, Sicherung industrieller Kerne durch möglichst rasche Herstellung der Wettbewerbsfähigkeit überlebensfähiger Unternehmen durch Privatisierung und Sanierung (Entwurf), Nachdruck in: Treuhandanstalt (Hrsg.), Dokumentation 1990-1994, Band 11, S. 706 (707).

1691 Bundesministerium der Finanzen, Privatisierung in Deutschland, S. 26 ff.

1692 Presse- und Informationsdienst der Bundesregierung, Das Gesamtkonzept für die Privatisierungs- und Beteiligungspolitik des Bundes, in: Bulletin Nr. 34 v. 28.03.1985, S. 281-285; ausführlich auch zur Vorgeschichte und zur Umsetzung: Tofaute, Der große Ausverkauf, S. 50-98.

1693 Busse, Bundeskanzleramt und Bundesregierung, S. 92 f.; Hesse / Ellwein, Das Regierungssystem der Bundesrepublik Deutschland, Band 1, S. 266 f.

nierungsfunktion wird schließlich auch durch informelle Staatssekretärs-Ausschüsse bzw. -Runden erfüllt[1694].

e) Rechnungsaufsicht

Bei der Treuhandanstalt fand eine gemäß §§ 53, 55 Absatz 2 HGrG wesentlich erweiterte[1695] Prüfung des Jahresabschlusses durch die Wirtschaftsprüfungsgesellschaft C & L Treuarbeit Deutsche Revision AG statt. In Ergänzung der gesellschaftsrechtlichen Bestimmungen zur Abschlußprüfung war dabei auch die Ordnungsmäßigkeit der Geschäftsführung, d.h. deren Ausmaß, Qualität und Erfolg nach Maßgabe des § 93 Absatz 1 Satz 1 AktG bzw. § 43 Absatz 1 GmbHG[1696] zu prüfen[1697].

Gemäß § 53 Absatz 1 Ziffer 2 HGrG war die Berichterstattung des Abschlußprüfers um Analysen der finanziellen Situation und zu eingetretenen Verlusten zu erweitern. Nach Maßgabe eines detaillierten Fragenkatalogs des Bundesministeriums der Finanzen waren dabei unter anderem die organisatorischen Grundlagen im Hinblick auf Entscheidungsprozesse und interne Kontrollen zu untersuchen[1698]. Dementsprechend enthielten die Prüfberichte Feststellungen zu aufbau- und ablauforganisatorischen Regelungen der Treuhandanstalt, d.h. dem Regelwerk, seiner Einhaltung sowie der Existenz und Funktionsfähigkeit der internen Kontrollen. Untersucht wurden beispielsweise Beteiligungsführung, Privatisierung, Vertragsmanagement, Behandlung ökologischer Altlasten, Handhabung beschäftigungswirksamer Maßnahmen, Reprivatisierung und die Arbeit der Geschäftsstellen bzw. Niederlassungen der Treuhandanstalt.

Die Treuhandanstalt hatte die Prüfberichte dem Bundesministerium der Finanzen unverzüglich nach Eingang weiterzuleiten[1699].

1694 Busse, Bundeskanzleramt und Bundesregierung, S. 94 f.; Hesse / Ellwein, Das Regierungssystem der Bundesrepublik Deutschland, Band 1, S. 267.

1695 Bierwirth, in: Baetge u.a. (Hrsg.), Rechnungslegung, Prüfung und Beratung, S. 124 (125 f.); Soldner, in: Heuer (Hrsg.), HdbFK, § 53 HGrG, Rz. 10.

1696 Bundesministerium der Finanzen, Grundsätze für die Prüfung von Unternehmen nach § 53 HGrG (Anlage zu Vorl. VV Nr. 2 zu § 68 BHO), MinBlFin 1978, S. 332 ff.; Bierwirth, in: Baetge u.a. (Hrsg.), Rechnungslegung, Prüfung und Beratung, S. 124 (129).

1697 § 53 Absatz 1 Ziffer 1 HGrG; Bierwirth, in: Baetge u.a. (Hrsg.), Rechnungslegung, Prüfung und Beratung, S. 124 (131 ff.).

1698 Nachdruck u.a. bei Soldner, in: Heuer, HbdFK, § 53 HGrG, Rz. 14; Bierwirth, in: Baetge u.a. (Hrsg.), Rechnungslegung, Prüfung und Beratung, S. 124 (132).

1699 § 53 Absatz 1 Ziffer 3 HGrG.

Nach Maßgabe des § 48 Absatz 3 HGrG und des § 112 Absatz 2 BHO galten die Bestimmungen der §§ 53, 55 HGrG für Treuhand-Unternehmen entsprechend[1700]. Hier hat die Rechnungskontrolle nach § 53 HGrG eine besondere Bedeutung erlangt, da der Gesetzeszweck in diesem Zusammenhang besonders zum Tragen kam: Die erweiterte staatliche Prüfung beruht auf der Einsicht, daß von dem Staat als Mehrheitsgesellschafter eine weitreichende Unterstützung für seine Beteiligungsunternehmen durch den Einsatz öffentlicher Mittel erwartet wird, was im Falle von Treuhand-Unternehmen flächendeckend und in enormer Höhe der Fall war[1701]. Die Prüfberichte boten zugleich eine wichtige Grundlage für die Beteiligungsverwaltung[1702].

f) finanzielle Steuerung

Die Treuhandanstalt blieb auch nach der staatlichen Vereinigung Deutschlands finanziell autonom[1703]. Der Einigungsvertrag bestimmte hierzu in Artikel 25 Absatz 4 Satz 1 die Erhöhung des mit der Bestimmung des Artikels 27 Absatz 1 Satz 2 StaatsV definierten Kreditermächtigungsrahmens für die Jahre 1990 und 1991 von bislang insgesamt 17 Mrd. DM auf insgesamt 25 Mrd. DM und sah zugleich eine Tilgung bis Ende 1995 vor[1704]. Die Möglichkeiten einer präventiven Kontrolle des Finanzgebarens der Treuhandanstalt durch die Bundesregierung waren darauf beschränkt, daß eine Überschreitung der Kreditobergrenze und eine Verlängerung der Laufzeit nur mit Zustimmung des Bundesministers der Finanzen erfolgen durfte, wobei eine erhöhte Kreditaufnahme – wie schon im Staatsvertrag[1705] – nur im

1700 Vgl. Soldner, in: Heuer, HbdFK, § 53 HGrG, Rz. 18.

1701 Bierwirth, in: Baetge u.a.(Hrsg.), Rechnungslegung, Prüfung und Beratung, S. 124 (128 f.).

1702 Bierwirth, in: Baetge u.a. (Hrsg.), Rechnungslegung, Prüfung und Beratung, S. 124 (137).

1703 Die Treuhandanstalt gehörte weder nach den Prinzipien der Volkswirtschaftlichen Gesamtrechnung noch im Sinne der Finanzstatistik zum Staat; Kitterer, in: Hansmeyer (Hrsg.), Finanzierungsprobleme der deutschen Einheit I, S. 39 (49). Ihrer besonderen Stellung wegen wurde sie dennoch gelegentlich als "Nebenhaushalt im weiteren Sinne" angesehen: ausführlich Deutsche Bundesbank, Die Finanzen der Treuhandanstalt, in: Monatsbericht April 1994, S. 17 (18 ff.). Auch Schiller qualifiziert die Treuhandanstalt als Parafiskus; Schiller, Der schwierige Weg in die offene Gesellschaft, S. 48.

1704 Artikel 25 Absatz 4 Satz 2 EinigungsV.

1705 Artikel 27 Absatz 1 Satz 3 StaatsV.

Falle grundlegend veränderter Bedingungen genehmigungsfähig war[1706]. Die Treuhandanstalt hat bis Ende 1991 insgesamt 24,2 Mrd. DM Kreditmarktverschuldung generiert und damit ihren Kreditrahmen in Höhe von 25 Mrd. DM eingehalten[1707]. Innerhalb des der Treuhandanstalt gesteckten Kreditrahmens bestand für die Bundesregierung formal keine Möglichkeit zur finanziellen Steuerung.

Anders als ursprünglich erwartet nahm der Finanzbedarf der Treuhandanstalt bis Ende 1991 nicht ab, sondern weiter deutlich zu. Hierzu trugen vor allem der mehr und mehr sichtbar werdende Zustand der Treuhand-Unternehmen und die im Laufe der Zeit erweiterte Aufgabenstellung der Treuhandanstalt, insbesondere die Ausweitung ihrer Sanierungstätigkeit, bei[1708]. Das rückwirkend zum 1. Januar 1992 in Kraft getretene[1709] Treuhandkreditaufnahmegesetz enthielt eine Anschlußregelung zu der Ende 1991 ausgelaufenen Bestimmung des Artikels 25 Absatz 4 Satz 1 EinigungsV. Es sah eine Kreditermächtigung für die Treuhandanstalt in den Jahren 1992 bis 1994 in Höhe von 30 Mrd. DM je Wirtschaftsjahr vor[1710], weitere 8 Mrd. DM konnten jährlich im Falle unabweisbaren Mehrbedarfs aufgenommen werden[1711]. Damit war der Treuhandanstalt entgegen parlamentarischer Kritik, die eine Einbindung der Treuhandanstalt in die öffentliche Haushaltswirtschaft gefordert hatte[1712], ein Rahmen finanzieller Autonomie nicht nur erhalten, sondern sogar maßgeblich erweitert worden.

Gleichwohl bewirkte auch das Treuhandkreditaufnahmegesetz, das insoweit nicht den Vorstellungen der Treuhandanstalt entsprach[1713], wie zuvor bereits die Bestimmungen zur Kreditaufnahme der Treuhandanstalt in Staatsvertrag, Treuhandgesetz und Einigungsvertrag, eine Begrenzung der

1706 Artikel 25 Absatz 4 Satz 3 EinigungsV.

1707 Deutsche Bundesbank, Die Finanzen der Treuhandanstalt, in: Monatsbericht April 1994, S. 17 (28); Brücker, Privatisierung in Ostdeutschland, S. 217; Granzow, in: HB v. 05.02.1992, S. 4.

1708 Deutsche Bundesbank, Die Finanzen der Treuhandanstalt, in: Monatsbericht April 1994, S. 17 (29); Parlamentarischer Staatssekretär beim Bundesminister der Finanzen Grünewald, in: Deutscher Bundestag, 12. WP, stenographische Niederschrift der 86. Sitzung, BT-PlPr 12/86, S. 7136; Pilz / Ortwein, Das vereinte Deutschland, S. 166; Siebert, Das Wagnis der Einheit, S. 108 ff.

1709 § 6 THAKredG.

1710 § 1 Absatz 1 Satz 1 THAKredG.

1711 § 3 Satz 2 THAKredG.

1712 So Esters (SPD) in: Deutscher Bundestag, 12. WP, stenographische Niederschrift der 86. Sitzung, BT-PlPr 12/86, S. 7138 (7139).

1713 Kriedner (CDU / CSU), in: Deutscher Bundestag, 12. WP, stenographische Niederschrift der 86. Sitzung, BT-PlPr 12/86, S. 7140 (7141).

finanziellen Autonomie der Treuhandanstalt, da sich die Treuhandanstalt, wie bereits für die Situation vor dem 3. Oktober 1990 ausgeführt[1714], als Unternehmen im Sinne des § 112 Absatz 2 Satz 1 BHO auch ohne gesetzliche Kreditermächtigung auf dem Kapitalmarkt refinanzieren durfte[1715].

Das Treuhandkreditaufnahmegesetz bezweckte indes nicht nur eine Beschränkung der Kreditaufnahme, sondern zugleich deren Erleichterung. Die Treuhandanstalt war nämlich im Kapitalmarkt auf Schwierigkeiten gestoßen[1716]. Die im Treuhandkreditaufnahmegesetz gesetzesförmlich festgeschriebene Haftung des Bundes für von der Treuhandanstalt aufgenommenen Kredite[1717] sowie die Befreiung von der Pflicht zur Veröffentlichung von Verkaufsprospekten für Wertpapiere[1718] erleichterten der Treuhandanstalt die Kreditaufnahme an den Kapitalmärkten erheblich.

Das Treuhandkreditaufnahmegesetz stärkte auch die Möglichkeiten einer finanziellen Steuerung der Treuhandanstalt durch den Bundesminister der Finanzen. Wie in den vorangegangenen Regelungen bedurfte eine Überschreitung des vorgesehenen Kreditrahmens seiner Zulassung[1719]. Gleiches galt nun auch für die Übertragung eines nicht in Anspruch genommenen Teils des Kreditrahmens auf das folgende Wirtschaftsjahr[1720].

Vor allem ergab sich für die Jahre 1993 und 1994 aus § 1 Absatz 2 THAKredG für die Treuhandanstalt die Notwendigkeit, nicht nur die Überschreitung, sondern bereits die Inanspruchnahme des Kreditrahmens mit dem Bundesminister der Finanzen abzustimmen: § 1 Absatz 2 THAKredG machte die Inanspruchnahme des Kreditrahmens von der Einwilligung des Haushaltsausschusses des Deutschen Bundestages abhängig, die vom Bundesminister der Finanzen einzuholen war. Die Treuhandanstalt hatte daher zunächst den Bundesminister der Finanzen von der Richtigkeit der konkret geplanten Kreditaufnahme zu überzeugen. Damit war dem Bundesminister

1714 S.o. Teil II Ziffer II.1.d).

1715 Parlamentarischer Staatssekretär beim Bundesminister der Finanzen Grünewald, in: Deutscher Bundestag, 12. WP, stenographische Niederschrift der 86. Sitzung, BT-PlPr 12/86, S. 7136; Weimar, in: DtZ 1992, S. 317.

1716 Czada, in: Fischer / Hax / Schneider (Hrsg.), Treuhandanstalt – Das Unmögliche wagen, S. 148 (167 f.).

1717 § 4 THAKredG; zur Situation vor Inkrafttreten dieser Bestimmung s. Kloepfer, in: Fischer / Hax / Schneider (Hrsg.), Treuhandanstalt – Das Unmögliche wagen, S. 41 (58 f.); Brücker, Privatisierung in Ostdeutschland, S. 216 f.

1718 § 5 THAKredG.

1719 § 3 Satz 2 THAKredG.

1720 § 3 Satz 1 THAKredG.

der Finanzen zugleich die Möglichkeit eröffnet, die geplante Verwendung der aufzunehmenden Kreditmittel zu hinterfragen.

Das mit § 1 Absatz 2 THAKredG entstandene faktische Erfordernis der Abstimmung mit dem Bundesminister der Finanzen über die Aufnahme und damit auch über die vorgesehene Verwendung von Kreditmitteln ergänzte die Bestimmung des § 5 Absatz 1 Satz 2 TreuhG, der zufolge die Treuhandanstalt die Verwendung ihrer Einnahmen mit dem Bundesminister der Finanzen[1721] abzustimmen hatte. Damit war dem Bundesminister der Finanzen eine weitgehende Kontrolle des Finanzgebarens der Treuhandanstalt ermöglicht.

Diese wurde weiterhin dadurch verstärkt, daß der Bundesminister der Finanzen (deutliche) Überschreitungen der Titelansätze des Wirtschaftsplanes von seiner fachaufsichtlichen Zustimmung abhängig gemacht hatte.

Bereits im Rahmen seiner Fachaufsicht hatte der Bundesminister der Finanzen im zweiten Halbjahr 1990 sowie in den Jahren 1991 und 1992 die Finanzplanung der Treuhandanstalt kontrolliert, d.h. sich vorlegen lassen und genehmigt[1722]. Seine auf diese Weise hergestellte Beteiligung an der Erstellung des Wirtschaftsplans der Treuhandanstalt sah das Bundesministerium der Finanzen nach den Worten der Parlamentarischen Staatssekretärin Irmgard Karwatzki sogar als wichtigstes Kontrollinstrument im Rahmen der Fachaufsicht an[1723]. Damit wird zugleich deutlich, daß dem Bundesminister der Finanzen unter dem Gesichtspunkt der finanziellen Steuerung keine spezifischen Möglichkeiten zur Informationsbeschaffung und Einflußnahme gegenüber der Treuhandanstalt erwachsen sind.

1721 Im Lichte des Artikels 25 Absatz 1 Satz 3 (1. HS) EinigungsV waren die Bestimmungen des Treuhandgesetzes, die aufsichtsrechtliche Aufgaben und Befugnisse enthielten, seit dem 03.10.1990 auf den Bundesminister der Finanzen zu beziehen; s.o. Teil II Ziffer III.1.b)aa).

1722 Vgl. Treuhandanstalt, Vorlage für die Vorstandssitzung am 06.12.1990 "Wirtschaftsplan und Finanzierungsplan 2. Halbjahr 1990 und 1991", Nachdruck in: Treuhandanstalt (Hrsg.), Dokumentation 1990-1994, Band 12, S. 436; Treuhandanstalt, Vorlage für den Verwaltungsrat "Wirtschaftsplan für das Jahr 1990", Nachdruck in: Treuhandanstalt (Hrsg.), Dokumentation 1990-1994, Band 12, S. 440 (441).

1723 Vgl. Deutscher Bundestag, 13. WP, Beschlußempfehlung und Bericht des 2. Untersuchungsausschusses "DDR-Vermögen" v. 28.05.1998, BT-Drs. 13/10900, Band 1, S. 248, 378.

2. Kontrolle durch den Bundestag

Seit der Überführung der Treuhandanstalt in die Staatsorganisation der Bundesrepublik Deutschland als rechtsfähige bundesunmittelbare Anstalt des öffentlichen Rechts gemäß Artikel 25 Absatz 1 Satz 2 EinigungsV unterlag die Treuhandanstalt einer parlamentarischen Kontrolle durch den Deutschen Bundestag.

Der zum Zeitpunkt des Beitritts amtierende 11. Deutsche Bundestag erweiterte sich um 144 Abgeordnete aus den neuen Ländern, die hierzu von der 10. Volkskammer gewählt worden waren[1724], um so bis zu den ersten gesamtdeutschen Wahlen übergangsweise die parlamentarische Repräsentation der Bevölkerung des beigetretenen Teils sicherzustellen[1725]. Bereits am 2. Dezember 1990 fanden die ersten gesamtdeutschen Wahlen zum 12. Deutschen Bundestag statt[1726], der sich am 20. Dezember 1990 konstituierte. Damit war binnen sehr kurzer Frist nach der Vollendung der Einheit Deutschlands parlamentarische Normalität gewonnen, die eine Befassung auch mit der Treuhandanstalt möglich machte.

a) organisatorische Dispositionen

Zur Ausübung parlamentarischer Kontrolle über die Treuhandanstalt bediente sich der Deutschen Bundestag mehrerer, teils eigens gebildeter Ausschüsse und weiterer Gremien.

Unter den vorhandenen Ausschüssen war in Angelegenheiten der Treuhandanstalt entsprechend der Ressortzuständigkeit des Bundesministers der Finanzen für die Treuhandanstalt zunächst vor allem der Haushaltsausschuß zuständig[1727]. Aufgrund der wirtschaftlichen Aufgaben der Treuhandanstalt waren auch der Ausschuß für Wirtschaft und der Ausschuß für Ernährung, Landwirtschaft und Forsten intensiv mit Fragen der Treuhandanstalt befaßt. Darüber hinaus haben eine Reihe weiterer Fachausschüsse, beispielsweise der Innen-, der Sport- und der Verteidigungsausschuß, die Ausschüsse für Arbeit und Sozialordnung, für Umwelt, Naturschutz und Reaktorsicherheit, für Raumordnung, Bauwesen und Städtebau, für Forschung, Technologie und Technologiefolgenabschätzung und für Fremden-

1724 Artikel 42 EinigungsV.

1725 Denkschrift zu Artikel 42 EinigungsV.

1726 Dazu Hesse / Ellwein, Das Regierungssystem der Bundesrepublik Deutschland, Band 1, S. 218 f.

1727 Deutscher Bundestag, 12. WP, Beschlußempfehlung und Bericht des 2. Untersuchungsausschusses "Treuhandanstalt" v. 29.08.1994, BT-Drs. 12/8404, Band 1, S. 24.

verkehr und Tourismus, im Rahmen ihrer jeweiligen Aufgabenzuweisung Themen mit Bezug zur Treuhandanstalt behandelt[1728].

Auch einige der regelmäßig eingerichteten Unterausschüsse befaßten sich intensiver mit Fragen im Zusammenhang mit der Treuhandanstalt. Hervorzuheben ist wegen seiner intensiven Zusammenarbeit mit dem Bundesrechnungshof der als Unterausschuß des Haushaltsausschusses eingerichtete Rechnungsprüfungsausschuß[1729]. Zu nennen ist schließlich auch der Unterausschuß "Regionale Wirtschaftspolitik" des Ausschusses für Wirtschaft.

aa) Unterausschuß Treuhandanstalt des Haushaltsausschusses

Zur Wahrnehmung seiner Aufgaben in Ansehung der Treuhandanstalt beschloß der Haushaltsausschuß noch in der 11. Wahlperiode und unmittelbar nach Herstellung der deutschen Einheit in seiner Sitzung am 10. Oktober 1990 gemäß § 55 GO-BT die Einsetzung eines Unterausschusses Treuhandanstalt. Der Unterausschuß Treuhandanstalt des Haushaltsausschusses trat am 24. Oktober 1990 zu seiner konstituierenden Sitzung zusammen. Zu Beginn der 12. Wahlperiode setzte der Haushaltsausschuß in seiner ersten Sitzung am 30. Januar 1991 den Unterausschuß Treuhandanstalt wieder ein[1730].

Dem Unterausschuß Treuhandanstalt des Haushaltsausschusses gehörten in der 11. Wahlperiode sieben ordentliche Mitglieder an[1731], der zu Beginn der 12. Wahlperiode wiedererrichtete Unterausschuß Treuhandanstalt des Haushaltsausschusses verfügte anfangs über zehn[1732], später dreizehn ordentliche Mitglieder[1733], die gemäß § 55 Absatz 1 Satz 1 GO-BT zugleich

1728 Kloepfer, in: Fischer / Hax / Schneider (Hrsg.), Treuhandanstalt – Das Unmögliche wagen, S. 41 (65).

1729 Dazu Wittrock, in: ZParl 1986, S. 414 ff.

1730 Cloes, in: DtZ 1991, S. 291 (292).

1731 Verzeichnis der ordentlichen und stellvertretenden Mitglieder des Unterausschusses Treuhandanstalt des Haushaltsausschusses des Deutsche Bundestages in der 11. Legislaturperiode, Stand 07.11.1990, bei Cloes, in: Wissenschaftliche Dienste des Deutschen Bundestages, Materialien Nr. 125, S. 71.

1732 Verzeichnis der ordentlichen und stellvertretenden Mitglieder des Unterausschusses Treuhandanstalt des Haushaltsausschusses des Deutschen Bundestages in der 12. Legislaturperiode, Stand 26.02.1991, bei Cloes, in: Wissenschaftliche Dienste des Deutschen Bundestages, Materialien Nr. 125, S. 72.

1733 Verzeichnis der ordentlichen und stellvertretenden Mitglieder des Unterausschusses Treuhandanstalt des Haushaltsausschusses des Deutschen Bundestages in der 12. Legislaturperiode, Stand 12.11.1991, bei Cloes, in: Wissenschaftliche Dienste des Deutschen Bundestages, Materialien Nr. 125, S. 73.

ordentliche Mitglieder des Haushaltsausschusses waren. Die übrigen ordentlichen, in der 12. Wahlperiode auch zwei stellvertretende Mitglieder des Haushaltsausschusses hatten als stellvertretende Mitglieder des Unterausschusses Treuhandanstalt unmittelbaren Zugang zu dessen Informationen und Dokumenten[1734].

Nach Einsetzung des Ausschusses Treuhandanstalt beschloß der Haushaltsausschuß am 3. Februar 1993 die Auflösung seines Unterausschusses Treuhandanstalt[1735].

bb) Ausschuß Treuhandanstalt

Die Betrachtung der Treuhandanstalt aus überwiegend haushaltsrechtlichem Blickwinkel stieß in Öffentlichkeit und Parlament zunehmend auf Kritik[1736]. Zugleich wurde die hohe Arbeitsbelastung der Mitglieder des Unterausschusses Treuhandanstalt beklagt, die ihre Aufgabe im Unterausschuß neben ihrer Arbeit im Haushaltsausschuß wahrzunehmen hatten[1737]. Auf Druck der Fraktion der SPD, die andernfalls die Einsetzung eines Untersuchungsausschusses erwog[1738] und hätte erzwingen kön-

1734 Cloes, in: Wissenschaftliche Dienste des Deutschen Bundestages, Materialien Nr. 125, S. 8 f.

1735 Cloes, in: Wissenschaftliche Dienste des Deutschen Bundestages, Materialien Nr. 125, S. 10.

1736 Vgl. Antrag auf Einsetzung eines Ausschusses Treuhandanstalt v. 26.04.1991, eingebracht von der Fraktion der SPD, BT-Drs. 12/433; s. dazu Deutscher Bundestag, 12. WP, Beschlußempfehlung und Bericht des Haushaltsausschusses v. 26.09.1991, BT-Drs. 12/1203; Bunzenthal, in: FR v. 23.01.1992, S. 7; vgl. Marissal, Der politische Handlungsrahmen der Treuhandanstalt, S. 70; vgl. Geppert / Kachel, in: Schmidt / Lutz (Hrsg.), Chancen und Risiken der industriellen Restrukturierung in Ostdeutschland, S. 69 (77).

1737 Kuessner (SPD), in: Deutscher Bundestag, 12. WP, stenographische Niederschrift der 179. Sitzung, BT-PlPr 12/179, S. 15426; vgl. Geppert / Kachel, in: Schmidt / Lutz (Hrsg.), Chancen und Risiken der industriellen Restrukturierung in Ostdeutschland, S. 69 (77).

1738 Cloes, in: Wissenschaftliche Dienste des Deutschen Bundestages, Materialien Nr. 125, S. 9; vgl. Deutscher Bundestag, 12. WP, Beschlußempfehlung und Bericht des 2. Untersuchungsausschusses "Treuhandanstalt" v. 29.08.1994, BT-Drs. 12/8404, Band 1, S. 24; Schulte (CDU / CSU), in: Deutscher Bundestag, 12. WP, stenographische Niederschrift der 179. Sitzung, BT-PlPr 12/179, S. 15417; Kuessner (SPD), in: Deutscher Bundestag, 12. WP, stenographische Niederschrift der 179. Sitzung, BT-PlPr 12/179, S. 15426.

nen[1739], beschloß der Deutsche Bundestag nach Maßgabe des § 54 Absatz 1 GO-BT am 22. Januar 1993 mehrheitlich die Einsetzung eines Ausschusses Treuhandanstalt als 25. Ausschuß in der 12. Wahlperiode[1740], der am 10. Februar 1993 seine Arbeit aufnahm[1741].

Der Ausschuß Treuhandanstalt führte inhaltlich die Arbeit des Unterausschusses Treuhandanstalt des Haushaltsausschusses fort. So standen die Arbeitsunterlagen des Unterausschusses Treuhandanstalt des Haushaltsausschusses dem Ausschuß Treuhandanstalt zur Verfügung. Unter den 24 ordentlichen und annähernd ebenso vielen stellvertretenden Mitgliedern des Ausschusses Treuhandanstalt befanden sich nach wie vor Haushaltsexperten, darunter zahlreiche bisherige ordentliche und stellvertretende Mitglieder des Unterausschusses Treuhandanstalt des Haushaltsausschusses[1742]. Hinzu kamen Abgeordnete mit besonderer Kompetenz in anderen Fachbereichen wie z.B. der Wirtschaft oder Landwirtschaft[1743]. Etwa die Hälfte der Ausschußmitglieder stammte aus den neuen Ländern[1744]. Mit Hermann

1739 Die Einsetzung eines Untersuchungsausschusses ist als Minderheitenrecht ausgestaltet und hat gemäß Artikel 44 Absatz 1 Satz 1 GG auf Antrag eines Viertels der Mitglieder des Deutschen Bundestages zu erfolgen.

1740 Cloes, in: Wissenschaftliche Dienste des Deutschen Bundestages, Materialien Nr. 125, S. 10; vgl. Antrag auf Einsetzung eines Ausschusses Treuhandanstalt v. 19.01.1993, eingebracht von den Fraktionen der CDU / CSU, SPD und FDP, BT-Drs. 12/4153.

1741 Deutscher Bundestag, 12. WP, Ausschuß Treuhandanstalt, Tagesordnung der konstituierenden Sitzung am 10.02.1993, Nachdruck in: Treuhandanstalt (Hrsg.), Dokumentation 1990-1994, Band 13, S. 9.

1742 Cloes, in: Wissenschaftliche Dienste des Deutschen Bundestages, Materialien Nr. 125, S. 11 f.; vgl. Verzeichnis der ordentlichen und stellvertretenden Mitglieder des Unterausschusses Treuhandanstalt des Haushaltsausschusses des Deutschen Bundestages in der 12. Legislaturperiode, Stand 12.11.1991, bei Cloes, in: Wissenschaftliche Dienste des Deutschen Bundestages, Materialien Nr. 125, S. 73, und Deutscher Bundestag, 12. WP, Ausschuß Treuhandanstalt, Verzeichnis der ordentlichen und stellvertretenden Mitglieder des Ausschusses Treuhandanstalt des Deutschen Bundestages in der 12. Legislaturperiode, Stand 05.02.1993, Nachdruck in: Treuhandanstalt (Hrsg.), Dokumentation 1990-1994, Band 13, S. 97.

1743 Vgl. Kriedner, Redebeitrag in der Aussprache des Deutschen Bundestages zur Einsetzung des Ausschusses Treuhandanstalt am 22.01.1993, BT-PlPr 12/135, S. 11737 (11738).

1744 Cloes, in: Wissenschaftliche Dienste des Deutschen Bundestages, Materialien Nr. 125, S. 11.

Rappe (SPD) gehörte zunächst auch ein Mitglied des Verwaltungsrates der Treuhandanstalt dem Ausschuß Treuhandanstalt an[1745].

cc) 2. Untersuchungsausschuß Treuhandanstalt

Der Deutsche Bundestag hat auf Antrag der Fraktion der oppositionellen SPD[1746] am 30. September 1993 die Einsetzung des 2. Untersuchungsausschusses "Treuhandanstalt" beschlossen[1747]. Noch am gleichen Tag trat der Untersuchungsausschuß zu seiner konstituierenden Sitzung zusammen[1748]. Knapp ein Jahr später und kurz vor dem Ende der 12. Wahlperiode lag sein Bericht vor[1749]. Im 2. Untersuchungsausschuß "Treuhandanstalt" wirkten dreizehn ordentliche Mitglieder sowie je ein Vertreter der Gruppen Bündnis 90 / Die Grünen und PDS / LL nebst entsprechenden Stellvertretern mit[1750].

dd) weitere speziell eingesetzte Ausschüsse

Der 12. Deutsche Bundestag hat am 6. Juni 1991 die Einsetzung des 1. Untersuchungsausschusses "Kommerzielle Koordinierung" beschlossen, der u.a. die Aufgabe hatte, den Verbleib des Vermögens des Bereichs Kommerzielle Koordinierung aufzuklären[1751]. In diesem Zusammenhang befaßte sich der 1. Untersuchungsausschuß auch mit den Aktivitäten der Treuhand-

1745 Aus Protest gegen die am 30.09.1993 von der Fraktion der SPD erzwungene Einsetzung eines Untersuchungsausschusses "Treuhandanstalt" gab Rappe seine Mitgliedschaft im Ausschuß Treuhandanstalt auf; o. N., in: Die Welt v. 30.09.1993, S. 3; Schmidt, in: Berliner Zeitung v. 30.09.1993, S. 2.

1746 Antrag von Abgeordneten der SPD und der Fraktion der SPD auf Einsetzung eines Untersuchungsausschusses v. 28.09.1993, BT-Drs. 12/5768; s. bereits Antrag der Fraktion der SPD auf Einsetzung eines Untersuchungsausschusses v. 07.09.1993, BT-Drs. 12/5634.

1747 Deutscher Bundestag, 12. WP, stenographischer Bericht der 179. Sitzung, S. 15432.

1748 Deutscher Bundestag, 12. WP, 2. Untersuchungsausschuß "Treuhandanstalt", Beschlußprotokoll zur konstituierenden Sitzung, Nachdruck in: Treuhandanstalt (Hrsg.), Dokumentation 1990-1994, Band 13, S. 235.

1749 Deutscher Bundestag, 12. WP, Beschlußempfehlung und Bericht des 2. Untersuchungsausschusses "Treuhandanstalt" v. 29.08.1994, BT-Drs. 12/8404.

1750 Deutscher Bundestag, 12. WP, Beschlußempfehlung und Bericht des 2. Untersuchungsausschusses "Treuhandanstalt" v. 29.08.1994, BT-Drs. 12/8404, Band 1, S. 28 f.

1751 Deutscher Bundestag, 12. WP, Beschlußempfehlung und Bericht des 1. Untersuchungsausschusses "Kommerzielle Koordinierung" v. 27.05.1994, BT-Drs. 12/7600, S. 18 f.

anstalt zur Sicherung der Vermögenswerte des ehemaligen Bereichs Kommerzielle Koordinierung, die von der Treuhandanstalt zu verwalten und zu verwerten waren[1752].

Aufgaben und Tätigkeit der Treuhandanstalt berührten weiterhin die Kontrolltätigkeit verschiedener, in der 12. Legislaturperiode gebildeter Unterausschüsse. Zu nennen sind der Unterausschuß "Privatisierung des Wohnungsbestandes in den neuen Ländern" des Ausschusses für Raumordnung, Bauwesen und Städtebau, der Unterausschuß "Privatisierung der Autobahnnebenbetriebe"[1753] des Ausschusses für Verkehr sowie schließlich der Unterausschuß "Streitkräftefragen in den neuen Bundesländern" des Verteidigungsausschusses.

ee) Enquête-Kommissionen

Neben den Ausschüssen hat der 12. Deutsche Bundestag sich in zwei seiner vier Enquête-Kommissionen zumindest am Rand auch mit der Treuhandanstalt befaßt, nämlich in der Enquête-Kommission "Aufarbeitung von Geschichte und Folgen der SED-Diktatur in Deutschland" und in der Enquête-Kommission "Vorsorge zum Schutz der Erdatmosphäre".

ff) Fraktionen

Die im 12. Deutschen Bundestag gebildeten Fraktionen haben, wenn es ihre Größe zuließ und nahelegte, spezielle Gremien zur Befassung mit Themen mit Bezug zur Treuhandanstalt eingerichtet. Die Fraktionsgemeinschaft der CDU / CSU bildete diesbezüglich sowohl eine Arbeitsgruppe Treuhandanstalt[1754] als auch eine Kommission Wiederaufbau Neue Bundesländer.

Darüber hinaus sollte im Ergebnis eines Gesprächs, welches Bundeskanzler Kohl gemeinsam mit dem Vorsitzenden der Fraktion der CDU Schäuble und in Anwesenheit der Präsidentin der Treuhandanstalt Breuel am 6. Dezember 1991 mit 63 ostdeutschen Bundestagsabgeordneten geführt hatte, eine Arbeitsgruppe unter dem Vorsitz von Schäuble mit dem Auftrag gebildet werden, Wege für eine verstärkte regional- und strukturpolitische Ergänzung mit dem Ziel der Erhaltung strukturbestimmender Unternehmen zu suchen[1755].

1752 Deutscher Bundestag, 12. WP, Beschlußempfehlung und Bericht des 1. Untersuchungsausschusses "Kommerzielle Koordinierung" v. 27.05.1994, BT-Drs. 12/7600, S. 400 ff.

1753 Dazu BT-Drs. 12/3220.

1754 Treuhandpolitischer Sprecher der CDU / CSU-Bundestagsfraktion war Hermann Pohler.

1755 Christ, in: Die Zeit v. 20.12.1991, S. 26; Schwartz, in: FR v. 17.01.1992, S. 3; o. N., in: Der Spiegel v. 16.12.1991, S. 90.

Die Fraktion der SPD verfügte ebenfalls über eine Arbeitsgruppe Treuhandanstalt[1756], die insbesondere die Arbeit des 2. Untersuchungsausschusses begleitete, sowie eine Querschnittgruppe Deutsche Einheit.

b) vorauswirkende Kontrolle

Die Möglichkeit des Deutschen Bundestages zur Ausübung vorauswirkender Kontrolle über die Exekutive im Wege der Gesetzgebung ist grundgesetzlich festgelegt[1757]. Anders als die Volkskammer verfügt der Deutsche Bundestag indes nicht grundsätzlich[1758] über die rechtliche Befugnis, sonstige, die Exekutive bindende Beschlüsse zu fassen.

aa) allgemeine Gesetzgebung

Der Deutsche Bundestag hat eine Reihe von Gesetzen beschlossen, die sich unmittelbar mit der Treuhandanstalt und ihrer Tätigkeit befaßten.

aaa) Gesetzgebung mit Bezug zur Treuhandanstalt

Allen voran ist Artikel 1 EinigungsvertragsG i.V.m. Artikel 25 EinigungsV, mit dem das Treuhandgesetz aus dem Recht der Deutschen Demokratischen Republik in bundesdeutsches Recht überführt wurde, sowie die nachfolgende Modifikation des Treuhandgesetzes[1759], zu nennen. Beispielhaft können außerdem Artikel 1 EinigungsvertragsG i.V.m. weiteren Passagen des Einigungsvertrages[1760], das Gesetz über die Spaltung der von der Treuhandanstalt verwalteten Unternehmen, das Treuhandkreditaufnahmegesetz sowie der im Zuge des Zweiten Vermögensrechtsänderungsgesetzes erlas-

1756 Treuhandpolitischer Sprecher der SPD-Fraktion war Manfred Hampel.

1757 Artikel 20 Absatz 3 GG, Artikel 80 GG i.V.m. Artikel 77 GG.

1758 Zu den Ausnahmen Magiera, Parlament und Staatsleitung, S. 211.

1759 Artikel 9 HemmnisbeseitigungsG.

1760 Artikel 22 Absatz 1 Satz 2 EinigungsV (betreffend die Zuständigkeit der Treuhandanstalt für Teile des Finanzvermögens); Artikel 9 Absatz 2, Anlage II Kapitel II Sachgebiet A Abschnitt III lit. d) EinigungsV i.V.m. § 20 b Absatz 2 und 3 ParteiG-DDR (betreffend die Zuständigkeit der Treuhandanstalt für die Verwaltung des Vermögens der Parteien und Massenorganisationen der DDR); Artikel 23 Absatz 3 und 4, Artikel 8, Anlage I Kapitel IV Sachgebiet B Abschnitt II Ziffer 47 EinigungsV i.V.m. § 6 KreditabwicklungsfondsG (Finanzierung des Kreditabwicklungsfonds); Artikel 8, Anlage I Kapitel IV Sachgebiet B Abschnitt II Ziffer 45 EinigungsV i.V.m. § 9 StaatlVersG (Finanzierung der Staatlichen Versicherung der DDR in Abwicklung).

sene, verfassungsrechtlich nicht unumstrittene[1761] § 28 a EGAktienG[1762] erwähnt werden. Weitere Gesetze führten zu einer Aufgabenerweiterung für die Treuhandanstalt, so beispielsweise hinsichtlich der Durchführung von Vermögenszuordnungs-[1763], Grundstücksverkehrsgenehmigungs-[1764] oder Investitionsvorrangverfahren[1765]. Hervorzuheben ist schließlich das Gesetz zur Umsetzung des Föderalen Konsolidierungsprogramms. Auch ohne den Versuch unternommen zu haben, einen vollständigen Überblick über die die Treuhandanstalt betreffende Gesetzgebungstätigkeit des Deutschen Bundestages zu geben, kann bereits mit Blick auf die vorstehend aufgeführten Gesetze festgestellt werden, daß der Deutsche Bundestag einen spürbaren steuernden Einfluß, d.h. vorauswirkende Kontrolle, auf die Treuhandanstalt ausgeübt hat[1766].

bbb) Exkurs: Gesetzgebung als vorauswirkende parlamentarische Kontrolle in der Rechtswirklichkeit der Bundesrepublik Deutschland

Die vorstehende Feststellung ist nicht zu korrigieren, aber zu ergänzen durch den Hinweis, daß die Gesetzesinitiative durchgängig von der Bundesregierung, teils auf Anregung durch die Treuhandanstalt[1767], ausging[1768]. Gesetzesvorlagen zur Treuhandanstalt aus der Mitte des Bundestages, d.h. aus den Reihen der parlamentarischen Opposition, hat es insbesondere in den Jahren 1991 und 1992 gegeben, die – mit einer Ausnahme[1769] – sämtlich auf eine Änderung des Treuhandgesetzes zugunsten des Sanierungsauf-

1761 Vgl. OLG Dresden, ZIP 1994, S. 1393.

1762 S. a. § 56 e Absatz 1 DMBilG.

1763 § 1 Absatz 1 Ziffer 1 VZOG.

1764 § 7 Satz 2 GVO i.d.F. der Bekanntmachung v. 03.08.1992.

1765 § 3 a VermG, später §§ 4 – 7, 25 InVorG i.V.m. § 2 Absatz 3 VermG.

1766 Zur Rolle des Unterausschusses Treuhandanstalt des Haushaltsausschusses sowie des Ausschusses Treuhandanstalt im Gesetzgebungsverfahren Cloes, in: Wissenschaftliche Dienste des Deutschen Bundestages, Materialien Nr. 125, S. 42 ff.; ders., in: DtZ 1994, S. 239 (240).

1767 Czada, in: Fischer / Hax / Schneider (Hrsg.), Treuhandanstalt – Das Unmögliche wagen, S. 148 (158).

1768 Abweichend hinsichtlich der Initiative zu § 28 a EGAktG die Darstellung von Cloes, in: Wissenschaftliche Dienste des Deutschen Bundestages, Materialien Nr. 125, S. 28.

1769 Gesetzentwurf von Abgeordneten der PDS / LL und der Gruppe der PDS / LL "Erstattung von Sparguthaben älterer Bürger in den neuen Bundesländern aus dem Treuhandvermögen" v. 30.10.1991, BT-Drs. 12/1400.

trages der Treuhandanstalt abzielten[1770]. Doch die die Bundesregierung tragende Parlamentsmehrheit verweigerte in allen Fällen ihre Zustimmung.

Hieran kommen Verschiebungen im Gefüge zwischen Deutschem Bundestag und Bundesregierung gegenüber dem ursprünglichen Zustand eines monarchistisch-konstitutionellen Systems, in welchem sich ein Parlament in seiner Gesamtheit einer vom Monarchen eingesetzten Exekutive gegenübersah, zum Ausdruck. Wenn insbesondere öffentlich ausgeführte Parlamentskontrolle heute schwerpunktmäßig von der parlamentarischen Opposition wahrgenommen wird, rücken Regierung und die sie tragende Parlamentsmehrheit zusammen[1771]. Die (prinzipiell eine Parlamentsmehrheit voraussetzende) vorauswirkende Kontrolle des Deutschen Bundestages im Wege der Gesetzgebung findet im wesentlichen nichtöffentlich in der Abstimmung zwischen Regierung und den sie tragenden Fraktionen, insbesondere deren fachlich betroffenen Arbeitskreisen und -gruppen, aber auch in nichtöffentlichen Ausschußsitzungen statt[1772]. Diesen nichtöffentlichen Kontrollbeziehungen hat die Exekutive daher große Aufmerksamkeit zu widmen, um – zumal bei Koalitionsregierungen – wechselnden Mehrheiten im Plenum und der damit verbundenen Gefahr einer ihren Bestand gefährdenden Destabilisierung entgegenzuwirken[1773]. Da sich die Regierung ihrer Mehrheit regelmäßig versichern muß[1774], wodurch die Parlamentsmehrheit

1770 Entwurf eines Gesetzes zur Reorganisation und Verwertung des ehemaligen volkseigenen Vermögens (Treuhandgesetz) v. 08.05.1991, eingebracht von Abgeordneten der PDS / LL und der Gruppe der PDS / LL, BT-Drs. 12/552; Entwurf eines Gesetzes zur Änderung des Treuhandgesetzes v. 12.06.1991, eingebracht von Abgeordneten der SPD und der Fraktion der SPD, BT-Drs. 12/726; Entwurf eines Gesetzes zur Förderung der Sanierung und Reorganisation des Treuhandvermögens (Treuhandgesetz) v. 12.06.1991, eingebracht von Abgeordneten von Bündnis 90 / Die Grünen und der Gruppe Bündnis 90 / Die Grünen, BT-Drs. 12/735; Entwurf eines Gesetzes zur Änderung des Treuhandgesetzes v. 18.03.1992, eingebracht von Abgeordneten der SPD und der Fraktion der SPD, BT-Drs. 12/2291; Entwurf eines Gesetzes zur Änderung des Treuhandgesetzes v. 14.05.1992, eingebracht von Abgeordneten der PDS / LL und der Gruppe der PDS / LL, BT-Drs. 12/2604.

1771 Busse, Bundeskanzleramt und Bundesregierung, S. 105; Di Fabio, in: Der Staat 1990, S. 599 (602 f.); Hesse / Ellwein, Das Regierungssystem der Bundesrepublik Deutschland, Band 1, S. 232; Klein, in: Isensee / Kirchhof (Hrsg.), HdbStR § 40, Rz. 31; vgl. BVerfGE 49, S. 70 (85).

1772 Hesse / Ellwein, Das Regierungssystem der Bundesrepublik Deutschland, Band 1, S. 231 ff.; Klein, in: Isensee / Kirchhof (Hrsg.), HdbStR § 40, Rz. 32; vgl. Zeh, in Isensee / Kirchhof (Hrsg.), HdbStR § 43, Rz. 60.

1773 Vgl. Busse, Bundeskanzleramt und Bundesregierung, S. 102 ff.

1774 Busse, Bundeskanzleramt und Bundesregierung, S. 105.

Einfluß auf die Gesetzesvorlagen erhält, kann im Zusammenhang mit der vorauswirkenden parlamentarischen Kontrolle durch Gesetzgebung nicht von einer Entmachtung des Parlaments die Rede sein[1775]. Daß damit zunächst nur die Parlamentsmehrheit wirksam eine vorauswirkende Kontrolle durch Gesetzgebung ausübt, ist keine Einschränkung der parlamentarischen Kontrollfunktion, sondern ihr Regelfall, da die Gesetzgebung wie grundsätzlich auch anderes Parlamentsverhalten – von den ausdrücklich normierten Minderheitenrechten abgesehen – ein Mehrheitsrecht ist[1776].

Die Wirksamkeit vorauswirkender parlamentarischer Kontrolle im Wege der Gesetzgebung wird in der Praxis aufgrund der hohen fachlichen Komplexität der Regelungsgegenstände relativiert, die einem stärkeren Einfluß der Fachbeamten aus der Ministerialverwaltung auf die Formulierung von Gesetzen Vorschub leistet, da das Parlament in der Regel nicht über den gleichen Grad an spezialisiertem Fachwissen verfügen kann[1777]. Dennoch bleibt es allein dem Parlament vorbehalten, einem Gesetzentwurf seine Zustimmung zu erteilen oder zu versagen. Diese zentrale Befugnis zur Gesetzgebung vermittelt auch weiterhin eine wirkungsvolle vorauswirkende parlamentarische Kontrolle.

Die Wirksamkeit des parlamentarischen Einflusses wird weiterhin dadurch gestärkt, daß auch das Parlament eine zunehmende Spezialisierung in seinen Ausschüssen, die der Vorbereitung seiner Verhandlungen dienen[1778], vornimmt. Mit der Akkumulation von Spezialwissen in den Ausschüssen des Deutschen Bundestages, die nicht zuletzt durch die Möglichkeit zur Durchführung von Expertenanhörungen befördert wird, verlagert sich zwar die eigentliche parlamentarische Gesetzgebungsarbeit in die Ausschüsse, kann aber zugleich ein Gegengewicht zur fachlich spezialisierten Ministerialbürokratie geschaffen und damit eine "Reparlamentarisierung"[1779] des Gesetzgebungsprozesses bewirkt werden.

1775 Hesse / Ellwein, Das Regierungssystem der Bundesrepublik Deutschland, Band 1, S. 225.

1776 Hesse / Ellwein, Das Regierungssystem der Bundesrepublik Deutschland, Band 1, S. 232.

1777 Steinberg, in: Schneider / Zeh (Hrsg.), Parlamentsrecht und Parlamentspraxis, § 7, Rz. 41 f.; zur sog. Formulierungshilfe in nichtöffentlichen Ausschußsitzungen durch Ministerialbeamte Zeh, in: Isensee / Kirchhof (Hrsg.), § 43, Rz. 61.

1778 § 54 Absatz 1 GO-BT; dazu Achterberg, Parlamentsrecht, S. 678 ff.; Troßmann, Parlamentsrecht des Deutschen Bundestages, § 60, Rz. 4.

1779 Di Fabio, in: Der Staat 1990, S. 599 (608); s. a. zur Rolle der Parlamentsausschüsse BVerfGE 80, S. 188 (221 f.).

Die für die parlamentarische Kontrolle der Treuhandanstalt eingesetzten Ausschüsse verfügten über fachliche Kompetenz. Hierzu trug die Rekrutierung des Unterausschusses Treuhandanstalt des Haushaltsausschusses sowie in Teilen des Ausschusses Treuhandanstalt aus Mitgliedern des Haushaltsausschusses bei[1780], dessen Berichterstatter über ein anerkannt hohes Maß an Sachverstand – zumindest in finanzpolitischer und haushaltsrechtlicher Hinsicht sowie in Ansehung des Fachgebietes des jeweils begleiteten Einzelplans – verfügen[1781]. Die personelle Ergänzung im Rahmen des nachfolgenden Ausschusses Treuhandanstalt insbesondere durch Abgeordnete mit besonderen wirtschaftlichen Kompetenzen und spezifischem regionalen Hintergrund haben den institutionellen Sachverstand abgerundet[1782]. Den Empfehlungen der Ausschüsse zu den von ihnen beratenen Gesetzentwürfen kam dadurch besonderes Gewicht zu, so daß sie regelmäßig Eingang in die verabschiedeten Fassungen der Gesetze gefunden haben[1783].

Tatsächliche Möglichkeiten der Einflußnahme auf die Gesetzgebung des Bundes eröffnen sich im übrigen auch der oppositionellen Minderheit im Deutschen Bundestag regelmäßig, sobald die Parteien, denen sie entstammen, über die von ihnen gestellten Landesregierungen im Bundesrat über eine Mehrheit der Stimmen verfügen[1784]. Dies war innerhalb des hier betrachteten Zeitraumes zwischen dem 3. Oktober 1990 und dem 31. Dezember 1994 im Gefolge der Landtagswahlen in Rheinland-Pfalz seit Mai 1991 der Fall.

ccc) Stellenwert der Gesetzgebung als Instrument vorauswirkender parlamentarischer Kontrolle der Treuhandanstalt

Die vorstehenden Ausführungen haben gezeigt, daß der Deutsche Bundestag dort, wo er die Treuhandanstalt betreffende Gesetze verabschiedet hat, effektiv vorauswirkende Parlamentskontrolle ausübte. Als davon zu scheidende Frage bleibt zu untersuchen, ob der Deutsche Bundestag durch seine

1780 Cloes, in: Wissenschaftliche Dienste des Deutschen Bundestages, Materialien Nr. 125, S. 23; ders., in: DtZ 1991, S. 291 (292).

1781 Di Fabio, in: Der Staat 1990, S. 599 (613); a. A. Geppert / Kachel, in: Schmidt / Lutz (Hrsg.), Chancen und Risiken der industriellen Restrukturierung in Ostdeutschland, S. 69 (77).

1782 Cloes, in: Wissenschaftliche Dienste des Deutschen Bundestages, Materialien Nr. 125, S. 23; vgl. Marissal, Der politische Handlungsrahmen der Treuhandanstalt, S. 71.

1783 Cloes, in: DtZ 1994, S. 239 (240).

1784 Hesse / Ellwein, Das Regierungssystem der Bundesrepublik Deutschland, Band 1, S. 232.

Legislation die Treuhandanstalt auf diese Weise umfassend vorauswirkend kontrolliert hat.

Es ist verschiedentlich die Auffassung vertreten worden, gesetzliche Vorgaben hätten die Treuhandanstalt nur in vergleichsweise geringem Umfang geprägt[1785]. Kritiker bemängelten ein gesetzlich ungeklärtes Verhältnis zwischen den der Treuhandanstalt erteilten Aufträgen, insbesondere Privatisierungs-, Sanierungs- und Stillegungsauftrag der Treuhandanstalt[1786]. Bei genauerer Analyse der einschlägigen Bestimmungen läßt sich indes eine Rangfolge der Gesetzesaufträge feststellen[1787].

Ordnungspolitisches Ziel des Treuhandgesetzes[1788] und nach § 1 Absatz 3 TreuhG vorrangige Aufgabe der Treuhandanstalt war die Privatisierung der ihr anvertrauten Unternehmen. Diese gesetzgeberische Absicht[1789] – im Staatsvertrag bereits vorgegeben, im Einigungsvertrag bestätigt – hat an verschiedenen Stellen des Treuhandgesetzes, allen voran hinsichtlich der Zielstellung im 1. Spiegelstrich der Präambel und in § 1 Absatz 1 Satz 1 TreuhandG, hinsichtlich des Auftrages an die Treuhandanstalt in § 2 Absatz 1 Satz 3 TreuhandG[1790], ihren deutlichen Niederschlag gefunden.

1785 Schuppert, in: ZGR 1992, S. 454 (459 f.).

1786 Nolte, in: Nolte / Sitte / Wagner (Hrsg.), Wirtschaftliche und soziale Einheit Deutschlands, S. 66 (68 f.); Hickel / Priewe, Der Preis der Einheit, S. 165 ff.; Schmidt, in: Hommelhoff (Hrsg.), Treuhandunternehmen im Umbruch, S. 17 (25 f.); dazu auch Hamm, in: Gröner / Kantzenbach / Mayer (Hrsg.), Wirtschaftspolitische Probleme der Integration der ehemaligen DDR in die Bundesrepublik, S. 61 (63).

1787 Kloepfer, in: Fischer / Hax / Schneider (Hrsg.), Treuhandanstalt – Das Unmögliche wagen, S. 41 (56 f.).

1788 Ziffer 3 der "Grundsätze zur Zusammenarbeit von Bund, neuen Ländern und Treuhandanstalt für den Aufschwung Ost" v. 14.03.1991, Nachdruck in: Treuhandanstalt (Hrsg.), Dokumentation 1990-1994, Band 2, S. 386, sowie Presse- und Informationsamt der Bundesregierung, Bulletin Nr. 29 v. 15.03.1991, S. 213; Siebert, Das Wagnis der Einheit, S. 84, spricht von der Privatisierung als dem "Herzstück der Transformation".

1789 Bemerkenswert ist, daß Lothar de Maizière, als Ministerpräsident federführend mit der Konzeption des Treuhandgesetzes befaßt, in der Rückschau die Rangfolge der der Treuhandanstalt im Treuhandgesetz gestellten Aufgabe relativierte, indem er beklagte, die Treuhandanstalt habe trotz wiederholter Abmahnungen immer wieder den Privatisierungsgedanken in den Vordergrund gestellt; de Maizière, zitiert bei Urbanski, in: Berliner Zeitung v. 02.10.1991, S. 3.

1790 I.d.F. v. 09.08.1994, vorher § 2 Absatz 1 Satz 2 TreuhandG.

Die Treuhandanstalt hat ihren gesetzlichen Auftrag zur Privatisierung allerdings gelegentlich mißachtet. Unter Privatisierung versteht der Gesetzgeber die Verlagerung bisher staatlicher Aktivitäten auf nichtstaatliche Träger[1791]. Dies soll durch Übertragung der entsprechenden Gegenstände des Produktivvermögens auf Private erfolgen[1792].

Übertragungen innerhalb des öffentlichen Sektors ließen sich treuhandgetzlich nicht mit dem Argument rechtfertigen, es handele sich nur um vorübergehende Übernahmen mit dem Ziel einer Weitergabe an Private zum gegebenen Zeitpunkt[1793]. Sie waren vielmehr lediglich im Rahmen des § 1 Absatz 1 Satz 2 und 3 TreuhG zulässig[1794].

Dem gesetzliche Privatisierungsauftrag widersprach daher eine Übertragung von Vermögen der Treuhandanstalt unmittelbar auf den Bund, Länder oder Kommunen[1795]. Einen Verstoß gegen das treuhandgesetzliche Verbot bloßer Vermögensverschiebung innerhalb des öffentlichen Sektors stellte deshalb beispielsweise die – allerdings erst im Jahre 1997 erfolgte – Veräußerung und Übertragung der Geschäftsanteile der Saxonia GmbH i. L. Metallhütten und Verarbeitungswerk Freiberg an die Stadt sowie den Landkreis

1791 Präambel (1. Spiegelstrich) TreuhandG; Kloepfer, in: Fischer / Hax / Schneider (Hrsg.), Treuhandanstalt – Das Unmögliche wagen, S. 41 (50); vgl. zur wirtschaftswissenschaftlichen Begriffsbestimmung Gabler Wirtschaftslexikon, Stichwort "Privatisierung", Band 4, Spalte 1000.

1792 § 1 Absatz 1 Satz 1 TreuhandG; vgl. allgemein v. Lösch, Privatisierung öffentlicher Unternehmen, S. 42.

1793 So aber beispielsweise Ziffer 1 Satz 5 der zwischen der Treuhandanstalt und dem Land Thüringen geschlossenen "Absichtserklärung" vom 05.05.1992 zur Erhaltung des Mikroelektronik-Standortes Erfurt, Nachdruck in: Treuhandanstalt (Hrsg.), Dokumentation 1990-1994, Band 5, S. 496.

1794 Busche, in: Clemm u.a. (Hrsg.), RVI, § 1 TreuhG, Rz. 3.

1795 Weimar, TreuhG Kommentar, § 1 Rz. 44; Länderbeteiligungen als grundsätzliches Mittel zur Erleichterung von Privatisierungen empfiehlt dennoch Homann, Überblicksvermerk v. 13.12.1991 betr. Sanierung, Nachdruck in: Treuhandanstalt (Hrsg.), Dokumentation 1990-1994, Band 7, S. 471 (479); für ein politisch-taktisch motiviertes Angebot zur Übernahme einzelner Unternehmen der Treuhandanstalt an das betreffende Bundesland auch der Staatssekretär beim Bundesminister der Finanzen Overhaus, in: Bundesanstalt für vereinigungsbedingte Sonderaufgaben (Hrsg.), Dokumentation des Symposiums Zwischenbilanz Aufbau Ost, S. 47.

Freiberg[1796] dar. Gleiches gilt de facto auch für die Privatisierung der Zentrum Mikroelektronik Dresden GmbH, deren Geschäftsanteile zwar formal von den Beteiligungsgesellschaften zweier Bankinstitute erworben wurden, diese jedoch hierbei treuhänderisch für das Land Sachsen, welches das unternehmerische Risiko vollständig trägt, tätig wurden[1797]. In diesem Zusammenhang ist auch die Veräußerung der Jenoptik Carl Zeiss Jena GmbH[1798] kritisch zu erwähnen[1799].

Als Unterlaufen des treuhandgesetzlichen Privatisierungsauftrags mußten auch Veräußerungen an öffentliche Unternehmen gelten, selbst wenn diese in Rechtsformen des Privatrechts organisiert waren[1800]. Zu nennen sind hier zunächst die (auch) der Umsetzung von regionaler Strukturpolitik dienenden Unternehmen wie die landeseigenen Beteiligungs- und Entwicklungsgesellschaften, Landesbanken, kommunale Entwicklungsgesellschaften oder Beteiligungsgesellschaften der Sparkassen. Dennoch zählten beispielsweise die Thüringer Industriebeteiligungs-GmbH & Co. KG (TIB), die Berliner Landesentwicklungsgesellschaft (Bleg), die Landesentwicklungsgesellschaft Sachsen LEG und die Gewerbesiedlungsgesellschaft mbH des Landes Berlin zu dem Käufern der Treuhandanstalt.

In gleicher Weise mit dem Privatisierungsauftrag unvereinbar waren Veräußerungen von Produktivvermögen an prima facie rein unternehmerisch ausgerichtete Unternehmen wie beispielsweise die in öffentlicher Hand befindlichen Energieversorgungsunternehmen. Denn auch in solchen Fällen liegt lediglich eine Vermögensverschiebung innerhalb der öffentlichen Hand vor[1801]. Gleichwohl erfolgte beispielsweise die Veräußerung der Vereinigte Energiewerke AG (VEAG), in welcher die ostdeutsche Elektrizitätswirtschaft (mit Ausnahme der Kernkraftwerke) zusammengeführt

1796 Vgl. Bundesanstalt für vereinigungsbedingte Sonderaufgaben, Pressemitteilung v. 23.04.1997 ("Pressemitteilung zur gemeinsamen Pressekonferenz der Stadt Freiberg, dem Landkreis Freiberg und der BvS am 23.04.1997 in Freiberg").

1797 Vgl. o. N., in: HB v. 03.11.1994, S. 20; o. N., in: FAZ v. 03.11.1994, S. 26.

1798 Dazu Freese, Die Privatisierungstätigkeit der Treuhandanstalt, S. 245.

1799 Hamm, in: Gröner / Kantzenbach / Mayer (Hrsg.), Wirtschaftspolitische Probleme der Integration der ehemaligen DDR in die Bundesrepublik, S. 61 (67, 71 f.).

1800 Busche, in: Clemm u.a. (Hrsg.), RVI, § 1 TreuhG, Rz. 3; vgl. auch Schmidt-Räntsch / Hiestand, in: Clemm u.a. (Hrsg.), RVI, § 11 VZOG, Anhang, Rz. 7; a. A. Bleckmann / Erberich, in: Rädler / Raupach / Bezzenberger (Hrsg.), Vermögen in der ehemaligen DDR, Teil 2 C, Rz. 23.

1801 Möschel, Den Staat an die Kette legen – gegen die Aushöhlung des Wettbewerbs durch den Staat, S. 28 ff.

worden ist, an ein Konsortium, an dem (neben PreußenElektra AG) die folgenden öffentlichen bzw. gemischtwirtschaftlichen Unternehmen beteiligt sind: Bayernwerk AG, RWE Energie AG, Badenwerke AG, BEWAG AG, Energieversorgung Schwaben AG (EVS), Hamburgische Electricitäts-Werke AG (HEW) und Vereinigte Elektrizitätswerke Westfalen AG (VEW)[1802].

Veräußerungen an gemischtwirtschaftliche Unternehmen, d.h. Unternehmen mit einer Sperrminorität (oder einer vergleichbaren Rechtsstellung) der öffentlichen Hand, kommt zwar eine Entstaatlichungstendenz zu, jedoch kommt es nicht zu dem von der Treuhandanstalt gemäß der Präambel (1. Spiegelstrich) TreuhG anzustrebenden vollständigen Rückzug des Staates.

Bei der Art und Weise der Aufgabenerfüllung war der Treuhandanstalt zwar in bewußter Entscheidung des Gesetzgebers ein Spielraum für die Ausübung von Experten- und Managementermessen eingeräumt[1803], dennoch unterlag sie dabei einer Reihe von maßgeblichen gesetzlichen Bestimmungen. Für den Bereich der Privatisierung ist an das Willkürverbot des Artikels 3 GG, aus dem sich Anforderungen an das Vergabeverfahren ableiteten, zu erinnern[1804]. Weiterhin hatte der Gesetzgeber die Treuhandanstalt beispielsweise ausdrücklich darauf festgelegt, Kaufverträge zum Rechtsgrund der Vermögensübertragungen zu machen[1805]. Der Kaufpreis hatte sich dabei am Wert des Verkaufsgegenstandes zu orientieren[1806]. Zugleich war die Treuhandanstalt bei ihrer Privatisierungstätigkeit den Prinzipien der sozialen Marktwirtschaft[1807], d.h. auch dem Ziel einer effizienten Wirtschaftsstruktur[1808] verpflichtet, weshalb sie dem Fortbestehen oder Entstehen von Monopolen oder marktbeherrschenden Stellungen nicht Vorschub leisten

1802 Granzow, in: HB v. 07.09.1994, S. 1; o. N., in: HB v. 22.07.1994, S. 13.

1803 S.o. Teil II Ziffer II.1.b)dd).

1804 Weimar, TreuhG Kommentar, § 1, Rz. 46 m.w.N.

1805 § 8 Absatz 1 (1. Spiegelstrich) TreuhG, § 3 (1. Spiegelstrich) TreuhS; dementsprechend sind beispielsweise in Artikel 25 Absatz 3, 6 EinigungsV Regelungen zur Erlösverwendung getroffen; s. a. § 63 Absatz 3 BHO; Kloepfer, in: Fischer / Hax / Schneider (Hrsg.), Treuhandanstalt – Das Unmögliche wagen, S. 41 (50).

1806 Vgl. § 63 Absatz 3 sowie § 64 Absatz 3 BHO; Möschel, in: ZGR 1991, S. 175 (181); Weimar, TreuhG Kommentar, § 1, Rz. 54 ff.

1807 § 2 Absatz 1 Satz 2 TreuhG.

1808 § 2 Absatz 6 Satz 2 TreuhG.

durfte[1809]. Dies hatte zwangsläufig Auswirkungen sowohl auf die Dimensionierung des jeweiligen Verkaufsgegenstandes als auch auf die Käuferauswahl[1810]. Bei der Ausführung des Sanierungs- und des Stillegungsauftrags waren vor allem allgemeine gesellschafts- und insolvenzrechtliche Vorgaben zu beachten.

Es ist indes festzustellen, daß die Treuhandanstalt sich nicht durchgängig an den ihr gesetzlich vorgegebenen Entscheidungsmaßstäben orientiert hat. Insbesondere haben strukturpolitische Motive, vornehmlich bei sog. industriellen Kernen, die Orientierung an dem Ziel einer effizienten Wirtschaftsstruktur überlagert[1811].

Die Entscheidungen der Treuhandanstalt hatten häufig strukturpolitische Auswirkungen. Dies bedeutete indes nicht, daß die Treuhandanstalt ihre Entscheidungen an strukturpolitischen Maßstäben ausrichten durfte. Der Gesetzgeber hatte vielmehr, beispielsweise mit dem handlungsleitenden Begriff der Sanierungsfähigkeit, betriebswirtschaftliche Kriterien vorgegeben[1812].

Besonders deutlich wird die Ausrichtung an strukturpolitischen Maßstäben am Beispiel der Energiewirtschaft, wo "Verstöße gegen marktwirtschaftliche Grundsätze" mit Rücksicht auf "ein starkes struktur- und beschäftigungspolitisches Interesse" ausdrücklich eingeräumt werden[1813]. Ein sol-

1809 Rexrodt, in: Treuhandanstalt / Ostausschuß der Deutschen Wirtschaft / Bundesverband der Deutschen Industrie (Hrsg.), Privatisieren, S. 75; Weimar, Nachprivatisierungsprobleme, S. 180. Für den Bereich des Handels sowie der Hotel- und Gastwirtschaft war dies bis zur Vereinigung der beiden deutschen Staaten in § 3 HandelsentflechtungsG sogar spezialgesetzlich ausdrücklich formuliert.

1810 So auch Hamm, in: Gröner / Kantzenbach / Mayer (Hrsg.), Wirtschaftspolitische Probleme der Integration der ehemaligen DDR in die Bundesrepublik, S. 61 (68 f.); Schlecht, in: Gröner / Kantzenbach / Mayer (Hrsg.), Wirtschaftspolitische Probleme der Integration der ehemaligen DDR in die Bundesrepublik, S. 9 (17).

1811 Ausführlich hierzu: Härtel u.a., Die Entwicklung des Wettbewerbs in den neuen Bundesländern, S. 135 ff.; Hamm, in: Gröner / Kantzenbach / Mayer (Hrsg.), Wirtschaftspolitische Probleme der Integration der ehemaligen DDR in die Bundesrepublik, S. 69 ff.; vgl. Breuel, zitiert bei Bölke / Kampe, in: Der Spiegel v. 11.11.1991, S. 43 (50).

1812 Allert, in: Hill (Hrsg.), Erfolg im Osten III, S. 57 (58); Rexrodt, in: Fischer / Wilke (Hrsg.), Probleme des Zusammenwachsens im wiedervereinigten Deutschland, S. 55; Schlecht, in: Gröner / Kantzenbach / Mayer (Hrsg.), Wirtschaftspolitische Probleme der Integration der ehemaligen DDR in die Bundesrepublik, S. 9 (16 f.).

1813 So v. Hindte, in: Erdöl Informationsdienst 45/1994, S. 10.

ches Vorgehen, politisch von allen Seiten gefordert, mußte hinsichtlich seiner juristischen Grundlage gleichwohl zweifelhaft erscheinen.

Die neuen Länder und Berlin haben vor dem Hintergrund ihrer Haushaltslage die Finanzverantwortung für strukturpolitisch motivierte Maßnahmen zum Erhalt der heimischen Wirtschaft der Treuhandanstalt überlassen[1814]. Dies bedeutete zugleich den der Kompetenzverteilung des Grundgesetzes widersprechenden Verzicht auf die korrespondierende Entscheidungsverantwortung. Dieser Verzicht konnte durch die Einbindung von Landesstellen in Entscheidungsorgane und -verfahren der Treuhandanstalt, allen voran durch die Mitgliedschaft der Ministerpräsidenten der neuen Länder sowie des Senators für Finanzen des Landes Berlin im Verwaltungsrat der Treuhandanstalt, nur teilweise kompensiert werden[1815].

Gleichwohl haben die Länder nur vereinzelt grundsätzliche Einwände gegen die Wahrnehmung strukturpolitischer Entscheidungen durch die Treuhandanstalt erhoben. Ein Beispiel lieferte das Land Brandenburg, das sich gegen die von der Treuhandanstalt zu verantwortende bevorzugte Vergabe land- und forstwirtschaftlicher Flächen an Alteigentümer u.a. mit dem Argument wehrte, der Bund betreibe Strukturpolitik[1816]. Im Ergebnis führte dieser Protest zur Bildung der sog. EALG-Beiräte, die, durch Bund und Länder besetzt, in Streitfällen über die Vergabe angerufen werden können.

Fragwürdig erscheint in diesem Zusammenhang auch die schrittweise Ausweitung des Tätigkeitsbereichs der Treuhandanstalt, die, soweit dies nicht auf gesetzlicher Grundlage erfolgte, rechtswidrig war[1817]. Dies gilt vor allem im Bereich der sog. Nachsorge für privatisierte Treuhand-Unternehmen.

Grundsätzlich endete rechtlich betrachtet mit der Privatisierung die Verantwortung der Treuhandanstalt für das betreffende Unternehmen. Es gehörte gerade zu den beabsichtigten Wirkungen der Privatisierung, eine zukunftsorientierte Entwicklung des Unternehmens und damit die Sicherung bestehender und Schaffung weiterer Arbeitsplätze zu begünstigen, indem der Staat als Eigentümer durch einen neuen, unternehmerisch aktiven Eigentümer ersetzt wurde, der mit neuem Wissen, neuem Ka-

1814 Seibel, in: Wollmann u.a., Transformation der politisch-administrativen Strukturen in Ostdeutschland, S. 169 (208 ff.); vgl. o. N., in: HB v. 19.09.1996, S. 25.

1815 So auch Seibel, in: Wollmann u.a., Transformation der politisch-administrativen Strukturen in Ostdeutschland, S. 169 (211).

1816 Der brandenburgische Landwirtschaftsminister Zimmermann wird mit den Worten zitiert: "Wie kommt der Bundesfinanzminister dazu, in Brandenburg Strukturpolitik zu treiben"; s. Krauß, in: Berliner Zeitung v. 23.09.1993, S. 4.

1817 Spoerr, Treuhandanstalt und Treuhandunternehmen zwischen Verfassungs-, Verwaltungs- und Gesellschaftsrecht, S. 137.

pital und neuen strategischen Zielen dem Unternehmen eine wettbewerbsorientierte Ausrichtung zu geben vermochte[1818].

Tatsächlich haben sich die erhofften positiven Wirkungen nach einer Privatisierung in einer Reihe von Fällen nicht eingestellt. Hierfür waren teils unvorhergesehene makroökonomische Entwicklungen, teils unternehmerische Fehleinschätzungen verschuldeter wie unverschuldeter Natur verantwortlich[1819]. Die Treuhandanstalt hat nach Prüfung des jeweiligen Einzelfalls Schritte zur Unterstützung bereits privatisierter Unternehmen unternommen. Den Katalog möglicher Maßnahmen führt die Anpassung vertraglich vereinbarter Verpflichtungen wie beispielsweise die Reduzierung einer im Privatisierungsvertrag vereinbarten, nachträglich jedoch nicht mehr sinnvoll erscheinenden Investitionssumme oder Arbeitsplatzanzahl an[1820]. Darüber hinaus wurden in einigen Fällen auch zusätzliche finanzielle Zuwendungen der Treuhandanstalt an privatisierte Unternehmen vereinbart[1821]. Zur Abdeckung eines akuten Finanzbedarfs mittelständischer ehemaliger Treuhand-Unternehmen mit grundsätzlich positiven Entwicklungschancen hat die Treuhandanstalt im Sommer 1994 die Errichtung von Konsolidierungsfonds durch die neuen Bundesländer angeregt[1822] und auf der Grundlage von mit den Ländern geschlossenen Verwaltungs-

1818 Treuhandanstalt, Aufgaben und Lösungswege, Nachdruck in: Treuhandanstalt (Hrsg.), Dokumentation 1990-1994, Band 7, S. 18; zu den mikroökonomischen Vorteilen einer Privatisierung (Abkehr von der Kostenmentalität, Nachfrageorientierung) s. a. Hamer / Gebhardt, Privatisierungspraxis, S. 50 f.

1819 Neubauer, in: Die Zeit v. 11.08.1995, S. 15.

1820 Neubauer, in: Die Zeit v. 11.08.1995, S. 15 (16); Beispiele s. Treuhandanstalt (Hrsg.), Dokumentation 1990-1994, Band 7, S. 1012 ff.

1821 Neubauer, in: Die Zeit v. 11.08.1995, S. 15; Beispiel: die von der Trigon-Unternehmensgruppe erworbene Deutsche Interhotel GmbH, s. Treuhandanstalt, Pressemitteilung v. 09.12.1994 ("Einvernehmen über Vertragsmanagement bei Interhotel"); Meyer-Koester, in: HB v. 12.12.1994, S. 23; o. N., in: FAZ v. 10.12.1994, S. 18; Beispiel: Umformtechnik Erfurt GmbH s. Treuhandanstalt, Pressemitteilung v. 18.11.1994 ("Umformtechnik Erfurt") sowie Kemper, in: FAZ v. 21.11.1994, S. 24, Müller, in: Die Welt v. 19.11.1994, S. 14. Ein etwas anders gelagertes Beispiel bietet das Ergebnis der aufsehenerregenden Nachverhandlungen mit dem französisch-deutschen Erwerberkonsortium Société Nationale Elf Aquitaine S.A. und Thyssen Handelsunion AG im Falle der Privatisierung der Minol Mineralölhandel AG und dem damit gekoppelten Bau einer Großraffinerie am Chemiestandort Leuna. Hier hat sich die Treuhandanstalt im Nachhinein mit einer Reduzierung des angestrebten Elf-Anteils durch Beteiligung eines weiteren Treuhand-Unternehmens einverstanden erklärt; dazu Wilke, in: DW (Hrsg.), Privatisierte – was aus ihnen wird, S. 367 ff., sowie o. N., in: FAZ v. 22.03.1994, S. 15.

1822 Schreiben der Präsidentin der Treuhandanstalt an den Bundesminister der Finanzen v. 27.06.1994, Nachdruck in: Treuhandanstalt (Hrsg.), Dokumentation 1990-1994, Band 10, S. 392 ff.

vereinbarungen mit Darlehen in Höhe von zusammengenommen 550 Mio. DM finanziert[1823].

Ein weiteres Instrument der Nachsorge für privatisierte Unternehmen war deren Einbeziehung in die von der Treuhandanstalt zur Verfügung gestellten Markthilfen[1824]. Durch die Sonderbeauftragten Dr. Klaus v. Dohnanyi ("Marktsektor Staat") und Hans-Georg Pohl ("Ostgeschäft") unternahm die Treuhandanstalt gezielt Absatzförderung[1825]. Zu diesem Zweck wurden beispielsweise Rahmenvereinbarungen mit verschiedenen Gebietsregierungen der Russischen Föderation für Kooperationsprojekte mit einem Volumen von 8,3 Mrd. DM abgeschlossen[1826]. Zu nennen sind weiterhin die gemeinsam mit dem Bundesverband der Deutschen Industrie gestartete "Einkaufsoffensive Neue Bundesländer"[1827], die Durchführung einer Treuhand-Unternehmensmesse in Leipzig[1828], einer Marketing-Tour durch die alten Bundesländer und angrenzende Regionen[1829], einer Leistungsschau in Berlin[1830] sowie In-

1823 S. die Vereinbarungen der Treuhandanstalt mit Thüringen, Mecklenburg-Vorpommern, Brandenburg, Sachsen-Anhalt, Sachsen und Berlin, Nachdruck in: Treuhandanstalt (Hrsg.), Dokumentation 1990-1994, Band 10, S. 400 ff., 407 ff., 414 ff., 422 ff., 429 ff. und 437 ff.

1824 So v. Dohnanyi, in: Bundesanstalt für vereinigungsbedingte Sonderaufgaben (Hrsg.), Dokumentation des Symposiums Zwischenbilanz Aufbau Ost, S. 27 (29).

1825 Auf die Unterschätzung der Absatzprobleme ostdeutscher Unternehmen verweist v. Dohnanyi, in: Der Spiegel v. 17.07.1995, S. 75 (78).

1826 Treuhandanstalt, Pressemitteilungen v. 29.06.1993 ("Treuhandanstalt und Gebietsverwaltung Tjumen vereinbaren Milliardengeschäft") und 30.11.1993 ("Exportabkommen mit der Gebietsverwaltung Perm"); o. N., in: BM v. 21.10.1994, S. 21; s. a. o. N., in: FAZ v. 22.09.1994, S. 23, sowie o. N., in: TSP v. 22.09.1994, S. 21.

1827 S. Krakat, in: DA 1994, S. 12 (27); Kuhnt, in: HB v. 04.10.1995, S. B 6; Vogel, in: HB v. 04.10.1995, S. B 9; s. die Unterlagen (Nachdruck) in: Treuhandanstalt (Hrsg.), Dokumentation 1990-1994, Band 10, S. 462 ff., 485 ff., 507 f., 514 f., 519 ff., 530 ff.

1828 S. die Unterlagen (Nachdruck) in: Treuhandanstalt (Hrsg.), Dokumentation 1990-1994, Band 10, S. 644-738, sowie Breuel (Hrsg.), Treuhand intern, S. 400 ff.

1829 S. die Unterlagen (Nachdruck) in: Treuhandanstalt (Hrsg.), Dokumentation 1990-1994, Band 10, S. 740-788.

1830 "Test the East", s. Treuhandanstalt, Pressemitteilung v. 24.10.1994 ("Test the East – Marken aus Ostdeutschland, Eine Ausstellung im Detlev-Rohwedder-Haus"), Nachdruck in: Treuhandanstalt (Hrsg.), Dokumentation 1990-1994, Band 10, S. 526 ff.

landsmessenförderung durch sog. Einkäufertage bei wichtigen Messen[1831]. Hinzu traten gezielte Hilfen für bestimmte Branchen[1832] und für einzelne Unternehmen, beispielsweise in Form von Erfüllungssicherheiten gegenüber Dritten[1833]. Angesichts des jährlich zu vergebenden öffentlichen Auftragsvolumens[1834] und der Möglichkeit, dieses unter politischen Zielvorgaben einzusetzen[1835], war schließlich das sog. Behörden-Marketing von herausgehobener Bedeutung, mit dem die Treuhandanstalt versuchte, die Auftragsvergabe von Bund, Ländern, Gemeinden und sonstigen Stellen der öffentlichen Hand, allen voran Post und Bahn, an Unternehmen in den neuen Bundesländern zu intensivieren[1836].

In Ausnahmefällen, nämlich wenn der hinreichende Verdacht bestand, daß der Erwerb eines Unternehmens in strafrechtlich relevanter Weise zustande gekommen war, erklärte sich die Treuhandanstalt ab 1993 auch zur Rücknahme privatisierter Unternehmen bereit[1837]. Es ist allerdings auch für den hier betrachtete Zeitraum bis Ende 1994 bereits mindestens ein Fall bekannt, in denen es vor dem Hintergrund der

1831 S. die Unterlagen (Nachdruck) in: Treuhandanstalt (Hrsg.), Dokumentation 1990-1994, Band 10, S. 485 ff., 489 f., 516 ff. und 534 f.

1832 Z.B. die Einrichtung eines zentralen Reservierungssystems für Beherbergungsobjekte im Zuständigkeitsbereich der Treuhandanstalt; s. Schreiben der Präsidentin der Treuhandanstalt, Nachdruck in: Treuhandanstalt (Hrsg.), Dokumentation 1990-1994, Band 8, S. 588.

1833 Treuhandanstalt, Schreiben des Direktors Bereich Koordination Niederlassungen an alle Niederlassungsleiter v. 19.02.1991, Nachdruck in: Treuhandanstalt (Hrsg.), Dokumentation 1990-1994, Band 10, S. 448 ff.; zur Verunsicherung möglicher Abnehmer, der mit derartigen Instrumenten begegnet werden soll, s. Bundesministerium für Wirtschaft, Notiz "Erleichterung von Auftragsvergaben (insbesondere Lohnfertigungen) an Betriebe in den neuen Bundesländern durch die Treuhandanstalt" v. 14.11.1990, Nachdruck in: Treuhandanstalt (Hrsg.), Dokumentation 1990-1994, Band 10, S. 447; v. Dohnanyi, in: Der Spiegel v. 17.07.1995, S. 75 (78).

1834 Das Auftragsvolumen des Bundes betrug 1993 insgesamt etwa 80 Mrd. DM, das der Länder und Gemeinden 250 Mrd. DM; s. o. N., in: FAZ v. 04.07.1994, S. 11, sowie Treuhandanstalt, Pressemitteilung v. 14.12.1993 ("Die Aufgabe für Ostdeutschland heißt jetzt: Marktzugänge öffnen – auch im Bereich öffentlicher Beschaffungen"), Nachdruck in: Treuhandanstalt (Hrsg.), Dokumentation 1990-1994, Band 10, S. 509 (513); s. a. Breuer / Kayser, Das öffentliche Auftragswesen in den neuen Bundesländern, S. 17 ff.

1835 Zur öffentlichen Auftragsvergabe als wirtschaftspolitischem Steuerungsinstrument Breuer / Kayser, Das öffentliche Auftragswesen in den neuen Bundesländern, S. 5.

1836 S. die Unterlagen (Nachdruck) in: Treuhandanstalt (Hrsg.), Dokumentation 1990-1994, Band 10, S. 446, 451 ff., 475 ff., 491 ff., 509 ff., 523 ff.

1837 Bundesministerium der Finanzen, Grundsätze für das Vertragsmanagement der Treuhandanstalt, Nachdruck in: Treuhandanstalt (Hrsg.), Dokumentation wirtschaftlichen Situation zur Rücknahme kam[1838]. Ähnlich verhielt es sich im Fall der aufsehenerregenden Nachverhandlungen zur Privatisierung der Leuna-Raffineriegesellschaft mbH und Minol AG im März 1994, die durch Nachforderungen der Käufer ausgelöst wurden; hier räumte die Treuhandanstalt die Rücknahme eines Anteils von 33 v.H. durch die (damals noch nicht privatisierte) Buna GmbH zu einem späteren Zeitpunkt ein[1839].

Zu solchen Formen der Nachsorge für bereits privatisierte Unternehmen war die Treuhandanstalt erst auf Drängen der betroffenen Unternehmen und ihrer Erwerber, der Gewerkschaften und anderer hin bereit[1840]. Sie stützte sich dabei auf den in der Präambel (2. Spiegelstrich) des Treuhandgesetzes verankerten Zweck ihres (Privatisierungs-)Handelns, nämlich die Herausbildung marktfähiger Unternehmen und damit verbunden die Sicherung und Schaffung von Arbeitsplätzen. Eine Nachsorge der vorgenannten Art diene der Förderung dieser gesetzlich fixierten Ziele[1841]. Das Engagement der Treuhandanstalt für von ihr in die Privatwirtschaft entlassene Unternehmen erfolge, damit die bei der Privatisierung übernommenen Verpflichtungen zur Erhaltung von Arbeitsplätzen und für Investitionen eingehalten werden kön-

1990-1994, Band 7, S. 978 (982); Härtel u.a., Die Entwicklung des Wettbewerbs in den neuen Bundesländern, S. 168.

1838 Die Rede ist von der Vorpommersche Eisenwerke GmbH, Ueckermünde; Härtel u.a., Die Entwicklung des Wettbewerbs in den neuen Bundesländern, S. 168.

1839 Deutscher Bundestag, 13. WP, Beschlußempfehlung und Bericht des 2. Untersuchungsausschusses "DDR-Vermögen" v. 28.05.1998, BT-Drs. 13/10900, Band 1, S. 264; Wilke, in: DW (Hrsg.), Privatisierte – Was aus ihnen wird, S. 367 (373); o. N., in: FAZ v. 22.03.1994, S. 15; Chiari, in: TSP v. 26.03.1994, S. 19.

1840 Marschall, in: WiWo v. 09.03.1995, S. 31 ff.; zu entsprechenden Forderungen des Wirtschafts- und Sozialwissenschaftliche Institut (WSI) des DGB s. o. N., in: HB v. 16.03.1994, S. 4; v. Dohnanyi, in: Der Spiegel v. 17.07.1995, S. 75 (78); Pfeiffer, in: Orientierungen zur Wirtschafts- und Gesellschaftspolitik 64 (2/1995), S. 24 (30).

1841 Bundesministerium der Finanzen, Grundsätze für das Vertragsmanagement der Treuhandanstalt, Nachdruck in: Treuhandanstalt (Hrsg.), Dokumentation 1990-1994, Band 7, S. 978 (979 u. 982); s. a. die ähnlich lautenden Formulierungen aus der Vorbemerkung der Verwaltungsvereinbarungen der Treuhandanstalt mit den neuen Bundesländern und Berlin über die Gewährung eines Darlehens zur Errichtung eines Konsolidierungsfonds für die Finanzierung mittelständischer Unternehmen der gewerblichen Wirtschaft, Nachdruck in: Treuhandanstalt (Hrsg.), Dokumentation 1990-1994, Band 10, S. 400, 407, 414, 422, 429 und 437; vgl. auch Kiethe, Nachverhandlungen mit der Treuhandanstalt, Rz. 21 f.

nen[1842]. Bei der Nachsorge für privatisierte Unternehmen handele sich um einen Bestandteil des – einen notwendigen Annex zur Privatisierungsaufgabe bildenden – Vertragsmanagements, welches insoweit eine "sehr unternehmerische Aufgabe" sei[1843].

Hierzu ist kritisch anzumerken, daß – wie die Treuhandanstalt selbst betonte[1844] – dem Treuhandgesetz kein Auftrag an die Treuhandanstalt, zum Erhalt von in Schwierigkeiten geratenen privatisierten Unternehmen und der damit verbundenen Arbeitsplätze beizutragen, entnommen werden konnte[1845]. Ein geschäftlicher Mißerfolg des privatisierten Unternehmens stellt grundsätzlich ein typisches Käuferrisiko dar[1846], dessen Übernahme durch die Treuhandanstalt ordnungs- wie wettbewerbspolitisch bedenklich sein mußte. Die strukturpolitisch motivierte Sorge um private Unternehmen und deren Arbeitsplätze ist nach der Kompetenzverteilung des Grundgesetzes Aufgabe der Länder. Die Treuhandanstalt hatte mit Recht in zahlreichen Fällen unter Hinweis auf die Landeszuständigkeit ein Tätigwerden für bereits privatisierte Unternehmen abgelehnt; statt dessen wurde das jeweilige Land aktiv[1847]. Die Rücknahme privatisierter Unternehmen war darüber

1842 Schreiben der Präsidentin der Treuhandanstalt an den Bundesminister der Finanzen v. 27.06.1994, Nachdruck in: Treuhandanstalt (Hrsg.), Dokumentation 1990-1994, Band 10, S. 392.

1843 So v. Dohnanyi, zitiert bei Bernitt, in: Welt am Sonntag v. 11.12.1994, S. 115.

1844 Vgl. Bundesanstalt für vereinigungsbedingte Sonderaufgaben, Pressemitteilung v. 10.11.1995 ("BvS weist Vorwürfe zurück").

1845 Bundesministerium der Finanzen, Grundsätze für das Vertragsmanagement der Treuhandanstalt, Nachdruck in: Treuhandanstalt (Hrsg.), Dokumentation 1990-1994, Band 7, S. 978; Busche, in: Clemm u.a. (Hrsg.), RVI, § 2 TreuhG, Rz. 62 a; Preu, DStR 1994, S. 1265 (1269).

1846 Der Käufer hat die Möglichkeit, für ihn nicht einschätzbare Risiken (z.B. Unsicherheiten über Bilanzpositionen) durch entsprechende Abreden mit dem Verkäufer zu minimieren. Die Treuhandanstalt hat es jedoch regelmäßig vorgezogen, keine Bilanzgarantien abzugeben, aber dafür im Gegenzug dem Käufer die Möglichkeit einer umfassenden Einsichtnahme in die Verhältnisse des zu übernehmenden Unternehmens zu geben. Bei einer solchen Vorgehensweise ist weitgehend ausgeschlossen, daß der Käufer berechtigt sein könnte, eine nachträgliche Veränderung des Kaufvertrages zu seinen Gunsten zu verlangen; dazu Busche, in: Clemm u.a. (Hrsg.), RVI, § 2 TreuhG, Rz. 63f; a. A. Kiethe, Nachverhandlungen mit der Treuhandanstalt, Rz. 307 ff., der Anlaß für eine häufige Anwendung der Lehre vom Wegfall der Geschäftsgrundlage sieht.

1847 Beispiele: Baumaschinen Welzow GmbH in Brandenburg s. o. N., in: Die Welt v. 26.07.1994, S. 35; Märkische Faser AG in Brandenburg s. o. N., in: HB v. 19.01.1994, S. 17 und Knipper, in: HB v. 27.09.1994, S. 15; Samag Maschihinaus vor dem Hintergrund des ordnungspolitischen Auftrages der Treuhandanstalt, eine Entstaatlichung der Wirtschaft zu bewirken, sehr kritisch zu beurteilen. Insbesondere widersprach es Buchstaben und Geist des Treuhandgesetzes, Unternehmen, die in eine wirtschaftliche Krisensituation geraten, wieder unter die staatlichen Fittiche zu nehmen[1848].

Ein weiterer, gesetzlich nicht aufgegebener Tätigkeitsbereich der Treuhandanstalt war die aktive Beschäftigungspolitik, namentlich die unter der Devise "Beschäftigungspläne statt Sozialpläne"[1849] erfolgte Förderung von Beschäftigungsgesellschaften und Qualifizierungsmaßnahmen[1850].

Nach dem Willen des Gesetzgebers sollte die Treuhandanstalt bestehende Arbeitsplätze sichern und neue schaffen[1851]. Ein unbedingter Auftrag an die Treuhandanstalt, bestehende Arbeitsplätze zu sichern und neue zu schaffen, hätte allerdings den Sanierungsauftrag konterkariert[1852], denn die Anpassung der Mitarbeiterstruktur war eine der dringendsten Restrukturierungsaufgaben in den Unternehmen der Treuhandanstalt[1853]. Stillegungen wären zudem ausgeschlossen, Privatisierungen ohne begleitende Personalanpassung kaum realisierbar gewesen. Wie sich aus der Formulierung der einschlägigen Vorschriften[1854] ergab, hatte der Gesetzgeber der Treuhandanstalt dementsprechend keinen eigenständigen beschäftigungspolitischen Auftrag erteilt, sondern lediglich einen beabsichtigten Effekt der ihr aufgege-

nenfabrik Sangerhausen GmbH in Sachsen-Anhalt s. o. N., in: FAZ v. 17.06.1994, S. 15; Semkat, in: Die Welt v. 17.06.1994, S. 14; Pilz Albrechts GmbH / Compact Disc Albrechts GmbH in Thüringen s. o. N., in: BM v. 08.12.1994, S. 27.

1848 Darauf zielt jedoch beispielsweise der Vorschlag des Vorsitzenden der IG Bau-Steine-Erden, Köbele, angesichts der Konkurse ostdeutscher Baufirmen eine "Regionale Beteiligungs- und Managementgesellschaft Bau" zu gründen, an welcher sich neben den Ländern und Bankinstituten die Treuhand-Nachfolgeorganisationen beteiligen sollte; s. o. N., in: TSP v. 22.07.1995, S. 13.

1849 Vgl. Klebe / Roth, in: Der Betrieb 1989, S. 1518 ff.

1850 Dazu ausführlich Hanau, in: Fischer / Hax / Schneider (Hrsg.), Treuhandanstalt – Das Unmögliche wagen, S. 444 (468 f.); Czada, in: Fischer / Hax / Schneider (Hrsg.), Treuhandanstalt – Das Unmögliche wagen, S. 148 (162 ff.).

1851 Präambel (2. Spiegelstrich) TreuhG, § 2 S. 2 (1. Spiegelstrich) TreuhS.

1852 Busche, in: Clemm u.a. (Hrsg.), RVI, Vorbem. vor § 1 TreuhG, Rz. 45.

1853 Vgl. Deutsches Institut für Wirtschaftsforschung / Institut für Weltwirtschaft an der Universität Kiel, in: Deutsches Institut für Wirtschaftsforschung, Wochenbericht 13/93, S. 131 (132); Deutsche Bundesbank, Monatsbericht Juni 1993, S. 11; Biehl, in: Ludwig-Erhard-Stiftung (Hrsg.), Wirtschaftliche und soziale Ausgestaltung der deutschen Einheit, S. 33.

1854 Präambel (2. Spiegelstrich) TreuhG, § 2 S. 2 (1. Spiegelstrich) TreuhS.

benen Sanierung von Unternehmen benannt[1855]. Aus der Unterordnung des Beschäftigungszieles unter den Sanierungsauftrag folgte, daß der Treuhandanstalt Sanierungsmaßnahmen, die zu einem Abbau von Arbeitsplätzen führen, keineswegs grundsätzlich untersagt sind. Allerdings hatte die Treuhandanstalt im Rahmen ihrer sonstigen Aufgabenwahrnehmung möglichst beschäftigungsintensive Lösungen anzustreben. Diesem Verständnis von ihrer arbeitsmarktpolitischen Rolle folgte die Treuhandanstalt, wenn sie sich bei der Vergabeentscheidung u.a. von der Zahl der gesicherten Arbeitsplätze leiten ließ[1856] und auch bei Privatisierungen die Erwerber vertraglich zu Arbeitsplatzzusagen verpflichtete[1857]. Ebenfalls im Sinne der aufgezeigten Programmierung handelte die Treuhandanstalt, wenn sie verschiedentlich die Zusage gab, sich im Rahmen ihrer sonstigen Aufgabenerfüllung um den Erhalt und die Schaffung von Arbeitsplätzen zu bemühen und Entlassungen nach Möglichkeit zu vermeiden[1858].

Eine weitergehende arbeitsmarktpolitische Aufgabenstellung der Treuhandanstalt ließ sich weder mit dem Hinweis auf das Sozialstaatsprinzip des Grundgesetzes[1859] noch mit dem Verweis auf eine gesamtwirtschaftliche Verantwortung der Treuhandanstalt aus dem Stabilitätsgesetz und dem dort verankerten Ziel der Vollbeschäftigung[1860] begründen[1861]. Daher handelte die Treuhandanstalt auch ohne gesetzlichen Auftrag, wenn sie bei nicht sanierungs- und damit auch mittelbar nicht privatisierungsfähigen Unternehmen in der überwiegenden Anzahl der Fälle der stillen Liquidation gegenüber der regelmäßig mit geringeren Kosten verbundenen Gesamtvoll-

1855 Vgl. Hannemann / Bergmann, in: DtZ 1990, S. 183 (185).

1856 Treuhandanstalt, Leitlinien der Geschäftspolitik, Ziffer I.5. (3. Spiegelstrich), Nachdruck in: Treuhandanstalt (Hrsg.), Dokumentation 1990-1994, Band 2, S. 313 (314).

1857 Küpper, in: Fischer / Hax / Schneider (Hrsg.), Treuhandanstalt – Das Unmögliche wagen, S. 315 (321f).

1858 Grundsatzpapier für den Aufschwung Ost v. 24.03.1991, Nachdruck in: ZIP 6/1991, S. XIII; Ziffer 2 der gemeinsamen Erklärung von THA, DGB und DAG v. 13.04.1991, Nachdruck in: Clemm u.a. (Hrsg.), RVI, D.600.1; Präambel der Rahmenvereinbarung zur Bildung von Gesellschaften zur Arbeitsförderung, Beschäftigung und Strukturentwicklung (ABS) v. 17.07.1991, Nachdruck in: Clemm u.a. (Hrsg.), RVI, D.600.2.

1859 Artikel 1 Absatz 1, Artikel 20 Absatz 2, Artikel 28 Absatz 1 GG.

1860 Artikel 104 a, 109 Absatz 2 GG, Artikel 11 Absatz 1 S. 2 StaatsV, § 1 StabilitätsG.

1861 Busche, in: Clemm u.a. (Hrsg.), RVI, Vorbem. vor § 1 TreuhG, Rz. 47; Püttner, in: DVBl. 1993, S. 69 f.; s. a. Schlecht, in: Ludwig-Erhard-Stiftung (Hrsg.), Vom Zentalplan zur Sozialen Marktwirtschaft, S. 49 (60); abweichend Bleckmann, Zur verfassungsrechtlichen Sanierungspflicht der Treuhandanstalt, S. 38 ff., 85 ff.; Bleckmann / Erberich, in: Rädler / Raupach / Bezzenberger (Hrsg.), Vermögen in der ehemaligen DDR, Teil 2 C, Rz. 31; Stober, Zum Sanierungsauftrag der Treuhandanstalt, S. 20 f.

streckung den Vorzug gab, um mehr Spielraum für arbeitsplatzerhaltende Maßnahmen zu erhalten[1862].

Die Treuhandanstalt nahm bewußt eine aktive beschäftigungspolitische Rolle über ihren eigentlichen Gesetzesauftrag hinaus wahr, um den unumgänglichen Personalabbau in den Treuhand-Unternehmen arbeitsmarktpolitisch zu flankieren und sozialverträglich abzufedern[1863]. Sie reagierte damit auf den enormen politischen Druck[1864], unter dem sie vor dem Hintergrund der dramatischen Beschäftigungskrise in den neuen Ländern[1865] stand. Die Treuhandanstalt handelte hierbei im Einvernehmen mit sämtlichen beteiligten politischen Akteuren, indes ohne gesetzliche Grundlage.

Weitere Beispiele für der Treuhandanstalt gesetzlich nicht zugewiesene, von ihr gleichwohl besetzte Tätigkeitsfelder sind die Transformationsberatung durch die eigens hierzu gegründete funktionale Beteiligungsgesellschaft Treuhand Osteuropa Beratungsgesellschaft mbH (TOB)[1866] oder die Verwaltungshilfe[1867].

Die vorstehend geschilderten Beispiele machen deutlich, daß die Tätigkeit der Treuhandanstalt nur zum Teil durch den Gesetzgeber im Sinne einer vorauswirkenden parlamentarischen Kontrolle gesteuert wurde. Bedeutende Tätigkeitsfelder hat die Treuhandanstalt zwar mit Duldung, teils auf Drängen der Politik besetzt, ohne indes hierzu gesetzlich legitimiert gewesen zu sein.

1862 Zuständige Referatsleiterin im Bundesministerium der Finanzen Otto, zitiert in: Deutscher Bundestag, 12. WP, Beschlußempfehlung und Bericht des 2. Untersuchungsausschusses "Treuhandanstalt" v. 29.08.1994, Minderheitenvotum des Berichterstatters der SPD-Fraktion (Berichtsentwurf des Ausschußsekretariats), BT-Drs. 12/8404, Band 1, S. 654.

1863 Treuhandanstalt, Soziales Engagement für Arbeitsförderung und Qualifizierung, Nachdruck in: Treuhandanstalt (Hrsg.), Dokumentation 1990-1994, Band 11, S. 489 (495).

1864 Seibel, in: Wollmann u.a., Transformation der politisch-administrativen Strukturen in Ostdeutschland, S. 169 (189).

1865 Vgl. Friedrich / Wiedemeyer, Arbeitslosigkeit – ein Dauerproblem im vereinten Deutschland?, S. 22 ff.; Simons, in: Jablonowski / Simons (Hrsg.), Strukturpolitik in Ost und West, S. 135 f.

1866 Kritisch hierzu Busche, in : Clemm u.a. (Hrsg.), RVI, § 2 TreuhG, Rz. 20.

1867 S. v. Keller, in: WiWo v. 19.08.1994, S. 11: Unterstützung der Kataster- und Grundbuchämter in den neuen Bundesländern durch Mitarbeiter der Liegenschaftsgesellschaft der Treuhandanstalt mbH (TLG).

bb) Budgetrecht

Das klassische, in seiner Wirksamkeit allerdings zunehmend umstrittene[1868] Instrument vorauswirkender parlamentarischer Kontrolle ist das Budgetrecht[1869]. Es ist in der Bundesrepublik Deutschland formal in erster Linie dadurch abgesichert, daß die Feststellung des Haushaltsplans der Bundesregierung durch Gesetz des Deutschen Bundestages erfolgen muß[1870]. Auch zur Aufnahme von Krediten des Bundes bedarf es eines Bundesgesetzes[1871]. Weiterhin ist dem Parlament gemäß § 22 Satz 3 BHO durch qualifizierte Sperrvermerke im Haushaltsplan auch noch in der Phase der Haushaltsausführung eine zwingende Mitwirkung seines Haushaltsausschusses vorbehalten.

Auch der Rechnungsprüfungsausschuß als Unterausschuß des Haushaltsausschusses bemüht sich zunehmend neben der Nachtragskontrolle der Ausgabenpolitik der Bundesregierung um eine sog. "vorbeugende Kontrolle".

Die Treuhandanstalt, die sich, wie bereits erwähnt, als öffentliches Unternehmen im Sinne des § 112 Absatz 2 Satz 1 BHO (ohne gesetzliche Kreditermächtigung) auf dem Kapitalmarkt refinanzierte und daher keine Haushaltsmittel beanspruchte, war einer vorauswirkenden parlamentarischen Kontrolle durch Haushaltsgesetz entzogen. Dieser Umstand stieß auf heftige Kritik[1872]. Angesichts der erheblichen, im Ergebnis absehbar den Bundeshaushalt belastenden[1873] Außenfinanzierung der Treuhandanstalt in Höhe von 204.581 Mio. DM (zzgl. Zinsen)[1874] wurde eine Verletzung des Verfassungsrang genießenden Grundsatzes der Haushaltseinheit und -voll-

1868 Di Fabio, in: Der Staat 1990, S. 599 (614); Hesse / Ellwein, Das Regierungssystem der Bundesrepublik Deutschland, Band 1, S. 240.

1869 Busch, Parlamentarische Kontrolle, S. 70; Zeh, in: Isensee / Kirchhof (Hrsg.), HdbStR § 43, Rz. 69.

1870 Artikel 110 Absatz 2 GG.

1871 Artikel 115 Absatz 1 Satz 1 GG.

1872 Ausführlich Spoerr, Treuhandanstalt und Treuhandunternehmen zwischen Verfassungs-, Verwaltungs- und Gesellschaftsrecht, S. 131 ff.; ihm folgend Czada, in: Aus Politik und Zeitgeschichte, B 43-44/94, S. 31 (34).

1873 Nach den Grundsätzen zur Anstaltslast bzw. § 4 THAKredG; Kloepfer, in: Fischer / Hax / Schneider (Hrsg.), Treuhandanstalt – Das Unmögliche wagen, S. 41 (58 f.); Schmidt-Preuß, in: Isensee / Kirchhof (Hrsg.), HdbStR § 219, Rz. 70; zur Anstaltslast Staatssekretär im Bundesministerium der Finanzen Köhler, Schreiben an den Präsident der Treuhandanstalt v. 09.10.1990, Nachdruck in: Treuhandanstalt (Hrsg.), Dokumentation 1990-1994, Band 12, S. 251.

1874 Bundesanstalt für vereinigungsbedingte Sonderaufgaben, Jahresabschluß der Treuhandanstalt zum 31.12.1994, S. 10.

ständigkeit[1875] und damit im Zusammenhang stehender parlamentarischer Budgetrechte[1876] gerügt[1877].

Tatsächlich wurde die bis Ende 1994 aufgelaufene Verschuldung dem Erblastentilgungsfonds übertragen[1878], der nach Maßgabe des Erblastentilgungsfonds-Gesetzes – Bestandteil des Gesetzes zur Umsetzung des Föderalen Konsolidierungsprogramms – ab 1995 errichtet wurde. Der Fonds hat die Funktion, die wesentlichen Elemente der bis Ende 1994 aufgelaufenen finanziellen Erblast der Deutschen Demokratischen Republik zusammenzufassen, zu verzinsen und binnen einer Generation zu tilgen. Die Finanzierung des Fonds einschließlich der Tilgung hat der Bund übernommen und hierfür sind jährlich jeweils etwa 30 Mrd. DM vorgesehen; zusätzlich soll jeweils der 7 Mrd. DM übersteigende Teil des an den Bund abzuführenden Gewinns der Deutschen Bundesbank für Tilgungszahlungen des Fonds eingesetzt werden.

Es fragt sich, ob die parlamentarisch unkontrollierte Kreditaufnahme verfassungsgemäß war. Zweifel daran konnten sich mit Blick auf Artikel 115 Absatz 1 Satz 1 GG ergeben, dem zufolge eine Kreditaufnahme des Bundes der gesetzlichen Ermächtigung bedarf. Zwar richtet sich die Bestimmung unmittelbar nur an den Bund selbst, nicht an bundesunmittelbare juristische Personen des öffentlichen Rechts. Gleichwohl ist angesichts der Gefahr der Umgehung des Artikels 115 Absatz 1 Satz 1 GG die entsprechende Anwendbarkeit der Norm für den Fall anerkannt, daß die Kreditaufnahme eines Dritten einer Kreditaufnahme durch den Bund gleichkommt[1879]. Ähnliches gilt für Artikel 110 GG[1880].

Die Kreditaufnahme der Treuhandanstalt konnte derjenigen des Bundes durchaus gleichgestellt werden. Dies gilt zum einen, weil die Treuhandanstalt Aufgaben wahrnahm, welche dem Bund oblagen[1881], zum anderen, weil die Kredite letztlich den Bundeshaushalt belasten. Somit ist eine Umgehung der parlamentarischen Haushaltskontrolle festzustellen.

1875 Artikel 110 Absatz 1 Satz 1 GG.

1876 Artikel 110 Absatz 2, Artikel 115 GG.

1877 Czada, in: PVS 1994, S. 245 (253); Spoerr, Treuhandanstalt und Treuhandunternehmen zwischen Verfassungs-, Verwaltungs- und Gesellschaftsrecht, S. 134; s. a. Esters (SPD), in: Deutscher Bundestag, 12. WP, stenographische Niederschrift der 86. Sitzung, BT-PlPr 12/86, S. 7138 (7140); Entschließungsantrag der Gruppe PDS / LL v. 26.11.1992, BT-Drs. 12/3863.

1878 Vgl. § 3 ErblastentilgungsfondsG.

1879 Birk, in: Däubler-Gmelin u.a. (Hrsg.), Gegenrede, S. 473 (484 f.); Heuer, in: Heuer, HbdFK, Artikel 115 GG, Rz. 3; Piduch, Bundeshaushaltsrecht, Artikel 115 GG, Rz. 14; vgl. mit Blick auf die Treuhandanstalt BT-Drs. 12/2217, S. 5.

1880 Vgl. Kisker, in: Isensee / Kirchhof (Hrsg.), HdbStR § 89, Rz. 65.

1881 Birk, in: Däubler-Gmelin u.a. (Hrsg.), Gegenrede, S. 473 (484 f.).

Die Bundesregierung ist dem mit dem Hinweis auf die ihrer Darstellung nach[1882] ausführliche Behandlung des Wirtschaftsplans der Treuhandanstalt im damaligen Unterausschuß Treuhandanstalt des Haushaltsausschusses entgegengetreten[1883]. Dieser Versuch der Bundesregierung, das Fehlen einer parlamentarischen Haushaltskontrolle gegenüber der Treuhandanstalt schlicht in Abrede zu stellen, ist wenig überzeugend, da die rechtlich unverbindliche Behandlung des Wirtschaftsplanes der Treuhandanstalt im Unterausschuß Treuhandanstalt eine andere Qualität hat als der Erlaß eines Haushaltsgesetzes.

Die mit der Übertragung staatlicher Aufgaben auf selbständige Rechtssubjekte regelmäßig verbundene Beschneidung der parlamentarischen Haushaltskontrolle ist nicht unbedingt verfassungswidrig, sondern unter rechtfertigenden Bedingungen zulässig[1884]. Im Falle der Treuhandanstalt sollte, wie ausführlich gezeigt, mit der Verselbständigung die Ausübung unternehmerischen Ermessens bei der Aufgabenwahrnehmung ermöglicht werden. Dieses Ziel rechtfertigt die damit zwangsläufig verbundene Ausschaltung der parlamentarischen Haushaltskontrolle[1885].

Dem Deutschen Bundestag stand es im übrigen frei, die Befugnis der Treuhandanstalt zur Kreditaufnahme durch Bundesgesetz zu beschränken und / oder sich Mitentscheidungsrechte vorzubehalten. Von dieser Möglichkeit hat das Parlament mit der Verabschiedung des Treuhandkreditaufnahmegesetz Gebrauch gemacht[1886], indem es die Inanspruchnahme des Kreditrahmens für 1993 und 1994[1887] ebenso wie die Überschreitung der Kre-

1882 So auch Cloes, in: Wissenschaftliche Dienste des Deutschen Bundestages, Materialien Nr. 125, S. 27 f.; anders Esters (SPD), in: Deutscher Bundestag, 12. WP, stenographische Niederschrift der 86. Sitzung, BT-PlPr 12/86, S. 7138 (7140); kritisch auch Marissal, Der politische Handlungsrahmen der Treuhandanstalt, S. 74.

1883 Parlamentarischer Staatssekretär im Bundesministerium der Finanzen Grünewald, in: Deutscher Bundestag, 12. WP, stenographische Niederschrift der 86. Sitzung, BT-PlPr 12/86, S. 7136.

1884 Birk, in: Däubler-Gmelin u.a. (Hrsg.), Gegenrede, S. 473 (483); Kirchhof, in: Isensee / Kirchhof (Hrsg.), HdbStR § 88, Rz. 25.

1885 Birk, in: Däubler-Gmelin u.a. (Hrsg.), Gegenrede, S. 473 (484).

1886 Spoerr, Treuhandanstalt und Treuhandunternehmen zwischen Verfassungs-, Verwaltungs- und Gesellschaftsrecht, S. 134, macht geltend, daß die Stärkung parlamentarischer Mitwirkungsrechte nicht auslösendes Motiv für die Verabschiedung der Treuhandkreditaufnahmegesetzes gewesen sei. Ungeachtet dessen ist jedoch der die vorauswirkende parlamentarische Kontrolle stärkende Effekt des Gesetzes unbestritten.

1887 § 1 Absatz 2 THAKredG.

ditobergrenzen[1888] von der Einwilligung seines Haushaltsausschusses abhängig gemacht hat. Dieses Zustimmungserfordernis verschaffte dem Haushaltsausschuß weitreichende Möglichkeiten der vorauswirkenden Kontrolle unmittelbar gegenüber der Treuhandanstalt, da er seine Einwilligung an eine von ihm gewünschte Gestaltung des Jahresplans knüpfen konnte; von der Gestaltung des Jahresplans wiederum ging eine steuernde Wirkung auf das zukünftige Verhalten der Treuhandanstalt aus[1889]. Die Haushaltskontrolle ist dadurch nicht nur reine Finanzkontrolle im Sinne sparsamer Mittelbewirtschaftung, sondern parlamentarische Gestaltungsmöglichkeit[1890]. Insbesondere im Zusammenhang mit dem am 30. Juni 1993 beratenen sog. neuen Jahresplan 1993 der Treuhandanstalt, der wegen eines erhöhten Mittelbedarfs aufgrund der Solidarpakt-Beschlüsse notwendig geworden war[1891], hat der Haushaltsausschuß von dieser Möglichkeit Gebrauch gemacht[1892]. Auch für die Gestaltung des Jahresplans 1994 der Treuhandanstalt hat der Haushaltsausschuß Auflagen erteilt und sich bestimmte Entscheidungen durch entsprechende Sperren für einen späteren Zeitpunkt vorbehalten[1893].

Darüber hinaus sah der Geschäftsbesorgungsvertrag zur Veräußerung der entbehrlichen bundeseigenen Immobilien in den neuen Ländern durch die Liegenschaftsgesellschaft der Treuhandanstalt mbH (TLG) entsprechend § 64 Absatz 4 BHO eine über den Bundesminister der Finanzen ein-

1888 § 3 Satz 2 THAKredG.

1889 Vgl. Kirchhof, in: NVwZ 1983, S. 505.

1890 Vgl. Di Fabio, in: Der Staat 1990, S. 599 (614 f.).

1891 Treuhandanstalt, Neuer Jahresplan 1993 unter Einbeziehung der Konsequenzen aus dem Solidarpakt, Nachdruck in: Treuhandanstalt (Hrsg.), Dokumentation 1990-1994, Band 1, S. 620 (637).

1892 Vgl. wib 14/1993, S. 35; Schmidt-Preuß, in: Isensee / Kirchhof (Hrsg.), HdbStR § 219, Rz. 18; Treuhandanstalt, Neuer Jahresplan 1993, Nachdruck in: Treuhandanstalt (Hrsg.), Dokumentation 1990-1994, Band 12, S. 597 (599); s. a. Treuhandanstalt, Tagesordnung der Vorstandssitzung am 06.07.1993, Nachdruck in: Treuhandanstalt (Hrsg.), Dokumentation 1990-1994, Band 3, S. 51 (52); Cloes, in: Wissenschaftliche Dienste des Deutschen Bundestages, Materialien Nr. 125, S. 30; kritisch Spoerr, Treuhandanstalt und Treuhandunternehmen zwischen Verfassungs-, Verwaltungs- und Gesellschaftsrecht, S. 131 ff.; ihm folgend Czada, in: Aus Politik und Zeitgeschichte, B 43-44/94, S. 31 (35).

1893 Treuhandanstalt, Jahresplan 1994, Nachdruck in: Treuhandanstalt (Hrsg.), Dokumentation 1990-1994, Band 12, S. 706 (709).

zuholende Zustimmung des Haushaltsausschusses bei Veräußerungen von Liegenschaften im Werte über 10 Mio. DM vor[1894].

cc) sonstige bindende Parlamentsbeschlüsse

Für eine vorauswirkende Kontrolle der Treuhandanstalt durch den Deutschen Bundestag kamen neben der Gesetzgebung und dem Budgetrecht verbindliche Parlamentsbeschlüsse zur Organisation der Treuhandanstalt in Betracht. Hierbei sind Struktur- und Personalfragen zu unterscheiden.

aaa) Strukturentscheidungen

Im Bereich der inneren Organisation der Treuhandanstalt stand dem Deutschen Bundestag die Möglichkeit zu vorauswirkender Kontrolle durch ein verfassungsrechtlich verankertes Mitwirkungsrecht zu. Die Treuhandanstalt war eine selbständige Bundesoberbehörde im Sinne von Artikel 87 Absatz 3 Satz 1 GG[1895]. Daher bedurfte sie zur Errichtung von Mittel- und Unterbehörden unter anderem der Zustimmung des Deutschen Bundestages, wobei nicht die einfache Mehrheit der abgegebenen, sondern sogar die nach der Anzahl der Mitglieder des Bundestages zu ermittelnde Mehrheit erforderlich ist[1896].

Die Treuhandanstalt hat ohne Zustimmung des Deutschen Bundestages ein Netz von Niederlassungen bzw. Geschäftsstellen gebildet. Es ist daher die Frage zu stellen, ob dieses Verhalten als Verletzung der vorstehend geschilderten parlamentarischen Kontrollbefugnis qualifiziert werden muß[1897].

1894 § 7 Absatz 2 des Vertrages zwischen der Bundesrepublik Deutschland (Bund) vertreten durch das Bundesministerium der Finanzen und der Liegenschaftsgesellschaft der Treuhandanstalt mbH, Berlin (TLG), über die Zusammenarbeit bei der Veräußerung von Liegenschaften in den neuen Bundesländern Brandenburg, Mecklenburg-Vorpommern, Sachsen, Sachsen-Anhalt und Thüringen – Az. – BMF VI A 1 – VV 2000 – 146/93 – F/VIC1/82. 1-82.11 v. 30.09.1993.

1895 Kloepfer, in: Fischer / Hax / Schneider (Hrsg.), Treuhandanstalt – Das Unmögliche wagen, S. 41 (42).

1896 Artikel 87 Absatz 3 Satz 2 GG, der darüber hinaus die Zustimmung des Bundesrates verlangt.

1897 Lipps, in: BB 1991, Supplement Deutsche Einigung-Rechtsentwicklungen, Folge 21, S. 1 (4); vgl. Lerche, in: Maunz / Dürig, Kommentar zum Grundgesetz, Artikel 87, Rz. 198, 211, 217.

Ihre an die Struktur der ehemaligen Wirtschaftsverwaltung der Deutschen Demokratischen Republik angelehnte[1898] territoriale Binnendifferenzierung hatte die Treuhandanstalt von der Anstalt zur treuhänderischen Verwaltung des Volkseigentums übernommen[1899], die über nicht rechtsfähige Außenstellen in Berlin und den vierzehn Bezirkshauptstädten der Deutschen Demokratischen Republik, deren territoriale Zuständigkeitsbereiche den Bezirken entsprachen[1900], verfügt hatte. Die Treuhandanstalt führte diese Außenstellen als sog. Niederlassungen nach dem Filialprinzip[1901] fort und stattete sie mit umfänglichen Entscheidungszuständigkeiten für kleine und mittlere Unternehmen aus. Nach Erledigung der den Niederlassungen aufgetragenen Privatisierungen bestanden sie als sog. Geschäftsstellen mit geringeren Kompetenzen zur Abwicklung noch verbliebener Aufgaben weiter[1902].

Eine hierarchisch aufgebaute Behördenorganisation hat sich hieraus indes nicht ergeben. Beispielsweise fehlte die Möglichkeit, Akte der Außenstellen in einem förmlichen Instanzenzug bei der Zentrale der Treuhandanstalt anzufechten[1903]. Solche Entscheidungen waren vielmehr unmittelbar der Zentrale zuzurechnen. Organisationsrechtlich waren die Außenstellen daher unselbständige Teile der Anstalt öffentlichen Rechts[1904], also keine Unterbehörden[1905].

1898 Seibel, in: Fischer / Hax / Schneider, Treuhandanstalt – Das Unmögliche wagen, S. 111 (118); Seibel, in: Wollmann u. a., Transformation der politisch-administrativen Strukturen in Ostdeutschland, S. 169 (177); Spoerr, Treuhandanstalt und Treuhandunternehmen zwischen Verfassungs-, Verwaltungs- und Gesellschaftsrecht, S. 10.

1899 Vgl. Ziffer 1 Satz 3 Gründungsbeschluß; § 1 Absatz 1 Satz 2 (2. HS) Statut.

1900 Bleckmann / Erberich, in: Rädler / Raupach / Bezzenberger (Hrsg.), Vermögen in der ehemaligen DDR, Teil 2C, Rz. 4; Spoerr, Treuhandanstalt und Treuhandunternehmen zwischen Verfassungs-, Verwaltungs- und Gesellschaftsrecht, S. 10; Rother, in: Kaligin / Goutier (Hrsg.), BHEI, 4210, Rz. 4.

1901 Rohwedder, in: Volkskammer, 10. WP, stenographische Niederschrift der 35. Tagung, S. 1681; Busche, in : Clemm u.a. (Hrsg.), RVI, § 2 TreuhG, Rz. 15.

1902 Treuhandanstalt, Rundschreiben Nr. 07/92 v. 01.10.1992, in: Treuhandanstalt, Organisationshandbuch, Ordnungs-Nr. 2.9.2.

1903 Vgl. BVerfG, Urteil v. 14.07.1959, in: BVerfGE 10, S. 20 (48), in einem die Stiftung Preußischer Kulturbesitz betreffenden Fall.

1904 KreisG Chemnitz-Stadt, Beschluß v. 29.07.1991, DB 1992, S. 130 (132); KreisG Gera, Beschluß v. 14.10.1991, VIZ 1992, S. 115f; KreisG Dresden, Beschluß v. 28.04.1992, VIZ 1992, S. 332; BezG Cottbus, Urteil v. 20.02.1992, VIZ 1992, S. 322.

Die Treuhandanstalt hat, wie verschiedentlich bereits anklang, in einer Reihe von Fällen Aufgaben auf Kapitalgesellschaften, an denen sie eine Beteiligung hielt, delegiert. Es ist die Frage aufgeworfen worden, ob die Bildung von funktionalen Beteiligungsgesellschaften der Errichtung von (Mittel-) und Unterbehörden gleichgestellt werden müsse[1906]. Bejahendenfalls wäre Artikel 87 Absatz 3 Satz 2 GG entsprechend anzuwenden und dem Deutschen Bundestag (und dem Bundesrat) ein diesbezügliches vorauswirkendes Kontrollrecht zuzugestehen[1907]. Die Delegation von Aufgaben der Treuhandanstalt auf funktionale Beteiligungsgesellschaften führt indes nicht zu einer der Einrichtung von Unterbehörden vergleichbaren Situation. Insbesondere war mit der Verlagerung der Aufgabenwahrnehmung nicht zugleich eine Verlagerung der Verwaltungsaufgaben des Bundes verbunden. Die delegierten Aufgaben blieben solche der Treuhandanstalt, die die eingesetzten funktionalen Beteiligungsgesellschaften bei der Durchführung dieser Aufgaben zu kontrollieren hatte. So entstand ebenso wenig wie im Falle der Niederlassungen / Geschäftsstellen mit der Beauftragung von funktionalen Beteiligungsgesellschaften ein behördentypischer Instanzenzug. Die funktionalen Beteiligungsgesellschaften hatten lediglich die Rechtsqualität von Verwaltungshelfern[1908].

bbb) Personalentscheidungen

§ 4 Absatz 2 Satz 3 und 4 TreuhG sah, wie andernorts bereits ausführlich dargestellt, eine parlamentarische Mitwirkung bei der Besetzung des Verwaltungsrates der Treuhandanstalt vor. Diese der Volkskammer ausdrücklich eingeräumte Befugnis, durch verbindliche Mitwirkung an Personalentscheidungen vorauswirkende Kontrolle gegenüber der Treuhandanstalt auszuüben, stand dem Deutschen Bundestag indes nicht zu.

1905 Busche, in: Clemm u.a. (Hrsg.), RVI, § 2 TreuhG, Rz. 14; Kloepfer, in: Fischer / Hax / Schneider (Hrsg.), Treuhandanstalt – Das Unmögliche wagen, S. 41 (45); Lerche, in: Maunz / Dürig, Kommentar zum Grundgesetz, Artikel 87 Rz. 198; Schmidt-Preuß, in: Isensee / Kirchhof (Hrsg.), HdbStR § 219, Rz. 7; Schmidt-Räntsch, in: VIZ 1992, S. 116; Weimar, in: DB 1991, S. 373 (374); Weimar, in: DWiR 1992, S. 493 (494); a. A. Spoerr, in: JURA 1993, S. 461 (466).

1906 Vgl. Lerche, in: Maunz / Dürig, Kommentar zum Grundgesetz, Artikel 87 Rz. 211.

1907 Vgl. Bundesrat, Stellungnahme v. 04.02.1994 zu dem Entwurf eines Gesetzes zur abschließenden Erfüllung der verbleibenden Aufgaben der Treuhandanstalt, Ziffer 1, BR-Drs. 893/93, S. 1.

1908 Busche, in: Clemm u.a. (Hrsg.), RVI, § 2 TreuhG, Rz. 23; Schmidt-Preuß, in: Isensee / Kirchhof (Hrsg.), HdbStR § 219, Rz. 10; allgemein zu der Kategorie des Verwaltungshelfers Maurer, Allgemeines Verwaltungsrecht, § 23 Rz. 60.

Artikel 25 Absatz 2 Satz 2 und 3 EinigungsV modifizierte § 4 Absatz 2 TreuhG dahingehend, daß ab dem 3. Oktober 1990 allein die Bundesregierung zur Berufung der Mitglieder des Verwaltungsrates befugt war. Gleichermaßen wurde die bis dahin zwingende Mitgliedschaft von zwei Parlamentariern durch diejenige von Vertretern der neuen Länder, also von Mitgliedern der Exekutive, ersetzt. Die Volkskammer hatte, wie gezeigt, ihren betreffenden Befugnissen für die Wahrnehmung sowohl der vorauswirkenden wie der informierenden parlamentarischen Kontrolle einen hohen Stellenwert eingeräumt.

Dabei ist es für den Deutschen Bundestag durchaus nicht ungewöhnlich, Mitglieder in Kontrollgremien öffentlicher Einrichtungen zu berufen. So bestellt der Deutsche Bundestag beispielsweise Mitglieder des Verwaltungsrates der Deutschen Ausgleichsbank, des Schuldenausschusses bei der Bundesschuldenverwaltung, des Kontrollausschusses bei dem Bundesausgleichsamt und des Infrastrukturbeirates bei dem (ehemaligen) Bundesminister für Post und Telekommunikation[1909]. Die Beibehaltung des in § 4 Absatz 2 TreuhG verankerten Rechts des Parlaments zur Berufung von Mitgliedern des Verwaltungsrates der Treuhandanstalt hätte mithin keinen Bruch mit bundesdeutschen parlamentarischen Gepflogenheiten bedeutet.

Der Deutsche Bundestag hat sich im Vorfeld der Herstellung der Einheit Deutschlands im Plenum wie beispielsweise auch im Ausschuß deutsche Einheit mit der Frage der Zusammensetzung des Verwaltungsrates befaßt, ohne jedoch Widerstand gegen den Wegfall der in Rede stehenden Berufungsbefugnis zu erkennen zu geben[1910]. Es hat daher den Anschein, als ob sich der Deutsche Bundestag dieses Instruments vorauswirkender Kontrolle gegenüber der Treuhandanstalt kampflos und (zumindest in formaler Hinsicht) im Wege der Verabschiedung des Einigungsvertragsgesetzes durch eigenes Tun begeben hätte. Dabei verfügte der Deutsche Bundestag anders als im Bereich der informierenden Kontrolle[1911] nicht über eine Möglichkeit, die Aufhebung der durch § 4 Absatz 2 Satz 3 und 4 TreuhG vermittelten parlamentarischen Befugnisse (zumindest im Ansatz) zu kompensieren.

dd) schlichte Parlamentsbeschlüsse

Neben den vorstehend aufgeführten, für die Exekutive verbindlichen Parlamentsbeschlüssen verfügte der Deutsche Bundestag im Gegensatz zu der

1909 Schick / Zeh, So arbeitet der Deutsche Bundestag, S. 76 f. mit weiteren Beispielen.

1910 S. beispielsweise Beschlußempfehlung und Bericht des Ausschusses deutsche Einheit v. 19.09.1990, BT-Drs. 11/7931; BT-PlPr 11/223 und 11/226.

1911 Dazu unten Teil II Ziffer III.2.a).

Volkskammer nicht grundsätzlich[1912] über die rechtliche Befugnis, in Ansehung der Treuhandanstalt sonstige, formal die Exekutive bindende Beschlüsse zu fassen. Es stand ihm allerdings offen, schlichte Beschlüsse zu fassen. Mangels rechtlicher Bindungswirkung kommt derartigen, an die Exekutive gerichteten Beschlüssen ein Appellcharakter zu, der im politischen Raum seine Wirkung entfaltet. Solche schlichten Parlamentsbeschlüsse können daher als ein "weiches" Instrument vorauswirkender parlamentarischer Kontrolle angesehen werden[1913] und sind Ausdruck einer erweiterten Teilhabe des Deutschen Bundestages an der Staatsleitung[1914].

Als schlichte Parlamentsbeschlüsse der vorbezeichneten Art kommen vor allem Beschlüsse über Anträge gemäß § 75 Absatz 1 lit. d) GO-BT sowie die insbesondere Beschlüsse, Petitionen auf Vorschlag des Petitionsausschusses der Bundesregierung oder einer anderen Stelle der Bundesverwaltung zur Berücksichtigung oder zur Erwägung zu überweisen[1915], in Betracht.

Da auch Vorlagen für schlichte Parlamentsbeschlüsse zu ihrer Annahme einer parlamentarischen Mehrheit bedürfen, ergibt sich eine Parallele zu den Gesetzesbeschlüssen. Allerdings geht die Initiative nicht wie in der Mehrzahl der Gesetzesvorlagen von der Regierung aus. Insbesondere begünstigt der unverbindliche Charakter schlichter Parlamentsbeschlüsse und ihre daraus resultierende geringere politische Relevanz, daß sich die die Regierung tragende Parlamentsmehrheit ermutigt fühlt, derartige Beschlüsse ohne vorangegangene intensive interne Abstimmung mit der Regierung zu fassen. Dies gilt um so mehr, wenn sich der Appell an nachgeordnete Exekutivstellen richtet[1916].

Dies war auch für schlichte, an die Treuhandanstalt gerichtete Parlamentsbeschlüsse in einer Reihe von Fällen zu beobachten.

Als Beispiele für schlichte, an die Treuhandanstalt gerichtete Parlamentsbeschlüsse können genannt werden: Entschließungsantrag der Fraktionen der CDU / CSU, SPD

1912 Zu den Ausnahmen Magiera, Parlament und Staatsleitung, S. 211.

1913 Di Fabio, in: Der Staat 1990, S. 599 (610).

1914 Di Fabio, in: Der Staat 1990, S. 599 (602); allgemein zu schlichten Parlamentsbeschlüssen Achterberg, Parlamentsrecht, S. 738 ff.

1915 § 110 Absatz 1 GO-BT i.V.m. Ziffern 7.14, 7.15 Grundsätze des Petitionsausschusses über die Behandlung von Bitten und Beschwerden (Verfahrensgrundsätze); zur Einordnung des Petitionsüberweisungsrechts als Bestandteil der parlamentarischen Kontrollfunktion Burmeister, in: Isensee / Kirchhof (Hrsg.), HdbStR § 32, Rz. 54 m.w.N.

1916 Zu dem (hohen) Stellenwert parlamentarischer Kontrolle der der Regierung nachgeordneten Verwaltung Hesse / Ellwein, Das Regierungssystem der Bundesrepublik Deutschland, Band 1, S. 233 f.

und FDP vom 26. Mai 1993 (Sicherung und Erneuerung industrieller Kerne in den neuen Bundesländern durch die Treuhandanstalt)[1917], der Antrag von Abgeordneten der Fraktionen der CDU / CSU und FDP (u.a. Aufforderung an die Bundesregierung und die Treuhandanstalt zum Erhalt industrieller Kerne in den neuen Bundesländern durch Privatisierung und Sanierung von Treuhandunternehmen und zur Berichterstattung über den Stand vor der Sommerpause 1993) vom 16. Juni 1993[1918], der Entschließungsantrag von Abgeordneten der Fraktion der CDU / CSU sowie der Fraktionen der CDU / CSU und FDP (Privatisierung von Treuhandflächen) vom 23. Juni 1993[1919] und der Antrag der Fraktionen der CDU / CSU, SPD und FDP vom 22. Juni 1994 (enthält eine Aufforderung an die Bundesregierung hinsichtlich der Privatisierung der EKO Stahl AG durch die Treuhandanstalt)[1920].

Daß auch ein schlichter Parlamentsbeschluß Wirkung entfalten kann, zeigte beispielsweise der Beschluß des 12. Deutschen Bundestages zur Behandlung von Ferienheimen und Hotels durch die Treuhandanstalt[1921], welcher zu einem für die Treuhandanstalt handlungsleitenden Erlaß des Bundesministeriums der Finanzen[1922] führte. Ein weiteres konkretes Beispiel lieferte der Beschluß des Deutschen Bundestages vom 5. Februar 1993 zur Kommunalisierung von Sportanlagen[1923].

Ähnliches gilt für Empfehlungen, die seitens der Parlamentsausschüsse in Form schlichter Beschlüsse ausgesprochen werden[1924]. Beispielsweise hat die Treuhandanstalt aufgrund einer entsprechenden Empfehlung des Unterausschusses Treuhandanstalt des Haushaltsausschusses die getrennte

1917 Entschließungsantrag der Fraktionen der CDU / CSU, SPD und FDP v. 26.05.1993 (Sicherung und Erneuerung industrieller Kerne in den neuen Bundesländern durch die Treuhandanstalt), BT-Drs. 12/5038.

1918 Antrag von Abgeordneten der Fraktionen der CDU / CSU und FDP vom 16.06.1993, BT-Drs. 12/5147.

1919 Entschließungsantrag von Abgeordneten der Fraktion der CDU / CSU sowie der Fraktionen der CDU / CSU und FDP (Privatisierung von Treuhandflächen) vom 23.06.1993, BT-Drs. 12/5231.

1920 Antrag der Fraktionen der CDU / CSU, SPD und FDP vom 22.06.1994, BT-Drs. 12/8065.

1921 VIZ 1993, S. 63.

1922 Erlaß des Bundesministeriums der Finanzen v. 10.08.1992 (VI A 6-5350-3/92), Nachdruck in: VIZ 1993, S. 62.

1923 Vgl. Treuhandanstalt, Kommunalisierung gibt Städten, Gemeinden und Kreisen Handlungsfähigkeit, Nachdruck in: Treuhandanstalt (Hrsg.), Dokumentation 1990-1994, Band 8, S. 1011 (1033).

1924 Allgemein zur Wirkung von schlichten Ausschußbeschlüssen Vetter, Die Parlamentsausschüsse im Verfassungssystem der Bundesrepublik Deutschland, S. 272 ff.

Vermarktung von betriebsnotwendigem und nicht betriebsnotwendigem Vermögen eingeführt[1925]. Ebenfalls Wirkung zeigte die an die Bundesregierung und insbesondere das Bundesministerium der Finanzen gerichtete Aufforderung des Unterausschusses Treuhandanstalt vom 16. Oktober 1992, die Treuhandanstalt dazu zu bewegen, sich zügig von Mitarbeitern zu trennen, die während der SED-Herrschaft in herausgehobenen Positionen gewirkt hatten[1926]. Auch in einigen Einzelfällen von herausgehobener Bedeutung wie der Privatisierung der Deutschen Seereederei Rostock GmbH scheint die Befassung des Ausschusses Treuhandanstalt[1927] von Einfluß auf das Entscheidungsverhalten der Treuhandanstalt gewesen zu sein[1928]. Ein einstimmig beschlossenes Votum des Ausschusses Treuhandanstalt zugunsten der Veräußerung einer Immobilie in Berlin-Mitte an einen dort ansässigen Kinderbuchverlag soll die Treuhandanstalt zu einer entsprechenden Zuschlagserteilung motiviert haben[1929].

ee) weitere "weiche" Instrumente vorauswirkender parlamentarischer Kontrolle

Abstimmungsprozesse zwischen Exekutivspitze und Parlamentsmehrheit, wie sie oben bereits für den Bereich der Gesetzgebung geschildert wurden, beschränken sich nicht auf die Legislation[1930]. "Staatsleitung zur gesamten Hand"[1931] durch Regierung und Parlamentsmehrheit vermittelt der ständige Austausch innerhalb der Arbeitskreise und -gruppen der Regierungsfraktionen sowie in den entsprechenden Koalitionsgesprächen, an denen immer die Parlamentarischen Staatssekretäre, häufig auch die Bundesminister teil-

1925 Cloes, in: Wissenschaftliche Dienste des Deutschen Bundestages, Materialien Nr. 125, S. 26 f.; ders., in: TLGkonkret 3/94, S. 7 (8).

1926 Cloes, in: Wissenschaftliche Dienste des Deutschen Bundestages, Materialien Nr. 125, S. 22 f. und 27.

1927 U.a. in der 11. Sitzung des Ausschusses Treuhandanstalt am 28.05.1993; Deutscher Bundestag, 12. WP, Ausschuß Treuhandanstalt, Tagesordnung der 11. Sitzung am 28.05.1993, TOP 4 (handschriftliche Ergänzung), Nachdruck in: Treuhandanstalt (Hrsg.), Dokumentation 1990-1994, Band 13, S. 121 (122).

1928 Pohler, in: Deutscher Bundestag, 12. WP, stenographischer Bericht der 179. Sitzung, S. 15430; s. a. Cloes, in: Wissenschaftliche Dienste des Deutschen Bundestages, Materialien Nr. 125, S. 27.

1929 Matthies, in: TSP v. 24.10.1996, S. 3.

1930 Magiera, Parlament und Staatsleitung in der Verfassungsordnung des Grundgesetzes, S. 218 ff.

1931 Friesenhahn, in: VVDStRL 16 (1958), S. 9 (38).

nehmen[1932]. Diese laufende Akkordierung von Regierungs- und Fraktionspolitik eröffnet der Parlamentsmehrheit die Möglichkeit ständiger informeller Einflußnahme auf die Regierung und ist damit ein "weiches" Instrument vorauswirkender Kontrolle.

Im Falle der Treuhandanstalt sind beispielsweise die konkreten Auswirkung einer Ende 1991 lancierten Initiative von 63 ostdeutschen CDU-Bundestagsabgeordneten, Bundesregierung und Treuhandanstalt zu einer aktiveren Sanierungspolitik zu bewegen, beschrieben worden[1933]. Dieser Vorstoß, zehn bis fünfzehn strukturbestimmende Unternehmen in eine "Bundes-Holding" zu überführen, wies durchaus Ähnlichkeiten mit Forderungen der Opposition und der Gewerkschaften[1934] auf. Ihre Forderung wurde zwar nicht umgesetzt, doch vor dem Hintergrund einer drohenden wechselnden Mehrheit in dieser Frage ein Kompromiß mit Bundesregierung und Treuhandanstalt gefunden, der u.a. die Übernahme von Sanierungsfällen in Management-KGen[1935] enthielt[1936].

Als weiteres "weiches" Instrument vorauswirkender parlamentarischer Kontrolle der Treuhandanstalt sind formlose Interventionen einzelner Abgeordneter zu nennen, die weniger gegenüber der Regierung, um so eher aber gegenüber der Verwaltung von Bedeutung sind[1937]. Das Engagement einzelner Mitglieder des Deutschen Bundestages hat Entscheidungen der Treuhandanstalt beeinflußt. Häufig gaben entsprechende Ansprachen aus dem heimischen Wahlkreis hierzu den Anstoß. So haben sich Bundestagsabgeordnete aus den neuen Ländern in Sorge um Betriebe in ihrem Wahlkreis an die Treuhandanstalt gewandt. Abgeordnete aus den alten Ländern haben gelegentlich zu Gunsten von Kaufinteressenten ihren Einfluß geltend

1932 Di Fabio, in: Der Staat 1990, S. 599 (602); Hesse / Ellwein, Das Regierungssystem der Bundesrepublik Deutschland, Band 1, S. 231; für die Koalitionsgespräche Busse, Bundeskanzleramt und Bundesregierung, S. 104 f.

1933 Marissal, Der politische Handlungsrahmen der Treuhandanstalt, S. 71 ff.; Christ, in: Die Zeit v. 20.12.1991, S. 26; Dreilich, in: Neue Zeit v. 02.12.1991, S. 22; Schwartz, in: FR v. 17.01.1992, S. 3; ders., in: FR v. 31.01.1992, S. 1; o. N., in: Der Spiegel v. 16.12.1991, S. 90 ff.

1934 Vgl. die sog. Darmstädter Thesen der IG Metall "Zur solidarischen Finanzierung und sozialen Gestaltung der deutschen Einheit", die u.a. die Forderung zur Errichtung einer Treuhand-Industrieholding AG enthielt.

1935 Dazu Schwalbach, in: Fischer / Hax / Schneider (Hrsg.), Treuhandanstalt – Das Unmögliche wagen, S. 177 (206 ff.); allgemein zum Modell der Management-KG Rauschnabel, Sanierungsstrategien der Treuhandanstalt, S. 17 ff.

1936 Marissal, Der politische Handlungsrahmen der Treuhandanstalt, S. 72.

1937 Di Fabio, in: Der Staat 1990, S. 599 (611, Fn. 62); Hesse / Ellwein, Das Regierungssystem der Bundesrepublik Deutschland, Band 1, S. 233.

zu machen versucht. Selten allerdings hatten einzelne Mitglieder des Bundestages Gelegenheit, aktiv gestaltend an Entscheidungen der Treuhandanstalt mitzuwirken. Ihr Einfluß beschränkte sich in aller Regel auf die von informierender Kontrolle ausgehende, disziplinierende Wirkung auf die Treuhandanstalt. Ein rares Gegenbeispiel bot die Kommission Wiederaufbau Neue Bundesländer der Fraktion der CDU / CSU unter ihrem Vorsitzenden Johannes Nitsch, die spürbaren Einfluß in der Frage des Umgangs mit den sog. Forschungs-GmbH genommen hat[1938].

In Einzelfällen haben sich Abgeordneten des Deutschen Bundestages über die Mitgliedschaft in außerparlamentarischen Gremien Möglichkeiten einer vorauswirkenden Kontrolle über die Treuhandanstalt eröffnet. Beispielsweise hatte die Treuhandanstalt einige Parlamentarier in Aufsichtsräte von Treuhand-Unternehmen berufen[1939], die von dort aus die Entscheidungen der Treuhandanstalt in bezug auf das betreffende Unternehmen zu prägen in der Lage waren. In einem anderen Fall berief die Treuhandanstalt ein Mitglied des 12. Deutschen Bundestages in den Beirat einer Niederlassung[1940]. Über diese Beiräte, denen lediglich eine konsultative Funktion zukam, hielten die Niederlassungen bzw. Geschäftsstellen Kontakt zu den politischen, wirtschaftlichen und gesellschaftlichen Kräften der jeweiligen Region[1941].

1938 Vgl. Treuhandanstalt, (interner) Vermerk "Überbrückungsfinanzierung für Forschungs-GmbH's" v. 18.07.1991, Nachdruck in: Treuhandanstalt (Hrsg.), Dokumentation 1990-1994, Band 8, S. 682 ff.; Votum der Kommission Wiederaufbau Neue Bundesländer der CDU/CSU-Bundestagsfraktion v. 22.06. 1992 "Umstrukturierung der Forschungs GmbH's", Nachdruck in: Treuhandanstalt (Hrsg.), Dokumentation 1990-1994, Band 8, S. 697 f.; Treuhandanstalt, (interner) Bericht über den Stand der Forschungsaktivitäten bei F-GmbH v. 30.06.1993, Nachdruck in: Treuhandanstalt (Hrsg.), Dokumentation 1990-1994, Band 8, S. 723 (725); Treuhandanstalt, (interner) Vermerk "Probleme bei der Privatisierung der Forschungs-GmbH durch mißverständliche Weisungen des BMF" v. 22.03.1993, Nachdruck in: Treuhandanstalt (Hrsg.), Dokumentation 1990-1994, Band 10, S. 873.

1939 So war Paul Friedhoff (FDP), ordentliches Mitglied im Ausschuß Treuhandanstalt des 12. Deutschen Bundestages, seit dem 17.11.1991 als Arbeitgebervertreter Mitglied des Aufsichtsrates der Mansfeld AG.

1940 Gerald Thalheim (SPD) war Mitglied im Beirat der Niederlassung Chemnitz der Treuhandanstalt; Treuhandanstalt, Liste der Mitglieder des Beirates der Niederlassung Chemnitz der Treuhandanstalt, Nachdruck in: Treuhandanstalt (Hrsg.), Dokumentation 1990-1994, Band 2, S. 507.

1941 Treuhandanstalt, Organisationsanweisung Nr. 1/90 v. 14.11.1990, in: Treuhandanstalt, Organisationshandbuch, Ordnungs-Nr. 2.9.1; Kloepfer, in: Fi-

Eine Ausnahmestellung hatte Hermann Rappe, Mitglied des 12. Deutschen Bundestages und Vorsitzender der IG Chemie-Papier-Keramik, inne, der als Mitglied des Verwaltungsrates der Treuhandanstalt über weitreichenden Einfluß auf Entscheidungen der Treuhandanstalt verfügte. Zwar wird gelegentlich der Einfluß einzelner Mitglieder des Verwaltungsrats der Treuhandanstalt auf die Tätigkeit der Treuhandanstalt in Frage gestellt[1942]. Dabei wird allerdings übersehen, daß Entscheidungen im Verwaltungsrat der Treuhandanstalt weitgehend im Konsens gefällt wurden[1943], was voraussetzte, daß die beteiligten Interessen in vorangehenden Abstimmungsprozessen in Einklang gebracht worden waren.

Allerdings war für die Berufung Rappes in den Verwaltungsrat der Treuhandanstalt nicht seine Mitgliedschaft im Deutschen Bundestag, sondern seine gewerkschaftliche Stellung ausschlaggebend. Es war im Spätsommer 1990 eine weitverbreitete Forderung, daß im Verwaltungsrat der Treuhandanstalt Arbeitnehmerinteressen angemessen Berücksichtigung finden müßten[1944]. Dem entsprach die Bundesregierung unverzüglich mit der Berufung von Hermann Rappe am 5. Oktober 1990, wei-

scher / Hax / Schneider (Hrsg.), Treuhandanstalt – Das Unmögliche wagen, S. 41 (45); Spoerr, Treuhandanstalt und Treuhandunternehmen zwischen Verfassungs-, Verwaltungs- und Gesellschaftsrecht, S. 10; Weimar, in: DWiR 1992, S. 493 (494).

1942 Hockel (DGB), in: Wortprotokoll der öffentlichen Anhörung (41. Sitzung) des Ausschusses für Wirtschaft am 09.11.1992 – Anhörung von Sachverständigen zum Thema "Politik der Treuhandanstalt", S. 125; Marissal, Der politische Handlungsrahmen der Treuhandanstalt, S. 81.

1943 Czada, in: Fischer / Hax / Schneider (Hrsg.), Treuhandanstalt – Das Unmögliche wagen, S. 148 (160); Lennings, Präsident des Verwaltungsrats der Treuhandanstalt, zitiert in: Deutscher Bundestag, 12. WP, Beschlußempfehlung und Bericht des 2. Untersuchungsausschusses "Treuhandanstalt" v. 29.08.1994, BT-Drs. 12/8404, Band 1, S. 41 und Minderheitenvotum des Berichterstatters der SPD-Fraktion (Berichtsentwurf des Ausschußsekretariats), Band 1, S. 184.

1944 S. beispielsweise Beschlußempfehlung und ergänzender Bericht des Ausschusses deutsche Einheit v. 19.09.1990, BT-Drs. 11/7931 S. 3 (Beschlußempfehlung Ziffer 4: "Die Bunderregierung wird aufgefordert, bei der Berufung der Mitglieder des Verwaltungsrats die Arbeitnehmerinteressen angemessen zu berücksichtigen."); Antrag der Fraktion der SPD v. 05.09.1990, BT-Drs. 11/7792.

terhin von Roland Issen[1945], Horst Klaus[1946] und Hans-Werner Meyer[1947] am 28. November 1990[1948] und unternahm damit einen weiteren Schritt zu einer weitgehenden Vernetzung der in Angelegenheiten der Treuhandanstalt maßgeblichen Akteure[1949].

Nach dem Willen der Volkskammer sollten Mitglieder des Deutschen Bundestages außerdem eine vorauswirkende Kontrollmöglichkeit durch Mitwirkungsbefugnisse bei der Auswahl von Führungspersonal in Treuhand-Unternehmen erhalten[1950]. Das entsprechende Gesetz vom 13. September 1990 wurde indes nicht mehr umgesetzt und galt nach der Herstellung der Einheit Deutschlands nicht fort.

c) informierende Kontrolle

Die Befugnisse des Deutschen Bundestages zu informierender Kontrolle sind von besonderer Bedeutung. Dies ist vor allem auf den Umstand zurückzuführen, daß die Wahrnehmung dieser Befugnisse in wesentlichen Teilen bereits auf Betreiben einer Minderheit der Abgeordneten erfolgen kann. Damit wird die informierende Kontrolle zu einem Instrument der parlamentarischen Opposition, deren Intention es dabei sein muß, Mißstände öffentlich zu machen[1951]. Soweit sich die informierende Kontrolle nicht auf die Regierung, sondern auf nachgeordnete Verwaltungsebenen bezieht, tritt der Antagonismus von Regierungs- und Oppositionslager zudem in den Hintergrund, das Bedürfnis zu einer effektiven Wahrnehmung informierender

1945 Zum damaligen Zeitpunkt Vorsitzender des Bundesvorstandes der Deutschen Angestelltengewerkschaft.

1946 Zum damaligen Zeitpunkt Geschäftsführendes Vorstandsmitglied der IG Metall.

1947 Zum damaligen Zeitpunkt Vorsitzender des Deutschen Gewerkschaftsbundes.

1948 Kemmler, Die Entstehung der Treuhandanstalt, S. 199.

1949 Zur Außenfunktion des Verwaltungsrates der Treuhandanstalt s. a. Spoerr, Treuhandanstalt und Treuhandunternehmen zwischen Verfassungs-, Verwaltungs- und Gesellschaftsrecht, S. 9.

1950 § 4 Satz 2 des Gesetzes über die Ausschreibung der Stellen der Geschäftsführer bzw. Vorstandsmitglieder in den durch die Treuhand verwalteten Unternehmen v. 13.09.1990 (GBl. I S. 1567).

1951 Hesse / Ellwein, Das Regierungssystem der Bundesrepublik Deutschland, Band 1, S. 233; Klein, in: Isensee / Kirchhof (Hrsg.), HdbStR § 40, Rz. 31.

Kontrollbefugnis erfaßt in verstärktem Ausmaß das Parlament in seiner Gesamtheit[1952].

Die Effizienz der infomierenden Kontrolle hängt zum einen davon ab, daß von parlamentarischer Seite präzise und nach den wesentlichen Umständen gefragt werden kann. Diesbezüglich ist an die Ausführungen zur fachlichen Qualifikation insbesondere der Mitglieder der speziell für Angelegenheiten der Treuhandanstalt eingesetzten Ausschüsse des Deutschen Bundestages zu erinnern. Von besonderer Bedeutung ist zudem die besondere Qualifikation der Mitglieder des Haushaltsausschusses des Deutschen Bundestages und seiner Unterausschüsse, namentlich neben dem bereits im vorangegangenen Satz angesprochenen Unterausschuß Treuhandanstalt insbesondere der Rechnungsprüfungsausschuß.

Während der Haushaltsausschuß vor allem die Mittelbewilligung vornimmt, vollzieht der Rechnungsprüfungsausschuß die Kontrolle der Ausgaben und berät die Bemerkungen des Bundesrechnungshofs.

Weiterhin kommt es entscheidend auf den Informationsgehalt der erhaltenen Auskünfte und damit zum einen auf die Auskunftsfähigkeit, zum anderen auf die Auskunftswilligkeit des Berichtenden an. Hinsichtlich der Auskunftsfähigkeit ist von Belang, wer dem Parlament Auskunft zu geben hat. Im Falle mangelnder Auskunftswilligkeit stellt sich schließlich die Frage der Erzwingbarkeit.

Als Instrumente informierender parlamentarischer Kontrolle kommen die Frage- und Auskunftsrechte gegenüber der Bundesregierung und die weitergehenden Untersuchungsrechte in Betracht. Zu der erstgenannten Kategorie sind Berichtsanforderung, Befragung der Bundesregierung, Fragestunde, Große und Kleine Anfrage, Aktuelle Stunde und Herbeirufung zu rechnen. Weitergehenden Untersuchungen dienen die Befugnis der Ausschüsse zur Durchführung von Anhörungen sowie die besonderen Befugnisse des Petitionsausschusses, von Enquête-Kommissionen und Untersuchungsausschüssen. Neben weiteren, informellen Möglichkeiten zur Ausübung informierender parlamentarischer Kontrolle ist der Einsatz des Bundesrechnungshofes als Instrument der Informationsbeschaffung für den Deutschen Bundestag hervorzuheben.

aa) parlamentarische Fragerechte

Informierende Kontrolle über die Treuhandanstalt übte der Deutsche Bundestag formal betrachtet überwiegend auf mittelbare Weise aus, indem er von der Bundesregierung und insbesondere dem mit der Fach- und Rechts-

1952 Hesse / Ellwein, Das Regierungssystem der Bundesrepublik Deutschland, Band 1, S. 233.

aufsicht über die Treuhandanstalt betrauten Bundesminister der Finanzen Auskunft begehrte. Wenn der Deutsche Bundestag damit regelmäßig nicht die Treuhandanstalt direkt, sondern die Regierungskontrolle über die Treuhandanstalt seiner informierenden Kontrolle unterwarf, so war damit insoweit eine Wirkung auf die Treuhandanstalt verbunden, als die Regierung hierdurch angehalten werden konnte, die Treuhandanstalt im Wege der Regierungskontrolle zu bestimmtem Verhalten zu veranlassen[1953].

De facto wirkte die informierenden Kontrolle des Deutschen Bundestages über die Bundesregierung in Angelegenheiten der Treuhandanstalt häufig unvermittelt in die Treuhandanstalt hinein. Dies läßt sich an dem Umstand ablesen, daß die Verhandlungen insbesondere der verschiedenen mit der Treuhandanstalt befaßten Ausschüsse des Deutschen Bundestages häufig unmittelbar zu entsprechenden Erörterungen im Vorstand der Treuhandanstalt Anlaß gaben[1954].

Diese – informelle – Unmittelbarkeit der formal gegenüber der Bundesregierung ausgeübten informierenden Kontrolle des Deutschen Bundestages über die Treuhandanstalt wurde insbesondere dadurch befördert, daß an den Sitzungen des Unterausschusses Treuhandanstalt des Haushaltsausschusses und des Ausschusses Treuhandanstalt regelmäßig Vertreter der Treuhandanstalt teilnahmen und unter dem regelmäßig wiederkehrenden Tagesordnungspunkt "Aktuelle Berichterstattung aus der Treuhandanstalt" sowie zu speziell angesetzten Themen Auskunft erteilten[1955].

Bei der dritten Sitzung des Unterausschusses Treuhandanstalt des Haushaltsausschusses, die am 7. März 1991 im Gebäude des Reichstags in Berlin stattfand, war sogar der Vorstand der Treuhandanstalt insgesamt zugegen[1956]. Bereits in der 11.

1953 Zur Abhängigkeit parlamentarischer Kontrollrechte von der Reichweite der Befugnisse zur Regierungsaufsicht über die Treuhandanstalt Brauneck, in: DtZ 1995, S. 10 (11); Cloes, in: Wissenschaftliche Dienste des Deutschen Bundestages, Materialien Nr. 125, S. 21 f.; ders., in: TLGkonkret 3/94, S. 7 (8).

1954 Vgl. Treuhandanstalt, Tagesordnung der Vorstandssitzung am 10.09.1991, TOP 9 d), Nachdruck in: Treuhandanstalt (Hrsg.), Dokumentation 1990-1994, Band 2, S. 780 (782); Treuhandanstalt, Tagesordnung der Vorstandssitzung am 08.10.1991, TOP 10 j), Nachdruck in: Treuhandanstalt (Hrsg.), Dokumentation 1990-1994, Band 2, S. 794 (795).

1955 Cloes, in: DtZ 1991, S. 291 (292); ders., in: TLGkonkret 3/94, S. 7 (8); ders., in: DtZ 1994, S. 239 (240); ders., in: DtZ 1995, S. 230 (231); Marissal, Der politische Handlungsrahmen der Treuhandanstalt, S. 69; kritisch Brauneck, in: DtZ 1995, S. 10 (11).

1956 Vgl. Deutscher Bundestag, 12. WP, Haushaltsausschuß, Unterausschuß Treuhandanstalt, Tagesordnung der 2. Sitzung am 21.02.1991, TOP 3, Nachdruck in: Treuhandanstalt (Hrsg.), Dokumentation 1990-1994, Band 13, S. 18.

Legislaturperiode, am 12. November 1990, hatte sich der Haushaltsausschuß des Deutschen Bundestages in den provisorischen Räumen der Treuhandanstalt am Berliner Alexanderplatz zu einer Sitzung zusammengefunden[1957].

Den unmittelbaren Kontakt zur Treuhandanstalt unterstrich auch der Ausschuß Treuhandanstalt, indem er am 12. März 1993 in der Berliner Zentrale[1958], am 16. November 1993 in der Geschäftsstelle Suhl[1959] der Treuhandanstalt, am 25. Mai 1994 bei der Liegenschaftsgesellschaft der Treuhandanstalt mbH (TLG)[1960] zusammentrat. Wie bereits in anderem Zusammenhang geschildert, nahmen auch an den Sitzungen des 2. Untersuchungsausschusses "Treuhandanstalt" durchgängig Mitarbeiter der Treuhandanstalt – formal als Beauftragte der Bundesregierung mit besonderer Zuständigkeit für den Bereich der Treuhandanstalt im 2. Untersuchungsausschuß des 12. Deutschen Bundestages – teil[1961]. Die Treuhandanstalt ihrerseits richtete im April 1991 ein Bonner Büro zur ständigen Verbindung mit dem Deutschen Bundestag ein[1962].

aaa) Anforderung von Berichten

Berichtsanforderungen des Deutsche Bundestages und seiner Ausschüsse an die Bundesregierung bildeten die Grundlage der parlamentarischen informierenden Kontrolle. Während Berichte unmittelbar an das Plenum des

1957 Cloes, in: Wissenschaftliche Dienste des Deutschen Bundestages, Materialien Nr. 125, S. 35.

1958 Deutscher Bundestag, 12. WP, Ausschuß Treuhandanstalt, Tagesordnung der 3. Sitzung am 12.03.1993, Nachdruck in: Treuhandanstalt (Hrsg.), Dokumentation 1990-1994, Band 13, S. 100; vgl. Treuhandanstalt, Tagesordnung der Vorstandssitzung am 23.02.1993, Nachdruck in: Treuhandanstalt (Hrsg.), Dokumentation 1990-1994, Band 2, S. 981 (982).

1959 Deutscher Bundestag, 12. WP, Ausschuß Treuhandanstalt, Tagesordnung der 22. Sitzung am 16.11.1993, Nachdruck in: Treuhandanstalt (Hrsg.), Dokumentation 1990-1994, Band 13, S. 151.

1960 Deutscher Bundestag, 12. WP, Ausschuß Treuhandanstalt, Tagesordnung der 36. Sitzung am 25.05.1994, Nachdruck in: Treuhandanstalt (Hrsg.), Dokumentation 1990-1994, Band 13, S. 189; Cloes, in: TLGkonkret 3/94, S. 7.

1961 Deutscher Bundestag, 12. WP, Beschlußempfehlung und Bericht des 2. Untersuchungsausschusses "Treuhandanstalt" v. 29.08.1994, BT-Drs. 12/8404, Band 1, S. 29.

1962 Czada, in: Fischer / Hax / Schneider (Hrsg.), Treuhandanstalt – Das Unmögliche wagen, S. 148 (152); ders., in: Aus Politik und Zeitgeschichte, B 43-44/94, S. 31 (34 f.); Marissal, Der politische Handlungsrahmen der Treuhandanstalt, S. 68 f.

Deutschen Bundestages die Ausnahme blieben[1963], haben der Unterausschuß Treuhandanstalt des Haushaltsausschusses und der Ausschuß Treuhandanstalt die Bundesregierung in einer Vielzahl von Fällen um die Erteilung von Auskünften und Vorlage von Unterlagen ersucht. Der Unterausschuß Treuhandanstalt des Haushaltsausschusses hatte allein in den drei Monaten seines Bestehens während der 11. Legislaturperiode 52 Berichte und Materialien angefordert, weitere 162 kamen in der 12. Wahlperiode hinzu[1964]. Der Ausschuß Treuhandanstalt erhielt anforderungsgemäß mehr als 250 schriftliche und 85 mündliche Bericht und Stellungnahmen der Bundesregierung[1965].

Darüber hinaus hatte bereits der Unterausschuß Treuhandanstalt des Haushaltsausschusses durchgesetzt, daß dem für die begleitende Kontrolle der Treuhandanstalt zuständigen Parlamentsausschuß die Monats- und Quartalsberichte der Treuhandanstalt vorgelegt werden[1966].

Die angeforderten Berichte und Materialien berührten inhaltlich die innere Struktur, Personalwesen und Ablauforganisation der Treuhandanstalt, Einnahmen- und Ausgabenplanung sowie -vollzug vor allem anhand der Wirtschaftspläne und Finanzberichte sowie insbesondere das gesamte Spektrum der laufenden Tätigkeit der Treuhandanstalt, wobei sowohl Grundsatz- wie Einzelfallentscheidungen thematisiert wurden[1967].

Um dem Bundestag zugängliche Informationen optimal zu nutzen, unterschiedliches Expertenwissen zu bündeln und Doppelarbeit zu vermeiden, arbeiteten der Unterausschuß Treuhandanstalt des Haushaltsausschusses ebenso wie der Ausschuß Treuhandanstalt eng mit anderen Ausschüssen wie dem Ausschuß für Wirtschaft, dem Ausschuß für Ernährung, Landwirtschaft und Forsten oder dem 1. Untersuchungsausschuß des 12. Deutschen Bundestages "Kommerzielle Koordinierung" zusammen. So beriet beispielsweise der Unterausschuß Treuhandanstalt des Haushaltsausschusses zur Verwertung und Verwaltung land- und forstwirtschaftlicher Flächen bei

1963 Z.B. Anforderung eines Berichtes der Bundesregierung zur Situation und Fortschritten bei der Beseitigung von Investitionshindernissen im eigentumsrechtlichen Bereich der neuen Bundesländer, BT-Drs. 12/2957 (Bericht der Bundesregierung am 15.02.1994 vorgelegt, BR-Drs. 148/94).

1964 Cloes, in: Wissenschaftliche Dienste des Deutschen Bundestages, Materialien Nr. 125, S. 26.

1965 Cloes, in: Wissenschaftliche Dienste des Deutschen Bundestages, Materialien Nr. 125, S. 29.

1966 Kriedner, zitiert bei Gollnick, in: Das Parlament v. 15.05.1992, S. 10.

1967 Ausführlich Cloes, in: Wissenschaftliche Dienste des Deutschen Bundestages, Materialien Nr. 125, S. 26-32; Czada,, in: Aus Politik und Zeitgeschichte, B 43-44/94, S. 31 (35).

der Treuhandanstalt unter gelegentlicher Beteiligung von Mitgliedern des Ausschusses für Ernährung, Landwirtschaft und Forsten[1968].

bbb) sonstige Frage- und Auskunftsrechte

Während die vorstehend geschilderten Berichtsanforderungen des Deutschen Bundestages und seiner Ausschüsse auf Mehrheitsbeschlüssen beruhen mußten, standen die übrigen eingangs aufgeführten Frage- und Auskunftsrechte einzelnen Mitgliedern bzw. einer qualifizierten Minderheit von Abgeordneten zur Verfügung. Große[1969] und Kleine Anfragen[1970] müssen von einer Fraktion oder mindestens 5 v.H. der Mitglieder des Deutschen Bundestages unterzeichnet sein[1971], auch Aktuelle Stunden finden zumeist auf Verlangen einer Fraktion statt[1972]. Daneben kann jedes Mitglied des Deutschen Bundestages kurze Einzelfragen zur mündlichen Beantwortung im Rahmen der Fragestunde oder zur schriftlichen Beantwortung an die Bundesregierung richten[1973]. Gelegenheit zu mündlichen Fragen von aktuellem Interesse an die Bundesregierung bietet sich dem einzelnen Abgeordneten schließlich im Anschluß an die regelmäßig nach der Sitzung des Bundeskabinetts stattfindende Berichterstattung der Bundesregierung (sog. Befragung der Bundesregierung)[1974].

Die Mitglieder des 12. Deutschen Bundestages haben, wie dies parlamentarischer Übung entspricht[1975], von diesen Frage- und Auskunftsrechten intensiven Gebrauch gemacht[1976].

1968 Deutscher Bundestag, 12. WP, Haushaltsausschuß, Unterausschuß Treuhandanstalt, Tagesordnung der 26. Sitzung am 07.09.1992, Nachdruck in: Treuhandanstalt (Hrsg.), Dokumentation 1990-1994, Band 13, S. 64.

1969 §§ 75 Absatz 3, 104 GO-BT.

1970 §§ 75 Absatz 1 lit. f), 100 ff. GO-BT.

1971 § 76 Absatz 1 GO-BT.

1972 § 106 Absatz 1 GO-BT i.V.m. Ziffer I.1. der Richtlinien für Aussprachen zu Themen von allgemeinem aktuellen Interesse (Anlage 5 zur GO-BT); Zeh, in: Isensee / Kirchhof (Hrsg.), HdbStR § 43, Rz. 54.

1973 § 105 GO-BT i.V.m. den Richtlinien für die Fragestunde und für die schriftlichen Einzelfragen (Anlage 4 zur GO-BT).

1974 § 106 Absatz 2 GO-BT i.V.m. Richtlinien Befragung der Bundesregierung (Anlage 7 zur GO-BT); Busse, Bundeskanzleramt und Bundesregierung, S. 108.

1975 Busch, Parlamentarische Kontrolle, S. 118; Vonderbeck, Parlamentarische Informations- und Redebefugnisse, S. 23.

1976 S. bereits Kloepfer, in: Fischer / Hax / Schneider (Hrsg.), Treuhandanstalt – Das Unmögliche wagen, S. 41 (64).

Ausweislich der Drucksachen und Plenarprotokolle des 12. Deutschen Bundestages[1977] befaßten sich fünf von insgesamt 98 Großen Anfragen (5 v.H.), 69 von insgesamt 1.383 Kleinen Anfragen (5 v.H.) sowie zwölf von insgesamt 103 Aktuellen Stunden (12 v.H.) mit der Treuhandanstalt. Darüber hinaus richteten Abgeordnete etwa 400 Mündliche und Schriftliche Anfragen mit Bezug zur Treuhandanstalt an die Bundesregierung (2 v.H.), sechs der 44 Befragungen der Bundesregierung (14 v.H.) befaßten sich mit diesem Thema. Im 11. Deutsche Bundestag, der sich lediglich in der Zeit von August bis Dezember 1990 mit der Treuhandanstalt befaßte, hatte es immerhin bereits eine Aktuelle Stunde, zwei Kleine Anfragen, 30 Mündliche und Schriftliche Anfragen sowie eine Befragung der Bundesregierung zum Thema Treuhandanstalt gegeben.

Wie die Statistik zeigt, hat sich der 11. Deutsche Bundestag in den wenigen hierfür zur Verfügung stehenden Wochen bereits intensiv, der 12. Deutsche Bundestag so häufig mit der Treuhandanstalt wie nur mit wenigen anderen Angelegenheiten befaßt. Auffällig ist, daß die Möglichkeiten aktueller – und zugleich öffentlichkeitswirksamer – Informationseinholung, nämlich die Instrumente der Befragung der Bundesregierung und der Aktuellen Stunde, besonders intensiv genutzt wurden.

Wie den Drucksachen und Plenarprotokollen des 11. und 12. Deutschen Bundestages weiterhin entnommen werden kann, behandelten die Fragen und entsprechend die Auskünfte der Bundesregierung ähnlich wie die oben beschriebenen Berichtsanforderungen der Ausschüsse die Treuhandanstalt und ihre Tätigkeit in einer umfassenden Weise. Neben Grundsatzfragen ihrer Struktur, Organisation und ihres Personalwesens, ihrer finanziellen Situation und Aufgabenstellung und -erfüllung im allgemeinen ging es regelmäßig auch um Einzelfälle wie beispielsweise das Schicksal einzelner Unternehmen.

ccc) Durchsetzung parlamentarischer Fragerechte

Verfassungsrechtlich abgesichert ist die Wahrnehmung informierender Kontrolle durch an die Regierung gerichtete Fragen des Parlament und seiner Ausschüsse durch Artikel 43 Absatz 1 GG[1978]. Mit dem dort verankerten Recht zur Herbeirufung von Regierungsmitgliedern verbindet sich nach herrschender Auffassung eine Verpflichtung der Herbeigerufenen, Fragen

1977 Einen Überblick – auch zur 11. Legislaturperiode – verschafft das Sachregister Deutscher Bundestag – Bundesrat, 11. WP, S. 3624 ff., sowie 12. WP, S. 3174 ff.

1978 Hierzu grundlegend v. Einem, Die Auskunftspflicht der Regierung gegenüber dem Parlament, Diss. Göttingen 1977.

der Abgeordneten zu beantworten[1979]. Von diesem förmlichen Zitierungsrecht, dessen einen Mehrheitsbeschluß voraussetzende Ausübung bereits als solche einen den Herbeigerufenen tadelnden Charakter hat[1980] und das daher sehr restriktiv eingesetzt wird[1981], haben Parlament und Ausschüsse in die Treuhandanstalt betreffenden Fragen keinen Gebrauch gemacht.

Als weitere normative Grundlage einer Auskunftspflicht der Bundesregierung gegenüber parlamentarischen Anfragen wird gelegentlich auch Artikel 53 GG herangezogen[1982]. Schließlich findet auch der Grundsatz der Verfassungsorgantreue[1983] in diesem Zusammenhang Erwähnung[1984]. Ob sich mit Artikel 53 GG oder dem Grundsatz der Verfassungsorgantreue unmittelbar ein parlamentarischer Auskunftsanspruch begründen läßt, soll hier offen bleiben[1985]. Die ausdrückliche Regelung des parlamentarischen Fragerechts in der Geschäftsordnung des Deutschen Bundestages vermag jedenfalls als bloßes Intraorganrecht keine Auskunftspflicht der Bundesregierung zu begründen[1986].

Zur Begründung eines parlamentarischen Auskunftsanspruchs gegenüber der Bundesregierung wird schließlich auf das verfassungsrechtlich verankerte Prinzip der Gewaltenteilung sowie die Kontrollfunktion des Parlaments abgestellt und darauf verwiesen, daß die Funktionsfähigkeit sowohl des Gewaltenteilungsprinzips als auch der parlamentarischen Kontrollfunktion einen ausreichenden Informationsstand des Bundestages zur notwen-

1979 Achterberg, Parlamentsrecht, S. 462 f.; Busch, Parlamentarische Kontrolle, S. 117; Magiera, in: Schneider / Zeh (Hrsg.), Parlamentsrecht und Parlamentspraxis, S. 1421 (1423 f.); Steffani, in: Schneider / Zeh (Hrsg.), Parlamentsrecht und Parlamentspraxis, S. 1325 (1332); Vonderbeck, Parlamentarische Informations- und Redebefugnisse, S. 20 ff.

1980 Zeh, in: Isensee / Kirchhof (Hrsg.), HdbStR § 43, Rz. 53.

1981 Achterberg, Parlamentsrecht, S. 464; Busch, Parlamentarische Kontrolle, S. 118; Magiera, in: Schneider / Zeh (Hrsg.), Parlamentsrecht und Parlamentspraxis, S. 1421 (1424); Vonderbeck, Parlamentarische Informations- und Redebefugnisse, S. 10; Zeh, in: Isensee / Kirchhof (Hrsg.), HdbStR § 43, Rz. 53.

1982 Linck, in: DÖV 1983, S. 957 (960).

1983 Dazu Schenke, Die Verfassungsorgantreue, S. 110.

1984 Klein, in: Isensee / Kirchhof (Hrsg.), HdbStR § 41, Rz. 32; Schenke, Die Verfassungsorgantreue, S. 111; Schleich, Das parlamentarische Untersuchungsrecht des Bundestages, S. 62.

1985 Zweifelnd Schwarz, in: LKV 1998, S. 262.

1986 Geck, Die Fragestunde im Deutschen Bundestag, S. 64; Klein, in: Isensee / Kirchhof (Hrsg.), HdbStR § 41, Rz. 32.

digen Voraussetzung haben[1987]. So besteht im Grundsatz weitgehend Einigkeit, daß sich bei einer Gesamtschau der verfassungsrechtlichen Bestimmungen zu Auskunftspflichten der Bundesregierung im Lichte der vorgenannten staatsorganisationsrechtlichen Prinzipien ein allgemeiner Auskunftsanspruch des einzelnen Abgeordneten gegenüber der Bundesregierung ergibt, der auf vollständige und zeitnahe Information gerichtet ist[1988]. Dieser Auskunftspflicht der Bundesregierung werden insbesondere durch die wiederum auf dem Prinzip der Gewaltenteilung beruhende Anerkennung eines Kernbereichs exekutiver Eigenverantwortung, das Schutzgut der Sicherheit der Bundesrepublik Deutschland und darauf beruhenden Geheimhaltungsinteressen, das Recht auf informationelle Selbstbestimmung sowie das Verbot rechtsmißbräuchlichen Verhaltens Grenzen gezogen[1989].

Die Bundesregierung ist den Berichtsanforderungen des Deutschen Bundestages und seiner Ausschüsse prinzipiell nachgekommen. Allerdings konnte die Bundesregierung immer nur so weit Auskunft geben, wie sie selbst rechtzeitig und in ausreichendem Umfang über die in Rede stehenden Vorgänge bei und im Zusammenhang mit der Treuhandanstalt informiert war[1990]. An dieser Aussagefähigkeit der Bundesregierung wurde nicht nur von Oppositionsvertretern[1991], sondern auch von Abgeordneten aus dem

1987 So v. Einem, Die Auskunftspflicht der Regierung gegenüber dem Parlament, Diss. Göttingen 1977, S. 109 f.; Klein, in: Isensee / Kirchhof (Hrsg.), HdbStR § 41, Rz. 32.

1988 BVerfGE 57, S. 1 (5); BVerfGE 67, S. 100 (129); Geck, Die Fragestunde im Deutschen Bundestag, S. 74; Klein, in: Isensee / Kirchhof (Hrsg.), HdbStR § 41, Rz. 32; Schwarz, in: LKV 1998, S. 262; a. A. Busch, Parlamentarische Kontrolle, S. 35 f.

1989 Klein, in: Isensee / Kirchhof (Hrsg.), HdbStR § 41, Rz. 32; Schwarz, in: LKV 1998, S. 263.

1990 Vgl. Cloes, in: Wissenschaftliche Dienste des Deutschen Bundestages, Materialien Nr. 125, S. 22.

1991 Vgl. insbesondere Kuessner (SPD), in: Deutscher Bundestag, 12. WP, stenographische Niederschrift der 179. Sitzung am 30.09.1993, BT-PlPr 12/179, S. 15423 (15424); Deutscher Bundestag, 12. WP, Beschlußempfehlung und Bericht des 2. Untersuchungsausschusses "Treuhandanstalt" v. 29.08.1994, Minderheitenvotum des Berichterstatters der SPD-Fraktion (Berichtsentwurf des Ausschußsekretariats), BT-Drs. 12/8404, Band 1, S. 155; Thierse (SPD), in: Deutscher Bundestag, 12. WP, stenographische Niederschrift der 179. Sitzung am 30.09.1993, BT-PlPr 12/179, S. 15411 (15412 f.); Schulz (Bündnis 90 / Die Grünen), in: Deutscher Bundestag, 12. WP, stenographische Niederschrift der 179. Sitzung am 30.09.1993, BT-PlPr 12/179, S. 15422; Deutscher Bundestag, 12. WP, Entschließungsantrag des Abgeordneten Schulz und der Gruppe Bündnis 90 / Die Grünen v. 20.09.1994, BT-Drs. 12/8504, S. 3.

Regierungslager[1992] verschiedentlich Kritik geübt. Insbesondere zu anstehenden Entscheidungen über bedeutende Privatisierungsfälle, beispielsweise in der Werftenindustrie, sahen sich die Parlamentarier zu spät unterrichtet[1993]. Nach einer entsprechenden Zusage von Bundeskanzler Kohl gegenüber ostdeutschen CDU-Abgeordneten im Dezember 1991 und vor dem Hintergrund der Ausweitung parlamentarischer Kontrollbefugnisse durch das Treuhandkreditaufnahmegesetz hat sich der Informationsfluß ab dem Frühjahr 1992 nach allgemeiner Einschätzung erheblich verbessert[1994].

Das Zitierungsrecht des Deutschen Bundestages nach Artikel 43 Absatz 1 GG beinhaltet zwar die Pflicht der Bundesregierung, Rede und Antwort zu stehen, vermittelt indes keinen Anspruch des Parlaments auf Vorlage von Akten. Die Bundesregierung hat jedoch dem erstmals am 7. Dezember 1993 im Zuge der öffentlichen Diskussion über den Fusionsvertrag mit der Kali und Salz AG vom 13. Mai 1993 geäußerten[1995] Begehren des Ausschusses Treuhandanstalt, in umstrittenen Privatisierungsfällen die entsprechenden Verträge der Treuhandanstalt durch ausgewählte Mitglieder einzusehen, nachgegeben[1996].

Dem war mit der öffentlichen Debatte über die Privatisierung des Kali-Bergbaus und insbesondere über das Schicksal des Standortes Bischofferode der "härteste Konflikt um eine THA-Privatisierung, der zudem politischen Streit ausgelöst hatte"[1997], vorangegangen. Bevor das Bundesministerium der Finanzen am 6. Juli 1993 dem Fusionsvertrag seine Genehmigung erteilte, hatte der Ausschuß Treuhandanstalt am 1. Juli 1993 den Vorgang zur Kenntnis genommen[1998] – allerdings ohne den Vertrag im

1992 Vgl. Kriedner (CDU / CSU), in: Deutscher Bundestag, 12. WP, stenographische Niederschrift der 86. Sitzung am 20.03.1992, BT-PlPr 12/86, S. 7140 (7141); Marissal, Der politische Handlungsrahmen der Treuhandanstalt, S. 74.

1993 Kriedner (CDU / CSU), in: Deutscher Bundestag, 12. WP, stenographische Niederschrift der 86. Sitzung am 20.03.1992, BT-PlPr 12/86, S. 7140 (7141); Marissal, Der politische Handlungsrahmen der Treuhandanstalt, S. 74.

1994 Marissal, Der politische Handlungsrahmen der Treuhandanstalt, S. 74 f.

1995 O. N., in: HB v. 08.09.1993, S. 6; o. N., in: FAZ v. 08.09.1993, S. 15; o. N., in: TSP v. 08.09.1993, S. 21.

1996 Vgl. wib 16/1993, S. 36; Schmidt-Preuß, in: Isensee / Kirchhof (Hrsg.), HdbStR § 219, Rz. 17 (Fn. 55).

1997 O. N., in: SZ v. 03.01.1994, S. 6.

1998 Treuhandanstalt, Umstrukturierungsprozeß an den Kali-Standorten Merkers und Bischofferode, 1. Bericht an den Bundesminister der Finanzen, Nachdruck in: Treuhandanstalt (Hrsg.), Dokumentation 1990-1994, Band 4, S. 135 (138).

Wortlaut zu kennen[1999]. Im Zuge der schnell um sich greifenden öffentlichen Diskussion verlangten Mitglieder des Bundestages sowohl aus der Fraktion der CDU / CSU wie auch der SPD zunächst nur die Offenlegung des Fusionsvertrags gegenüber einer unabhängigen Instanz, die das Vertrauen aller Beteiligten genießen sollte[2000]. Dem Abgeordneten Gysi (PDS / LL), der als Vertrauensanwalt des Betriebsrats in Bischofferode die Einsicht in den Fusionsvertrag begehrt hatte, blieb dies nach einer Entscheidung von Bundesminister Rexrodt verwehrt[2001]. Die schließlich erteilte Zustimmung der Bundesregierung zur Einsicht in den Fusionsvertrag durch drei Mitglieder des Ausschusses Treuhandanstalt ist ebenso wie die ebenfalls eingeholten Zustimmungen der Treuhandanstalt und der weiteren Vertragspartner vor dem Hintergrund der Einsetzung des 2. Untersuchungsausschusses "Treuhandanstalt" am 30. September 1993 und den damit verbundenen, erweiterten Möglichkeiten parlamentarischer Untersuchung zu sehen[2002].

Ohne größeres öffentliches Aufheben verlief im Sommer 1994 die Einsicht von zwei Mitgliedern des Ausschusses Treuhandanstalt in den Vertrag zur Privatisierung der Apparate- und Anlagenbau Germania GmbH, Chemnitz[2003].

bb) parlamentarische Untersuchungsrechte

Mit den verschiedenen Ausformungen des parlamentarischen Untersuchungsrechts, deren Geltendmachung regelmäßig nur bestimmten Gremien des Deutschen Bundestags vorbehalten sind, ist dem Deutschen Bundestag eine Befugnis zu einer weitergreifenden informierenden Kontrolle eröffnet. Zum einen ist der Kreis der möglichen Befragten über den Regierungsbereich hinaus erweitert, zum anderen stehen spezielle Befugnisse zur Durchsetzung von Informationsansprüchen zur Verfügung.

1999 Kritisch dazu: Ministerpräsident Vogel, in: Thüringer Landesregierung, Staatskanzlei, Presseinformation Nr. 88 v. 01.07.1993; Köhler, Die große Enteignung, S. 24. Bereits dem Unterausschuß Treuhandanstalt des Haushaltsausschusses wurde eine "oftmals affirmativen Haltung" vorgeworfen; Czada, in: Aus Politik und Zeitgeschichte, B 43-44/94, S. 31 (35).

2000 O. N., in: TSP v. 10.08.1993, S. 4; o. N., in: Berliner Zeitung v. 10.08.1993, S. 9.

2001 O. N., in: FAZ v. 19.08.1993, S. 14. Gysi begründete kurz darauf seine Zustimmung zur Einsetzung des 2. Untersuchungsausschusses "Treuhandanstalt" mit dem Wunsch, parlamentarische Akteneinsicht bei der Treuhandanstalt zu ermöglichen; Gysi (PDS / LL), in: Deutscher Bundestag, 12. WP, stenographische Niederschrift der 179. Sitzung am 30.09.1993, BT-PlPr 12/179, S. 15418 (15419).

2002 So Friedhoff (FDP), zitiert bei o. N., in: FR v. 08.09.1993, S. 4.

2003 Deutscher Bundestag, 12. WP, Ausschuß Treuhandanstalt, Tagesordnung der 39. Sitzung am 29.06.1994, TOP 10, Nachdruck in: Treuhandanstalt (Hrsg.), Dokumentation 1990-1994, Band 13, S. 201 (203).

aaa) öffentliche Anhörung

Einen formalen Weg zur Informationsbeschaffung nicht bei der Regierung, sondern bei Dritten steht den Fachausschüssen nach Maßgabe des § 70 GO-BT offen. Danach können zur Information über einen Beratungsgegenstand öffentliche Anhörungen von Sachverständigen, Interessenvertretern und sonstigen Auskunftspersonen (sog. Hearings) durchgeführt werden[2004]. Sie dienen dazu, zusätzliche wissenschaftliche Sachkunde und Kenntnisse über spezifische Schwierigkeiten in die Ausschußberatungen einzuführen. Aufgrund ihrer Öffentlichkeitswirkung sind Anhörungen indes zunehmend durch den Antagonismus von Regierungs- und Oppositionslager geprägt und bedienen dann den Zweck, die jeweilige politische Position durch die unterstützende Aussage von seitens der Fraktionen zu benennender Auskunftspersonen zu stärken[2005]. Dies macht öffentliche Anhörungen gerade für die parlamentarische Opposition attraktiv[2006]. Vor dem Hintergrund dieser Tendenz zur Instrumentalisierung von Anhörungen vermeidet die Ausschußmehrheit[2007] in der Regel deren Durchführung, so daß Hearings im wesentlichen nur im Gesetzgebungsverfahren stattfinden, wo bereits ein Viertel der Ausschußmitglieder eine öffentliche Anhörung erzwingen kann[2008].

Im Ausschuß Treuhandanstalt hat lediglich einmal, am 29. November 1993, eine öffentliche Anhörung stattgefunden, die dem Entwurf des Gesetzes zur abschließenden Erfüllung der verbliebenen Aufgaben der Treuhandanstalt nach dem 31. Dezember 1994 galt[2009]. Der Ausschuß für Wirtschaft führte bereits am 9. November 1992 in Verbindung mit einigen ihm federführend überwiesenen Gesetzesentwürfen eine öffentliche Anhörung von Sachverständigen, darunter Mitarbeitern der Treuhandanstalt, zum Thema "Politik der Treuhandanstalt" durch[2010].

Nicht auf § 70 GO-BT, sondern auf Artikel 45 c GG i.V.m. § 4 des Gesetzes über die Befugnisse des Petitionsausschusses des Deutschen Bundestages sind Anhörungen des Petitionsausschusses gestützt. Sie unterscheiden sich von Anhörungen nach § 70 GO-BT vor allem durch ihren nicht-öffentlichen Charakter und sind daher nicht an

2004 § 70 Absatz 1 Satz 1 GO-BT.

2005 Zeh, in: Isensee / Kirchhof (Hrsg.), HdbStR § 43, Rz. 65.

2006 Di Fabio, in: Der Staat 1990, S. 599 (607).

2007 Mehrheitsbeschluß zur Durchführung einer öffentlichen Anhörung notwendig gemäß § 70 Absatz 1 Satz 2 (2. Halbsatz) GO-BT.

2008 § 70 Absatz 1 Satz 2 (1. Halbsatz) GO-BT.

2009 Cloes, in: Wissenschaftliche Dienste des Deutschen Bundestages, Materialien Nr. 125, S. 32.

2010 Deutscher Bundestag, 12. WP, Ausschuß für Wirtschaft, Protokoll Nr. 41.

dieser Stelle, sondern bei der Betrachtung der besonderen Befugnisse des Petitionsausschusses zu behandeln.

Anstelle förmlicher öffentlicher Hearings bemühten sich die mit Angelegenheiten der Treuhandanstalt befaßten Fachausschüsse häufiger auf anderem Wege um Kontakt zu und Auskünfte von der Treuhandanstalt. In diesem Zusammenhang ist insbesondere auf die bereits erwähnte durchgängige Teilnahme von Vertretern der Treuhandanstalt an den Sitzungen des Unterausschusses Treuhandanstalt des Haushaltsausschusses und des Ausschusses Treuhandanstalt hinzuweisen.

bbb) Enquête-Kommission

Auch die Einsetzung von Enquête-Kommissionen eröffnet dem Deutschen Bundestag Möglichkeiten einer informierenden Kontrolle, die über die Frage- und Auskunftsreche gegenüber der Bundesregierung hinausgehen. Sie sind gemäß § 56 Absatz 1 GO-BT auf Antrag eines Viertels der Mitglieder des Deutschen Bundestages zur Vorbereitung von Entscheidungen über umfangreiche und bedeutsame Sachkomplexe einzusetzen. Zwar stehen Enquête-Kommissionen keine durchsetzbaren Informationsansprüche zur Seite, doch profitiert die Enquête-Kommission regelmäßig von dem eingebrachten Sachverstand: Ihr gehören neben Abgeordneten des Deutschen Bundestages externe Mitglieder, vornehmlich Wissenschaftler und Sachverständige an[2011].

Zwar macht der Deutsche Bundestag von der Möglichkeit der Einsetzung von Enquête-Kommissionen zurückhaltenden Gebrauch[2012], doch haben zwei in der 12. Legislaturperiode arbeitende Enquête-Kommissionen sich – allerdings nur am Rande – mit der Treuhandanstalt befaßt: die Enquête-Kommissionen "Aufarbeitung von Geschichte und Folgen der SED-Diktatur in Deutschland" und "Vorsorge zum Schutz der Erdatmosphäre". Während die erstgenannte Enquête u.a. mit der Instrumentalisierung der Wirtschaft in der Zeit der SED-Herrschaft und Vorschlägen "zur Überwindung diktaturbedingter Schäden" befaßt wurde[2013], streifte die letztgenannte Kommission Angelegenheiten der Treuhandanstalt unter ökologischen Gesichtspunkten, was beispielsweise zu einem Entschlie-

2011 Di Fabio, in: Der Staat 1990, S. 599 (607); Zeh, in: Isensee / Kirchhof (Hrsg.), HdbStR § 43, Rz. 86.

2012 Bis einschließlich der 12. Legislaturperiode sind insgesamt 15 Enquête-Kommissionen zu zählen.

2013 Deutscher Bundestag, 12. WP, Beschlußempfehlung und Bericht der Enquête-Kommission "Aufarbeitung der Geschichte und der Folgen der SED-Diktatur" (offizielle Bezeichnung später: Enquête-Kommission "Aufarbeitung von Geßungsantrag führte, die Treuhandunternehmen zu einer ökologischen Wirtschaftsweise zu verpflichten[2014].

ccc) Petitionsausschuß

Dem Petitionsausschuß des Deutschen Bundestages obliegt gemäß Artikel 45 c Absatz 1 GG die Behandlung der an den Deutschen Bundestag gerichteten Bitten und Beschwerden. Dabei behandelt der Petitionsausschuß nicht nur Petitionen, die den Zuständigkeitsbereich des Deutschen Bundestages (insbesondere die Gesetzgebung), sondern auch denjenigen der Bundesregierung, von Bundesbehörden oder sonstigen Einrichtungen, die öffentliche Aufgaben des Bundes wahrnehmen, betreffen. Dies gilt unabhängig davon, inwieweit die Bundesbehörden und sonstigen Einrichtungen einer Aufsicht der Bundesregierung unterliegen[2015]. Dem Petitionsausschuß stand also mit dem ihm zustehenden Petitionsinformationsrecht eine unmittelbare, insbesondere nicht über die Bundesregierung vermittelte[2016] parlamentarische Kontrolle gegenüber der Treuhandanstalt zu.

An den Bundestag gerichtete, die Treuhandanstalt betreffende Bitten und Beschwerden von Bürgern, Kommunen, Unternehmen, Verbänden usf. trugen zur informierenden parlamentarischen Kontrolle bei. Insgesamt erreichten den 12. Deutschen Bundestag etwa 5.000 diesbezügliche Eingaben[2017], weitere 800 direkt den Unterausschuß Treuhandanstalt des Haushaltsausschusses und den Ausschuß Treuhandanstalt[2018] und nochmals 180 den 2. Untersuchungsausschuß Treuhandanstalt[2019]. Damit befaßten sich

schichte und Folgen der SED-Diktatur in Deutschland") v. 14.05.1992, BT-Drs. 12/2597; s. zu dieser Enquête-Kommission u.a.: Bock, in: DA 1995, S. 1171 ff.; Wilke, in: DA 1997, S. 607 ff.

2014 Entschließungsantrag von Abgeordneten von Bündnis 90 / Die Grünen und der Gruppe Bündnis 90 / Die Grünen v. 26.09.1992, BT-Drs. 12/1209.

2015 Ziffer 5. Absatz 1, 2 Grundsätze des Petitionsausschusses über die Behandlung von Bitten und Beschwerden (Verfahrensgrundsätze).

2016 Zur Bedeutung dieses unmittelbaren, nicht regierungsvermittelten Petitionsinformationsrechts gegenüber anderen Verwaltungsstellen s. Burmeister, in: Isensee / Kirchhof (Hrsg.), HdbStR § 32, Rz. 50 m.w.N.

2017 Cloes, in: DtZ 1995, S. 230 (231).

2018 Cloes, in: Wissenschaftliche Dienste des Deutschen Bundestages, Materialien Nr. 125, S. 40.

2019 Deutscher Bundestag, 12. WP, Beschlußempfehlung und Bericht des 2. Untersuchungsausschusses "Treuhandanstalt" v. 29.08.1994, BT-Drs. 12/8404, Band 1, S. 45 und Minderheitenvotum des Berichterstatters der SPD-Fraktion (Berichtsentwurf des Ausschußsekretariats), S. 194.

etwa 6 v. H. aller Eingaben an den 12. Deutschen Bundestag mit der Treuhandanstalt[2020].

Die an den Deutschen Bundestag, seine Fachausschüsse und Abgeordneten gerichteten Beschwerden und Bitten von Bürgern stellen ein bedeutsames Mittel parlamentarischer Informationsbeschaffung dar. Über die Petitionen erfährt die Volksvertretung von Unzulänglichkeiten im Gesetzesvollzug durch die Exekutive. Auf diese Weise wird der Deutsche Bundestag in den Stand versetzt, eine Erfolgskontrolle gesetzgebenden und vollziehenden Handelns durchzuführen[2021]. Die durch Eingaben Betroffener vermittelte Beobachtung des Verhaltens der Treuhandanstalt wurde dadurch begünstigt, daß Bürger in den neuen Ländern überproportional häufig von ihrem Petitionsrecht Gebrauch machten[2022].

Der Petitionsausschuß, dem die an den Deutschen Bundestag gerichteten Eingaben überwiesen werden, holt regelmäßig die Stellungnahme des betreffenden Fachausschusses ein[2023]. Neben der Möglichkeit, schriftliche und mündliche Berichte der Bundesregierung zu erbitten, konnte er nach Maßgabe der Artikel 17, 45 c GG, § 110 GO-BT und §§ 1, 2 des Gesetzes über die Befugnisse des Petitionsausschusses des Deutschen Bundestages auch unmittelbar von der Treuhandanstalt Auskünfte einholen sowie von der Bundesregierung wie der Treuhandanstalt die Vorlage von Akten sowie Zutritt zu begehren. Weiterhin stand es ihm offen, Petenten, Zeugen und Sachverständige anzuhören[2024] oder Amtshilfe von Gerichten und Verwaltungsbehörden in Anspruch zu nehmen[2025].

Der Petitionsausschuß des 11. und 12. Deutschen Bundestages hat von diesen weitreichenden Möglichkeiten nur eingeschränkten Gebrauch gemacht und sich darauf beschränkt, bei Petitionen mit Bezug zur Treuhandanstalt regelmäßig das Bundesministerium der Finanzen um Stellungnahme zu ersuchen[2026]. Wie auch in anderen Fällen von Berichtsanforderungen an die Bundesregierung üblich, leitete die Bundesregierung derartige Auskunftsersuchen an die Treuhandanstalt weiter, die der Bundesregierung so-

2020 Den 12. Deutschen Bundestag erreichten insgesamt rd. 84.000 Eingaben; vgl. Golz, in: DA 1997, S. 700.

2021 Busch, Parlamentarische Kontrolle, S. 78.

2022 Golz, in: DA 1997, S. 700 f.

2023 § 109 Absatz 1 GO-BT; Busch, Parlamentarische Kontrolle, S. 81.

2024 § 4 Gesetz über die Befugnisse des Petitionsausschusses des Deutschen Bundestages.

2025 § 7 Gesetz über die Befugnisse des Petitionsausschusses des Deutschen Bundestages.

2026 Vgl. Ziffer 7.7 Grundsätze des Petitionsausschusses über die Behandlung von Bitten und Beschwerden (Verfahrensgrundsätze).

dann zu der Petition und zu dem zugrunde liegenden Sachverhalt Auskunft erteilte. Auf der Grundlage des Berichts der Treuhandanstalt nahm das Bundesministerium der Finanzen dann gegenüber dem Petitionsausschuß zu dem betreffenden Vorgang Stellung.

ddd) Untersuchungsausschuß

Besonders weitreichende Untersuchungsbefugnisse eröffnen sich dem Deutschen Bundestag mit der Einsetzung von Untersuchungsausschüssen. Nach Artikel 44 Absatz 1 Satz 1 GG hat der Bundestag das Recht und auf Antrag eines Viertels seiner Mitglieder die Pflicht, einen Untersuchungsausschuß einzusetzen. Das Untersuchungsverfahren folgt regelmäßig – so auch in dem hier im Vordergrund stehenden Fall des 2. Untersuchungsausschusses "Treuhandanstalt" des 12. Deutschen Bundestages[2027] – aufgrund entsprechenden Beschlusses dem in der 5. Wahlperiode vorgelegten Entwurf eines Gesetzes über Einsetzung und Verfahren von Untersuchungsausschüssen (sog. IPA-Regeln)[2028].

Der Untersuchungsausschuß wird auf der Grundlage eines abgegrenzten, von den Antragstellern formulierten, von der Mehrheit grundsätzlich nicht veränderbaren[2029] Untersuchungsauftrags zur Aufklärung bestimmter Vorgänge und vermuteter Mißstände – auch bei der Regierung nachgeordneten Exekutivorganen wie die Treuhandanstalt – tätig, wohingegen die laufende Kontrolle der Verwaltung nicht Aufgabe eines Untersuchungsausschusses sein kann[2030]. Unter entsprechender Anwendung von Vorschriften der Strafprozeßordnung kann ein Untersuchungsausschuß Beweis erhe-

2027 Deutscher Bundestag, 12. WP, Beschlußempfehlung und Bericht des 2. Untersuchungsausschusses "Treuhandanstalt" v. 29.08.1994, BT-Drs. 12/8404, Band 1, S. 25; zu den weiteren Verfahrensbeschlüssen vgl. Deutscher Bundestag, 12. WP, Beschlußempfehlung und Bericht des 2. Untersuchungsausschusses "Treuhandanstalt" v. 29.08.1994, BT-Drs. 12/8404, Band 2, Anlage 2 (Übersicht Verfahrensbeschlüsse).

2028 Deutscher Bundestag, 5. WP, Interparlamentarische Arbeitsgruppe, Entwurf eines Gesetzes über Einsetzung und Verfahren von Untersuchungsausschüssen, BT-Drs. V/4209; dazu Zeh, in: Isensee / Kirchhof (Hrsg.), HdbStR § 43, Rz. 80.

2029 BVerfGE 49, S. 70 (86 ff.); Zeh, in: Isensee / Kirchhof (Hrsg.), HdbStR § 43, Rz. 81.

2030 Achterberg, Parlamentsrecht, S. 449; zur gebotenen Bestimmtheit des Untersuchungsauftrags § 2 Absatz 1 IPA-Regeln Steinberger, Rechtsgutachten, erstattet dem 2. Untersuchungsausschuß der 11. WP des Deutschen Bundestages, BT-Drs. 11/7800, S. 1181 (1198 ff.).

ben[2031], wobei Zeugen und Sachverständige vereidigt, Zwangs- und Beugemittel verhängt werden können[2032].

Wegen seiner weitreichenden Befugnisse ist das parlamentarische Untersuchungsverfahren für die Selbstinformation des Deutschen Bundestages und damit die wirksame Ausübung informierender parlamentarischer Kontrolle von hoher Wichtigkeit[2033]. Aufgrund seiner Ausgestaltung als Minderheitenrecht und seiner Öffentlichkeitswirksamkeit ist es dabei (auch) ein Instrument der parlamentarischen Opposition in der politischen Auseinandersetzung geworden[2034].

Von diesem scharf wirkenden Mechanismus der unmittelbaren und sanktionsbewehrten parlamentarischen Informationsbeschaffung[2035] macht der Deutsche Bundestag nur sehr gezielt Gebrauch. Bis zum Ablauf der 13. Wahlperiode wurden insgesamt 32 Untersuchungsausschüsse gemäß Artikel 44 Absatz 1 GG eingesetzt[2036].

Die Einsetzung des 2. Untersuchungsausschusses "Treuhandanstalt" am 30. September 1993 begründeten Vertreter der parlamentarischen Opposition mit ihrer Unzufriedenheit über die von der Treuhandanstalt und der Bundesregierung den parlamentarischen Gremien erteilten Auskünfte und ihrem daraus erwachsenden Wunsch, ein größeres Maß an Transparenz bei der Treuhandanstalt herzustellen[2037]. Andere vermuteten in der Einsetzung des Untersuchungsausschusses zugleich eine (auf die Bundestagswahl Ende 1994 abzielende) Maßnahme zur parteipolitisch opportunen Skandal-

2031 Artikel 44 Absatz 2 S. 1 GG.

2032 Achterberg, Parlamentsrecht, S.700; Schröder, in: Schneider / Zeh (Hrsg.), Parlamentsrecht und Parlamentspraxis, S. 1254 ff.

2033 Ausführlich BVerfGE 67, S. 100 (130 ff.).

2034 Kipke, Die Untersuchungsausschüsse des Deutschen Bundestages, S. 82 ff. und 117 ff.

2035 Di Fabio, in: Der Staat 1990, S. 599 (612), unter Verweis auf Steffani, in: Schneider / Zeh (Hrsg.), Parlamentsrecht und Parlamentspraxis, § 49, Rz. 29.

2036 Hinzu kommt die Möglichkeit des Verteidigungsausschusses, als Untersuchungsausschuß zu arbeiten, was in der Zeit bis zum Ablauf der 13. WP in zwölf Fällen geschehen ist.

2037 Deutscher Bundestag, 12. WP, Beschlußempfehlung und Bericht des 2. Untersuchungsausschusses "Treuhandanstalt" v. 29.08.1994, BT-Drs. 12/8404, Minderheitenvotum des Berichterstatters der SPD-Fraktion (Berichtsentwurf des Ausschußsekretariats), S. 154 f.; Kuessner, in: Deutscher Bundestag, 12. WP, stenographische Niederschrift der 179. Sitzung am 30.09.1993, BT-PlPr 12/179, S. 15423 (15424); o. N., in: FAZ v. 03.06.1993, S. 15.

aufbereitung[2038], wobei grundsätzlich auch ein solches Motiv als legitim angesehen werden kann[2039].

Der 2. Untersuchungsausschuß Treuhandanstalt erhielt folgenden Auftrag[2040]:

"Der Ausschuß soll untersuchen, ob und in welchem Umfang durch Maßnahmen oder Unterlassungen der Bundesregierung und der Treuhandanstalt

- überlebensfähige Treuhandbetriebe geschlossen und
- in noch existierenden Betrieben, die zur Treuhandanstalt gehören oder gehört haben, Arbeitsplätze vernichtet wurden, die hätten erhalten werden können.

Der Ausschuß soll ferner untersuchen,

- inwieweit die Treuhandanstalt ihre Aufgaben nach dem Treuhandgesetz erfüllt hat;
- ob und inwieweit die zuständigen Ressorts der Bundesregierung ihre Rechts- und Fachaufsicht gegenüber der Treuhandanstalt ordnungsgemäß wahrgenommen haben;
- ob und in welcher Weise die Bundesregierung oder einzelne ihrer Mitglieder – jenseits ihrer Zuständigkeiten – Einfluß auf konkrete Entscheidungen der Treuhandanstalt genommen haben."

Dieser Untersuchungsauftrag erfuhr eine Präzisierung durch eine zwölf teils untergliederte Punkte umfassende Aufführung konkreterer Fragen nach Einzelheiten der Organisation und Tätigkeit der Treuhandanstalt und deren Folgen[2041]:

2038 Z.B. v. Dohnanyi, zitiert in: Deutscher Bundestag, 12. WP, Beschlußempfehlung und Bericht des 2. Untersuchungsausschusses "Treuhandanstalt" v. 29.08.1994, BT-Drs. 12/8404, S. 141.

2039 Di Fabio, in: Der Staat 1990, S. 599 (613), unter Bezugnahme auf Käsler, in: Ebbighausen / Neckel (Hrsg.), Anatomie des politischen Skandals, S. 307 (327 ff.); s. a. Steinberger, Rechtsgutachten, erstattet dem 2. Untersuchungsausschuß der 11. WP des Deutschen Bundestages, BT-Drs. 11/7800, S. 1181 (1216).

2040 Vgl. Deutscher Bundestag, 12. WP, Antrag von Abgeordneten und der Fraktion der SPD zur Einsetzung eines Untersuchungsausschusses v. 28.09.1993, BT-Drs. 12/5768, S. 2.

2041 Vgl. Deutscher Bundestag, 12. WP, Antrag von Abgeordneten und der Fraktion der SPD zur Einsetzung eines Untersuchungsausschusses v. 28.09.1993, BT-Drs. 12/5768, S. 2 f.

"Der Ausschuß soll im Rahmen der Untersuchung (...) insbesondere aufklären:

(1) Nach welchen Kriterien die Treuhandanstalt festgestellt hat, ob Unternehmen privatisiert werden können und was sie getan hat, die Privatisierungsfähigkeit ihrer Betriebe zu erhalten und zu fördern und als nicht privatisierungsfähig eingestufte Unternehmen und Betriebe der Privatisierungsfähigkeit zuzuführen, z.B. durch Ausreichung von Betriebsmitteln und die Gewährung von Investitionshilfen; ferner nach welchen Kriterien entschieden wurde, Unternehmen und Betriebe abzuwickeln; insbesondere

- nach welchen Kriterien die Treuhandanstalt in die Entflechtung der Kombinate eingegriffen hat und eventuell im Zuge der Abtrennung nicht notwendigen Betriebsvermögens einzelnen Unternehmen überlebensnotwendige Substanz entzogen hat,
- in welchem Maße die Weigerung der Bundesregierung bzw. der Treuhandanstalt zu einer generellen Entschuldung der Unternehmen einzelne Unternehmen in die Liquidation / Gesamtvollstreckung gezwungen hat.

(2) Ob und gegebenenfalls auf welche Weise Konkurrenzunternehmen von Treuhandbetrieben unmittelbar oder mittelbar auf die Erfüllung von Aufgaben der Treuhandanstalt Einfluß genommen haben.

(3) Welche Maßnahmen die Bundesregierung und die Treuhandanstalt bei der Privatisierung von Unternehmen und Betrieben sowie bei der Veräußerung von Grundstücken getroffen haben, die

- die ordnungsgemäße Durchführung von Ausschreibungsverfahren,
- die sachgerechte Ermittlung der Werte der Unternehmen und Grundstücke,
- den Ausschluß von Interessenkollisionen insbesondere bei Beratern und Treuhandmitarbeitern,
- die ordnungsgemäße Prüfung der Bonität und des Unternehmenskonzeptes des jeweiligen Erwerbers,
- die Preisgestaltung im angemessenen Verhältnis zum tatsächlichen Wert und zu den übernommenen Verpflichtungen des Käufers, insbesondere unter Berücksichtigung von Arbeitsplatz- und Investitionszusagen,
- die Einhaltung der Richtlinien der Treuhandanstalt über die Bevorzugung von Management-buy-out (MBO) und ostdeutschen Bewerbern,
- die Erteilung des Zuschlages an einen Erwerber nur auf der Grundlage eines schriftlichen Unternehmenskonzeptes und die Ausschließung solcher Bieter vom Erwerb, die mit dem Kauf lediglich das Ziel verfolgen, das zu erwerbende Unternehmen "auszuschlachten",
- die Angemessenheit der Beauftragung und Auswahl von Beratern

sicherzustellen.

(4) Auf welche Weise die Bundesregierung und die Treuhandanstalt dafür gesorgt haben, daß die Einhaltung von Investitions- und Arbeitsplatzzusagen vertraglich abgesichert ist.

(5) Durch welche Maßnahmen die Bundesregierung und die Treuhandanstalt gewährleistet haben, daß die Einhaltung vertraglicher Verpflichtungen auf Seiten der Erwerber überwacht und sichergestellt worden ist, und in welchen Fällen und aus welchen Gründen eine nachträgliche Veränderung vertraglicher Vereinbarungen akzeptiert worden ist.

(6) Ob das von der Treuhandanstalt eingeführte Bonussystem zu Fehlentscheidungen bei ihrer Tätigkeit beigetragen hat.

(7) In welchem Umfang und aus welchen Gründen privatisierte Unternehmen insolvent geworden sind und zur Gesamtvollstreckung angemeldet wurden.

(8) Ob und in welchem Umfang durch vertragswidrige oder strafbare Handlungen im Zusammenhang mit der Privatisierung, Sanierung und Abwicklung von Treuhandvermögen der Bundesrepublik Deutschland Schaden zugefügt worden ist.

(9) Ob die Privatisierung von Treuhandvermögen zur Stärkung des Wettbewerbs und regionaler Strukturen beigetragen hat.

(10) Ob bei den Entscheidungen der Treuhandanstalt die Mitbestimmungs- und Mitwirkungsrechte gewahrt worden sind.

(11) Ob und in welchem Umfang die Treuhandanstalt die im jeweiligen Einzelfall Betroffenen über ihre Entscheidungen und Maßnahmen rechtzeitig und angemessen unterrichtet hat.

(12) Wie die Treuhandanstalt das ihr anvertraute Vermögen verwaltet hat und wie das heutige Gesamtdefizit der Treuhandanstalt zustande gekommen ist."

Das Untersuchungsthema war somit in einer Vielzahl von Einzelfragen formuliert, erfaßte in der Zusammenschau der Fragen indes weitgehend die bisherige Tätigkeit der Treuhandanstalt insgesamt. Dieser Befund deckt sich mit der von dem Abgeordneten Thierse (SPD) am 30. September 1993 im Deutschen Bundestag vorgetragenen Begründung des Antrags auf Einsetzung des 2. Untersuchungsausschusses, nach dessen Worten es Ziel des Untersuchungsverfahrens sei, eine "Bilanz der Treuhandarbeit"[2042] zu erstellen.

Es dürfte daher zutreffend sein, den 2. Untersuchungsausschuß Treuhandanstalt von seiner Programmierung her als eine (sehr weitgreifende) Kontrollenquête zu begreifen, die, sofern sich im Verlauf des Verfahrens entsprechende Anhaltspunkte erga-

2042 Thierse (SPD), in: Deutscher Bundestag, 12. WP, stenographische Niederschrift der 179. Sitzung am 30.09.1993, BT-PlPr 12/179, S. 15411 (15412).

ben, Züge einer Mißbrauchsenquête annehmen konnte[2043]. Der späte Zeitpunkt der Einsetzung des 2. Untersuchungsausschusses hat allerdings nicht nur im Regierungslager, sondern auch bei Befürwortern einer Ausweitung der parlamentarischen Kontrolle die Frage aufkommen lassen, ob der 2. Untersuchungsausschuß noch sinnvoll als Kontrollenquête arbeiten könne[2044]. Die eigentliche politische Funktion des 2. Untersuchungsausschusses war mithin die einer Skandalenquête.

Die weite Fassung des Untersuchungsauftrages mußte unter dem Gesichtspunkt des bereits erwähnten Bestimmtheitserfordernisses auf rechtliche Bedenken stoßen. Zwar ist unbestritten, daß sich der Deutsche Bundestag grundsätzlich mit dem gesamten Spektrum der Tätigkeit der Treuhandanstalt befassen durfte, jedoch mußte der konkrete Untersuchungsauftrag sich, um der Bestimmtheitsanforderung zu genügen, auf einen eindeutig abgegrenzten Ausschnitt aus dem gegenständlichen Bereich der parlamentarischen Befassungskompetenz beziehen[2045]. Auf diese Weise soll sichergestellt werden, daß die weitreichenden Befugnissen eines parlamentarischen Untersuchungsausschusses für gezielte Untersuchungen, indes nicht für Ausforschungsenquêten eingesetzt werden[2046].

Es erscheint sehr fraglich, ob die Überprüfung der gesamten bisherigen Tätigkeit der Treuhandanstalt noch die Grenzen einer abgegrenzten politischen Kontrolle einhielt oder bereits als administrative Überkontrolle qualifiziert werden mußte[2047]. Etwas anderes gilt dagegen für den Auftrag an den Untersuchungsausschuß zu klären, ob und inwieweit die zuständigen Ressorts der Bundesregierung ihre Rechts- und Fachaufsicht gegenüber der Treuhandanstalt ordnungsgemäß wahrgenommen haben. Dieser Auftrag beschränkte sich auf einen abgegrenzten Teilbereich der Regierungstätigkeit und sprengte so nicht die Grenzen der, wie ein Vergleich mit der Auftragsformulierung der anderen Untersuchungsausschüsse des Deutschen Bundestages zeigt, üblichen und zulässigen politischen Kontrolle durch Untersuchungsausschüsse[2048].

2043 Den Charakter der Kontrollenquête betont Cloes, in: Wissenschaftliche Dienste des Deutschen Bundestages, Materialien Nr. 125, S. 54.

2044 Geppert / Kachel, in: Schmidt / Lutz (Hrsg.), Chancen und Risiken der industriellen Restrukturierung in Ostdeutschland, S. 69 (77); Hickel / Priewe, Nach dem Fehlstart, S. 77.

2045 Vgl. Steinberger, Rechtsgutachten, erstattet dem 2. Untersuchungsausschuß der 11. WP des Deutschen Bundestages, BT-Drs. 11/7800, S. 1181 (1200 f.).

2046 Schneider, in: Verhandlungen des 57. Deutschen Juristentages, Band II, S. M 54 (M 71).

2047 Vgl. BVerfGE 67, S. 100 (140); zu der "immanenten materiellen Schranke des Untersuchungsrechts" Badura, in: DÖV 1984, S. 760 (762).

2048 Vgl. BVerfGE 67, S. 100 (140).

Der 2. Untersuchungsausschuß Treuhandanstalt legte angesichts der ablaufenden 12. Wahlperiode bereits nach elf Monaten seinen Bericht vor. Trotz der verhältnismäßig kurzen Zeit haben 54 Ausschußsitzungen stattgefunden, von denen 32 mit einer Dauer von jeweils nicht selten 12 bis 14 Stunden der Beweisaufnahme, insbesondere der Vernehmung bzw. Anhörung von 115 Zeugen, sachverständigen Zeugen und Anhörpersonen – darunter eine Reihe von Mitarbeitern der Treuhandanstalt[2049] – gedient haben. Die Protokollniederschriften der Anhörungen und Vernehmungen füllen 9.320 Seiten. Zum Zwecke der Beweisaufnahme hat der Ausschuß zudem umfangreiches Aktenmaterial – insgesamt 1.137 Ordner[2050] – von der Bundesregierung[2051], der Treuhandanstalt, dem Bundesrechnungshof, dem Bundesarchiv Potsdam, sämtlichen Justizministerien der Länder, mehreren Staatsanwaltschaften[2052] sowie von dem Ausschuß Treuhandanstalt beigezogen[2053].

Vor dem Hintergrund der knapp bemessenen Zeit hat es der 2. Untersuchungsausschuß Treuhandanstalt unternommen, unter den zahlreichen ihm aufgetragenen Untersuchungsgegenständen Schwerpunkte zu setzen. Themen der Beweisaufnahmen waren u.a.[2054]:

- der Finanzplan der Treuhandanstalt,
- interne Kontrollmechanismen der Treuhandanstalt,
- das Bonussystem der Treuhandanstalt,

2049 Vgl. im einzelnen Deutscher Bundestag, 12. WP, Beschlußempfehlung und Bericht des 2. Untersuchungsausschusses "Treuhandanstalt" v. 29.08.1994, BT-Drs. 12/8404, Anlage 25 (Register zu gehörten Zeugen, sachverständigen Zeugen und Anhörpersonen).

2050 Deutscher Bundestag, 12. WP, Beschlußempfehlung und Bericht des 2. Untersuchungsausschusses "Treuhandanstalt" v. 29.08.1994, BT-Drs. 12/8404, S. 31, sowie Minderheitenvotum des Berichterstatters der SPD-Fraktion (Berichtsentwurf des Ausschußsekretariats), S. 157.

2051 Bundeskanzleramt, Bundesministerium der Finanzen, Bundesministerium für Wirtschaft, Bundesministerium für Ernährung, Landwirtschaft und Forsten, Bundesministerium für Verkehr.

2052 Staatsanwaltschaften Berlin (einschließlich der ZERV Zentralen Ermittlungstelle für die Bekämpfung von Regierungs- und Vereinigungskriminalität), Halle, Leipzig, Rostock und Stuttgart.

2053 Deutscher Bundestag, 12. WP, Beschlußempfehlung und Bericht des 2. Untersuchungsausschusses "Treuhandanstalt" v. 29.08.1994, BT-Drs. 12/8404, S. 32 f.

2054 Deutscher Bundestag, 12. WP, Beschlußempfehlung und Bericht des 2. Untersuchungsausschusses "Treuhandanstalt" v. 29.08.1994, BT-Drs. 12/8404, S. 32.

- die Prüfung der Bonität von Kaufinteressenten durch die Treuhandanstalt,
- Management-buy-out,
- Berater- und Insiderfragen in der Treuhandanstalt,
- Arbeitsplatz- und Investitionszusagen in Privatisierungsverträgen,
- die Entscheidung der Treuhandanstalt zwischen Sanierung und Abwicklung bei ihr anvertrauten Unternehmen,
- die Handhabung der Landwirtschaft durch die Treuhandanstalt,
- der Umgang der Treuhandanstalt mit ökologischen Altlasten.

Darüber hinaus hat sich der Ausschuß während des Untersuchungsverfahrens mit etwa 100 ausgewählten Einzelfällen befaßt[2055].

Innerhalb des 2. Untersuchungsausschusses "Treuhandanstalt" sowie im Verhältnis zu der Bundesregierung und der Treuhandanstalt bestanden unterschiedliche Auffassungen in Fragen des notwendigen Datenschutzes von Privatpersonen und Unternehmen sowie der Reichweite der Aktenauslieferungspflicht der Treuhandanstalt.

In der erstgenannten Frage konnte ein Konsens gefunden werden[2056]. Aus datenschutzrechtlichen Gründen wurden zahlreiche Dokumente der Treuhandanstalt von der Bundesregierung als der herausgebenden Stelle[2057] als Verschlußsache mit dem Geheimhaltungsgrad VS-Vertraulich im Sinne der Geheimschutzordnung des Deutschen Bundestages[2058] eingestuft und kenntlich gemacht. Der Untersuchungsausschuß erhielt diese Unterlagen zu seiner Information, durfte sie jedoch nicht öffentlich machen[2059]. Die Einstufung als Verschlußsache durfte der Ausschuß nur im Einvernehmen mit der Bundesregierung ändern. Damit blieb die Möglichkeit zu informierender parlamentarischer Kontrolle bestehen, wurde jedoch insoweit be-

2055 SPD-Bundestagsfraktion, Dokumentation Treuhand-Untersuchungsausschuß, S. 34 ff.; vgl. Deutscher Bundestag, 12. WP, Beschlußempfehlung und Bericht des 2. Untersuchungsausschusses "Treuhandanstalt" v. 29.08.1994, BT-Drs. 12/8404, Anlage 1 (Übersicht Beweisbeschlüsse).

2056 Deutscher Bundestag, 12. WP, Beschlußempfehlung und Bericht des 2. Untersuchungsausschusses "Treuhandanstalt" v. 29.08.1994, BT-Drs. 12/8404, S. 33 ff., sowie Minderheitenvotum des Berichterstatters der SPD-Fraktion (Berichtsentwurf des Ausschußsekretariats), S. 159 ff.

2057 § 3 Absatz 2 Satz 1 Geheimschutzordnung des Deutschen Bundestages (Anlage 3 GO-BT).

2058 § 2 Absatz 1, 4 Geheimschutzordnung des Deutschen Bundestages (Anlage 3 GO-BT); ausführlich dazu Achterberg, Parlamentsrecht, S. 573 f.

2059 § 4 Absatz 4 Geheimschutzordnung des Deutschen Bundestages (Anlage 3 GO-BT).

schränkt, als sich ihre die Exekutive disziplinierende Wirkung, die sich bereits durch die Kenntnisnahme von aufgedeckten Mißständen seitens der Legislative vermittelt, durch die (drohende) Veröffentlichung gewöhnlich verstärkt.

Es erscheint allerdings fraglich, ob der gewählte Kompromiß einer rechtlichen Betrachtung standhält. Die Einstufung als Verschlußsache im Sinne der Geheimschutzordnung des Deutschen Bundestages setzt voraus, daß die Kenntnisnahme durch Unbefugte "den Interessen oder dem Ansehen der Bundesrepublik Deutschland oder eines ihrer Länder abträglich (...) sein könnte"[2060]. Die angeführten datenschutzrechtlichen Bedenken gründen sich hingegen auf den Schutz der Belange der betroffenen Privatpersonen und Unternehmen. Privat- und Geschäftsgeheimnisse können eine Einstufung als Verschlußsache nicht rechtfertigen[2061]. Die Bundesregierung hat allerdings ein öffentliches Interesse mit dem Hinweis zu begründen versucht, daß eine Preisgabe von der Treuhandanstalt anvertrauten Privat- oder Geschäftsgeheimnissen zukünftige Erwerbsinteressenten nachhaltig abschrecken und damit zum Nachteil für die wirtschaftliche Entwicklung in den neuen Ländern gereichen werde[2062].

Maßstab und Instrument für den Schutz persönlicher und wirtschaftlicher Belange Privater gegenüber parlamentarischen Informationsbegehren ist nicht die Geheimschutzordnung des Deutschen Bundestages, sondern sind die Grundrechte, namentlich das dem allgemeinen Persönlichkeitsrecht (Artikel 2 Absatz 1 i.V.m. Artikel 1 Absatz 1 GG) immanente Recht auf informationelle Selbstbestimmung sowie die Eigentumsgarantie (Artikel 14 Absatz 1 GG)[2063]. Das Recht auf informationelle Selbstbestimmung schließt grundsätzlich die öffentliche Nennung und Darstellung einer Person ohne ihr Einverständnis aus[2064]. Der grundgesetzlichen Eigentumsgarantie unterfallen Betriebs- und Geschäftsgeheimnisse privater Unternehmen[2065] wie beispielsweise Angaben über Geschäftsverbindungen, Ertrags-

2060 § 2 Absatz 4 Geheimschutzordnung des Deutschen Bundestages (Anlage 3 GO-BT).

2061 Jahn / Engels, in: Schneider / Zeh (Hrsg.), Parlamentsrecht und Parlamentspraxis, § 20, Rz. 20; Raap, in: NJW 1997, S. 508.

2062 Vgl. Deutscher Bundestag, 12. WP, Beschlußempfehlung und Bericht des 2. Untersuchungsausschusses "Treuhandanstalt" v. 29.08.1994, BT-Drs. 12/8404, S. 35.

2063 Raap, in: NJW 1997, S. 508 f.

2064 BVerfGE 65, S. 1 (41 f.).

2065 Breuer, in: Isensee / Kirchhof (Hrsg.), HdbStR § 148 Rz. 26; nach Wolff soll nicht Artikel 14 Absatz 1 GG, sondern Artikel 12 Absatz 1 GG als Schutznorm herangezogen werden; Wolff, in: NJW 1997, S. 98 (100 f.).

lage, Kreditwürdigkeit oder Kalkulationsunterlagen[2066] von Investoren und privatisierten Unternehmen, die in den Privatisierungsunterlagen der Treuhandanstalt regelmäßig enthalten sind. Nachdem aber auch dem parlamentarischen Informationsrecht Verfassungsrang zukommt[2067], begrenzen sich parlamentarischer Informationsanspruch und privater Informationsschutz nach dem Prinzip praktischer Konkordanz[2068] wechselseitig[2069].

Betriebs- und Geschäftsgeheimnisse von Treuhand-Unternehmen waren für den Untersuchungsausschuß leichter zugänglich. Insbesondere eröffnet § 395 Absatz 1 (2. Halbsatz) AktG im Lichte der Rechtsprechung des Bundesverfassungsgerichts[2070] parlamentarischen Untersuchungsausschüssen einen Anspruch auf Information auch über Betriebs- und Geschäftsgeheimnisse, solange die Geheimhaltung durch den Untersuchungsausschuß gewahrt wird[2071].

In der Frage der Reichweite des Akteneinsichtsrechts des Untersuchungsausschusses kam es indes zu keiner Verständigung.

Ausgangspunkt war der am 9. Dezember 1993 im Untersuchungsausschuß gefaßte Beweisbeschluß 2/103, dem zufolge die Beiziehung aller Protokolle von Sitzungen des Verwaltungsrates und des Vorstandes der Treuhandanstalt begehrt wurde[2072]. Zuvor hatte der 2. Untersuchungsausschuß bereits die Beiziehung ausgewählter Protokolle der Verwaltungsratssitzungen beschlossen[2073]. Am 10. März 1994 faßte der Untersuchungsausschuß den Beweisbeschluß 2/174, wonach in Verbindung mit Be-

2066 Knemeyer, in: NJW 1984, S. 2241 (2243 f.).

2067 Vgl. BVerfGE 13, S. 123 (125).

2068 Hesse, Grundzüge des Verfassungsrechts der Bundesrepublik Deutschland, Rz. 72.

2069 Hölscheidt, Frage und Antwort im Parlament, S. 41 ff.

2070 BVerfGE 67, S. 100 ff. (sog. "Flick-Urteil"); BVerfG, NJW 1988, S. 890 ff. (sog. "Neue-Heimat-Beschluß").

2071 Thode, in: AG 1997, S. 547 (554).

2072 Deutscher Bundestag, 12. WP, Beschlußempfehlung und Bericht des 2. Untersuchungsausschusses "Treuhandanstalt" v. 29.08.1994, BT-Drs. 12/8404, Minderheitenvotum des Berichterstatters der SPD-Fraktion (Berichtsentwurf des Ausschußsekretariats), S. 177, sowie Anlage 1 (Übersicht Beweisbeschlüsse), S. 12.

2073 Beweisbeschluß 2/59 v. 28.10.1993 sowie Beweisbeschluß 2/95 v. 01.12.1993, vgl. Deutscher Bundestag, 12. WP, Beschlußempfehlung und Bericht des 2. Untersuchungsausschusses "Treuhandanstalt" v. 29.08.1994, BT-Drs. 12/8404, Minderheitenvotum des Berichterstatters der SPD-Fraktion (Berichtsentwurf des Ausschußsekretariats), S. 178, sowie Anlage 1 (Übersicht Beweisbeschlüsse), S. 7, 11.

weisbeschluß 2/103 auch die Protokolle der Sitzungen der Ausschüsse des Verwaltungsrates der Treuhandanstalt beigezogen werden sollten[2074].

Ihre ursprüngliche Weigerung, diesen Beweisbeschlüssen nachzukommen, gaben Treuhandanstalt und Bundesregierung im Laufe der Auseinandersetzung in weiten Teilen auf. Verwaltungsrat und Vorstand der Treuhandanstalt leiteten dem 2. Untersuchungsausschuß Treuhandanstalt eine Dokumentation ihrer Beschlüsse nebst den dazugehörigen Vorlagen zu. Der Streit beschränkte sich dadurch auf die Herausgabe der Protokolle der Sitzungen des Verwaltungsrates der Treuhandanstalt, soweit diese Niederschriften über den Verlauf der abgehaltenen Beratungen enthielten, sowie auf die Unterlagen der Ausschüsse des Verwaltungsrates der Treuhandanstalt.

Es stellt sich die Frage, ob diese Weigerung eine rechtswidrige Beschneidung der parlamentarischen Befugnis zur Ausübung informierender Kontrolle darstellte. Die Fraktion der SPD im Deutschen Bundestag und deren Mitglieder haben diese Meinung vertreten und am 22. März 1994 eine Organklage bei dem Bundesverfassungsgericht[2075] gegen die Bundesregierung, vertreten durch den Bundeskanzler, sowie den Bundesminister der Finanzen mit dem Antrag erhoben festzustellen, daß die Weigerung der Aktenvorlage gegen Artikel 44 Absatz 1 GG verstoße.

Eine Entscheidung des Bundesverfassungsgerichts ist nicht rechtzeitig vor dem Ende der 12. Wahlperiode ergangen und stand auch im Zeitpunkt der Drucklegung der vorliegenden Arbeit noch aus. Die Diskontinuität des Deutschen Bundestages und der damit verbundene Wegfall der klagenden Fraktion der SPD des 12. Deutschen Bundestages hindert das Bundesverfassungsgericht indes nicht an einer Sachentscheidung[2076]. Selbst im Falle der Erklärung einer Klagerücknahme – wohlmöglich durch die Fraktion der SPD in dem im Zeitpunkt der Erklärung bestehenden Deutschen Bundestag – steht es dem Bundesverfassungsgericht offen, gleichwohl zu einer Sachentscheidung zu gelangen. Das Gericht hat sich in ständiger Rechtsprechung[2077] in Organklageverfahren für befugt erklärt, die Dispositionsmaxime zu durchbrechen, wenn es eine Sachentscheidung wegen ihrer grundsätzlichen und präjudiziellen Bedeutung für geboten erachtet[2078].

2074 Vgl. Deutscher Bundestag, 12. WP, Beschlußempfehlung und Bericht des 2. Untersuchungsausschusses "Treuhandanstalt" v. 29.08.1994, BT-Drs. 12/8404, Minderheitenvotum des Berichterstatters der SPD-Fraktion (Berichtsentwurf des Ausschußsekretariats), S. 188, sowie Anlage 1 (Übersicht Beweisbeschlüsse), S. 20.

2075 Aktenzeichen: 2 BvE 2/94.

2076 A. A. Löwer, in: Isensee / Kirchhof (Hrsg.), HdbStR § 56 Rz. 12.

2077 BVerfGE 24, S. 299 (300).

2078 Vgl. BVerfGE 1, S. 372 (379).

Auch andere Oppositionspolitiker und Autoren haben das Verhalten von Treuhandanstalt und Bundesregierung scharf kritisiert[2079].

Eine Rechtswidrigkeit der Weigerung von Treuhandanstalt und Bundesregierung, die Verlaufsprotokolle der Sitzungen des Verwaltungsrates der Treuhandanstalt dem 2. Untersuchungsausschuß Treuhandanstalt zugänglich zu machen, konnte nur insoweit in Betracht kommen, als der Untersuchungsgegenstand zulässig und damit eine rechtlich tragfähige Grundlage für die in Rede stehenden Beweisbeschlüsse war. Wie bereits ausgeführt, erscheint sehr zweifelhaft, ob die bisherige Tätigkeit der Treuhandanstalt insgesamt Gegenstand der Untersuchung sein durfte. Derartige Bedenken bestanden indes nicht hinsichtlich der Untersuchung des Aufsichtsverhaltens der Bundesregierung.

An anderer Stelle wurde bereits dargelegt, daß die informierende parlamentarische Kontrolle der Regierungsaufsicht über die Treuhandanstalt eine auf die Treuhandanstalt wirkende kontrollierende Wirkung zu vermitteln geeignet war. Daher wäre auch die hier allein noch in Frage stehende rechtswidrige Beschneidung der informierenden parlamentarischen Kontrolle der Regierungsaufsicht über die Treuhandanstalt mittelbar auch für die Ausübung parlamentarischer Kontrolle über die Treuhandanstalt selbst von Belang.

Eine rechtswidrige Beschneidung der informierenden parlamentarischen Kontrolle setzte voraus, daß den in Rede stehenden Protokollen Kontrollrelevanz, also ein Informationsgehalt für den Gegenstand der Enquête zukommen konnte. Andernfalls wären die Beweisbeschlüsse mißbräuchlich und die Versagung des Herausgabebegehrens deshalb rechtmäßig[2080].

Untersuchungsgegenstand war zum einen die Tätigkeit der Treuhandanstalt. Diese wurde in Entscheidungen und Maßnahmen (des Vorstandes und) des Verwaltungsrates manifest, nicht bereits in dem vorgelagerten internen Entscheidungsfindungsprozeß. Für die informierende Kontrolle des Deutschen Bundestages unmittelbar über die Treuhandanstalt war die Vorlage der in Rede stehenden Protokolle daher verzichtbar. Eine abschließende Prüfung der bereits aufgeworfenen Frage, ob dieser Untersuchungsgegenstand überhaupt zulässig war, erübrigt sich daher.

Untersuchungsgegenstand war zum anderen die Ausübung der Fach- und Rechtsaufsicht durch die Bundesregierung. Diese hat sich, wie ausführ-

2079 Vgl. Schulz (Bündnis 90 / Die Grünen), zitiert nach Falkner, Absturz in die Marktwirtschaft, S. 247: "Treuhand als marktwirtschaftliche Dunkelkammer, in der das Parlament nichts zu suchen hat"; Köhler, Die große Enteignung, S. 206 ff.; Nick / Steinitz, in: Behrend (Hrsg.), Die Abwicklung der DDR, S. 119 (135 f.)

2080 Vgl. Busse, Bundeskanzleramt und Bundesregierung, S. 109; Schwarz, in: LKV 1998, S. 262 (263); Weis, in: DVBl. 1988, S. 268 (272).

lich gezeigt wurde, bei der Wahrnehmung ihrer Aufsichtsaufgabe nicht auf förmliche, dem Nachordnungsverhältnis entspringende Aufsichtsmittel beschränkt, sondern als mittelbare Form der Aufsichtsführung die Mitwirkung in Gremien, insbesondere in dem Verwaltungsrat der Treuhandanstalt, angesehen. Wenn das Verhalten der Vertreter der Bundesregierung im Verwaltungsrat der Treuhandanstalt somit Bestandteil der Aufsichtstätigkeit der Bundesregierung gegenüber der Treuhandanstalt war, konnte die Information hierüber für die entsprechende parlamentarische informierende Kontrolle der Bundesregierung von Belang sein. Den Verlaufsprotokollen der Sitzungen des Verwaltungsrates, denen sich diese Information entnehmen ließ, konnte daher eine Kontrollrelevanz nicht von vornherein abgesprochen werden.

Bundesregierung und Treuhandanstalt haben ihre Weigerung, den in Rede stehenden Beweisbeschlüssen nachzukommen, insbesondere mit dem Verweis auf den ihrer Meinung nach betroffenen Kernbereich exekutiver Eigenverantwortung gerechtfertigt[2081]. Tatsächlich ist ein Kernbereich exekutiver Eigenverantwortung, dem insbesondere die interne Willensbildung der Regierung selbst einschließlich der entsprechenden Vorbereitungsprozesse zuzurechnen ist, als Grenze der Aktenvorlagepflicht gegenüber parlamentarischen Untersuchungsausschüssen verfassungsgerichtlich anerkannt. Dies gilt für laufende Vorgänge grundsätzlich, ist aber auch bei abgeschlossenen Vorgängen denkbar[2082].

Die Freiheit von parlamentarischer Kontrolle muß sich auch auf abgeschlossene Vorgänge aus dem Kernbereich exekutiver Eigenverantwortung erstrecken, soweit und solange die ansonsten zu gegenwärtigende Nachkontrolle dazu führen würde, daß Exekutivorgane ihre Funktionsfähigkeit einbüßen. Dies gilt beispielsweise für die Aussprache im Kabinett und ähnlichen, auf die Herstellung von Konsens angewiesenen Gremien, deren not-

2081 S. Balz, Stellungnahme zur Herausgabe von Verwaltungsratsunterlagen an den Untersuchungsausschuß entsprechend den Beweisbeschlüssen 2/95 und 2/103 des Untersuchungsausschusses "Treuhandanstalt" v. 03.01.1994, Nachdruck in: Deutscher Bundestag, 12. WP, Beschlußempfehlung und Bericht des 2. Untersuchungsausschusses "Treuhandanstalt" v. 29.08.1994, BT-Drs. 12/8404, Anlage 4; Entscheidung des Bundeskabinetts v. 13.01.1994, zitiert nach: Deutscher Bundestag, 12. WP, Beschlußempfehlung und Bericht des 2. Untersuchungsausschusses "Treuhandanstalt" v. 29.08.1994, BT-Drs. 12/8404, Minderheitenvotum des Berichterstatters der SPD-Fraktion (Berichtsentwurf des Ausschußsekretariats), S. 180.

2082 BVerfGE 67, S. 100 (139); dazu auch Steinberger, Rechtsgutachten, erstattet dem 2. Untersuchungsausschuß der 11. WP des Deutschen Bundestages, BT-Drs. 11/7800, S. 1181 (1206); Löwer, in: JURA 1985, S. 358 (366).

wendige Offenheit verloren ginge, wäre damit zu rechnen, daß die Aussprache im Nachhinein öffentlich gemacht würde[2083].

Der Gedanke eines von parlamentarischer Kontrolle abgeschirmten Kernbereichs wurde in der zitierten Rechtsprechung des Bundesverfassungsgerichts aus dem Prinzip der Gewaltenteilung entwickelt und auf den Bereich der Regierung bezogen. Daraus könnte der Schluß gezogen werden, daß der Exekutive im übrigen, d.h. außerhalb des gubernativen Sektors, ein von parlamentarischer Kontrolle abgeschirmter Kernbereich nicht zusteht. Allerdings hat das Bundesverfassungsgericht selber die Funktionsfähigkeit der Exekutive über den Bereich der Gubernative hinaus regelmäßig als verfassungsrechtlich relevantes Gut eingestuft[2084]. Dementsprechend ist der Anspruch auf Aktenherausgabe, dem allerdings im Rahmen des parlamentarischen Untersuchungsrechts Verfassungsrang zukommt[2085], mit anderen verfassungsrechtlich relevanten Gütern, zu denen die Funktionsfähigkeit der Exekutive über den Bereich der Gubernative hinaus zählt, in Einklang zu bringen.

Der Verwaltungsrat der Treuhandanstalt war ein der Akteursvernetzung dienendes und damit auf die Herstellung von Konsens ausgerichtetes Gremium[2086]. Er war in besonderem Maße auf die Vertraulichkeit seiner Beratungen angewiesen, da sie allein es den Mitgliedern, die aus Bundesregierung und Länderregierungen, aus Unternehmerschaft und Gewerkschaften entstammten und gänzlich unterschiedliche Interessen repräsentierten, er-

2083 Vgl. Arloth, in: NJW 1987, S. 808 (811); Berthy, in: Damkowski (Hrsg.), Der parlamentarische Untersuchungsausschuß, S. 32 (38); Busse, in: DÖV 1989, S. 45 (48 f.); Engels, Parlamentarische Untersuchungsausschüsse, S. 34; Memminger, in: DÖV 1986, S. 15 (22); Schneider, in: Schneider / Zeh (Hrsg.), Parlamentsrecht und Parlamentspraxis, § 38, Rz. 58.

2084 Vgl. Lerche, "Funktionsfähigkeit" – Richtschnur verfassungsrechtlicher Auslegung, in: BayVBl 1991, S. 517 ff.; vgl. zur Wahrung der Handlungsfähigkeit staatlicher Organe als Grenze parlamentarischen Untersuchungsrechts auch Böckenförde, in: AöR 103 (1978), S. 1 (17).

2085 BVerfGE 67, S. 100 (134).

2086 Vgl. Balz, Stellungnahme zur Herausgabe von Verwaltungsratsunterlagen an den Untersuchungsausschuß entsprechend den Beweisbeschlüssen 2/95 und 2/103 des Untersuchungsausschusses "Treuhandanstalt" v. 03.01.1994, Nachdruck in: Deutscher Bundestag, 12. WP, Beschlußempfehlung und Bericht des 2. Untersuchungsausschusses "Treuhandanstalt" v. 29.08.1994, BT-Drs. 12/8404, Anlage 4, S. 6 f.; Präsident des Verwaltungsrates der Treuhandanstalt Lennings, zitiert in: Deutscher Bundestag, 12. WP, Beschlußempfehlung und Bericht des 2. Untersuchungsausschusses "Treuhandanstalt" v. 29.08.1994, Minderheitenvotum des Berichterstatters der SPD-Fraktion (Berichtsentwurf des Ausschußsekretariats), BT-Drs. 12/8404, S. 184 f.

möglichte, zügig und sachorientiert gemeinsame Standpunkte zu finden. Diese für die Sache notwendige Freiheit von politischem Opportunismus wäre verloren, hätten die Mitglieder des Verwaltungsrates damit rechnen müssen, daß ihre Beratungen öffentlich werden. Damit wäre zugleich die dem Verwaltungsrat der Treuhandanstalt in seiner Zusammensetzung zukommende bedeutende Funktion der Akteursvernetzung zur Zielabstimmung und damit Vermeidung von Reibungsverlusten und wechselseitiger Blockierung[2087] verloren gegangen. Insofern konnten die namentlich für Kabinettsprotokolle entwickelten Gedanken zur Kontrollfreiheit des Kernbereichs exekutiver Eigenverantwortung auf die Protokolle des Verwaltungsrates der Treuhandanstalt, soweit sich aus ihnen der interne Willensbildungsprozeß ablesen ließ, übertragen werden.

Die Weigerung von Treuhandanstalt und Bundesregierung gegenüber dem 2. Untersuchungsausschuß, die Verlaufsprotokolle der Sitzungen des Verwaltungsrates der Treuhandanstalt zur Verfügung zu stellen, wird mithin als rechtmäßig angesehen[2088].

cc) sonstige Informationsquellen

Der informierenden parlamentarischen Kontrolle dienten weiterhin eine Reihe von Informationsveranstaltungen bei Unternehmen und in Regionen mit problematischen Umstrukturierungsvorhaben in den neuen Bundesländern, die sowohl der Unterausschuß Treuhandanstalt des Haushaltsausschusses wie auch der Ausschuß Treuhandanstalt durchführten[2089].

Einzelne Abgeordnete des Deutschen Bundestages erlangten durch ihre Mitgliedschaft in Gremien der Treuhandanstalt oder ihrer Unternehmen unmittelbare Einsicht in die Tätigkeit der Treuhandanstalt. Neben dem herausragenden, bereits mehrfach genannten Beispiel Hermann Rappes als Mitglied des Verwaltungsrates der Treuhandanstalt sind die ebenfalls bereits erwähnten Mitgliedschaften von Parlamentariern im Beirat einer Niederlassung der Treuhandanstalt und in Aufsichtsräten von Treuhand-Unternehmen aufzuführen.

2087 Vgl. Czada, in: Fischer / Hax / Schneider (Hrsg.), Treuhandanstalt – Das Unmögliche wagen, S. 148 (169 f.).

2088 So auch Schmidt-Preuß, in: Isensee / Kirchhof (Hrsg.), HdbStR § 219, Rz. 17 (Fn. 56), der neben dem Schutz des Kernbereichs exekutiver Eigenverantwortung Geheimhaltungsinteressen betroffener Unternehmen als Rechtfertigungsgrund für die Verweigerung der Aktenvorlage ansieht.

2089 Cloes, in: Wissenschaftliche Dienste des Deutschen Bundestages, Materialien Nr. 125, S. 35 ff.

Das Gespräch mit der Treuhandanstalt haben immer wieder einzelne Abgeordnete oder Parlamentariergruppen insbesondere aus den neuen Bundesländern gesucht[2090]. Für einzelne Abgeordnete gaben häufig konkrete Bitten oder Beschwerden aus ihrem Wahlkreis Anlaß zur Aufnahme unmittelbaren Kontakts mit der Treuhandanstalt.

Eine weitere, sehr bedeutsame Quelle der Information über die Treuhandanstalt waren für den Deutschen Bundestag die Berichte des Bundesrechnungshofes[2091], die sich auch auf die Ergebnisse der Prüfung der Treuhandanstalt bezogen[2092]. Hierauf ist in einem gesonderten nachfolgenden Abschnitt ausführlicher einzugehen.

d) sanktionierende Kontrolle

Befugnisse zur Ausübung sanktionierender Kontrolle standen dem Deutschen Bundestag unmittelbar der Treuhandanstalt gegenüber nicht zu. Die gegenüber der Bundesregierung zur Verfügung stehenden Instrumente sanktionierender parlamentarischer Kontrolle, insbesondere die Möglichkeit des konstruktiven Mißtrauensvotums, waren für eine Instrumentalisierung für Zwecke der parlamentarischen Kontrolle über die Treuhandanstalt ungeeignet.

3. Kontrolle durch den Bundesrechnungshof

Der Bundesrechnungshof ist fachlich unabhängig und nur dem Gesetz unterworfen[2093]. Er ist in seiner Tätigkeit von Einwirkungen der Exekutive wie der Legislative durch Weisungen o.ä. frei. Das Wirken des Bundesrechnungshofes wird daher als externe öffentliche Finanzkontrolle bezeichnet[2094].

2090 Z.B. Gespräch einer Parlamentariergruppe aus den neuen Bundesländern mit dem Vorstand der Treuhandanstalt am 11.11.1991 in Bonn; vgl. Treuhandanstalt, Tagesordnung der Vorstandssitzung am 12.11.1991, Nachdruck in: Treuhandanstalt (Hrsg.), Dokumentation 1990-1994, Band 2, S. 807 (810).

2091 Artikel 114 Absatz 2 Satz 2 GG, § 97 BHO.

2092 § 111 Absatz 1, § 112 Absatz 2 Satz 1 BHO, § 55 Absatz 1 HGrG; § 99 BHO.

2093 Artikel 114 Absatz 2 Satz 1 GG, § 1 Satz 1 BRHG; Zavelberg, in: Die Verwaltung 28 (1995), S. 513 (514).

2094 Nawrath, in: Heuer, HbdFK, Vorbem. zu Teil V BHO, Rz. 2.

Diese Unabhängigkeit unterscheidet den Bundesrechnungshof von der verwaltungsinternen Finanzkontrolle. Gleichzeitig ist der Bundesrechnungshof durch seine eigenständige Rechtsstellung als nichtministerielle oberste Bundesbehörde[2095] von den fach- und rechtsaufsichtführenden Stellen geschieden.

Seine Funktion erfüllt der Bundesrechnungshof in erster Linie dadurch, daß er aus eigenem Entschluß – nicht selten unter Berücksichtigung von Prüfungsersuchen insbesondere des Haushaltsausschusses des Deutschen Bundestages, aber auch der Bundesregierung[2096] – Prüfungen vornimmt. Daneben bestehen ihm gegenüber Berichtspflichten, denen die Verpflichteten unaufgefordert nachzukommen haben.

a) Prüfungen durch den Bundesrechnungshof

Bei der Arbeit des Bundesrechnungshofes steht die Durchführung von Prüfungen im Vordergrund.

aa) Prüfungskompetenz

Eine Kontrolle der Treuhandanstalt durch den Bundesrechnungshof war spezialgesetzlich angelegt. Im Lichte einer den vereinigungsbedingten Austausch der haushaltsrechtlichen Bestimmungen berücksichtigenden Auslegung war § 2 Absatz 5 TreuhG als Verweisung auf die § 96 Absatz 2 HO-DDR entsprechende Vorschrift des § 112 Absatz 2 BHO zu verstehen. Gleichermaßen ist der Verweis in § 17 TreuhS auf die Prüfungskompetenz des Rechnungshofes der Republik unter Berücksichtigung der geänderten Rechtslage seit dem 3. Oktober 1990 dahingehend auszulegen, daß nunmehr auf den Bundesrechnungshof Bezug genommen wird. Gemäß § 111 Absatz 1 BHO i.V.m. § 112 Absatz 2 Satz 1 BHO ebenso wie in entsprechender Anwendung des § 17 TreuhS oblag dem Bundesrechnungshof daher die Prüfung der Haushalts- und Wirtschaftsführung der Treuhandanstalt[2097].

Daneben leitete sich die Prüfungskompetenz des Bundesrechnungshofes auch aus § 48 Absatz 2 HGrG sowie § 55 Absatz 1 HGrG ab. Als Anstalt des öffentlichen Rechts gehörte die Treuhandanstalt zu dem Kreis der von der Norm betroffenen juristischen Personen, der gegenüber für den Bund durch § 4 THAKredG eine gesetzliche Garantieverpflichtung begründet

2095 Heuer, in: Heuer, HbdFK, § 1 BRHG, Rz. 2; Zavelberg, in: Die Verwaltung 28 (1995), S. 513 (514).

2096 Zavelberg, in: Die Verwaltung 28 (1995), S. 513 (514).

2097 Zavelberg, in: Die Verwaltung 28 (1995), S. 513 (514).

war. Die Prüfung nach § 55 Absatz 1 HGrG gleicht der nach § 111 Absatz 1 BHO i.V.m. § 112 Absatz 2 Satz 1 BHO[2098].

Nachdem die Treuhandanstalt einen Teil ihrer Tätigkeit durch funktionale Beteiligungsunternehmen in privatrechtlicher Rechtsform wahrnehmen ließ, bestand ein gesteigertes Bedürfnis, den Bundesrechnungshof auch dort prüfen zu lassen. § 111 Absatz 1 BHO war allerdings auf diese Unternehmen nicht anwendbar. Dieses Defizit wurde nach Maßgabe der § 54 HGrG bzw. § 104 Absatz 1 Ziffer 3 BHO durch Bestimmungen in den Satzungen der in Rede stehenden Unternehmen kompensiert, die dem Bundesrechnungshof ausdrücklich eine Prüfungskompetenz einräumten[2099]. Auch die Gesellschaftsverträge der Management-KGen enthielten einen Passus, wonach § 54 HGrG anzuwenden war[2100].

bb) Prüfungsziele

Die Kontrolltätigkeit des Bundesrechnungshofes wirkte in zwei Richtungen. Einerseits leistete er durch die Berichterstattung über das Ergebnis seiner Prüfungstätigkeit an Bundestag und Bundesrat die notwendige Vorarbeit für die parlamentarische Finanzkontrolle. Dieser Aspekt der Arbeit des Bundesrechnungshofes wird daher allgemein als vorbereitende Finanzkontrolle bezeichnet[2101]. Andererseits wirkte der Bundesrechnungshof unmittelbar auf die Treuhandanstalt durch die Prüfung ihres Finanzgebarens ein. Diese Seite der Tätigkeit des Bundesrechnungshofes wird allgemein mit dem Begriff der Verwaltungskontrolle gekennzeichnet.

Mit der ihm aufgetragenen Prüfung der Haushalts- und Wirtschaftsführung der Treuhandanstalt hatte der Bundesrechnungshof die Aufgabe, einen gegebenen Sachverhalt festzustellen, in seinen finanzwirksamen Faktoren nachzuvollziehen, mit Hinblick auf die einschlägigen Prüfungsmaßstäbe zu analysieren und wenn möglich zu bewerten[2102]. Als Annex aus der Prüfungstätigkeit ergab sich die im grundgesetzlichen Prüfungsauftrag einge-

2098 Vgl. Heuer, in: Heuer, HbdFK, § 55 HGrG, Rz. 1 und 6.

2099 Z.B. § 18 des Gesellschaftsvertrages der Liegenschaftsgesellschaft der Treuhandanstalt mbH (TLG), Nachdruck in: Treuhandanstalt (Hrsg.), Dokumentation 1990 – 1994, Band 8, S. 405 (414); § 4 Absatz 6 des Treuhand- und Geschäftsbesorgungsvertrages zwischen der Treuhandanstalt und der Bodenverwertungs- und -verwaltungs GmbH (BVVG) und anderen, Nachdruck in: Treuhandanstalt (Hrsg.), Dokumentation 1990-1994, Band 15, S. 454 (458).

2100 S. aber: o. N., in: Die Zeit v. 28.04.1995, S. 22.

2101 Vogel / Kirchhof, in: Dolzer / Vogel (Hrsg.), BK, Artikel 114, Rz. 71.

2102 Heuer, in: Heuer, HbdFK, Artikel 114 GG, Rz. 63; Stern, Staatsrecht der Bundesrepublik Deutschland, Band II, § 34 Anm. III.3.

schlossene, in § 42 Absatz 5 HGrG, § 88 Absatz 2 BHO angesprochene Beratungstätigkeit. Prüfen ist nicht Selbstzweck, sondern erfolgt unter dem Gesichtspunkt der Verwaltungskontrolle das Ziel, Mängel für die Zukunft abzustellen und Verbesserungen einzuführen[2103]. Daher sprach der Bundesrechnungshof auf der Grundlage von ausgewerteten Prüfungsfeststellungen Hinweise und Empfehlungen aus[2104]. Gemäß § 111 Absatz 1 Satz 2 BHO waren die §§ 89 bis 99, 102, 103 BHO entsprechend anzuwenden.

cc) Prüfungsgegenstand

Gemäß § 111 Absatz 1 Satz 1 BHO, § 17 TreuhS prüfte der Bundesrechnungshof die Haushalts- und Wirtschaftsführung der Treuhandanstalt.

Die Formulierungen der § 111 Absatz 1 Satz 1 BHO, § 17 TreuhS waren insofern ungenau, als sie die Prüfung der Haushaltsführung anordneten. Eine Haushaltsführung kann es nur bei solchen bundesunmittelbaren juristischen Personen geben, für die ein eigener Haushaltsplan im Sinne des § 106 BHO existiert. Denn mit dem Begriff der Haushaltsführung sind Vorgänge bezeichnet, mit denen der betreffende Haushaltsplan oder das Haushaltsgesetz ausgeführt werden[2105]. Als Unternehmen im Sinne des § 112 Absatz 2 Satz 1 BHO war auf die Treuhandanstalt jedoch § 106 BHO nicht anwendbar[2106]. Statt dessen hatte die Treuhandanstalt einen Wirtschaftsplan zu erstellen[2107] und nach den Regeln der kaufmännischen doppelten Buchführung zu verfahren[2108]. Der Bundesrechnungshof prüfte daher nicht die Haushaltsführung, sondern die Wirtschaftsführung der Treuhandanstalt[2109].

Eine kameralistische Haushalts- und Rechnungsführung, d.h. ein Wirtschaften nach Einnahmen und Ausgaben des Haushaltsplanes, wurde angesichts der überwiegend unternehmerischen Aufgabenstellung und Arbeitsweise der Treuhandanstalt zunächst nicht für zweckmäßig erachtet. Gleichwohl baute die Treuhandanstalt neben der kaufmännischen auch eine kameralistische Buchhaltung auf. Dabei wurden Geschäftsvorfälle zunächst in der kaufmännischen, nach den Grundsätzen der doppelten Buchführung aufgebauten Finanzbuchhaltung erfaßt, die zahlungswirksamen

2103 Heuer, in: Heuer, HbdFK, Artikel 114 GG, Rz. 87.

2104 Heuer, in: Heuer, HbdFK, Artikel 114 GG, Rz. 63; konkret bezüglich der Treuhandanstalt Zavelberg, in: Die Verwaltung 28 (1995), S. 513 (529).

2105 Nawrath, in: Heuer, HbdFK, § 88 BHO, Rz. 6.

2106 Heuer, in: Heuer, HbdFK, § 112 BHO, Rz. 9; Piduch, Bundeshaushaltsrecht, § 112 BHO, Rz. 3; widersprüchlich die andere Auffassung bei Piduch, Bundeshaushaltsrecht, § 105 BHO, Rz. 3.

2107 § 15 TreuhS; vgl. § 110 BHO.

2108 Vgl. § 6 TreuhG, § 16 TreuhS, § 21 Absatz 5 DMBilG.

2109 Heuer, in: Heuer, HbdFK, § 112 BHO, Rz. 14; Piduch, Bundeshaushaltsrecht, § 111 BHO, Rz. 3.

Vorgänge anschließend in die Kameralistik einmal täglich automatisch übergeleitet. Die Erfassung der Zahlungsvorgänge im kameralistischen Buchungskreis bildete sodann die Grundlage insbesondere für die Budgetkontrolle.

Unter (Haushalts- und) Wirtschaftsführung ist grundsätzlich jede finanzwirtschaftliche Betätigung zu verstehen[2110]. Prüfbar ist damit jede Maßnahme oder Unterlassung, die für sich allein oder auch als Teil eines Verfahrensablaufs geeignet ist, sich finanziell auszuwirken[2111]. Hierzu zählen auch organisatorische und personalwirtschaftliche Entscheidungen[2112].

Die Prüfung der Wirtschaftsführung erstreckt sich nur auf abgeschlossene Vorgänge[2113], was nicht bedeutet, daß der Vorgang bereits finanzwirksam geworden sein muß. Eine laufende, nicht abgeschlossene Tätigkeit darf jedoch nicht Prüfungsgegenstand sein[2114]. Dennoch hat der Bundesrechnungshof bei der Treuhandanstalt gelegentlich in laufenden Privatisierungsverfahren geprüft. Als Beispiel kann die Prüfung des geplanten Verkaufs der Interhotel-Gruppe im November 1991 genannt werden.

In jenem Fall prüfte der Bundesrechungshof auf Bitten des Unterausschusses "Treuhandanstalt" des Deutschen Bundestages das Verfahren zur Privatisierung der Deutsche Interhotel AG[2115]. Die Vergabeentscheidungen fällten die zuständigen Gremien der Treuhandanstalt, Vorstand und Verwaltungsrat, im Laufe des Monats November 1991[2116]. Ebenfalls im November führte der Bundesrechnungshof seine Prüfung durch[2117]. Die Prüfung erfolgte also in der Schlußphase der Privatisierungsverhandlungen und setzte ein, bevor der Zuschlag erteilt worden war. Dies ist bemerkenswert. Zwar kann der Bundesrechnungshof im Rahmen sog. Maßnahmeprü-

2110 Vgl. Nawrath, in: Heuer, HbdFK, § 88 BHO, Rz. 5.

2111 § 89 Absatz 1 Ziffer 2 BHO; Heuer, in: Heuer, HbdFK, § 111 BHO, Rz. 3.

2112 Nawrath, in: Heuer, HbdFK, § 88 BHO, Rz. 7 sowie § 89 BHO, Rz. 3.

2113 Bundesministerium der Finanzen, Das Haushaltssystem der Bundesrepublik Deutschland, S. 66; Heuer, in: Heuer, HbdFK, § 111 BHO, Rz. 3.

2114 Nawrath, in: Heuer, HbdFK, § 88 BHO, Rz. 4 sowie § 89 BHO, Rz. 4.

2115 Cloes, in: Wissenschaftliche Dienste des Deutschen Bundestages, Materialien Nr. 125, S. 34; Bemerkungen des Bundesrechnungshofes 1992 zur Haushalts- und Wirtschaftsführung, in: Deutscher Bundestag, 12. WP, BT-Drs. 12/3250, S. 107 f.

2116 Behandlung im Vorstand am 05.11.1991, im Verwaltungsrat am 22.11.1991; Treuhandanstalt, Tagesordnung der Vorstandssitzung am 05.11.1991, TOP 2 b), und Tagesordnung der Verwaltungsratssitzung am 22.11.1991, TOP 6, Nachdruck in: Treuhandanstalt (Hrsg.), Dokumentation 1990-1994, Band 2, S. 804 und 815; Bemerkungen des Bundesrechnungshofes 1992 zur Haushalts- und Wirtschaftsführung, in: Deutscher Bundestag, 12. WP, BT-Drs. 12/3250, S. 107 f.

2117 Breuel (Hrsg.), Treuhand intern, S. 268.

fungen im Sinne von § 89 Absatz 1 Ziffer 2 BHO Vorgänge untersuchen, noch bevor sie zu Einnahmen, Ausgaben oder förmlichen Rechnungen führen, was ihm die Möglichkeit zeitnaher Prüfung komplexen Verwaltungshandelns, namentlich Privatisierungen, eröffnet[2118]. Selbst Maßnahmeprüfungen finden indes an sich nachträglich statt[2119].

Bei der Neufassung des Artikels 114 GG[2120] verfolgte der Gesetzgeber die Absicht, prüfungsfreie Räume auszuschließen[2121]. Daher waren auch Ermessensentscheidungen der Treuhandanstalt von der Prüfungsbefugnis des Bundesrechnungshofes nicht ausgenommen. Jedoch war der administrative Ermessensspielraum zu beachten[2122], der Bundesrechnungshof daher auf die Überprüfung von Mängeln in den Grundlagen der Ermessensentscheidungen sowie auf problematische, nicht gewollte oder nicht vorhergesehene finanzwirksame Folgen der Ermessensentscheidungen beschränkt.

Die Kompetenz des Bundesrechnungshofes zur Prüfung des Finanzgebarens der Treuhandanstalt war lückenlos. Damit verband sich jedoch nicht eine Pflicht des Bundesrechnungshofes zu lückenloser Kontrolle. Ein solches Vorhaben wäre angesichts der Fülle des Stoffes mit vertretbarem Aufwand nicht durchführbar gewesen. Der Bundesrechnungshof hatte daher ein Ermessen bei der Auswahl der Prüfungsvorhaben und der Abgrenzung des Prüfungsstoffes sowie der Festlegung der Prüfungstiefe[2123]. Begrenzt wurde dieses Recht zur Beschränkung oder zum Unterlassen von Prüfungen durch die Pflicht des Bundesrechnungshofes, die ihm zugedachten gesetzlichen Aufgaben und Funktionen, insbesondere die Berichtspflicht nach Artikel 114 Absatz 2 Satz 2 GG, § 97 BHO, zu erfüllen[2124]. Der Bundesrechnungshof hat einzelne Prüfungen auch auf gezielte Bitte der zuständigen Gremien des Deutschen Bundestages[2125] sowie der Bundesregierung[2126] hin durchgeführt.

2118 Nawrath, in: Heuer, HbdFK, § 89 BHO, Rz. 3.

2119 Nawrath, in: Heuer, HbdFK, § 89 BHO, Rz. 3.

2120 Gesetz zur Änderung des Grundgesetzes v. 12.05.1969, BGBl. I, S. 357.

2121 Vgl. Nawrath, in: Heuer, HbdFK, § 88 BHO, Rz. 1.

2122 Bundesministerium der Finanzen, Das Haushaltssystem der Bundesrepublik Deutschland, S. 66.

2123 § 89 Absatz 2 BHO i.V.m. § 111 Absatz 1 Satz 2 BHO.

2124 Dazu Nawrath, in: Heuer, HbdFK, § 89 BHO, Rz. 6.

2125 Z.B. Privatisierung der Deutschen Interhotel AG durch die Treuhandanstalt: Bundesrechnungshof, Bemerkungen des Bundesrechnungshofes 1992 zur Haushalts- und Wirtschaftsführung (einschließlich der Feststellungen zur Jahresrechnung des Bundes 1990), BT-Drs. 12/3250, S. 107 f.; z.B. Personalausgaben der Treuhandanstalt: Bundesrechnungshof, Bemerkungen des Bundes-

dd) Prüfungsmaßstab

Maßstäbe der Prüfung waren Ordnungsmäßigkeit und Wirtschaftlichkeit des Finanzgebarens[2127]. Diese Vorgaben des Artikels 114 Absatz 2 Satz 1 GG konkretisiert § 90 BHO. Der Begriff der Ordnungsmäßigkeit ist dabei in einem weiteren Sinne gemeint. Er umfaßt nicht nur die Einhaltung der Vorschriften der Buchführung, sondern des gesamten, für das Finanzgebaren der Treuhandanstalt maßgebenden Rechts einschließlich der Verwaltungsvorschriften, Einzelweisungen und sonstigen Vorgaben[2128]. Der Bundesrechnungshof hatte mithin die Rechtmäßigkeit der Vermögenswirtschaft der Treuhandanstalt insgesamt zu prüfen.

Wirtschaftlichkeit ist ein aus der Wirtschaftswissenschaft entlehnter Begriff und bedeutet formal die optimale Kosten-Nutzen-Relation, d.h. entweder ein gegebenes Ziel mit möglichst geringem Mitteleinsatz zu realisieren oder mit gegebenem Mitteleinsatz einen größtmöglichen Nutzen zu erreichen[2129]. Nach dem Grundsatz der Sparsamkeit[2130] sind die einzusetzenden Mittel auf den zur Erfüllung der Aufgabe unbedingt notwendigen Umfang zu beschränken[2131]. Dies gilt auch im Hinblick auf den Personalaufwand und die Organisationsstruktur[2132].

rechnungshofes 1993 zur Haushalts- und Wirtschaftsführung (einschließlich der Feststellungen zur Jahresrechnung des Bundes 1991), BT-Drs. 12/5650, S. 169; dazu Cloes, in: Wissenschaftliche Dienste des Deutschen Bundestages, Materialien Nr. 125, S. 33 ff.

2126 Z.B. Prüfung des leistungsabhängigen Vergütungssystems für Führungspersonal der Treuhandanstalt (sog. Bonussystem); vgl. Deutscher Bundestag, Beschlußempfehlung und Bericht des 2. Untersuchungsausschusses "Treuhandanstalt", BT-Drs. 12/8404, S. 75.

2127 Heuer, in: Heuer, HbdFK, § 112 BHO, Rz. 14; Piduch, Bundeshaushaltsrecht, § 111 BHO, Rz. 3.

2128 § 90 (1. HS) BHO; Heuer, in: Heuer, HbdFK, Artikel 114 GG, Rz. 64 f.; Nawrath, in: Heuer, HbdFK, § 90 BHO, Rz. 3; Zavelberg, in: Die Verwaltung 28 (1995), S. 513 (521 f.).

2129 Ringe, in: Dichtl / Issing (Hrsg.), Vahlens großes Wirtschaftslexikon, Stichwort "Wirtschaftlichkeitsprinzip", Band 2, S. 947; Vorl. VV zu § 7 BHO, Ziffer 1.1; Heuer, in: Heuer, HbdFK, Artikel 114 GG, Rz. 66; Nawrath, in: Heuer, HbdFK, § 90 BHO, Rz. 9; Zavelberg, in: Die Verwaltung 28 (1995), S. 513 (522).

2130 § 90 Ziffer 3 BHO i.V.m. § 11 Absatz 1 Satz 2 BHO.

2131 Vorl. VV zu § 7 BHO, Ziffer 1.1.

2132 § 90 Ziffer 4 BHO i.V.m. § 111 Absatz 1 Satz 2 BHO.

Schwierigkeiten bei der Überprüfung der Wirtschaftlichkeit des Finanzgebarens der Treuhandanstalt bereitete die Festlegung des Nutzens, welcher mit den gegebenen finanziellen Mitteln erreicht werden sollte, da die Treuhandanstalt eine Mehrzahl von Aufgaben und Zielen zu verfolgen hatte. Für die exakte Ermittlung eines Gesamt-Nutzens hätten die einzelnen Ziele quantifiziert oder in anderer Form vergleichbar gemacht werden müssen. Hier zeigt sich, daß Ermessensspielräume der Treuhandanstalt die Überprüfung ihrer Entscheidungen durch den Bundesrechnungshof eingrenzten. Die Prüfung mußte sich dann auf die Wirksamkeit des Mitteleinsatzes[2133] beschränken.

Die Treuhandanstalt hat mehrfach geäußert, der Maßstab der Bundeshaushaltsordnung sei für eine Kontrolle ihrer Tätigkeit ungeeignet[2134]. Hierzu ist zunächst festzustellen, daß für die Treuhandanstalt gemäß § 112 Absatz 2, 111 Absatz 1 BHO die Prüfungsbestimmungen der §§ 89 ff. BHO, die unmittelbar auf die Bundesverwaltung anzuwenden sind, entsprechend galten.

Tatsächlich bestanden zwischen den Verhaltensanforderungen an die Bundesverwaltung und denjenigen an die Treuhandanstalt maßgebliche Unterschiede. Anders als die gewöhnliche Bundesverwaltung sollte die Treuhandanstalt bei den ihr zur Erledigung aufgetragenen Aufgaben Spielräume des Management- und Expertenermessens nutzen. Die Wahrnehmung unternehmerischer Freiheit barg auch bei angemessenen Sorgfalt die Gefahr von Fehlentscheidungen, die im Falle der Treuhandanstalt gegenüber gewöhnlichen Managementaufgaben infolge der Einmaligkeit ihrer Aufgabenstellung sogar noch beträchtlich erhöht war. Die Treuhandanstalt war, wie sie selber betonte und ihr von dritter Seite bescheinigt wurde, in der Entwicklung ihrer Strategien häufig auf die Methode von Versuch und Irrtum angewiesen. Ihr war aufgegeben, sich wesentlich risikofreudiger zu verhalten, als dies von einer administrativen Aufgabenwahrnehmung erwartet werden konnte. Eine bürokratische, risikoaverse Vorgehensweise, im Zweifel lieber zu spät als falsch zu entscheiden, hätte ihrer Aufgabenstellung widersprochen.

Bei seiner nachträglichen Prüfung des Verhaltens der Treuhandanstalt mußte der Bundesrechnungshof die Unterschiedlichkeit der Verhaltensanforderungen berücksichtigen. Zwar hatte er wie bei der gewöhnlichen Bundesverwaltung auch bei der Treuhandanstalt das Finanzgebaren nach den Kriterien der Ordnungsmäßigkeit und Wirtschaftlichkeit zu untersuchen,

2133 § 90 Ziffer 4 BHO i.V.m. § 111 Absatz 1 Satz 2 BHO.

2134 Breuel, Schreiben an den Bundesminister für Wirtschaft v. 24.09.1992, Nachdruck in: Treuhandanstalt (Hrsg.), Dokumentation 1990 – 1994, Band 11, S. 832 (833).

bei der Bewertung jedoch einen anderen, großzügigeren Maßstab anzulegen. In diesem Sinne kamen die §§ 89 ff. BHO hinsichtlich der Treuhandanstalt lediglich zu einer entsprechenden Anwendung. Andernfalls würde der vom Gesetzgeber geforderte Bereitschaft der Treuhandanstalt zu risikofreudigem Entscheidungsverhalten entgegengewirkt[2135].

ee) Prüfungsformen

Der Bundesrechnungshof hat verschiedene Formen von Prüfungen entwikkelt. Er unterscheidet die allgemeine Prüfung, die Projektprüfung, die Schwerpunktprüfung, die Querschnittprüfung, die System- oder Programmprüfung, die Orientierungsprüfung, die Nachprüfung und die Kontrollprüfung[2136].

Bei der Wahl der Prüfungsart war der Bundesrechnungshof frei[2137]. Zu Beginn seiner Prüfungstätigkeit bei der Treuhandanstalt führte der Bundesrechnungshof nur sog. Orientierungsprüfungen durch[2138]. Sie zielten noch nicht auf einen abschließenden Eindruck von der Wirtschaftsführung der Treuhandanstalt ab. Da sich der Bundesrechnungshof erstmalig mit der Treuhandanstalt zu befassen hatte, ging es zunächst darum, sich einen Einblick in bestimmte Arbeitsbereiche der Treuhandanstalt, beispielsweise die Handhabung des Problems ökologischer Altlasten, zu verschaffen[2139].

Aus solchen Orientierungsprüfungen ergaben sich häufig in einem nächsten Schritt sog. Schwerpunktprüfungen bei besonders gewichtigen Prüfungsgegenständen oder einer hohen Fehlerträchtigkeit des Prüfungsstoffes. Schwerpunktprüfungen zeichnen sich dadurch aus, daß von einem bestimmten Prüfungsgegenstand nur ein Teil, dieser jedoch an Hand einer bestimmten Fragestellung vertieft geprüft wird[2140].

Weiterhin führte der Bundesrechnungshof bei der Treuhandanstalt Systemprüfungen durch[2141]. Hierbei standen nicht Einzelfälle, sondern die

2135 Vgl. v. Dohnanyi, in: Deutscher Bundestag, 12. WP, Wortprotokoll der öffentlichen Anhörung (41. Sitzung) des Ausschusses für Wirtschaft, S. 20.

2136 Vorläufige Richtlinien zur Arbeitsplanung im Bundesrechnungshof, Ziffer 2.1.

2137 § 94 Absatz 1 (1. HS) BHO i.V.m. § 111 Absatz 1 Satz 2 BHO.

2138 Kloepfer, in: Fischer / Hax / Schneider (Hrsg.), Treuhandanstalt – Das Unmögliche wagen, S. 41 (67).

2139 Vgl. zu Orientierungsprüfungen allgemein: Vorläufige Richtlinien zur Arbeitsplanung im Bundesrechnungshof, Ziffer 2.7.

2140 Vorläufige Richtlinien zur Arbeitsplanung im Bundesrechnungshof, Ziffer 2.4.

2141 Kloepfer, in: Fischer / Hax / Schneider (Hrsg.), Treuhandanstalt – Das Unmögliche wagen, S. 41 (67).

Zweckmäßigkeit eines der Treuhandanstalt vorgegebenen oder von ihr geschaffenen Regelwerkes oder Verfahrenssystems auf dem Prüfstand[2142].

Schließlich hat der Bundesrechnungshof bei der Treuhandanstalt vereinzelt Kontrollprüfungen durchgeführt um festzustellen, ob bei vorangegangenen Prüfungen festgestellte Mängel zwischenzeitlich abgestellt wurden. Beispielsweise untersuchte er mehrfach die Behandlung von Altlastenrisiken durch die Treuhandanstalt.

Allgemeine und Projektprüfungen, die einen umfassenden Überblick unter Vermeidung prüfungsfreier Räume verschaffen sollten, finden wegen des außerordentlichen Aufwandes, mit dem sie verbunden sind, nur selten statt[2143]. Im Falle der Treuhandanstalt konnten sie nicht durchgeführt werden.

Vor dem Hintergrund der Singularität der Treuhandanstalt hat sich eine Einbindung in Querschnittsprüfungen des Bundesrechnungshofes, bei der bestimmte Prüfthemen bei einer Vielzahl von Einrichtungen geprüft werden[2144], nicht ergeben.

Nachprüfungen beziehen sich lediglich auf die Tätigkeit der Vorprüfungsstellen[2145].

ff) Prüfungsbefugnisse

Die Kompetenz des Bundesrechnungshofes zu einer lückenlosen Finanzkontrolle und entsprechend der Intention des Verfassungsgebers, prüfungsfreie Räume nicht zuzulassen, standen dem Bundesrechnungshof weitreichende Prüfungsbefugnisse zu.

Der Bundesrechnungshof konnte im Rahmen seiner Arbeitsplanung einseitig festlegen, wann und in welcher Form er Prüfungen vornahm[2146]. Der prüfungsunterworfenen Treuhandanstalt gegenüber konnte der Bundesrechnungshof umfassende Auskunfts- und Unterrichtungsansprüche geltend machen. Die Treuhandanstalt hatte diejenigen Unterlagen vorzulegen und Auskünfte zu erteilen, die der Bundesrechnungshof zur Erfüllung seiner Aufgaben für erforderlich hielt[2147]. Dabei konnte der Bundesrechnungshof neben der Gewährung von Einsicht in vorhandene Unterlagen die Vorlage von Belegen und sonstigen Unterlagen wie Statistiken und Planungsunterlagen begehren. Ergänzende Auskünfte konnten schriftlich oder

2142 Vorläufige Richtlinien zur Arbeitsplanung im Bundesrechnungshof, Ziffer 2.6.

2143 Vorläufige Richtlinien zur Arbeitsplanung im Bundesrechnungshof, Ziffer 2.2 und 2.3.

2144 Vorläufige Richtlinien zur Arbeitsplanung im Bundesrechnungshof, Ziffer 2.5.

2145 Vorläufige Richtlinien zur Arbeitsplanung im Bundesrechnungshof, Ziffer 2.8.

2146 § 94 Absatz 1 (1. HS) BHO i.V.m. § 111 Absatz 1 Satz 2 BHO.

2147 § 95 BHO i.V.m. § 111 Absatz 1 Satz 2 BHO.

mündlich, auch vermittels eines Fragebogens zu erteilen sein[2148]. Darüber hinaus konnte der Bundesrechnungshof die Anfertigung und Vorlage nicht vorhandener Unterlagen verlangen, soweit diese bei ordnungsgemäßer Geschäftsabwicklung und Aktenführung hätten verfügbar sein müssen und mit zumutbarem Aufwand angefertigt werden konnten[2149].

Grundsätzlich mußte dem Bundesrechnungshof Zugang zu sämtlichen Informationen von (potentiell) finanzwirksamer Relevanz gewährt werden. Dieses umfassende Auskunfts- und Unterrichtungsrecht war nur durch allgemeine Grundsätze beschränkt.

Die für die Anforderungen des Bundesrechnungshofes allgemein geltende Begrenzung durch das Verhältnismäßigkeitsprinzip[2150] erlangte gegenüber der Treuhandanstalt besondere Bedeutung. Der Bundesrechnungshof hatte den besonderen Umständen, unter denen die Treuhandanstalt ihre Arbeit begonnen hatte, ausreichend Rechnung zu tragen. Insbesondere in der Anfangszeit ihres Wirkens verfügte die Treuhandanstalt weder über das entsprechende Regelwerk noch in ausreichendem Maße über Erfahrung und Zeit, um Dokumentationen nach prüfungsrechtlichem Idealmaß anzulegen. Der Bundesrechnungshof hat sich diese Sichtweise zu eigen gemacht[2151].

Die Informationsansprüche des Bundesrechnungshofes waren durch das Kriterium der Funktionsfähigkeit der Treuhandanstalt begrenzt. Dies bedeutete, daß die Prüfungstätigkeit des Bundesrechnungshofes die Kapazitäten der Treuhandanstalt nicht im Übermaße belasten durfte[2152]. Die erforderliche Koordination nahm auf der Seite der Treuhandanstalt gemäß einem Beschluß des Vorstandes vom 5. Juni 1991[2153] das Direktorat Revision wahr[2154], dem die Aufgabe zufiel, eine konstruktive Zusammenarbeit mit dem Bundesrechnungshof und angesichts des Zeitdrucks im operativen Ge-

2148 Bundesrechnungshof, Schreiben v. 09.10.1989, I. 1 – 206011, Nachdruck in: Heuer, HbdFK, Teil VIII, Ziffer 22.

2149 Bundesrechnungshof, Schreiben v. 09.10.1989, I. 1 – 206011, Nachdruck in: Heuer, HbdFK, Teil VIII, Ziffer 22.

2150 Vgl. Heuer, in: Heuer, HbdFK, § 95 BHO, Rz. 3.

2151 Bemerkungen des Bundesrechnungshofs 1993 zur Haushalts- und Wirtschaftsführung, in: Deutscher Bundestag, 12. WP, BT-Drs. 12/5650, S. 169.

2152 Kloepfer, in: Fischer / Hax / Schneider (Hrsg.), Treuhandanstalt – Das Unmögliche wagen, S. 41 (68).

2153 Vgl. Treuhandanstalt, Tagesordnung der Vorstandssitzung am 05.06.1991, TOP 12 f), Nachdruck in: Treuhandanstalt (Hrsg.), Dokumentation 1990-1994, Band 2, S. 740 (742).

2154 Treuhandanstalt, Informationspapier über die Arbeit der Revision der THA, Nachdruck in: Treuhandanstalt (Hrsg.), Dokumentation 1990-1994, Band 10, S. 1020 (1021).

schäft der Treuhandanstalt die rechtzeitige und koordinierte Beantwortung der Anfragen des Bundesrechnungshofes sicherzustellen. Die Bestimmung dieses zentralen Ansprechpartners für den Bundesrechnungshof beruhte auf dem Umstand, daß die Treuhandanstalt als juristische Person, nicht einzelne Mitarbeiter gegenüber dem Bundesrechnungshof vorlage- und auskunftspflichtig waren. Etwas anderes galt allerdings, wenn die Prüfung gerade die Auskunftserteilung durch bestimmte Mitarbeiter erforderte, was insbesondere im Rahmen von organisations- und personalwirtschaftlichen Untersuchungen der Fall sein konnte[2155].

Die Begrenzung der Informationsansprüche des Bundesrechnungshofes anhand des Kriteriums der Funktionsfähigkeit der Treuhandanstalt hatte nicht nur die vorstehend beschriebene quantitative Dimension. Sie bedeutete auch, daß dem Bundesrechnungshof der Zugriff auf die Verlaufsprotokolle des Verwaltungsrates der Treuhandanstalt verwehrt bleiben mußte. Die Gefährdung der Funktionsfähigkeit des Verwaltungsrates im Falle der Offenlegung der Verlaufsprotokolle seiner Sitzungen wurde bereits im Zusammenhang mit den parlamentarischen Untersuchungsrechten dargelegt. Der Verwaltungsrat der Treuhandanstalt hatte in der ersten Jahreshälfte 1994 mehrfach Anlaß, sich mit entsprechenden Prüfungsanliegen des Bundesrechnungshofes zu befassen[2156].

Zur Durchsetzung seiner Prüfungsbefugnisse war der Bundesrechnungshof im Weigerungsfalle auf die Unterstützung durch Dritte, insbesondere – was im Falle der sog. Management-KGen vorgekommen ist – durch die dem Prüfungsunterworfenen übergeordneten Stelle[2157] oder – was nicht stattgefunden hat – notfalls durch die Verwaltungsgerichtsbarkeit[2158] angewiesen.

gg) Prüfungsverfahren

Das Prüfungsverfahren des Bundesrechnungshofes ist klar strukturiert. Es beginnt mit einer Prüfungsanordnung, die die jeweils betroffene Stelle insbesondere über

- Prüfungsstoff,
- Prüfungsstellen,
- Prüfungszeitraum und

2155 Vgl. Heuer, in: Heuer, HbdFK, § 95 BHO, Rz. 2.

2156 Vgl. Treuhandanstalt, Tagesordnung für die 46. Sitzung des Verwaltungsrates am 18.03.1994, TOP 1 c), sowie für die 48. Sitzung des Verwaltungsrates am 20.05.1994, TOP 1, Nachdruck in: Treuhandanstalt (Hrsg.), Dokumentation 1990-1994, Band 3, S. 136 bzw. 156.

2157 Vgl. o. N., in: Die Zeit v. 28.04.1995, S. 22.

2158 Fittschen, in: VerwArch 83 (1992), S. 165 (194 f.).

- die Person des mit der Leitung der örtlichen Erhebungen betrauten Prüfungsleiters[2159]

unterrichtet. Zugleich wird dem Prüfungsunterworfenen u.a. aufgegeben,

- zur Vorbereitung auf diese Erhebung binnen bestimmter Frist bestimmte Auskünfte zu erteilen und im einzelnen bezeichnete Unterlagen zu überreichen[2160].

Sofern er es für erforderlich hält, trifft der Bundesrechnungshof im Laufe der Prüfung weitere Anordnungen zu Aktenvorlage. Der Bundesrechnungshof kann sich zur Ermittlung des Sachverhaltes auch Sachverständiger bedienen[2161].

Zum Abschluß der Erhebung, d.h. nach Ermittlung des Sachverhaltes, findet zunächst eine Besprechung mit der geprüften, eventuell auch der übergeordneten oder einer anderen Stelle statt, um insbesondere noch offene Fragen zu klären, wesentliche Sachverhaltsfeststellungen zu erörtern und geringfügige festgestellte Mängel mündlich zu beanstanden und zu erledigen[2162].

Die Ergebnisse seiner Prüfungen teilt der Bundesrechnungshof den zuständigen Stellen in Form von sog. Prüfungsmitteilungen mit. Prüfungsmitteilungen enthalten in der Regel den ermittelten Sachverhalt und dessen Würdigung durch den Bundesrechnungshof, gegebenenfalls nebst Empfehlungen für die weitere Sachbehandlung[2163]. Stellungnahmen der Empfänger[2164] führen die Erörterung eines bemängelten Sachverhaltes fort und finden Eingang in weitere Prüfungsmitteilungen.

Eine Unterrichtung von Bundestag und Bundesrat erfolgte in Angelegenheiten von besonderer Bedeutung jederzeit[2165], ansonsten im Rahmen der jährlichen Berichterstattung in Form sog. Bemerkungen[2166]. Die laufende Unterrichtung erfolgt gegenüber dem Rechnungsprüfungsausschuß, der als Unterausschuß des Haushaltsausschusses fungiert. Auf diese Weise wird eine begleitende parlamentarische Finanzkontrolle ermöglicht.

2159 § 94 Absatz 1 (2. HS) BHO i.V.m. § 111 Absatz 1 Satz 2 BHO.

2160 Fittschen, in: VerwArch 83 (1992), S. 165 (169).

2161 § 94 Absatz 2 BHO.

2162 Vorläufige Richtlinien zur Behandlung der Prüfungsergebnisse und zum Abschluß des Prüfungsverfahrens, Nr. 1-6.

2163 Vorläufige Richtlinien zur Behandlung der Prüfungsergebnisse und zum Abschluß des Prüfungsverfahrens, Nr. 10.10.

2164 § 96 Absatz 1 BHO.

2165 § 99 Satz 1 BHO.

2166 Artikel 114 Absatz 2 Satz 2 GG; §§ 97, 114 BHO.

hh) Prüfungspraxis

Der Bundesrechnungshof hat im Laufe des Jahres 1991 sowohl aus eigenem Antrieb wie auf gezielte Wünsche des Bundestages[2167] und der Bundesregierung hin seine Prüfungstätigkeit bei der Treuhandanstalt aufgenommen. Gelegentlich beauftragte der Bundesrechnungshof auch private Unternehmensberatungsgesellschaften mit der Erstellung von Gutachten[2168]. Bereits vor Herstellung der deutschen Einheit war der Bundesrechnungshof in beratender Funktion an der Erstellung der Satzung der Treuhandanstalt[2169] sowie der vom Ministerrat der Deutschen Demokratischen Republik und dem Ministerium der Finanzen herausgegebenen "Hinweise für die Bewertung von Unternehmen"[2170] beteiligt.

Die externe Finanzkontrolle der Treuhandanstalt war angesichts der weitreichenden fiskalischen Tragweite ihrer Wirtschaftsführung von besonderer Bedeutung. Die Prüfung der Treuhandanstalt stellte allerdings an den Bundesrechnungshof angesichts der Einzigartigkeit und Komplexität ihrer Tätigkeit, der Kürze der Zeit und der Knappheit der Prüfungskapazitäten besondere Anforderungen.

Der Bundesrechnungshof hat sich bei der Prüfung der Treuhandanstalt vor allem auf die Verfahrensweisen in wichtigen Aufgabenbereichen konzentriert, die sachlich oder finanziell von herausgehobener Bedeutung oder aus anderen Gründen von besonderem Interesse für den Deutschen Bundestag waren. Kernaufgaben der Treuhandanstalt, denen der Bundesrechnungshof seine Aufmerksamkeit zuwandte, waren die Privatisierung, die Reprivatisierung[2171], das Vertragsmanagement[2172], das Beteiligungscon-

2167 Cloes, in: Wissenschaftliche Dienste des Deutschen Bundestages, Materialien Nr. 125, S. 33 ff.

2168 Z.B. Bemerkungen der Bundesrechnungshofes 1994, in: Deutscher Bundestag, 12. WP, BT-Drs. 12/8490, S. 165; vgl. Deutscher Bundestag, Beschlußempfehlung und Bericht des 2. Untersuchungsausschusses "Treuhandanstalt", BT-Drs. 12/8404, S. 75; Zavelberg, in: Die Verwaltung 28 (1995), S. 513 (521).

2169 S. Krause, Vorlage für den Ministerrat "Satzung der Treuhandanstalt" v. 16.07.1990, Nachdruck in: Treuhandanstalt (Hrsg.), Dokumentation 1990-1994, Band 1, S. 291 (293).

2170 Ministerium der Finanzen, Hinweise für die Bewertung von Unternehmen, S. 5; Nachdruck in: Hommelhoff / Krebs (Hrsg.), Treuhandanstalt und Treuhandgesetz, Ziffer II.4.5.

2171 Bemerkungen des Bundesrechnungshofs 1995 zur Haushalts- und Wirtschaftsführung, Nr. 54, S. 151 ff.

2172 Z.B. Prüfungsmitteilung v. 14.07.1992; Bemerkungen des Bundesrechnungshofs 1993 zur Haushalts- und Wirtschaftsführung, in: Deutscher Bundestag, trolling[2173] und die Sanierung von Unternehmen[2174]. Im Rahmen der Untersuchungen des Privatisierungsverfahrens hat u.a. die Behandlung von Investitionen und Arbeitsplätzen[2175] sowie von ökologischen Altlasten[2176], aber auch die Unterrichtung der Entscheidungsträger[2177] besondere Beachtung gefunden. Hinsichtlich der Sanierung wurde u.a. die Tätigkeit des Leitungsausschusses[2178] und der Management-KGen[2179] eingehender untersucht. Einen weiteren Prüfungsschwerpunkt bildeten auf Bitten des Unterausschusses Treuhandanstalt des Haushaltsausschusses des Deutschen Bundestages[2180] die Personalausgaben der Treuhandanstalt[2181]. Der Bun-

12. WP, BT-Drs. 12/5650, Nr. 78, S. 177 ff.; Bemerkungen des Bundesrechnungshofs 1995 zur Haushalts- und Wirtschaftsführung, Nr. 53, S. 146 ff.

2173 Bemerkungen des Bundesrechnungshofs 1993 zur Haushalts- und Wirtschaftsführung, in: Deutscher Bundestag, 12. WP, BT-Drs. 12/5650, Nr. 79, S. 180 ff.

2174 Bemerkungen des Bundesrechnungshofs 1993 zur Haushalts- und Wirtschaftsführung, in: Deutscher Bundestag, 12. WP, BT-Drs. 12/5650, Nr. 80, S. 183 ff.

2175 Bemerkungen des Bundesrechnungshofs 1993 zur Haushalts- und Wirtschaftsführung, in: Deutscher Bundestag, 12. WP, BT-Drs. 12/5650, Nr. 76, S. 170 ff.

2176 Bemerkungen des Bundesrechnungshofs 1993 zur Haushalts- und Wirtschaftsführung, in: Deutscher Bundestag, 12. WP, BT-Drs. 12/5650, Nr. 77, S. 174 ff.; Bemerkungen des Bundesrechnungshofs 1994 zur Haushalts- und Wirtschaftsführung, in: Deutscher Bundestag, 12. WP, BT-Drs. 12/8490, Nr. 72, S. 165 ff.

2177 Bemerkungen des Bundesrechnungshofs 1994 zur Haushalts- und Wirtschaftsführung, in: Deutscher Bundestag, 12. WP, BT-Drs. 12/8490, Nr. 71, S. 163 ff.

2178 Bemerkungen des Bundesrechnungshofs 1994 zur Haushalts- und Wirtschaftsführung, in: Deutscher Bundestag, 12. WP, BT-Drs. 12/8490, Nr. 70, S. 161 ff.

2179 Bemerkungen des Bundesrechnungshofs 1995 zur Haushalts- und Wirtschaftsführung, Nr. 49, S. 133 ff.

2180 Cloes, in: Wissenschaftliche Dienste des Deutschen Bundestages, Materialien Nr. 125, S. 33.

2181 Bemerkungen des Bundesrechnungshofs 1993 zur Haushalts- und Wirtschaftsführung, in: Deutscher Bundestag, 12. WP, BT-Drs. 12/5650, Nr. 81, S. 188 ff.; Bemerkungen des Bundesrechnungshofs 1995 zur Haushalts- und Wirtschaftsführung, Nr. 50 – 52, S. 137 ff.; vgl. Deutscher Bundestag, 12. WP, Beschlußempfehlung und Bericht des 2. Untersuchungsausschusses "Treuhandanstalt", BT-Drs. 12/8404, Minderheitenvotum des Berichterstatters der desrechnungshof hat den Prüfungsstoff regelmäßig anhand von exemplarisch ausgewählten Fällen untersucht[2182].

Etwa 90 Prüfungsmitteilungen, 25 Bemerkungsbeiträge an den Rechnungsprüfungsausschuß und zehn Berichte an den Haushaltsausschuß waren das statistische Ergebnis dieser Tätigkeit. Damit hat der Bundesrechnungshof einen bedeutenden Anteil seiner Arbeit der Prüfung der Treuhandanstalt gewidmet[2183].

Der Bundesrechnungshof hat dem Vorstand der Treuhandanstalt laufend seine Prüfungsmitteilungen übermittelt[2184], Verwaltungsrat und Bundesministerium der Finanzen[2185] ebenfalls laufend über seine Prüfungsergebnisse unterrichtet. Die Treuhandanstalt hat zu den Prüfungsmitteilungen Stellungnahmen erstellt, an denen neben dem betroffenen Fachbereich das Direktorat Revision mitwirkte. Die regelmäßig einsetzende Erörterung der Prüfungsergebnisse im Vorstand der Treuhandanstalt[2186] führte in zahlreichen Fällen zu internen, an den Empfehlungen des Bundesrechnungshofes ausgerichteten fachlichen Weisungen der Treuhandanstalt[2187]. So hatte die Treuhandanstalt beispielsweise auf Anregung des Bundesrechnungshofes

SPD-Fraktion (Berichtsentwurf des Ausschußsekretariats), S. 692 ff.; vgl. Treuhandanstalt, Tagesordnung der Vorstandssitzung am 15.02.1993, TOP 8 c), Nachdruck in: Treuhandanstalt (Hrsg.), Dokumentation 1990 – 1994, Band 2, S. 976 (977); Zavelberg, in: Die Verwaltung 28 (1995), S. 513 (521).

2182 Z.B. Prüfung der Privatisierung der Schweißtechnischen Lehr- und Versuchsanstalt Halle (SVL) als Musterfall der Sonderbehandlung von Forschungs-GmbH; vgl. Treuhandanstalt (Hrsg.), Dokumentation 1990-1994, Band 8, S. 703, 731.

2183 Beispielsweise befaßten sich etwa 10 v.H. der dem Haushaltsausschuß des Deutschen Bundestages zugeleiteten Berichte des Bundesrechnungshofes mit der Treuhandanstalt.

2184 Vgl. vorläufige Richtlinien zur Behandlung der Prüfungsergebnisse und zum Abschluß des Prüfungsverfahrens, Nr. 10.1.1.; § 96 Absatz 1 Satz 1 BHO.

2185 Vgl. vorläufige Richtlinien zur Behandlung der Prüfungsergebnisse und zum Abschluß des Prüfungsverfahrens, Nr. 10.1.1.; § 96 Absatz 1 Satz 1, Absatz 2 BHO i.V.m. § 111 Absatz 1 Satz 2 BHO; Heuer, in: Heuer, HbdFK, § 111 BHO, Rz. 6.

2186 Vgl. beispielsweise Treuhandanstalt, Tagesordnung der Vorstandssitzung am 04.05.1993, TOP 9, am 01.06.1993, TOP 12 d), am 04.01.1994, TOP 10 f), und am 24.05.1994, TOP 5 d), Nachdruck in: Treuhandanstalt (Hrsg.), Dokumentation 1990-1994, Band 3, S. 28, 39 (40), 109 (110) und 157.

2187 Bemerkungen des Bundesrechnungshofes 1993 zur Haushalts- und Wirtschaftsführung, in: Deutscher Bundestag, 12. WP, BT-Drs. 12/5650, Vorbem. zu Nr. 76, S. 169 (170).

ihre "Grundsätze für Altlasten-Vereinbarungen in Privatisierungsverträgen" abgeändert[2188] und das Bonussystem verbessert[2189].

Der Bundesrechnungshof hat sich in einem besonderen Prüfungsverfahren mit der Rechts- und Fachaufsicht des Bundesministeriums der Finanzen über die Treuhandanstalt befaßt[2190]. Die diesbezügliche Orientierungsprüfung mündete in eine Prüfungsmitteilung vom 20. Februar 1992[2191].

b) Unterrichtung des Bundesrechnungshofes

Neben der Auskunftspflicht nach § 95 BHO war die Treuhandanstalt gegenüber dem Bundesrechnungshof bestimmten Unterrichtungspflichten unterworfen. So traf die Treuhandanstalt nach Maßgabe von § 69 Satz 1 BHO i.V.m. § 112 Absatz 2 Satz 1 BHO die Verpflichtung, dem Bundesrechnungshof unaufgefordert gewisse Unterlagen wie Jahresabschluß und Lagebericht zu übersenden[2192]. Darüber hinaus hatte sie den Bundesrechnungshof gemäß §§ 102, 103 BHO i.V.m. § 111 Absatz 1 Satz 2, § 112 Absatz 2 Satz 1 BHO unaufgefordert von Maßnahmen mit haushaltsrechtlicher Relevanz zu unterrichten[2193]. Hierzu zählte insbesondere Privatisierung, Gründung oder Erwerb von Beteiligungsgesellschaften, soweit der Vorgang der Einwilligung des Bundesministers der Finanzen bedurfte[2194]. Dabei war das vereinfachte haushaltsrechtliche Einwilligungsverfahren von Bedeutung, dem zufolge, wie oben dargestellt, der Bundesminister der Finanzen gemäß § 65 Absatz 4 BHO auf die Vorlage von Vorgängen unterhalb gewisser Größenkriterien verzichtet hatte. Dieser Verzicht schlug auf den Infor-

2188 Vgl. Deutscher Bundestag, 12. WP, Beschlußempfehlung und Bericht des 2. Untersuchungsausschusses "Treuhandanstalt", BT-Drs. 12/8404, Minderheitenvotum des Berichterstatters der SPD-Fraktion (Berichtsentwurf des Ausschußsekretariats), S. 722.

2189 Cloes, in: Wissenschaftliche Dienste des Deutschen Bundestages, Materialien Nr. 125, S. 33.

2190 Bemerkungen des Bundesrechnungshofes 1993 zur Haushalts- und Wirtschaftsführung, in: Deutscher Bundestag, 12. WP, BT-Drs. 12/5650, Nr. 13.

2191 Deutscher Bundestag, 12. WP, Beschlußempfehlung und Bericht des 2. Untersuchungsausschusses "Treuhandanstalt", BT-Drs. 12/8404, Minderheitenvotum des Berichterstatters der SPD-Fraktion (Berichtsentwurf des Ausschußsekretariats), S. 224 ff.

2192 H.M.; pro aliis Heuer, in: Heuer, HbdFK, § 112 BHO, Rz. 12 f.

2193 Heuer, in: Heuer, HbdFK, § 111 BHO, Rz. 5; Piduch, Bundeshaushaltsrecht, § 111 BHO, Rz. 3.

2194 § 65 Absatz 3 BHO i.V.m. § 102 Absatz 1 Ziffer 3 BHO i.V.m. § 111 Absatz 1 Satz 2, § 112 Absatz 2 Satz 1 BHO.

mationsanspruch des Bundesrechnungshofes durch, so daß die vom Bundesminister der Finanzen festgelegten Kriterien auch die Vorlagepflicht der Treuhandanstalt gegenüber dem Bundesrechnungshof einschränkte. Dieser Vorgang hätte angesichts der grundgesetzlich verankerten Unabhängigkeit des Bundesrechnungshofes gegenüber der Bundesregierung auf Bedenken stoßen müssen, wenn nicht der Bundesminister der Finanzen im Rahmen des Verfahrens nach § 103 Absatz 1 BHO Einvernehmen mit dem Bundesrechnungshof hergestellt hätte.

Tatsächlich bestanden hinsichtlich dieser Unterrichtungspflichten weitgehende Praktikabilitätsvereinbarungen zwischen dem Bundesrechnungshof, dem Bundesminister der Finanzen und der Treuhandanstalt. Durch sie wurde die Treuhandanstalt in der Weise entlastet, daß die Unterrichtung des Bundesrechnungshofes regelmäßig durch den Bundesminister der Finanzen erfolgte[2195]. Diese Praxis stieß nicht auf rechtliche Bedenken, solange der Bundesrechnungshof ohne maßgeblich zeitliche Verzögerung in gleichem Maße informiert wurde.

2195 Kloepfer, in: Fischer / Hax / Schneider (Hrsg.), Treuhandanstalt – Das Unmögliche wagen, S. 41 (68).

IV. Bundesanstalt für vereinigungsbedingte Sonderaufgaben (seit dem 1. Januar 1995)

Die organisatorischen Dispositionen des Gesetzes zur abschließenden Erfüllung der verbleibenden Aufgaben der Treuhandanstalt und der in diesem Zusammenhang ergangenen Verordnungen haben, wie eingangs dargestellt, die Treuhandanstalt unter dem Namen Bundesanstalt für vereinigungsbedingte Sonderaufgaben fortbestehen lassen.

Zugleich werden bestimmte Aufgaben der bisherigen Treuhandanstalt seither von öffentlichen Kapitalgesellschaften, die neben der Bundesanstalt für vereinigungsbedingte Sonderaufgaben tätig sind, wahrgenommen. Diese Gesellschaften bleiben hier außer Betracht.

Nach Maßgabe des § 23 b Satz 1 TreuhG in Verbindung mit § 1 TreuhUmbenV wurde die Treuhandanstalt in Bundesanstalt für vereinigungsbedingte Sonderaufgaben umbenannt. Die mit Bezug auf die Treuhandanstalt in dem vorstehenden Abschnitt III der vorliegenden Untersuchung getroffenen Feststellungen sind daher grundsätzlich auch auf die Bundesanstalt für vereinigungsbedingte Sonderaufgaben anwendbar. Vor diesem Hintergrund kann sich die nachfolgende Darstellung auf die eingetretenen rechtlichen und tatsächlichen Veränderungen beschränken.

1. Kontrolle durch die Bundesregierung

a) Organisationsgewalt

Die Änderung des Treuhandgesetzes durch Artikel 1 TreuhAEG führte zu einer förmlichen Stärkung der Organisationsgewalt der Bundesregierung.

aa) Erlaß der Geschäftsordnung

So entfiel das Nebeneinander von Satzung[2196] und Geschäftsordnung[2197] der Treuhandanstalt zugunsten einer von der Bundesregierung zu erlassenden Geschäftsordnung der Bundesanstalt für vereinigungsbedingte Sonder-

2196 § 2 Absatz 3 TreuhG a.F.

2197 § 2 Absatz 4 TreuhG a.F.

aufgaben[2198]. Vor Erlaß der Geschäftsordnung hat die Bundesregierung Vorstand und Verwaltungsrat der Bundesanstalt für vereinigungsbedingte Sonderaufgaben anzuhören. Damit kommt der Bundesregierung in Fragen der inneren Ordnung der Bundesanstalt für vereinigungsbedingte Sonderaufgaben die federführende Rolle zu, die bis dahin der Verwaltungsrat innegehabt hatte, während der Bundesregierung lediglich ein Vetorecht zugestanden hatte[2199].

Die Satzung der Treuhandanstalt, die ohnehin zahlreiche Überschneidungen mit den Vorschriften des Treuhandgesetzes und der Geschäftsordnung enthalten hatte, entfiel gemäß Artikel 2 TreuhAEG mit Wirkung zum 17. August 1994 ersatzlos. Die bisherige Geschäftsordnung der Treuhandanstalt wurde am 25. April 1995 durch die Geschäftsordnung der Bundesanstalt für vereinigungsbedingte Sonderaufgaben abgelöst.

bb) Bestellung von Vorstandsmitgliedern

Weiterhin wurde dem auch in der Vergangenheit ausgeübten Einfluß der Bundesregierung auf die Besetzung des Vorstands der Treuhandanstalt förmlich durch die Neufassung von § 3 Absatz 2 Satz 3 TreuhG Rechnung getragen. Die Bestellung von Präsident und weiteren Vorstandsmitgliedern der Bundesanstalt für vereinigungsbedingte Sonderaufgaben durch deren Verwaltungsrat bedarf nunmehr der Zustimmung des Bundesministeriums der Finanzen, die im Einvernehmen mit dem Bundesministerium für Wirtschaft erteilt wird.

cc) Bestellung von Verwaltungsratsmitgliedern

Lediglich klarstellenden Charakter hat hingegen die Neufassung von § 4 Absatz 2 Satz 3 TreuhG, wonach die Berufung des Vorsitzenden und der weiteren Mitglieder des Verwaltungsrates durch die Bundesregierung erfolgt. Anstelle der abweichenden Bestimmung des § 4 Absatz 2 TreuhG a.F. galt bereits seit dem 3. Oktober 1990 die Bestimmung des Artikels 25 Absatz 2 EinigungsV, wonach der Bundesregierung das Berufungsrecht für die Mitglieder des Verwaltungsrates zustand.

2198 § 2 Absatz 4 TreuhG n.F.

2199 Artikel 25 Absatz 1 Satz 5 EinigungsV, § 2 Absatz 4 TreuhG a.F.; zur Satzungsgewalt des Verwaltungsrates s. a. Denkschrift zu Artikel 25 Absatz 1 EinigungsV.

dd) EALG-Beiräte

Eine weitere Ausprägung der Organisationsgewalt der Bundesregierung findet sich in den Bestimmungen über die fünf sog. EALG-Beiräte.

Die Beiräte sind bei der BVVG Bodenverwertungs- und -verwaltungs GmbH als der von der Bundesanstalt für vereinigungsbedingte Sonderaufgaben mit der Privatisierung land- und forstwirtschaftlichen Vermögens und insbesondere den der Privatisierungsstelle nach dem Ausgleichsleistungsgesetz obliegenden Aufgaben betrauten Stelle nach Maßgabe des § 4 Absatz 1, 2 AusglLeistG, §§ 15, 16 FlErwV gebildet worden. Je ein Beirat ist zuständig für die Länder Brandenburg (und Berlin), Mecklenburg-Vorpommern, Sachsen, Sachsen-Anhalt und Thüringen. Die weisungsunabhängigen Beiräte können bei widerstreitenden Interessen im Zusammenhang mit der Durchführung der Erwerbsmöglichkeiten nach § 3 AusglLeistG sowohl von dem betroffenen Bundesland als auch von einem nicht berücksichtigten Kaufinteressenten angerufen werden und geben ggf. Empfehlungen zur Überprüfung getroffener Vergabeentscheidungen ab.

Die Beiräte bestehen jeweils aus einem Vorsitzenden und zwei Beisitzern. Für die Beisitzer ist jeweils ein Stellvertreter zu benennen. Nach § 15 Absatz 3 FlErwV ernennt das Bundesministerium der Finanzen die Beiratsmitglieder. Gleiches gilt für den Widerruf der Ernennung. Allerdings ist das Bundesministerium der Finanzen bei der Auswahl (und Abberufung) der Beiratsmitglieder nicht frei. Nach § 4 Absatz 2 Satz 1, 2 AusglLeistG werden die Beiratsvorsitzenden vom Bund im Einvernehmen mit dem jeweiligen Land, die übrigen Mitglieder je zur Hälfte vom Bund und vom Land benannt. § 15 Absatz 3 FlErwV präzisiert diese Regelung weiterhin dahingehend, daß das Bundesministerium der Finanzen für die Auswahl der Vertreter des Bundes das Einvernehmen mit dem Bundesministerium für Ernährung, Landwirtschaft und Forsten herzustellen hat.

Die Beiräte sind erstmals im Frühjahr 1997 benannt worden[2200]. Auf Vorschlag des Bundesministeriums der Finanzen nehmen die Finanzpräsidenten der Oberfinanzdirektionen jeweils den Vorsitz ein. Die Ernennung der vom Bund zu benennenden Beisitzer erfolgte auf Vorschlag des Bundesministeriums für Ernährung, Landwirtschaft und Forsten mit Landwirtschaftsexperten, als deren Stellvertreter beide Bundesressorts Forstwirtschaftsexperten auswählten. Unter den von den Ländern benannten Beisitzern und stellvertretenden Beisitzern finden sich in zwei Fällen aktive Landesministerialbeamte.

Die Geschäftsordnung des jeweiligen Beirats bedarf der Genehmigung durch das Bundesministerium der Finanzen[2201]. Das Bundesministerium

2200 BVVG Bodenverwertungs- und -verwaltungs GmbH, Presse-Information v. 03.03.1997 ("EALG-Beiräte der neuen Bundesländer benannt").

2201 § 16 Absatz 2 FlErwV.

der Finanzen hat eine Muster-Geschäftsordnung erstellt, an der sich die Beiräte orientiert haben.

ee) Stellenausstattung

Im übrigen hat das Bundesministerium der Finanzen auf die Stellenausstattung der Bundesanstalt für vereinigungsbedingte Sonderaufgaben mit der Vorgabe, den Personalbestand von anfänglich 2.342 Mitarbeitern auf 600 Mitarbeiter Ende 1998 zu reduzieren[2202], maßgeblichen Einfluß genommen. Die hierzu von der Bundesanstalt für vereinigungsbedingte Sonderaufgaben entwickelten Vorstellungen unterlagen der Prüfung durch das Bundesministerium der Finanzen, welches die für wünschenswert erachtete Stellenausstattung sodann in den Entwurf des Haushaltsplanes einzustellen hatte. Auf diese Weise konnte das Bundesministerium der Finanzen den förmlich durch den Deutschen Bundestag im Wege des Haushaltsgesetzes zu beschließenden Stellenplan im Vorfeld definieren und insbesondere den stetigen und massiven Personalrückgang in der Bundesanstalt für vereinigungsbedingte Sonderaufgaben herbeiführen.

Wenn auch in weit geringerem Umfang als vor 1995 unternimmt die Bundesregierung Organisationsakte, die die Bundesanstalt für vereinigungsbedingte Sonderaufgaben einbeziehen. Zu nennen sind die Bildung, Errichtung und Einrichtung der "Bund-Länder-Arbeitsgruppe Managementunterstützung in den neuen Bundesländern", der Gesprächsrunde "Kommerzielle Koordinierung", der "Arbeitsgruppe Koordinierte Ermittlung" sowie schließlich die Bestellung von Beauftragten für den 2. Untersuchungsausschuß "DDR-Vermögen".

ff) Bund-Länder-Arbeitsgruppe Managementunterstützung für Unternehmen in den neuen Bundesländern

Das Bundesministerium für Wirtschaft rief 1995 die "Bund-Länder-Arbeitsgruppe Managementunterstützung für Unternehmen in den neuen Bundesländern" ins Leben. Es reagierte damit auf Untersuchungen, wonach Defizite beim Management als häufige Ursache für wirtschaftliche Schwierigkeiten von Unternehmen in den neuen Bundesländern, insbesondere bei unerfahreneren Existenzgründern, Reprivatisierern und MBOs, anzusehen waren. Vereinzelt bereits bestehende Möglichkeiten zur Managementunterstützung wurden häufig nicht oder zu spät in Anspruch genommen[2203]. Die Arbeitsgruppe vereinte auf Abteilungsleiterebene die Wirtschaftsministe-

2202 O. N., in: FAZ v. 19.09.1996, S. 17.

2203 O. N., in: Der Spiegel v. 17.06.1996, S. 94 (113).

rien des Bundes und der neuen Länder einschließlich Berlins. Daneben war auch die Bundesanstalt für vereinigungsbedingte Sonderaufgaben in dem Gremium vertreten.

Die Arbeitsgruppe, die bis 1996 etwa ein halbes Dutzend Mal zusammentrat, hat vor allem Möglichkeiten einer Erweiterung und Verstärkung von Beratung und Managementhilfen für Unternehmen in den neuen Bundesländern erörtert und sich mit der Verbesserung der Transparenz und Verzahnung bestehender Maßnahmen befaßt[2204]. Im Zuge dieser konzertierten Bemühungen hat die Bundesanstalt für vereinigungsbedingte Sonderaufgaben auf Initiative des Bundesministeriums für Wirtschaft ihre Richtlinien zum Vertragsmanagement angepaßt und im Rahmen des Vertragsmanagements die Organisation und Finanzierung befristeter Managementunterstützung vorgesehen[2205].

gg) Gesprächsrunde "Kommerzielle Koordinierung"

Die auf Initiative des Bundeskanzlers gebildete Gesprächsrunde "Kommerzielle Koordinierung" trat erstmals am 14. Februar 1996 unter der Federführung des Staatsministers bei dem Bundeskanzler Bernd Schmidbauer zusammen[2206]. Von den übrigen Bundesressorts waren das Auswärtige Amt, das Bundesministerium der Finanzen (Ministerialrat Dr. Kurt Bley), das Bundesministerium für Wirtschaft und das Bundesministerium der Verteidigung vertreten. Weitere Teilnehmer entstammten verschiedenen Bundesbehörden, nämlich dem Bundesnachrichtendienst, dem Bundesamt für Verfassungsschutz, dem Militärischen Abschirmdienst, dem Bundeskriminalamt, dem Zollkriminalamt, dem Bundesbeauftragten für die Unterlagen des Staatssicherheitsdienstes der ehemaligen Deutschen Demokratischen Republik (sog. Gauck-Behörde) und der Unabhängigen Kommission zur Überprüfung des Vermögens der Parteien und Massenorganisationen der ehemaligen Deutschen Demokratischen Republik. Hinzugezogen werden zudem weitere Stellen wie beispielsweise das Bundesamt für Finanzen. Die Bundesanstalt für vereinigungsbedingte Sonderaufgaben ist in die Gesprächsrunde "Kommerzielle Koordinierung" regelmäßig eingebunden.

2204 Bundesministerium für Wirtschaft, Bericht der Bund-Länder-Arbeitsgruppe Managementunterstützung für Unternehmen in den neuen Bundesländern, BMWi-Dokumentation Nr. 390, S. 2.

2205 Bundesministerium für Wirtschaft, Bericht der Bund-Länder-Arbeitsgruppe Managementunterstützung für Unternehmen in den neuen Bundesländern, BMWi-Dokumentation Nr. 390, S. 3, 11.

2206 S. o. N., in: Der Spiegel v. 17.06.1996, S. 24 ff.; vgl. a. o. N., in: Die Zeit v. 02.08.1996, S. 24.

Aufgabe dieser Gesprächsrunde ist die Bündelung der (mehr als ein Dutzend) beteiligten Stellen bei der Suche nach veruntreutem staatlichen bzw. volkseigenen Vermögen der ehemaligen Deutschen Demokratischen Republik. Damit führt die regelmäßig einmal im Monat zusammentretende Gesprächsrunde "Kommerzielle Koordinierung" die Arbeit der ursprünglich durch das Bundesministerium der Finanzen eingerichteten gleichnamigen Arbeitsgruppe inhaltlich fort, allerdings auf einer insbesondere durch die Einbindung der Nachrichtendienste verbreiterten Basis[2207]. Die Federführung des Bundeskanzleramtes erklärt sich mit dessen Ressortzuständigkeit für den Bundesnachrichtendienst.

hh) Arbeitsgruppe Koordinierte Ermittlung

Die Teilnehmer der vorstehend beschriebenen Gesprächsrunde "Kommerzielle Koordinierung" beschlossen am 18. Juni 1996, als Weiterentwicklung des bisherigen Kooperationsmodells eine Arbeitsgruppe Koordinierte Ermittlung einzusetzen[2208]. Unter der Federführung des Bundesministeriums der Finanzen wirkten das Bundesministerium des Innern, die Unabhängige Kommission zur Überprüfung des Vermögens der Parteien und Massenorganisationen der ehemaligen Deutschen Demokratischen Republik, die Zentrale Ermittlungsstelle für Regierungs- und Vereinigungskriminalität, das Bundeskriminalamt und die Bundesanstalt für vereinigungsbedingte Sonderaufgaben mit. Im Bedarfsfalle wurden weitere Institutionen hinzugezogen.

Die Arbeitsgruppe Koordinierte Ermittlung konstituierte sich am 12. Juli 1996 und tagte für die Dauer von zwei Jahren in der Regel vierteljährlich. Verfassungsrechtliche Bedenken, die insbesondere das Bundesministerium des Innern geäußert hatte, verhinderten, die Arbeitsgruppe Koordinierte Ermittlung mit originären zivil-, straf- oder verwaltungsrechtlichen Zuständigkeiten auszustatten. Unter Wahrung der Kompetenzen der beteiligten Institutionen wurden in der Arbeitsgruppe Koordinierte Ermittlung aktuelle Ermittlungsfälle im Bereich der Aufklärung und Sicherung von Vermögenswerten erörtert und Empfehlungen für die weitere Vorgehensweise an die betreffenden beteiligten Institutionen erarbeitet.

Im Unterschied zu der 1993 unter der Federführung des Bundesministeriums der Finanzen errichteten Arbeitsgruppe Kommerzielle Koordinierung

2207 Deutscher Bundestag, 13. WP, Beschlußempfehlung und Bericht des 2. Untersuchungsausschusses "DDR-Vermögen" v. 28.05.1998, BT-Drs. 13/10900, Band 1, S. 138.

2208 Hierzu und zum folgenden Deutscher Bundestag, 13. WP, Beschlußempfehlung und Bericht des 2. Untersuchungsausschusses "DDR-Vermögen" v. 28.05.1998, BT-Drs. 13/10900, Band 1, S. 138 – 140, 347 f., 389.

ebenso wie ihrer Nachfolgeeinrichtung, der 1996 unter der Federführung des Bundeskanzleramtes errichteten Gesprächsrunde Kommerzielle Koordinierung, deren Existenz sich in regelmäßigen Treffen erschöpfte, erfuhr die Arbeitsgruppe Koordinierte Ermittlung eine institutionelle Verstetigung durch die Errichtung einer Geschäftsstelle und der Einsetzung von vier Task Forces, die aus Juristen, Volks- und Betriebswirten, Wirtschaftsprüfern und (Zoll-)Fahndern zusammengesetzt sind. Geschäftsstelle wie Task Forces haben ihren Sitz im Dienstgebäude der Bundesanstalt für vereinigungsbedingte Sonderaufgaben, die auch die personelle und sachliche Ausstattung der Task Forces übernahm.

Die Task Forces, deren Errichtung auf Vorschläge der Zentrale Ermittlungsstelle für Regierungs- und Vereinigungskriminalität zurückging, erhalten von der Arbeitsgruppe Koordinierte Ermittlung gezielte Aufträge zur Aufklärung bestimmter Sachverhalte. Durch regelmäßige Berichterstattung sowie laufende informelle Kontakte auf Sachbearbeiterebene zwischen den Task Forces und den beteiligten Institutionen war ein intensiver Informationsaustausch sowie eine ständige Abstimmung über das Vorgehen gewährleistet.

ii) land- und forstwirtschaftlicher Beirat

Am 21. Oktober 1996 trat der land- und fortstwirtschaftliche Beirat bei der BVVG Bodenverwertungs- und -verwaltungs GmbH erstmals zusammen. Er hat die Aufgabe, die BVVG Bodenverwertungs- und -verwaltungs GmbH bei der Privatisierung des land- und forstwirtschaftlichen Treuhandvermögens in den neuen Ländern zu beraten. Die Geschäftsführung der BVVG Bodenverwertungs- und -verwaltungs GmbH hat dem Beirat wichtige Themen zur Diskussion vorzulegen, der Beirat kann aber auch selbst initiativ werden und die Geschäftsführung der BVVG Bodenverwertungs- und -verwaltungs GmbH bitten, über besondere Fragen zu berichten. Das ehrenamtlich arbeitende Gremium soll in der Regel halbjährlich zusammentreten.

Mit seiner andersartigen Aufgabe ersetzt der land- und forstwirtschaftliche Beirat der BVVG Bodenverwertungs- und -verwaltungs GmbH nicht die vorerwähnten EALG-Beiräte.

Der 21 Mitglieder zählende Beirat besteht aus Angehörigen der zuständigen Bundes- und Landesministerien sowie Vertretern von Banken, Verbänden und Gewerkschaften. Den Vorsitz übernahm der Staatssekretär beim Bundesminister für Ernährung, Landwirtschaft und Forsten Dr. Franz-Josef Feiter. Je einen weiteren Vertreter entsandten das Bundesministerium der Finanzen, das Bundesministerium für Wirtschaft und das Bundesministerium für Umwelt, Naturschutz und Reaktorsicherheit[2209].

jj) Beauftragte für den 2. Untersuchungsausschuß "DDR-Vermögen"

Um an der Arbeit des von dem 13. Deutschen Bundestag eingesetzten 2. Untersuchungsausschusses "DDR-Vermögen" mitzuwirken, bestellte die Bundesregierung insgesamt vierzehn Beauftragte, darunter den Leiter der Abteilung "Beziehungen zu den Ländern" der Bundesanstalt für vereinigungsbedingte Sonderaufgaben Kellner sowie einen weiteren, in dem Arbeitsstab Untersuchungsausschuß der Bundesanstalt für vereinigungsbedingte Sonderaufgaben tätigen Mitarbeiter.

Als Beauftragte der Bundesregierung im Sinne von Artikel 43 Absatz 2 GG hatten die vorgenannten Mitarbeiter der Bundesanstalt für vereinigungsbedingte Sonderaufgaben – wie bereits an anderer Stelle erläutert – das Recht, an allen Ausschußsitzungen teilzunehmen und gehört zu werden.

b) Aufsicht

Der rechtliche Rahmen für die Aufsicht der Bundesregierung über die Bundesanstalt für vereinigungsbedingte Sonderaufgaben ist von den Maßgaben des Gesetzes zur abschließenden Erfüllung der verbleibenden Aufgaben der Treuhandanstalt und der verschiedenen Verordnungen, die im Zusammenhang mit der Reorganisation des Bereichs der Treuhandanstalt erlassen wurden, nicht berührt worden. Zur Regierungsaufsicht über die Bundesanstalt für vereinigungsbedingte Sonderaufgaben sind aufbauend auf den Ausführungen in Abschnitt III folgende Punkte zu bemerken:

aa) Grenzen der Aufsichtsausübung

In den vorangegangenen Abschnitten wurde herausgearbeitet, daß der Treuhandanstalt – jenseits ihrer hoheitlichen Aufgaben – ein unternehmerischer Gestaltungsfreiraum zukam, der die Befugnis zur Ergreifung aufsichtlicher Maßnahmen begrenzte. Mit der Neuordnung des Bereichs der Treuhandanstalt verblieb bei der Bundesanstalt für vereinigungsbedingte Sonderaufgaben neben den hoheitlichen Aufgaben im wesentlichen der Bereich der Abwicklung und des sog. Vertragsmanagements. Es stellt sich die Frage, inwieweit sich die Wahrnehmung dieser Aufgaben in einem vom Gesetzgeber intendierten unternehmerischen Gestaltungsfreiraum vollzieht.

2209 BVVG Bodenverwertungs- und -verwaltungs GmbH, Presse-Information v. 22.10.1996 ("Land- und forstwirtschaftlicher Beirat bei der BVVG gebildet").

Den beabsichtigten unternehmerischen Gestaltungsspielraum hatte der Gesetzgeber für die – nach der ursprünglichen Konzeption den Treuhand-Aktiengesellschaften vorbehaltenen – Aufgaben der Beteiligungsführung und Sanierung sowie der Privatisierung vorgesehen. Die Umsetzung von Stillegungsentscheidungen war darin, soweit ersichtlich, nicht eingeschlossen. Dies gilt erst recht für die Aufgabe des Vertragsmanagements, die der Gesetzgeber des Treuhandgesetzes überhaupt nicht bedacht hat; sie findet weder im Treuhandgesetz noch in den dazu vorliegenden Materialien Erwähnung und wurde erst im Frühjahr 1991 von der Treuhandanstalt erkannt.

Andererseits sind weder die Abwicklung von sanierungsunfähigen Gesellschaften noch das Vertragsmanagement Aufgaben, die sich in dem Abarbeiten einer vorgegebenen Agenda erschöpfen. In beiden Fällen werden vielmehr auch "unternehmerische" Entscheidungen gefällt.

Dies gilt zum einen für den Bereich der Abwicklung. Zwar hat der Gesetzgeber zwingend vorgegeben, nicht sanierungsfähige Unternehmen aufzulösen[2210]; ist die Sanierungsunfähigkeit festgestellt, müssen entsprechende Schritte eingeleitet werden. Das betriebliche Vermögen ist zu verwerten[2211], d.h. regelmäßig zu veräußern. Eine solche Verwertung kann sich im Wege der sog. stillen Liquidation[2212], aber auch im Rahmen eines förmlichen Liquidations- oder Gesamtvollstreckungsverfahrens[2213] vollziehen. Insbesondere bei der stillen Liquidation, bei der die Bundesanstalt für vereinigungsbedingte Sonderaufgaben selbst federführend tätig ist, aber auch – im Rahmen des ihr Möglichen[2214] – bei förmlichen Liquidations- und Gesamtvollstreckungsverfahren bemüht sich die Bundesanstalt für vereinigungsbedingte Sonderaufgaben um eine möglichst behutsame Stillegung[2215]. Im Vordergrund steht dabei die Verwendung der zu veräußernden Vermögensgegenstände, insbesondere der Immobilien, zur Neuansiedlung von Arbeitsplätzen, also als Kristal-

2210 § 8 Absatz 1 (3. Spiegelstrich) TreuhG; § 3 (5. Spiegelstrich) TreuhS.

2211 § 8 Absatz 1 (3. Spiegelstrich) TreuhG.

2212 Dazu Kübler, in: Hommelhoff (Hrsg.), Treuhandunternehmen im Umbruch, S. 79 (90 ff.); Oberhofer, in: Hommelhoff (Hrsg.), Treuhandunternehmen im Umbruch, S. 121 (122 f.).

2213 Ausführlich Wandel, in: Fischer / Hax / Schneider (Hrsg.), Treuhandanstalt – Das Unmögliche wagen, S. 283 ff.

2214 Dazu Wandel, in: Fischer / Hax / Schneider (Hrsg.), Treuhandanstalt – Das Unmögliche wagen, S. 283 (293 ff.).

2215 In dem zu seinem Vermächtnis gewordenen Schreiben an die Mitarbeiterinnen und Mitarbeiter der Treuhandanstalt v. 27.03.1991 hatte Rohwedder den Auftrag der Treuhandanstalt mit der Trias "Schnelle Privatisierung – entschlossene Sanierung – behutsame Stillegung" beschrieben; Nachdruck des Schreibens in: Treuhandanstalt (Hrsg.), Dokumentation 1990 – 1994, Band 1, S. A 72 ff.

lisationskern für neue unternehmerische Aktivitäten[2216]. Trotz Auflösung der Unternehmen blieb bei den insgesamt etwa 3.750 förmlichen Abwicklungsverfahren der Treuhandanstalt[2217] von den am Standort vorhandenen Arbeitsplätzen etwa ein Drittel erhalten[2218]. Die Durchführung der Abwicklung hat mithin auch Berührungen zu Sanierung und Privatisierung.

Gleiches gilt für das Vertragsmanagement[2219]. Mit der Übertragung eines Unternehmens auf einen privaten Erwerber ist zwar der Privatisierungsauftrag zunächst erfüllt[2220], doch endet damit keineswegs die Tätigkeit der Bundesanstalt für vereinigungsbedingte Sonderaufgaben. Die Privatisierungsverträge enthalten regelmäßig eine Mehrzahl von Rechten und Pflichten der Vertragsparteien, die erst zu einem späteren Zeitpunkt relevant werden. Hierzu zählen u.a. finanzielle Vereinbarungen (einerseits die vollständige Kaufpreiszahlung, andererseits die Übernahme von Kosten beispielsweise der Beseitigung ökologischer Altlasten), sonstige vertragliche Verpflichtungen des Erwerbers zur Sicherung der Vermögenswerte (Nachbewertungs-, Mehrerlösklauseln), insbesondere aber auch Arbeitsplatz- und Investitionszusagen des Erwerbers. Aus alledem ergibt sich als Annex zum eigentlichen Privatisierungsauftrag[2221] die Aufgabe, rund 38.000 Privatisierungsverträge[2222] eine be-

2216 Treuhandanstalt, Richtlinie zur Abwicklung von Betrieben, bei denen Sanierungsfähigkeit unter Marktbedingungen nicht gegeben ist, Nachdruck in: Treuhandanstalt (Hrsg.), Dokumentation 1990 – 1994, Band 7, S. 749 (760).

2217 Bundesanstalt für vereinigungsbedingte Sonderaufgaben, Abschlußstatistik der Treuhandanstalt, S. 11.

2218 Treuhandanstalt, Stand der Aufgabenerfüllung des Direktorates Abwicklung der Treuhandanstalt, Nachdruck in: Treuhandanstalt (Hrsg.), Dokumentation 1990 – 1994, Band 7, S. 815 (816).

2219 Hierzu ausführlich Bundesanstalt für vereinigungsbedingte Sonderaufgaben, Zwischenbilanz, S. 25 ff.

2220 Weimar, TreuhG Kommentar, § 1, Rz. 2.

2221 Busche, in: Clemm u.a. (Hrsg.), RVI, § 2 TreuhG, Rz. 64; Kiethe, Nachverhandlungen mit der Treuhandanstalt, Rz. 16; Weimar, TreuhG Kommentar, § 1, Rz. 2 und 11, weist darauf hin, daß das Vertragsmanagement im Treuhandgesetz nicht geregelt und daher rein privatrechtlich zu qualifizieren sei; ebenso Busche, in: Clemm u.a. (Hrsg.), RVI, § 2 TreuhG, Rz. 62 a; a. A. Kiethe, Nachverhandlungen mit der Treuhandanstalt, Rz. 146 ff.

2222 Bundesministerium der Finanzen, Pressemitteilung 43/96 v. 18.09.1996 ("Bundesanstalt für vereinigungsbedingte Sonderaufgaben zieht positive Bilanz"). Unter Einschluß der Grundstückskaufverträge schloß die Treuhandanstalt sogar etwa 85.000 Verträge ab; Treuhandanstalt Informationen, Ausgabe 21, Dezember 1994, S. 1.

stimmte Zeit lang zu begleiten[2223], um die finanziellen Vertragsverpflichtungen, die Arbeitsplatz- und Investitionszusagen und die sonstigen, das jeweilige Privatisierungskonzept absichernden vertraglichen Verpflichtungen des Erwerbers durchzusetzen und die Vertragserfüllung durch die Bundesanstalt für vereinigungsbedingte Sonderaufgaben zu gewährleisten[2224]. Erst recht hat das Vertragsmanagement eine unternehmerische Komponente, wenn die Bundesanstalt für vereinigungsbedingte Sonderaufgaben zunächst noch als Minderheitsgesellschafter des (mehrheitlich) privatisierten Unternehmens fungiert. Dies ist bei einigen bedeutenden Gesellschaften, beispielsweise der BSL Olefinverbund GmbH, der Kali und Salz GmbH sowie der EKO Stahl GmbH, der Fall[2225].

Darüber hinaus sind gelegentlich Nachverhandlungen mit dem Ziel einer nachträglichen Ergänzung, Klarstellung oder sonstigen Verbesserung der Vertragskonditionen zugunsten der Bundesanstalt für vereinigungsbedingte Sonderaufgaben zu führen[2226]. Diese Tätigkeit ist von einiger Bedeutung, denn insbesondere in der Anfangsphase ihrer Privatisierungstätigkeit fehlte es der Treuhandanstalt an Informationen, Zeit und Erfahrung, was gelegentlich zu unvollständigen oder – im Nachhinein betrachtet – sogar unausgewogenen Verträgen geführt hat[2227]. Schließlich und vor allem ist der Bereich der sog. Nachsorge für privatisierte Unternehmen zu nennen, dem sich die Bundesanstalt für vereinigungsbedingte Sonderaufgaben ebenfalls im Rahmen des Vertragsmanagements widmet. Für in Bedrängnis geratene, sanierungsfähige ehemalige Treuhand-Unternehmen engagiert sich die Bundesanstalt für vereinigungsbedingte Sonderaufgaben finanziell und ggf. durch die Herbeiführung eines sog. Investorentausches (sog. Zweitprivatisierung) im Rahmen einer konzertierten Aktion, an der vor allem auch die betroffene Landesregierung, aber auch Kreditinstitute, Anteilseigner und Belegschaft beteiligt werden[2228]. Vor diesem Hinter-

2223 Ausführlich Küpper, in: Fischer / Hax / Schneider (Hrsg.), Treuhandanstalt – Das Unmögliche wagen, S. 315 (327-332); Lichtblau, Privatisierungs- und Sanierungsarbeit der Treuhandanstalt, S. 34 f.

2224 Presse- und Informationsamt der Bundesregierung (Hrsg.), Jahresbericht der Bundesregierung 1993, S. 255.

2225 Bundesanstalt für vereinigungsbedingte Sonderaufgaben, Zwischenbilanz, S. 30.

2226 Presse- und Informationsamt der Bundesregierung (Hrsg.), Jahresbericht der Bundesregierung 1993, S. 255.

2227 Als herausragendes Beispiel mag der mit der Thyssen Handelsunion (THU) abgeschlossene Vergleich im Zusammenhang mit der Privatisierung der Metallurgiehandel Berlin dienen, bei dem THU sich zu einer Zahlung von 86,6 Mio. DM verpflichtet hat; s. Blome, in: Die Welt v. 24.07.1995, S. 11; o. N., in: TSP v. 25.07.1995, S. 15.

2228 Bundesanstalt für vereinigungsbedingte Sonderaufgaben, Zwischenbilanz, S. 32 ff.; Hornef, in: Bundesanstalt für vereinigungsbedingte Sonderaufgaben (Hrsg.), Dokumentation des Symposiums Zwischenbilanz Aufbau Ost, S. 19 (21).

grund wird verständlich, daß das Vertragsmanagement als sehr unternehmerische Aufgabe bezeichnet wurde[2229].

Wenn der Gesetzgeber für Entscheidungen im Bereich der Beteiligungsführung und Sanierung sowie der Privatisierung wegen der unternehmerischen Natur dieser Aufgaben einen Experten- und Managementermessensspielraum eingeräumt hat, so kann geschlossen werden, daß die entsprechende Gestaltungsfreiheit auch in solchen Bereichen zu respektieren ist, deren unternehmerischer Charakter oder gar Existenz dem Gesetzgeber im Zeitpunkt der Verabschiedung des Treuhandgesetzes nicht bewußt war. Mithin ist die Befugnis zur Aufsichtsausübung diesbezüglich begrenzt.

Allerdings kann eine Intention des Gesetzgebers zur Eröffnung von Ermessensspielräumen nur dort angenommen werden, wo es sich um die Wahrnehmung von gesetzlichen Aufgaben handelt. Dies ist für den Bereich der Nachsorge für bereits privatisierte Unternehmen fraglich.

In diesem Bereich bewegt sich die Bundesanstalt für vereinigungsbedingte Sonderaufgaben nach hiesiger Auffassung nicht mehr innerhalb ihres eigentlichen gesetzlichen Auftrags. Ihr Handeln ist nicht juristisch, sondern politisch legitimiert. Die Bundesregierung billigt das Engagement der Bundesanstalt für vereinigungsbedingte Sonderaufgaben für nach der Privatisierung in Schwierigkeiten geratene, sanierungsfähige Treuhand-Unternehmen[2230]. Die betroffenen neuen Länder, in deren grundgesetzlich zugewiesenem Aufgabenbereich die Bundesanstalt für vereinigungsbedingte Sonderaufgaben tätig wird, sehen sich angesichts fehlender finanzieller Ressourcen nicht in der Lage, diese Aufgabe der regionalen Wirtschaftspolitik alleine durchzuführen und akzeptieren daher das Engagement der Bundesanstalt für vereinigungsbedingte Sonderaufgaben.

bb) organisatorische und personelle Dispositionen

Das Bundesministerium der Finanzen hat seine mit Fragen der Treuhandanstalt befaßte organisatorische Einheit, Abteilung VIII, mit dem Zuständigkeitsbereich Bundesbeteiligungen und (nunmehr) Treuhand-Nachfolgeorganisationen auch nach der Reorganisation des Bereichs der Treuhandanstalt beibehalten und zugleich die Aufgabenverteilung unter den Unterabteilungen und Referaten der Restrukturierung der bislang von der Treuhandanstalt wahrgenommenen Aufgaben angepaßt. Hierdurch wurde die Fortführung der Regierungskontrolle auf dem bereits vor 1995 erreichten Niveau organisatorisch sichergestellt.

2229 So v. Dohnanyi, zitiert bei Bernitt, in: Welt am Sonntag v. 11.12.1994, S. 115.

2230 Bundesministerium der Finanzen, Pressemeldung 43/96 v. 18.09.1996 ("Bundesanstalt für vereinigungsbedingte Sonderaufgaben zieht positive Bilanz"); Hornef, in: Bundesanstalt für vereinigungsbedingte Sonderaufgaben (Hrsg.), Dokumentation des Symposiums Zwischenbilanz Aufbau Ost, S. 19 (21).

Ergänzend ist anzuführen, daß im Zusammenhang mit der Einsetzung des 2. Untersuchungsausschusses "DDR-Vermögen" des 13. Deutschen Bundestages das Bundesministerium der Finanzen eine "Arbeitsgruppe KoKo / THA" einsetzte, welche als Koordinierungsstelle zwischen dem Untersuchungsausschuß einerseits und dem Bundesministerium der Finanzen sowie der Bundesanstalt für vereinigungsbedingte Sonderaufgaben andererseits fungierte.

Das Bundesministerium für Wirtschaft führte die eigens eingerichtete Organisationseinheit mit Abteilungsrang, den Leitungsstab Neue Bundesländer (L-D), zunächst ebenfalls fort. Ebenso wie in der Abteilung VIII des Bundesministeriums der Finanzen wurde die innere Struktur und Aufgabenverteilung auf die einzelnen Referate entsprechend der Restrukturierung der bislang von der Treuhandanstalt wahrgenommenen Aufgaben angepaßt. Dabei wurde die Anzahl der hiermit befaßten Referate von zwei[2231] auf drei[2232] erhöht, von denen eines (L-D 5) federführend für Angelegenheiten der Bundesanstalt für vereinigungsbedingte Sonderaufgaben zuständig war. Mit Wirkung zum 1. Januar 1997 wurde der Leitungsstab Neue Bundesländer im wesentlichen unverändert als Unterabteilung A in die neu gebildete Abteilung VI eingegliedert, zu der zwei weitere, ebenfalls neu gebildete Unterabteilungen[2233] zählen. Diese Organisationsentwicklung ließ die interne Struktur des vormaligen Leitungsstabes Neue Bundesländer bestehen und ermöglichte dadurch die ungestörte Fortführung der eingespielten Kommunikation mit der Bundesanstalt für vereinigungsbedingte Sonderaufgaben (und den übrigen Nachfolgeeinrichtungen der Treuhandanstalt). Mit der Eingliederung in eine andere Abteilung wurde zugleich der Bedeutungsrückgang des Geschäftsbereichs deutlich.

Eine praktisch bedeutsame Entscheidung nicht organisatorischer, aber personeller Art stellte die Ernennung von Dr. Johannes Ludewig zum Staatssekretär im Bundesministerium für Wirtschaft dar, welcher das Bun-

2231 L-D / THA 1 mit dem Geschäftsbereich Einzelfälle der Treuhand-Unternehmen, L-D / THA 2 mit dem Geschäftsbereich Angelegenheiten der Treuhandanstalt.

2232 L-D 5 (Geschäftsbereich: Angelegenheiten der Bundesanstalt für vereinigungsbedingte Sonderaufgaben, Bundesliegenschaften in den neuen Bundesländern), L-D 6 (Geschäftsbereich: Bundesbeteiligungen in den neuen Bundesländern, Beteiligungs-Management-Gesellschaft Berlin mbH), L-D 7 (mit Sitz in Berlin und dem Geschäftsbereich: Spezielle Fragen der neuen Bundesländer, Einzelprobleme von Unternehmen, Bürgertelefon).

2233 Unterabteilung VI B mit dem Geschäftsbereich Strukturpolitik, Unterabteilung VI C mit dem Geschäftsbereich Forschungs-, Innovations- und Technologiepolitik.

deskabinett am 20. Dezember 1994 zugestimmt hatte. Bereits zuvor – noch als Leiter der Abteilung 4 im Bundeskanzleramt – hatte Ludewig, wie gezeigt, eine herausragende Rolle in wirtschaftspolitischen Fragen der neuen Länder eingenommen und spürbaren Einfluß auf die Treuhandanstalt ausgeübt. Mit seinem Wechsel in das Bundesministerium für Wirtschaft – dort zuständig für die Angelegenheiten des Leistungsstabes Neue Bundesländer sowie der Abteilungen I[2234], II[2235] und IV[2236] – konnte Ludewig seine Arbeit fortsetzen und sogar ausweiten, ohne hierdurch weiterhin das Ressortprinzip in Frage zu stellen. Aufgrund seines politischen Einflusses, der sich weniger auf sein Amt als auf sein vertrauensvolles Verhältnis zum Bundeskanzler gründete[2237], erfuhr das Bundesministerium – nicht der Bundesminister – für Wirtschaft mit dem Eintritt Ludewigs eine politische Aufwertung in Fragen der wirtschaftlichen Entwicklung in den neuen Bundesländern und den östlichen Bezirken Berlins gegenüber dem Bundesministerium der Finanzen.

Dies unterstrich die ebenfalls weniger ressort- als personengebundene Berufung Ludewigs zum "Beauftragten der Bundesregierung für die neuen Länder" durch das Bundeskabinett am 11. Januar 1995. Die Aufgaben des Beauftragten der Bundesregierung für die neuen Länder sind umfassend, indem sie – über den wirtschaftlichen Bereich hinausgehend – die neuen Länder betreffende rechtliche, finanzielle, soziale, forschungs- und bildungspolitische, verkehrs- und umweltpolitische sowie innenpolitische Fragen einschließen. Der "Beauftragte der Bundesregierung für die neuen Länder" befaßt sich insbesondere mit

- Grundsatzfragen der wirtschaftlichen Entwicklung und der Förderpolitik in den neuen Ländern,
- der Koordinierung der bundespolitischen Aktivitäten zugunsten der neuen Länder mit Regierungen und Parlamenten der neuen Länder (zusammen mit dem Bundeskanzleramt),
- der Behandlung wirtschaftspolitischer Fragen der neuen Länder in der EU,
- der Koordinierung mittelstandspolitischer Fragen in den neuen Ländern,

2234 Geschäftsbereich: Wirtschaftspolitik.

2235 Geschäftsbereich: Mittelstand, Freie Berufe, Gewerbliche Wirtschaft, Handwerk, Dienstleistungen, Bildungspolitik.

2236 Geschäftsbereich: Gewerbliche Wirtschaft, Industrie, Forschung und Technik, Informationsgesellschaft.

2237 Vgl. Hanke / Schmid, in: Die Zeit v. 02.05.1997, S. 20.

- der Koordinierung und Effizienz-Überwachung der diversen Förderprogramme,
- institutionellen Fragen der Bundesanstalt für vereinigungsbedingte Sonderaufgaben, der TLG Treuhand Liegenschaftsgesellschaft mbH, der BVVG Bodenverwertungs- und -verwaltungs GmbH und der IIC The New German Länder Industrial Investment Council GmbH,
- der Rettung industrieller Kerne in den neuen Ländern,
- Einzelproblemen von Unternehmen in den neuen Bundesländern ("Feuerwehrfunktion"),
- Fragen des Umweltschutzes und ökologischer Altlasten in Abstimmung mit der Bundesanstalt für vereinigungsbedingte Sonderaufgaben,
- Fragen des Vermögens der Parteien und Massenorganisationen der ehemaligen Deutschen Demokratischen Republik,
- der Absatzförderung von Produkten aus den neuen Ländern im In- und Ausland,
- Rechts-, Verwaltungs- und Verfahrensfragen aus einschlägigen Gebieten (beispielsweise Vermögensgesetz, Investitionsvorranggesetz, Entschädigungs- und Ausgleichsleistungsgesetz, Sachenrechtsbereinigungsgesetz sowie aus der strafrechtlichen, verwaltungsrechtlichen und beruflichen Rehabilitierung).

Mit dieser Ausrichtung unterschied sich die Ludewig als Staatssekretär beim Bundesminister für Wirtschaft 1995 übertragene Aufgabe als Beauftragtem der Bundesregierung für die neuen Länder deutlich von derjenigen des bereits 1991 ebenfalls zum Beauftragten der Bundesregierung für die neuen Länder berufenen Staatssekretärs beim Bundesminister des Innern Dr. Walter Priesnitz. Priesnitz wechselte 1996 in die Geschäftsführung der BVVG Bodenverwertungs- und -verwaltungs GmbH.

Zur Bewältigung dieses breiten Aufgabenbereichs, der zahlreiche Berührungen mit der Tätigkeit der Nachfolgeeinrichtungen der Treuhandanstalt aufweist, stand dem "Beauftragten der Bundesregierung für die neuen Länder" ein Mitarbeiterstab von etwa 40 Personen im Bundesministerium für Wirtschaft in Bonn und Berlin zur Verfügung.

Zwar arbeitete der "Beauftragte der Bundesregierung für die neuen Länder" im Gegensatz zu anderen Bundesbeauftragten wie beispielsweise dem Bundesbeauftragten für den Datenschutz oder dem Wehrbeauftragten des Deutschen Bundestages nicht auf gesetzlicher Grundlage und verfügte nicht über institutionelle Befugnisse. Die Verbindung mit dem Amt des beamteten Staatssekretärs im Bundesministerium für Wirtschaft überspielte indes dieses förmliche Defizit und wertete zugleich die Position des Staatssekretärs auf. In der Person des ohnehin politisch einflußreichen Ludewig verbanden sich beide Positionen zu einer einzigartigen Stellung im politischen

Machtgefüge[2238]. Unter seiner Leitung übernahmen die wöchentlich stattfindenden Staatssekretärsrunden[2239] weitgehend die Funktion des Kabinettausschusses "Neue Bundesländer".

Der Wechsel Ludewigs zum 1. Mai 1997 an die Spitze der Deutsche Bahn AG führte erneut zu einer Verschiebung der politischen Gewichte. Nachfolger als Beauftragter der Bundesregierung für die neuen Bundesländer wurde am 15. Mai 1997 der bisherige Innenminister des Landes Mecklenburg-Vorpommern, Rudi Geil. Dieser galt als Vertrauter des Bundeskanzlers[2240], doch fehlte ihm die institutionelle Einbindung, da er, obzwar im Bundesministerium für Wirtschaft angesiedelt, nicht auch in das Amt des Staatssekretärs im Bundesministerium für Wirtschaft berufen wurde[2241].

Bei dieser Lösung hatte sich der Bundesminister für Wirtschaft Rexrodt gegen Pläne des Bundeskanzleramtes behauptet, den Nachfolger Ludewigs als Beauftragten der Bundesregierung für die neuen Bundesländer mit einer Stabsabteilung, die personell mit Stellen aus dem Bundesministerium für Wirtschaft und der Bundesanstalt für vereinigungsbedingte Sonderaufgaben auganisatori-

sche Entscheidung der Bundesregierung indes kaum noch auf die Bundesanstalt für vereinigungsbedingte Sonderaufgaben aus, sondern betraf vielmehr den Aufgabenbereich der IIC The New German Länder Industrial Investment Council GmbH.

cc) Praxis der Aufsichtsausübung

Gestützt auf die hierfür geschaffenen, speziellen Einheiten (Abteilung VIII im Bundesministerium der Finanzen und Leitungsstab Neue Bundesländer,

2238 Vgl. Dunte, in: Leipziger Volkszeitung v. 06.01.1997, S. 6; Lambeck, in: Die Welt v. 22.04.1997, S. 2; Hanke / Schmid, in: Die Zeit v. 02.05.1997, S. 20.

2239 Ludewig, zitiert bei Fricke / Klusmann, in: manager magazin 11/1996, S. 258 (263).

2240 Marschall, in: Berliner Zeitung v. 02.05.1997, S. 9; o. N., in: HB v. 28.04.1997, S. 3.

2241 Nachfolger Ludewigs als Staatssekretär im Bundesministerium für Wirtschaft wurde Klaus Bünger, zuletzt Leiter der Abteilung I.

2242 Vgl. Wonka, in: Leipziger Volkszeitung v. 19./20.04.1997, S. 2.

2243 Weidenfeld, in: TSP v. 24.06.1998, S. 17.

später Abteilung VI A im Bundesministerium für Wirtschaft) und das bestehende, dichte Informationsnetz haben das Bundesministerium der Finanzen ebenso wie das Bundesministerium für Wirtschaft ihre fachaufsichtliche Tätigkeit gegenüber der Bundesanstalt für vereinigungsbedingte Sonderaufgaben unvermindert fortgesetzt. Bei einer abnehmenden Anzahl von Entscheidungen, die die Bundesanstalt für vereinigungsbedingte Sonderaufgaben zu treffen hat, führte dies sogar zu einer relativen Intensivierung der Kontrolle.

aaa) Bundesministerium der Finanzen

Das Bundesministerium der Finanzen befaßte sich im Schwerpunkt mit allgemeinen Vorgaben insbesondere für das Vertragsmanagement und drängte so die Gestaltungsfreiheit der Bundesanstalt für vereinigungsbedingte Sonderaufgaben zurück.

Beispielsweise konnte die Bundesanstalt für vereinigungsbedingte Sonderaufgaben nicht selbständig entscheiden, auf die Verfolgung sog. Bagatellansprüche (max. 400,00 DM) grundsätzlich zu verzichten. Eine diesbezügliche Anfrage beschied das Bundesministerium der Finanzen negativ[2244]. Mit dieser engen Führung schränkte das Bundesministerium der Finanzen den Spielraum der Bundesanstalt für vereinigungsbedingte Sonderaufgaben zur Ausübung des ihr in Angelegenheiten unternehmerischer Natur zustehenden Experten- und Managementermessens spürbar ein. Dies markierte durchaus eine Kursänderung in der Wahrnehmung der Fachaufsicht durch das Bundesministerium der Finanzen, hatte die Bundesregierung doch ursprünglich angekündigt, die Bundesanstalt für vereinigungsbedingte Sonderaufgaben werde wie die Treuhandanstalt

> "... auch nach den Kriterien der Wirtschaftlichkeit berechtigt [sein], im Einzelfall nach unternehmerischen Gesichtspunkten zu entscheiden, ob die Rechtsverfolgung, Stundung, der Erlaß oder die Niederschlagung von Ansprüchen angezeigt ist."[2245]

Aufgrund der festgelegten Genehmigungsbedürfnisse war das Bundesministerium der Finanzen daneben mit nahezu sämtlichen von der Bundesanstalt für vereinigungsbedingte Sonderaufgaben fortzuführenden Privatisierungsvorgängen befaßt. Auch Einzelfallentscheidungen im Rahmen des Vertragsmanagements, die sich aus Nachverhandlungen mit den Erwerbern ergaben und eine Verschlechterung der Position der Bundesanstalt für vereinigungsbedingte Sonderaufgaben bedeuteten, waren dem Bundesministerium der Finanzen in der Mehrzahl der Fälle zur Genehmigung vorzulegen.

2244 Granzow, in: HB v. 22.11.1996, S. 20.

2245 Deutscher Bundestag, 12. WP, Gesetzentwurf der Bundesregierung, BT-Drs. 12/6910, S. 8.

In Einzelfällen von herausgehobener Bedeutung hat das Bundesministerium der Finanzen die Tätigkeit der Bundesanstalt für vereinigungsbedingte Sonderaufgaben nicht nur kontrolliert, sondern sich an der Aufgabenerfüllung unmittelbar beteiligt.

Als Beispiel kann die Teilnahme von Vertretern des Bundesministeriums der Finanzen an den Verhandlungen der Bundesanstalt für vereinigungsbedingte Sonderaufgaben mit dem Thyssen-Konzern über den Abschluß eines Vergleichs genannt werden, die am 20. Juli 1995 stattfanden. Hierbei ging es um Forderungen im Zusammenhang mit Unregelmäßigkeiten bei der Liquidation des ehemaligen Außenhandelsbetriebs Metallurgiehandel GmbH i.L., die treuhänderisch für die Treuhandanstalt durch die eigens gegründete Thyssen-Handel Berlin GmbH erfolgt war. Im Ergebnis verpflichtete sich der Thyssen-Konzern zu Zahlungen in Höhe von insgesamt knapp 240 Mio. DM[2246].

Trotz der vergleichsweise engmaschigen Kontrolle ist die Fachaufsichtführung des Bundesministeriums der Finanzen in die Kritik geraten. Insbesondere die Zweckentfremdung von Zuwendungen, die die Bundesanstalt für vereinigungsbedingte Sonderaufgaben an von der Bremer Vulkan Verbund AG erworbene Werftengesellschaften in Wismar und Stralsund ausgereicht hatte, gab hierzu Anlaß. Nach einem Bericht des Bundesrechnungshofes[2247] sei das Bundesministerium der Finanzen über das Bundesministerium für Wirtschaft von dem Senat des Landes Bremen im Oktober 1995 über die sich abzeichnende Liquiditätskrise der Bremer Vulkan Verbund AG informiert worden und habe es gleichwohl unterlassen, die Ausreichung weiterer Zuwendungen durch die Bundesanstalt für vereinigungsbedingte Sonderaufgaben zu unterbinden[2248].

Schließlich wirkt das Bundesministerium der Finanzen maßgeblich an den Entscheidungen der Bundesanstalt für vereinigungsbedingte Sonderaufgaben hinsichtlich funktionaler Beteiligungsgesellschaften mit. Dabei beschränkt sich das Bundesministerium der Finanzen nicht auf die Erteilung der in diesem Zusammenhang notwendigen Genehmigungen, sondern wirkt aktiv auf die Gestaltung der Beteiligungen ein. So ist der Erwerb der übrigen Anteile an der BVVG Bodenverwertungs- und -verwaltungs GmbH durch die Bundesanstalt für vereinigungsbedingte Sonderaufgaben auf das Betreiben des Bundesministeriums der Finanzen zurückzuführen, das damit

2246 Deutscher Bundestag, 13. WP, Beschlußempfehlung und Bericht des 2. Untersuchungsausschusses "DDR-Vermögen" v. 28.05.1998, BT-Drs. 13/10900, Band 1, S. 147.

2247 Bericht des Bundesrechnungshofes v. 12.06.1996, IX 5-3504/93.

2248 O. N., in: Der Spiegel v. 17.06.1996, S. 17; o. N., in: Die Welt v. 17.06.1996, S. 11.

die Voraussetzungen schaffen wollte, um die TLG Treuhand Liegenschaftsgesellschaft mbH zu stärken[2249].

bbb) Bundesministerium für Wirtschaft

Das Bundesministerium für Wirtschaft begleitete ebenfalls sowohl die verbliebenen Privatisierungsvorgänge wie die bedeutenderen Fälle der Nachsorge für privatisierte Unternehmen intensiv. Regelmäßig nahmen Vertreter des Bundesministeriums für Wirtschaft bereits an den entsprechenden Verhandlungen teil. Das prominenteste Beispiel bieten die Bemühungen um den Erhalt der SKET Schwermaschinenbau Magdeburg GmbH, an denen sich sowohl der Staatssekretär im Bundesministerium für Wirtschaft und Beauftragte der Bundesregierung für die neuen Länder Ludewig[2250] als auch der Bundesminister für Wirtschaft Rexrodt[2251] intensiv beteiligten.

ccc) Mitarbeit in Gremien

Die Bundesregierung setzte auch bei der Bundesanstalt für vereinigungsbedingte Sonderaufgaben ihr Konzept der Aufsicht durch Mitgliedschaft in Gremien fort und entsandte Vertreter in neu entstehende Gremien.

Im Verwaltungsrat der Bundesanstalt für vereinigungsbedingte Sonderaufgaben, der sich aus 21 Mitgliedern zusammensetzte[2252], waren das Bundesministerium der Finanzen und das Bundesministerium für Wirtschaft nach wie vor mit jeweils einem Staatssekretär vertreten. In den auf der Grundlage von § 52 GmbHG gebildeten, achtköpfigen Aufsichtsrat der DV-InformationsSysteme, Organisation und Service GmbH, der am 10. Mai 1995 zu seiner konstituierenden Sitzung zusammentrat, entsandte das Bundesministerium der Finanzen zwei, das Bundesministerium für Wirtschaft einen Mitarbeiter. Dem nach § 76 Absatz 1 BetrVerfG 1952 zusammengesetzten, neunköpfigen Aufsichtsrat der BVVG Bodenverwertungs- und -verwaltungs GmbH gehörten ein jeweils Vertreter des Bundesministeriums für Ernährung, Landwirtschaft und Forsten sowie des Bundesministeriums der Finanzen an. Bei der DEGEFO Deutsche Gesellschaft für das Ostgeschäft mbH wurde kein Aufsichtsrat, aber ein Beirat gebildet, welcher sich aus sieben Mitgliedern, darunter je einem Vertreter des Bundesministeriums der Finanzen und des Bundesministeriums für Wirtschaft, zusammensetzte.

2249 O. N., in: TSP v. 08.12.1995, S. 19.

2250 S. beispielsweise: o. N., in: SZ v. 14.10.1996, S. 25; o. N., in: HB v. 17.10.1996, S. 25; Rex, in: ND v. 05.12.1996, S. 9.

2251 S. beispielsweise: o. N., in: Berliner Zeitung v. 19.11.1996, S. 11; o. N., in: Volksstimme Magdeburg v. 19.11.1996, S. 1; o. N., in: Leipziger Volkszeitung v. 19.11.1996, S. 11.

2252 § 4 Absatz 2 Satz 1 TreuhG i.d.F. v. 09.08.1994.

c) Kontrolle durch den Bundeskanzler

Entsprechend der abnehmenden Bedeutung der Bundesanstalt für vereinigungsbedingte Sonderaufgaben für die Vollendung der inneren Einheit Deutschlands ist ein Rückgang der durch den Bundeskanzler und das Bundeskanzleramt ausgeübten Kontrolltätigkeit festzustellen. Zugleich führte der Wechsel des Leiters der Abteilung 4 im Bundeskanzleramt, Dr. Johannes Ludewig, in das Bundesministerium für Wirtschaft zu einer spürbaren Verlagerung treuhandpolitischer Aktivität – sowohl informierender wie beeinflussender Art – in das Wirtschaftsressort.

Gleichwohl eröffnet sich dem Bundeskanzleramt mit der auf Initiative des Bundeskanzlers und unter Federführung des Bundeskanzleramtes eingerichteten Gesprächsrunde "Kommerzielle Koordinierung" eine neue Möglichkeit zur Ausübung unmittelbarer informierender wie beeinflussender Kontrolle über die Tätigkeit der Bundesanstalt für vereinigungsbedingte Sonderaufgaben in dem von der Arbeitsgruppe besetzten Tätigkeitsbereich.

Ein bekannt gewordenes Beispiel bieten die Vorgänge um das sog. Konsortialdarlehen Dresden. Hier ging es um die Umstellung eines in Mark der DDR von einem Konsortium kurz vor der Währungsunion der Stadt Dresden gewährten Darlehens auf DM und dessen Rückzahlung. Unter Beteiligung des Bundesministeriums der Finanzen und der Bundesanstalt für vereinigungsbedingte Sonderaufgaben war ein Vergleich abgeschlossen worden, der die Auszahlung von etwa 79 Mio. DM an die Stadt Dresden zur Weiterleitung an die Darlehensgeber beinhaltete. Die Einschaltung des Bundeskanzleramtes trug dazu bei, diese Auszahlung kurzfristig aufzuhalten, nachdem Zweifel an der Rechtmäßigkeit der Mittelherkunft Nahrung erhalten hatten[2253].

Als eines der wenigen Beispiele der Einflußnahme durch informelle Moderation ist die Initiative des Bundeskanzlers zur Absatzförderung für Produkte ostdeutscher Hersteller und damit zur Unterstützung der Bemühungen der Arbeitsgruppe "Markt und Staat" der Bundesanstalt für vereinigungsbedingte Sonderaufgaben unter ihrem Beauftragten Dr. Klaus von Dohnanyi zu erwähnen. Allerdings muß einschränkend hinzugefügt werden, daß es sich lediglich um eine sehr mittelbare Form der Einflußnahme gehandelt hat, da an dem Gespräch des Bundeskanzlers mit Repräsentanten von dreizehn großen deutschen Handelsketten am 20. Februar 1997 die Bundesanstalt für vereinigungsbedingte Sonderaufgaben nicht teilgenommen hat[2254].

2253 Ausführlich hierzu: Deutscher Bundestag, 13. WP, Beschlußempfehlung und Bericht des 2. Untersuchungsausschusses "DDR-Vermögen" v. 28.05.1998, BT-Drs. 13/10900, Band 1, S. 238 ff. (241) und 400 f. (401).

2254 Vgl. Chiari, in: TSP v. 21.02.1997, S. 15.

Ein Versuch des Bundeskanzlers, im Wege informeller bilateraler Abstimmung direkt Einfluß zu nehmen, ist spektakulär fehlgeschlagen. Die Rede ist von der Intervention des Bundeskanzlers bei dem Aufsichtsrat der in alleiniger Anteilseignerschaft der Bundesanstalt für vereinigungsbedingte Sonderaufgaben stehenden SKET Schwermaschinenbau Magdeburg GmbH. Der zutreffend als Entscheidung der Bundesanstalt für vereinigungsbedingte Sonderaufgaben gewertete[2255] Ausgang der Aufsichtsratssitzung stand in diametralem Gegensatz zu dem von dem Bundeskanzler gewünschten Ergebnis.

Der Aufsichtsrat trat am 14. Oktober 1996 in Magdeburg zusammen, um über ein von der Geschäftsführung vorgelegtes Sanierungskonzept zu befinden, welches die Aufspaltung des Unternehmens in mehrere selbständige, jeweils ein Geschäftsfeld fortführende Gesellschaften bei einem drastischen Personalabbau vorsah. Dieses Konzept für das einst strukturbestimmende Unternehmen war bereits im Vorfeld der Aufsichtsratssitzung Gegenstand einer emotional geführten öffentlichen Debatte geworden. Der Bundeskanzler, der am 14. Oktober 1996 aus anderem Anlaß ebenfalls in Magdeburg war, sprach sich in einer persönlichen, von dem Staatssekretär im Bundesministerium für Wirtschaft Ludewig überbrachten Botschaft an den Aufsichtsrat für den Erhalt des Unternehmens als Ganzes aus[2256]. Die Vertreter des Anteilseigners im Aufsichtsrat, darunter die Mitglieder des Vorstandes der Bundesanstalt für vereinigungsbedingte Sonderaufgaben Rudolf Bohn und Peter Breitenstein, ebenso wie die Vertreter der leitenden Angestellten und damit insgesamt die Mehrheit der Aufsichtsratsmitglieder hielten dennoch an dem vorgenannten Konzept fest. Aufgrund der Weigerung der übrigen Arbeitnehmervertreter, den vorgesehenen Kapazitäts- und Personalabbau mitzutragen, sahen die Vertreter der Bundesanstalt für vereinigungsbedingte Sonderaufgaben im Aufsichtsrat ebenso wie die Geschäftsführung jedoch keine Grundlage für die erfolgreiche Umsetzung des Sanierungskonzept, weshalb die Geschäftsführung mit Unterstützung der Aufsichtsratsmehrheit noch in der Aufsichtsratssitzung ankündigte, unverzüglich Antrag auf Eröffnung des Gesamtvollstreckungsverfahrens zu stellen, was tatsächlich am kommenden Morgen erfolgte[2257].

2255 Vgl. SKET Schwermaschinenbau Magdeburg GmbH, Presseerklärung v. 14.10.1996 ("Erklärung des Aufsichtsratsvorsitzenden nach der Beschlußfassung des Aufsichtsrates"), S. 3; Granzow, in: HB v. 16.10.1996, S. 18.

2256 O. N., in: FR v. 15.10.1996, S. 11; o. N., in: TSP v. 15.10.1996, S. 18; Gunkel, in: Mitteldeutsche Zeitung v. 15.10.1996, S. 3; Willms, in: Junge Welt v. 15.10.1996, S. 1; Busse, in: HB v. 16.10.1996, S. 19; Hinkel, in: Volksstimme Magdeburg v. 16.10.1996, S. 6; Schneider, in: SZ v. 16.10.1996, S. 1.

2257 Bundesanstalt für vereinigungsbedingte Sonderaufgaben, Pressemitteilung v. 15.10.1996 ("BvS wird Sanierungskonzept für Sket weiter aktiv unterstützen"); SKET Schwermaschinenbau Magdeburg GmbH, Presseerklärung v. 14.10.1996 ("Erklärung des Aufsichtsratsvorsitzenden nach der Beschlußfassung des Aufsichtsrates"), S. 3; o. N., in: FAZ v. 16.10.1996, S. 27.

Am 3. Dezember 1996 kam es im Nachgang zu den vorbezeichneten Ereignissen im Bundeskanzleramt noch zu einem Gespräch zwischen Vertretern der Belegschaft der SKET Schwermaschinenbau Magdeburg GmbH und dem Bundesminister für besondere Aufgaben und Chef des Bundeskanzleramtes Bohl, an dem auch der Staatssekretär im Bundesministerium für Wirtschaft Ludewig teilnahm. Die Vertreter der Bundesregierung beschränkten sich diesmal jedoch darauf, die von der Bundesanstalt für vereinigungsbedingte Sonderaufgaben eingeschlagene Linie zu erläutern[2258].

Das Bundeskanzleramt schaltete sich weiterhin in einer Reihe prominenter Privatisierungsfälle ein, wenn Schwierigkeiten im Rahmen der Vertragsdurchführung auftraten. Genannt werden können beispielsweise die Verträge zur Privatisierung der Raffinerie- und Methanolaktivitäten der Leuna-Raffineriegesellschaft mbH (vormals Leuna-Werke AG) und der Minol AG mit der Société Nationale Elf Aquitaine S. A. sowie zur Privatisierung ostdeutscher Werften mit der Bremer Vulkan Verbund AG.

Im erstgenannten Fall ging es um den Verdacht des Subventionsbetruges im Zusammenhang mit dem Neubau einer Erdölraffinerie in Leuna. Das Bundeskanzleramt, namentlich der Bundesminister für besondere Aufgaben und Chef des Bundeskanzleramtes Bohl war seit August 1995 über diese Vorwürfe informiert. Im Bundeskanzleramt ist der Vorgang sehr ernst genommen worden und hat zu Nachfragen unmittelbar bei den zuständigen Bundesministerien, aber auch unmittelbar der Bundesanstalt für vereinigungsbedingte Sonderaufgaben geführt. Auf die Intervention des Bundeskanzleramtes wird zurückgeführt, daß die Anfang 1996 gewährte Bundesbürgschaft für den Raffinerieneubau nur in Höhe von 1.400 Mio. DM statt der zunächst beabsichtigten 2.800 Mio. DM freigegeben wurde[2259].

Im zweitgenannten Fall hatte sich die Landesregierung des Landes Mecklenburg-Vorpommern, vertreten durch Ministerpräsident Berndt Seite und den Minister für Wirtschaft und Angelegenheiten der Europäischen Union Dr. Harald Ringstorff, mit Schreiben vom 6. Dezember 1995 an den Bundeskanzler gewandt, nachdem bekannt geworden war, daß die den ostdeutschen Werftstandorten zugedachten Fördermittel in Höhe von etwa 900 Mio. DM, die zunächst in das zentrale Cash-Management der Bremer Vulkan Verbund AG eingespeist worden waren, nicht mehr zur Verfügung standen[2260]. Interventionen insbesondere von Minister Dr. Ringstorff bei der Bundesanstalt für vereinigungsbedingte Sonderaufgaben hatten keine für die Landesre-

2258 Herholz, in: Volksstimme Magdeburg v. 04.12.1996, S. 7; Rex, in: ND v. 04.12.1996, S. 1; Rex, in: ND v. 05.12.1996, S. 9.

2259 Vgl. Deutscher Bundestag, 13. WP, Beschlußempfehlung und Bericht des 2. Untersuchungsausschusses "DDR-Vermögen" v. 28.05.1998, BT-Drs. 13/10900, Band 1, S. 265.

2260 Vgl. Deutscher Bundestag, 13. WP, Beschlußempfehlung und Bericht des 2. Untersuchungsausschusses "DDR-Vermögen" v. 28.05.1998, BT-Drs. 13/10900, Band 1, S. 332.

gierung befriedigende Wirkung gezeigt. Das Bundeskanzleramt informierte sich daraufhin unmittelbar bei der Bundesanstalt für vereinigungsbedingte Sonderaufgaben[2261], was zunächst in ein abwiegelndes Antwortschreiben, unterzeichnet von dem Bundesminister für besondere Aufgaben und Chef des Bundeskanzleramtes Bohl, vom 21. Dezember 1995 mündete[2262]. Bereits zuvor, d.h. am 8. November 1995, hatte im Bundeskanzleramt ein Gespräch mit einem Bankenvertreter zur Situation bei der Bremer Vulkan Verbund AG stattgefunden[2263]. Am 22. Dezember 1995 teilte der Vorstand der Bremer Vulkan Verbund AG der Bundesanstalt für vereinigungsbedingte Sonderaufgaben allerdings offiziell mit, daß eine zweckgerechte Rückführung der Fördermittel nicht möglich sei[2264]. Daraufhin wurden am 17. Januar 1996 auf Einladung der Bundesanstalt für vereinigungsbedingte Sonderaufgaben in Bonn mit dem Vorstand der Bremer Vulkan Verbund AG Gespräche geführt, an denen wiederum auch das Bundeskanzleramt teilnahm[2265].

d) Rechnungsaufsicht

Die Rechnungsaufsicht der Bundesregierung über die Bundesanstalt für vereinigungsbedingte Sonderaufgaben gestaltet sich nicht anders als bei der Treuhandanstalt. Insofern kann auf die obigen Ausführungen mit der ergänzenden Bemerkung verwiesen werden, daß – sofern die Bundesanstalt für vereinigungsbedingte Sonderaufgaben Zuwendungen aus dem Bundeshaushalt in Anspruch nehmen sollte – deren zweckgerechte, d.h. bestimmungsgemäße und wirtschaftliche Verwendung in besonderem Maße Gegenstand der Prüfung wird.

2261 Vgl. Deutscher Bundestag, 13. WP, Beschlußempfehlung und Bericht des 2. Untersuchungsausschusses "DDR-Vermögen" v. 28.05.1998, BT-Drs. 13/10900, Band 1, S. 332.

2262 Bericht der Bundesregierung zu III.3. des Untersuchungsauftrags (Bremer Vulkan Verbund AG), S. 49, Nachdruck in: Deutscher Bundestag, 13. WP, Beschlußempfehlung und Bericht des 2. Untersuchungsausschusses "DDR-Vermögen" v. 28.05.1998, BT-Drs. 13/10900, Band 2, S. 903 (951).

2263 Bericht der Bundesregierung zu III.3. des Untersuchungsauftrags (Bremer Vulkan Verbund AG), S. 47, Nachdruck in: Deutscher Bundestag, 13. WP, Beschlußempfehlung und Bericht des 2. Untersuchungsausschusses "DDR-Vermögen" v. 28.05.1998, BT-Drs. 13/10900, Band 2, S. 903 (949).

2264 Bericht der Bundesregierung zu III.3. des Untersuchungsauftrags (Bremer Vulkan Verbund AG), S. 46, Nachdruck in: Deutscher Bundestag, 13. WP, Beschlußempfehlung und Bericht des 2. Untersuchungsausschusses "DDR-Vermögen" v. 28.05.1998, BT-Drs. 13/10900, Band 2, S. 903 (948).

2265 Bericht der Bundesregierung zu III.3. des Untersuchungsauftrags (Bremer Vulkan Verbund AG), S. 47, Nachdruck in: Deutscher Bundestag, 13. WP, Beschlußempfehlung und Bericht des 2. Untersuchungsausschusses "DDR-Vermögen" v. 28.05.1998, BT-Drs. 13/10900, Band 2, S. 903 (949).

e) finanzielle Steuerung

Das Gesetz zur abschließenden Erfüllung der verbliebenen Aufgaben der Treuhandanstalt stellte die Finanzierung der Bundesanstalt für vereinigungsbedingte Sonderaufgaben auf eine neue Grundlage. Während sich die Treuhandanstalt bis zum 31. Dezember 1994 in dem ihr vorgegebenen Rahmen am Kreditmarkt selbst refinanzieren konnte, schreibt der neue § 2 a Absatz 1 Satz 3 TreuhG eine Finanzierung der nicht durch eigene Einnahmen gedeckten Ausgaben durch Zuwendungen aus dem Bundeshaushalt gemäß §§ 23, 44, 44a BHO vor. Zugleich fällt die Bestimmung des § 5 TreuhG über Einnahmen der Treuhandanstalt bzw. Bundesanstalt für vereinigungsbedingte Sonderaufgaben und ihre Verwendung weg.

Diese Neuregelung stärkt zwar vor allem die Stellung des Bundestages, der durch Haushaltsgesetz gemäß Artikel 110 Absatz 2 GG den in Einzelpläne, Kapitel, Titelgruppen und Titel systematisch untergliederten, die Einnahmen, Ausgaben, Verpflichtungsermächtigungen, Planstellen und Stellen ausweisenden Haushaltsplan feststellt. Doch sowohl im Haushaltsaufstellungsverfahren als auch im Haushaltsvollzug stehen der Bundesregierung, namentlich dem Bundesminister der Finanzen, Möglichkeiten einer steuernden Einflußnahme offen.

Der Bundesminister der Finanzen hat insbesondere die Einbindung des Wirtschaftsplanes der Bundesanstalt für vereinigungsbedingte Sonderaufgabe in den Bundeshaushalt sicherzustellen. Zu diesem Zweck hat die Bundesanstalt für vereinigungsbedingte Sonderaufgaben gemäß der neugeschaffenen Bestimmung § 2 a Absatz 1 Satz 1 TreuHG für jedes Kalenderjahr vorab einen Wirtschaftsplan aufzustellen, der ihren Haushaltsplan darstellt.

Eine ähnliche Verpflichtung war für die Treuhandanstalt nicht gesetzlich, sondern lediglich in § 15 TreuhS verankert.

Höhe und Zweckbestimmung der für die Bundesanstalt für vereinigungsbedingte Sonderaufgaben vorgesehenen Zuwendungen aus dem Bundeshaushalt müssen im Haushaltsplan verankert sein. Über die entsprechenden Ansätze im Haushaltsentwurf entscheidet das Bundesministerium der Finanzen. Der Wirtschaftsplan der Bundesanstalt für vereinigungsbedingte Sonderaufgaben dient hierbei als Grundlage, bindet das Bundesministerium der Finanzen indes nicht. Damit ist der Bundesminister der Finanzen in die Lage versetzt, die Handlungsspielräume der Bundesanstalt für vereinigungsbedingte Sonderaufgaben im Zuge der Haushaltsaufstellung maßgeblich zu definieren.

Im Rahmen des Haushaltsvollzuges dürfen grundsätzlich nur die für einen bestimmten Titel geplanten Ausgaben erfolgen. Haushaltsvermerke, die Deckungsregelungen zwischen bestimmten Titeln enthalten, sorgen für eine Flexibilisierung dieses starren Systems. Im Falle der Nachfolgeeinrichtungen der Treuhandanstalt sieht der Bundeshaushaltsplan regelmäßig einen Deckungsverbund der Ausgaben vor, wobei die Inanspruchnahme der Deckungsfähigkeit bis zu einer Höhe von 100 TDM der Einwilligung des Bundesministers der Finanzen bedarf. Auf diese Weise erlangt der Bundesminister der Finanzen innerhalb des Haushaltsvollzuges eine gewisse Freiheit bei der Hergabe von Zuwendungen an die Bundesanstalt für vereinigungsbedingte Sonderaufgaben. Dies eröffnet die Möglichkeit steuernder Einflußnahme. Mit der Entscheidung über die Gewährung einer Zuwendung im Deckungsverbund wird beeinflußt, ob ein von dieser Zuwendung abhängiges Handeln des Zuwendungsempfängers überhaupt erfolgen kann. Durch die Verbindung der Zuwendung mit Bedingungen und Auflagen kann zudem die nähere Ausgestaltung des durch die Zuwendung ermöglichten Handelns gesteuert werden.

Die präventive Kontrolle des Bundesministers der Finanzen über die Vergabe von Bürgschaften, Garantien und sonstigen Gewährleistungen durch die Bundesanstalt für vereinigungsbedingte Sonderaufgaben, bislang in Artikel 25 Absatz 5 EinigungsV geregelt, erfuhr durch § 2 a Absatz 3 TreuhG zum 1. Januar 1995 ebenfalls eine Modifikation. Nunmehr ist hierfür neben dem Einvernehmen mit dem Bundesminister der Finanzen auch das Einvernehmen mit dem Bundesminister für Wirtschaft herzustellen. Weiterhin ist die vorherige Festlegung des Rahmens der Verpflichtungen durch den Wirtschaftsplan der Bundesanstalt für vereinigungsbedingte Sonderaufgaben erforderlich.

Von den vorbezeichneten finanzrechtlichen Steuerungsmöglichkeiten dürfen der Bundesminister der Finanzen und der Bundesminister für Wirtschaft allerdings nur im Rahmen der haushaltsgesetzlichen Vorgaben Gebrauch machen, da sich ihre Ermächtigung zur Entscheidung über die Hergabe von Zuwendungen innerhalb des Deckungsverbundes ebenfalls nur auf das Haushaltsgesetz gründet. Bedingungen und Auflagen sind daher rechtswidrig, wenn sie über eine Sicherung der bereits haushaltsgesetzlich festgelegten Zweckbestimmung und prüfungsfähiger Nachweise hinausgehen[2266]. Der politische Gestaltungsspielraum des Bundesministers der Finanzen ist also inhaltlich durch die Zweckbestimmungen des Haushaltsgesetzes beschränkt.

Die Bundesanstalt für vereinigungsbedingte Sonderaufgaben konnte ihre Ausgaben, wie ursprünglich für die Treuhandanstalt vorgesehen[2267], in den Jahren 1995, 1996 und 1997 aus den im gleichen Zeitraum erzielten

2266 Wolff / Bachof, Verwaltungsrecht II, § 77 II c 5.

2267 S. o. Teil II Ziffer II.1.d).

Einnahmen decken und sogar Überschüsse erwirtschaften. Sie war daher in dieser Zeit nicht auf Zuwendungen aus dem Bundeshaushalt angewiesen. Damit hatte der Bundesminister der Finanzen während dieser Zeit keine Gelegenheit, im Zuge der Hergabe von Zuwendungen aus dem Bundeshaushalt steuernden Einfluß auf die Bundesanstalt für vereinigungsbedingte Sonderaufgaben zu nehmen.

Erst für das Wirtschaftsjahr 1998 kündigte die Bundesanstalt für vereinigungsbedingte Sonderaufgaben erstmals die Inanspruchnahme von Bundeszuweisungen an[2268]. Allerdings übersteigen auch 1998 die Einnahmen der Bundesanstalt für vereinigungsbedingte Sonderausgaben ihre Ausgaben deutlich.

Die ohnehin intensive Kontrolle des Wirtschaftsplanes der Bundesanstalt für vereinigungsbedingte Sonderaufgaben durch das Bundesministerium der Finanzen wurde weiterhin mit dem Erlaß des Finanzstatuts weiter verstärkt. Das von dem Bundesministerium der Finanzen erlassene Finanzstatut hat den Charakter einer Verwaltungsvorschrift und regelt Einzelheiten des Verfahrens der Aufstellung und Ausführung des Wirtschaftsplanes sowie der Rechnungslegung und -prüfung der Bundesanstalt für vereinigungsbedingte Sonderaufgaben.

Die Einrichtung des Finanzstatuts ist dem Vorbild der Wismut AG i. A. entlehnt und hat durch das Gesetz zur abschließenden Erfüllung der verbleibenden Aufgaben der Treuhandanstalt in § 2 a Absatz 2 Eingang in das Treuhandgesetz gefunden.

2. Kontrolle durch den Bundestag

Nahezu zeitgleich mit der Restrukturierung der Treuhandanstalt konstituierte sich der 13. Deutsche Bundestag[2269], dem damit die parlamentarische Kontrolle der Bundesanstalt für vereinigungsbedingte Sonderaufgaben (und der übrigen Nachfolgeeinrichtungen der Treuhandanstalt) zufiel.

a) organisatorische Dispositionen

Die Restrukturierung der Treuhandanstalt machte deutlich, daß der überwiegende Teil der Aufgaben, die der Treuhandanstalt gestellt waren, erledigt war. Zu diesem objektiven Bedeutungsrückgang trat – von gelegentlichen Ausnahmen wie dem Skandal um die fehlgelenkten Fördermittel für

2268 Himstedt, zitiert bei o. N., in: TSP v. 27.12.1997, S. 17.

2269 Am 10.11.1994 hat der 13. Deutsche Bundestag mit seiner konstituierenden Sitzung im Berliner Reichstagsgebäude seine Arbeit aufgenommen.

die ostdeutschen Werften oder der Krise der SKET Schwermaschinenbau Magdeburg GmbH abgesehen und anders als insbesondere im Vorfeld der Wahl zum 13. Deutschen Bundestag – der Mangel an einer Gelegenheit, die Bundesanstalt für vereinigungsbedingte Sonderaufgaben für parteipolitische Zwecke zu instrumentalisieren. Der Bundesanstalt für vereinigungsbedingte Sonderaufgaben wurde daher insgesamt spürbar weniger öffentliche Aufmerksamkeit zuteil als der Treuhandanstalt in den Jahren 1990 bis 1994.

Vor diesem Hintergrund ist es nicht verwunderlich, daß der 13. Deutsche Bundestag anders als sein Vorgänger keine ausdrücklich auf die Treuhandanstalt bzw. Bundesanstalt für vereinigungsbedingte Sonderaufgaben bezogenen Ausschüsse eingerichtet hat. Gleichwohl befaßten sich – neben den ständigen Ausschüssen, allen voran dem Haushaltsausschuß, weiterhin insbesondere dem Ausschuß für Wirtschaft, dem Finanzausschuß und dem Ausschuß für Ernährung, Landwirtschaft und Forsten sowie dem Petitionsausschuß – eine Reihe von speziell eingerichteten Gremien zumindest auch mit der Bundesanstalt für vereinigungsbedingte Sonderaufgaben.

Besondere Bedeutung ist dem 2. Untersuchungsausschuß "DDR-Vermögen" beizumessen. Seine am 28. September 1995 beschlossene Einsetzung[2270] ging auf einen Antrag der oppositionellen Fraktion der SPD zurück[2271]. Mit seinen elf ordentlichen (und zehn stellvertretenden) Mitgliedern[2272] setzte er die Arbeit des 1. Untersuchungsausschusses "Kommerzielle Koordinierung" und des 2. Untersuchungsausschusses "Treuhandanstalt" des 12. Deutschen Bundestages fort.

Unter den Mitgliedern des 2. Untersuchungsausschusses "DDR-Vermögen" des 13. Deutschen Bundestages befand sich im Vergleich zu den beiden Vorgängerausschüssen des 12. Deutschen Bundestages deutlich weniger politische Prominenz. Gleichwohl verband den 2. Untersuchungsausschuß "DDR-Vermögen" des 13. Deutschen Bundestages eine beachtliche personelle Kontinuität mit seinen beiden Vorgängerausschüssen des 12. Deutschen Bundestages. So war der Ausschußvorsitzende Volker Neumann (SPD) während der 12. Wahlperiode Mitglied beider Vorgängerausschüsse. Neun weitere Mitglieder des 2. Untersuchungsausschusses "DDR-Vermögen" des 13. Deutschen Bundestages hatten zumindest in einem Vorgängerausschuß – in der Mehrzahl dem 1. Untersuchungsausschuß "Kommerzielle Koordinierung" des 12. Deutschen Bundestages – mitgewirkt. Dieses hohe Maß an personeller Kontinuität – besonders ausgeprägt unter den der Fraktion der SPD angehörenden Mit-

2270 Deutscher Bundestag, 13. WP, stenographische Niederschrift der 58. Sitzung am 28.09.1995, BT-PlPr. 13/58, S. 4940 (4945).

2271 Antrag der SPD auf Einsetzung eines Untersuchungsausschusses v. 28.06.1995, BT-Drs. 13/1833.

2272 Hinzu trat jeweils ein Mitglied aus der Bundestagsgruppe der PDS als beratendes, nicht stimmberechtigtes Mitglied.

gliedern – sicherte dem Ausschuß das in der vorangegangenen Wahlperiode angesammelte Wissen und sprach für die fachliche Kompetenz des Ausschusses.

Den Zusammenbruch der Bremer Vulkan Verbund AG und das damit verbundene Scheitern wesentlicher Privatisierungen im Bereich der ostdeutschen Werftindustrie im Frühjahr des Jahres 1996 nahm die Gruppe der PDS im 13. Deutschen Bundestag zum Anlaß, die Einsetzung eines weiteren Untersuchungsausschusses zu fordern, welcher die Rolle der Bundesregierung und ihr nachgeordneter Stellen bei und seit der Privatisierung der betroffenen ostdeutschen Unternehmen beleuchten sollte[2273]. Dieser Antrag erfuhr zwar die Unterstützung der Fraktion Bündnis 90 / Die Grünen, wurde jedoch mit den Stimmen der übrigen Fraktionen – im Ergebnis zugunsten einer Erweiterung des Untersuchungsauftrags des 2. Untersuchungsausschusses "DDR-Vermögen" – abgelehnt[2274].

Weitere, speziell eingerichtete Gremien des Deutschen Bundestages befaßten sich unter dem Schlagwort "Aufbau Ost" mit der wirtschaftlichen Entwicklung in den neuen Ländern und in diesem Zusammenhang auch mit der Tätigkeit der Bundesanstalt für vereinigungsbedingte Sonderaufgaben.

Zunächst, d.h. während der ersten Hälfte der Legislaturperiode, hatte im Haushaltsausschuß eine Arbeitsgruppe "Aufbau Ost" bestanden[2275]. Bei der Arbeitsgruppe handelte es sich nicht förmlich um einen Unterausschuß gemäß § 55 GO-BT, sondern eine informelle Berichterstattergruppe[2276].

Die öffentliche Diskussion über die Tätigkeit der Bundesanstalt für vereinigungsbedingte Sonderaufgaben, die im Zuge der durch die Insolvenz der Bremer Vulkan Verbund AG verursachten Krise der betroffenen Werftenstandorte in Mecklenburg-Vorpommern ebenso wie der in ein Gesamtvollstreckungsverfahren mündenden Krise der SKET Schwermaschinenbau Magdeburg GmbH erneut aufflammte, gab der oppositionellen Fraktion der SPD im Deutschen Bundestag Anlaß, die Unzulänglichkeit der Kontrolle durch die Arbeitsgruppe "Aufbau Ost" zu beklagen[2277] und eine Intensivierung der parlamentarischen Kontrolle zu verlangen[2278].

2273 Antrag mehrerer Abgeordneter und der Gruppe der PDS v. 12.03.1996, BT-Drs. 13/4065.

2274 Deutscher Bundestag, 13. WP, stenographische Niederschrift der 107. Sitzung am 23.05.1998, BT-PlPr. 13/107, S. 9514 (9518 f.).

2275 Marschall, in: WiWo v. 05.01.1995, S. 8 f.

2276 Vgl. Zeh, in: Isensee / Kirchhof (Hrsg.), HdbStR § 43, Rz. 64.

2277 O. N., in: TSP v. 25.06.1996, S. 2.

2278 Z. B. Schwanhold (SPD), stellvertretender Vorsitzender des Ausschusses für Wirtschaft, zitiert bei Keil, in: Thüringer Allgemeine Zeitung v. 16.10.1996, S. 2.

Die Fraktion der SPD beantragte daher die Einrichtung eines Vollausschusses "Aufbau Ost"[2279]. Im Ausschuß für Wirtschaft, an den die Vorlage federführend überwiesen wurde, erfuhr der Vorstoß der SPD-Fraktion mehrheitliche Ablehnung. Doch fiel dort zugleich die Entscheidung, statt eines Vollausschusses einen Unterausschuß "Aufbau Ost" des Wirtschaftsausschusses einzurichten[2280], der unter dem Vorsitz von Dr. Hermann Pohler (CDU), während der vorangegangenen 12. Legislaturperiode treuhandpolitischer Sprecher der CDU / CSU-Bundestagsfraktion, am 12. März 1997 seine Arbeit aufnahm. Parallel dazu stellte die Arbeitsgruppe "Aufbau Ost" des Haushaltsausschusses am 29. Januar 1997 ihre Tätigkeit ein.

In gewisser Weise wiederholte sich damit in der 13. Wahlperiode, was bereits in der 12. Wahlperiode zu beobachten gewesen war: Zunächst wird die parlamentarische Begleitung der Treuhandanstalt bzw. Bundesanstalt für vereinigungsbedingte Sonderaufgaben als Angelegenheit des Haushaltsausschusses betrachtet, bis die öffentliche Diskussion den Anlaß gibt, eine wirtschaftspolitische Betrachtungsweise anzunehmen.

Schließlich ist die Enquête-Kommission "Überwindung der Folgen der SED-Diktatur im Prozeß der deutschen Einheit" zu erwähnen, die sich (in der Nachfolge der in der 12. Legislaturperiode tätigen Enquête-Kommission "Aufarbeitung der Geschichte und Folgen der SED-Diktatur in Deutschland") aufgrund ihrer Themenstellung ebenfalls mit der Tätigkeit der Treuhandanstalt bzw. Bundesanstalt für vereinigungsbedingte Sonderaufgaben befaßte.

Die Enquête-Kommission richtete neun aus jeweils sieben Mitgliedern bestehende Berichterstattergruppen ein, von denen eine sich mit dem Themenkomplex Wirtschafts-, Sozial- und Umweltpolitik befaßte. Innerhalb dieser Themengruppe wurden wiederum fünf Schwerpunkte gesetzt, bei denen vier die Situation bis 1990, die fünfte die daraus zu ziehenden Folgerungen für den wirtschaftlichen Transformationsprozeß betrafen.

Auch die Fraktionen des 13. Deutschen Bundestages verzichteten im Gegensatz zu ihren Vorgängern in der 12. Legislaturperiode auf die Errichtung von ausdrücklich auf die Treuhandanstalt bzw. Bundesanstalt für vereinigungsbedingte Sonderaufgaben bezogenen Gremien. Zu erwähnen sind in diesem Zusammenhang lediglich die Querschnittgruppe "Deutsche Einheit" der SPD-Fraktion, die Arbeitsgruppe "Aufbau Ost" der Fraktion der FDP und der Arbeitskreis, später die Koordinationsstelle "Aufbau Ost" bei der Fraktion von Bündnis 90 / Die Grünen. Sämtliche vorgenannten Frak-

2279 Antrag von Abgeordneten der Fraktion der SPD und der Fraktion der SPD auf Einsetzung eines Ausschusses Aufbau Ost, BT-Drs. 13/4572.

2280 O. N., in: TSP v. 25.06.1996, S. 2.

tionsgremien befaßte sich auch, aber weder ausschließlich noch auch nur im Schwerpunkt mit der Bundesanstalt für vereinigungsbedingte Sonderaufgaben.

b) vorauswirkende Kontrolle

Dem Deutschen Bundestag standen als Instrumente zur Ausübung vorauswirkender Kontrolle über die Bundesanstalt für vereinigungsbedingte Sonderaufgaben insbesondere die Gesetzgebung und das Budgetrecht zur Verfügung.

aa) Gesetzgebung

Der herausragende Akt vorauswirkender parlamentarischer Kontrolle in Ansehung der Bundesanstalt für vereinigungsbedingte Sonderaufgaben war der Erlaß des Gesetzes zur abschließenden Erfüllung der verbleibenden Aufgaben der Treuhandanstalt. Der Deutsche Bundestag hat auf die erlassene Fassung des Gesetzes maßgeblichen Einfluß ausgeübt[2281].

Nach Abstimmung zwischen Treuhandanstalt, Bundesministerium der Finanzen und Bundesministerium für Wirtschaft entstand im Laufe des Jahres 1993[2282] ein Gesetzentwurf, der nach seiner Verabschiedung durch das Bundeskabinett am 8. Dezember 1993[2283] gemäß Artikel 76 Absatz 1, 2 Satz 1 GG zunächst am 24. Dezember 1993 dem Bundesrat[2284], sodann am 28. Februar 1994 dem Deutschen Bundestag[2285] zugeleitet wurde.

Der Ausschuß Treuhandanstalt des Deutschen Bundestages war bereits ab Herbst 1993 über die Überlegungen zur Neugliederung des Bereichs der Treuhandanstalt durch einen Bericht der Bundesregierung und den vorab zur Verfügung gestellten Referentenentwurf des Gesetzes zur abschließenden Erfüllung der verbleibenden Aufgaben der Treuhandanstalt unterrichtet worden. Am 9. September 1993 hatte der Ausschuß Treuhandanstalt erstmals über die bevorstehende Reorganisation beraten und sich am 29. November 1993 – noch vor der Verabschiedung des Gesetzentwur-

2281 Zum folgenden ausführlich Seibel, in: Wollmann u. a., Transformation der politisch-administrativen Strukturen in Ostdeutschland, S. 169 (198 ff.).

2282 Ein erster, im Referat VIII B 1 des Bundesministeriums der Finanzen entstandener Entwurf unter dem Titel "Entwurf eines Gesetzes zur beschleunigten Erfüllung der Aufgaben der Treuhandanstalt" stammte v. 01.03.1993.

2283 Finanznachrichten des Bundesministeriums der Finanzen v. 10.12.1993, S. 2.

2284 BR-Drs. 893/93.

2285 BT-Drs. 12/6910.

fes im Bundeskabinett – im Rahmen eines Hearings mit dem Gesetzentwurf auseinandergesetzt und dabei Monita geäußert[2286].

Wesentliches Merkmal der von der Treuhandanstalt und der Bundesregierung entwickelten Konzeption zur Fortführung der Aufgaben der Treuhandanstalt war, wie die Begründung des Gesetzentwurfes hervorhebt[2287], die Divisionalisierung durch möglichst weitgehende Übertragung der Restaufgaben auf spezialisierte privatwirtschaftliche Organisationseinheiten[2288]. Die Treuhandanstalt plante, im Vorfeld, d.h. bereits zum 1. März 1994, eine (funktionale Beteiligungs-) "Gesellschaft für Vertragsmanagement, Reprivatisierung und Abwicklungsbetreuung mbH" (VRA) zu gründen, der auf der Grundlage eines Geschäftsbesorgungsvertrages die in der Firma genannten Aufgaben anvertraut werden sollten[2289].

Diese Konzeption stieß indes auf Widerstand aus dem Deutschen Bundestag, der auch aus den die Bundesregierung tragenden Fraktionen vorgetragen wurde[2290].

Der Haushaltsausschuß forderte die Bundesregierung am 2. Dezember 1993, auf die Ausgründung funktionaler Beteiligungsgesellschaften vorerst zu verzichten und einen "Bericht zum Konzept für die Auslagerung von Aufgaben der Treuhandanstalt auf funktionale Beteiligungsgesellschaften" vorzulegen[2291]. Dieser Bericht wurde dem Haushaltsausschuß am 31. Januar 1994 übermittelt. Auf Betreiben von MdB Paul Friedhoff (FDP) und weiteren Abgeordneten der Arbeitsgruppe Treuhandanstalt der Bundestagsfraktionen der CDU / CSU und der FDP (durchgängig Mitglieder des Ausschusses Treuhandanstalt und des Haushaltsausschusses) beauftragte das Bundesministerium der Finanzen am 6. Januar 1994 die Kienbaum Unternehmensberatung GmbH, kurzfristig das vorgelegte Konzept zu überprüfen. Das Kienbaum-Gutachten wurde am 3. März 1994 vorgelegt[2292], bereits am 22. Februar 1994

2286 Deutscher Bundestag, 12. WP, Beschlußempfehlung und Bericht des Ausschusses Treuhandanstalt zu dem Gesetzentwurf der Bundesregierung für das Treuhandstrukturgesetz, BT-Drs. 12/7429, S. 4.

2287 BR-Drs. 893/93, S. 10 = BT-Drs. 12/6910, S. 7.

2288 S. bereits Bundesministerium der Finanzen, Entwurf Darstellung über den Sachstand der Treuhandanstalt sowie die Vorstellungen zur Auflösung der Treuhandanstalt einschließlich der notwendigen Anschlußregelungen v. 30.08.1993, Nachdruck in: Treuhandanstalt, Dokumentation 1990-1994, Band 15, S. 178 (181); Hohmeister, in: BB 1994, S. 1371; Schaefer, in: DtZ 1994, S. 205 (206).

2289 Brockmann, in: impulse 2/94, S. 8 (9).

2290 Kritik äußerte beispielsweise der treuhandpolitische Sprecher der Fraktionsgemeinschaft der CDU / CSU, Pohler; o. N., in: FAZ v. 11.12.1993, S. 12.

2291 Neubauer, in: Die Zeit v. 10.03.1994, S. 32.

2292 S. aber schon Blome, in: Die Welt v. 24.02.1994, S. 13.

hatte der Bundesrechnungshof mit einem Bericht an den Haushaltsausschuß Stellung bezogen.

Gestützt auf die gutachterlichen Stellungnahmen des Bundesrechnungshofes und der Kienbaum Unternehmensberatung GmbH, die sowohl die Effizienz als auch die Transparenz der Aufgabenerledigung durch privatrechtsförmliche Organisationen in Zweifel zogen[2293], bestanden der federführende Ausschuß Treuhandanstalt und der mitberatende Haushaltsausschuß am 9. März 1994 in getrennten Sitzungen übereinstimmend darauf, daß die geplante Ausgründung der VRA-GmbH ebenso wie jede weitere Gründung funktionaler Beteiligungsgesellschaften zurückgestellt wird[2294]. Dabei kam zum Ausdruck, daß die befaßten Parlamentarier die Auffassung des Bundesrechnungshofes teilten, wonach das Vertragsmanagement weniger als unternehmerische Aufgabe denn als hoheitliche Verpflichtung, die Werthaltigkeit der Privatisierungen einzulösen, aufgefaßt wurde[2295]. Dieser Beschluß des Haushaltsausschusses und des Ausschusses Treuhandanstalt des Deutschen Bundestages vom 9. März 1994 wurde für die weiteren Überlegungen der Treuhandanstalt und der Bundesregierung zur Neugliederung der Aufgaben der Treuhandanstalt handlungsleitend.

Die Treuhandanstalt, die besonderes Gewicht auf die Trennung behördlich und unternehmerisch zu erledigender Aufgaben legte, schlug im Einklang mit dem Leiter der Abteilung VIII des Bundesministeriums der Finanzen, Dr. John von Freyend, vor, die nach wie vor als unternehmerisch begriffenen Aufgaben des Vertragsmanagements, der Reprivatisierung und der Abwicklung notfalls nicht einer GmbH, sondern mit Rücksicht auf die parlamentarischen Vorgaben einer bundesunmittelbaren Anstalt des öffentlichen Rechts anzuvertrauen. Die hoheitlichen Aufgaben sollten nach diesem Vorschlag der Treuhandanstalt in einer zweiten bundesunmittelbaren Anstalt des öffentlichen Rechts, besser noch bei dem Bundesamt zur Regelung offener Vermögensfragen fortgeführt werden[2296].

Die Bundesregierung entschloß sich aufgrund der vorgelegten Gutachten und der parlamentarischen Vorbehalte – unter teilweiser Aufgabe des ur-

2293 Uhlmann, in: HB v. 08.03.1994, S. 4; Heuer, zitiert bei Emde u.a., in: Focus v. 14.03.1994, S. 18 (23); o. N., in: wib v. 16.03.1994, S. 38.

2294 Vgl. Bundesministerium der Finanzen, Bericht zum Konzept der Neuorganisation der Treuhandanstalt entsprechend dem Beschluß des Haushaltsausschusses und des Ausschusses Treuhandanstalt des Deutschen Bundestages v. 09.03.1994, Nachdruck in: Treuhandanstalt, Dokumentation 1990-1994, Band 15, S. 249 (250).

2295 Vgl. o. N., in: wib v. 16.03.1994, S. 37.

2296 Treuhandanstalt, Konzeption der Treuhandanstalt zur Neuorganisation der nach 1994 verbleibenden Aufgaben (Stand: 30.03.1994), Nachdruck in: Treuhandanstalt, Dokumentation 1990-1994, Band 15, S. 293 (302 ff., 316 ff.).

sprünglich verfolgten Ziels der Divisionalisierung durch Schaffung voneinander unabhängiger rechtlicher Einheiten – zur Beibehaltung einer bundesunmittelbaren Anstalt des öffentlichen Rechts mit sowohl hoheitlichen als auch "Aufgaben, die im unternehmerischen Bereich begründet sind (z. B. Vertragsmanagement)"[2297]. An die ursprüngliche Konzeption erinnerte lediglich noch die Herauslösung der TLG Treuhand-Liegenschaftsgesellschaft mbH nebst dem nicht land- oder forstwirtschaftlichen Immobilienvermögen, der Beteiligungs-Management-Gesellschaft Berlin mbH nebst werbenden Beteiligungsgesellschaften sowie die Ausgründung der DV-InformationsSysteme, Organisation und Service GmbH (DISOS)[2298]. Am 13. April 1994 signalisierten die Obleute der Fraktionen im Haushaltsausschuß und Ausschuß Treuhandanstalt dem Bundesminister der Finanzen hierzu ihr grundsätzliches Einverständnis[2299].

Damit war der Weg frei für die förmliche Billigung des modifizierten Gesetzesentwurfs durch die Ausschüsse am 20. April 1994 und die nachfolgende Zustimmung des Deutschen Bundestages in der zweiten und dritten Beratung am 28. April 1994. Die SPD-Opposition verlangte nun allerdings auf Betreiben der Brandenburgischen Landesregierung, die hierzu am 19. April 1994 einen entsprechenden Kabinettsbeschluß gefaßt hatte, Änderungen des Gesetzesentwurfs zur Stärkung von Mitwirkungsrechten der Länder[2300]. Zur Durchsetzung ihrer Vorstellungen konnte sich die Parlamentsminderheit auf eine Mehrheit im Bundesrat stützen[2301]. Der SPD-dominierte Bundesrat rief – allerdings mit Unterstützung CDU-geführter Landesregierungen[2302] – daraufhin den Vermittlungsauschuß an[2303]. Dort wurde nach intensiven

2297 So die Formulierung in der Begründung des Regierungsentwurfs; Deutscher Bundestag, 12. WP, Gesetzentwurf der Bundesregierung, BT-Drs. 12/6910, S. 8.

2298 Bundesministerium der Finanzen, Bericht zum Konzept der Neuorganisation der Treuhandanstalt entsprechend dem Beschluß des Haushaltsausschusses und des Ausschusses Treuhandanstalt des Deutschen Bundestages v. 09.03.1994 (BMF-Vorlage Nr. 23/94 v. 20.04.1994), Nachdruck in: Treuhandanstalt, Dokumentation 1990-1994, Band 15, S. 249 ff.

2299 Uhlmann, in: HB v. 14.04.1994, S. 3; o. N., in: TSP v. 14.04.1994, S. 25.

2300 Deutscher Bundestag, 12. WP, Änderungsantrag der Fraktion der SPD zur zweiten Beratung des Gesetzentwurfs der Bundesregierung, BT-Drs. 12/7439.

2301 Vgl. Hesse / Ellwein, Das Regierungssystem der Bundesrepublik Deutschland, Band 1, S. 232.

2302 Bundesrat, Stenographischer Bericht, 669. Sitzung, S. 202 – 206; o. N., in: HB v. 24.05.1994, S. 1.

2303 Bundesrat, Anrufung des Vermittlungsausschusses durch den Bundesrat, BR-Drs. 360/94 (Beschluß) v. 20.05.1994; Deutscher Bundestag, 12. WP, Unterrichtung durch den Bundesrat, BT-Drs. 12/7665.

Verhandlungen, die mit einem Bund-Länder-Gespräch am 13. Juni 1994 abgeschlossen werden konnten, am 15. Juni 1994 Einvernehmen über die sodann in § 2 Absatz 7 TreuhG verankerte Mitwirkung der neuen Länder bei der Erledigung der verbliebenen Aufgaben der Treuhandanstalt erzielt[2304]. Der Deutsche Bundestag nahm die Änderungen des Gesetzentwurfs am 17. Juni 1994 an, der Bundesrat stimmte am 8. Juli 1994 zu.

Wenn auch der Deutsche Bundestag, wie die vorstehenden Ausführungen deutlich machen, in weitreichendem Maße und nachhaltig durch das Gesetz zur abschließenden Erfüllung der verbleibenden Aufgaben der Treuhandanstalt die Gestalt der Bundesanstalt für vereinigungsbedingte Sonderaufgaben geprägt und somit vorauswirkende Kontrolle ausgeübt hat, kann zugleich nicht verschwiegen werden, daß die Steuerungsleistung der Gesetzes zuweilen begrenzt ist. So schreibt § 23 b Satz 2 TreuhG[2305] ausdrücklich fest, daß der Bundesanstalt keine neuen Aufgaben übertragen werden. Hiermit sollte eine zügige Auflösung gesichert werden[2306].

Gleichwohl dehnt die Bundesanstalt für vereinigungsbedingte Sonderaufgaben ihren Tätigkeitsbereich über ihren gesetzlichen Auftrag hinaus aus, indem sie beispielsweise die ohnehin zweifelhafte Unterstützung für private Unternehmen in den neuen Ländern (z.B. Absatz-Hilfen wie die Wegweiser-Reihe, ab Februar 1997 Ausreichung von Mitteln des um 250 Mio. DM aufgestockten Konsolidierungsfonds[2307]) selbst solchen Unternehmen angedeihen läßt, die nicht zum Kreis ehemaliger Treuhand-Unternehmen zählen.

bb) Budgetrecht

Die Novellierung des Treuhandgesetzes durch das Gesetz zur abschließenden Erfüllung der verbleibenden Aufgaben der Treuhandanstalt sieht als einen wesentlichen Eckpunkt vor, daß die Bundesanstalt für vereinigungsbedingte Sonderaufgaben ab 1995 Zuwendungen gemäß §§ 23, 44 und 44 a BHO aus dem Bundeshaushalt erhält, soweit sie ihre Ausgaben nicht aus eigenen Einnahmen finanzieren kann. Eine Defizit-Finanzierung durch eigene Kreditaufnahme ist nicht mehr vorgesehen.

2304 Deutscher Bundestag, 12. WP, Beschlußempfehlung des Ausschusses nach Artikel 77 des Grundgesetzes, BT-Drs. 12/7947.

2305 I. d. F. v. 09.08.1994.

2306 So die Begründung des Regierungsentwurfes; Deutscher Bundestag, 12. WP, Gesetzentwurf der Bundesregierung, BT-Drs. 12/6910, S. 11.

2307 Bundesanstalt für vereinigungsbedingte Sonderaufgaben, Pressemitteilung v. 10.02.1997 ("Verwaltungsrat der BvS stimmt Aufstockung des Konsolidierungsfonds im Eilverfahren zu").

Zuwendungen an die Bundesanstalt für vereinigungsbedingte Sonderaufgaben aus dem Bundeshaushalt bedürfen der vorherigen Feststellung durch Haushaltsgesetz des Deutschen Bundestags. Damit stärkt diese Bestimmung, wie an anderer Stelle bereits festgestellt, die Stellung des Bundestages.

Der Deutsche Bundestag hat nicht nur die Feststellung des Haushaltsplanes durch Gesetz vorzunehmen, sondern kann – gestützt auf § 22 Satz 3, § 36 Satz 2 BHO – auch am Haushaltsvollzug mitwirken, indem einzelne Titel oder Titelgruppen des Haushaltsplanes mit qualifiziertem Sperrvermerk oder Zustimmungsvorbehalt versehen werden, wobei die Aufhebung des Sperrvermerks bzw. die Erteilung der Zustimmung üblicherweise auf den Haushaltsausschuß oder den zuständigen Fachausschuß delegiert wird[2308].

Die Bundesanstalt für vereinigungsbedingte Sonderaufgaben hat sich dieser Form der parlamentarischen Kontrolle allerdings lange entziehen können. Zwar sah der Haushaltsplan des Bundes für das Jahr 1995 Zuwendungen an die Bundesanstalt für vereinigungsbedingte Sonderaufgaben in Höhe von 3.692 Mio. DM vor, für das Jahr 1996 waren immerhin noch 1.844 Mio. DM budgetiert. Jedoch gelang es der Bundesanstalt für vereinigungsbedingte Sonderaufgaben, in den Jahren 1995, 1996, 1997 und – entgegen den eigenen Ankündigungen[2309] – auch 1998 ihre Ausgaben vollständig aus den erzielten Einnahmen zu decken; frühestens ab 1999 ist sie auf Zuwendungen aus dem Bundeshaushalt angewiesen.

cc) vorauswirkende Kontrolle einzelner Parlamentarier

Unter den sonstigen Formen vorauswirkender parlamentarischer Kontrolle soll an dieser Stelle nur noch auf das Wirken einzelner Mitglieder des Deutschen Bundestages eingegangen werden. Deren formlosen Initiativen kommt, wie bereits ausgeführt, insbesondere gegenüber den der Bundesregierung nachgeordneten Verwaltungsstellen nicht selten ein bedeutender Einfluß zu, weshalb sie als "weiches" Instrument vorauswirkender parlamentarischer Kontrolle gelten können.

Wie bereits bei der Betrachtung der 12. Wahlperiode ist in diesem Zusammenhang zunächst eine Initiative der CDU-Ostgruppe der CDU / CSU-Fraktion im Deutschen Bundestag zu nennen. Diese von MdB Paul Krüger geführte Gruppe verlangte, die Bundesanstalt für vereinigungsbedingte Sonderaufgaben mittelfristig über das Jahr 1998 hinaus mit einem deutlicheren wirtschaftspolitischen Auftrag und entsprechender finanzieller Aus-

2308 Klein, in: Isensee / Kirchhof (Hrsg.), HdbStR § 40, Rz. 37.

2309 Himstedt, zitiert bei o. N., in: TSP v. 27.12.1997, S. 17.

stattung zu erhalten[2310]. Kurz zuvor hatte die Bundesanstalt für vereinigungsbedingte Sonderaufgaben selbst den weitgehenden Abschluß ihrer Tätigkeit für Ende 1998 in Aussicht gestellt[2311].

In Einzelfällen bot die Mitgliedschaft in außerparlamentarischen Gremien Abgeordneten die Möglichkeit, Einfluß auf die Bundesanstalt für vereinigungsbedingte Sonderaufgaben zu nehmen. In erster Linie ist Hermann Rappe (SPD), Mitglied (auch) des 13. Deutschen Bundestages und seines Ausschusses für Wirtschaft, zu nennen, der bis zum 6. September 1995 dem Verwaltungsrat der Bundesanstalt für vereinigungsbedingte Sonderaufgaben angehörte.

Daneben ist an ad hoc gebildete Moderationsrunden zu erinnern, in denen Mitglieder des Deutschen Bundestages Belange aus ihrem Wahlkreis gegenüber der Bundesanstalt für vereinigungsbedingte Sonderaufgaben vertraten. So war es beispielsweise maßgeblich der Initiative des Abgeordneten Kersten Wetzel (CDU) zu verdanken, daß die Bundesanstalt für vereinigungsbedingte Sonderaufgaben zur Vermeidung eines Gesamtvollstreckungsverfahrens eine Zweitprivatisierung der Vereinigten Thüringischen Schiefergruben GmbH Unterloquitz unternahm[2312].

c) informierende Kontrolle

Durch die Wahrnehmung der ihm zustehenden Frage- und Auskunftsansprüche ebenso wie durch Gebrauchmachen von weitergehenden Untersuchungsbefugnissen hat der 13. Deutsche Bundestag informierende Kontrolle über die Bundesanstalt für vereinigungsbedingte Sonderaufgaben ausgeübt.

aa) Berichtsanforderungen

Berichte der Bundesregierung mit Bezug zur Bundesanstalt für vereinigungsbedingte Sonderaufgaben haben insbesondere die Ausschüsse des 13. Deutschen Bundestages angefordert und erhalten.

2310 Leitantrag der CDU-Ostgruppe der CDU / CSU Fraktion im Deutschen Bundestag zur Klausurtagung am 13./14.04.1997 in Berlin, S. 6.

2311 Bundesanstalt für vereinigungsbedingte Sonderaufgaben, Pressemitteilung v. 30.01.1997 ("BvS Aufgabenerfüllung geht zügig voran").

2312 O. N., in: OTZ v. 26.07.1996, S. 6.

Ein herausgehobenes und zugleich veröffentlichtes Beispiel ist der ausführliche "Bericht der Bundesregierung zu III.3. des Untersuchungsauftrages (Bremer Vulkan Verbund AG)" an den 2. Untersuchungsausschuß "DDR-Vermögen"[2313].

Unter den (wenigen) Berichtsanforderungen des 13. Deutschen Bundestages in seiner Gesamtheit verdient der Beschluß vom 9. Mai 1996 hervorgehoben zu werden, mit welchem die Bundesregierung aufgefordert wird, einen Bericht zur Lage der Deutschen Einheit dem Parlament zur Debatte vorzulegen.

Darin soll die Bundesregierung Rechenschaft geben über ihre Politik zur Angleichung der sozialen, ökonomischen, politischen und kulturellen Lebensbedingungen der Menschen im vereinten Deutschland. Darüber hinaus soll die Bundesregierung Auskunft geben darüber, was sie im laufenden Jahr zu tun gedenkt, um weitere Fortschritte bei der Herstellung der Deutschen Einheit zu erzielen[2314].

Es handelt sich hierbei nicht um eine einmalige, sondern jährlich wiederkehrende Berichtspflicht der Bundesregierung, die allerdings zunächst auf drei Jahre befristet ist. Das Berichtsthema gibt Anlaß, auch über die Tätigkeit der Bundesanstalt für vereinigungsbedingte Sonderaufgaben Auskunft zu geben.

In dem ersten Jahresbericht, den das Bundesministerium des Innern dem 13. Deutschen Bundestag im August 1997 zuleitete, ist der Darstellung der Tätigkeit der Bundesanstalt für vereinigungsbedingte Sonderaufgaben und der übrigen Nachfolgeeinrichtungen der Treuhandanstalt ein eigenes Kapitel gewidmet[2315]. Im Jahresbericht der Bundesregierung zum Stand der Deutschen Einheit 1998 findet die Bundesanstalt für vereinigungsbedingte Sonderaufgaben allerdings keine ausdrückliche Erwähnung mehr.

bb) parlamentarische Fragerechte

Die Abgeordneten des 13. Deutschen Bundestages haben deutlich seltener von ihren Frage- und Auskunftsrechten zur Einholung von Informationen über Bundesanstalt für vereinigungsbedingte Sonderaufgaben Gebrauch gemacht als dies im 12. Deutschen Bundestag mit Blick auf die Treuhandanstalt der Fall war.

2313 Nachdruck in: Deutscher Bundestag, 13. WP, Beschlußempfehlung und Bericht des 2. Untersuchungsausschusses "DDR-Vermögen" v. 28.05.1998, BT-Drs. 13/10900, Band 2, S. 903 – 971.

2314 S. Beschlußempfehlung des Innenausschusses des Deutschen Bundestages, BT-Drs. 13/3643.

2315 BT-Drs. 13/8450.

Ausweislich seiner Drucksachen und Plenarprotokolle informierte sich der 13. Deutschen Bundestages mit 5 von insgesamt 156 Großen Anfragen (3 v.H.), 17 von insgesamt 2.069 Kleinen Anfragen (unter 1 v.H.) sowie 6 von insgesamt 103 Aktuellen Stunden (6 v.H.) – zumindest auch – über die Bundesanstalt für vereinigungsbedingte Sonderaufgaben. Darüber hinaus richteten Abgeordnete knapp 100 Mündliche und Schriftliche Anfragen mit Bezug zur Bundesanstalt für vereinigungsbedingte Sonderaufgaben an die Bundesregierung. In den Befragungen der Bundesregierung, von denen 41 stattfanden, spielte die Bundesanstalt für vereinigungsbedingte Sonderaufgaben keine Rolle.

Wie bereits in der 12. Wahlperiode gab es auch in der 13. Wahlperiode Anlaß für den Deutschen Bundestag, mangelnde Aussagefähigkeit der Bundesregierung in die Bundesanstalt für vereinigungsbedingte Sonderaufgaben betreffenden Angelegenheiten und die damit verbundene Frustration des parlamentarischen Informationsbedürfnisses zu monieren. Ein prominentes Beispiel lieferten – erneut – Auskunftsersuchen zur Situation der ostdeutschen Werftindustrie[2316].

cc) parlamentarische Untersuchungsrechte

Die verschiedenen Möglichkeiten zur Durchführung einer über die Ausübung von Frage- und Auskunftsansprüchen hinausgehenden Informationsbeschaffung im Wege parlamentarischer Untersuchungen stehen, wie bereits ausgeführt, nicht dem einzelnen Abgeordneten oder dem Plenum, sondern den Ausschüssen zu.

aaa) öffentliche Anhörung

Es wurde bereits geschildert, daß die Fachausschüsse des Deutschen Bundestages öffentliche Anhörungen – zumindest außerhalb von Gesetzgebungsverfahren – selten durchführen. Die Ausschußmehrheit steht der Durchführung von Anhörungen wegen ihrer Öffentlichkeitswirksamkeit und den damit der Opposition eröffneten Darstellungsmöglichkeiten zumeist im Wege.

Gleichwohl hat im Laufe der 13. Wahlperiode eine Mehrzahl von öffentlichen Anhörungen stattgefunden, die sich zumindest auch mit der Arbeit der (Treuhandanstalt bzw.) Bundesanstalt für vereinigungsbedingte Sonderaufgaben befaßten. Entsprechend dem weiter gespannten Gegenstand

2316 Dazu ausführlich: Deutscher Bundestag, 13. WP, Beschlußempfehlung und Bericht des 2. Untersuchungsausschusses "DDR-Vermögen" v. 28.05.1998, BT-Drs. 13/10900, Band 1, S. 339 f. sowie S. 338 (Bewertung durch die Ausschußmehrheit) und S. 407 (Bewertung durch die Fraktionen der SPD und Bündnis 90 / Die Grünen).

der Ausschußberatungen war die Tätigkeit der Bundesanstalt für vereinigungsbedingte Sonderaufgaben dabei nicht das alleinige Thema der Anhörungen, sondern Teil der Betrachtung in einem größeren wirtschaftspolitischen Zusammenhang.

Im einzelnen sind folgende öffentliche Anhörungen zu nennen: Der Ausschuß für Wirtschaft des Deutschen Bundestages führte am 24. Juni 1996 – interessanterweise also noch vor der Übernahme des Beratungsgegenstandes "Aufbau Ost" von dem Haushaltsausschuß – eine öffentliche Anhörung von Sachverständigen unter der Überschrift "Fünf Jahre Deutsche Einheit – Zwischenbilanz und Perspektiven" in Bonn durch[2317].

Drei weitere öffentliche Anhörungen führte hingegen die Enquête-Kommission "Überwindung der Folgen der SED-Diktatur im Prozeß der deutschen Einheit" durch. Rechtsgrundlage hierfür ist wie für die Ausschüsse § 70 GO-BT. Vorbereitet durch die mit dem Themenkomplex Wirtschafts-, Sozial- und Umweltpolitik befaßte Berichterstattergruppe fanden öffentliche Anhörungen am 14. November 1996 in Bonn zum Thema "Industrieforschung in den neuen Ländern", am 2. Dezember 1996 in Halle zum Thema "Mittelstand in den neuen Ländern" und vom 3. bis 5. März 1997 in Dresden zum Thema "Bilanz der DDR-Wirtschaft – Zwischenbilanz Aufbau Ost"[2318] statt.

bbb) Enquête-Kommission

Unter dem Gesichtspunkt informierender parlamentarischer Kontrolle zeichnen sich Enquête-Kommissionen durch den Vorzug aus, daß ihnen neben Abgeordneten des Deutschen Bundestages externe Mitglieder, vornehmlich Wissenschaftler und Sachverständige angehören.

Bei der Besetzung der Enquête-Kommission "Überwindung der Folgen der SED-Diktatur im Prozeß der deutschen Einheit" hat der Deutsche Bundestag allerdings darauf verzichtet, externen, hinsichtlich der informierenden parlamentarischen Kontrolle in Angelegenheiten mit Bezug zur Bundesanstalt für vereinigungsbedingte Sonderaufgaben relevanten Sachverstand heranzuziehen. So war die für den Themenkomplex Wirtschafts-, Sozial- und Umweltpolitik eingesetzte Berichterstattergruppe die einzige, die sich ausschließlich aus Abgeordneten des Deutschen Bundestages zusammensetzte.

2317 Dazu Weingärtner, in: TSP v. 25.06.1996, S. 11.

2318 Buck, in: DA 1997, S. 759; Koschyk, in: Berliner Zeitung v. 20.03.1997, S. 4; o. N., in: Sächsische Zeitung v. 06.03.1997, S. 5.

ccc) Petitionsausschuß

Informierende Kontrolle über die Bundesanstalt für vereinigungsbedingte Sonderaufgaben übte auch der Petitionsausschuß des 13. Deutschen Bundestages aus. Dies erfolgte regelmäßig, indem – wie in der 12. Wahlperiode – das Bundesministerium der Finanzen um Stellungnahme bei Petitionen mit Bezug zur Bundesanstalt für vereinigungsbedingte Sonderaufgaben ersucht wurde. Allerdings bleibt festzuhalten, daß sich die Anzahl der Petitionen, die sich auf die Bundesanstalt für vereinigungsbedingte Sonderaufgaben bezogen, während der 13. Wahlperiode gegenüber der 12. Wahlperiode stark rückläufig entwickelt hat[2319].

In einem Fall unternahm der Petitionsausschuß einen weiteren Schritt: Die Eingabe zu einer Grundstücksprivatisierung[2320] veranlaßte den Ausschuß – zum ersten und soweit ersichtlich einzigen Male in Angelegenheiten der Treuhandanstalt bzw. Bundesanstalt für vereinigungsbedingte Sonderaufgaben – am 29. März 1995 zur Durchführung einer nicht-öffentlichen Anhörung gemäß Artikel 45 c GG i.V.m. § 4 Gesetz über die Befugnisse des Petitionsausschusses des Deutschen Bundestages, in welcher die Parlamentarische Staatssekretärin im Bundesministerium der Finanzen Karwatzki über den Vorgang Auskunft zu erteilen hatte[2321].

Staatssekretärin Karwatzki konnte berichten, daß eine erneute Überprüfung der beanstandeten Verkäufe die vorgebrachten Beschwerden bestätigt habe und dem Anliegen des Petenten entsprochen werde. Der Vorgang macht damit deutlich, daß parlamentarische Informationsbeschaffung nicht nur notwendige Voraussetzung für eine wirksame Kontrolltätigkeit ist, sondern auch bereits Einfluß auf das Verhalten der Exekutive entfalten kann.

Der Petitionsausschuß des Deutschen Bundestages macht nur selten von seinen besonderen gesetzlichen Befugnissen Gebrauch: so führte er im Jahre 1995 acht[2322], im Jahre 1996 vier[2323], im Jahre 1997 sieben Anhörun-

2319 Deutscher Bundestag, Der Petitionsausschuß des Deutschen Bundestages: Bitten und Beschwerden an den Deutschen Bundestag im Jahre 1995, S. 95; Deutscher Bundestag, Der Petitionsausschuß des Deutschen Bundestages: Bitten und Beschwerden an den Deutschen Bundestag im Jahre 1996, S. 108.

2320 Deutscher Bundestag, 13. WP, Petitionsausschuß, Geschäftszeichen Pet 2-12-08-6431-42294.

2321 Deutscher Bundestag, Der Petitionsausschuß des Deutschen Bundestages: Bitten und Beschwerden an den Deutschen Bundestag im Jahre 1995, S. 100 f.

2322 Deutscher Bundestag, Der Petitionsausschuß des Deutschen Bundestages: Bitten und Beschwerden an den Deutschen Bundestag im Jahre 1995, S. 64.

2323 Deutscher Bundestag, Der Petitionsausschuß des Deutschen Bundestages: Bitten und Beschwerden an den Deutschen Bundestag im Jahre 1996, S. 72.

gen[2324] durch. Mit der Abhaltung der vorstehend beschriebenen Anhörung am 29. März 1995 hat der Petitionsausschuß seine besondere Aufmerksamkeit in die Treuhandanstalt / Bundesanstalt für vereinigungsbedingte Sonderaufgaben betreffenden Angelegenheiten dokumentiert.

Die Berichte der Petitionsausschusses an den Deutschen Bundestag über die von ihm behandelten Petitionen führen zugleich zu einer – wenn auch in der Regel sehr kursorischen – Befassung des Plenums. Ein Beispiel bietet die Behandlung der Sammelübersicht Nr. 192 des Petitionsausschusses zum Thema "Pflichtverletzung durch die Treuhandanstalt"[2325] am 1. Oktober 1997[2326].

ddd) 2. Untersuchungsausschuß "DDR-Vermögen"

Informierende parlamentarische Kontrolle über die Treuhandanstalt bzw. Bundesanstalt für vereinigungsbedingte Sonderaufgaben übte der 13. Deutsche Bundestag vor allem durch seinen 2. Untersuchungsausschuß "DDR-Vermögen" aus. Er sollte die Arbeit des 1. und 2. Untersuchungsausschusses der 12. Wahlperiode fortsetzen, wobei von der Formulierung der Aufgabenstellung (und, wie bereits gezeigt, auch der personellen Zusammensetzung) her die Beschäftigung mit dem Bereich Kommerzielle Koordinierung, die dem 1. Untersuchungsausschuß des 12. Deutschen Bundestages oblegen hatte, deutlich im Vordergrund stand. Allerdings zählte zu den in diesem Zusammenhang zu untersuchenden Fragen auch:

- "Welche Maßnahmen haben Bundesregierung, Treuhandanstalt und andere staatliche Stellen des Bundes zur Wiederbeschaffung veruntreuter Vermögenswerte ergriffen?"[2327]

Hierbei ging es um Vermögenswerte des ehemaligen Bereichs Kommerzielle Koordinierung, aber auch der Parteien und Massenorganisationen der ehemaligen DDR,

2324 Deutscher Bundestag, Der Petitionsausschuß des Deutschen Bundestages: Bitten und Beschwerden an den Deutschen Bundestag im Jahre 1997, S. 22.

2325 Deutscher Bundestag, 13. WP, Beschlußempfehlung des Petitionsausschusses v. 19.03.1997, BT-Drs. 13/7276; s. dazu auch Deutscher Bundestag, 13. WP, Änderungsantrag der Fraktion der SPD v. 30.09.1997 zu der Beschlußempfehlung des Petitionsausschusses, BT-Drs. 13/8632.

2326 Deutscher Bundestag, 13. WP, stenographische Niederschrift der 194. Sitzung am 01.10.1997, BT-PlPr. 13/194, S. 17484 ff. (17495, 17505).

2327 Ziffer I.9. des Untersuchungsauftrags; s. Deutscher Bundestag, 13. WP, Beschlußempfehlung und Bericht des Ausschusses für Wahlprüfung, Immunität und Geschäftsordnung zu dem Antrag der Fraktion der SPD – Drucksache 13/1833 – Einsetzung eines Untersuchungsausschusses, BT-Drs. 13/2483, S. 3.

der ehemaligen Außenhandelsbetriebe und des Ministeriums für Staatssicherheit[2328].

Aus den offengebliebenen Fragen des 2. Untersuchungsausschusses der 12. Wahlperiode sollte der 2. Untersuchungsausschuß der 13. Wahlperiode – soweit der Bundesrechnungshof hierüber noch keine Feststellungen getroffen hatte – klären,

- "ob bei der Vergabe von Liquidationsdarlehen durch die Treuhandanstalt und bei der Bemessung von Liquidatorenhonoraren die Grundsätze der sparsamen und wirtschaftlichen Haushaltsführung hinreichend beachtet worden sind und
- ob bei der Privatisierung von Unternehmen durch die Treuhandanstalt – unbeschadet der staatsanwaltlichen Ermittlungen wegen Untreue – die Vorgabe des Bundesministers der Finanzen zur Berücksichtigung volkswirtschaftlicher Kriterien und die Grundsätze der sparsamen und wirtschaftlichen Haushaltsführung ausreichend beachtet worden sind."[2329]

Eine Erweiterung seines Auftrags erfuhr der 2. Untersuchungsausschuß "DDR-Vermögen" auf Antrag der Fraktion der SPD im Zusammenhang mit der Krise der Bremer Vulkan Verbund AG. Nach dem Beschluß des Deutschen Bundestages vom 18. Oktober 1996 sollte der Ausschuß nunmehr – bezogen auf die Bremer Vulkan Verbund AG – auch untersuchen,

- "ob und auf welche Weise die Bundesregierung und die Treuhandanstalt / Bundesanstalt für vereinigungsbedingte Sonderaufgaben dafür gesorgt haben, daß die Einhaltung von Investitionszusagen und die zweckbestimmte Verwendung von Investitionsbeihilfen und Fördermitteln vertraglich abgesichert sind;
- ob und durch welche Maßnahmen die Bundesregierung und die Treuhandanstalt / Bundesanstalt für vereinigungsbedingte Sonderaufgaben gewährleistet haben, daß die Einhaltung vertraglicher Bestimmungen durch die Bremer Vulkan Verbund AG als Erwerber von Unternehmen

2328 Deutscher Bundestag, 13. WP, Beschlußempfehlung und Bericht des 2. Untersuchungsausschusses "DDR-Vermögen" v. 28.05.1998, BT-Drs. 13/10900, Band 1, S. 136.

2329 Ziffern III. 1. und III.2. des Untersuchungsauftrags; s. Deutscher Bundestag, 13. WP, Beschlußempfehlung und Bericht des Ausschusses für Wahlprüfung, Immunität und Geschäftsordnung zu dem Antrag der Fraktion der SPD – Drucksache 13/1833 – Einsetzung eines Untersuchungsausschusses, BT-Drs. 13/2483, S. 4.

der ehemaligen DDR hinsichtlich der zweckbestimmten Verwendung von Investitionsbeihilfen und Fördermitteln überprüft werden kann;

- ob, inwieweit und zu welchem Zeitpunkt die Bundesregierung und die Treuhandanstalt / Bundesanstalt für vereinigungsbedingte Sonderaufgaben von ungerechtfertigten Inanspruchnahmen von Subventionsmitteln und der zweckentfremdeten Verwendung von Investitionsbeihilfen und Fördermitteln durch die Bremer Vulkan Verbund AG als Erwerber von Unternehmen der ehemaligen DDR Kenntnis erhalten haben und welche Maßnahmen dagegen getroffen wurden"[2330].

In dem umfangreichen Bericht des Untersuchungsausschusses nimmt die Tätigkeit der Treuhandanstalt bzw. Bundesanstalt für vereinigungsbedingte Sonderaufgaben einen breiten Raum ein. Dabei griff der Untersuchungsausschuß (einer Skandalenquête nicht unähnlich[2331]) eine Reihe bekanntgewordener Problemfälle auf.

So hat der Untersuchungsausschuß den Untersuchungsauftrag zu prüfen, welche Maßnahmen Bundesregierung, Treuhandanstalt und andere staatliche Stellen des Bundes zur Wiederbeschaffung veruntreuter Vermögenswerte ergriffen haben, zum Anlaß genommen, sich auch mit der Geschäftsbesorgung der zum Thyssen-Konzern zählenden Thyssen-Handel Berlin GmbH für die Treuhandanstalt bei der Liquidation der Metallurgiehandel GmbH i.L. ausführlicher zu befassen[2332]. Im Rahmen des an die Tätigkeit des 2. Untersuchungsausschusses der 12. Wahlperiode "Treuhandanstalt" anknüpfenden Untersuchungsauftrages zu klären, ob bei der Privatisierung von Unternehmen durch die Treuhandanstalt die Vorgabe des Bundesministers der Finanzen zur Berücksichtigung volkswirtschaftlicher Kriterien und die Grundsätze der sparsamen und wirtschaftlichen Haushaltsführung ausreichend beachtet worden sind, hat der Untersuchungsausschuß "DDR-Vermögen" mehrere Privatisie-

2330 Ziffer III.3.a) – c) des Untersuchungsauftrags; s. Deutscher Bundestag, 13. WP, Beschlußempfehlung und Bericht des Ausschusses für Wahlprüfung, Immunität und Geschäftsordnung zu den Anträgen der Fraktion der SPD – Drucksachen 13/4698, 13/5233 – Erweiterung des Untersuchungsauftrages des 2. Untersuchungsausschusses, BT-Drs. 13/5843, S. 2.

2331 So auch die Bewertung der den Regierungsfraktionen entstammenden Ausschußmehrheit, s. Deutscher Bundestag, 13. WP, Beschlußempfehlung und Bericht des 2. Untersuchungsausschusses "DDR-Vermögen" v. 28.05.1998, BT-Drs. 13/10900, Band 1, S. 377.

2332 Deutscher Bundestag, 13. WP, Beschlußempfehlung und Bericht des 2. Untersuchungsausschusses "DDR-Vermögen" v. 28.05.1998, BT-Drs. 13/10900, Band 1, S. 144-149.

rungsfälle exemplarisch untersucht[2333], darunter die Privatisierung der Raffinerie- und Methanolaktivitäten der Leuna-Raffineriegesellschaft mbH (vormals Leuna-Werke AG)[2334] und der Minol AG sowie die Privatisierung der ostdeutschen Kaliindustrie[2335]. Schließlich hatte sich der Untersuchungsausschuß, wie bereits gezeigt, aufgrund expliziter (nachträglicher) Auftragserteilung mit der Privatisierung ostdeutscher Werften an die Bremer Vulkan Verbund AG zu befassen.

Grundsätzlich fühlte sich der Untersuchungsausschuß "DDR-Vermögen" – insbesondere durch die in Ziffer III.2. des Untersuchungsauftrags aufgeworfene Frage nach der Beachtung bestimmter gesetzlicher und fachaufsichtlicher Vorgaben für die Privatisierungstätigkeit – berufen, jeden beliebigen Privatisierungsfall einer Kontrolle zu unterziehen[2336]. Damit hat sich der Untersuchungsausschuß das denkbar weiteste Verständnis des Untersuchungsauftrags zu eigen gemacht. Ein so verstandener Untersuchungsauftrag stößt allerdings unter dem Aspekt der notwendigen Bestimmtheit auf rechtliche Bedenken.

Auch bei diesem weiten Verständnis des Untersuchungsauftrags waren Privatisierungen, die nicht durch die Treuhandanstalt bzw. Bundesanstalt für vereinigungsbedingte Sonderaufgaben vorgenommen worden waren, von der Betrachtung ausgeschlossen. Diese, zunächst offensichtlich erscheinende Grenze des Untersuchungsauftrags war gleichwohl umstritten. Nur mit der Mehrheit der Stimmen der den Koalitionsfraktionen entstammenden Ausschußmitglieder wurde der Beweisantrag der der Fraktion der SPD angehörenden Ausschußmitglieder abgelehnt, Unterlagen des Bundesministeriums der Finanzen und der Bundesanstalt für vereinigungsbedingte Sonderaufgaben über den Verkauf der Deutschen Außenhandelsbank AG an die Westdeutsche Landesbank Girozentrale beizuziehen[2337]. Dieser Beweisantrag war als unzulässig abzulehnen, da die Übertragung der Aktien am 1. Januar 1995 durch Bund und Kreditanstalt für Wiederaufbau erfolgt war.

2333 Deutscher Bundestag, 13. WP, Beschlußempfehlung und Bericht des 2. Untersuchungsausschusses "DDR-Vermögen" v. 28.05.1998, BT-Drs. 13/10900, Band 1, S. 255-291.

2334 Deutscher Bundestag, 13. WP, Beschlußempfehlung und Bericht des 2. Untersuchungsausschusses "DDR-Vermögen" v. 28.05.1998, BT-Drs. 13/10900, Band 1, S. 260-268.

2335 Deutscher Bundestag, 13. WP, Beschlußempfehlung und Bericht des 2. Untersuchungsausschusses "DDR-Vermögen" v. 28.05.1998, BT-Drs. 13/10900, Band 1, S. 272-281.

2336 Vgl. Deutscher Bundestag, 13. WP, Beschlußempfehlung und Bericht des 2. Untersuchungsausschusses "DDR-Vermögen" v. 28.05.1998, BT-Drs. 13/10900, Band 1, S. 246.

2337 Deutscher Bundestag, 13. WP, Beschlußempfehlung und Bericht des 2. Untersuchungsausschusses "DDR-Vermögen" v. 28.05.1998, BT-Drs. 13/10900, Band 1, S. 79.

Dem Untersuchungsausschuß "DDR-Vermögen" stand zur Erfüllung seiner Aufgabe wesentlich mehr Zeit – 32 Monate – zur Verfügung als dem Untersuchungsausschuß "Treuhandanstalt" des 12. Deutschen Bundestages, der bereits nach elf Monaten seinen Bericht vorgelegt hatte. Es ist dem außerordentlichen Einsatz des Untersuchungsausschusses "Treuhandanstalt" des 12. Deutschen Bundestages zuzuschreiben, daß die Intensität der ausgeübten Kontrolle, soweit diese in der statistischen Auswertung der Tätigkeit zum Ausdruck kommt, im Falle des Untersuchungsausschusses "DDR-Vermögen" des 13. Deutschen Bundestages dennoch geringer ausgefallen ist.

So trat der Untersuchungsausschuß "DDR-Vermögen" zwar zu 96, der Untersuchungsausschuß "Treuhandanstalt" lediglich zu 54 Sitzungen zusammen. Hiervon entfielen im Falle des Untersuchungsausschusses "DDR-Vermögen" 55, im Falle des Untersuchungsausschusses "Treuhandanstalt" 22 Sitzungen auf nichtöffentliche Beratungen. Die kumulierte Dauer der nichtöffentlichen Beratungssitzungen betrug jedoch im Falle des Untersuchungsausschusses "Treuhandanstalt" 34 Stunden, im Falle des Untersuchungsausschusses "DDR-Vermögen" nur 24 Stunden. Für Vernehmungen und Anhörungen nahm sich der Untersuchungsausschuß "Treuhandanstalt" insgesamt 277 Stunden Zeit (9.203 Seiten Wortprotokoll), der Untersuchungsausschuß "DDR-Vermögen" hingegen nur 213 Stunden (5.385 Seiten Wortprotokoll)[2338].

Festzuhalten bleibt gleichwohl, daß der Untersuchungsausschuß "DDR-Vermögen" seinem Auftrag mit großem Einsatz nachgekommen ist. Dabei entfiel – wie im Falle des Untersuchungsausschusses "Treuhandanstalt" des 12. Deutschen Bundestages – ein erheblicher Arbeitsaufwand neben der reinen Sitzungszeit auf die Auswertung der umfangreichen angefertigten und beigezogenen Dokumente[2339].

Wie bereits im Falle des 2. Untersuchungsausschusses "Treuhandanstalt" des 12. Deutschen Bundestages traten innerhalb des Untersuchungsausschusses "DDR-Vermögen" sowie im Verhältnis zur Bundesregierung und zur Bundesanstalt für vereinigungsbedingte Sonderaufgaben Unstimmigkeiten hinsichtlich der Grenzen des Aktenherausgabeanspruchs des Untersuchungsausschusses auf.

2338 Vgl. hierzu Deutscher Bundestag, 12. WP, Beschlußempfehlung und Bericht des 2. Untersuchungsausschusses "Treuhandanstalt" v. 29.08.1994, BT-Drs. 12/8404, S. 31; Deutscher Bundestag, 13. WP, Beschlußempfehlung und Bericht des 2. Untersuchungsausschusses "DDR-Vermögen" v. 28.05.1998, BT-Drs. 13/10900, Band 1, S. 81 f.

2339 Deutscher Bundestag, 13. WP, Beschlußempfehlung und Bericht des 2. Untersuchungsausschusses "DDR-Vermögen" v. 28.05.1998, BT-Drs. 13/10900, Band 1, S. 82.

Ausgangspunkt war der am 25. September 1997 im Untersuchungsausschuß gefaßte Beweisbeschluß 13-292, mit dem die Beiziehung der Akten über das bei der Staatsanwaltschaft Magdeburg wegen des Verdachts des Subventionsbetruges im Zusammenhang mit der Errichtung der Erdölraffinierie in Leuna geführte, bereits eingestellte Ermittlungsverfahren beschlossen worden war. Daraufhin übersandte die Staatsanwaltschaft Magdeburg dem Ausschußvorsitzenden die erbetenen Unterlagen. Die Bundesanstalt für vereinigungsbedingte Sonderaufgaben, vermittelt durch das Bundesministerium der Finanzen, bat insbesondere darum, bestimmte in den Ermittlungsakten befindliche Dokumente, für welche sie als aktenführende Stelle anzusehen sei, den Mitgliedern des Ausschusses erst zu einem späteren Zeitpunkt zuzuleiten. Diese Dokumente beträfen einen laufenden Vorgang[2340].

Gemeint war die Umsetzung des sog. Memorandum of Understanding, welches die Treuhandanstalt und die Société Nationale Elf Aquitaine S.A. am 30. April 1994 nach dem Ausscheiden der Thyssen Handel Berlin GmbH aus dem Erwerberkonsortium (dem sog. TED-Konsortium) der Raffinerie- und Methanolaktivitäten der Leuna-Raffineriegesellschaft mbH (vormals Leuna-Werke AG) und der Minol AG vereinbart hatten. Die Société Nationale Elf Aquitaine S.A. hatte darauf bestanden, den Raffinierieneubau nur bei Beteiligung eines weiteren industriellen Partners zu realisieren. Daraufhin sagte die Treuhandanstalt in dem sog. Memorandum of Understanding zu, ein Drittel der Geschäftsanteile an der Betreibergesellschaft der Raffinerie nach deren Fertigstellung durch die damals in der Anteilseignerschaft der Treuhandanstalt stehende Buna GmbH erwerben zu lassen. Nach der Privatisierung der Buna GmbH stand diese für die Anteilsübernahme indes nicht mehr zur Verfügung, was dazu führte, daß die Bundesanstalt für vereinigungsbedingte Sonderaufgaben einerseits einen anderen Erwerber suchte, andererseits mit der Société Nationale Elf Aquitaine S.A. Verhandlungen über die Zahlung von Schadensersatz führte. Am 30. Dezember 1997 konnte ein Vergleich zur Regelung der offenen Fragen geschlossen werden, der allerdings wegen der noch ausstehenden beihilferechtlichen Entscheidung der EU-Kommission bis zur Erstellung des Berichts des 2. Untersuchungsausschusses "DDR-Vermögen" noch schwebend unwirksam blieb[2341].

Mit der Mehrheit der Abgeordneten der Koalitionsfraktionen beschloß der Untersuchungsausschuß "DDR-Vermögen", der Bitte der Bundesregierung und der Bundesanstalt für vereinigungsbedingte Sonderaufgaben entspre-

2340 Deutscher Bundestag, 13. WP, Beschlußempfehlung und Bericht des 2. Untersuchungsausschusses "DDR-Vermögen" v. 28.05.1998, BT-Drs. 13/10900, Band 1, S. 81; Bundesanstalt für vereinigungsbedingte Sonderaufgaben, Schreiben an das Sekretariat des 2. Untersuchungsausschusses des Deutschen Bundestage v. 05.11.1997, Nachdruck in: Deutscher Bundestag, 13. WP, Beschlußempfehlung und Bericht des 2. Untersuchungsausschusses "DDR-Vermögen" v. 28.05.1998, BT-Drs. 13/10900, Band 2, S. 411.

2341 Deutscher Bundestag, 13. WP, Beschlußempfehlung und Bericht des 2. Untersuchungsausschusses "DDR-Vermögen" v. 28.05.1998, BT-Drs. 13/10900, Band 1, S. 264.

chend auf eine Verteilung und Verwertung der in Rede stehenden Dokumente bis zu einer Freigabe durch die Bundesanstalt für vereinigungsbedingte Sonderaufgaben zu verzichten.

Es stellt sich die Frage, ob dieser Beschluß einem rechtlichen Gebot folgte oder lediglich auf parteipolitische Rücksichtnahme zurückzuführen ist. Ersteres kann nur angenommen werden, sofern die Verwertung der betreffenden Dokumente den Kernbereich exekutiver Eigenverantwortung in einer die Fuktionsfähigkeit der Exekutive bedrohenden Weise berührte. Wie bereits an anderer Stelle entwickelt, ist unter derartigen Bedingungen auch eine nicht-gubernative Stelle der Exekutive von parlamentarischer Kontrolle frei.

Die Bundesanstalt für vereinigungsbedingte Sonderaufgaben hatte hierzu vorgetragen, die in Rede stehenden Dokumente beträfen ihre Bemühungen, einen weiteren Investor zur Beteiligung an der Betreibergesellschaft für die Raffinerie in Leuna zu finden[2342]. Im Nachgang hierzu führte die Bundesanstalt weiterhin an, auch im Rahmen der Vergleichsverhandlungen mit der Société Nationale Elf Aquitaine S.A. spielten die Dokumente eine wesentliche Rolle[2343]. Beide Vorgänge, darin bestand auch im Untersuchungsausschuß "DDR-Vermögen" Einigkeit, waren als nicht abgeschlossen zu betrachten.

Es drängt sich vorab die Frage auf, ob ein im Jahre 1995 formulierter Untersuchungsauftrag die Befassung des Untersuchungsausschusses mit Vorgängen, die in dieser Gestalt erst zwei Jahre später vorliegen, überhaupt zu decken vermag. Bei hinreichender Bestimmtheit des Untersuchungsauftrags müßte dies ausgeschlossen sein. Im vorliegenden Falle dürfte jedenfalls nicht einmal Ziffer III.2. des Untersuchungsauftrags eine ausreichende Grundlage geboten haben, sich der in Rede stehenden Verhandlungen der Bundesanstalt für vereinigungsbedingte Sonderaufgaben anzunehmen. Nach Ziffer III.2. des Untersuchungsauftrags war die Einhaltung von Vorgaben der Bundesregierung und des Haushaltsrechts bei bereits getroffenen, nicht etwa zukünftig noch zu treffenden Entscheidungen der Treuhandan-

2342 Bundesanstalt für vereinigungsbedingte Sonderaufgaben, Schreiben an das Sekretariat des 2. Untersuchungsausschusses des Deutschen Bundestages v. 21.10.1997, Nachdruck in: Deutscher Bundestag, 13. WP, Beschlußempfehlung und Bericht des 2. Untersuchungsausschusses "DDR-Vermögen" v. 28.05.1998, BT-Drs. 13/10900, Band 2, S. 408.

2343 Bundesanstalt für vereinigungsbedingte Sonderaufgaben, Schreiben an das Sekretariat des 2. Untersuchungsausschusses des Deutschen Bundestage v. 05.11.1997, Nachdruck in: Deutscher Bundestag, 13. WP, Beschlußempfehlung und Bericht des 2. Untersuchungsausschusses "DDR-Vermögen" v. 28.05.1998, BT-Drs. 13/10900, Band 2, S. 411.

stalt zu prüfen. Insoweit könnte bereits das Fehlen der Kontrollrelevanz festzustellen sein.

Im übrigen führte die Befassung eines Untersuchungsausschusses mit laufenden Vorgängen der Exekutive zu einer Gefährdung des Kernbereichs exekutiver Eigenverantwortung. Es fände dann nämlich nicht mehr nur eine Kontrolle der Entscheidungen der Exekutive statt, sondern eine verfassungswidrige, weil mit dem Prinzip der Gewaltenteilung unvereinbare Mitbestimmung in der Phase der Entscheidungsvorbereitung[2344].

Allerdings muß im vorliegenden Fall gefragt werden, ob die in Rede stehenden Dokumente tatsächlich, wie von der Bundesanstalt für vereinigungsbedingte Sonderaufgaben behauptet, den genannten laufenden Vorgängen zuzurechnen sind. Tatsächlich handelte es sich um eine vorläufige Fassung des sog. Solomon-Gutachtens sowie diesbezügliche, in der Bundesanstalt für vereinigungsbedingte Sonderaufgaben erstellte Zusammenfassungen des jeweiligen Standes der Erkenntnisse aus jenem Gutachten[2345]. Das Solomon-Gutachten, erstellt im Auftrag der Bundesanstalt für vereinigungsbedingte Sonderaufgaben, nahm zu der Angemessenheit der Baukosten des Raffinerieneubaus in Leuna Stellung[2346]. Ob und ggf. in welcher Weise das Gutachtenthema mit den laufenden Verhandlungen der Bundesanstalt für vereinigungsbedingte Sonderaufgaben unauflösbar verknüpft war, ist nicht ersichtlich. Es hätte es einer umfassenden, ggf. vertraulichen Darlegung durch die Bundesregierung und die Bundesanstalt für vereinigungsbedingte Sonderaufgaben bedurft[2347]. Der schlichte Hinweis auf ein laufendes Verfahren ohne Erläuterung, warum die angeforderten Akten diesem laufenden Verfahren zuzuordnen sind, genügt nicht[2348].

Die informierende Kontrolle des 2. Untersuchungsausschusses "DDR-Vermögen" des 13. Deutschen Bundestages hatte durchaus nachvollziehbare

2344 BVerfGE 67, S. 100 (139); vgl. Arloth, in: NJW 1987, S. 808 (811); Meyer-Bohl, Die Grenzen der Pflicht zur Aktenvorlage und Aussage vor Parlamentarischen Untersuchungsausschüssen unter Berücksichtigung der Besonderheiten der Hamburger Verfassung, Diss. Berlin 1992, S. 98 f.

2345 Bundesanstalt für vereinigungsbedingte Sonderaufgaben, Schreiben an das Sekretariat des 2. Untersuchungsausschusses des Deutschen Bundestages v. 05.11.1997, Nachdruck in: Deutscher Bundestag, 13. WP, Beschlußempfehlung und Bericht des 2. Untersuchungsausschusses "DDR-Vermögen" v. 28.05.1998, BT-Drs. 13/10900, Band 2, S. 411 (412).

2346 Deutscher Bundestag, 13. WP, Beschlußempfehlung und Bericht des 2. Untersuchungsausschusses "DDR-Vermögen" v. 28.05.1998, BT-Drs. 13/10900, Band 1, S. 265.

2347 BVerfGE 67, S. 100 (138).

2348 Hadamek, in: Wissenschaftliche Dienste des Deutschen Bundestages, Ausarbeitung Reg.-Nr.: WF III – 264/97, S. 7, Nachdruck in: Deutscher Bundestag, 13. WP, Beschlußempfehlung und Bericht des 2. Untersuchungsausschusses "DDR-Vermögen" v. 28.05.1998, BT-Drs. 13/10900, Band 2, S. 413 (419).

Auswirkungen auf das Verhalten von Bundesregierung und Bundesanstalt für vereinigungsbedingte Sonderaufgaben. So sah sich das Bundesministerium der Finanzen durch Nachforschungen des Untersuchungsausschusses veranlaßt, die Weisung an die Bundesanstalt für vereinigungsbedingte Sonderaufgaben, mit einer bestimmten Gesellschaft aus dem ehemaligen Bereich Kommerzielle Koordinierung einen Vergleich abzuschließen, zurückzunehmen.

3. Kontrolle durch den Bundesrechnungshof

Die Bundesanstalt für vereinigungsbedingte Sonderaufgaben ist ebenso wie zuvor die Treuhandanstalt als Unternehmen in der Rechtsform einer bundesunmittelbaren juristischen Person des öffentlichen Rechts gemäß §§ 112 Absatz 2 Satz 1, 111 BHO der Prüfung durch den Bundesrechnungshof unterworfen.

Eine Veränderung ergab sich lediglich insoweit, als die Bundesanstalt für vereinigungsbedingte Sonderaufgaben in anderer Art und Weise als die Treuhandanstalt Rechnung zu legen hat. Die durch § 112 Absatz 2 Satz 1 BHO vermittelte, beschränkte Anwendung der Bundeshaushaltsordnung ist in dem überwiegend unternehmerischen Charakter der Aufgaben der Bundesanstalt für vereinigungsbedingte Sonderaufgaben begründet. Die als spezifisch unternehmerisch angesehenen Aufgaben der Bundesanstalt für vereinigungsbedingte Sonderaufgaben verlieren indes durch fortschreitende Abarbeitung mehr und mehr an Bedeutung. Diese Entwicklung berücksichtigt die mit dem Gesetz zur abschließenden Erfüllung der verbleibenden Aufgaben der Treuhandanstalt erfolgte Neufassung von § 2 Absatz 5 TreuhG zum 1. Januar 1995. Gemäß § 2 Absatz 5 Satz 1 TreuhG sind seither abweichend von § 112 Absatz 2 Satz 1 BHO auch die Bestimmungen der § 65 Absatz 1 Nr. 2 BHO und insbesondere § 109 BHO auf die Bundesanstalt für vereinigungsbedingte Sonderaufgaben entsprechend anwendbar. Demzufolge ist die Bundesanstalt verpflichtet, anstelle der Bilanzierung nach kaufmännischen Grundsätzen eine Rechnungslegung nach Maßgabe der entsprechend anwendbaren §§ 80 bis 86 BHO vorzunehmen.

Nach § 2 Absatz 5 Satz 3 TreuhG in der Fassung des Gesetzes zur abschließenden Erfüllung der verbleibenden Aufgaben der Treuhandanstalt kann der Bundesminister der Finanzen im übrigen durch Rechtsverordnung weitere Vorschriften der Bundeshaushaltsordnung für anwendbar erklären, soweit die Aufgaben unternehmerischer Natur weiter abnehmen.

Prüfungen erfolgten nach wie vor überwiegend zu Gegenständen von übergreifender Bedeutung, beispielsweise (anhand von acht ausgewählten Fällen) zu den Privatisierungsbemühungen der Bundesanstalt für vereinigungsbedingte Sonderaufgaben, zu ihrer Personalbedarfsplanung oder zu der Vergabe von Beraterleistungen. Zunehmend befaßte sich der Bundesrechnungshof daneben mit der Prüfung bedeutender Einzelvorgänge wie beispielsweise der Ausgründung der funktionalen Beteiligungsgesellschaft DV-InformationsSysteme, Organisation und Service GmbH (DISOS), der Privatisierung der Raffinerie- und Methanolaktivitäten der Leuna-Raffineriegesellschaft mbH (vormals Leuna-Werke AG) und der Minol AG[2349] sowie der Privatisierung der Kreditinstitute. Besonders bekannt und bereits mehrfach erwähnt wurde die in diesem Zusammenhang ebenfalls aufzuführende Prüfung der Privatisierung ostdeutscher Werften[2350].

Wie bereits für die Treuhandanstalt festgestellt, waren neben der Bundesanstalt für vereinigungsbedingte Sonderaufgaben auch deren Beteiligungsgesellschaften – insbesondere die funktionalen Beteiligungsgesellschaften BVVG Bodenverwertungs- und -verwaltungs GmbH, DV-InformationsSysteme, Organisation und Service GmbH (DISOS) und DEGEFO Deutsche Gesellschaft für das Ostgeschäft[2351] – satzungsgemäß der Prüfung durch den Bundesrechnungshof unterworfen[2352].

Einen bedeutsamen Einfluß auf die Bundesanstalt für vereinigungsbedingte Sonderaufgaben hat der Bundesrechnungshof durch seine Beratungstätigkeit ausgeübt. Gemäß § 42 Absatz 5 HGrG, § 88 Absatz 2 BHO kann der Bundesrechnungshof den Bundestag, den Bundesrat, die Bundesregierung und einzelne Bundesminister aufgrund seiner Prüfungserfahrung beraten.

Diese Beratungstätigkeit hat sich spürbar im Zuge des Gesetzgebungsverfahrens für das Gesetz zur abschließenden Erfüllung der verbleibenden Aufgaben der Treuhandanstalt ausgewirkt. Wie bereits geschildert, hatte der Bundesrechnungshof in einem Bericht an den Haushaltsausschuß vom 22. Februar 1994 die von Bundesregierung und Treuhandanstalt für die Zeit ab 1995 geplante Übertragung wesentlicher Aufgabenbereiche der Treuhandanstalt auf spezialisierte privatwirtschaftliche Organisationseinheiten sowie die bereits im Vorfeld vorgesehene Gründung einer (funktionalen Beteiligungs-) "Gesellschaft für Vertragsmanagement, Reprivatisierung und Abwicklungsbetreuung mbH" (VRA) deutlich kritisiert. Der Haushaltsausschuß des Deutschen Bundestages setzte unter Berufung auf den Bericht

2349 AZ: IX 5-3508/95; vgl. Die Zeit v. 09.05.1997, S. 28.

2350 AZ: IX 5-3504/93; vgl. Der Spiegel Nr. 25/1996 v. 17.06.1996, S. 17, sowie Die Welt v. 17.06.1996, S. 11.

2351 § 19 des Gesellschaftsvertrages der DEGEFO Deutsche Gesellschaft für das Ostgeschäft mbH.

2352 § 2 Absatz 5 Satz 2 TreuhG in der Fassung des Treuhandstrukturgesetzes; § 112 Absatz 2 Satz 2 BHO i.V.m. § 54 Absatz 1 HGrG, § 66 BHO.

des Bundesrechnungshofes eine Änderung jener Konzeption durch. Damit kann festgestellt werden, daß der Bundesrechnungshof das Gesetz zur abschließenden Erfüllung der verbleibenden Aufgaben der Treuhandanstalt insbesondere hinsichtlich der Konzeption der Bundesanstalt für vereinigungsbedingte Sonderaufgaben beeinflußt hat.

Eine noch weitergehende Form begleitender, gestaltender Einflußnahme eröffnete sich dem Bundesrechnungshof durch § 2 a Absatz 2 TreuhG. Nach dieser mit dem Gesetz zur abschließenden Erfüllung der verbleibenden Aufgaben der Treuhandanstalt aufgenommenen Bestimmung hatte der Bundesminister der Finanzen vor Erlaß des Finanzstatuts für die Bundesanstalt für vereinigungsbedingte Sonderaufgaben diesbezüglich das Einvernehmen mit dem Bundesrechnungshof herzustellen. Unter Einvernehmen ist eine über die bloß beratende Funktion hinausgehende Mitbestimmung, d. h. eine bindende Beteiligung zu verstehen[2353], so daß insofern von einem Zustimmungserfordernis gesprochen werden kann.

2353 Vgl. BVerwG, DVBl. 1966, S. 179; Badura, in: Erichsen / Martens, Allgemeines Verwaltungsrecht, 9. Auflage, § 40 III; Fickert, in: DVBl. 1964, S. 173.

Teil III

Zusammenfassung und Bewertung

Die Untersuchungen haben gezeigt, daß die Anstalt zur treuhänderischen Verwaltung des Volkseigentums und die Treuhandanstalt / Bundesanstalt für vereinigungsbedingte Sonderaufgaben in unterschiedlichen rechtlichen und politischen Umfeldern agiert haben. Zwar war zu jeder Zeit ein politisches Bedürfnis nach (staatlicher) Kontrolle der Anstalten vorhanden. Die konkrete Ausgestaltung der Kontrolle sowie die zur Ausübung von Kontrolle zur Verfügung stehenden Instrumente waren jedoch, bedingt durch die innere Entwicklung der Deutschen Demokratischen Republik bis hin zu dem paktierten Beitritt zur Bundesrepublik Deutschland und dem damit verbundenen, sich verändernden Staatsverständnis, bis zum 3. Oktober 1990 einer laufenden und schließlich vollständigen Veränderung unterworfen. Seither ist zumindest der rechtliche Rahmen der staatlichen Kontrolle über die Treuhandanstalt nahezu unverändert. Auch die mit der Umfirmierung der Treuhandanstalt in Bundesanstalt für vereinigungsbedingte Sonderaufgaben verbundene Reorganisation zum Jahreswechsel 1994/95 führt insoweit zu keinem abweichenden Befund.

Allerdings ist in diesem Zusammenhang anzumerken, daß die Fortführung einiger bis dahin von der Treuhandanstalt wahrgenommener Aufgaben durch bundesunmittelbare Kapitalgesellschaften, namentlich durch die BMGB Beteiligungs-Management-Gesellschaft Berlin mbH, die Treuhand-Liegenschaftsgesellschaft mbH sowie schließlich die DEGEFO Deutsche Gesellschaft für das Ostgeschäft GmbH, mit einer Einschränkung insbesondere parlamentarischer Kontrollmöglichkeiten verbunden war. Ohne dies vertiefen zu können, sei beispielsweise auf den Wegfall des Aktenvorlageanspruchs des Petitionsausschusses des Deutschen Bundestages hingewiesen.

I. Anstalt zur treuhänderischen Verwaltung des Volkseigentums

Während der ersten der in dieser Untersuchung unterschiedenen Phasen, d.h. in der Zeit vom 15. März bis zum 30. Juni 1990 – zugleich die Zeitspanne der Existenz der Anstalt zur treuhänderischen Verwaltung des Volkseigentums –, war der sog. demokratische Zentralismus als "das tragende Prinzip des Staatsaufbaus"[2354] rechtlich für die Ausgestaltung der Kontrolle über die Treuhandanstalt maßgeblich.

Der bereits am 1. Dezember 1989 juristisch erfolgte Fortfall der führenden Rolle der Arbeiterklasse durch Streichung der entsprechenden Passage in Artikel 1 Absatz 1 DDR-Verfassung beseitigte zwar formal die Suprematie des Parteiapparats über den Staatsapparat und damit die oberste politische Machtebene, ließ das Organisationsprinzip des demokratischen Zentralismus im übrigen aber bestehen. Erst mit dem am 17. Juni 1990 in Kraft getretenen Verfassungsgrundsätzegesetz wurde der demokratische Zentralismus als verbindliches Organisationsprinzip abgeschafft.

Tatsächlich entsprachen Ausgestaltung und Ausübung der Regierungskontrolle über die Anstalt zur treuhänderischen Verwaltung des Volkseigentums diesem hergebrachten Organisationsprinzip. So war die Anstalt zur treuhänderischen Verwaltung des Volkseigentums dem Ministerrat im Sinne des Prinzips des demokratischen Zentralismus als einem streng hierarchischen System einheitlicher, zentraler Leitung unterstellt. Zugleich war die Anstalt zur treuhänderischen Verwaltung des Volkseigentums zwar als Anstalt des öffentlichen Rechts angelegt und hatte eine Verwaltungsratsverfassung erhalten; beides hätte für eine Verselbständigung sprechen können. Tatsächlich war jedoch der Gedanke der Verselbständigung mit dem Prinzip des demokratischen Zentralismus unvereinbar. In der Praxis blieb dem Ministerrat der uneingeschränkte Zugriff auf die Anstalt zur treuhänderischen Verwaltung des Volkseigentums erhalten, da die Bildung des Verwaltungsrates schlicht unterblieb. Tatsächlich hat der Ministerrat nicht nur von den ihm zustehenden Organisations-, Informations- und Steuerungsbefugnissen nach Gutdünken Gebrauch gemacht, sondern Aufgaben der Anstalt zur treuhänderischen Verwaltung des Volkseigentums selbst wahrgenommen.

Die Volkskammer galt nach der Verfassung der Deutschen Demokratischen Republik formal als das höchste Organ der Staatsmacht, war jedoch im Zeichen der Vorherrschaft der SED von tatsächlicher Machtausübung weitgehend ausgeschlossen. Trotz ihrer seit November 1989 einsetzenden Emanzipationsbemühungen gelang es der (seit 1986 amtierenden neunten)

2354 Artikel 47 Absatz 2 DDR-Verfassung i.d.F. v. 07.10.1974.

Volkskammer vor den freien Wahlen am 18. März 1990 nicht, politische Autorität zu gewinnen. In diesem Machtvakuum entfaltete der Zentrale Runde Tisch seine Tätigkeit, die für die Anstalt zur treuhänderischen Verwaltung des Volkseigentums insofern von herausragender Bedeutung war, als von dort die Initiative zu ihrer Gründung ausging. Die Volkskammer war an der Bildung, Errichtung und Einrichtung der Anstalt zur treuhänderischen Verwaltung des Volkseigentums nicht beteiligt. Dies entsprach ihrem politischen Stellenwert, widersprach allerdings ihren verfassungsrechtlich vorgesehenen Befugnissen zur Ausübung vorauswirkender Kontrolle. Die frei gewählte (zehnte) Volkskammer hatte zwischen ihrer Konstituierung am 5. April 1990 und dem 30. Juni 1990 kaum Gelegenheit, sich mit der Anstalt zur treuhänderischen Verwaltung des Volkseigentums zu befassen. Gleichwohl entwickelten sich bemerkenswerte Initiativen zur Ausübung informierender parlamentarischer Kontrolle.

II. Treuhandanstalt / Bundesanstalt für vereinigungsbedingte Sonderaufgaben

Die Gründung der Treuhandanstalt als Nachfolgeorganisation der Anstalt zur treuhänderischen Verwaltung des Volkseigentums am 1. Juli 1990 fiel mit dem Inkrafttreten des Staatsvertrages zusammen. Kurz zuvor war bereits das Verfassungsgrundsätzegesetz in Kraft getreten. Diese bedeutsamen Rechtsänderungen führten, wie eingangs dargelegt[2355], zu einer Unterwerfung der Treuhandanstalt unter das Gebot demokratischer Legitimation, welches nach dem paktierten Beitritt der Deutschen Demokratischen Republik zur Bundesrepublik Deutschland am 3. Oktober 1990 unverändert fortgilt und sich in gleicher Weise auf die Bundesanstalt für vereinigungsbedingte Sonderaufgaben erstreckt.

Die demokratische Legitimation der Treuhandanstalt ist häufig bestritten worden. In diesem Zusammenhang wurde zum einen eine mangelnde parlamentarische Beteiligung[2356], zum anderen eine unzureichende Regierungskontrolle[2357] beklagt. Tatsächlich bedarf es, wie in Teil I dieser Untersuchung festgestellt[2358], einer Legitimationskette, die von dem gewählten Parlament über die Regierung bis zur Treuhandanstalt / Bundesanstalt für vereinigungsbedingte Sonderaufgaben reicht. Es kommt also auf die personelle wie sachlich-inhaltliche Kontrolle sowohl durch das Parlament als auch durch die Regierung an.

2355 S.o. Teil I Ziffer I.

2356 Z.B. Arbeitsgruppe Alternative Wirtschaftspolitik, Memorandum '92 Gegen den ökonomischen Niedergang – Industriepolitik in Ostdeutschland, S. 133 f.; Geppert / Kachel, in: Schmidt / Lutz (Hrsg.), Chancen und Risiken der industriellen Restrukturierung in Ostdeutschland, S. 69 (77); Hickel / Priewe, Nach dem Fehlstart, S. 76; Hickel, in: Liedtke (Hrsg.), Die Treuhand und die zweite Enteignung der Ostdeutschen, S. 106 (112); Kampe, Wer uns kennenlernt, gewinnt uns lieb, S. 158 ff. (166 ff.); Schmidt, Handeln für Deutschland, S. 32.

2357 Z.B. Hickel / Priewe, Nach dem Fehlstart, S. 76 f.; Kampe, Wer uns kennenlernt, gewinnt uns lieb, S. 158 ff. (162 f.).

2358 S.o. Teil I Ziffer I.

1. Personelle demokratische Legitimation

In der Phase zwischen dem 1. Juli 1990 und dem 2. Oktober 1990 bestimmten die frei gewählte zehnte Volkskammer und die von ihr berufene Regierung de Maizière die personelle Zusammensetzung des Verwaltungsrats der Treuhandanstalt. Diesem oblag die Berufung der Mitglieder des Vorstandes, die wiederum die weiteren Personalentscheidungen trafen oder delegierten. Damit war eine personelle demokratische Legitimation vermittelnde lückenlose Kette von Personalentscheidungen rechtlich vorgesehen[2359].

Die von Spoerr geäußerte Kritik, Mitarbeiter der Treuhandanstalt seien bereits vor Herstellung einer derartigen personellen Legitimationskette in ihr Amt gelangt, die personelle demokratische Legitimation daher defizitär[2360], erscheint – zumindest theoretisch – unberechtigt. Spoerr übersieht, daß es sich bei der Treuhandanstalt um eine Neugründung handelte, nicht etwa lediglich eine Umbenennung der Anstalt zur treuhänderischen Verwaltung des Volkseigentums. Damit waren auch die Anstellungsverhältnisse neu zu begründen. Allerdings ist nicht bekannt, ob tatsächlich so verfahren wurde oder nicht vielmehr die wenigen, am 30. Juni 1990 bestehenden Anstellungsverhältnisse als fortbestehend behandelt worden sind.

Im Sinne personeller demokratischer Legitimation war es unschädlich, daß der Vorsitzende des Ministerrates anstelle des Verwaltungsrates den ersten Präsidenten der Treuhandanstalt berief. Dieser Vorgang stellte eine Verkürzung, keine Unterbrechung der Legitimationskette dar.

Fragwürdiger war der Umstand, daß maßgebliche Personalentscheidungen, namentlich die Auswahl des Vorsitzenden des Verwaltungsrates, de facto von der Bundesregierung, namentlich von dem Bundeskanzler getroffen wurden. Weder der Bundesregierung noch im besonderen dem Bundeskanzler hatte die Aktivbürgerschaft der Deutschen Demokratischen Republik eine demokratische Legitimation erteilt. Formal konnte die Bundesregierung ihren Einfluß lediglich beratend geltend machen, so daß die personelle demokratische Legitimation äußerlich nicht berührt wurde. Tatsächlich führte der bestimmende Einfluß der Bundesregierung, den die eintretende Agonie der staatlichen Instanzen der Deutschen Demokratischen Republik möglich machte, zu einer Aushöhlung der legitimationsmittelnden

2359 So – allerdings auf die Zeit ab dem 03.10.1990 bezogen und damit nur mit Einschränkungen zutreffend – ausdrücklich Schmidt-Preuß, in: Isensee / Kirchhof (Hrsg.), HdbStR § 219, Rz. 16.

2360 Spoerr, Treuhandanstalt und Treuhandunternehmen zwischen Verfassungs-, Verwaltungs- und Gesellschaftsrecht, S. 109.

Wirkung der Personalentscheidungen durch die dazu formal berufenen staatlichen Instanzen.

Mit dem Beitritt der Deutschen Demokratischen Republik zur Bundesrepublik Deutschland stellte sich die Frage personeller demokratischer Legitimation der Treuhandanstalt neu. Nunmehr bedurfte es einer Ableitung von dem demokratisch legitimierten Deutschen Bundestag über eine von diesem Bundestag legitimierte Bundesregierung.

Zunächst, d.h. vor der Konstituierung des aus den ersten gesamtdeutschen Wahlen hervorgegangenen 12. Deutschen Bundestages am 20. Dezember 1990, bestand kein demokratisch legitimiertes gesamtdeutsches Parlament. Die Erweiterung des 11. Deutschen Bundestages, der lediglich von der Aktivbürgerschaft der alten Bundesländer gewählt worden war, um 144 Abgeordnete aus den neuen Ländern, die hierzu von der 10. Volkskammer gewählt worden waren, konnte nur als Übergangslösung dienen. Insbesondere erfolgte keine gesonderte personelle demokratische Legitimation des Bundeskanzlers durch den um die Vertreter der Volkskammer erweiterten 11. Deutschen Bundestag, so daß die Bundesregierung ebenso wie von ihr getroffene Personalentscheidungen zunächst mangelhaft personell legitimiert waren[2361].

Gleichwohl ernannte die Bundesregierung noch während der 11. Wahlperiode zwölf Mitglieder des zunächst vierundzwanzigköpfigen Verwaltungsrates[2362]. Weitere zehn Mitglieder, darunter der Vorsitzende des Verwaltungsrates und sein Stellvertreter, hatten ihr Amt bereits vor dem 3. Oktober 1990 angetreten. Mithin war zunächst lediglich die Berufung der beiden letzten noch fehlenden Mitglieder des Verwaltungsrates, die am 8. März 1991 erfolgte, personell demokratisch legitimiert.

Dem Mangel an personeller demokratischer Legitimation der bereits vor dem 3. Oktober 1990 berufenen Mitglieder des Verwaltungsrates wirkte nicht entgegen, daß die Bundesregierung, wie gezeigt, auf ihre Berufung in der Mehrzahl der Fälle mittelbar bereits maßgeblichen Einfluß ausgeübt hatte, indem sie die Berufung Rohwedders bewirkt hatte, der seinerseits acht Mitglieder ausgewählt hatte. Von jenem Einfluß der Bundesregierung konnte keine legitimierende Wirkung ausgehen, da die Bundesregierung ihrerseits nicht hinreichend personell demokratisch legitimiert war, gesamtdeutsche (Personal-)Entscheidungen zu fällen.

Eine personelle demokratische Legitimation des Verwaltungsrates kann jedoch hinsichtlich seiner vor der 12. Wahlperiode berufenen Mitglieder

2361 A. A. Spoerr, Treuhandanstalt und Treuhandunternehmen zwischen Verfassungs-, Verwaltungs- und Gesellschaftsrecht, S. 109, der bereits für Personalentscheidungen ab dem 03.10.1990 die Legitimationskette gewährleistet sieht.

2362 Vgl. Treuhandanstalt, DM-Eröffnungsbilanz zum 01.07.1990, S. 43-45.

darin gesehen werden, daß diese von der aus den Wahlen zum 12. Deutschen Bundestag hervorgegangenen Bundesregierung nicht abberufen wurden. Dies kann angesichts der herausragenden Schlüsselposition, die die Mitglieder des Verwaltungsrates innehatten, durchaus als jeweils individuelle Entscheidung für das Verbleiben im Amt gewertet werden, da die Besetzung derartiger Positionen einer laufenden Beobachtung unterliegt.

Ähnliches darf für die Mitglieder des Vorstands der Treuhandanstalt gelten, dessen Besetzung weder aus Anlaß des Beitritts der Deutschen Demokratischen Republik zur Bundesrepublik Deutschland noch im Nachgang zu den Wahlen zum 12. Deutschen Bundestag verändert wurde. Fraglich ist, ob dieser Legitimationsmechanismus auch für die sonstigen Mitarbeiter der Treuhandanstalt, deren Berufung zunächst nicht befriedigend personell demokratisch legitimiert war, gelten konnte. Hier in jedem Fall des Verbleibens eine individuelle Entscheidung der im Zeitpunkt einer solchen Entscheidung dann personell demokratisch legitimierten Vorgesetzen anzunehmen, erscheint zweifelhaft[2363]. Zumindest möchte man annehmen, daß die Intensität, mit welcher vorgefundene Personalentscheidungen fortlaufend überprüft wurden, je nach Hierarchiestufe unterschiedlich und für niedrigere Hierarchieebenen geringer ausfiel. Damit ergab sich ein abnehmender Grad personeller demokratischer Legitimation.

Ein derart abnehmendes Legitimationsniveau erscheint allerdings hinnehmbar. Dies gründet sich zum einen auf die abnehmende politische Tragweite der jeweiligen Personalentscheidung, was für sich allein genommen jedoch ein abgesenktes Niveau demokratischer Legitimation noch nicht rechtfertigt[2364]. Hinzu tritt die Sicherung des verfassungsrechtlich relevanten Gutes der Funktionsfähigkeit der Exekutive: Ein vollständiges Auswechseln der vorhandenen Mitarbeiterschaft innerhalb kürzester Frist hätte eine Paralyse der Treuhandanstalt bedeutet. Daher war eine fortlaufende, aber behutsame Überprüfung des Personals der Treuhandanstalt durch hierzu hinreichend personell demokratisch legitimierte Mitarbeiter geboten[2365]. Hieran wirkten nicht zuletzt die ihrerseits von der (noch) nicht personell demokratisch legitimierten Bundesregierung eingesetzten Vertrauensbevollmächtigten mit.

Unter dem Gesichtspunkt personeller demokratischer Legitimation erscheint schließlich das Vorschlagsrecht der neuen Länder einschließlich

2363 So auch Spoerr, Treuhandanstalt und Treuhandunternehmen zwischen Verfassungs-, Verwaltungs- und Gesellschaftsrecht, S. 109.

2364 Kirchhof, in: Isensee / Kirchhof (Hrsg.), HdbStR § 59, Rz. 101.

2365 So im Ergebnis auch Spoerr, Treuhandanstalt und Treuhandunternehmen zwischen Verfassungs-, Verwaltungs- und Gesellschaftsrecht, S. 109.

Berlins für jeweils ein Mitglied des Verwaltungsrates fragwürdig[2366]. Die Treuhandanstalt / Bundesanstalt für vereinigungsbedingte Sonderaufgaben nimmt als bundesunmittelbare Einrichtung Aufgaben des Bundes im Interesse des Bundes, nicht etwa im Interesse lediglich der neuen Bundesländer wahr. Insbesondere die fiskalische Dimension der Tätigkeit der Treuhandanstalt / Bundesanstalt für vereinigungsbedingte Sonderaufgaben macht deutlich, daß ihre Tätigkeit auch die Bürger in den alten Bundesländern betrifft. So weise es erscheint, die neuen Länder als maßgebliche Akteure im Rahmen des Verwaltungsrates einzubinden, so wenig kann die Auffassung geteilt werden, die Benennung von Ländervertretern im Verwaltungsrat der Treuhandanstalt / Bundesanstalt für vereinigungsbedingte Sonderaufgaben durch die betreffenden, zweifelsohne demokratisch legitimierten Landesregierungen könne personelle demokratische Legitimation vermitteln[2367]. Die Landesregierungen sind über die Landesparlamente nur durch die Aktivbürgerschaft des jeweiligen Landes und damit nur in Angelegenheiten dieses Landes (personell) demokratisch legitimiert. Eine demokratische Legitimation in Bundesangelegenheiten kommt ihnen nicht zu.

2. Sachlich-inhaltliche demokratische Legitimation

Neben die personelle tritt die sachlich-inhaltliche demokratische Legitimation. Die Ausübung von Staatsgewalt soll sich auch von ihrem Inhalt her von dem Volkswillen herleiten können und nicht als hiervon unabhängige Herrschaftsgewalt personell demokratisch legitimierter Amtswalter erscheinen[2368].

Den sachlich-inhaltlichen Zurechnungszusammenhang vermitteln, wie in der Einführung zu dieser Untersuchung dargelegt[2369], einerseits die Bindung der Verwaltung an die Parlamentsgesetze und der sonstige parlamentarische Einfluß auf Regierung und Verwaltung. Hinzu tritt andererseits die Verantwortlichkeit der Regierung gegenüber dem Parlament für den Gang der Verwaltung, soweit dieser von der Regierung kontrolliert wird.

2366 Dies übersieht Schmidt-Preuß, in: Isensee / Kirchhof (Hrsg.), HdbStR § 219, Rz. 16.

2367 So aber Spoerr, Treuhandanstalt und Treuhandunternehmen zwischen Verfassungs-, Verwaltungs- und Gesellschaftsrecht, S. 109.

2368 Böckenförde, in: Isensee / Kirchhof (Hrsg.), HdbStR § 22, Rz. 23.

2369 S.o. Teil I Ziffer I.

a) Einfluß des Parlaments

Die zehnte Volkskammer hat, wie die Untersuchung gezeigt hat, von ihren Möglichkeiten zur Ausübung vorauswirkender Kontrolle durch Normsetzung spürbar Gebrauch gemacht. Zu nennen ist die nicht lediglich formale Beteiligung, sondern inhaltlich prägende Mitwirkung der Volkskammer insbesondere an dem Staatsvertrag, dem Treuhandgesetz und der Satzung der Treuhandanstalt.

Im gleichen Atemzuge muß indes daran erinnert werden, daß namentlich das Treuhandgesetz und die Satzung der Treuhandanstalt gegenüber der Exekutive insofern Bindungswirkung vermissen ließen, als dort die Gründung von Treuhand-Aktiengesellschaften vorgeschrieben wurde. Bei seinem spektakulären Verstoß gegen diese gesetzliche Anordnung bewegte sich Rohwedder außerhalb jedweder demokratischen Legitimation. Die "Rückendeckung" des Bundeskanzlers war keineswegs geeignet, hieran etwas zu ändern.

Nach weitverbreiteter Ansicht entfaltet das Treuhandgesetz allerdings nur unzureichende Steuerungswirkung, da die darin enthaltene Programmierung der Treuhandanstalt – hervorgehoben seien die Aufgaben Privatisierung, Sanierung, Stillegung von Unternehmen, zugleich die Sicherung und Schaffung von Arbeitsplätzen – heterogen und mehrdeutig sei[2370]. Eine mangelhafte Steuerungsleistung des Treuhandgesetzes müßte seine Bedeutung zur Vermittlung sachlich-inhaltlicher demokratischer Legitimation der Treuhandanstalt herabsetzen. Der Vorwurf kann indes nicht geteilt werden. Das Treuhandgesetz enthält eine klare finale Programmierung der Treuhandanstalt, nämlich die möglichst rasche und umfassende Privatisierung der Staatswirtschaft[2371]. An diesem übergeordneten Auftrag richten sich auch die übrigen, im Treuhandgesetz enthaltenen Aufgaben aus[2372].

Die Volkskammer hat daneben mit der ihr zustehenden, mit Bedacht wahrgenommenen Befugnis, die Mehrheit der Mitglieder des Verwaltungsrats zu berufen und dorthin zwei Parlamentarier zu entsenden, über eine Möglichkeit zu weitreichender Einflußnahme auf die Treuhandanstalt ver-

2370 Schmidt, in: Hommelhoff (Hrsg.), Treuhandunternehmen im Umbruch, S. 17 (25 ff.); Schuppert, in: ZGR 1992, S. 454 (460 f.); Hamm, in: Gröner / Kantzenbach / Mayer (Hrsg.), Wirtschaftspolitische Probleme der Integration der ehemaligen DDR in die Bundesrepublik, S. 61 (63).

2371 Tettinger, in: Stern (Hrsg.), Deutsche Wiedervereinigung, Band II, Teil 2, S. 149 (157).

2372 Ausführlich: Kloepfer, in: Fischer / Hax / Schneider (Hrsg.), Treuhandanstalt – Das Unmögliche wagen, S. 41 (56 f.).

fügt. Diese Einflußnahme vermittelte sich, wie gezeigt[2373], zweifach. Zum einen kam der Auswahl der Amtswalter angesichts des ihnen eingeräumten Handlungsspielraumes besondere Bedeutung für das zukünftige Verhalten des Verwaltungsrats als Gremium zu, zum anderen wurde die Mitgliedschaft zweier Parlamentarier als ein Weg unmittelbarer informierender parlamentarischer Kontrolle verstanden.

Wie die Untersuchung gezeigt hat, hat die Volkskammer gegenüber der Treuhandanstalt auch von den sonstigen, ihr zustehenden Möglichkeiten informierender Kontrolle intensiven Gebrauch gemacht. Zwar konnte die Volkskammer nicht mehr, wie noch gegenüber der Anstalt zu treuhänderischen Verwaltung des Volkseigentums, unmittelbar von der Treuhandanstalt Rechenschaftslegung verlangen, jedoch bot das den Ausschüssen der Volkskammer offenstehende Recht, Anhörungen durchzuführen und dazu auch Mitarbeiter der Treuhandanstalt einzuladen, eine Kompensation. Die übrigen parlamentarischen Frage- und Informationsrechte, die unmittelbar den Ministerrat zur Information der Volkskammer verpflichteten, können schließlich als Instrumente mittelbarer informierender parlamentarischer Kontrolle über die Treuhandanstalt gewertet werden, von denen die Volkskammer ebenfalls, wie gezeigt, regen Gebrauch machte. Hervorzuheben ist die dem Ministerrat auferlegte vierteljährliche Berichtspflicht, in deren Erfüllung, zu der es erst- und letztmalig am 13. September 1990 kam, der damalige Präsident der Treuhandanstalt Rohwedder selbst, wenn auch formal im Auftrag des Vorsitzenden des Ministerrates, vor der Volkskammer sprach.

Insgesamt zeigt sich, daß die Volkskammer in der Zeit zwischen dem 1. Juli 1990 und dem 2. Oktober 1990 sowohl durch Normsetzung als auch durch andere Formen vorauswirkender parlamentarischer Kontrolle, darüber hinaus durch eine intensive informierende parlamentarische Kontrolltätigkeit das Handeln der Treuhandanstalt in bedeutendem Umfang sachlich-inhaltlich zu prägen wußte.

Nachdem das Regierungssystem der Deutschen Demokratischen Republik seit Inkrafttreten des Staatsvertrages an dasjenige der Bundesrepublik Deutschland bereits weitgehend angeglichen worden war, ergaben sich mit dem Beitritt der Deutschen Demokratischen Republik zur Bundesrepublik Deutschland am 3. Oktober 1990 nur wenige Änderungen in der parlamentarischen Kontrolle, welche nunmehr der Deutsche Bundestag auszuüben hatte, gegenüber der Treuhandanstalt.

Der Deutsche Bundestag hat namentlich in der 12. Wahlperiode mit der Schaffung von Ausschüssen, die sich eigens mit der Treuhandanstalt befaßten, die organisatorischen Voraussetzungen für eine intensive Beschäfti-

2373 S.o. Teil II Ziffer I.2.a) und I.2.b)aa).

gung mit der Treuhandanstalt geschaffen. Gleiches galt für die Spezialisierung innerhalb der Fraktionen. Auf diese Weise setzte sich das Parlament in den Stand, wirkungsvoll sachlich-inhaltlich auf die Treuhandanstalt Einfluß zu nehmen.

Auch für den 13. Deutschen Bundestag gilt das vorstehend Gesagte, wenngleich mit der Einschränkung, daß die eigens gebildeten Ausschüsse sich nicht ausschließlich, sondern im Rahmen des allgemeineren Themas "Aufbau Ost" bzw. "DDR-Vermögen" mit der Bundesanstalt für vereinigungsbedingte Sonderaufgaben beschäftigt haben.

Auch der Deutsche Bundestag hat, wie die Untersuchung gezeigt hat, durch Gesetzgebung das Handeln der Treuhandanstalt / Bundesanstalt für vereinigungsbedingte Sonderaufgaben sachlich-inhaltlich geprägt. Bei dieser Gelegenheit konnte festgestellt werden, daß Gesetzgebung trotz des Umstands, daß die Initiative hierzu regelmäßig von der Bundesregierung ausgeht, auch inhaltlich als dem Parlament zuzurechnender, mithin sachlich-inhaltliche demokratische Legitimation vermittelnder Vorgang angesehen werden kann.

Ohne sachlich-inhaltliche demokratische Legitimation handelt die Treuhandanstalt / Bundesanstalt für vereinigungsbedingte Sonderaufgaben jedoch immer dann, wenn sie sich Aufgaben zuwendet, die ihr nicht ausdrücklich gesetzlich auferlegt sind[2374]. Dies gilt namentlich für den sich stets ausweitenden Bereich der über die Abarbeitung privatisierungsvertraglich eingegangener, einer übertragenden Sanierung dienender Verpflichtungen hinausgehenden sog. Nachsorge für bereits privatisierte Unternehmen.

Im Zuge der Untersuchung wurde festgestellt, daß der Deutsche Bundestag über die Gesetzgebung hinaus von den ihm offenstehenden Möglichkeiten der vorauswirkenden ebenso wie der informierenden parlamentarischen Kontrolle in großem Umfang Gebrauch gemacht hat. Auch hiervon ist eine das Handeln der Treuhandanstalt / Bundesanstalt für vereinigungsbedingte Sonderaufgaben beeinflussende Wirkung ausgegangen. Allerdings ist die Anzahl derartiger parlamentarischer Einflußnahmen rückläufig. Dies korrespondiert mit der abnehmenden politischen Relevanz der Anstalt.

In haushaltsrechtlicher Hinsicht ist hingegen eine umgekehrte Entwicklung zu verzeichnen. Ihre Kreditfinanzierung entzog die Treuhandanstalt zunächst jedweder über das Haushaltsrecht vermittelten parlamentarischen Einflußnahme. Mit dem Treuhandkreditaufnahmegesetz wurde die haushaltsrechtliche Autonomie der Treuhandanstalt gegenüber dem Deutschen

2374 So auch Spoerr, Treuhandanstalt und Treuhandunternehmen zwischen Verfassungs-, Verwaltungs- und Gesellschaftsrecht, S. 117, 136 f.

Bundestag für die Jahre 1993 und 1994 eingeschränkt[2375]. Die Bundesanstalt für vereinigungsbedingte Sonderaufgaben ist schließlich nach Maßgabe der durch das Gesetz zur abschließenden Erfüllung der verbleibenden Aufgaben der Treuhandanstalt erfolgten Änderung des Treuhandgesetzes vollständig in den Bundeshaushalt eingebunden.

Als unter dem Gesichtspunkt parlamentarischer Einflußnahme auf die Treuhandanstalt / Bundesanstalt für vereinigungsbedingte Sonderaufgaben bedeutsamer Unterschied gegenüber der Situation vor dem 3. Oktober 1990 erscheint der Wegfall des Rechts zur Berufung von Mitgliedern des Verwaltungsrats sowie das damit verbundene Recht zur Entsendung von zwei Parlamentariern in dieses Gremium. Die Mitgliedschaft des SPD-Bundestagsabgeordneten Rappe im Verwaltungsrat der Treuhandanstalt und anfänglich auch der Bundesanstalt für vereinigungsbedingte Sonderaufgaben kann hier nicht als Kompensation gelten. Während die Entsendung zweier Mitglieder der Volkskammer in den Verwaltungsrat der Treuhandanstalt der parlamentarischen Kontrolle gedient hatte, erfolgte die Berufung des Gewerkschaftsführers Rappe mit dem Ziel, Arbeitnehmerinteressen zu berücksichtigen. Diese anderweitige Loyalitätsbindung wurde offenkundig, als Rappe aus Protest gegen die Einsetzung des Untersuchungsausschusses "Treuhandanstalt" seine Mitgliedschaft im Ausschuß Treuhandanstalt aufgab.

Schon eher kann die Einsetzung speziell der Kontrolle der Treuhandanstalt gewidmeter Parlamentsausschüsse als Kompensation für den Wegfall der Entsendung von Vertretern des Deutschen Bundestages in den Verwaltungsrat angesehen werden. Die Volkskammer hatte, wie gezeigt, lediglich aufgrund der Entsendung zweier Abgeordneter in den Verwaltungsrat der Treuhandanstalt auf die Einsetzung eines spezifischen Ausschusses verzichtet. Allerdings konnte die Einsetzung der verschiedenen Ausschüsse des Deutschen Bundestages – angefangen bei dem Unterausschuß "Treuhandanstalt" des Haushaltsausschusses über den Ausschuß "Treuhandanstalt" bis hin zu dem 2. Untersuchungsausschuß "Treuhandanstalt" während der 12. Wahlperiode, die (informelle) Arbeitsgruppe "Aufbau Ost" im Haushaltsausschuß, an ihrer Stelle später der gleichnamige Unterausschuß des Wirtschaftsausschusses, schließlich und vor allem der 2. Untersuchungsausschuß "DDR-Vermögen" während der 13. Wahlperiode – eine parlamentarische Vertretung im Verwaltungsrat der Treuhandanstalt / Bundesanstalt für vereinigungsbedingte Sonderaufgaben nur teilweise ersetzen.

2375 Schmidt-Preuß, in: Isensee / Kirchhof (Hrsg.), HdbStR § 219, Rz. 18, sieht darin in Verbindung mit dem Erfordernis der Genehmigung des Jahresplanes der Treuhandanstalt durch den seinerseits demokratisch legitimierten Bundesminister der Finanzen eine hinreichende Kompensation für die fehlende Einbeziehung der Treuhandanstalt in den Haushaltsplan des Bundes.

So vermochten insbesondere die parlamentarischen Untersuchungsausschüsse mit ihren weitreichenden Befugnissen sehr wirksam informierende parlamentarische Kontrolle unmittelbar der Treuhandanstalt / Bundesanstalt für vereinigungsbedingte Sonderaufgaben auszuüben. Die Mitwirkung von entsandten Parlamentariern an der Entscheidungsfindung innerhalb des Verwaltungsrates fand jedoch nicht mehr statt.

Gleichwohl ist der Wegfall der parlamentarischen Befugnis, Vertreter in den Verwaltungsrat der Anstalt zu entsenden, unter dem hier interessierenden Gesichtspunkt sachlich-inhaltlicher demokratischer Legitimation des Handelns der Treuhandanstalt / Bundesanstalt für vereinigungsbedingte Sonderaufgaben nicht bedenklich. In diesem Zusammenhang kann bereits die Frage gestellt werden, ob die Mitwirkung einiger ausgewählter Parlamentarier im Verwaltungsrat der Anstalt überhaupt als Einflußnahme des Parlaments auf das Anstaltshandeln gewertet werden könnte. Dies wäre wohl nur dann der Fall, wenn sich das Parlament in seiner Gesamtheit – und damit mittelbar die Aktivbürgerschaft – von der in den Verwaltungsrat der Anstalt zu entsendenden Delegation repräsentiert fühlen könnte. Die Entsendung von lediglich zwei Abgeordneten, wie dies vor dem 3. Oktober 1990 vorgesehen war, könnte dem nicht gerecht werden.

Im übrigen stellt die unmittelbare parlamentarische Mitwirkung an Entscheidungen innerhalb der Exekutive eine über den Normalfall weit hinausgehenden Grad parlamentarischer Einflußnahme dar, die bedenklich erscheint, weil in ihm das funktionale Komplementärverhältnis von Legislative und Exekutive aufgehoben ist. Der Grundsatz der Gewaltenteilung verbietet es, die dem Parlament überantwortete, sachlich-inhaltliche demokratische Legitimation vermittelnde Kontrollaufgabe zu einer weitgreifenden Steuerungsbefugnis zu überinterpretieren[2376].

Insgesamt bleibt damit festzustellen, daß eine spürbare, das Handeln der Treuhandanstalt / Bundesanstalt für vereinigungsbedingte Sonderaufgaben sachlich-inhaltlich prägende Einflußnahme des Deutschen Bundestages für den betrachteten Zeitraum nachweisbar ist[2377]. Während die bedeutsamen haushaltsrechtlichen Instrumente hierbei an Relevanz gewonnen haben, hat sich die Intensität, mit welcher der Deutsche Bundestag von seinen sonstigen Möglichkeiten vorauswirkender und informierender Kontrolle Gebrauch macht, in Abhängigkeit von der abnehmenden politischen Bedeutung der Anstalt rückläufig entwickelt. Gleichwohl hat nicht zuletzt mit der Einsetzung von Untersuchungsausschüssen sowohl während der 12. wie der

2376 Di Fabio, in: Der Staat 1990, S. 599 (611 ff.); konkret mit Blick auf die Treuhandanstalt / Bundesanstalt für vereinigungsbedingte Sonderaufgaben vgl. Schmidt-Preuß, in: Isensee / Kirchhof (Hrsg.), HdbStR § 219, Rz. 17.

2377 Schmidt-Preuß, in: Isensee / Kirchhof (Hrsg.), HdbStR § 219, Rz. 16 f.

13. Wahlperiode eine außerordentlich intensive parlamentarische Beschäftigung mit der Treuhandanstalt / Bundesanstalt für vereinigungsbedingte Sonderaufgaben stattgefunden.

Soweit sich sachlich-inhaltliche demokratische Legitimation durch Einflußnahme der Volksvertretung vermittelt, kann von einem hohen Legitimationsgrad gesprochen werden.

b) Leitung durch die Regierung

Die sachlich-inhaltliche demokratische Legitimation vermittelt neben der Einflußnahme des Parlaments die Leitung der Verwaltung durch die Regierung. Dabei tritt die legitimationsvermittelnde Wirkung in dem Maße ein, wie die Regierung für die Leitung der Verwaltung dem Parlament gegenüber verantwortlich ist. Dies wiederum hängt davon ab, in welchem Umfang der Regierung Leitungsbefugnisse gegenüber der Verwaltung zustehen. Zwischen Parlament und Administrative vermittelt die Gubernative mithin sachlich-inhaltliche demokratische Legitimation nach Maßgabe der ihr gegenüber der Exekutive zustehenden, mit ihrer parlamentarischen Verantwortlichkeit korrespondierenden Leitungsbefugnis[2378].

Zur Leitung der Treuhandanstalt / Bundesanstalt für vereinigungsbedingte Sonderaufgaben standen dem Ministerrat, später der Bundesregierung vor allem die durch Organisationsgewalt und Aufsichtsrecht vermittelten Befugnisse zur Verfügung. Hinzu traten die Instrumente der Rechnungsaufsicht und der finanziellen Steuerung.

Die der Gubernative zustehende Organisationsgewalt entfaltete sich zum einen im Bereich personeller Entscheidungen, namentlich bei der Besetzung des Verwaltungsrates. Diesbezüglich kann auf die Ausführungen zu der personellen Komponente demokratischer Legitimation verwiesen werden. Zum anderen stand den Regierungen im Rahmen ihrer Organisationsgewalt insbesondere die Befugnis zu, Gliederungen der Treuhandanstalt / Bundesanstalt für vereinigungsbedingte Sonderaufgaben zu bilden, zu errichten und einzurichten, ferner die Treuhandanstalt in andere Gremien mit einzubeziehen. Von diesen Befugnissen hat der Ministerrat keinen, die Bundesregierung – beginnend bereits vor dem 3. Oktober 1990 mit der Einsetzung des Leitungsausschusses und des Kredit- und Bürgschaftsausschusses – um so reichlicher Gebrauch gemacht.

Aufsichtsrechtliche Befugnisse standen den Regierungen gegenüber der Treuhandanstalt / Bundesanstalt für vereinigungsbedingte Sonderaufgaben in weitem Umfang zu. Dabei war das Aufsichtsrecht nicht auf die Rechts-

2378 Emde, Die demokratische Legitimation der funktionalen Selbstverwaltung, S. 344; Loschelder, in: Isensee / Kirchhof (Hrsg.), HdbStR § 68, Rz. 40.

aufsicht beschränkt, sondern erstreckte sich auf den Bereich der Fachaufsicht. Die Regierungen konnten mit Ausnahme des Selbsteintrittsrechts von sämtlichen denkbaren Aufsichtsinstrumenten, insbesondere auch von einem Weisungsrecht, Gebrauch machen. Allerdings hatten die Regierungen dabei das der Treuhandanstalt und auch der Bundesanstalt für vereinigungsbedingte Sonderaufgaben gesetzlich eingeräumte Experten- und Managementermessen zu berücksichtigen. Demzufolge hatte sich die Gubernative auf die Vorgabe sachlich-inhaltlicher Leitlinien zu beschränken, auf Einzelfälle durfte sie nur bei exemplarischer oder übergeordneter Bedeutung einwirken.

Mit dieser Beschränkung wird die ohnehin vorhandene Lockerung der Leitungsmacht, die mit der Verselbständigung des Verwaltungsträgern als Anstalt des öffentlichen Rechts selbst bei uneingeschränkter Weisungsunterworfenheit verbunden ist[2379], ausgebaut. Hierin liegt notwendig eine Schwächung des sachlich-inhaltlichen demokratischen Legitimationszusammenhangs für das Handeln der Treuhandanstalt / Bundesanstalt für vereinigungsbedingte Sonderaufgaben.

Die untersuchten rechnungsaufsichtlichen Befugnisse sowie Möglichkeiten zur finanziellen Steuerung der Anstalt durch die Regierung waren insbesondere anfänglich sehr schwach ausgeprägt und daher nicht geeignet, den vorstehenden Befund zu relativieren. Allerdings hat die Untersuchung gezeigt, daß die Befugnisse gubernativer Einflußnahme im Laufe der Zeit zunahmen. Zugleich war ein Rückgang derjenigen Tätigkeiten der Treuhandanstalt / Bundesanstalt für vereinigungsbedingte Sonderaufgaben, für welche die Anstalt ein Experten- und Managementermessen in Anspruch nehmen konnte, zu beobachten. Damit hat sich das sachlich-inhaltliche Legitimationsdefizit im Laufe der Zeit rückläufig entwickelt.

Hinzu kommt, daß sowohl bereits der Ministerrat als auch die Bundesregierung in der Praxis unterschiedliche Wege beschritten haben, um über die dem Treuhandgesetz immanenten Grenzen hinaus Einfluß auf das Handeln der Treuhandanstalt / Bundesanstalt für vereinigungsbedingte Sonderaufgaben zu nehmen. Während der Zeit bis zur Vereinigung der deutschen Staaten war in einer Reihe von Fällen ein – aufsichtsrechtlich nicht vorgesehener – Selbsteintritt des Ministerrates festzustellen. Erinnert sei pro aliis an den Abschluß der sog. Stromverträge. Die Bundesregierung hat vor allem informelle Wege der Einflußnahme gesucht. Herauszustellen ist die laufende informelle Abstimmung sowie die (hiervon nicht völlig zu trennende) Einflußnahme über diverse Gremien.

2379 Spoerr, Treuhandanstalt und Treuhandunternehmen zwischen Verfassungs-, Verwaltungs- und Gesellschaftsrecht, S. 113 ff.; Tettinger, in: Stern (Hrsg.), Deutsche Wiedervereinigung, Band II, Teil 2, S. 149 (156).

Im Ergebnis ist festzustellen, daß den Regierungen aufgrund der tatsächlichen sachlich-inhaltlichen Einflußnahme auf die Treuhandanstalt / Bundesanstalt für vereinigungsbedingte Sonderaufgaben ein höheres Maß an Verantwortlichkeit zukommt, als dies nach der gesetzlichen Ausgestaltung der gubernativen Leitungsmacht zu erwarten war[2380]. Hierzu trug auch die nachgewiesene Einflußnahme des Bundeskanzlers und des Bundeskanzleramts bei, auch wenn diese ohne aufsichtsrechtliche Grundlage und ohne Einsatz aufsichtsrechtlicher Instrumente erfolgte.

Wenn auch in geringerem Umfang als zunächst zu vermuten verbleibt es gleichwohl bei dem grundsätzlichen Befund einer gegenüber der unmittelbaren Staatsverwaltung verringerten sachlich-inhaltlichen demokratischen Legitimation des Handelns der Treuhandanstalt / Bundesanstalt für vereinigungsbedingte Sonderaufgaben, welche auf eine – allerdings zunehmend weniger – eingeschränkte gubernative Leitungsmacht zurückzuführen ist.

Die Einschränkung sachlich-inhaltlicher demokratischer Legitimation ist allerdings nicht unbedingt verfassungswidrig. Dem steht bereits entgegen, daß das Grundgesetz selbst in Artikel 87 Absatz 3 Satz 1, Artikel 86 GG sowie in Artikel 87 Absatz 2 GG die Existenz verselbständigter Verwaltungsträger und damit abgeschwächte Formen sachlich-inhaltlicher demokratischer Legitimation der Ausübung von Staatsgewalt vorsieht. Gleichwohl wird für die Etablierung eines herabgesetzten sachlich-inhaltlichen Legitimationszusammenhangs eine Rechtfertigung, eine Begrenzung und eine Kompensation verlangt[2381].

Die eingeschränkte Verantwortlichkeit der Regierung gegenüber dem Parlament für das Handeln der Treuhandanstalt war nicht bloß unausweichliche Folge, sondern sogar ein Zweck der administrativen Verselbständigung, die sich mit der Bildung der Treuhandanstalt verbanden. Die relative Autonomie der Anstalt entfaltete eine die Regierung entlastende Wirkung[2382]. Sie nahm die Verantwortung für unpopuläre Entscheidungen auf sich, die zu fällen und durchzusetzen von den Instanzen der unmittelbaren

2380 Schmidt-Preuß, in: Isensee / Kirchhof (Hrsg.), HdbStR § 219, Rz. 13 und 16, spricht in diesem Zusammenhang von einem umfassenden Letztentscheidungsrecht des zuständigen Bundesministers, welches seiner Auffassung nach sachlich-inhaltliche demokratische Legitimation in dem gebotenen Ausmaß vermittelt.

2381 Kirchhof, in: Isensee / Kirchhof (Hrsg.), HdbStR § 59, Rz. 99, 101; ihm folgend Spoerr, Treuhandanstalt und Treuhandunternehmen zwischen Verfassungs-, Verwaltungs- und Gesellschaftsrecht, S. 115 f.; lediglich von einer Begründungsbedürftigkeit spricht Tettinger, in: Stern (Hrsg.), Deutsche Wiedervereinigung, Band II, Teil 2, S. 149 (156).

2382 Czada, in: Aus Politik und Zeitgeschichte, B 43-44/94, S. 31 (38).

Staatsverwaltung angesichts des sich aufbauenden politischen Drucks nicht erwartet werden konnte[2383]. In diesem Zusammenhang ist bildhaft von einer "Blitzableiterfunktion" gesprochen worden[2384]. Diese bedeutsame Funktion der Treuhandanstalt kann gleichwohl keine Rechtfertigung für ein herabgesetztes Niveau sachlich-inhaltlicher demokratischer Legitimation sein[2385].

Es fragt sich, ob der Gedanke der Selbstverwaltung im Falle der Treuhandanstalt / Bundesanstalt für vereinigungsbedingte Sonderaufgaben als Rechtfertigung für eine Einschränkung gubernativer Leitungsmacht und der damit verbundenen Reduktion sachlich-inhaltlicher demokratischer Legitimation zu dienen vermag. Als Anzeichen hierfür könnte die Besetzung des Verwaltungsrates mit Vertretern der neuen Länder und Berlins, der Arbeitnehmer und der Wirtschaft verstanden werden[2386].

Allerdings ist bereits streitig, ob eine Anstalt öffentlichen Rechts überhaupt wie eine Körperschaft öffentlichen Rechts Selbstverwaltungsaufgaben wahrnehmen kann[2387]. Unabhängig davon ist jedoch mit Blick auf die Treuhandanstalt / Bundesanstalt für vereinigungsbedingte Sonderaufgaben festzustellen, daß sie nicht die Angelegenheiten eines abgegrenzten, hierzu im Verwaltungsrat repräsentierten Personenkreises wahrzunehmen hat, sondern mit der Herstellung marktwirtschaftlicher Verhältnisse durch Privatisierung der Staatsunternehmen eine gesamtstaatliche Aufgabe verfolgt[2388]. Der Verwaltungsrat ist (auch) wichtiges Gremium zur Koordination maßgeblicher Akteure, nicht jedoch Repräsentativorgan Betroffener. Ihre Mitglieder sollen sich, wie das Treuhandgesetz ursprünglich ausdrück-

2383 Breuel, zitiert bei Priewe, in: Wochenpost v. 18.12.1991, S. 22 (23): "Die Entscheidungen, die wir treffen, könnte ein Kabinett gar nicht treffen, weil es sofort abgewählt würde."; Schuppert, in: ZGR 1992, S. 454 (459); Seibel, in: Wollmann u. a., Transformation der politisch-administrativen Strukturen in Ostdeutschland, S. 169 (184); s. a. Kilian, Nebenhaushalte des Bundes, S. 912.

2384 Schmidt, in: Hommelhoff (Hrsg.), Treuhandunternehmen im Umbruch, S. 17 (19); Spoerr, Treuhandanstalt und Treuhandunternehmen zwischen Verfassungs-, Verwaltungs- und Gesellschaftsrecht, S. 123 f.

2385 So auch Spoerr, Treuhandanstalt und Treuhandunternehmen zwischen Verfassungs-, Verwaltungs- und Gesellschaftsrecht, S. 123 f.

2386 Vgl. Schuppert, in: ZGR 1992, S. 454 (458).

2387 Ablehnend z.B. Rüfner, in: DÖV 1985, S. 605 (609).

2388 Zutreffend Spoerr, Treuhandanstalt und Treuhandunternehmen zwischen Verfassungs-, Verwaltungs- und Gesellschaftsrecht, S. 128; Schmidt-Preuß, in: Isensee / Kirchhof (Hrsg.), HdbStR § 219, Rz. 3.

lich forderte[2389], durch Fachkompetenz, nicht durch Repräsentativität auszeichnen.

Mit dem Stichwort der Fachkompetenz wird der Blick auf einen weiteren anerkannten Rechtfertigungsgrund für eine verminderte sachlich-inhaltliche demokratische Legitimation gelenkt, nämlich die besondere technische Sachgesetzlichkeit einer Verwaltungsaufgabe, die eine Wahrnehmung dieser Aufgabe durch Fachleute nahelegt[2390]. So hält die herrschende Meinung im Falle der Deutschen Bundesbank (in ihrer Funktion vor Eintritt der Bundesrepublik Deutschland in die dritte Stufe der europäischen Wirtschafts- und Währungsunion am 1. Januar 1999) eine weitgehende Verselbständigung, die sogar die vollständige Freiheit von (fachaufsichtlichen) Weisungen umfaßt[2391], angesichts der ihr anvertrauten Aufgabe der Währungssicherung und ihrer für wünschenswert erachteten politischen Neutralisierung für verfassungskonform[2392].

Im vorliegenden Fall der Treuhandanstalt / Bundesanstalt für vereinigungsbedingte Sonderaufgaben hatte der Gesetzgeber, wie ausführlich dargelegt[2393], mit der anstaltlichen Verselbständigung die Schaffung eines "unternehmerischen" Handlungsspielraumes beabsichtigt, in welchem sich Experten- und Managementermessen entfalten sollte. Neben der unternehmerischen Kompetenz des Verwaltungsrates sollte dabei insbesondere den nach gesellschaftsrechtlicher Maßgabe weisungsfrei agierenden Treuhand-Aktiengesellschaften besondere Bedeutung zukommen, wobei der Vorstand der Treuhandanstalt, soweit er Aufgaben wahrnahm, die den Treuhand-Aktiengesellschaften zugedacht waren, jene Gestaltungsfreiheit auch für sich reklamieren konnte. Es kann festgestellt werden, daß der Gesetzgeber die Einschränkung gubernativer Leitungsmacht mit der Eröffnung einer von ihm gewünschten, begrenzten technokratischen Autonomie gerechtfertigt hat[2394].

Ist damit eine Rechtfertigung für die Lockerung der sachlich-inhaltlichen Legitimationskette gefunden, ergibt sich hieraus auch zugleich die

2389 § 4 Absatz 2 Satz 5 TreuhG, der erst mit Inkrafttreten des Treuhandstrukturgesetzes entfallen ist.

2390 Rüfner, in: DÖV 1985, S. 605 (609).

2391 § 12 Satz 2 BBankG in der bis zum 31.12.1998 geltenden Fassung.

2392 Breuer, in: VVDStRL 44 (1986), S. 211 (238) m.w.N. zum Meinungsstand.

2393 Teil II, Ziffer II.1.b)dd).

2394 Vgl. – mit Blick auf die Haushaltskontrolle – Birk, in: Däubler-Gmelin u.a. (Hrsg.), Gegenrede, S. 473 (484); Tettinger, in: Stern (Hrsg.), Deutsche Wiedervereinigung, Band II, Teil 2, S. 149 (158); a. A. Spoerr, Treuhandanstalt und Treuhandunternehmen zwischen Verfassungs-, Verwaltungs- und Gesellschaftsrecht, S. 123.

notwendige Begrenzung. Der Treuhandanstalt ist eine begrenzte technokratische Autonomie für die Wahrnehmung der ihr ausdrücklich übertragenen Aufgaben – insbesondere diejenigen, deren Erfüllung die Treuhand-Aktiengesellschaften obliegen sollte – zugestanden. Diese Autonomie kann nicht für die Wahrnehmung weiterer Aufgaben reklamiert werden, denen sich die Treuhandanstalt / Bundesanstalt für vereinigungsbedingte Sonderaufgaben (ohne gesetzlichen Auftrag) zugewandt hat. Da die Anstalt jedoch selbst bei vollständiger Weisungsgebundenheit, d.h. bei vollständiger Aufgabe eines eigenen Ermessensspielraumes, allein aus dem Umstand ihrer Ausgliederung aus der unmittelbaren Staatsverwaltung heraus im Vergleich zu der unmittelbaren Staatsverwaltung in einem gelockerten sachlich-inhaltlichen Legitimationszusammenhang steht, darf sie sich nicht von sich aus weiteren Aufgaben zuwenden[2395].

Schließlich ist der Frage nach einer Kompensation für die gelockerte sachlich-inhaltliche Legitimationskette nachzugehen. Hierfür ist von Bedeutung, daß die Einschränkung der gubernativen Leitungsmacht, die zugleich eine Lockerung des sachlich-inhaltlichen demokratischen Legitimationszusammenhangs bedeutet, sich aus den Vorgaben des Treuhandgesetzes und – seit dem 3. Oktober 1990 – des Einigungsvertrages ergibt. Die Ausgliederung der Treuhandanstalt aus dem Bereich unmittelbarer Staatsverwaltung sowie die Einräumung eines eigenen Experten- und Managementermessens beruht mithin auf Entscheidungen des Gesetzgebers. Gleiches gilt für die mit dem Gesetz zur abschließenden Erfüllung der verbleibenden Aufgaben der Treuhandanstalt festgeschriebene Fortführung als Anstalt des öffentlichen Rechts seit dem 1. Januar 1995.

Der Treuhandanstalt / Bundesanstalt für vereinigungsbedingte Sonderaufgaben kommt damit eine gesteigerte funktionell-institutionelle demokratische Legitimation zu[2396]. Sie erstreckt sich, da bereits gesetzlich angelegt, auch auf die gelockerte sachlich-inhaltliche Legitimation: das sachlich-inhaltliche Legitimationsdefizit ist funktionell-institutionell demokratisch legitimiert. Dies kann allerdings nur soweit gelten, als die Treuhandanstalt / Bundesanstalt für vereinigungsbedingte Sonderaufgaben in ihr von dem Gesetzgeber ausdrücklich zugewiesenen Aufgabenbereichen tätig wird.

Die funktionell-institutionelle demokratischen Legitimation vermag die sachlich-inhaltliche demokratische Legitimation nicht vollständig zu sub-

2395 Spoerr, Treuhandanstalt und Treuhandunternehmen zwischen Verfassungs-, Verwaltungs- und Gesellschaftsrecht, S. 116 ff.

2396 So im Ergebnis auch Schmidt-Preuß, in: Isensee / Kirchhof (Hrsg.), HdbStR § 219, Rz. 16.

stituieren[2397]. Tatsächlich ist vorliegend nicht das Fehlen jedweder sachlich-inhaltlichen demokratischen Legitimation festgestellt, sondern lediglich deren Lockerung. Das in dieser Lockerung zum Ausdruck kommende Legitimationsdefizit sachlich-inhaltlicher Art vermag die gesteigerte fuktionell-institutionelle demokratische Legitimation zu kompensieren.

Somit ist abschließend als Ergebnis der Untersuchung festzuhalten, daß im Zusammenspiel personeller, sachlich-inhaltlicher und funktionell-institutioneller Legitimationsformen, vermittelt sowohl durch parlamentarischen wie gubernativen Einfluß, von einem hinreichenden Grad demokratischer Legitimation der Treuhandanstalt / Bundesanstalt für vereinigungsbedingte Sonderaufgaben gesprochen werden kann. Einschränkend muß hinzugefügt werden, daß etwas anderes dort gilt, wo sich die Treuhandanstalt / Bundesanstalt für vereinigungsbedingte Sonderaufgaben außerhalb des ihr gesetzlich ausdrücklich zugewiesenen Aufgabenkanons betätigt.

2397 Lange, in: VVDStRL 44 (1986), S. 169 (190); Spoerr, Treuhandanstalt und Treuhandunternehmen zwischen Verfassungs-, Verwaltungs- und Gesellschaftsrecht, S. 104.

Literaturverzeichnis

Achterberg, Norbert: Parlamentsrecht, J. C. B. Mohr (Paul Siebeck), Tübingen 1984

Akademie für Staats- und Rechtswissenschaft der DDR (Hrsg.): Staatsrecht der DDR. Lehrbuch, 2. Auflage, Staatsverlag der Deutschen Demokratischen Republik, Berlin 1984

zitiert nach Bearbeitern:

- Assmann, Walter / Hösel, Dieter: Abschnitt 9.6. – Der sozialistische Staatsdienst
- Egler, Gert / Petzold, Siegfried / Schüßler, Gerhard: Kapitel 1 – Gegenstand und gesellschaftliche Funktion des Staatsrechts der DDR
- Hösel, Dieter / Tzschoppe, Herbert: Kapitel 14 – Die örtlichen Staatsorgane
- Moschütz, Hans Dietrich: Abschnitt 4.4. – Die ökonomischen Grundlagen
- Petzold, Siegfried / Schüßler, Gerhard: Kapitel 13 – Der Ministerrat der DDR

Akademie für Staats- und Rechtswissenschaft der DDR (Hrsg.): Verwaltungsrecht. Lehrbuch, Staatsverlag der Deutschen Demokratischen Republik, Berlin 1989

zitiert nach Bearbeitern:

- Schulze, Gerhard: Kapitel 1 – Die gesellschaftliche Funktion und der Gegenstand des Verwaltungsrechts der DDR
- ders.: Abschnitt 5.8 – Grundsätze und Mittel zur Durchführung von Entscheidungen der Organe des Staatsapparates

Andrae, Marianne: Zur Stellung, Funktion und rechtlichen Regelung gemischter Unternehmen auf dem Territorium der DDR (Thesen), Staat und Recht 1990, S. 34-42

Anstalt zur treuhänderischen Verwaltung des Volkseigentums: Information über die Tätigkeit der Anstalt zur treuhänderischen Verwaltung des Volkseigentums für den Zeitraum vom 15.03.1990 bis zum 18.04.1990, Berlin 1990 (im Besitz des Verfassers)

Arbeitsgruppe Alternative Wirtschaftspolitik: Memorandum '92. Gegen den ökonomischen Niedergang – Industriepolitik in Ostdeutschland, Pappy Rossa Verlag, Köln 1992

Arbeitsgruppe "Neue Verfassung der DDR" des Runden Tisches: Entwurf Verfassung der Deutschen Demokratischen Republik, Berlin 1990 (Nachdrucke u. a. in: KJ 1990, S. 226-262; Blätter für deutsche und internationale Politik 1990, S. 731-757)

Arbeitsgruppe Wirtschaftsreform beim Ministerrat der DDR: Regierungskonzept zur Wirtschaftsreform in der DDR. Zielstellung, Grundrichtungen, Etappen und unmittelbare Maßnahmen der Wirtschaftsreform in weiterer Verwirklichung der Regierungserklärung vom 17.11.1989, Berlin 1990

Arloth, Frank: Grundlagen und Grenzen des Untersuchungsrechtes parlamentarischer Untersuchungsausschüsse, NJW 1987, S. 808-812

Arlt, Reiner / Rosenau, Gerhard / Steding, Rolf: Agrarrecht für Staats- und Wirtschaftsfunktionäre, Staatsverlag der Deutschen Demokratischen Republik, Berlin 1984

zitiert nach Bearbeitern:

- Arlt, Reiner: Einführung in das Agrarrecht der DDR
- ders.: Die Rechtsstellung volkseigener Betriebe der Landwirtschaft

Ash, Timothy Garton: Ein Jahrhundert wird abgewählt. Aus den Zentren Mitteleuropas 1980-1990, 2. Auflage, Deutscher Taschenbuch Verlag GmbH & Co. KG, München 1993

Badura, Peter: Anmerkungen zu dem Beschluß des BVerfG vom 05.06.1984 – 2 BvR 611/84, DÖV 1984, S. 760-764

Baetge, Jörg / Börner, Dietrich / Forster, Karl-Heinz / Schruff, Lothar (Hrsg.): Rechnungslegung, Prüfung und Beratung. Herausforderung für den Wirtschaftsprüfer, Festschrift zum 70. Geburtstag von Professor Dr. Rainer Ludewig, IDW Verlag GmbH, Düsseldorf 1996

zitiert nach Bearbeitern:

- Baetge, Jörg / Börner, Dietrich / Forster, Karl-Heinz / Schruff, Lothar: Vorwort der Herausgeber
- Bierwirth, Siegfried: Die erweiterte Prüfung und Berichterstattung nach § 53 Haushaltsgrundsätzegesetz (HGrG)

Bahrmann, Hannes: Treuhandanstalt für den Jahrhundertdeal, taz vom 16.06.1990, S. 1

Ballaschk, Wilfried / Quilitzsch, Gerd: Vergesellschaftung des Eigentums und Eigentumsrecht (Thesen), Staat und Recht 1990, S. 475-479

Balz, Manfred: Rechtseinheit – Wirtschaftseinheit: Die Rolle der Treuhandanstalt, VIZ 1992, S. 41-47

Barkam, Harald: Verteilung des volkseigenen Vermögens auf Bund, Länder, Kommunen und Treuhandanstalt, ZAP-DDR, Fach 19, S. 157-168

Baumgarten, Jörg: Treuhandanstalt – aus den Fehlern der Vergangenheit gelernt, DW vom 29.08.1990, S. 3

Becher, Jürgen: Das Ringen um die Wirtschaftsreform in der DDR, DA 1990, S. 687-696

Behrend, Hanna (Hrsg.): Die Abwicklung der DDR. Wende und deutsche Vereinigung von innen gesehen, Neuer ISP Verlag GmbH, Köln 1996:

zitiert nach Bearbeitern:

– Nick, Harry / Steinitz, Klaus: Bilanz der Übernahme der DDR-Wirtschaft durch die Bundesrepublik Deutschland und Ausblick

Behrens, Bolke / Steingart, Gabor: "Nichts gegen Erhard", WiWo vom 08.12.1989, S. 29-35

Bencard, Thomas J. / Steingart, Gabor: "Bilanz war gelogen", WiWo (Ausgabe DDR) vom 20.07.1990, S. 18-19

Berg, Wilfried: Die öffentlichrechtliche Anstalt, NJW 1985, S. 2294-2301

Berger, Matthias / Köhler, Richard: Deutsche Währungsunion: Beispiellos beispielhaft, Inter/esse 10/92, S. 3

Bernitt, Sven: Dohnanyi fordert Strategie für Ost-Wirtschaft nach Treuhand-Auflösung, Welt am Sonntag vom 11.12.1994, S. 115

Berschens, Ruth: "Kein Geschenk", WiWo vom 01.04.1994, S. 59

Biedermann, Gerd: Greifswalder Melancholie, Energie Spektrum 3/97, S. 32-38

Bierich, Marcus / Hommelhoff, Peter / Kropff, Bruno (Hrsg.): Festschrift für Johannes Semler zum 70. Geburtstag am 28. April 1993. Unternehmen und Unternehmensführung, Walter de Gruyter & Co., Berlin 1993

zitiert nach Beiträgen:

- Krieger, Albrecht: Begegnung mit der politischen Vergangenheit im Osten Deutschlands – Als Vertrauensbevollmächtigter beim Vorstand der Treuhandanstalt 1990-1992

Bieszcz-Kaiser, Antonia / Lungwitz, Ralph-Elmar / Preusche, Evelyn (Hrsg.): Transformation – Privatisierung – Akteure, Wandel von Eigentum und Arbeit in Mittel- und Osteuropa, Rainer Hampp Verlag, München / Mering 1994

Bitz, Michael / Dellmann, Klaus / Domsch, Michel / Egner, Henning (Hrsg.): Vahlens Kompendium der Betriebswirtschaftslehre, Verlag Franz Vahlen GmbH, München 1993

zitiert nach Bearbeitern:

- Baetge, Jörg: Überwachung

Bleckmann, Albert: Staatsrecht Band I, Staatsorganisationsrecht. Grundlagen, Staatszielbestimmungen und Staatsorganisationsrecht des Bundes, Carl Heymanns Verlag KG, Köln / Berlin / Bonn / München 1993

Bleckmann, Albert: Zur verfassungsrechtlichen Sanierungspflicht der Treuhandanstalt, Carl Heymanns Verlag KG, Köln / Berlin / Bonn / München 1992

Blome, Nikolaus: Thyssen Handel muß kräftig zahlen, Die Welt vom 24.07.1995, S. 11

Blome, Nikolaus: Treuhand soll radikal abspecken, Die Welt vom 24.02.1994, S. 13

Bock, Petra: Von der Tribunal-Idee zur Enquete-Kommission. Zur Vorgeschichte der Enquête-Kommission des Bundestages "Aufarbeitung von Geschichte und Folgen der SED-Diktatur in Deutschland", DA 1995, S. 1171-1183

Böckenförde, Ernst-Wolfgang: Parlamentarische Untersuchungsausschüsse und kommunale Selbstverwaltung, AöR 103 (1978), S. 1-42

Böhm, Franz: Wirtschaftsordnung und Staatsverfassung, J. C. B. Mohr (Paul Siebeck), Tübingen 1950

Böhringer, Walter: Besonderheiten des Liegenschaftsrechts in den neuen Bundesländern, Hermann Luchterhand Verlag GmbH & Co. KG, Neuwied / Kriftel / Berlin 1993

Bölke, Peter / Kampe, Dieter: "Wir wollen Kerne erhalten", Der Spiegel vom 11.11.1991, S. 43-51

Bollmann, Gerhard: Rechtsgrundlagen des innerdeutschen Wirtschaftsverkehrs, BB 1990, Supplement der DDR-Rechtsentwicklungen, Folge 7 (Beilage 20 zu Heft 15), S. 10-16

Brauneck, Jens: Plaudereien statt Kontrolle? Hoffentlich kein neuer Stellenwert der Parlamentarischen Kontrolle der Treuhandanstalt, DtZ 1995, S. 10-11

Breuel, Birgit (Hrsg.): Treuhand intern. Tagebuch, Verlag Ullstein GmbH, Frankfurt am Main / Berlin 1993

Breuer, Michael Thomas / Kayser, Gunter: Das öffentliche Auftragswesen in den neuen Bundesländern, Verlag Schäffer-Poeschel, Stuttgart 1993

Breuer, Rüdiger: Die öffentlichrechtliche Anstalt, VVDStRL 44 (1986), S. 213-247

Brockhaus: Die Enzyklopädie in 24 Bänden, 20. Auflage, Band 12, F. A. Brockhaus GmbH, Leipzig / Mannheim, 1997

Brockmann, Marlene: Rettet die Treuhand, impulse 2/94, S. 8-9

Brower, Axel: Bohl: Durch EG-Votum keine neuen Chancen für Kaligrube, NOZ vom 17.08.1993, S. 1-2

Brückner, Herbert: Privatisierung in Ostdeutschland. Eine institutionenökonomische Analyse, Campus Verlag GmbH, Frankfurt am Main / New York 1995

Brunner, Georg: Einführung in das Recht der DDR, 2. Auflage, C. H. Beck'sche Verlagsbuchhandlung, München 1979

Brunner, Georg : Kontrolle in Deutschland. Eine Untersuchung zur Verfassungsordnung in beiden Teilen Deutschlands, Markus Verlag, Köln 1972

Brunner, Georg / Clemm, Hermann / Etzbach, Ernst / Faßbender, Josef / Messerschmidt, Burkhard / Pfister, Wolfgang / Schmidt-Räntsch, Jürgen (Hrsg.): Rechtshandbuch Vermögen und Investitionen in der ehemaligen DDR – RVI –, Band I – III, C. H. Beck'sche Verlagsbuchhandlung, München, Loseblattsammlung, Stand März 1993

zitiert nach Bearbeiter:

- Messerschmidt, Burkhard: Unternehmensrecht und Unternehmenskauf in den neuen Bundesländern

Buck, Hannsjörg F.: Keine Schönfärberei der DDR-Wirtschaft. Die westdeutsche DDR-Wirtschaftsforschung hat nicht versagt, DA 1997, S. 759-772

Buck, Hannsjörg F.: Von der staatlichen Kommandowirtschaft der DDR zur Sozialen Marktwirtschaft des vereinten Deutschland. Sozialistische Hypotheken, Transformationsprobleme, Aufschwungchancen, Schriftenreihe Hochschule / Wirtschaft, Heft 8, 1991

Bull, Hans Peter: Allgemeines Verwaltungsrecht, 5. Auflage, C. F. Müller Verlag, Heidelberg 1997

Bundesanstalt für vereinigungsbedingte Sonderaufgaben: Pressemitteilung v. 23.04.1997 ("Pressemitteilung zur gemeinsamen Pressekonferenz der Stadt Freiberg, dem Landkreis Freiberg und der BvS am 23.04.1997 in Freiberg")

Bundesanstalt für vereinigungsbedingte Sonderaufgaben: Jahresabschluß der Treuhandanstalt zum 31. Dezember 1994, Berlin 1995

Bundesanstalt für vereinigungsbedingte Sonderaufgaben: Abschlußstatistik der Treuhandanstalt per 31.12.1994, Berlin 1995

Bundesanstalt für vereinigungsbedingte Sonderaufgaben: Zwischenbilanz, Berlin 1996

Bundesanstalt für vereinigungsbedingte Sonderaufgaben: Pressemitteilung vom 10.02.1997 ("Verwaltungsrat der BvS stimmt Aufstockung des Konsolidierungsfonds im Eilverfahren zu")

Bundesanstalt für vereinigungsbedingte Sonderaufgaben: Pressemitteilung vom 10.11.1995 ("BvS weist Vorwürfe zurück")

Bundesanstalt für vereinigungsbedingte Sonderaufgaben: Pressemitteilung vom 15.10.1996 ("BvS wird Sanierungskonzept für Sket weiter aktiv unterstützen")

Bundesanstalt für vereinigungsbedingte Sonderaufgaben: Pressemitteilung vom 30.01.1997 ("BvS Aufgabenerfüllung geht zügig voran")

Bundesanstalt für vereinigungsbedingte Sonderaufgaben (Hrsg.): Dokumentation des Symposiums Zwischenbilanz Aufbau Ost, Berlin 1996

zitiert nach Rednern:

- Ludewig, Johannes: Wo steht der Aufbau Ost?
- v. Dohnanyi, Klaus: Der Markt entscheidet
- Hornef, Heinrich: Erfahrungen der Bundesanstalt für vereinigungsbedingte Sonderaufgaben

Bundeskanzleramt, Arbeitsstab neue Länder: Dokumentation "Der Aufbau in den neuen Bundesländern", Bonn 1995

Bundesministerium der Finanzen: Privatisierung in Deutschland, Bonn, 1996

Bundesministerium der Finanzen: Das Haushaltssystem der Bundesrepublik Deutschland, Bonn 1994

Bundesministerium der Finanzen: Finanznachrichten des Bundesministeriums der Finanzen vom 10.12.1993, Bonn 1993

Bundesministerium der Finanzen: Pressemitteilung 43/96 vom 18.09. 1996 ("Bundesanstalt für vereinigungsbedingte Sonderaufgaben zieht positive Bilanz")

Bundesministerium der Justiz: Leitfaden für die Behandlung von Anträgen auf Rückübertragung von Unternehmen gemäß § 6 sowie auf vorläufige Einweisung und Entflechtung gemäß §§ 6a, 6b des Vermögensgesetzes (Leitfaden Unternehmensrückübertragung) – URüL – (Az.: 3501/8-2-322370/92), 2. Auflage, Bonn 1992

Bundesministerium für innerdeutsche Beziehungen (Hrsg.): DDR Handbuch, Band 1 und 2, 3. Auflage, Verlag Wissenschaft und Politik, Köln 1985

zitiert nach Bearbeitern:

- Hopf, Rainer: Verkehrswesen
- Diech, Ulrich: Außenwirtschaft und Außenhandel
- Kurjo, Andreas: Forst- und Holzwirtschaft

Bundesministerium für Umwelt, Naturschutz und Reaktorsicherheit: Altlastensanierung, Bonn 1994

Bundesministerium für Umwelt, Naturschutz und Reaktorsicherheit: Braunkohlesanierung Ost, Bonn 1994

Bundesministerium für Wirtschaft: Energiepolitik für das vereinte Deutschland, Bonn 1992

Bundesministerium für Wirtschaft: Die Beratung Mittel- und Osteuropas beim Aufbau von Demokratie und sozialer Marktwirtschaft. Konzept und Beratungsprogramme der Bundesregierung, BMWi-Dokumentation Nr. 350, Bonn 1994

Bundesministerium für Wirtschaft: Bericht der Bund-Länder Arbeitsgruppe Managementunterstützung für Unternehmen in den neuen Bundesländern, BMWi-Dokumentation Nr. 390, Bonn 1996

Bundesministerium für Wirtschaft: Jahreswirtschaftsbericht 1992, Bonn, 1992

Bundesministerium für Wirtschaft: Jahreswirtschaftsbericht 1993, Bonn, 1993

Bunzenthal, Roland: Bei den Kontrolleuren der Breuel-Anstalt macht sich Frust breit, FR vom 23.01.1992, S. 7

Busch, Eckart: Parlamentarische Kontrolle. Ausgestaltung und Wirkung, 4. Auflage, Decker & Müller, Heidelberg 1991

Busse, Caspar: Sket: Die unendliche Geschichte, HB vom 16.10.1996, S. 19

Busse, Volker: Bundeskanzleramt und Bundesregierung. Aufgaben Organisation Arbeitsweise – mit Blick auf Vergangenheit und Zukunft –, 2. Auflage, Hüthig, Heidelberg 1997

Busse, Volker: Der Kernbereich exekutiver Eigenverantwortung im Spannungsfeld der staatlichen Gewalten, DÖV 1989, S. 45-54

BVVG Bodenverwertungs- und -verwaltungs GmbH: Presse-Information vom 03.03.1997 ("EALG-Beiräte der neuen Bundesländer benannt")

BVVG Bodenverwertungs- und -verwaltungs GmbH: Presse-Information vom 22.10.1996 ("Land- und forstwirtschaftlicher Beirat bei der BVVG gebildet")

Chiari, Margarita: Bonn trommelt für Ostprodukte, TSP vom 21.02.1997, S. 15

Chiari, Margarita: Bau der Raffinierie Leuna gesichert, TSP vom 26.03.1994, S. 19

Chiari, Margarita: Kanzlervotum für Recycling-Park Zeitz, TSP vom 22.06.1994, S. 21

Christ, Peter: Bonn greift ein, Die Zeit vom 20.12.1991, S. 26

Christ, Peter: Gigant am Gängelband, Die Zeit vom 08.11.1991, S. 25

Christ, Peter / Neubauer, Ralf: Kolonie im eigenen Land. Die Treuhand, Bonn und die Wirtschaftskatastrophe der fünf neuen Bundesländer, Rowohlt Taschenbuch Verlag GmbH, Reinbek bei Hamburg 1993

Clemm, Hermann / Etzbach, Ernst / Faßbender, Josef / Messerschmidt, Burkhard / Pfister, Wolfgang / Schmidt-Räntsch, Jürgen (Hrsg.): Rechtshandbuch Vermögen und Investitionen in der ehemaligen DDR – RVI –, Band I-IV, C. H. Beck'sche Verlagsbuchhandlung, München, Loseblattsammlung, Stand November 1998

zitiert nach Bearbeitern:

- Busche, Jan: Gesetz zur Privatisierung und Reorganisation des volkseigenen Vermögens (Treuhandgesetz – TreuhG) vom 17.6.1990 (Kommentierung)
- Schmidt, Manfred / Leitschuh, Thomas: Vertrag zwischen der Bundesrepublik Deutschland und der Deutschen Demokratischen

Republik über die Herstellung der Einheit Deutschlands (Einigungsvertrag – EVertr) vom 31.8.1990 (Kommentierung)

– Schmidt-Räntsch, Jürgen / Hiestand, Martin: Gesetz über die Feststellung der Zuordnung von ehemals volkseigenem Vermögen (Vermögenszuordnungsgesetz – VZOG) in der Fassung vom 29.03.1994 (Kommentierung)

Cloes, Roger: Die parlamentarische Kontrolle der Treuhandanstalt, DtZ 1991, S. 291-292

Cloes, Roger: Die parlamentarische Kontrolle der Treuhandanstalt, TLGkonkret 3/94, S. 7-8

Cloes, Roger: Die parlamentarische Kontrolle der Treuhandanstalt. Überblick über die Arbeit des ehemaligen Unterausschusses Treuhandanstalt und des bisherigen Ausschusses Treuhandanstalt des Deutschen Bundestages, Wissenschaftliche Dienste des Bundestages, Materialien Nr. 125, Bonn 1995

Cloes, Roger: Neuer Stellenwert der Parlamentarischen Kontrolle der Treuhandanstalt, DtZ 1994, S. 239-241

Cloes, Roger: Von der (Un-)Kenntnis und dem (Un-)Verständnis der parlamentarischen Kontrolle der Treuhandanstalt, DtZ 1995, S. 230-232

Commerzbank AG: wer gehört zu wem? Beteiligungsverhältnisse in Deutschland, 19. Auflage, Frankfurt am Main 1997

Czada, Roland: Die Treuhandanstalt im politischen System der Bundesrepublik, Aus Politik und Zeitgeschichte, Beilage zur Wochenzeitung Das Parlament, B 43-44/94, S. 31-42

Czada, Roland: Schleichweg in die "Dritte Republik" – Politik der Vereinigung und politischen Wandel in Deutschland, PVS 1994, S. 245-270

Czernwenka, Beate: Rückgabe enteigneter Unternehmen in den neuen Bundesländern, Verlag Recht und Wirtschaft GmbH, Heidelberg 1991

Damkowski, Wulf (Hrsg.): Der parlamentarische Untersuchungsausschuß. Ein Handbuch für Wissenschaft und Praxis, Campus Verlag, Frankfurt am Main / New York 1987

zitiert nach Bearbeitern:

– Berthy, Birgit: Informationsbeschaffung und Weitergabe durch Untersuchungsausschüsse

Darsow, Thomas: Zum Wandel des Staatsbegriffes. Unter besonderer Berücksichtigung der Lehre und Praxis internationaler Organisationen, der Mikrostaaten und der PLO, Peter Lang GmbH, Frankfurt am Main / Bern / New York / Nancy 1984

Däubler-Gmelin, Herta / Kinkel, Klaus / Meyer, Hans / Simon, Helmut (Hrsg.): Gegenrede. Aufklärung – Kritik – Öffentlichkeit. Festschrift für Ernst Gottfried Mahrenholz, Nomos Verlagsgesellschaft mbH & Co. KG, Baden-Baden 1994

zitiert nach Bearbeitern:

- Birk, Dieter: Die Treuhandanstalt im System der Finanzverfassung

Denny, Marion / Wastl, Ulrich: Zur Durchsetzbarkeit von Vertreterprovisionen der ehemaligen KOKO-Betriebe – veranschaulicht anhand des Beispiels der Firma Forgber, DtZ 1993, S. 75-80

Deutsche Bundesbank: Monatsbericht April 1994, Frankfurt am Main 1994

Deutsche Bundesbank: Monatsbericht Juni 1993, Frankfurt am Main 1993

Deutscher Bundestag: Der Petitionsausschuß des Deutschen Bundestages: Bitten und Beschwerden an den Deutschen Bundestag im Jahr 1995, Zur Sache 3/96, Bonn, 1996

Deutscher Bundestag: Der Petitionsausschuß des Deutschen Bundestages: Bitten und Beschwerden an den Deutschen Bundestag im Jahr 1996, Zur Sache 3/97, Bonn 1997

Deutscher Bundestag: Der Petitionsausschuß des Deutschen Bundestages: Bitten und Beschwerden an den Deutschen Bundestag, Die Tätigkeit des Petitionsausschusses im Jahr 1997, Zur Sache 6/98, Bonn, 1998

Deutsches Institut für Wirtschaftsforschung: Die Lage der DDR-Wirtschaft zur Jahreswende 1989/1990, Wochenbericht 6/90, S. 72-75

Deutsches Institut für Wirtschaftsforschung: Forschung und Entwicklung in Ostdeutschland, Wochenbericht 6/95, S. 143-152

Deutsches Institut für Wirtschaftsforschung / Institut für Weltwirtschaft an der Universität Kiel: Gesamtwirtschaftliche und unternehmerische Anpassungsprozesse in Ostdeutschland, Achter Bericht, Wochenbericht 13/93, S. 131-158

Di Fabio, Udo: Parlament und Parlamentsrecht. Aufgaben, Organisation und Konflikte parlamentarischer Arbeit, Der Staat 1990, S. 599-618

Dichtl, Erwin / Issing, Otmar (Hrsg.): Vahlens großes Wirtschaftslexikon, Band 2, Verlag C. H. Beck, München, Verlag Franz Vahlen, München 1987

zitiert nach Bearbeiter:

- Baetge, Jörg: Überwachung
- Ringe, Gunter: Wirtschaftlichkeitsprinzip

Die Wirtschaft (Hrsg.): Kombinate – was aus ihnen geworden ist. Reportagen aus den neuen Ländern, Verlag Die Wirtschaft GmbH, Berlin / München 1993

zitiert nach Bearbeiter:

- Gerke, Karin: An der Küste werden weiter Schiffe gebaut

Die Wirtschaft (Hrsg.): Privatisierte – was aus ihnen wird. Reportagen aus den neuen Ländern, Verlag Die Wirtschaft GmbH, Berlin / München 1994

zitiert nach Bearbeiter:

- Wilke, Olaf: Die Farbe Lila

Dittmann, Armin: Die Bundesverwaltung. Verfassungsgeschichtliche Grundlagen, grundgesetzliche Vorgaben und Staatspraxis ihrer Organisation, J. C. B. Mohr (Paul Siebeck), Tübingen 1983

Dohnanyi, Klaus v.: Die Lage ist dramatisch, Der Spiegel vom 17.07.1995, S. 75-79

Dolzer, Rudolf / Vogel, Klaus (Hrsg.): Bonner Kommentar zum Grundgesetz, C. F. Müller Verlag, Heidelberg, Loseblattsammlung Stand Februar 1999

zitiert nach Bearbeitern:

- Wernicke, Kurt Georg: Artikel 20 GG
- Vogel, Klaus / Kirchhof, Paul: Artikel 114 GG

Dornberger, Gerhard: Zur eigentumsrechtlichen Stellung des volkseigenen Betriebes und des Betriebskollektivs, Staat und Recht 1990, S. 72-76

Dorst, Frank Matthias: Jena will High-Tech-Zentrum werden, HB vom 29.09.1994, S. 6

Dreilich, André: Parlamentarierkritik mit Lösungsvorschlägen, Neue Zeit vom 02.12.1991, S. 22

Drosdowski, Günther / Köster, Rudolf / Müller, Wolfgang / Scholze-Stubenrecht, Werner (Hrsg.): Duden. Band 7. Das Herkunftswörterbuch, Bibliographisches Institut Mannheim / Wien / Zürich, 1963

Dümcke, Wolfgang / Vilmar Fritz (Hrsg.): Kolonisierung der DDR, Kritische Analysen und Alternativen des Einigungsprozesses, agenda Verlag, Münster 1996

zitiert nach Bearbeiter:

- Bothmann, Jakob: Der Absturz der "Interflug": Krise und Liquidierung der ostdeutschen Fluggesellschaft

Dunte, Andreas: Der Mann für Ostdeutschland, Leipziger Volkszeitung vom 06.01.1997, S. 6

Ebbighausen, Rolf / Neckel, Sighard (Hrsg.): Anatomie des politischen Skandals, Suhrkamp Verlag, Frankfurt am Main 1989

zitiert nach Bearbeitern:

- Käsler, Dirk: Der Skandal als "politisches Theater". Zur schaupolitischen Funktionalität politischer Skandale

Eichenberger, Kurt: Die Problematik der parlamentarischen Kontrolle im Verwaltungsstaat, Schweizerische Juristenzeitung 1965, S. 269-273

Einem, Joachim v.: Die Auskunftspflicht der Regierung gegenüber dem Parlament, Dissertation, Göttingen 1977

Eisen, Andreas / Wollmann, Hellmut (Hrsg.): Institutionsbildung in Ostdeutschland. Zwischen externer Steuerung und Eigendynamik, Leske + Buderich, Opladen 1996

zitiert nach Bearbeitern:

- Czada, Roland: Interessenvermittlung und Anpassungslernen in der Vereinigungspolitik. Grundmuster und intersektorale Variationen der Politikentwicklung
- Lehmbruch, Gerhard: Die Ostdeutsche Transformation als Strategie des Institutionentransfers
- Seibel, Wolfgang: Innovation, Imitation, Persitenz: Muster staatlicher Institutionenbildung in Ostdeutschland seit 1990

Eisenbarth, Siegfried: Altlastensanierung und Altlastenfinanzierung, Freistellung und Sanierung in den neuen Ländern unter Beteiligung des Bundes, Economica Verlag, Bonn 1995

Emde, Ernst Thomas: Die demokratische Legitimation der funktionalen Selbstverwaltung. Eine verfassungsrechtliche Studie anhand der

Kammern, der Sozialversicherungsträger und der Bundesanstalt für Arbeit, Duncker & Humblot GmbH, Berlin 1991

Emde, Heiner / Wagner, Hans / Hofmann, Hans-Joachim / Schwarz, Eugen Georg: Die Schlacht ums Erbe, Focus vom 14.03.1994, S. 18-24

Engelhard, Hans A.: Stand und Perspektiven Deutsch-Deutscher Rechtsangleichung nach Inkrafttreten des Staatsvertrages, DtZ 1990, 129-134

Engels, Dieter: Parlamentarische Untersuchungsausschüsse. Grundlagen und Praxis im Deutschen Bundestag, 2. Auflage, Decker & Müller, Heidelberg 1991

Engels, Wolfram / Hamm, Walter / Issing, Otmar / Möschel, Wernhard / Sievert, Olaf (Kronberger Kreis): Wirtschaftspolitik für das geeinte Deutschland, Frankfurter Institut für wirtschaftliche Forschung e.V., Schriftenreihe Band 20, Bad Homburg v. d. Höhe 1990

Engels, Wolfram / Hamm, Walter / Issing, Otmar / Möschel, Wernhard / Sievert, Olaf (Kronberger Kreis): Soziale Marktwirtschaft in der DDR, Währungsordnung und Investitionsbedingungen, Frankfurter Institut für wirtschaftliche Forschung e.V., Schriftenreihe Band 22, Bad Homburg v. d. Höhe 1990

Engisch, Karl: Einführung in das juristische Denken, 9. Auflage, Verlag W. Kohlhammer, Stuttgart / Berlin / Köln 1997

Eppelmann, Rainer / Möller, Horst / Nooke, Günter / Wilms, Dorothee (Hrsg.): Lexikon des DDR-Sozialismus, Das Staats- und Gesellschaftssystem der Deutschen Demokratischen Republik, Band 2, 2. Auflage, Verlag Ferdinand Schöningh, Paderborn / München / Wien / Zürich 1997

zitiert nach Bearbeitern:

- Oberreuter, Heinrich: Parlamentsverständnis

Erdmann, Hans: Industrieforschung in der Krise, Berliner Zeitung vom 13.06.1992, S. 29

Erichsen, Hans-Uwe: Allgemeines Verwaltungsrecht, 10. Auflage, Walter de Gruyter, Berlin / New York 1995

zitiert nach Bearbeitern:

- Badura, Peter: § 37 – Das Verwaltungsverfahren
- Rudolf, Walter: § 53 – Verwaltungsorganisation

Eucken, Walter / Eucken-Erdsiek, Edith / Hensel, Karl Paul: Grundsätze der Wirtschaftspolitik, 5. Auflage, J. C. B. Mohr (Paul Soebeck), Tübingen 1975

Falkner, Thomas: Absturz in die Marktwirtschaft, Der schwere Weg durch die ostdeutsche Wirtschaftskrise, Droemersche Verlagsanstalt Th. Knaur Nachf., München 1994

Fickert, H. C.: Der Begriff "Einvernehmen" im Bundesbaugesetz und seine Handhabung im Baugenehmigungs- und Rechtsmittelverfahren, DVBl. 1964, S. 173-182

Fischer, Alexander / Wilke, Manfred (Hrsg.): Probleme des Zusammenwachsens im wiedervereinigten Deutschland, Duncker & Humblodt GmbH, Berlin 1994

zitiert nach Beiträgen:

- Rexrodt, Günter: Die Treuhandanstalt im Jahre 1992

Fischer, Wolfram / Hax, Herbert / Schneider, Hans Karl (Hrsg.): Treuhandanstalt – Das Unmögliche wagen. Forschungsberichte, Akademie Verlag GmbH, Berlin 1993

zitiert nach Bearbeitern:

- Czada, Roland: Die Treuhandanstalt im Umfeld von Politik und Verbänden
- Fischer, Wolfram / Schröter, Harm: Die Entstehung der Treuhandanstalt
- Hanau, Peter: Soziale Regulierung der Treuhandtätigkeit
- Kloepfer, Michael: Öffentlich-rechtliche Vorgaben für die Treuhandanstalt
- König, Klaus: Kommunalisierungen und andere Vermögensübertragungen auf die öffentliche Hand
- Küpper, Hans-Ulrich: Vertragsgestaltung und Vertragsmanagement der Treuhandanstalt
- Schwalbach, Joachim: Begleitung sanierungsfähiger Unternehmen auf dem Weg zur Privatisierung
- Seibel, Wolfgang: Die organisatorische Entwicklung der Treuhandanstalt
- Wandel, Eckhard: Abwicklung nicht sanierungsfähiger Unternehmen durch die Treuhandanstalt

Fittschen, Dierk: Durchsetzung der Prüfungsrechte der Rechnungshöfe, VerwArch 83 (1992), S. 165-200

Flug, Martin: Treuhand-Poker. Die Mechanismen des Ausverkaufs, Ch. Links Verlag, Berlin, 1992

Folz, Hans-Ernst: Die soziale Marktwirtschaft als Staatsziel?, Bonn Aktuell im verlag moderne industrie, München / Landsberg am Lech 1994

Försterling, Wolfram: Recht der offenen Vermögensfragen, C. H. Beck'sche Verlagsbuchhandlung, München 1993

Forsthoff, Ernst: Rechtsstaat im Wandel. Verfassungsrechtliche Abhandlungen 1954-1973, 2. Auflage, C. H. Beck'sche Verlagsbuchhandlung, München 1976

Freese, Christopher: Die Privatisierungstätigkeit der Treuhandanstalt. Strategien und Verfahren der Privatisierung in der Systemtransformation, Campus Verlag GmbH, Frankfurt am Main / New York 1995

Fricke, Karl Wilhelm: Das Ende der DDR-Statssicherheit. Vom MfS zum Amt für Nationale Sicherheit, DA 1989, S. 1340-1344

Fricke, Karl Wilhelm: Die Liquidierung des MfS / AfNS, DA 1990, S. 242-246

Fricke, Karl Wilhelm: Entmachtung und Erblast des MfS, DA 1990, S. 1881-1890

Fricke, Karl Wilhelm: Wie kaputt ist das ehemalige MfS?, DA 1990, S. 655-656

Fricke, Karl Wilhelm: Zur Abschaffung des Amtes für Nationale Sicherheit, DA 1990, S. 59-62

Fricke, Thomas / Klusmann, Steffen: "Ich habe keinen Frust", manager magazin 11/1996, S. 258-269

Friedrich, Horst / Wiedemeyer, Michael: Arbeitslosigkeit – ein Dauerproblem im vereinten Deutschland? Dimensionen, Ursachen, Strategien. Ein problemorientierter Lehrtext, 2. Auflage, Leske + Budrich, Opladen 1994

Friesenhahn, Ernst: Parlament und Regierung im modernen Staat, VVDStRL 16 (1958), S. 9-73

Fritze, Lothar: Gewinne und Verluste im Vereinigungsprozeß. Über die Unvermeidlichkeit von Ergebnisambivalenz im Systemwechsel, DA 1995, S. 411-416

Gabler: Wirtschaftslexikon, Band 4 und 5, 12. Auflage, Betriebswirtschaftlicher Verlag Dr. Th. Gabler GmbH, Wiesbaden 1988

Ganske, Joachim: Spaltung der Treuhandunternehmen, DB 1991, S. 791-797

Gast, Wolfgang: Die DDR kurz vor dem großen Crash, taz vom 23.09.1994, S. 3

Gatermann, Michael / Nölting, Andreas / Wilhelm, Winfried: Der Pate, manager magazin 4/1994, S. 39-49

Gebhardt, Christian: Einzelprobleme bei der Reprivatisierung ehemaliger Volkseigener Betriebe (VEB) der DDR, BB 1990, Supplement DDR-Rechtsentwicklungen, Folge 11 (Beilage 28 zu Heft 22/1990), S. 21-22

Geck, Hans-Ulrich: Die Fragestunde im Deutschen Bundestag, Dunkker & Humblot GmbH, Berlin 1986

George, Klaus / Uhlmann, Steffen: "Da ist eine große Welle hereingebrochen ...", Wirtschaft & Markt 9/1996, S. 14-16

Gill, David / Schröter, Ulrich: Das Ministerium für Staatssicherheit, Anatomie des Mielke-Imperiums, Rowohlt Taschenbuch Verlag GmbH, Reinbek bei Hamburg 1993

Gimmy, André: Das Unmögliche wagen – Eine Würdigung der Arbeit der Treuhandanstalt, VIZ 1994, S. 633-637

Glaeßner, Gert-Joachim: Der schwierige Weg zur Demokratie. Vom Ende der DDR zur deutschen Einheit, 2. Auflage, Westdeutscher Verlag GmbH, Opladen 1992

Glaeßner, Gert-Joachim (Hrsg.): Der lange Weg zur Einheit, Studien zum Transformationsprozeß in Ostdeutschland, Dietz Verlag Berlin GmbH, Berlin 1993

zitiert nach Bearbeitern

- Glaeßner, Gert-Joachim: Von den Grenzen der Marktwirtschaft – Politische und ökonomische Probleme des Vereinigungsprozesses

Glatter, Joachim: Die Durchführungsbestimmungen zur Verordnung über Gemeinschaftsunternehmen in der DDR, DtZ 1990, S. 14-16

Gless, Swen E. / Schwalbach, Joachim: Sanierung von Unternehmen der Treuhandanstalt, Forschungsbericht, Humboldt-Universität zu Berlin 1993

Goerdeler, Reinhard / Hommelhoff, Peter / Lutter, Marcus / Odersky, Walter / Wiedemann, Herbert (Hrsg.): Festschrift für Alfred Kellermann zum 70. Geburtstag am 29. November 1990, Walter de Gruyter, Berlin, New York 1991 zitiert nach Bearbeiter:

- Horn, Norbert: Gesellschaftsrechtliche Probleme der Umwandlung der DDR-Unternehmen

Gollnick, Ines: Kontrollinstanz für das größte Unternehmen der Welt, Das Parlament vom 15.05.1992, S. 10

Golz, Hans-Georg: Eingabefreudige Ostdeutsche. Jahresbericht des Petitionsausschusses, DA 1997, S. 700-701

Granzow, Axel: Birgit Breuel: Ein befriedigendes Ergebnis, HB vom 07.09.1994, S. 1

Granzow, Axel: Hart aber klar, HB vom 16.10.1996, S. 18

Granzow, Axel: BvS spielt die Rolle des stillen Ausputzers, HB vom 22.11.1996, S. 20

Granzow, Axel: Prognose über Treuhand-Schulden von 250 Mrd. DM bis 1994 "ist realistisch", HB vom 05.02.1992, S. 4

Gröner, Helmut / Kantzenbach, Erhard / Mayer, Otto G. (Hrsg.): Wirtschaftspolitische Probleme der Integration der ehemaligen DDR in die Bundesrepublik, Duncker & Humblodt GmbH, Berlin 1991

zitiert nach Beiträgen:

- Hamm, Walter: Versagt die Treuhandanstalt?

Grundmann, Siegfried: Außen- und Binnenmigration der DDR 1989. Versuch einer Bilanz, DA 1990, S. 1422-1432

Gunkel, Gerhard: Im Blaumann gegen Höppner, Mitteldeutsche Zeitung vom 15.10.1996, S. 3

Gürtler, Detlef / Prudent, Rolf: "Wir sind doch nicht der Watschenmann der Nation!", Wochenpost vom 18.12.1991, S. 24-25

Habermas, Jürgen: Die nachholende Revolution, Suhrkamp Verlag, Frankfurt am Main 1990

Haendcke-Hoppe, Maria: Die Vergesellschaftungsaktion im Frühjahr 1972, DA 1973, S. 37-42

Haenel, Albert: Deutsches Staatsrecht. Band 1, Die Grundlagen des deutschen Staates und die Reichsgewalt, Duncker & Humblot, Leipzig 1892

Haeusgen, Roman: Privatisierung nicht um jeden Preis, Mitteldeutsche Zeitung vom 21.05.1994, S. 13

Hamer, Eberhard / Gebhardt, Rainer: Privatisierungspraxis. Hilfe zur Umstellung von Staats- auf Privatwirtschaft, 2. Auflage, Verlag der

Universitätsbuchhandlung Graf von Westarp GmbH & Co. KG, Essen 1992

Hanke, Thomas / Schmid, Klaus-Peter: "Ich habe mir Illusionen gemacht", Die Zeit vom 02.05.1997, S. 20

Hannemann, Karl-Heinz / Bergmann, Siegfried: Zur Gesetzgebung in der DDR nach dem 18.3.1990, DtZ 1990, S. 183-188

Hansmeyer, Karl-Heinrich (Hrsg.): Finanzierungsprobleme der deutschen Einheit I. Staatsverschuldung, EG-Regionalfonds, Treuhandanstalt, Duncker & Humblot GmbH, Berlin 1993

zitiert nach Bearbeiter:

- Kitterer, Wolfgang: Rechtfertigung und Risiken einer Finanzierung der deutschen Einheit durch Staatsverschuldung

Härtel, Hans-Hagen / Krüger, Reinald / Seeler, Joachim / Weinhold, Marisa: Die Entwicklung des Wettbewerbs in den neuen Bundesländern, Nomos Verlagsgesellschaft mbH & Co. KG, Baden-Baden 1995

Hartl, Florian: Die Treuhandanstalt im System der Finanzverfassung des Grundgesetzes, Peter Lang GmbH, Frankfurt am Main / Berlin / Bern / New York / Paris / Wien 1995

Hartmann, Ralph: Die Liquidatoren. Der Reichskommissar und das wiedergewonnene Vaterland, mit einem Vorwort von Hans Modrow, Verlag Neues Leben GmbH, Berlin 1996

Haufe, Gerda / Bruckmeier, Karl (Hrsg.): Die Bürgerbewegungen in der DDR und den ostdeutschen Bundesländern, Westdeutscher Verlag GmbH, Opladen 1993

zitiert nach Bearbeiter:

- Haufe, Gerda: Die Bürgerbewegungen im Jahr 1990

Hebing, Wilhelm: Das neue Unternehmensrecht der DDR, BB 1990, Supplement DDR-Rechtsentwicklungen, Folge 6 (Beilage 18 zu Heft 13), S. 1-8

Heinrichs, Wolfgang / Krause, Wolfram: Wirtschaftsreform – Element der Erneuerung des Sozialismus, ND vom 03.11.1989, S. 4

Hendler, Reinhard: Selbstverwaltung als Ordnungsprinzip. Zur politischen Willensbildung und Entscheidung im demokratischen Verfassungsstaat der Industriegesellschaft, Carl Heymanns Verlag KG, Köln / Berlin / Bonn / München 1984

Hennes, Markus / Keller, Vera v.: Alles verloren, WiWo vom 20.05. 1994, S. 50-51

Hennes, Markus / Kessler, Martin: "Mein Baby", WiWo vom 27.05. 1994, S. 17-20

Hennes, Markus / Reichert, Peter: "Können mithalten", WiWo vom 09.03.1994, S. 64-66

Herbst, Andreas / Ranke, Winfried / Winkler, Jürgen: So funktionierte die DDR, Lexikon der Organisationen und Institutionen, Band 1 und 2, Rowohlt Taschenbuch Verlag GmbH, Reinbek bei Hamburg 1994

Herholz, Andreas: Bonns SKET-Kurs: "Hier wird heute nicht mehr verhandelt", Volksstimme Magdeburg vom 04.12.1996, S. 7

Herles, Helmut / Rose, Ewald (Hrsg.): Vom runden Tisch zum Parlament, Bouvier Verlag, Bonn 1990

Hertle, Hans-Hermann: Staatsbankrott. Der ökonomische Untergang des SED-Staates, DA 1992, S. 1019-1030

Hesse, Joachim Jens / Ellwein, Thomas: Das Regierungssystem der Bundesrepublik Deutschland. Band 1: Text. Band 2: Materialien, 7. Auflage, Westdeutscher Verlag GmbH, Opladen 1992

Hesse, Konrad: Grundzüge des Verfassungsrechts der Bundesrepublik Deutschland, 20. Auflage, F. C. Müller, Heidelberg 1995

Heuer, Carl-Heinz / Hoffmann, Jutta: Gewinnung mineralischer Rohstoffe in den neuen Bundesländern (I) WR 1991, S. 21-24

Heuer, Ernst (Hrsg.): Kommentar zu Haushaltsrecht (HdbFK), Hermann Luchterhand Verlag GmbH, Neuwied / Kriftel, Loseblattsammlung, Stand Dezember 1998

zitiert nach Bearbeitern:

- Heuer, Ernst: Artikel 114 GG, Artikel 115 GG, § 55 HGrG, § 95 BHO, § 111 BHO, § 112 BHO, § 1 BRHG:
- Nawrath, Axel: § 88 BHO, § 89 BHO, § 90 BHO
- Soldner (o. Vn.) : §53 HGrG, § 65 BHO

Heuer, Uwe-Jens / Pflicke, Gerhard / Schüsseler, Rolf (Hrsg.): Wirtschaftsrecht. Lehrbuch. Staatsverlag der Deutschen Demokratischen Republik, Berlin 1985

zitiert nach Bearbeitern:

- Schüsseler, Rolf: Kapitel 11 – Fondsinhaberschaft und kollektives Eigentumsrecht

Hickel, Rudolf / Priewe, Jan: Der Preis der Einheit, Bilanz und Perspektiven der deutschen Vereinigung, S. Fischer Verlag GmbH, Frankfurt am Main 1991

Hickel, Rudolf / Priewe, Jan: Nach dem Fehlstart, Ökonomische Perspektiven der deutschen Einigung, S. Fischer Verlag GmbH, Frankfurt am Main 1994

Hill, Hermann (Hrsg.): Erfolg im Osten, Nomos Verlagsgesellschaft mbH & Co. KG, Baden-Baden 1992

zitiert nach Beiträgen:

- John v. Freyend, Eckart: Aufgaben der Treuhandanstalt
- Münch, Werner: Leitbild Ost – Aufschwung aus Sicht der neuen Bundesländer
- Priesnitz, Walter: Solidarität und Partnerschaft – Leitlinien für den Aufschwung Ost

Hill, Hermann (Hrsg.): Erfolg im Osten III, Nomos Verlagsgesellschaft mbH & Co. KG, Baden-Baden 1994

zitiert nach Beiträgen:

- Allert, Hans-Jürgen: ATLAS und ANKER – Modelle zur Sanierung regional bedeutsamer Treuhand-Unternehmen

Hindte, Peter v.: Vom Kombinat zur Konkurrenz, Erdöl Informationsdienst 45/1994, S. 10-14

Hinkel, Klaus: Viele Fragen und ein düpierter Kanzler, Volksstimme Magdeburg vom 16.10.1996, S. 6

Hoffmann, Jutta / Völter, Jochen: Das wirtschaftliche und juristische Konzept der neuen Rechtsvorschriften der DDR über Unternehmen mit ausländischer Beteiligung, WM Sonderbeilage 2/1990, S. 12-16

Hoffmann, Jutta / Völter, Jochen: Die Umwandlung von volkseigenen Betrieben der DDR in Kapitalgesellschaften und die Rolle der Treuhandanstalt zur Verwaltung des Volkseigentums, WM Sonderbeilage 4/1990, S. 17-22

Hoffmann, Wolfgang / Proissl, Wolfgang: Dunkle Quellen, Die Zeit vom 09.05.1997, S. 28

Hohmeister, Frank: Aktuelle Entwicklungen zur Neustruktuierung der Treuhandanstalt, BB 1994, S. 1371-1372

Hölscheidt, Sven: Frage und Antwort im Parlament, NDV Neue Darmstädter Verlags-Anstalt, Rheinbreitbach 1992

Hommelhoff, Peter (Hrsg.): Treuhandunternehmen im Umbruch, Recht und Rechtswirklichkeit beim Übergang in die Marktwirtschaft, Verlag Kommunikationsforum GmbH Recht Wirtschaft Steuern, Köln 1991

zitiert nach Bearbeitern:

- Kübler, Bruno M.: Die Gesamtvollstreckung als Instrument der Sanierung insolventer Unternehmen
- Oberhofer, Hermann: Kurzstellungnahme zu den Referaten von Dr. Kübler und Prof. Dr. Dr. h.c. mult. Hanau
- Schmidt, Reiner: Aufgaben und Struktur der Treuhandanstalt im Wandel der Wirtschaftslage

Hommelhoff, Peter / Krebs, Walter (Hrsg.): Treuhandanstalt und Treuhandgesetz, Verlag Kommunikationsforum GmbH Recht Wirtschaft Steuern, Köln 1990

Horlamus, Wolfgang: Die Kernenergiewirtschaft der DDR. Von ihren Anfängen bis zur Abschaltung der Reaktoren im Kernkraftwerk Nord, hefte zur ddr-geschichte Nr. 17, Berlin 1994

Horn, Norbert: Das Zivil- und Wirtschaftsrecht im neuen Bundesgebiet, Eine systematische Darstellung für Praxis und Wissenschaft, Verlag Kommunikationsforum GmbH Recht Wirtschaft Steuern, Köln 1991

Horn, Norbert: Die Revolution in der DDR von 1989. Prototyp oder Sonderfall? Außenpolitik 1993, Heft 1, S. 55-65

Hornuf, Reiner: Reprivatisierungsgrundsätze für 1972 verstaatlichte Betriebe in der DDR, SWK-Heft 10/1990, S. 13-15

Hüesker, Hans-Jürgen: Die gegenwärtigen rechtlichen Bedingungen wirtschaftlicher Betätigung durch Unternehmensbeteiligung in der DDR, WM Sonderbeilage 2/1990, S. 17-26

Ipsen, Jörn / Koch, Thorsten: Zuordnung volkseigenen Vermögens und Restitution früheren Vermögens der öffentlichen Hand, DVBl. 1993, S. 1-9

Isensee, Josef: Die junge Demokratie der DDR im Netz der alten SED-Verfassung?, Die Welt vom 09.04.1990, S. 8

*Isensee, Josef / Kirchhof, Paul (Hrsg.)*Handbuch des Staatsrechtes der Bundesrepublik Deutschland, C. F. Müller Juristischer Verlag, Heidelberg:

Band I – Grundlagen von Staat und Verfassung (1987)

zitiert nach Bearbeitern:

- Isensee, Josef: § 13 – Staat und Verfassung
- Grawert, Rolf: § 14 – Staatsvolk und Staatsangehörigkeit
- Böckenförde, Ernst-Wolfgang: § 22 – Demokratie als Verfassungsprinzip

Band II – Demokratische Willensbildung – Die Staatsorgane des Bundes (1987)

zitiert nach Bearbeitern:

- Burmeister, Joachim: § 32 – Das Petitionsrecht
- Klein, Hans Hugo: § 40 – Aufgaben des Bundestages
- Klein, Hans Hugo: § 41 – Status des Abgeordneten
- Zeh, Wolfgang: § 43 – Parlamentarisches Verfahren
- Achterberg, Norbert: § 52 – Innere Ordnung der Bundesregierung
- Löwer, Wolfgang: § 56 – Zuständigkeit und Verfahren des Bundesverfassungsgerichts

Band III – Das Handeln des Staates (1988)

- Kirchhof, Paul: § 59 – Mittel staatlichen Handelns
- Loschelder, Wolfgang: § 68 – Weisungshierarchie und persönliche Verantwortung in der Exekutive
- Krebs, Walter: § 69 – Verwaltungsorganisation

Band IV – Freiheitsrechte (1989)

- Kirchhof, Paul: § 88 – Staatliche Einnahmen
- Kisker, Gunter: § 89 – Staatshaushalt
- Breuer, Rüdiger: § 148 – Die staatliche Berufsregelung und Wirtschaftslenkung

Band VIII – Die Einheit Deutschlands. Entwicklungen und Grundlagen (1995)

- Fiedler, Wilfried: § 184 – Die deutsche Revolution von 1989: Ursachen, Verlauf, Folgen
- Luchterhand, Otto: § 185 – Der Aufbau des parlamentarischen Regierungssystems der DDR
- Würtenberger, Thomas: § 187 – Die Verfassung der DDR zwischen Revolution und Beitritt

Band IX – Die Einheit Deutschlands – Festigung und Übergang (1997)

- Schmidt-Preuß, Matthias: § 219 – Die Treuhand-Verwaltung

Jablonowski, Harry W. / Simons, Rolf (Hrsg.): Strukturpolitik in Ost und West. Zwischen Steuerungsbedarf und ordnungspolitischem Sündenfall, Bund-Verlag GmbH, Köln 1993

zitiert nach Bearbeitern:

- Simons, Rolf: Arbeitsorientierte Strukturpolitik in Ostdeutschland

Jahberg, Heike: Prellbock Treuhand, TSP vom 21.09.1994, S. 1

Jahberg, Heike: Treuhand rechnet mit Antragsstau, TSP vom 18.02. 1994, S. 19

Janke, Günter: Rechnungswesen und Bilanz in der DDR-Wirtschaft, BB 1990 Supplement DDR-Rechtsentwicklungen, Folge 7 (Beilage 20 zu Heft 15), S. 17-25

Jansen-de Graf, Beatrice: Eine protestantische Revolution? Die Rolle der ostdeutschen evangelischen Kirche in der "Wende" 1989/1990, DA 1999, S. 264-270

Jaspert, Werner: Clement: Eko Stahl ist Rexrodts größter Flop, SZ vom 17.05.1994, S. 21

Jecht, Hans: Die öffentliche Anstalt. Wandlung und gegenwärtige Struktur, Duncker & Humblot GmbH, Berlin 1963

Jesch, Volkmar: Aktuelle Probleme der Rechtsanwendung im innerdeutschen Handel, DtZ 1990, S. 101-105

Joas, Hans / Kohli, Martin (Hrsg.): Der Zusammenbruch der DDR. Soziologische Analysen, Suhrkamp Verlag, Frankfurt am Main 1993

zitiert nach Bearbeitern:

- Glaeßner, Gert-Joachim: Am Ende des Staatssozialismus – Zu den Ursachen des Umbruchs in der DDR
- Joas, Hans / Kohli, Martin: Der Zusammenbruch der DDR: Fragen und Thesen
- Reißig, Rolf: Das Scheitern der DDR und des realsozialistischen Systems – Einige Ursachen und Folgen

Jocham, Andrea: Schlußstrich unter ein Stück DDR-Geschichte, HB vom 31.08.1994, S. 6

Jürgens, Peter: Die Zwangsumwandlung einer GmbH i.G. in eine GmbH i. A. – Der Regelfall nach dem Treuhandgesetz, DB DDR-Report 1990, S. 3162-3163

Jürgs, Michael: Die Treuhänder. Wie Helden und Halunken die DDR verkauften, Paul List Verlag GmbH & Co. KG, München / Leipzig, 1997

Kaligin, Thomas / Goutier, Klaus (Hrsg.): Beratungshandbuch Eigentum und Investitionen in den neuen Bundesländern. Enteignungen:

Rückerstattung und Entschädigung. Immobilien: Erwerb und Veräußerung, Miete und Pacht. Unternehmen: Privatisierung, Besteuerung und Investititonsförderung, C. F. Müller Verlag, Hüthig GmbH, Heidelberg, Loseblattsammlung, Stand Dezember 1992

zitiert nach Bearbeitern:

- Reblin, Ulrich: Fach 1211 – Volkseigentum – Konzeption und rechtliche Ausgestaltung
- Rother, Christopher: Fach 4010 – Privatisierung in den neuen Bundesländern – Begriffsbestimmung
- Rother, Christopher: Fach 4110 – Umwandlung von Wirtschaftseinheiten der DDR nach der Umwandlungsverordnung
- Rother, Christopher: Fach 4210 – Die Errichtung der Treuhandanstalt

Kammer für Außenhandel der DDR (Hrsg.): Gesellschaftsrecht der DDR, Berlin Verlag Arno Spitz, Berlin 1990

zitiert nach Bearbeitern:

- Dornberger, Gerhard: Kurzkommentar zum GmbH-Gesetz (Erster Abschnitt)

Kampe, Dieter: Wer uns kennenlernt, gewinnt uns lieb. Nachruf auf die Treuhand, Rotbuch Verlag, Berlin 1993

Kartte, Wolfgang: Ein erträglicher Kompromiß, Energiewirtschaftliche Tagesfragen 1990, S. 838-840

Kayser, Georg: Sanierungsfähigkeitsprüfung insolvenzbedrohter Unternehmen, BB 1983, S. 415-419

Keil, Evi: "Der BvS sind Arbeitsplätze anscheinend nicht so wichtig", Thüringer Allgemeine Zeitung vom 16.10.1996, S. 2

Kellebenz, Paul: Allianz-Deal verursacht Unbehagen, HB vom 02.07.1990, S. 2

Keller, Vera v.: Leiharbeiter fürs Katasteramt, WiWo vom 19.08.1994, S. 11

Keller, Vera v.: Hydrierwerke Zeitz. Privatisierung steht bevor, WiWo vom 08.07.1994, S. 11

Keller, Vera v.: Zittern um die Zukunft, WiWo vom 04.03.1994, S. 46-47

Kemmler, Marc: Die Entstehung der Treuhandanstalt. Von der Wahrung zur Privatisierung des DDR-Volkseigentums, Campus Verlag GmbH, Frankfurt am Main / New York 1994

Kemper, Klaus: Treuhand schießt bei Umformtechnik nach, FAZ vom 21.11.1994, S. 24

Kielmansegg, Peter Graf v.: Volkssouveränität. Eine Untersuchung der Bedingungen demokratischer Legitimität, Ernst Klett Verlag, Stuttgart, 1977

Kiethe, Kurt: Nachverhandlungen mit der Treuhandanstalt, Verlag Kommunikationsforum GmbH Recht Wirtschaft Steuern, Köln 1994

Kilian, Michael: Nebenhaushalte des Bundes, Duncker & Humblot GmbH, Berlin 1993

Kimme, Johannes (Hrsg.): Offene Vermögensfragen, Kommentar, Band II, RWS Verlag Kommunikationsforum GmbH Recht Wirtschaft Steuern, Köln, Loseblattsammlung, Stand Juli 1998,

zitiert nach Bearbeitern:

- Detten, Friedrich-Wilhelm v.: Kommunalvermögensgesetz
- Schmitt-Habersack, Markus: Einigungsvertrag
- Schmitt-Habersack, Markus: Treuhandgesetz
- Schmitt-Habersack, Markus: Zweite Durchführungsverordnung zum Treuhandgesetz
- Schmitt-Habersack, Markus: Dritte Durchführungsverordnung zum Treuhandgesetz
- Schmitt-Habersack, Markus: Vermögenszuordnungsgesetz

Kipke, Rüdiger: Die Untersuchungsausschüsse des Deutschen Bundestages. Praxis und Reform der parlamentarischen Enquete, Berlin Verlag Arno Spitz, Berlin 1985

Kirchhof, Paul: Die Steuerung des Verwaltungshandelns durch Haushaltsrecht und Haushaltskontrolle, NVwZ 1983, S. 505-515

Klebe, Thomas / Roth, Siegfried: Beschäftigungsplan statt Sozialplan: Zwischenlagerung eines Problems oder Perspektive? – Betriebsverfassungsrechtliche Aspekte und Durchsetzungsbedingungen –, DB1989, S. 1518-1521

Kleiber, Wolfgang: Die Ermittlung von Grundstückswerten in den neuen Bundesländern, ZAP-DDR, Fach 7, S. 75-86

Klein, Hans Hugo: Die Verfassung der DDR ist obsolet, FAZ vom 11.04.1990, S. 4

Klodt, Henning / Stehn, Jürgen u. a.: Standort Deutschland: strukturelle Herausforderungen im neuen Europa. 5. Hauptbericht zur Strukturberichterstattung, Institut für Weltwirtschaft an der Universität Kiel, Kiel 1994

Knemeyer, Franz-Ludwig: Geheimhaltungsanspruch und Offenbarungsbefugnis im Verwaltungsverfahren, NJW 1984, S. 2241-2248

Knipper, Hermann-Josef: Weg voller Hürden, HB vom 04.08.1994, S. 4

Knipper, Hermann-Josef: o. T., HB vom 27.09.1994, S. 15

Knopp, Lothar: Altlastenrecht in der Praxis. Unter Berücksichtigung des Rechts der neuen Bundesländer, Verlag für Rechts- und Anwaltspraxis, Herne / Berlin 1992

Knüpfer, Werner: Veränderungen in der rechtlichen Stellung nationaler Wirtschaftsorganisationen aus rechtsvergleichender Sicht, Staat und Recht 1990, S. 284-290

Knüpfer, Werner: Wandlungen der Eigentumsverhältnisse durch die neue Wirtschaftsgesetzgebung in der DDR, BB 1990, Supplement DDR-Rechtsentwicklungen, Folge 7 (Beilage 20 zu Heft 15), S. 1-9

Koch, Peter Ferdinand: Das Schalck-Imperium lebt. Deutschland wird gekauft, R. Piper GmbH & Co. KG, München 1992

Kohler, Jürgen: Kurzkommentar zu LG Berlin, Teilurteil vom 27.08.1992 – 9.O.416/91, EWiR 1993, S. 257-258

Köhler, Otto: Die große Enteignung, Wie die Treuhand eine Volkswirtschaft liquidierte, Droemersche Verlagsanstalt Th. Knaur Nachf., München 1994

König, Klaus: Zur Transformation einer real-sozialistischen Verwaltung in eine klassisch-europäische Verwaltung, VerwArch 83 (1992), S. 229-245

Korte, Karl-Rudolf: Die Chance genutzt? Die Politik zur Einheit Deutschlands, Campus Verlag GmbH, Frankfurt am Main 1994

Koschyk, Hartmut: Traurige Bilanz der DDR-Wirtschaft, Berliner Zeitung vom 20.03.1997, S. 4

Kößler, Raimund: Nichtigkeit von Kaufverträgen des DDR-Verteidigungsministeriums als Versagungsgrund nach der Grundstücksverkehrsordnung, VIZ 1994, S. 515-516

Kohte, Wolfhard: Kurzkommentar zu LG Berlin, Beschluß vom 31.01.1991 – 98.T.3/91, EWiR 1991, S. 613-614

Krakat, Klaus: Zum Dilemma von Strukturanpassung und Strukturerhaltung in den neuen Bundesländern vor dem Hintergrund konjukturreller Einbrüche, DA 1994, S. 12-31

Krauß, Matthias: Brandenburger ziehen nach Karlsruhe, Berliner Zeitung vom 23.09.1993, S. 4

Krenz, Egon: Wenn Mauern fallen. Die Friedliche Revolution. Vorgeschichte / Ablauf / Auswirkungen, Paul Neff Verlag, Wien 1990

Kriele, Martin: Die politische Bedeutung des Staatsvertrages, DtZ 1990, S. 188-189

Kriele, Martin: Einführung in die Staatslehre. Die geschichtlichen Legitimitätsgrundlagen des demokratischen Verfassungsstaats, 5. Auflage, Westdeutscher Verlag GmbH, Opladen 1994

Kriele, Martin: Das demokratische Prinzip im Grundgesetz, VVDStRL 1971 (29), S. 46-84

Krumrey, Henning: Aufschwung Ost. Märchen oder Modell, Fischer Taschenbuch Verlag GmbH, Frankfurt am Main 1992

Küchenmeister, Daniel / Stephan, Gerd-Rüdiger: Zwischen Wende und Ende. Interview mit Christa Luft, DA 1992, S. 62-66

Kuhnt, Dietmar: Know-how-Transfer vermittelt Ost-Unternehmen Marktchancen, HB vom 04.10.1995, S. B 6

Künzel, Lutz / Leue, Gunnar: DDR ist ein Arbeiter- und Bauernstaat, Junge Welt vom 02./03.12.1989, S. 1-2

Lachmann, Jens-Peter: Das Treuhandgesetz, DtZ 1990, S. 238-240

Lambeck, Martin: Nachfolger für Ludewig gesucht, Die Welt vom 22.04.1997, S. 2

Lange, Hermann / Nörr, Knut Wolfgang / Westermann, Harm Peter (Hrsg.): Festschrift für Joachim Gernhuber, J. C. B. Mohr (Paul Soebeck), Tübingen 1993

zitiert nach Bearbeitern:

- Möschel, Wernhard: Privatisierung als ordnungspolitische Aufgabe

Lange, Klaus: Die öffentlichrechtliche Anstalt, VVDStRL 44 (1986), S. 169-210

Lange, Manfred: Wem gehört das ehemalige Volkseigentum? – Grundfragen der Art. 21 und 22 EinigungsV, DtZ 1991, S. 329-336

Larenz, Karl: Methodenlehre der Rechtswissenschaft, 5. Auflage, Springer-Verlag, Berlin / Heidelberg / New York / Tokio 1983

Lässig, Curt Lutz: Rechtsstaatliche Defizite in der Joint-Venture-Verordnung der DDR, DtZ 1990, S. 12-14

Lehmbruch, Gerhard: Die deutsche Vereinigung: Struktur und Strategien, PVS 1991, S. 585-604

Lehmbruch, Gerhard: Die improvisierte Vereinigung: Die Dritte deutsche Republik, Leviathan 18/1990, S. 462-486

Leipold, Helmut: Wirtschafts- und Gesellschaftssysteme im Vergleich. Grundzüge einer Theorie der Wirtschaftssysteme, 5. Auflage, Gustav Fischer Verlag, Stuttgart 1988

Lenius, Michael: Innerdeutsche Luftfahrtehe, Börsen-Zeitung vom 22.03.1990, S. 1

Lerche, Peter: "Funktionstüchtigkeit" – Richtschnur verfassungsrechtlicher Auslegung, BayVBl 1991, S. 517-522

Lichtblau, Karl: Privatisierungs- und Sanierungsarbeit der Treuhandanstalt, Deutscher Instituts-Verlag GmbH, Köln 1993

Liebernickel, Wolfgang: Kooperation mit Zukunft: Joint Ventures, SWK-Heft 10/1990, S. 20-21

Liebert, Ulrike / Merkel, Wolfgang (Hrsg.): Die Politik zur deutschen Einheit. Probleme, Strategien, Kontroversen, Leske + Buderich, Opladen 1991

zitiert nach Bearbeitern:

- Merkel, Wolfgang: Warum brach das SED – Regime zusammen?

Liebsch, Helfried / Rietz, Dietmar: "... damit nichts auf den Weg gebracht wird, dessen man sich vor dem Volk schämen müßte", ND vom 03./04.02.1990, S. 4

Liedtke, Rüdiger: Wem gehört die Republik? Die Konzerne und ihre Verflechtungen. Namen, Zahlen, Fakten '94, Vito von Eichborn GmbH & Co Verlag KG, Frankfurt am Main 1993

Liedtke, Rüdiger (Hrsg.): Die Treuhand und die zweite Enteignung der Ostdeutschen, edition spangenberg, München 1993

zitiert nach Bearbeitern:

- Hickel, Rudolf: Neues Deutschland
- Roesler, Jörg: Die Treuhandanstalt: Wirtschaftsimperium oder Politikinstrument?

Liegenschaftsgesellschaft der Treuhandanstalt mbH: Der Fachbeirat Bewertung, TLGkonkret 5/94, S. 2-3

Lieser, Joachim: Eigentumsordnung und Immobilienrecht in der DDR. Überlegungen zu Möglichkeiten von westlichen Investitionen, DA 1990, S. 246-257

Linck, Joachim: Zur Informationspflicht der Regierung gegenüber dem Parlament, DÖV 1983, S. 957-964

Lindner, Nadja: Der Übergang des Rechts der Wirtschaft von der Plan- zur Marktwirtschaft in Ostdeutschland – Historische Gesamtdarstellung und Analyse –, Verlag Ernst und Werner Gieseking GmbH, Bielefeld 1996

Lipps, Wolfgang: Gesetzgebungs- und Anwendungsfehler im Treuhandrecht der ehemals volkseigenen Wirtschaft, BB 1991, Supplement Deutsche Einigung – Rechtsentwicklungen, Folge 21 (Beilage 9 zu Heft 12), S. 1-5

Lorenz, Oliver: "Wegweiser" helfen beim Marktzugang, HB vom 04.10.1995, S. B 7

Lörler, Sighart: Sozialistischer Rechtsstaat – sozialistische Wirtschaftsordnung, DA 1990, S. 77-82

Lösch, Achim v.: Privatisierung öffentlicher Unternehmen. Ein Überblick über die Argumente, 2. Auflage, Nomos Verlagsgesellschaft mbH & Co. KG, Baden-Baden 1987

Löw, Konrad (Hrsg.): Ursachen und Verlauf der deutschen Revolution 1989, Duncker & Humblot GmbH, Berlin 1991

zitiert nach Bearbeitern:

- Baule, Bernward: "Wir sind das Volk!" Politische Bedingungsfelder der Freiheitsrevolution in der DDR
- Löw, Konrad: Die bundesdeutsche politikwissenschaftliche DDR-Forschung und die Revolution in der DDR
- Wilke, Manfred: Die bundesdeutschen Parteien und die demokratische Revolution in der DDR – oder: Die Bewährung des demokratischen Kernstaats

Löwer, Wolfgang: Artikel 21 Einigungsvertrag: Funktionsadäquate Amtsausstattung versus Restitution, Sächs.VBl. 1993, S. 97-107

Löwer, Wolfgang: Der Aktenvorlageanspruch des parlamentarischen Untersuchungsausschusses vor dem Bundesverfassungsgericht, Jura 1985, S. 358-368

Lübchen, Gustav-Adolf: Zum gegenwärtigen Stand des Gesellschafts- und Handelsrechts sowie des allgemeinen Zivilrechts in der DDR, DtZ 1990, S. 147-150

Ludwig-Erhard-Stiftung e.V. (Hrsg.): Vom Zentralplan zur Sozialen Marktwirtschaft, Erfahrungen der Deutschen beim Systemwechsel, Gustav Fischer Verlag, Stuttgart / Jena / New York 1992

zitiert nach Bearbeitern:

- Schlecht, Otto: Politische Entscheidungen und wirtschaftspolitischer Handlungsbedarf

Ludwig-Erhard-Stiftung e.V. (Hrsg.): Wirtschaftliche und soziale Ausgestaltung der deutschen Einheit, SINUS-Verlag GmbH, Krefeld 1993

zitiert nach Referenten:

- Biehl, Helmold: Lösungsvorschläge für Sonderprobleme der ostdeutschen Industrie

Luft, Christa: Die Lust am Eigentum. Auf den Spuren der deutschen Treuhand, Orell Füssli Verlag, Zürich 1996

Luft, Christa: Treuhandreport. Werden, Wachsen und Vergehen einer deutschen Behörde, Aufbau-Verlag GmbH, Berlin / Weimar 1992

Luttosch, Gabriele / Schlabrendorff, Fabian v.: DDR-Reformgesetzgebung vom 9.11.1989 bis 18.3.1990, DtZ 1990, S. 60-68

Magiera, Siegfried: Parlament und Staatsleitung in der Verfassungsordnung des Grundgesetzes, Duncker & Humblot GmbH, Berlin 1979

Mahlberg, Lothar: Kontrolle gemeindlicher Unternehmen, Richard Boorberg Verlag, Stuttgart 1986

Maizière, Lothar de: Anwalt der Einheit. Ein Gespräch mit Christine de Maizière, Argon Verlag GmbH, Berlin 1996

Maizière, Lothar de: Regierungserklärung vom 19.04.1990, Nachdruck in: DA 1990, S. 795-809

Mampel, Siegfried: Das Ende der sozialistischen Verfassung der DDR, DA 1990, S. 1377-1395

Mampel, Siegfried: Die sozialistische Verfassung der Deutschen Demokratischen Republik, 2. Auflage, Alfred Metzner Verlag, Frankfurt am Main 1982

Mampel, Siegfried: Gedanken zu Verfassungsfragen, Staat und Recht 1990, S. 435-447

Mangoldt, Hermann v. / Klein, Friedrich: Das Bonner Grundgesetz, 2. Auflage, Verlag Franz Vahlen GmbH, Berlin / Frankfurt am Main 1966

Marissal, Matthias J.: Der politische Handlungsrahmen der Treuhandanstalt, Peter Lang GmbH, Frankfurt am Main / Berlin / Bern / New York / Paris / Wien 1993

Marschall, Birgit: Schnell Makulatur, WiWo vom 09.03.1995, S. 31-34

Marschall, Birgit: Besondere Kontrolle, WiWo vom 05.01.1995, S. 8-9

Marschall, Birgit: Ludewig macht zum Abschied den Ostdeutschen Mut, Berliner Zeitung vom 02.05.1997, S. 9

Martens, Eckehard: Rechtlicher Rahmen für eine wirtschaftlche Tätigkeit in der DDR, WM Sonderbeilage 2/1990, S. 3-11

Maskow, Dietrich: Die Gründung von Gemeinschaftsunternehmen in der DDR, BB 1990, Supplement DDR-Rechtsentwicklungen, Folge 1 (Beilage 7 zu Heft 6), S. 1-8

Maskow, Dietrich: Die Umwandlung von volkseigenen Betrieben in Kapitalgesellschaften, BB 1990, Supplement DDR-Rechtsentwicklungen, Folge 4 (Beilage 13 zu Heft 10), S. 1-8

Maskow, Dietrich: Zur Umgestaltung des Eigentumsrechts und den Konsequenzen für die Regelung der sich entfaltenden marktwirtschaftlichen Prozesse (Thesen), Staat und Recht, 1990, S. 193-199

Maskow, Dietrich / Hoffmann, Jutta: Rechtsfragen der Privatisierung in den ostdeutschen Bundesländern, BB 1990, Supplement Deutsche Einigung-Rechtsentwicklungen, Folge 17 (Beilage 40 zu Heft 35/36), S. 1-10

Matthies, Bernd: Komplizierte Vermögensfrage, TSP vom 24.10.1996, S. 3

Maunz / Dürig: Kommentar zum Grundgesetz, C. H. Beck'sche Verlagsbuchhandlung, München, Loseblattsammlung, Stand Juni 1998

zitiert nach Bearbeitern:

- Dürig, Günther: Artikel 1 GG
- Herzog, Roman: Artikel 20, 65 GG
- Lerche, Peter: Artikel 86, 87 GG

Maurer, Hartmut: Allgemeines Verwaltungsrecht, 11. Auflage, C. H. Beck'sche Verlagsbuchhandlung, München 1997

Mayer, Dieter: Zweifelsfragen bei der Spaltung der Treuhandunternehmen, DB 1991, S. 1609-1616

Meier, Erich: Neuer Expansionskurs der Lufthansa – nach Osten, NZZ vom 08.05.1990, S. 65

Memminger, Gerhard: Parlamentarische Kontrolle der Regierung durch Untersuchungsausschüsse, DÖV 1986, S. 15-23

Metzler, Rudolf: Eine Grenze trennt Deutsche noch, SZ vom 17.10.1990, S. 10

Meyer-Bohl, Christoph: Die Grenzen der Pflicht zur Aktenvorlage und Aussage vor Parlamentarischen Untersuchungsausschüssen unter Berücksichtigung der Besonderheiten der Hamburger Verfassung, Duncker & Humblot GmbH, Berlin 1992

Meyer-Koester, Christa: Mit der Treuhandanstalt neues Finanzierungskonzept erarbeitet, HB vom 12.12.1994, S. 23

Meyer-Koester, Christa: Niederlassungsfreiheit für Auslandsfirmen geplant, HB vom 02./03.03.1990, S. 9

Mihm, Andreas: Düstere Mienen im Poker um die Elf-Raffinerie, TSP vom 01.03.1994, S. 23

Ministerim der Finanzen: Hinweise für die Bewertung von Unternehmen, Berlin 1990

Ministerium für Wirtschaft: Abschlußinformation zur Genehmigungserteilung von Joint Venture im 1. Halbjahr 1990, Berlin 1990

Mitter, Armin / Wolle, Stefan (Hrsg.): Ich liebe euch doch alle! Befehle und Lageberichte des MfS, Januar-November 1989, 2. Auflage, BasisDruck Verlagsgesellschaft mbH, Berlin 1990

Modrow, Hans: Regierungserklärung vom 17.11.1989, Nachdruck in: DA 1990, S. 122-135

Modrow, Hans: Aufbruch und Ende, Konkret-Literatur-Verlag, Hamburg 1991

Morgenstern, Klaus: Regierung beschloß Treuhandschaft für das Volkseigentum, ND vom 02.03.1990, S. 1

Möschel, Wernhard: Privatisierung und öffentliches Vergaberecht, WuW 1997, S. 120-124

Möschel, Wernhard: Treuhandanstalt und Neuordnung der früheren DDR-Wirtschaft, ZGR 1991, S. 175-188

Müller, Rainer: Krisenmanagement in der Unternehmung. Vorgehen, Maßnahmen und Organisation, Peter Lang GmbH, Frankfurt am Main / Bern / New York / Nancy 1986

Müller, Uwe: Umformtechnik teurer als geplant, Die Welt vom 19.11.1994, S. 14

Neubauer, Ralf: Das Schwerste kommt noch, Die Zeit vom 11.08.1995, S. 15-16

Neubauer, Ralf: Parkinson läßt grüßen, Die Zeit vom 10.03.1994, S. 32

Neubert, Ehrhart: Die protestantische Revolution, Kontext-Verlag, Berlin 1990

Neubert, Ehrhart: Eine protestantische Revolution, DA 1990, S. 704-713

Neubert, Ehrhart: Protestantische Kultur und DDR-Revolution, Aus Politik und Zeitgeschichte, Beilage zur Wochenzeitung Das Parlament, B 19/91, S. 21-29

Neye, Hans-Werner: Kurzkommentar zu BezG Dresden, Beschluß vom 18.11.1991 - 2.T.170/91, EWiR 1992, S. 181-182

Neye, Hans-Werner: Kurzkommentar zu LG Berlin, Beschluß vom 06.12.1991 - 98: T. 78/91, EWiR 1992, S. 81-82

Nieder, Patrick: Erste Tagung der Fachgruppe Geographie der Gesellschaft für Deutschlandforschung, DA 1990, S. 1908-1910

Nolte, Dirk / Sitte, Ralf / Wagner, Alexandra (Hrsg.): Wirtschaftliche und soziale Einheit Deutschlands. Eine Bilanz, Bund-Verlag GmbH, Köln 1995

zitiert nach Bearbeiter:

- Nolte, Dirk: Politik der Treuhandanstalt

o.N.: "Vulkane sind überall", Der Spiegel vom 17.06.1996, S. 94-113

o.N.: Stadtwerke verzögern neue Strukturen im Osten, HB vom 22.07.1994, S. 13

o.N.: Wieder Hoffnung bei CD-Werk Albrechts, BM vom 08.12.1994, S. 27

o.N.: Möllemann spendiert Geld für Ost-Forschung, Die Welt vom 13.06.1992, S. 10

o.N.: Mehr Freiraum gefordert, TSP vom 22.11.1990, S. 11

o.N.: Rohwedder fordert mehr Freiraum für Treuhand, Berliner Zeitung vom 22.11.1990, S. 2

o.N.: Rohwedder hält Untergliederung in Aktiengesellschaften für entbehrlich, HB vom 27.08.1990, S. 5

o.N.: Rohwedder braucht größeren Vorstand, Die Welt vom 29.08.1990, S. 10

o.N.: Aufbau Ost fordert mehr Engagement als erwartet, HB vom 19.09.1996, S. 25

o.N.: Nachsorge für privatisierte THA-Betriebe gefordert, HB vom 16.03.1994, S. 4

o.N.: "Sonst wächst nie wieder was", Der Spiegel vom 16.12.1991, S. 90-92 *o.N.*: Thyssen und BvS schließen Vergleich, TSP vom 25.07.1995, S. 15

o.N.: Scharfe Kritik an der Treuhandanstalt, ND vom 12.07.1994, S. 4

o.N.: Zögern der Treuhand hat viel Geld gekostet, HB vom 03.11.1994, S. 20

o.N.: Auseinandersetzungen mit der Treuhandanstalt trüben den Erfolg, FAZ vom 03.11.1994, S. 26

o.N.: Das Land legt kurz vor Toreschluß eine Liste der sanierungsfähigen Betriebe vor, HB vom 19.01.1994, S. 17

o.N.: Werften und Stahl auch künftig am Staatstropf, HB vom 06.07.1994, S. 15

o.N. : Bonner Kulisse, Die Zeit vom 28.04.1995, S. 22

o.N.: Leichtfertig gezahlt, Der Spiegel vom 17.06.1996, S. 17

o.N.: Die Länderkammer stoppt das Gesetz zur Nachfolge-Organisation der Treuhand, HB vom 24.05.1994, S. 1

o.N.: Bundesanstalt löst Treuhand ab, TSP vom 14.04.1994, S. 25

o.N.: Kienbaum GmbH: Bundesanstalt muß Vermögen sichern, wib vom 16.03.1994, S. 38

o.N.: Rechnungshof: Hoheitliche Aufgaben nicht privatisierbar, wib vom 16.03.1994, S. 38

o.N.: "Quasi-Anstalt ad infinitum" verhindern, wib vom 16.03.1994, S. 37

o.N.: Wirbel um die Neuorganisation der Treuhand-Aufgaben nach 1994, FAZ vom 11.12.1993, S. 12

o.N.: BvS will Problemfälle im Endspurt lösen, TSP vom 27.12.1997, S. 17

o.N.: Sket soll nun durch die Gesamtvollstreckung gerettet werden, FAZ vom 16.10.1996, S. 27

o.N.: Kohl gegen die Zerschlagung von Sket, TSP vom 15.10.1996, S. 18

o.N.: Kohl macht sich für Erhalt stark, FR vom 15.10.1996, S. 11

o.N.: Zwangsverwalter strittig, HB vom 17.06.1996, S. 25

o.N.: Zukunft von Sket weiter hart umstritten, SZ vom 14.10.1996, S. 25

o.N.: Rexrodt: Konzept für SKET-Sanierung steht, Volksstimme Magdeburg vom 19.11.1996, S. 1

o. N.: Rexrodt: Konzept zur Sanierung von Sket steht, Leipziger Volkszeitung vom 19.11.1996, S. 11

o. N.: Rexrodt für Zerlegung des Maschinenbauers Sket, Berliner Zeitung vom 19.11.1996, S. 11

o. N.: Bund übernimmt alle Anteile an der BVVG, TSP vom 08.12.1995, S. 19

o. N.: BvS wegen Vulkan unter Beschuß, Die Welt vom 17.06.1996, S. 11

o. N.: Milliarden herbeibeten, Der Spiegel vom 17.06.1996, S. 24-26

o. N.: Interhotels erhalten Geld von der Treuhand, FAZ vom 10.12.1994, S. 18

o. N.: "Aufgaben der BvS gravierend unterschätzt", FAZ vom 19.09.1996, S. 17

o. N.: SPD rügt die Aufsicht über die Treuhandanstalt, FAZ vom 03.06.1993, S. 15

o. N.: Kali-Vertrag bleibt vertraulich, FR vom 08.09.1993, S. 4

o. N.: Diskussion um den Kali-Fusionsvertrag, FAZ vom 19.08.1993, S. 14

o. N.: SPD will Offenlegung des Kali-Fusionsvertrages, Berliner Zeitung vom 10.08.1993, S. 9

o. N.: Fusionsvertrag nicht offengelegt, FAZ vom 08.09.1993, S. 15

o. N.: Ausschuß will Akten einsehen, HB vom 08.09.1993, S. 6

o. N.: Treuhand-Ausschuß ohne Hoffnung für Kali-Kumpel, TSP vom 08.09.1993, S. 21

o. N.: Hohe Arbeitslosigkeit durch Treuhandpolitik, Sächsische Zeitung vom 06.03.1997, S. 5

o. N.: Schiefergruben Unterloquitz gehören wieder dem Bund, OTZ vom 26.07.1996, S. 6

o. N.: SPD will Bohls Rolle beim Leuna-Verkauf klären, TSP vom 03.01.1998, S. 2

o. N.: Neue Kontrolleure für Treuhand-Nachfolger, TSP vom 25.06.1996, S. 2

o. N.: Land hilft Samag mit zwei Millionen DM, FAZ vom 17.06.1994, S. 15

o. N.: Baumaschinen Welzow erhält Millionen-Darlehen, Die Welt vom 26.07.1994, S. 35

o. N.: Wie der Staat mit öffentlichen Aufträgen Strukturpolitik betreibt, FAZ vom 04.07.1994, S. 11

o. N.: Milliardenvertrag mit Irkutsk geschlossen, TSP vom 22.09.1994, S. 21

o. N.: Rahmenvertrag mit Irkutsk, FAZ vom 22.09.1994, S. 23

o. N.: Handel mit Rußland kommt jetzt wieder in Gang, BM vom 21.10.1994, S. 21

o. N.: Die Weichen für den Raffinerie-Neubau in Leuna sind gestellt, FAZ vom 22.03.1994, S. 15

o. N.: Arbeit der Treuhand wird überprüft, Die Welt vom 30.09.1993, S. 3

o. N.: Kaligrube Bischofferode endgültig geschlossen, SZ vom 03.01.1994, S. 6

o. N.: Die letzte Schicht der Kali-Kumpel, Die Welt vom 03.01.1994, S. 11

o. N.: Bonner Kulisse, Die Zeit vom 02.08.1996, S. 24

o. N.: Stolpe bittet Kohl um Hilfe bei VEAG, TSP vom 02.04.1994, S. 6

o. N.: Der Bundeskanzler soll beim Verkauf der Veag vermitteln, FAZ vom 06.04.1994, S. 13

o. N.: Verwertungszentrum soll Zeitz-Überleben sichern, Die Welt vom 23.06.1994, S. 15

o. N.: Treuhand spricht nur mit Elf, TSP vom 03.03.1994, S. 23

o. N.: Elf soll CDU Millionen gezahlt haben, SZ vom 30.04.1997, S. 6

o. N.: CDU weist Berichte über Schmiergeldzahlungen als Erfindungen zurück, HB vom 02.05.1997, S. 4

o. N.: Forsch ans Werk, Der Spiegel vom 02.05.1994, S. 110

o. N.: Zank ums Zahlen, WiWo vom 28.02.1992, Beilage S. 3-4

o. N.: Startschuß zur Privatisierung der Kreditbank, Börsen-Zeitung vom 31.08.1994, S. 5

o. N.: De Maizière sichert sich Kontrolle über reformierte Treuhandanstalt, Die Welt vom 26.05.1990, S. 9

o. N.: DDR dementiert neue Aufgabe für Hans Friedrichs, Die Welt vom 02.06.1990, S. 9

o. N.: Ein Mann, der fast überall mitmischt, Die Welt vom 13.05.1994, S. 15

o. N.: Umschau Wirtschaft, DA 1990, S. 648-651

o.N.: Berliner Bank und Rödl verstärkt in Osteuropa, FAZ vom 19.07.1994, S. 13

o.N.: Deutsche Kreditbank geht an die Bayern, TSP vom 01.02.1995, S. 16

o.N.: Umschau Innenpolitik, DA 1990, S. 1321-1332

o.N.: Industrieforscher im Ostteil Berlins kommen voran, TSP vom 24.06.1994, S. 21

o.N.: Streit um Leuna spitzt sich zu, TSP vom 28.02.1994, S. 14

o.N.: Kali-Werk in Bischofferode ist als Deponie ungeeignet, TSP vom 10.08.1993, S. 4

o.N.: Durchbruch in Zeitz, ND vom 22.06.1994, S. 9

o.N.: Aufstieg mit Amadeus, Der Spiegel vom 15.01.1990, S. 104-105

o.N.: Bonn fördert den ostdeutschen Mittelstand, HB vom 16.09.1994, S. 4

o.N.: Das Tauziehen um die Raffinerie Leuna geht weiter, FAZ vom 02.03.1994, S. 20

o.N.: Die Einheit im Spiegel der Kanzlerrunden, SZ vom 01.03.1994, S. 23

o.N.: Ein kritischer Fall für das Kartellamt, FAZ vom 14.03.1990, S. 19

o.N.: EKO-Privatisierung auf der Kippe, SZ vom 03.05.1994, S. 21

o.N.: Eko: Treuhand ruft zur Einigung auf, HB vom 03.05.1994, S. 19

o.N.: Geil wird neuer Ost-Beauftragter, HB vom 28.04.1997, S. 3

o.N.: Abgeschaltet und dennoch überwacht, TSP vom 14.05.1995, S. 14

o.N.: Aufregung um die geplante Leuna-Großraffinerie, FAZ vom 28.02.1994, S. 13

o.N.: Hilfe bei Baupleiten, TSP vom 22.07.1995, S. 13

o.N.: Kanzleramt schaltet sich bei Mansfelder MKM ein, Die Welt vom 21.05.1994, S. 12

o.N.: Kurz vor der Bundestagswahl will Bonn den ostdeutschen Mittelstand stärken, SZ vom 16.09.1994, S. 27

o.N.: Neue Unterstützung für den ostdeutschen Mittelstand, FAZ vom 16.09.1994, S. 15

o.N.: Privatisierung nicht um jeden Preis, Mansfeld-Echo (Mitarbeiterzeitung der MKM Mansfelder Kupfer und Messing GmbH), Nr. 2 (Juni 1994), S. 2

o. N.: Rexrodt fordert zu Einigung über Eko Stahl auf, Die Welt vom 03.05.1994, S. 13

o. N.: Schweden wollen Milliarden in Lubmin investieren, TSP vom 07.07.1998, S. 19

o. N.: Treuhand-Beratung privatisiert, FAZ vom 30.06.1994, S. 15

o. N.: Westdeutscher für DDR-Treuhand gesucht, FR vom 31.05.1990, S. 9

o. N.: Wirtschaftsrechtswissenschaftler fordern radikale Wirtschaftsreform, Staat und Recht 1990, S. 67-69

o. N.: Rexrodt schaltet sich bei EKO-Stahl ein, FAZ vom 02.05.1994, S. 21

o. N.: Interflug gegen Lufthansa?, Der Speigel vom 13.08.1990, S. 90-92

o. N.: Lufthansa will Interflug ganz, FAZ vom 18.10.1990, S. 20

Obernolte, Wolfgang / Danner, Wolfgang: Energiewirtschaftsrecht. Energiewirtschaftsgesetz mit den Durchführungsbestimmungen, Nebengesetzen, Verordnungen und Erlassen, Kommentar, Band I, C. H. Beck'sche Verlagsbuchhandlung, München, Loseblattsammlung, Stand Juli 1993

zitiert nach Bearbeitern:

- Danner, Wolfgang: Vorbemerkungen zum EnWG

Palm, Matthias: Errichtung und Betrieb von Anlagen des Bergbaus und der energiewirtschaft im Gebiet der ehemaligen "DDR", BB 1990, Supplement Deutsche Einigung-Rechtsentwicklungen, Folge 16 (Beilage 38 zu Heft 32/1990), S. 11-16

Papier, Hans-Jürgen: Rechtsnachfolge der staatlichen Forstwirtschaftsbetriebe der DDR, DtZ 1993, S. 290-296

Fraktionen der PDS / LL im Deutschen Bundestag und den Landesparlamenten der neuen Länder und Berlins (Hrsg.): Blickpunkt Treuhandanstalt. Denkschrift. Die THA – Auftrag, Tätigkeit, Folgen, Wiedergutmachung, Verlag Matthias Kirchner, Eggersdorf 1994

Penig, Ludwig: Treuhand- und Kommunalvermögensgesetz mit Erläuterungen und einer Zusammenstellung wichtiger eigentumsverändernder Rechtsvorschriften, Aton Kommunal-Verlag GmbH, Bonn 1990

Penig, Ludwig: Zur Entwicklung von Kommunaleigentum in der DDR (Thesen), Staat und Recht 1990, S. 199-205

Pfeiffer, Dietrich: Die Treuhand geht, die Probleme bleiben, Orientierungen zur Wirtschafts- und Gesellschaftspolitik 64 (2/1995), S. 24-30

Piduch, Erwin Adolf: Bundeshaushaltsrecht, Kommentar zu den Artikeln 109-115 des Grundgesetzes, zur Bundeshaushaltsordnung und zum Haushaltsgrundsätzegesetz mit rechtsvergleichenden Hinweisen auf das Haushaltsrecht der Bundesländer und ihrer Gemeinden, Verlag W. Kohlhammer, Stuttgart / Berlin / Köln, Loseblattsammlung, Stand Januar 1996

Pilz, Frank / Ortwein, Heike: Das vereinte Deutschland. Wirtschaftliche, soziale und finanzielle Folgeprobleme und die Konsequenzen für die Politik, Gustav Fischer Verlag, Stuttgart / Jena 1992

Presse- und Informationsamt der Bundesregierung: Das Gesamtkonzept für die Privatisierungs- und Beteiligungspolitik des Bundes, Bulletin Nr. 34 vom 28.03.1985, S. 281-285

Presse- und Informationsamt der Bundesregierung : Beratungen des Bundeskabinetts zur Deutschlandpolitik, Bulletin Nr. 22 vom 08.02.1990, S. 173-174

Presse- und Informationsamt der Bundesregierung : Grundsätze der Zusammenarbeit von Bund, neuen Ländern und Treuhandanstalt, Bulletin Nr. 29 vom 15.03.1991, S. 213-214

Presse- und Informationsamt der Bundesregierung : Neuordnung der Kabinettsausschüsse, Bulletin Nr. 16 vom 08.02.1991, S. 112

Presse- und Informationsamt der Bundesregierung : Pressemitteilung Nr. 554/92 vom 01.12.1992 ("Rede des Bundeskanzlers Kohl anläßlich der Regionalkonferenz 'Industriestandort Sachsen-Anhalt – Zukunft der Chemieregion'")

Presse- und Informationsamt der Bundesregierung (Hrsg.): Jahresbericht der Bundesregierung 1990, Bonn 1991

Presse- und Informationsamt der Bundesregierung (Hrsg.): Jahresbericht der Bundesregierung 1991, Bonn 1992

Presse- und Informationsamt der Bundesregierung (Hrsg.): Jahresbericht der Bundesregierung 1992, Bonn 1993

Presse- und Informationsamt der Bundesregierung (Hrsg.): Jahresbericht der Bundesregierung 1993, Bonn 1994

Presse- und Informationsamt der Bundesregierung (Hrsg.): Jahresbericht der Bundesregierung 1994, Bonn 1995

Presse- und Informationsamt der Bundesregierung (Hrsg.): Richard v. Weizsäcker, Reden und Interviews, Band 7, Bonn 1992

Preu, Peter: Konflikte zwischen Treuhandanstalt und Investoren aus Privatisierungsverträgen – Teil 1: Öffentlich-rechtliche Pflichtbindungen der THA und Inhaltskontrolle von Privatisierungsverträgen, DStR 1994, S. 1265-1271

Priewe, Jan: Die Weichen müssen neu gestellt werden, Wochenpost vom 18.12.1991, S. 22-23

Priewe, Jan: Die Folgen der schnellen Privatisierung der Treuhandanstalt. Eine vorläufige Schlußbilanz, Aus Politik und Zeitgeschichte, Beilage zur Wochenzeitung Das Parlament, B 43-44/94, S. 21-30

Prugger, Florian: Die Nachfolge in das Vermögen der ehemaligen DDR. Ein Beitrag zu Art. 21 ff. Einigungsvertrag unter besonderer Berücksichtigung der Firma F. C. Gerlach des Bereichs Kommerzielle Koordinierung, Peter Lang GmbH, Frankfurt am Main / Berlin / Bern / New York / Paris / Wien 1994

Purps, Thorsten: Anmerkung zu BezG Potsdam – Bes. Zivilsenat –, Beschluß vom 16.11.1993 -10.W.72/93, VIZ 1994, S. 255-256

Püttner, Günter: Albert Bleckmann: Zur verfassungsrechtlichen Sanierungspflicht der Treuhandanstalt (Buchbesprechung), DVBl. 1993, S. 69-70

Püttner, Günter: Die öffentlichen Unternehmen. Verfassungsfragen zur wirtschaftliche Betätigung der öffentlichen Hand, Dr. Max Gehlen GmbH & Co. KG, Bad Homburg v. d. H. / Berlin / Zürich 1969

Quaritsch, Helmut: Eigenarten und Rechtsfragen der DDR-Revolution, VerwArch 83 (1992), S. 314-329

Raap, Christian: Grundrechtsschutz bei der Information des Parlaments durch der Bundesregierung, NJW 1997, S. 508-509

Rädler, Albert J. / Raupach, Arndt / Bezzenberger, Gerold (Hrsg.): Vermögen in der ehemaligen DDR. Handbuch zur Durchsetzung und Abwehr von Ansprüchen, Band I, Verlag für die Rechts- und Anwaltspraxis, Herne / Berlin, Loseblattsammlung, Stand September 1998

zitiert nach Bearbeitern:

- Bleckmann, Albert / Erberich, Ingo: Die Treuhandanstalt und ihre Unternehmen

Radtke, Hansjörg / Eisenbarth, Siegfried: Das Verwaltungsabkommen zur Finanzierung der Altlastensanierung in den neuen Bundesländern, ZAP-DDR, Fach 19, S. 385-392

Ramminger, Bodo: Zur rechtlichen Regelung der Gründung von Gemeinschaftsunternehmen, Staat und Recht 1990, S. 162-167

Rauschnabel, Markus: Sanierungsstrategien der Treuhandanstalt, Das Modell der Management KG, Deutscher Universitäts-Verlag, Wiesbaden 1996

Rechenberg, Hermann: Zur Frage der Rechts- und Fachaufsicht über die Treuhandanstalt, DtZ 1994, S. 238-239

Reckmann, Jörg: Rückzug aus dem Land der Plaste und Elaste, TSP vom 06.03.1994, S. 3

Rein, Gerhard: Die protestantische Revolution, Wichern Verlag GmbH, Berlin 1990

Rendtorff, Trutz (Hrsg.): Protestantische Revolution? Kirche und Theologie in der DDR: Ekklesiologische Voraussetzungen, politischer Kontext, theologische und historische Kriterien, Vandenhoeck & Rumprecht Verlag GmbH & Co. KG, Göttingen 1993

zitiert nach Bearbeitern:

- Pollack, Detlef: Der Umbruch in der DDR – eine protestantische Revolution? Der Beitrag der evangelischen Kirchen und der politisch alternativen Gruppen zur Wende 1989

Repke, Irina / Landgraf, Lothar: Blaue Briefe aus heiterem Himmel, WiWo (Ausgabe DDR) vom 01.06.1990, S. 7

Rex, Wolfgang: Kohl läßt sein Wort zu SKET brechen, ND vom 04.12.1996, S. 1

Rex, Wolfgang: Hilfe nur von der Minderheit, ND vom 05.12.1996, S. 9

Rheinisch-Westfälisches Elektrizitätswerk AG: Die ostdeutsche Energiewirtschaft im Wandel, Essen 1993

Roggemann, Herwig: Die DDR-Verfassungen: Einführung in das Verfassungsrecht der DDR. Grundlagen und neuere Entwicklung, 4. Auflage, Berlin Verlag Arno Spitz, Berlin 1989

Ronzheimer, Manfred: Ostdeutsche Forschung liegt brach, TSP vom 13.06.1992, S. 21

Rosener, Wolfgang / Roitsch, Frank: Die Umwandlung von volkseigenen Betrieben in Kapitalgesellschaften, DtZ 1990, S. 38-42

Rüfner, Wolfgang: Zur Lehre von der öffentlichen Anstalt, DÖV 1985, S. 605-610

Sachverständigenrat zur Begutachtung der gesamtwirtschaftlichen Entwicklung: Zur Unterstützung der Wirtschaftsreform in der DDR, Voraussetzungen und Möglichkeiten, Sondergutachten vom 20. Januar 1990, Wiesbaden 1990

Salzwedel, Jürgen: Staatsaufsicht in der Verwaltung, VVDStRL 22 (1965), S. 206-263

Schaefer, Erich: Neue gesetzliche Grundlagen für die Umstrukturierung der Treuhandanstalt, DtZ 1994, S. 205-207

Schaefgen, Heinz: Das Liegenschaftsvermögen des Ministeriums für Staatssicherheit der DDR – rechtliche und tatsächliche Probleme der Eigentumszuordnung, DtZ 1992, S. 130-135

Schäuble, Wolfgang: Danach ist man immer schlauer, Die Zeit vom 08.09.1995, S. 40

Schäuble, Wolfgang: Der Einigungsvertrag in seiner praktischen Bewährung, DA 1992, S. 233-242

Schäuble, Wolfgang: Der Vertrag. Wie ich über die deutsche Einheit verhandelte, Droemersche Verlagsanstalt Th. Knaur Nachf., München, 1993

Schenke, Wolf-Rüdiger: Die Verfassungsorgantreue, Duncker & Humblot GmbH, Berlin 1977

Schick, Rupert / Zeh, Wolfgang: So arbeitet der Deutsche Bundestag. Organisation und Arbeitsweise. Die Gesetzgebung des Bundes, 8. Auflage, Neue Darmstädter Verlagsanstalt, Rheinbreitbach 1995

Schiller, Karl: Der schwierige Weg in die offene Gesellschaft. Kritische Anmerkungen zur deutschen Vereinigung, Wolf Jobst Siedler Verlag GmbH, Berlin 1994

Schlabrendorff, Fabian v. / Vaconcellos, Harald Michaelis de : Die Wirtschaftsunion der beiden deutschen Staaten ab 1.7.1990, DtZ 1990, S. 142-147

Schleich, Albrecht: Das parlamentarische Untersuchungsrecht des Bundestages, Duncker & Humblot GmbH, Berlin 1985

Schmid, Rainer: Gestaltungsaufgabe der Gegenwart: DDR-Wirtschaft zum Aufschwung führen, Berliner Zeitung vom 25.08.1990, S. 13

Schmidt, Golo: Treuhand unter der Lupe, Berliner Zeitung vom 30.09.1993, S. 2

Schmidt, Helmut: Handeln für Deutschland. Wege aus der Krise, Rowohlt Berlin Verlag GmbH, Berlin 1993

Schmidt, Rudi (Hrsg.): Zwischenbilanz. Analysen zum Transformationsprozeß der ostdeutschen Industrie, Akademie Verlag GmbH, Berlin 1993

zitiert nach Bearbeitern:

- Schmidt-Tophoff, Johannes: Zur Transformation der ostdeutschen Chemieindustrie

Schmidt, Rudi / Lutz, Burkart (Hrsg.): Chancen und Risiken der industriellen Restrukturierung in Ostdeutschland, Akademie Verlag GmbH, Berlin 1995

zitiert nach Bearbeitern:

- Fischer, Joachim / Weißbach, Hans-Jürgen: Von der Transformationskrise zur regionalen Strukturkrise? Restrukturierungsprozesse am Beispiel der Textil- und Bekleidungsindustrie sowie der Chemischen Industrie
- Gebbart, Mike / Kachel, Petra: Die Treuhansanstalt am Ende. Historischer Abriß und kritische Beurteilung aus volkswirtschaftlicher und organisationstheoretischer Perspektive
- Rössel, Gottfried: Licht und Schatten der marktwirtschaftlichen Grundsanierung ostdeutscher Betriebe

Schmidt-Bleibtreu, Bruno: Der Vertrag über die Schaffung einer Währungs-, Wirtschafts- und Sozialunion zwischen der Bundesrepublik Deutschland und der Deutschen Demokratischen Republik, DtZ 1990, S. 138-142

Schmidt-Preuß, Matthias: Die Treuhandanstalt und ihr gesetzlicher Auftrag, Die Verwaltung 25 (1992), S. 327-369

Schmidt-Räntsch, Jürgen: Anmerkung zu dem Beschluß des KreisG Gera vom 14.10.1991 – 2 D 249/91, VIZ 1992, S. 116

Schmidt-Räntsch, Jürgen / Hiestand, Martin: Die neuere Entwicklung des Zuordnungsrechts, ZIP 1993, S. 1749-1753

Schmieder, Thomas: Zur Konversion der ostdeutschen Rüstungsindustrie, DA 1995, S. 521-529

Schmieding, Holger / Kostrzewa, Wojciech: Währungsreform, Anpassungsinflation oder Privatisierung von Staatsvermögen?, Drei Optionen zur Sanierung der DDR-Mark im Vergleich, DA 1990, S. 212-219

Schmitz, Heinz: DGB besteht auf Mitbestimmung bei der Treuhand, HB vom 19.09.1990, S. 4

Schneider, Hans-Peter / Zeh, Wolfgang (Hrsg.): Parlamentsrecht und Parlamentspraxis in der Bundesrepublik Deutschland, Walter de Gruyter, Berlin 1989

zitiert nach Bearbeitern:

- Magiera, Siegfried: Rechte des Bundestages und seiner Mitglieder gegenüber der Regierung
- Jahn, Gerhard / Engels, Dieter: Geheimschutz im Bundestag
- Schneider, Hans-Peter: Verfassungsrechtliche Bedeutung und politische Praxis der parlamentarischen Opposition
- Schröder, Meinhard: Untersuchungsausschüsse
- Steffani, Winfried: Formen, Verfahren und Wirkungen der parlamentarischen Kontrolle
- Steinberg, Rudolf: Parlament und organisierte Interessen

Schneider, Jens: Vergebliche Hoffnung auf das Kanzlerwort, SZ vom 16.10.1996, S. 1

Scholz, Rupert: Der Staatsvertrag zur Währungs-, Wirtschafts- und Sozialunion, BB 1990, Supplement DDR-Rechtsentwicklungen, Folge 9 (Beilage 23 zu Heft 18), S. 1-9

Scholz, Rupert: Wirksamkeit von Grundstücksverkäufen der Nationalen Volksarmee, VIZ 1994, S. 153-158 (Teil 1) und S. 218-223 (Teil 2)

Schröder, Meinhard: Grundfragen der Aufsicht in der öffentlichen Verwaltung, JuS 1986, S. 371-375

Schulte, Ewald B.: "Der Aufholprozeß läuft bereits auf volle Touren", Berliner Zeitung vom 06.09.1994, S. 10

Schulte-Doinghaus, Uli / Steingart, Gabor: "Wir kaufen Zeit", WiWo v. 07.09.1990, S. 189-194

Schulz, Gerhard: Sozialistisches Eigentum – eine Grundfrage der Gesellschaftskoneption der SED, ND vom 01.09.1989, S. 3

Schulz, Werner / Volmer, Ludger (Hrsg.): Entwickeln statt Abwickeln. Wirtschaftspolitische und ökologische Umbau-Konzepte für die fünf neuen Länder, Ch. Links Verlag, Berlin 1992

zitiert nach Bearbeitern:

- Hickel, Rudolf: Der Preis der Einheit. Wirtschafts- und finanzpolitische Alternativen

Schuppert, Gunnar Folke: Öffentlich-rechtliche Vorgaben für die Treuhandanstalt bei der Leitung der Treuhandunternehmen, ZGR 1992, S. 454-476

Schürer, Gerhard: Gewagt und verloren. Eine deutsche Biographie, 2. Auflage, Frankfurt Oder Editionen, Frankfurt / Oder 1996

Schürer, Gerhard / Beil, Gerhard / Schalck, Alexander / Höfner, Ernst / Donda Arno: Vorlage für das Politbüro des Zentralkomitees der SED "Analyse der ökonomischen Lage der DDR mit Schlußfolgerungen" vom 30.10.1989, Geheime Verschlußsache b 5 – 1156/89, Nachdruck in: DA 1992, S. 1112-1120

Schüsseler, Rolf: Umgestaltung des Wirtschaftssystems und Weiterentwicklung der Eigentumstheorie, Staat und Recht 1990, S. 479-485

Schützenmeister, Hans Oskar: Staatsvertrag und Finanzverfassung, Staat und Recht 1990, S. 722-730

Schwartz, Rolf-Dietrich: Droht dem Sanierer die Sanierung?, FR vom 17.01.1992, S. 3

Schwartz, Rolf-Dietrich: Überlebensgarantie für ostdeutsche Großbetriebe, FR vom 31.01.1992, S. 1

Schwarz, Kyrill-A.: Die Beantwortung parlamentarischer Anfragen nach dem Grundgesetz und neueren Landesverfassungen. Grundlagen, Inhalt und Grenzen eines Rechtsinstituts, LKV 1998, S. 262-262

Schwedhelm, Rolf: Die Unternehmensumwandlung. Umwandlung, Einbringung, Verschmelzung, Spaltung, Verlag Dr. Otto Schmidt KG, Köln 1993

Schwenn, Kerstin: Folgen des Strukturwandels im Osten unterschätzt, FAZ vom 08.08.1994, S. 9

Seibel, Wolfgang: Das zentralistische Erbe. Die institutionelle Entwicklung der Treuhandanstalt und die Nachhaltigkeit ihrer Auswirkungen auf die bundesstaatlichen Verfassungsstrukturen, Aus Politik und Zeitgeschichte, Beilage zur Wochenzeitung Das Parlament, B 43-44/94, S. 3-13

Seibel, Wolfgang: Strategische Fehler oder erfolgreiches Scheitern? Zur Entwicklungslogik der Treuhandanstalt 1990-1993, PVS 1994, S. 3-39

Seiffert, Wolfgang: Wirtschaftsrecht der DDR, Berlin-Verlag, Berlin 1982

Seiffert, Wolfgang: Außenwirtschaftsrecht der DDR, Berlin-Verlag, Berlin 1983

Seiffert, Wolfgang / Treutwein, Norbert: Die Schalck-Papiere. DDR-Mafia zwischen Ost und West. Die Beweise, Zsolnay Verlag, Wien 1991

Semkat, Ute: Rettungsanker für Samag, Die Welt vom 17.06.1994, S. 14

Semler, Christian: Abweichendes Verhalten, taz vom 23.09.1994, S. 3

Semler, Johannes: Zur Umwandlung ehemaliger Kombinate und Kombinatsbetriebe, BB 1991, Supplement Deutsche Einigung – Rechtsentwicklungen, Folge 22 (Beilage 13 zu Heft 15/1991), S. 9-12

Siebert, Horst: Das Wagnis der Einheit. Eine wirtschaftspolitische Therapie, Deutsche Verlags-Anstalt GmbH, Stuttgart 1992

Sinn, Gerlinde / Sinn, Hans-Werner: Kaltstart. Volkswirtschaftliche Aspekte der deutschen Vereinigung, 3. Auflage, Deutscher Taschenbuch Verlag, München 1993

SKET Schwermaschinenbau Magdeburg GmbH: Presseerklärung vom 15.10.1996 ("BvS wird Sanierungskonzept für Sket weiter unterstützen")

Spieth, Wolf Friedrich: Die Sanierung von Altlasten auf der Grundlage der Freistellung nach Umweltrahmengesetz in den neuen Bundesländern, altlasten-spektrum 4/1994, S. 199-208

*Spittmann, Ilse / Helwig, Gisela (Hrsg.)*Chronik der Ereignisse in der DDR, 4. Auflage, Verlag Wissenschaft und Politik Berend von Nottbeck, Köln 1990

Spoerr, Wolfgang: Treuhandanstalt und Treuhandunternehmen zwischen Verfassungs-, Verwaltungs- und Gesellschaftsrecht, Verlag Kommunikationsforum GmbH Recht Wirtschaft Steuern, Köln 1993

Spoerr, Wolfgang: Verfassungsfragen der Organisation der Treuhandanstalt, Jura 1993, S. 461-467

Sproß, Joachim: Forderungen und Verbindlichkeiten bei Abwicklung von Außenhandelsbetrieben, VIZ 1993, S. 295-297

Staatliche Zentralverwaltung für Statistik (Hrsg.): Statistisches Taschenbuch der Deutschen Demokratischen Republik 1989, Staatsverlag der Deutschen Demokratischen Republik, Berlin 1989

Ständige Deputation des Deutschen Juristentages (Hrsg.): Verhandlungen des 57. Deutschen Juristentages, Band II, C. H. Beck'sche Verlagsbuchhandlung, München 1988

zitiert nach Beiträgen:

– Schneider, Hans-Peter: Referat (S. M 54-M 96)

Stark, Isolde: Wirtschaftliche Vorstellungen der DDR-Opposition 1989, DA 1995, S. 1183-1193

Steinberger, Helmut: Rechtsgutachten erstattet dem 2. Untersuchungsausschuß der 11. Wahlperiode des Deutschen Bundestages, BT-Drs. 11/7800, S. 1181-1224

Steppan, Rainer / Weidenfeld, Ursula: Helle Aufregung, WiWo vom 13.05.1994, S. 18-20

Stern, Klaus: Staatsrecht der Bundesrepublik Deutschland. Band II – Staatsorgane, Staatsfunktionen, Finanz- und Haushaltsverfassung, Notstandsverfassung, C. H. Beck'sche Verlagsbuchhandlung, München 1980

Stern, Klaus (Hrsg.): Deutsche Wiedervereinigung. Die Rechtseinheit. Band II – Zur Wiederherstellung der inneren Einheit. Teil 2 – Rundfunkrecht – Stasi-Akten – Wiedergutmachung – Öffentliche und Private Wirtschaft, Carl Heymanns Verlag KG, Köln / Berlin / Bonn / München 1992

zitiert nach Beiträgen:

- Tettinger, Peter J.: Öffentliche und private Wirtschaft in den neuen Bundesländern

Stern, Klaus / Schmidt-Bleibtreu, Bruno (Hrsg.): Staatsvertrag zur Währungs-, Wirtschafts- und Sozialunion, C. H. Beck'sche Verlagsbuchhandlung, München 1990

zitiert nach Bearbeitern:

- Stern, Klaus: Der Staatsvertrag im völkerrechtlichen und verfassungsrechtlichen Kontext

Stober, Rolf: Zum Sanierungsauftrag der Treuhandanstalt, Carl Heymanns Verlag KG, Köln / Berlin / Bonn / München 1993

Streich, Rudolf: Zu einigen Fragen der rechtlichen Regelungen im Rahmen der Wirtschaftsreform, Staat und Recht 1990, S. 280-284

Strobel, Wilhelm: Die staatsvertragliche Umstellung des DDR-Rechnungswesens und die Neuerungen des DDR-Treuhandgesetzes, BB 1990, Supplement DDR-Rechtsentwicklungen, Folge 9 (Beilage 23 zu Heft 18), S. 17-27

Stute, Andreas: Rechtsfolgen einer fehlerhaften Umwandlung nach § 11 Treuhandgesetz, VIZ 1994, S. 381-386

Suhr, Heinz: Der Treuhandskandal. Wie Ostdeutschland geschlachtet wurde, Vito von Eichborn GmbH & Co Verlag KG, Frankfurt am Main 1991

Süß, Walter: Bilanz einer Gratwanderung. Die kurze Amtszeit des Hans Modrow, DA 1991, S. 596-608

Süß, Walter: Entmachtung und Verfall der Staatssicherheit. Ein Kapitel aus dem Spätherbst 1989, DA 1995, S. 122-151

Süß, Walter: Mit Unwillen zur Macht. Der Runde Tisch in der DDR der Übergangszeit, DA 1991, S. 470-478

Süß, Walter: Revolution und Öffentlichkeit in der DDR, DA 1990, S. 907-921

Teige, Hans-Werner: Der Übergang ehemals volkseigenen Grund und Bodens in das Eigentum von Treuhandkapitalgesellschaften, VIZ 1994, S. 58-63

Thaysen, Uwe: Der Runde Tisch. Oder Wo blieb das Volk? Der Weg der DDR in die Demokratie, Westdeutscher Verlag GmbH, Opladen 1990

Thietz-Bartram, Joachim / Pfeifer, Axel: Privatisierung von Volkseigentum, WM Sonderbeilage 4/1990, S. 3-17

Thode, Bernd: Parlamentskontrolle und Geheimnisschutz bei öffentlichen Unternehmen, AG 1997, S. 547-545

Tofaute, Hartmut: Der große Ausverkauf, die Privatisierung von Bundesunternehmen durch die Regierung Kohl, Bund-Verlag GmbH, Köln 1994

Trausch, Eiko: Organisatorischer Wandel am Beispiel der Treuhandanstalt, 1991

Treuhandanstalt: Organisationshandbuch, Berlin, Stand Januar 1994

Treuhandanstalt: Bericht des Vorstandes der Treuhandanstalt über den Abschluß der Arbeiten zum 31.12.1994, Treuhandanstalt Informationen, Ausgabe 21, Dezember 1994, S. 5-17

Treuhandanstalt: DM Eröffnungsbilanz zum 01.07.1990, Berlin 1992

Treuhandanstalt: Entschlossen Sanieren. Die Rolle der Treuhandanstalt beim Umstrukturierungsprozeß in den neuen Ländern, Berlin 1992

Treuhandanstalt: Leitlinien der Geschäftspolitik, Berlin 1990, Nachdruck in: Treuhandanstalt (Hrsg.), Dokumentation 1990-1994, Band 2, S. 313-316

Treuhandanstalt: Pressemitteilung vom 05.07.1994 ("Treuhandanstalt und Bundesregierung haben EU-Kommission über Situation bei EKO-Stahl GmbH Eisenhüttenstadt unterrichtet.")

Treuhandanstalt: Pressemitteilung vom 06.07.1994 ("Fernwasserversorgung Elbaue-Ostharz GmbH jetzt vollständig übertragen")

Treuhandanstalt: Pressemitteilung vom 09.12.1994 ("Einvernehmen über Vertragsmanagement bei Interhotel")

Treuhandanstalt: Pressemitteilung vom 12.10.1994 ("Kein Streit zwischen Bundesministerium und Treuhandanstalt in Sachen Deutsche Außenhandelsbank DABA")

Treuhandanstalt: Pressemitteilung vom 13.06.1994 ("Aufsichtsrat EKO Stahl hat sich heute neu konstituiert")

Treuhandanstalt: Pressemitteilung vom 14.06.1994 ("Landwirtschaft: Güterbewirtschaftungsgesellschaft übernimmt die Verantwortung für 155 Güter")

Treuhandanstalt: Pressemitteilung vom 18.11.1994 ("Umformtechnik Erfurt")

Treuhandanstalt: Pressemitteilung vom 20.08.1990

Treuhandanstalt: Pressemitteilung vom 29.06.1993 ("Treuhandanstalt und Gebietsverwaltung Tjumen vereinbaren Milliardengeschäft")

Treuhandanstalt: Pressemitteilung vom 29.06.1994 ("Neue Gesellschafterstruktur für Treuhand Osteuropa Beratungsgesellschaft")

Treuhandanstalt: Pressemitteilung vom 30.11.1993 ("Exportabkommen mit der Gebietsverwaltung Perm")

Treuhandanstalt (Hrsg.): Dokumentation 1990-1994, Band 1-13, 15, Berlin 1994

Treuhandanstalt / Ostausschuß der Deutschen Wirtschaft / Bundesverband der Deutschen Industrie (Hrsg.): Privatisieren. Miteinander in die Soziale Marktwirtschaft, Deutscher Instituts-Verlag GmbH, Köln 1992

zitiert nach Bearbeitern:

- Dierk, Günther: Unternehmenskonzept – Das schematisierte Verfahren bei der Privatisierung des Handels
- Rexroth, Günter: Unternehmenskonzept – Einführung
- Siemens, Oltmann G.: Entflechtung der Kombinate – Entflechtung der TAKRAF AG
- Vogelsang, Thilo: Unternehmenskonzept – Unternehmenskonzept als Basis einer erfolgreichen Privatisierung und Sanierung

Treuhandanstalt, Direktorat Umweltschutz / Altlasten: Jahresbericht 1993, Berlin 1994

Triepel, Heinrich: Die Reichsaufsicht. Untersuchungen zum Staatsrecht des Deutschen Reiches, Springer Verlag, Berlin 1917 (unveränderter reprographischer Nachdruck Wissenschaftliche Buchgesellschaft, Darmstadt 1964)

Troßmann, Hans: Parlamentsrecht des Deutschen Bundestages. Kommentar zur Geschäftsordnung des Deutschen Bundestages unter Berücksichtgung des Verfassungsrechts, C. H. Beck'sche Verlagsbuchhandlung, München 1977

Uhlmann, Reinhard: Rohwedder will mehr unternehmerischen Spielraum, HB vom 22.11.1990, S. 1

Uhlmann, Reinhard: Bei der Nachfolgeorganistion ist Waigel auf die Parlamentslinie eingeschwenkt, HB vom 14.04.1994, S. 3

Uhlmann, Reinhard: Kritik an der Privatisierung des Vertragsmanagements, HB vom 08.03.1994, S. 4

Urbanski, Bettina: 1990 erlebten wir alle wie ein Naturereignis, Berliner Zeitung vom 02.10.1991, S. 3

Vetter, Joachim: Die Parlamentsausschüsse im Verfassungssystem der Bundesrepublik Deutschland. Rechtsstellung, Funktion, Arbeitsweise, Peter Lang GmbH, Frankfurt am Main / Berlin / Bern / New York / Paris / Wien 1986

Vogel, Bernhard: Aufträge helfen Ost-Unternehmen mehr als Subventionen uns sonstige Hilfen, HB vom 04.10.1995, S. B 9

Vogel, Dieter: Ein schwieriger, aber notwendiger Dialog, HB vom 12.04.1995, S. 2

Volze, Armin: Schalck und kein Ende. Drei Bücher auf den Wogen des Zeitgeists, DA 1992, S. 646-656

Vonderbeck, Hans-Josef: Parlamentarische Informations- und Redebefugnisse, Duncker & Humblot GmbH, Berlin 1981

Voss, Karl Ulrich: Veräußerung von volkseigenen Liegenschaften durch DDR-Ministerien zu gewerblicher Weiterverwendung, DtZ 1992, S. 6-10

Walter, Wolfgang S. / Uhmann, Martin: Sanierungsfähigkeit als zentrale Voraussetzung beim Ertragslageausgleich nach § 6 IV Vermögensgesetz, VIZ 1994, S. 51-57

Warbeck, Hans Joachim: Die deutsche Revolution 1989/1990. Die Herstellung der staatlichen Einheit, Berlin Verlag Arno Spitz, Berlin 1991

Wassermann, Rudolf (Hrsg.): Kommentar zum Grundgesetz für die Bundesrepublik Deutschland, Band 2, 2. Auflage, Hermann Luchterhand Verlag, Neuwied 1989

zitiert nach Bearbeitern:

- Bull, Hans Peter: Artikel 87 GG

Wegweiser GmbH: Presseerklärung vom 24.04.1997

Weidenfeld, Ursula: Kopper offizieller Bundes-Beauftragter, TSP vom 24.06.1998, S. 17

Weidenfeld, Ursula / Wolf-Doettinchem, Lorenz: Unheilige Allianz, WiWo vom 11.05.1995, S. 32-36

Weimar, Robert: Das Treuhandkreditaufnahmegesetz, DtZ 1992, S. 317-318

Weimar, Robert: Entscheidungspraxis der Treuhandanstalt zwischen unternehmerischer Freiheit und verwaltungsrechtlichem Ermessen, DWiR 1992, S. 493-500

Weimar, Robert: Kurzkommentar zu BGH, Versäumnisurteil vom 06.07.1994 - VIII.ZR.62/93, EWiR 1994, S. 1025-1026

Weimar, Robert: Nachprivatisierungsprobleme. Rechte und Haftungsrisiken für die Beteiligten nach Erwerb eines Treuhandunternehmens, Verlag Kommunikationsforum GmbH Recht Wirtschaft Steuern, Köln 1992

Weimar, Robert: Treuhandanstalt und Privatisierung, DB 1991, S. 373-375

Weimar, Robert: Treuhandgesetz. Kommentar, Verlag W. Kohlhammer, Stuttgart / Berlin / Köln 1993

Weimar, Robert: Zur aktuellen Rechtslage umgewandelter Kombinate und Kombinatsbetriebe, BB 1991, S. 1511-1512

Weimar, Robert / Alfes, Jochen: Zweifelsfragen zur Verfügungs- und Vertretungsbefugnis der Treuhandanstalt, BB 1993, S. 378-382

Weingärtner, Tom: Von "blühenden Landschaften" keine Spur, TSP vom 25.06.1996, S. 11

Weis, Hubert: Parlamentarisches Fragerecht und Antwortpflicht der Regierung, DVBl. 1988, S. 268-273

Welzel, Christian: Der Umbruch des SED-Regimes im Lichte genereller Transitionsmechanismen, PVS 1995, S.67-90

Wendt, Hartmut: Die deutsch-deutschen Wanderungen. Bilanz einer 40jährigen Geschichte von Flucht und Ausreise, DA 1991, S. 386-395

Wilhelms, Fritz: Anmerkung zu dem Beschluß des LG Dresden vom 29.11.1993 - 2 T 623/93, VIZ 1994, S. 199-202

Wilhelms, Fritz: Anmerkung zu dem Beschluß des OLG Naumburg vom 13.03.1996 – 5 W 89/95 (LG Stendal), VIZ 1996, S. 600-603

Wilhelms, Fritz: Anmerkung zu dem Beschluß des OLG Rostock vom 23.08.1993 – 3 W 31/93, VIZ 1993, S. 549-552

Wilhelms, Fritz: Anmerkung zu dem Urteil des BVerwG vom 19.01.1995 – 7 C 62/93 (VG Berlin), VIZ 1995, S. 460-461

Wilhelms, Fritz: Die Übertragung von ausgesondertem Militärvermögen und Vermögen des Ministeriums für Staatssicherheit auf die Treuhandanstalt, VIZ 1994, S. 641-646

Wilke, Manfred: Die deutsche Einheit und die Geschichtspolitik des Bundestages, DA 1997, S. 607-613

Willgerodt, Hans: Vorteile der wirtschaftlichen Einheit Deutschlands, Untersuchungen zur Wirtschaftspolitik 84, Köln 1990

Willms, Beate: Kanzler nutzt Sket-Bonus, Junge Welt vom 15.10.1996, S. 1

Winters, Jochen: Ein neues Demokratiegefühl. Die Volkskammer ist nicht mehr sprachlos, DA 1989, S. 1331-1339

Winters, Jochen: Zum ersten Mal frei. Die Wahlen zur Volkskammer, DA 1990, S. 497-501

Wittrock, Karl: Parlament, Regierung und Rechnungshof. Zur Geschichte einer schwierigen Dreiecksbeziehung, ZParl 1986, S. 414-422

Wolff, Hans J. / Bachof, Otto: Verwaltungsrecht II, 4. Auflage, C. H. Beck'sche Verlagsbuchhandlung, München 1976

Wolff, Heinrich Amadeus: Der verfassungsrechtliche Schutz der Betriebs- und Geschäftsgeheimnisse, NJW 1997, S. 98-101

Wollmann, Hellmut / Derlien, Hans-Ulrich / König, Klaus / Renzsch, Wolfgang / Seibel, Wolfgang: Transformation der politisch-administrativen Strukturen in Ostdeutschland, Leske + Buderich, Opladen 1997

zitiert nach Bearbeitern:

- Seibel, Wolfgang: Die Treuhandanstalt – eine Studie über Hyperstabilität

Wonka, Dieter: Neuer Mann für den Osten – billig muß er sein und in der CDU, Leipziger Volkszeitung vom 19./20.04.1997, S. 2

Wuchold, Holger: Kanzleramt schafft's allein, Berliner Zeitung vom 11.07.1992, S. 5

Wulf, Matthias: In Wildau geht es ums Überleben, TSP vom 08.08.1994, S. 13

Wünsche, Kurt: Zum Verlauf der Rechts- und Justizreform in der DDR, DtZ 1990, S. 134-138

Wutzke, Reinhold: 155 Tage Amt für Wettbewerbsschutz, WuW 1991, S. 14-23

Zavelberg, Heinz Günter: Staatliche Finanzkontrolle in Deutschland, Die Verwaltung 28 (1995), S. 513-541

Zieger, Klaus / Schönemann, Günter: Neue Bestimmungen zur Förderung privater Unternehmen in der DDR, DtZ 1990, S. 97-101

Ziegler, Hansvolker: Ein Stück Zukunft vertan. Der Niedergang der Industrieforschung Ost, DA 1993, S. 689-702

Stichwortverzeichnis

– B –

– C –

– D –

– E –

– F –

– G –

– H –

– I –

–L–

– M –

– N –

– O –

– P, Q –

– R –

– S –

– T –

– X, Y, Z –